国家社科基金重大项目

"北洋集团与近代社会变迁研究"（项目编号：18ZDA197）前期成果

陕西师范大学优秀学术著作出版基金资助

民初，其贡献毋容置疑。本书以国家与社会

社会的发展。尽管各部行政尚有许多不尽如

行政各部不仅逐步现代化，而且最得了瞩

员尤其是高层管理人员知识化、专业化程度

力中心。通过详尽考察，民初国家行政各部

家行政各部是国家机器的重要组成部分是国

护国家统一，促进社会发展的问题，"民初国

清王朝覆灭，中华民国创立，面对如何顺应和

民初

国家行政各部研究

张华腾 等

著

社会科学文献出版社

SOCIAL SCIENCES ACADEMIC PRESS (CHINA)

作者简介

张华腾，河南滑县人，复旦大学历史学博士，陕西师范大学教授、博士生导师。主要从事中国近现代史教学与研究，研究方向包括清末新政、辛亥革命史、中华民国史、北洋军阀史、中国早期现代化、中国近现代人物研究等。曾在《近代史研究》《史学月刊》《南开学报》《郑州大学学报》《陕西师范大学学报》等专业核心期刊发表学术论文 110 余篇，被《新华文摘》《中国社会科学文摘》《高等学校文科学术文摘》和人大报刊复印资料等全文转载或摘录 30 余篇。出版专著《北洋集团崛起研究（1895～1911）》（中华书局，2009）、《北洋史研究新论》（科学出版社，2015）、《袁世凯与清末民初社会变革研究》（中国社会科学出版社，2017）、《清末新军》（人民出版社，2019）等十余部。主持完成国家社科基金重大项目 1 项、后期资助项目 1 项、一般项目 1 项，省部级科研项目 8 项。先后获省部级二等奖 4 项、三等奖 3 项。

序

辛亥革命一举推翻了统治中国 268 年的清王朝，终结了自秦王朝以来延续两千多年的封建君主专制制度，创建了以西方民主制度为核心的崭新的中华民国，开辟了中国历史的新纪元，具有特别的历史意义。革命不易，建设更难。新任中华民国北京政府临时大总统袁世凯对此有着比较清醒的认识。1912 年 3 月 10 日，他在北京宣誓就任时发布的大总统令中说："本大总统于中华民国元年三月初十日举行受职礼，自念德薄能鲜，膺兹重任，兢兢业业，惟以陨越自惧。惟我民国建设伊始，统一政府初立，所以策安全求幸福者，千端万绪，肇造维艰，是皆赖我内外文武各官，协力同心，共担义务。"[1] 21 日，再次申明："现在民国统一，共和告成，破坏之局既终，建设之事方始。凡我国民当此存亡危急之秋，皆有缔造经营之责，必须尊重秩序，方可弭内乱而免外患。乃选据各省报告，扰乱之事时有所闻。此种举动毫无宗旨，既于公安有害，即系犯罪行为，若不执法惩治，社会将无宁日。日前经通令，在民国刑法未布以前，治罪之法，除与国体牴触各条外，暂行通用新刑律，嗣后各地方遇有此等犯罪行为，照新律各本条分别审断，总期无枉无纵，以保治安。"[2] 31 日，袁世凯通电训勉海陆军人："现在政府成立，全国统一……所有我陆海军人，热诚爱国，同赞共和，自以捍卫国民为天职。"[3]

如何在清王朝的废墟上建设起一个西式的民主共和国，这决不是一件简单的事。袁世凯所说的建设是广义的全面的建设，包括制度建设、政治体制建设、法制建设、国防建设和经济建设等。本书所讨论的是狭义的建设，主要是政治体制建设、政治制度建设。政治体制建设、政治制度建设

---

[1] 《新总统之新令》，《申报》1912 年 3 月 13 日。

[2] 《大总统命令》，《临时公报》1912 年 3 月 23 日。

[3] 袁世凯：《致各省都督各军队司令官电》，骆宝善、刘路生主编《袁世凯全集》第 19 卷，河南大学出版社，2013，第 682 页。

是第一位的、必须的且一刻不可稍缓的。当然，政治体制建设、政治制度建设的根本目的是经济建设，是发展经济，以图民富国强。

重建国家、重构国家机器，政治体制建设的重任不亚于革命。因为推翻清王朝是革命党人、立宪党人、北洋集团三个政治集团共同作用的结果，所以国家重建的任务也就由三大政治集团共同承担。又因为三大政治集团中北洋集团势力最大，其领袖型人物袁世凯又被各种政治势力共同推举为中华民国临时大总统，所以其承担的责任也最大。此外，革命党人控制国家最高立法机构，革命党人对国家重建所起的作用也是不能忽视的。

国家最高行政机关代表国家施政，是国家机器中最重要的组成部分。中华民国的成立，标志着以行政权力为核心的一元权力结构开始瓦解，出现立法、司法、行政三权分立的权力结构。民初国家行政各部与晚清国家行政各部最大的区别是法制化、科层化、现代化，无论是大总统属下的法制局还是立法机构参议院，对各部建设都非常重视，针对各部的名称、职权、内部组织机构，反复讨论，形成共识。制度一旦形成，公布报刊，明告国人，有着较高的透明度。

1912 年 5 月 23 日，袁世凯一次性提出八项官制修正案，提请参议院议决：

> 临时大总统为咨行事：兹据国务总理唐绍仪呈称：据法制局呈称：依据国务会议议决办法，分别拟具修改国务院等项官制草案八种，开列清单并送请转呈提议，前来。查约法第三十三条，临时大总统得制定官制、官规，但须提交参议院议决等语。相应开列清单，随同此项官制草案八种，提交贵院，希即提前议决咨覆。此咨参议院。
>
> 计咨送
> 一国务院官制修正草案
> 一各部官制通则修正草案
> 一国务院承宣厅官制修正草案
> 一法制局官制修正草案
> 一法典编纂会官制草案
> 一铨叙局官制修正草案
> 一印铸局官制修正草案

一临时稽勋局官制修正草案①

民初政府对各部总长、次长乃至司长的人选极为重视，尤其是各部总长。候选人从酝酿到提名，其学历、知识结构、从政经验、政治品德，无不被纳入考察范围。最终人选由大总统提名，议会通过，公诸报端。总长等高级官员，堂堂正正为国家服务，兢兢业业工作，其辞职、退职也都明明白白。② 这是我们在研究中注意到的一个现象。

我们所说的民初，实际上有广义、狭义之分。广义就是中华民国北京政府时期，即 1912～1928 年；狭义特指袁世凯统治时期，即 1912～1916 年。本书所用"民初"概念主要指后者。为什么选择这一时期呢？第一，这一时期属于北京政府的开创时期，其后的政治制度大都是对这一时期的延续。第二，这一时期的政府结构比较完整，各部的设置与运行都比较正常。但在论述过程中，我们并非完全受这一时段的制约。比如第五章海军部研究，由于海军总长刘冠雄对民初海军部建设有着决定性的影响，他自袁世凯时期任海军总长，袁世凯倒台后仍持续任职，直到 1919 年，所以对民初海军部的相关论述亦延续到 1919 年。又如第七章司法部的研究以 1914 年为限，因为 1912～1914 年是《中华民国临时约法》下的司法部，而 1914 年 5 月 1 日袁世凯废除《临时约法》后公布了《中华民国约法》，这对民初司法部建设而言具有"分水岭"式的意义，其影响亦远超出民初的时间范畴，是以我们的论述主要聚焦在 1914 年之前。这是我们必须说明的。

由于民初国家建设阶段，袁世凯北洋政治势力与其他政治势力相互争夺，所以人们看到的多是一次次的内阁危机、一次次各部总长的更换，民初政府对国家的治理及其成效反而被忽略了。本书试图从国家和社会发展的视角出发，重新梳理民初政治史。著名历史学家章开沅先生说："作百年以上长时段的宏观考察与分析，才可以谈得上史学的创新，思想的解放。"他还以辛亥革命研究为例："我们不是辛亥革命的当事人，没有任何的亲身经历和见闻；但是作为后来者百年以后看辛亥，可能对当年重大问

---

① 《临时大总统为国务院官制等八项修正案提请议决咨》，中国第二历史档案馆编《中华民国史档案资料汇编》（第三辑·政治·一），江苏古籍出版社，1991，第 3 页。

② 如唐绍仪内阁中的教育部、农林部、司法部、工商部总长辞职，其辞职书除了上呈大总统外，均公布报端，辞职原因、政治态度说得都很清楚。革命党人为总长者如此做法，其他政治派别为总长的辞职亦然。

题观察得更为客观、全面、深切，其原因就在于我们探索其前因后果的连续性与复杂性，具有更多的方便条件。"① 今天，中华民国北京政府已经过去近一百年了，笔者有感于章开沅先生的宏大视野和研究思路，亦希望通过本书从百年视角对民初政治史提出新的认识。如果说本书的研究能够帮助人们重新认识民初国家与社会，并认识到在民初社会转型的复杂历史时期，国家发展了，社会进步了，我们就颇感欣慰和知足了。当然，本书仅是作者的一家之言，期待专家学者和读者朋友对我们的研究进行批评和指导。

"民初国家行政各部研究"这一课题，是国家社会科学基金重大项目"北洋集团与近代社会变迁研究"（18ZDA197）的前期成果。该课题是我与我的研究生共同完成的，其成果最初是以一篇篇博士、硕士学位论文呈现的。虽然这些博士、硕士的论文写作还有诸多问题，在结集出版时也进行了一些调整，但基本维持了原貌。民初国家行政机构最初共有 10 个部，1914 年农林部与工商部合并组成农商部，所以我们的研究共涉及 9 个部，其中有关交通部与农商部的研究成果已经单独出版，② 这里也予以说明。

研究民初国家行政各部自身建设及对国家的治理，还有着较为明显的现实意义。今天的中国实非民初国家所能相比，但历史的借鉴仍是永恒的主题。

张华腾

2019 年 6 月于秦岭北麓师大文汇书室

---

① 章开沅：《辛亥百年反思：百年锐于千载》，《华中师范大学学报》2011 年第 1 期。
② 参见杨涛、李金全《民初交通部研究》，陕西科学技术出版社，2015；丁健《清末民初中央实业管理机构整合及转型研究》，中国社会科学出版社，2018。

目　录

绪　论 …………………………………………………………… 001

第一章　外交部研究 …………………………………………… 035
　第一节　北京政府外交部的渊源与成立 ………………………… 035
　第二节　北京政府外交机构及其组织 …………………………… 046
　第三节　外交部人事 ……………………………………………… 068
　结　语 ……………………………………………………………… 096

第二章　内务部研究 …………………………………………… 104
　第一节　早期内务部概况 ………………………………………… 104
　第二节　内务部的人事安排 ……………………………………… 122
　第三节　民初内务部现代化建构的特征 ………………………… 135
　第四节　内务部与民初卫生事业的发展 ………………………… 143
　结　语 ……………………………………………………………… 167

第三章　财政部研究 …………………………………………… 169
　第一节　财政部的成立 …………………………………………… 169
　第二节　官制与人事 ……………………………………………… 171
　第三节　周学熙财政改革政策及实践 …………………………… 181
　第四节　民初财政部与善后大借款 ……………………………… 195
　结　语 ……………………………………………………………… 206

第四章　陆军部研究 …………………………………………… 208
　第一节　民初陆军部的设立 ……………………………………… 208
　第二节　制度与经费 ……………………………………………… 247

第三节　段祺瑞与民初陆军部管理 …………………………………… 283

第四节　民初裁军 ……………………………………………………… 325

第五节　民初军事教育的勃发 ………………………………………… 364

第六节　民初国防与陆军部绩效分析 ………………………………… 395

结　语 …………………………………………………………………… 435

第五章　海军部研究 …………………………………………………… 439

第一节　晚清中国海军概况 …………………………………………… 439

第二节　民初海军部概况 ……………………………………………… 448

第三节　海军总长刘冠雄与海军部 …………………………………… 459

第四节　1920 年后的海军部 …………………………………………… 498

结　语 …………………………………………………………………… 501

第六章　教育部研究 …………………………………………………… 505

第一节　民初教育部的建立及其基本情况 …………………………… 505

第二节　教育部管理层和规制分析 …………………………………… 523

第三节　民初教育部与中国近代教育事业的发展 …………………… 544

第四节　教育部与民初中学教育——与清末之比较 ………………… 568

结　语 …………………………………………………………………… 591

第七章　司法部研究 …………………………………………………… 594

第一节　司法部的成立 ………………………………………………… 594

第二节　官制与机构 …………………………………………………… 597

第三节　人事与政策 …………………………………………………… 608

第四节　与中央、地方各部门权限关系 ……………………………… 620

第五节　民初司法状况 ………………………………………………… 634

结　语 …………………………………………………………………… 650

第八章　民初国家行政各部与社会发展 ……………………………… 652

参考文献 ………………………………………………………………… 680

后　记 …………………………………………………………………… 702

绪　论

一　研究缘起

行政各部是负责国家治理与发展的主要机构，也是国家权力中心。经过辛亥革命的洗礼，中华民国取代了清王朝，延续了清末新政时期国家行政制度的变革成果，废弃了隋唐以来至清末的吏、户、礼、兵、刑、工六部，引入西方政治体制，按行政、立法、司法三权分立的理念设置国家行政机构。总统制也好，内阁制也罢，行政各部始终是国家最重要的管理机构，是治国理政最重要的体现，是引导社会发展的关键力量。1912 年 3 月，中华民国北京政府成立，国家行政机构如何设置？行政各部与晚清行政各部、南京临时政府行政各部的关联如何？行政各部的职权与运作如何？内部机制如何？人员配置如何？运行效益如何？各部设置及运行中有哪些问题？其影响如何？与之相关的一系列问题是我们亟须了解和进行研究的。试解决以上问题，就是本书的写作缘起。

长期以来，人们对中华民国北京政府是不予看好甚至是给予否定的，尤其是对处在数千年政治文化传统与现代政治文明对接的关键时期和过渡时代的北京政府，未能给予科学的认识和公允的评判，这是当代研究者应该反思的。改革开放以来，对于清末新政中的行政各部，学者有着极大的兴趣，投入了相当大的精力，结出累累硕果，如关晓红《晚清学部研究》①、苏全有《清末邮传部研究》②、王奎《清末商部研究》③、谢蔚《晚清法部研究》④等。而对于民初各部的研究，则鲜见新的研究成果。这充分说明，"民初国家行政各部研究"是一个有待深入挖掘的课题，由此坚定了我们进一步探索

---

① 关晓红：《晚清学部研究》，广东教育出版社，2000。
② 苏全有：《清末邮传部研究》，中华书局，2005。
③ 王奎：《清末商部研究》，人民出版社，2008。
④ 谢蔚：《晚清法部研究》，中国社会科学出版社，2014。

的信心。本书的写作，作为对中国近代政治制度史、中国政治史变迁和中国早期政治现代化研究的总结，呈现出我们在这一研究领域的努力。

二 研究述评

"民初国家行政各部研究"是一个新的总览性的课题。实际上，在涉及民初各部的具体研究中，已积累了很多成果，本书也是在现有研究的基础上对此课题予以进一步探究的。现就本书论及的各部，分别予以说明。

（一）有关民初外交部的研究

外交部在民初各部中居于首位，外交又是民初面临的最大的政治问题，关乎中华民族的统一、国家领土完整、国家主权维护等重大问题，所以对民初外交部的研究，备受学界关注。

近代以来，世界各地相对隔绝的状态已被打破，国与国之间的接触和交往日益频繁。中国的近代外交始于 1840 年，无论主动与被迫，中国逐渐摆脱了"朝贡体制"，现代化的外交机构也经历了从无到有并不断发展完善的过程，至民初外交部已发展到了一定的水准。研究民初外交部，就不得不回顾晚清总理各国事务衙门和外务部，尤其是外务部，它是民国外交部的渊源。虽然北京政府外交部延续清廷外务部而来，但二者"宗旨各殊，性质相异，沿而不相沿，袭而不相袭也，实专制与共和制之代嬗也，实法定制与随意制之递变也，实责任制与无责任制之相为转移也"。① 民国的成立代表着一种全新的政治体制在中国出现，中国对外交往也面临着新的局势，具有现代意义的外交体制在中国逐渐形成。南京临时政府外交部和北京政府外交部都是参照西方资产阶级国家的外交机构模式组建的专门外交机构，尤其是陆徵祥大刀阔斧改革外交部后，民初外交部已完成了向符合国际外交通例的现代外交机构转变的过程：正式颁布了外交部官制，完成了外交部主要机构设置；改驻外使领馆为专业机构，使领馆工作人员一律为高素质的职业外交官、领事官；全面调整外交部与驻外使领馆及地方涉外机构之间的关系；等等。这些措施无不是对中国外交制度的革新，在不断改革的同时，对其后外交体制的发展也产生了重要影响。将其置于

---

① 吴成章编《外交部沿革纪略》，沈云龙主编《近代中国史料丛刊三编》第 25 辑，台北：文海出版社，1966，第 55 页。

现代化视野下来考察，这是中国外交机构的现代化，也是中国近代社会进步的标志。

国内对近代外交的部分研究，未能立足于当时的时代背景和国际环境，对近代外交一味持否定态度，尤其对北京政府外交多以"卖国"定性。近年来，对于北京政府时期的外交，逐渐有学者给予肯定的态度，甚至予以高度评价。我们无法否认近代中国外交所遭受的挫折与失败，但对其完全否定的看法确实有失公允。而要重新审视民初的外交，必先认清民初外交部，因为它是当时执行国家外交政策、主管国家外交事务的专门机构。

民初北京政府面临许多棘手的外交问题。首先是争取各国对共和政府的承认，继而是就西藏、外蒙古问题与英、俄的交涉以及"善后大借款"等，再加上日本趁西方列强忙于一战无法脱身、企图将中国变成其附庸而提出"二十一条"，以及第一次世界大战爆发后中国政府的应对，等等。在有关这些问题的研究中，过去学者多认为北京政府是软弱、投降甚至卖国的，但如果我们对北京政府的外交政策做客观检视的话，可以发现它已逐渐由妥协屈服转变为力争主权，而且还为后来国家废除不平等条约和收回主权奠定了基础。北京政府已经抛弃了清王朝所持的天朝观念，以符合国际法的和平方式，通过积极进行谈判、交涉、缔结条约、发布外交文件和参加国际会议等各类外交活动来追求平等的国际地位。身处敌强我弱、敌众我寡的外交环境中，外交部仍然在以维护国家利益为根本宗旨的基础上发展对外关系，开展国际交往，竭力扩大中国的国际影响，提高中国的国际地位，实属难能可贵。

1. 国内研究

（1）关于近代外交的整体研究

在宏观上研究近代外交史的著作比较多。首先是大量的外交通史，如刘彦《中国近时外交史》[①]、钱亦石《中国外交史》[②]、丁名楠等《帝国主义侵华史》第 2 卷[③]、顾明义《中国近代外交史略》[④]、王绍坊《中国外交

---

① 刘彦：《中国近时外交史》，商务印书馆，1921。
② 钱亦石：《中国外交史》，生活书店，1947。
③ 丁名楠等：《帝国主义侵华史》第 2 卷，人民出版社，1986。
④ 顾明义：《中国近代外交史略》，吉林文史出版社，1987。

史（1840～1911）》①、郑学益《走向世界的历史足迹——中国近代对外开放思想研究》②、赵佳楹《中国近代外交史》③、吴东之主编《中国外交史（1911～1949）》④、黄凤志主编《中国外交史：1840～1949》⑤ 等。这一类通史性著作大都以时间为线索，对中国近代外交的历史予以系统呈现。然其多是将中国外交置于半殖民地半封建性质社会的背景下，从较为单一的视角来认识中国近代外交，在一定程度上是欠缺客观性和完整性的。

其次是关于近代外交体制的论著，较早的当推1943年商务印书馆出版的陈体强《中国外交行政》。该书以丰富的资料，对中国外交机构的沿革做了梳理，从中可以看到由总理衙门到外务部再到外交部的演进轨迹。1959年，钱实甫写作了《清代的外交机关》，这是一部较为系统地研究清代外交机构的著作，作者重点介绍了鸦片战争以后清政府外交机构的演变，尤其用很大篇幅研究了总理衙门，但对真正按照当时国际通例建立起来的外务部仅一笔带过。王立诚《中国近代外交制度史》⑥ 是一部研究近代中国外交的力作，对中国外交制度的发展过程有较为深入的探讨。它详细介绍了洋务外交体制对西方外交体制的逐步适应、晚清外交体制改革所形成的新体制雏形以及符合现代国际通例的民国外交体制的确立，对研究民国成立后的外交制度，有相当高的参考价值。但该书侧重于对制度方面的分析，对人事分析较为欠缺；在史料运用方面，对北京政府时期的研究偏重以《东方杂志》史料为主，对《政府公报》没能充分利用。1995年，湖南师范大学出版社出版了李育民《近代中国的条约制度》，作者对列强在近代中国以不平等条约为基础建构的条约制度进行了详细梳理，同时也勾勒出中国外交体制在近代的变化。

此外，港澳台地区也有一些专门论著，如傅启学《中国外交史》⑦、王曾才《中国外交史话》⑧、陈志奇《中国近代外交史》⑨ 等。最具代表性的

---

① 王绍坊：《中国外交史（1840～1911）》，河南人民出版社，1988。
② 郑学益：《走向世界的历史足迹——中国近代对外开放思想研究》，北京大学出版社，1990。
③ 赵佳楹：《中国近代外交史》，山西高校联合出版社，1994。
④ 吴东之主编《中国外交史（1911～1949）》，河南人民出版社，2001。
⑤ 黄凤志主编《中国外交史：1840～1949》，吉林大学出版社，2005。
⑥ 王立诚：《中国近代外交制度史》，甘肃人民出版社，1991。
⑦ 傅启学：《中国外交史》，台湾商务印书馆，1972。
⑧ 王曾才：《中国外交史话》，台北：经世书局，1988。
⑨ 陈志奇：《中国近代外交史》，台北：南天书局，1993。

著作当推梁伯华《近代中国外交的巨变：外交制度与驻外关系变化的研究》①，作者围绕外交制度和对外交涉，详细地阐释了外交在近代的变化。

（2）关于民国外交的研究

民国外交是中国近代历史的重要组成部分，任何一部关于中华民国的历史著作都无法绕开它，无论篇幅长短，都包含对当时外交的论述。

近年来，民国外交部档案不断开放，北京政府外交档案资料、民国外交官回忆录和日记等陆续出版，这是民国外交研究得到重视的突出表现，同时又为进一步深入研究提供了新的有利条件。

王建朗主编《中华民国时期外交文献汇编》② 搜集了 1912～1949 年中华民国时期的各类外交文献，其中前四卷是关于北京政府的资料。该文献汇编的出版，大大便利了民国外交的研究。中国第二历史档案馆编《北京政府档案》③ 汇集了北京政府时期原始、全面的档案史料，其中外交部分占了极大比重。《中华民国史档案资料汇编》④ 也是由中国第二历史档案馆根据馆藏档案整理出版的，篇幅巨大，内容丰富，涉及面广，其中第三辑辑录的北京政府外交部的珍贵史料，为研究民初外交部提供了极大帮助。

民国外交家回忆录、日记的出版，也为研究民初外交部添翼。《顾维钧回忆录》⑤ 主要记述了我国职业外交家顾维钧先生的外交生涯，同时又是一部涉及民初以来 50 年间包括北京政府与国民党政府时期在内的对外交涉的历史实录，其中第一分册记述了不少北京政府鲜为人知的外交内幕。《曹汝霖一生之回忆》⑥ 通过这位北京政府外交次长的自述，进一步呈现了晚清至民国的外交图景。《颜惠庆日记》⑦ 则记述了颜氏 1907 年进入外交界后 40 多年的外交生涯，对研究中国近现代政治和外交具有重要价值。《颜惠庆自传——一位民国元老的历史回忆》⑧ 不仅披露了颜氏所亲历的许多历史事件的内幕和真相，也展示了他眼中的袁世凯、段祺瑞、张作霖、

① 梁伯华：《近代中国外交的巨变：外交制度与驻外关系变化的研究》，香港：商务印书馆，1990。
② 王建朗主编《中华民国时期外交文献汇编》，中华书局，2015。
③ 中国第二历史档案馆编《北京政府档案》，中国档案出版社，2010。
④ 中国第二历史档案馆编《中华民国史档案资料汇编》（第三辑·外交），江苏古籍出版社，1991。
⑤ 《顾维钧回忆录》，中国社会科学院近代史所译，中华书局，2013。
⑥ 曹汝霖：《曹汝霖一生之回忆》，中国大百科全书出版社，2009。
⑦ 《颜惠庆日记》，上海市档案馆译，档案出版社，1996。
⑧ 颜惠庆：《颜惠庆自传——一位民国元老的历史回忆》，吴建雍等译，商务印书馆，2003。

吴佩孚、溥仪及罗斯福等人的形象，颇为珍贵。《施肇基早年回忆录》① 主要记述了作者自儿童时期至赴美留学、最终成为清末民初外交官的经历，可弥补档案资料之不足。

改革开放以来，关于民国外交的研究专著不断涌现，如石源华《中华民国外交史》②、吴东之主编《中国外交史·中华民国时期（1911~1949）》③、杨公素《中华民国外交简史》④，都有相当篇幅论及北京政府时期。另有石源华主编"民国外交官丛书"，包括金光耀《顾维钧传》、陈雁《颜惠庆传》、完颜绍元《王正廷传》等。金光耀又主编了《北洋时期的中国外交》《顾维钧与中国外交》。这些关于民国重要外交官员的专著，揭示了当时具有先进理念的外交官队伍在外交现代化过程中起到的推动作用，对我们全面认识民国外交官群体有很大的帮助。

近年来，借纪念第一次世界大战爆发及结束 100 周年之机，人们进一步关注到民初中国外交家由中立到"参战"，再到参加巴黎和会为国家争取利权的果敢行为，有关于此的专著包括魏格林等主编《一战与中国：一战百年会议论文集》⑤、石建国《外交总长陆徵祥》⑥、侯中军《中国外交与第一次世界大战》⑦ 等。

港澳台地区的相关研究也比较丰富，尤其是台湾学者发表了大量的学术论文，如《北京政府外交行政机构的演变》⑧《"大国地位"的追求——二十世纪前半期中国在国际组织中的努力》⑨《北京政府时期修约观念的演变与修约成果——北洋"修约外交"刍议，1912~1928》⑩ 等。台湾学者

① 施肇基：《施肇基早年回忆录》，中华书局，2016。
② 石源华：《中华民国外交史》，上海人民出版社，1994。
③ 吴东之主编《中国外交史·中华民国时期（1911~1949）》，河南人民出版社，1990。
④ 杨公素：《中华民国外交简史》，商务印书馆，1997。
⑤ 魏格林、朱嘉明主编《一战与中国：一战百年会议论文集》，东方出版社，2015。
⑥ 石建国：《外交总长陆徵祥》，福建教育出版社，2015。
⑦ 侯中军：《中国外交与第一次世界大战》，社会科学文献出版社，2017。
⑧ 唐启华：《北京政府外交行政机构的演变》，http：//archmsl. sinica. edu. tw/foreign/paper/mh2100—2. pdf。
⑨ 唐启华：《"大国地位"的追求——二十世纪前半期中国在国际组织中的努力》，《兴大人文学报》第 32 期（下册），2002 年。
⑩ 唐启华：《北京政府时期修约观念的演变与修约成果——北洋"修约外交"刍议，1912~1928》，台北《近代中国》第 152 期，2002 年。

唐启华《被"废除不平等条约"遮蔽的北洋修约史（1912～1928）》①《巴黎和会与中国外交》②《洪宪帝制外交》③ 等专著，对清末民初外交均有深刻论述。这些研究，进一步还原了历史的真相，推动了中国近代外交史研究的深入发展。

值得注意的是，对中华民国尤其袁世凯掌权下民国初年外交的评价在近年逐渐有了肯定的声音与趋向，不同于过去的一味否定。学者们开始从更为客观的视角来探讨中华民国北京政府在外交建设和争取国家主权、维护国家利益方面的努力，从而展示出中国近代外交逐渐走向成熟的历史过程。对北京政府外交失败的原因不再简单地从外交政策方面归因，而是从当时国内外政治局势的大背景中予以考察。郭剑林、王继庆《北京政府外交近代化略论》④ 一文便是基于这一思路对北京政府的外交予以肯定的，他们指出，北京政府外交部是中国外交史中很重要的一个承先启后的部分，外交机构趋于专业化与技术化，外交思想反映出独立自主、完全平等的民族主义思想，已较清末进步很多；北洋外交的现代化具有进步意义，争得了部分主权，外交机制的现代化和外交思想的现代化均得到一定程度的实行和发展。张华腾《从中立到参战：第一次世界大战中的中国政府》⑤ 一文认为，中国政府从中立到参战，所做出的一切努力，都是为了国家的主权、利权，中国政府所为符合国家的利益，其努力也取得了一定的成效；巴黎和会中国外交有失败，也有收获，认为巴黎和会中国外交完全失败的说法具有片面性。

2. 国外研究

西方学者对民国外交关注较早的是马士和费正清，他们对北京政府时期的外交给予肯定的评价。20 世纪 70 年代前后，欧美学界出现了研究中国的热潮，其中涉及北洋外交表现的评价都较为积极。如英国学者 Peter Lowe 以 FO 档案为基础，对袁世凯在"二十一条"交涉时的表现给予相当高的评价，认为袁世凯在此交涉中成功地运用了各种策略来维护国权。作者指出，当时中国国力远不如日本，日本用武力威胁等方式迫使袁氏就范，

① 唐启华：《被"废除不平等条约"遮蔽的北洋修约史（1912～1928）》，社会科学文献出版社，2010。
② 唐启华：《巴黎和会与中国外交》，社会科学文献出版社，2014。
③ 唐启华：《洪宪帝制外交》，社会科学文献出版社，2017。
④ 郭剑林、王继庆：《北京政府外交近代化略论》，《学术研究》1994 年第 3 期。
⑤ 张华腾：《从中立到参战：第一次世界大战中的中国政府》，《南开学报》2020 年第 2 期。

最终仍放弃了第五号各条，外相加藤高明在交涉后，受国内各方攻击，引咎辞职，所以日本在这一外交上是不够成功的；正是因为这次交涉，日本对袁世凯非常不满，后来在袁氏推行帝制时，全力把袁氏搞垮。① 这样的说法，与中国学界过去的解释完全不同。陈刘洁贞也利用 FO 档案研究了朱尔典的使华外交生涯，对袁世凯政府的外交也持同情观点。② 美国学者研究北京政府军阀与派系政治的名作是卢西恩·派伊的《军阀政治：现代中国的冲突与融合》，③ 书中对北京政府的外交表现予以积极评价，称北京外交官是中国最成功的文人领袖，他们巧妙地利用国际均势及当时的世界同情，达成了与当时的中国国力全不相称的外交成果。美国学者柯伟林近年来研究近代中国国际化的历程，认为当时中国内乱不断，国际地位低落，中国政府可以将清朝移留下来的版图大致维持完整，是不可忽视的成就。④

日本学界较全面研究北洋外交的学者，当数川岛真。他广泛使用中国及欧美、日本各地的档案，发表了多篇有关民国外交档案收藏情形的文章，对促进日本学者使用中国外交档案有很大贡献。川岛真关于北京政府外交的论文主要有《二十世纪初期的国权收回过程》⑤《华盛顿会议与北京政府的筹备——以对外"统一"为中心》⑥ 等。川岛真的博士论文《中华民国前期外交史研究》较全面地探讨了北洋外交，对中国近代外交行政制度的确立和文明国化等诸方面进行了精辟的分析论证，具有很高的学术价值。其著作《中国近代外交的形成》是在其博士论文基础上的进一步扩展，⑦ 对北京政府的外交有较高评价，认为中华民国前期的外交是真正开展了"重视主权＋国际法"的外交，它对自身在国际社会中的地位做出敏感的回

---

① Peter Lowe, *Great Britain and Japan*, *1911 - 1915*, London：Macmillan, 1969.

② Chan Lau Kit - ching, *Anglo - Chinese Diplomacy*, *1906 - 1920 in the Careers of Sir John Jordan and Yuan Shih - kai*, Hong Kong University Press, 1978.

③ Lucian Pye, *Warlord Politics：Conflict and Coalition in the Modernization of Republican China*, New York Pracger Publishers, 1971.

④ William C. Kirby, "The Internationalization of China：Foreign Relations at Home and Abroad in the Republican Era", *The China Quarterly*, No. 150, 1997.

⑤ 〔日〕川岛真：《二十世纪初期的国权收回过程》，中国社会科学院近代史研究所编《近代中国与世界：第二届近代中国与世界学术讨论会论文集》第 1 卷，社会科学文献出版社，2005，第 570～598 页。

⑥ 〔日〕川岛真：《华盛顿会议与北京政府的筹备——以对外"统一"为中心》，张宪文主编《民国研究》第 2 辑，1995，第 113～133 页。

⑦ 〔日〕川岛真：《中国近代外交的形成》，名古屋大学出版会，2004。

应，维持国家主权和反击对外干涉的努力成为其重要特征；北京政府的外交倾向是"富国"，根基是将中国视为国际社会中的一个文明国和大国。川岛真将中华民国前期看作一个承上启下的时期，将对这一时期的考察看作从长时段、宽视野来捕捉中国外交发展态势的关键。川岛真认为，这一时期的外交可作为现代中国外交中的一个原点而存在，是"中国近代外交铸造的时代"。

（二）有关民初内务部的研究

民初内务部是负责国家、社会内部治理的综合性国家管理机构，其职权非常广泛，大到全国议会的选举、官员选派，小到居民的户口调查，涉及政治民主、社会管理、公共事业、社会救济及市政建设等多个方面，执掌之宽，为民初各部之首，其各项政策深深地影响着民国初期的政治安定、社会变革和礼俗革新。以往学界多是对内务部的单项事件或政策进行考察，研究方向也多集中在内务部的警政建设、禁烟禁毒等方面，对救济、卫生、公共事业等鲜有提及，更没有站在内务部机构的视角上综合全面地对其予以审视。

1. 国内研究

（1）关于警政的研究

"警政为内务之首"，这一点从内务部起源于清末巡警部也可推知。清末民初的警政研究是内务部研究的重要组成部分。20 世纪 80 年代，中国社会科学院法学研究所法制史研究室编写了《中国警察制度简论》[①]，该书是在群众出版社内部刊行的《中国警察史话》的基础上补充而成的，其中最后三篇关于近代警察的文章由常兆儒执笔完成，对中国近代警察制度的发展脉络和基本状况做了初步的说明。在此基础上，研究室的韩延龙、苏亦工等继续收集资料，写成一部全面考察中国近代警察的著作——《中国近代警察史》[②]。该书论述了民初警察的形成和发展，探究其性质、职能及其主要规章制度设置等，内容包括警政思想变化、京师警察机关的体制及其职权等。该书也初步论述了清末巡警部及民政部、民初内务部的组织机

---

① 中国社会科学院法学研究所法制史研究室编著《中国警察制度简论》，群众出版社，1985。
② 韩延龙、苏亦工：《中国近代警察史》，社会科学文献出版社，2000。

构和职权。《北京警察百年》① 一书对京师警察溯源追根，内容包括对古代
"警察"的回顾、探究近代警察的起源和发展、论述民初及北洋军阀统治
时期的警察机构和职能等，其中部分论及内务部的职能。《中国警察近代
化研究——以法文化为视角》② 分六个部分论述了近代各国警察制度、精
神及文化的异同，从警察权力的统一化、警察内容的社会化、警察权力关
系的法治化三个方面论述了中国警察近代化的基本内容，最后对中国警察
近代化所处的复杂环境进行了考察，为近代警察史的进一步研究和探索打
下了良好基础。《鸦片税收与清末警政改革》③ 和《清末巡警部成立的原因
探析》④ 两篇文章对清末警政的起步做了探究，后者提出巡警部的设立是
近代中国警政史上的里程碑，不仅意味着一个新机构的诞生，而且也体现
了近代中国特定背景下社会历史的演进、人民思想观念的变迁以及中央与
地方复杂的关系等。《清末巡警部与高等巡警学堂》⑤ 一文评述了庚子国难
时日本借机干预中国警政并操纵警察教育权，对此中央成立巡警部，"以
专事权"，随后各部堂官费尽周折，始将警察教育权收回的过程。该文所
述反映出近代警察起步之艰难。以上研究成果为民初内务部的溯源研究提
供了很好的支撑。

（2）关于禁烟禁赌的研究

移风易俗、改良社会风气也是内务部的执掌之一，其中，厉行禁烟禁
赌显得格外重要。研究民国时期禁烟禁赌的著述比较多。王宏斌的《禁烟
史话》⑥ 对鸦片输入我国的源流和近代鸦片贸易进行了考证，对清末民初
禁烟运动的起因、过程以及成效进行了详细论述，同时深入分析了旧中国
禁烟失败的原因，认为国内的政治混乱和国际毒品贸易的猖獗导致了我国
禁烟运动的失败。戈春源《中国近代赌博史》⑦ 重点对 19 世纪三四十年代
至 20 世纪中期赌项与赌场的嬗变、赌博与社会各阶层的关系、赌博的罪恶
与历来禁赌的法律措施做了论述，同时也对民国前期的禁赌情况予以分
析，认为北京政府内务部在禁赌中重点对官员进行治理、详细规定赌资充

① 穆玉敏：《北京警察百年》，群众出版社，2003。
② 孟庆超：《中国警察近代化研究——以法文化为视角》，中国人民公安大学出版社，2006。
③ 刘增合：《鸦片税收与清末警政改革》，《江苏社会科学》2004 年第 4 期。
④ 苏全有、殷国辉：《清末巡警部成立的原因探析》，《河南科技大学学报》2008 年第 3 期。
⑤ 刘海文、殷国辉：《清末巡警部与高等巡警学堂》，《河南大学学报》2006 年第 1 期。
⑥ 王宏斌：《禁烟史话》，社会科学文献出版社，2000。
⑦ 戈春源：《中国近代赌博史》，福建人民出版社，2005。

作赏金办法，增加了禁赌的可操作性，是一次成功的尝试。郭双林、肖梅花《中华赌博史》① 对赌博与禁赌的历史进行了系统的梳理，在对民国初期禁赌的论述中，认为虽然各级政府都颁布了禁赌刑律或法令，但鲜有成效。

（3）关于机构设置、制度建设的研究

钱端升等所著《民国政制史》② 对南京临时政府时期行政各部的职权、组织有所论述，也论及内务部的职权和组织结构等，该书分两部分介绍北洋军阀时期中央各部的概况，缕析了新旧约法时期内务部的机构变化和人员变动。钱实甫《北洋政府职官年表》③ 是研究民初政府机构及人事变动的权威之作，对北洋政府的人员变动情况做了详细研究，该书对探讨内务部的人员变动和分析其组织结构特征等有巨大的帮助。张德泽《清代国家机关考略》④、李鹏年《清代中央国家机关概述》⑤ 两书多论及清末巡警部、民政部机构设置，为追溯民初内务部的机构沿革提供了参考。另外钱实甫《北洋政府时期的政治制度》⑥ 和刘寿林编著《辛亥以后十七年职官年表》⑦ 两书也对内务部的机构性质和历史沿革进行了详尽论述。

（4）关于内务部人事的研究

有关内务总长赵秉钧的研究较少。《当代名人小传》⑧ 在"官僚"类别里为赵秉钧列出小传。中华民国史资料丛稿《民国人物传》中，由李宗一撰文列入赵秉钧传记，用较大篇幅叙述了赵氏制订刺杀宋教仁计划的过程。两篇传记都提到赵秉钧早年参与近代警察建设，对其他事迹交代甚少。对赵秉钧后继任为内务总长的朱启钤，主要研究集中在北京市政建设方面，如孔祥吉《辛亥革命前后的朱启钤与北京》⑨，潘景林《1915 年正

① 郭双林、肖梅花：《中华赌博史》，中国社会科学出版社，1995。
② 钱端升等：《民国政制史》，上海人民出版社，2008。
③ 钱实甫编著，黄清根整理《北洋政府职官年表》，华东师范大学出版社，1991。
④ 张德泽：《清代国家机关考略》，学苑出版社，2001。
⑤ 李鹏年：《清代中央国家机关概述》，黑龙江人民出版社，1983。
⑥ 钱实甫：《北洋政府时期的政治制度》，中华书局，1984。
⑦ 刘寿林编著《辛亥以后十七年职官年表》，沈云龙主编《近代中国史料丛刊续辑》第 5 辑，台北：文海出版社，1974。
⑧ 沃丘仲子：《当代名人小传》，沈云龙主编《近代中国史料丛刊三编》第 8 辑，台北：文海出版社，1966。
⑨ 孔祥吉：《辛亥革命前后的朱启钤与北京》，《福建论坛》2011 年第 10 期。

阳门改造对北京城市现代化的推动》① 等。

(5) 关于内务部职责的研究

内务部职责广泛，除国会选举、民治、警政外，还有如新闻出版、灾荒救济、宗教管理以及市政建设等。《清末民初的新闻出版法》② 一文从制定法律规范的角度对清末民初的报馆律令进行考察，涉及政治学、法学相关知识。《民初我国救灾的资金问题述评》③ 一文以资金来源为切入点，对民国初年的救灾机制做了简要介绍。亦有学者对清末民初北京政府内务部的宗教政策进行研究，如《清末民初庙产问题研究（1895～1916）》④、《社会剧变中的佛教与国家：中华佛教总会与民初政府关系述评》⑤ 以及《北京政府的宗教政策》⑥ 等均对内务部的宗教宽容政策表示肯定。《民初到五四前后报刊律法状况及其影响》⑦ 一文则对民国初年到五四期间政府的报刊律法状况进行了认真的整理和研究。《袁世凯执政时期对秘密社会的政策》⑧ 一文认为北京政府对秘密社会的政策关系到秘密社会各个分支在民国社会中的定位，在某种程度上影响了新生的中华民国政府的发展方向；该文对袁世凯时期的秘密社会政策做了分析，由此一窥民初的社会控制。《民国初年临时政府内务部大事记略》⑨ 通过选取原弼德院档案资料，向读者呈现临时政府内务部的政治作为，并大致列出了这一时期内务部的大政要事，为相关研究提供了纲领性的材料。

2. **国外研究**

国外学者对民初内务部的研究，更多是站在经济角度或社会变迁角度，对其所辖具体事务进行探讨。学者比较关注的领域大多集中在禁毒、移风易俗等方面。如美国学者艾伦·鲍姆伦在其论著《公民权、国家和民

---

① 潘景林：《1915年正阳门改造对北京城市现代化的推动》，《城市学刊》2016年第5期。

② 殷莉、何秋红：《清末民初的新闻出版法》，《南通大学学报》2009年第3期。

③ 苏全有、王宏英：《民初我国救灾的资金问题述评》，《防灾科技学院学报》2010年第1期。

④ 许效正：《清末民初庙产问题研究（1895～1916）》，宗教文化出版社，2016。

⑤ 许效正：《社会剧变中的佛教与国家：中华佛教总会与民初政府关系述评》，《世界宗教研究》2015年第4期。

⑥ 谷银波：《北京政府的宗教政策》，《郑州轻工业学院学报》2007年第5期。

⑦ 卢庆华：《民初到五四前后报刊律法状况及其影响》，《山东社会科学》2006年第3期。

⑧ 邵雍：《袁世凯执政时期对秘密社会的政策》，《江苏行政学院学报》2004年第6期。

⑨ 丁进军：《民国初年临时政府内务部大事记略》，《历史档案》1999年第1期。

族：1912～1931 年中国与国际鸦片体系》[①] 中认为从 1912 年《国际鸦片公约》创制到 20 世纪二三十年代国际联盟对鸦片实施管制，中国对国际鸦片管制制度始终存在不满，中国政府希望中国成为一个不再需要国际监督的正常的现代化国家，以此体现民国新建、国家独立的形象。萨特思韦特·菲利普与 M. J. 布朗在《缠足的经济关联：对中国女性劳动重要性的启示》[②] 中也谈到关于民初女子缠足变化的原因，认为民国政府内务部的政策和禁令促使社会上缠足风气改变，更多女子不再缠足也极大提升了女性的经济独立性。

从研究现状上看，在主流论述中，一般认为内务部是一个纯粹的军阀执掌的政府机构，很少从政府职能的视角去探讨民初内务部的功过是非，对内务法令改变的原因也仅归结于军阀的落后性，很少站在国家现代化进程中全面评价民国内务部的政策得失，对其在公共管理、社会救济、移风易俗、增进城市化方面取得的成绩也鲜有关注。作为民国时期执掌范围最广的中央政府机构，内务部的机构变革、人员更迭、决策机制及其在中国现代化进程中发挥的作用，都值得重视。

（三）有关民初财政部的研究

国家机器、国家机构的运转，均系于财政部，而民初财政部不仅一贫如洗，还因必须接受清政府的"遗产"——一系列需要按时偿还的借款和赔款而负债累累，是以民初政府的财政总长几乎都是被"逼"上去的，熊希龄如此，周学熙亦然。近代中国，国家要发展，社会要安定，国家机构要运转，财政部建设自身的同时，还要找到财政来源。民初财政部聚集了一批经济人才，如熊希龄、周学熙、周自齐等，其中尤以两任财长周学熙最为突出。周学熙在袁世凯的支持下，制定了一系列发展经济、集中财政于中央的政策和法令法规，成效明显。运转几年后，国库甚至有了一定的积余，这是非常难得和可喜的。

1. 国内研究

（1）关于民初财政资料的出版

中国第二历史档案馆编《中华民国史档案资料汇编》和《中华民国史档

---

① Alan Baumler, "Citizenship, the Nation and the Race: China and the International Opium System, 1912－1931," *Frontier of History in China*, 13（3）, 2018: 330－354. doi: https://doi. org/10. 3968/s020－007－018－0020－2.

② Melissa J. Brown, Damian Satterthwaite－Phillips, Economic Correlates of Footbinding: Implications for the Importance of Chinese Daughters'labor, *PLoS ONE* 13（9）: e0201337, 2018, https: //doi. org/10. 1371/journal. pone. 0201337.

案资料丛刊》两书收编有关于民国财政的著述和史料，是研究民初财政的重要
参考。虞和平、夏良才编《周学熙集》①，主要辑录了1902～1916年周氏从事
工矿业、财政税收、实业教育、中外经济交涉等活动的公牍资料，是目前国
内最完整的一部有关周学熙的公务文献资料汇编。这部大型史料的面世，基
本上满足了国内外有关周学熙的研究在文献资料上的需要。另外，周学熙编
《中国善后借款合同案据汇编》②、《政府公报》、王锡彤《抑斋自述》③、周
小鹃《周志俊小传》④、杨涛主编《梁士诒集》⑤ 等都有较大的参考价值。

（2）关于民初财政的研究

贾士毅《民国财政史》⑥ 以当时实行的制度为经进行论述，详今略昔；
其资料来源主要是官书档案等第一手资料，凡当时法令涉及财政者均按类
附入；各章节均佐有统计资料，统计数据和图表十分详细，实务性质较
重，理论色彩略薄，可以说是一部系统阐述1916年前中国财政制度和财政
状况的著作。《民国续财政史》⑦ 条理清晰，资料丰富，对于了解北京政府
时期及国民党政府初期的中国财政状况具有很大的参考价值。吴兆莘《中
国税制史》⑧ 下册第九章"民国之税制"，介绍了民初至1936年田赋、关
税、所得税、通行税、印花税、烟酒税、特种消费税、盐税、登记税、营
业税的基本情况。杨荫溥《民国财政史》⑨ 是新中国成立后出版的第一部
以"民国财政史"为名研究整个民国时期财政状况的著作，全书共分四
章，分别是北洋军阀时期的财政（1912～1927）、国民党政府成立至抗日
战争前夕的财政（1927～1937）、抗日战争时期的财政（1937～1945）和
国民党政府崩溃时期的财政（1945～1949），比较系统地叙述了民国财政
演变的整个历史过程。左治生主编《中国近代财政史丛稿》⑩ 和孙文学主
编《中国近代财政史》⑪ 都设有中华民国财政专章，沿用了杨氏《民国财

---

① 虞和平、夏良才编《周学熙集》，华中师范大学出版社，1999。
② 周学熙编《中国善后借款合同案据汇编》，南京图书馆古籍部藏。
③ 王锡彤著，郑永福、吕美颐点注《抑斋自述》，河南大学出版社，2001。
④ 周小鹃：《周志俊小传》，兰州大学出版社，1987。
⑤ 杨涛主编《梁士诒集》，河南人民出版社，2014。
⑥ 贾士毅：《民国财政史》，商务印书馆，1933。
⑦ 贾士毅：《民国续财政史》，商务印书馆，1934。
⑧ 吴兆莘：《中国税制史》，商务印书馆，1937。
⑨ 杨荫溥：《民国财政史》，中国财政经济出版社，1985。
⑩ 左治生主编《中国近代财政史丛稿》，西南财经大学出版社，1987。
⑪ 孙文学主编《中国近代财政史》，东北财经大学出版社，1990。

政史》分期标准，所不同的是增补了南京临时政府财政和广州、武汉国民政府财政的内容，并且在诸多财政问题分析上更注意用历史事实加以论证，避免简单批判。董长芝、马东玉主编《民国财政经济史》① 则在继承原有研究成果的基础上，注重在社会政治、军事、外交等历史大背景下真实、动态地展现民国财政经济概况，并吸收了国内外学术界研究最新成果，颇具新意。此外，汪敬虞主编《中国近代经济史（1895～1927）》② 以及张静如、刘志强主编《北洋军阀统治时期中国社会之变迁》③ 等，都有论及民国时期社会经济发展状况、涵括民国财政的内容。陕西师范大学杨涛的博士学位论文《交通系与民初经济政策研究（1912～1916）》④ 对民初经济政策尤其是财政方面有着比较深入的研究。

（3）关于周学熙个人的研究

周学熙曾两次出任袁世凯主政时期北京政府的财政总长，对民初财政进行了一系列的改革，在我国近代经济史上颇具影响，多年来受到学界的关注，并将其置于中国财税理念和体制由传统向近代转型的大背景下予以研究。郝庆元《周学熙传》⑤ 依据作者多年积累的大量第一手资料，潜心研究，条分缕析，对传主一生行事做了较系统的梳理，记述客观，是目前周氏研究中的扛鼎之作。周小鹛主编《周学熙传记汇编》⑥，将周氏后裔珍藏的《周止庵先生自叙年谱》手抄本、周学熙1903年6月撰写的《东游日记》刻木版和周学熙的孙女周叔贞旧作《周止庵先生别传》⑦ 等与周氏生平密切相关的他文一并汇编成书，是国内最权威、系统的周学熙私人文献汇编，它的出版弥补了现有周氏家藏史料的缺失。郝庆元《周学熙民国初年的税制改革》⑧、张神根《周学熙民初财政改革评析》⑨、李楠夫《周学熙调整财政政策之研究》⑩ 等文，虽然对周氏财政改革与民初财政状况

① 董长芝、马东玉主编《民国财政经济史》，辽宁师范大学出版社，1997。
② 汪敬虞主编《中国近代经济史（1895～1927）》，人民出版社，2000。
③ 张静如、刘志强：《北洋军阀统治时期中国社会之变迁》，中国人民大学出版社，1992。
④ 杨涛：《交通系与民初经济政策研究（1912～1916）》，博士学位论文，陕西师范大学，2012。
⑤ 郝庆元：《周学熙传》，天津人民出版社，1991。
⑥ 周小鹛主编《周学熙传记汇编》，甘肃文化出版社，1997。
⑦ 该书原为周叔贞在新中国成立前就读燕京大学时的毕业论文，嗣后又略录了周氏撰写的《止庵诗存·外集》有关部分成作。
⑧ 郝庆元：《周学熙民国初年的税制改革》，《天津社会科学》1990年第1期。
⑨ 张神根：《周学熙民初财政改革评析》，《安徽史学》1996年第3期。
⑩ 李楠夫：《周学熙调整财政政策之研究》，《现代财经》2003年第1期。

好转的因果关系存有不同看法，但对周氏改革的开拓性影响和意义多持肯定态度。另有张华腾《周学熙的现代化思想及其实践》① 等文，将周学熙的思想与实践纳入中国早期现代化进程之中加以考察。此外，牵涉周学熙与民初财政研究的还有贺恒祯《民二善后大借款的历史是非》②、梁义群等《袁世凯统治时期的财政》③、汪敬虞《近代中国资本主义的发展和不发展》④、丁日初等《论晚清的国家资本主义》⑤、曹均伟《民初和北洋时期利用外资及其利弊》⑥、王善中《民国初年的财政与外债评述》⑦ 等。

（4）关于民初大借款的研究

宓汝成《国际银团和善后借款》⑧ 一文系统阐述了国际银行团构成的演变及其内部成员间为争夺控制权而展开的斗争，揭示了不断变化的国内外形势对谈判过程的影响，认为国际银行团通过借款获得了极大的利益，实现了其监督控制中国财政的目的。贺水金《重评善后大借款》⑨ 指出，善后大借款中支付一定的费用是必须的国际惯例；从当时国际市场状况看，利息、折扣率偏高，经理费、汇费偏高，对此应从经济角度进一步予以考察，不宜过度政治化；借款担保是合理要求，洋员稽核放在当时中国特殊的信用背景下具有某种合理性；中国的财政近代化，包括预决算制度、会计出纳制度、审计制度等，自此而有进展。至于此项借款的用途，既未用于内战，也未用于发展经济，主要用于还债和填补行政费，这应是中国"畸形近代化"的一种表现。从民初财政实际情况进行评判，是对善后大借款研究的新趋向。

2. **国外研究**

日本学者渡边惇《袁世凯政权的经济基础——北洋派的企业活动》⑩

---

① 张华腾：《周学熙的现代化思想及其实践》，《史学月刊》2004 年第 4 期。
② 贺恒祯：《民二善后大借款的历史是非》，《南开学报》1989 年第 6 期。
③ 梁义群、丁进军：《袁世凯统治时期的财政》，《民国档案》1991 年第 1 期。
④ 汪敬虞：《近代中国资本主义的发展和不发展》，《历史研究》1988 年第 5 期。
⑤ 丁日初、沈祖炜：《论晚清的国家资本主义》，《历史研究》1983 年第 6 期。
⑥ 曹均伟：《民初和北洋时期利用外资及其利弊》，《学术月刊》1990 年第 12 期。
⑦ 王善中：《民国初年的财政与外债评述》，《北京社会科学》1991 年第 2 期。
⑧ 宓汝成：《国际银团和善后借款》，《中国经济史研究》1996 年第 4 期。
⑨ 贺水金：《重评善后大借款》，《江汉论坛》1995 年第 5 期。
⑩ 〔日〕渡边惇：《袁世凯政权的经济基础——北洋派的企业活动》，邹念之译，中国社会科学院近代史研究所《国外中国近代史研究》编辑部编《国外中国近代史研究》第 3 辑，中国社会科学出版社，1982，第 238 ~ 296 页。

和《袁世凯与中国资本主义》①、滨口允子《周学熙与农工银行》② 和《中国的周学熙研究述评》③，以及美国学者费正清等主编《剑桥中国晚清史》④ 等，对民初财政形势及周学熙担任财长时的一系列举措均有研究。美国政治学者塞缪尔·P. 亨廷顿的《变革社会中的政治秩序》⑤ 对我们了解后发国家的现代化道路和民初财政集权等亦有一定的启发。

（四）民初陆军部研究

民初陆军部是国家最高军事行政机关，在空军尚未出现、海军实力弱小的情况下，陆军部掌控的陆军是国家最为重要的武装力量，担负着保国卫民、维护国家安全、社会稳定的重任。陆军部的建制、管理、决策及其在民国初年政治变局中所扮演的角色，既反映了民初国家体制的变迁，又直接影响到陆军现代化发展的成效。同时，陆军部又处于民初新旧交替的风口浪尖，因此，其发展直接关乎这一时期的政局走向。

长期以来，史学界、军事界对中国近代军事的研究，多从军事思想和军事制度两个层面来考察。从时段上讲，在清末和南京国民政府两个时期着力较多。这当然和新式陆军发轫于甲午之后，在清末取得突出成就，并在辛亥革命中扮演了急先锋的角色是分不开的。此外，还与20世纪90年代以来，清末新政研究在近代史研究中成为热门不无关系。至于南京国民政府时期的军事研究，与抗击日本侵略及中国共产党的发展有着千丝万缕的关系，许多新材料的发掘和解密也为其提供了新的血液。与前后两端汗牛充栋的史学著作相比，用门可罗雀来形容北京政府时期军事研究的现状，当不为过。除了部分研究必须追溯到该时期以求完整，大部分论著对此多一笔带过或语焉不详。

作为全国最高军政统率机构的陆军部，究竟是在怎样的背景下成立

---

① 〔日〕渡边惇：《袁世凯与中国资本主义》，丁日初主编《近代中国》第2辑，上海社会科学院出版社，1991，第230~245页。

② 〔日〕滨口允子：《周学熙与农工银行》，马玉珍译，天津社会科学院历史研究所、天津城市科学研究会编《城市史研究》第1辑，天津教育出版社，1989，第133~150页。

③ 〔日〕滨口允子：《中国的周学熙研究述评》，丁日初主编《近代中国》第1辑，上海社会科学院出版社，1991，第153~158页。

④ 〔美〕费正清等主编《剑桥中国晚清史》，中国社会科学院历史所编译室译，中国社会科学出版社，1993。

⑤ 〔美〕塞缪尔·P. 亨廷顿：《变革社会中的政治秩序》，李盛平等译，华夏出版社，1988。

的？与清末陆军部相比，其机构设置与职能有哪些递嬗？陆军部制度建设如何？在此期间颁布过哪些政令并达到何种成效？陆军总长段祺瑞是一个怎样的人，他对陆军部的控制是如何实现的？陆军部是否仅是镇压革命的帮凶而无积极作用可言？如果不是，其积极作用体现在哪些方面？对上述问题展开深入细致的研究和探讨，无疑意义匪浅。

1. 国内研究

（1）关于段祺瑞与民初陆军部的研究

段祺瑞是民初陆军总长，任职时间最长，对民初陆军部建设贡献最大，某种程度上，研究段祺瑞便是间接研究了陆军部。

段祺瑞在世期间，关于他的著作有两本，即沃丘仲子的《段祺瑞》和濑江浊物的《段祺瑞秘史》。前者介绍段祺瑞入仕前后之生平事迹，分为三编，上编分述段氏之家世、幼年及学生时代，以及赴德留学、小站练兵和清末民初出仕之情况；中编介绍段氏清末民初之政绩；下编概述段系之人物；书后还附录段氏诸多逸事。后者记述段祺瑞自出生至直皖战争这段时间的历史活动，对段氏在民国时期的活动记述尤详，此外还就直皖交恶的过程与结局进行了分析，书后也附录段氏逸事。以上两书是研究段祺瑞的一手资料，被研究者广泛征引。关于段祺瑞的年谱主要有两种，一是吴廷燮的《合肥执政年谱初稿》（一题《（合肥）段公年谱稿》，1938 年铅印），后被收入《中国近代史资料丛刊》等，章伯锋又进行整理，改名为《段祺瑞年谱》；一是胡晓编著《段祺瑞年谱》。其中胡著对段祺瑞在民国初年的活动仅以不足两万字记述，所用资料多为转引，参考价值稍逊。

关于段祺瑞与编练新军的研究，莫建来在《试论段祺瑞在北洋建军中的作用》[①] 一文中予以详细评述，对其促进中国早期军事现代化的历史功绩予以肯定。黄征等《段祺瑞与皖系军阀》[②] 对此也有论述，认为段祺瑞在中国近代军事教育史上占有一席之地，发挥了重要作用。

关于段祺瑞与辛亥革命的关系，研究者对该段史实并无争议，但就如何给予合理评价，学术界分歧较大。这之间的争鸣在单宝、李开弟和莫建来之间展开：单宝认为段祺瑞在客观形势的推动下，通电赞成共和，迫使清帝退位，以实际行动加快形势的发展，顺应了历史潮流，不能简单地认

为其是袁世凯篡夺政权的帮凶。^① 李开弟则认为段祺瑞发表共和通电，及其在孙中山就任临时大总统时发出主张君主立宪的通电，前后矛盾，表现出段祺瑞的政治立场并不坚定，"共和"也好，"君宪"也罢，段祺瑞不过是"帮助"袁世凯篡夺革命果实，不足称道。^② 莫建来对李文所据史料详细考订后，认为其所引段氏的"君宪"通电来源于李剑农的《中国近百年政治史》中一段记载，但该记载并未注明出处。莫经过六方面的考证，认为这段记载并不可靠，不能作为立论依据。^③ 他认为仅将段祺瑞的思想简单地看作披上"共和"外衣，略显草率，应将段祺瑞的这种表现还原到当时云谲波诡的政治形势中去，进一步考虑其对袁世凯心意的洞悉和个人动机的驱使。^④

关于段祺瑞与洪宪帝制的关系，丁贤俊认为段祺瑞虽然反对革命党，但其能冲破与袁20余年的私交而冒死维护共和、反对洪宪帝制，对于在忠孝节义环境下成长起来的将领，殊为不易。^⑤ 李开弟则认为段、袁间的矛盾仅为个人权力的争夺，绝非为"共和"思想，段祺瑞只不过是个一贯谋取私利而反复无常的政治投机分子而已。^⑥ 这两种论调虽具有一定的合理性，但都失之偏激。张华腾则将段、袁关系的微妙变化置于当时复杂的政治背景中考察，即袁世凯称帝，段势必有失势的潜在威胁，进而导致其消极抗拒帝制，并至双方矛盾不可调和的地步，认为段祺瑞对帝制的消极抵制，加速了洪宪帝制败亡。^⑦

（2）民初裁军研究

南北统一后，北京政府开始大肆裁减全国军队，成为时人关注的焦点问题，影响很大。就目前的研究成果来看，对其评价仍然停留在批评北京政府的裁军政策是"裁南不裁北"，以其为打压革命党人的一种手段。汪朝光认为民军遭到裁撤，是因为资产阶级革命党人秉持军队国家化理论的错误认识，是其对民初政治形势估计不当和财政窘迫的多重原因导致的结果。^⑧

① 单宝：《段祺瑞"三造共和"平议》，《安徽史学》1984 年第 5 期。
② 李开弟：《段祺瑞"三造共和"述评——兼与单宝同志商榷》，《安徽史学》1986 年第 1 期。
③ 莫建来：《段祺瑞领衔通电主张君宪、反对共和考辨》，《安徽史学》1992 年第 1 期。
④ 莫建来：《评辛亥革命中的段祺瑞》，《历史档案》1993 年第 2 期。
⑤ 丁贤俊：《论段祺瑞三定共和》，《历史档案》1988 年第 3 期。
⑥ 李开弟：《段祺瑞"三造共和"述评——兼与单宝同志商榷》，《安徽史学》1986 年第 1 期。
⑦ 张华腾：《袁段矛盾与洪宪帝制的败亡》，《殷都学刊》2006 年第 2 期。
⑧ 汪朝光：《论民初裁兵问题及其与资产阶级的关系》，《近代史研究》1986 年第 2 期。

李文平《民国前期的扩军与裁军问题研究》、刘凤翰《辛亥革命前后全国军事蜕变》、张伟《集权分权之争与民初军政——民初中央与地方关系研究系列之一》、李中福和周望高《李烈钧督赣期间的得失探析》、张爱华和欧七斤《略论民初南京留守府》等文均对民初裁军有不同程度的论述。

（3）关于军事教育的研究

考察军事教育是研究和探讨近代军队发展、军事活动演进的主要途径之一，学界在此处关注较多。王逸峰《袁世凯与中国近代军事教育》①、陈建中《清末陆军四级制军事学堂体系研究》②、苏魏《清末陆军小学堂研究》③ 对此均有论述。相比之下，对民初军事教育研究无论是广度还是深度都远不及对清末。苏贻明在《民国前期军校教育概论》中，细述清末民初军事教育发展实况，且概述了民国前期著名军事院校演进情形，认为民国北京政府时期的军事教育在中国近代军事史、军事教育史上具有特殊的地位。④ 朱建新在《论清末民初的军事学校》一文中对清末民初军校发展的历史进程、军校的分类及其历史作用等予以系统阐述。⑤ 关于清末地方军事教育机构，任方明在《袁世凯与直隶军事教育》一文中讨论了袁世凯在直隶编练新军、兴办近代军事院校的情况，指出此举加快了直隶地区近代军事教育的发展。⑥ 吴达德就云南讲武堂的发展概况及其特点、在中国近代军事教育上的突出地位、成功经验及有益启示进行了探讨。⑦ 此外，苏贻明《晚清军校教育的兴起及其特点》、邓亦武《20 世纪初的军事教育近代化及其影响》、黄新宪《中国军事教育近代化的历史进程》等文也都论及清末民初军事教育的演进状况。

（4）关于民初军衔研究

军衔是在近代工业文明下发展起来的产物，用于表明军人的身份、地位、荣誉及待遇。近代中国引进军衔制肇始于清末新军，发展于北京政府时期，完善于南京国民政府时期。学界对近代中国军衔的研究相对薄弱，

---

① 王逸峰：《袁世凯与中国近代军事教育》，硕士学位论文，苏州大学，2000。
② 陈建中：《清末陆军四级制军事学堂体系研究》，硕士学位论文，解放军国防科技大学，2007。
③ 苏魏：《清末陆军小学堂研究》，硕士学位论文，华东师范大学，2009。
④ 苏贻明：《民国前期军校教育概论》，《军事历史研究》1990 年第 3 期。
⑤ 朱建新：《论清末民初的军事学校》，《中州学刊》1993 年第 3 期。
⑥ 任方明：《袁世凯与直隶军事教育》，《文物春秋》1997 年第 4 期，
⑦ 吴达德：《试论清末民初的云南陆军讲武堂》，《四川师范大学学报》2009 年第 3 期。

且大多呈现出重"述"而轻"论"的特点。军事科学院军制研究部及解放军报编辑部编写的《军衔》，是目前研究我国军衔萌发、嬗递的重要著作，详细阐述了近代中国各时期军衔蜕变，具有发微阐幽的作用。① 徐平在《旧中国的军衔制度》一文中，系统论述旧中国各个时期的军衔发展情形，通过列表形式比较各时期军衔制度的差异。② 张建基《民国军衔制度述略》对南京临时政府和北京政府时期的军衔递变做了较为细致的梳理。③ 此外，庄进《我军军衔制度的历史沿革》、杨志高《我国的军衔制》也论及清末民初军衔制度的发展。但现有论著对与军衔相匹配的军服及军礼甚少关注。另有许效正《袁世凯与清末民初军衔制度的实施》一文重点阐述了袁世凯在军衔制度方面的贡献。④

2. 国外研究

美国学者费正清主编《剑桥中华民国史》着重强调了洪宪帝制中段祺瑞的政治态度："他自民国以来一直担任陆军总长，但在 1915 年 5 月，却因与袁政见不合，提出辞职，而且在袁推行帝制过程中，一再拒绝袁的请求，执意不肯出山。"⑤ 袁世凯去世后，段祺瑞以国务总理身份实际控制了北京政府，"为了增强其影响力，巩固个人权力基础，段祺瑞希望与日本建立更为密切的关系"，⑥ 而"日本政府所采取的积极的亲段姿态，事实上从财政上到军事上加强了段政权，而削弱了南方以国民党为首的反段势力"。⑦ 美国学者麦科德对民初段祺瑞裁军有一定的研究，尤其是对谭延闿的湖南裁军给予充分肯定。⑧

日本学者对段祺瑞的研究成果主要有《袁世凯と段祺瑞》⑨、"支那"研究会编《段祺瑞の崛起》、亚细亚学生会编《黎明の支那》⑩、佐藤俊三

① 军事科学院军制研究部、解放军报编辑部编《军衔》，长征出版社，1985。

② 徐平：《旧中国的军衔制度》，《炎黄春秋》2002 年第 9 期。

③ 张建基：《民国军衔制度述略》，《军事历史研究》1989 年第 3 期。

④ 许效正：《袁世凯与清末民初军衔制度的实施》，《广东社会科学》2015 年第 4 期。

⑤ 费正清主编《剑桥中华民国史》第一部，章建刚等译，上海人民出版社，1991，第 263 页。

⑥ 费正清主编《剑桥中华民国史》第二部，章建刚等译，上海人民出版社，1992，第 114 页。

⑦ 费正清主编《剑桥中华民国史》第二部，章建刚等译，第 116 页。

⑧ 〔美〕麦科德：《谭延闿湖南裁军新说》，周秋光译，《湖南师范大学社会科学学报》1995 年第 3 期。

⑨ 《袁世凯と段祺瑞》，同台经济恳话会：《近代日本戦争史》第 2 编，同台经济恳话会，1995 年 4 月。

⑩ 亞細亞學生會编《黎明の支那》，《支那研究资料第 1 年（5）》，大陸社，1917～1918 年。

《支那近世政党史》① 等。

（五）民初海军部研究

中国军事现代化，最早是从建设海军开始的。甲午战争一役，时为海军主力的北洋海军全军覆没，给海军的发展带来了毁灭性的打击。清政府把重心放在发展新式陆军的同时，也一直在致力于恢复和发展海军，最终于1911年成立海军部。民初海军部虽然也是在清政府海军部的基础上发展而来的，但所能继承的为数甚少，从这个意义上讲，民初海军部几乎是一个崭新的国家军事管理机构。刘冠雄自海军部成立以来到段祺瑞执政北京政府，一直任海军总长，是民初海军部的建设者，所以研究民初海军部必须与研究海军总长刘冠雄结合起来。民初海军有什么发展？海军部在制度建设方面有什么特点？海军部内部结构如何？海军人才培养如何？刘冠雄任总长期间主要贡献有哪些？这些问题均值得深入研究。

1. 国内研究

最早对北洋海军进行探讨的是民初的池仲祐，他在海军服役几十年，参加过黄海海战，其所著《海军大事记》② 和《海军实纪》③，大都依据旧署案牍、奏章、电稿及海军各将士亲身见闻。

国内对清末、民国海军及海军部的研究，主要集中于以下几个方面。

（1）回忆录及资料汇编出版

《旧中国海军秘档》④ 选取新中国成立前在海军任职的著名人物如汤芗铭、沈鸿烈等的回忆录，文章大都写作于20世纪六七十年代，属于历史亲历者的回忆录或口述史性质资料，有一定的参考价值。《辛亥革命回忆录》⑤ 保存了大量辛亥革命亲历者的回忆内容。《福建文史资料》⑥ 第8辑《海军史料专辑》中有大量亲历者回忆福州船政局和中法马江战役的文章，

---

① 〔日〕佐藤俊三：《支那近世政党史》，大阪屋号书店，1940。
② 池仲祐：《海军大事记》，沈云龙主编《近代中国史料丛刊续编》第18辑，台北：文海出版社，1967。
③ 池仲祐：《海军实纪》，沈云龙主编《近代中国史料丛刊续编》第18辑，台北：文海出版社，1967。
④ 文闻编《旧中国海军秘档》，中国文史出版社，2006。
⑤ 谭永年主编《辛亥革命回忆录》，台北：文海出版社，1958。
⑥ 福建省政协文史资料研究委员会编《福建文史资料》第8辑《海军史料专辑》，福建人民出版社，1984。

并谈及当时一些著名的海军将领。《清末海军史料》① 搜集了 19 世纪 60 年代至 1911 年辛亥革命之间涉及海军兴衰的大量档案、个人文集等。《中华民国海军史料》② 是又一部中国海军史专题资料汇编，所收史料的年代起于 1912 年、迄于 1949 年，主要反映了中华民国海军的发展情况。该书所收史料大多为中华民国政府或海军部（海军总司令部）档案，也兼收了少部分确有研究和参考价值的非档案资料及个人回忆录，还选收了一定数量的照片。丰富的史料对民国海军史的研究有重要的推动作用，也为本书的写作提供了翔实的史料参考。

（2）海军史研究

《北洋海军》③《北洋舰队》④《晚清海军兴衰史》⑤《龙旗飘扬的舰队——中国近代海军兴衰史》⑥《中国近代海军史事日志（1860～1911）》⑦《中国海防史》⑧ 等著作，是研究晚清海军海防史的重要成果，它们详细地论述了晚清海军兴办与衰落的全过程，展现了清末海军发展的历史。《中国海军史》⑨《近代中国海军》⑩《中国近代海军史》⑪《中华民国海军史事日志（1912.1～1949.9）》⑫《中国海军百科全书》⑬ 等著作以整个近代海军的发展历程为论述对象，史料丰富而翔实，对中华民国时期的海军有较为完整的记录，同时也为这一时段的海军史研究提供了一条清晰的线索。

（3）海军教育研究

《中国近代教育史资料汇编·洋务运动时期教育》⑭ 详细列举了福建船政学堂的沿革和规则、教习和学生、课程和实习及留学等方面的众多史

①　张侠等编《清末海军史料》，海洋出版社，1982。
②　杨志本主编《中华民国海军史料》，海洋出版社，1987。
③　戴逸：《北洋海军》，中华书局，1963。
④　戚其章：《北洋舰队》，山东人民出版社，1981。
⑤　戚其章：《晚清海军兴衰史》，人民出版社，1998。
⑥　姜鸣：《龙旗飘扬的舰队——中国近代海军兴衰史》，生活·读书·新知三联书店，2002。
⑦　姜鸣：《中国近代海军史事日志（1860～1911）》，生活·读书·新知三联书店，1994。
⑧　杨金森、范中义：《中国海防史》，海洋出版社，2005。
⑨　包遵彭：《中国海军史》，中华丛书编审委员会，1970。
⑩　海军司令部《近代中国海军》编辑部编著《近代中国海军》，海潮出版社，1994。
⑪　吴杰章等主编《中国近代海军史》，解放军出版社，1989。
⑫　苏小东编著《中华民国海军史事日志（1912.1～1949.9）》，九洲图书出版社，1999。
⑬　中国海军百科全书编审委员会编《中国海军百科全书》，海潮出版社，1998。
⑭　高时良、黄仁贤编《中国近代教育史资料汇编·洋务运动时期教育》，上海教育出版社，2007。

料。关于福建船政学堂派遣学生赴欧留学问题，分为派遣、奖励和附录三部分，保留了李鸿章、沈葆桢等人的奏折及时人对留欧学生的评论。《中国教育制度通史》① 一书也论述了近代中国第一所海军教育学校——福州船政学堂和派遣留欧学生的具体情况。

《中国近代第一所海军制造学校——福州船政学堂及其留学教育》② 《晚清海军留学英法述析》③ 《近代中国海军教育与甲午海战》④ 《福州船政学堂与中国近代海军教育体系的形成》⑤ 等论文从人才培养的角度对清末海军发展进行了研究。黄建平将晚清北洋海军闽籍将领群体置于整个近代海军建设的大背景下进行考察，揭示了这个群体的形成、贡献和缺陷。⑥ 《论清海军战略思想——兼与日美海军战略思想比较》⑦ 《论〈北洋海军章程〉》⑧ 《试论近代中国海军建设的严重失误》⑨ 等文探讨了清末海军建设的成果及失误，这些失误归结到一点就是落后的封建制度不适应属于先进资本主义产物的近代中国海军。《刘冠雄评略》⑩ 《两次中日战争之间中国发展海军的历史沉思》⑪ 《民国初年中国海军战略战术理论述论》⑫ 《近代中国的海军总司令》⑬ 《中国海军宿将陈绍宽》⑭ 等文，对民初海军的建设进行了研究。

---

① 李国钧、王炳照总主编《中国教育制度通史》，山东教育出版社，2000。
② 王冬凌：《中国近代第一所海军制造学校——福州船政学堂及其留学教育》，《航海教育研究》2004 年第 1 期。
③ 屈春海：《晚清海军留学英法述析》，《历史档案》2004 年第 3 期。
④ 高翠莲：《近代中国海军教育与甲午海战》，《军事历史研究》1990 年第 2 期。
⑤ 陈美慧：《福州船政学堂与中国近代海军教育体系的形成》，《宁夏社会科学》2004 年第 5 期。
⑥ 黄建平：《北洋海军中的闽籍将领——对晚清一个特殊军事群体的研究》，硕士学位论文，福建师范大学，2007。
⑦ 李国华：《论清海军战略思想——兼与日美海军战略思想比较》，《军事历史研究》1988 年第 4 期。
⑧ 马骏杰：《论〈北洋海军章程〉》，《历史档案》2000 年第 4 期。
⑨ 李宜霞、李培礽：《试论近代中国海军建设的严重失误》，《桂林市教育学院学报》1999 年第 9 期。
⑩ 陈贞寿、刘传标：《刘冠雄评略》，《福建论坛》1996 年第 4 期。
⑪ 戴彦清、马俊杰：《两次中日战争之间中国发展海军的历史沉思》，《军事历史》2000 年第 4 期。
⑫ 皮明勇：《民国初年中国海军战略战术理论述论》，《军事历史研究》1994 年第 2 期。
⑬ 唐宏：《近代中国的海军总司令》，《海洋世界》1994 年第 10 期。
⑭ 陈贞寿：《中国海军宿将陈绍宽》，《航海》1982 年第 5 期。

2. 国外研究

美国学者罗林森的《中国发展海军的奋斗》①（*China's Struggle for Naval Development，1839 – 1895*）研究了晚清海军的发展。美国学者欧内斯特·P. 扬《1912 ~ 1915 年的袁世凯》② 一书在第三章里探讨了袁世凯的追随者刘冠雄的事迹，认为袁世凯很器重刘冠雄，刘冠雄也忠诚于袁世凯。正是因为总统、海军总长的密切合作，才有了民初海军的发展。但是鉴于民初财政困厄的制约，刘冠雄的庞大发展计划大都无奈搁浅。

（六）民初教育部研究

教育部是民初国家主管文化教育事业的国家行政机关。中华民国成立后，深刻急剧的社会变革，尤其是政体的改变，极大地推动了教育现代化的步伐。所谓教育现代化，就是指几千年来与自给自足的封建农业经济基础和专制政体相适应的传统教育逐步向与近代大工业生产、资本主义发展相适应的新式近代教育转化与演变的历史过程。这个过程，充分体现在教育观念、教育制度、教育内容、教学方法等各个层面。1912年设立的教育部，作为当时全国最高教育行政机构，其建制、决策、管理，既是当时社会政治经济变革的反映，又体现出民初教育发展的成果与局限。其对近代教育的兴衰成败乃至政局变化与社会变迁，都有举足轻重的作用。

教育部是在怎样的背景下设立的？与晚清学部相比，它的机构设置与职能发生了怎样的变化？历任教育总长在职期间颁布过哪些政策？又在当时产生了怎样的影响？对这些问题进行深入、系统的探讨和研究，无疑具有重要的历史意义。

目前史学界对民初教育的研究具有以下两个特点：第一，通史著作居多，民国教育研究多作为其中一个部分出现；第二，对民国教育的研究多从教育思想和教育制度两个角度着手，而对教育部及与之相关的历史人物的研究较为少见。总体而言，当前对民初教育部的研究还有进一步深入的必要和价值。

---

① 〔美〕罗林森：《中国发展海军的奋斗》，苏小东、于世敬译，海军军事学术研究所，1993。
② 〔美〕欧内斯特·P. 扬：《1912 ~ 1915 年的袁世凯》，张华腾等译，河南人民出版社，2010。

1. 国内研究

关于中华民国时期教育部的研究，大致可分为以下几个时期。

（1）20 世纪 30 年代

舒新城主编的《近代中国教育史料》（共四册），依时间顺序，分门别类地收集整理了有关近代教育的文献资料。1936 年，曾任职于教育部的蒋维乔以回忆录形式撰写了《清末民初教育史料》，其中对民初教育部及地方教育行政机构的建制沿革叙述较为完整。此时期值得注意的还有 1914 年留美学者郭秉文于哥伦比亚大学完成的博士学位论文《中国教育制度沿革史》，① 其重点在于研究中国近代教育制度的建立和发展。陈翊林《最近三十年中国教育史》② 首次系统叙述了近代教育部发展概况，除中央与地方的普通教育和学制系统外，还分别就初等教育、实业教育、师范教育、留学教育几个部分进行评述。曾任学部实业司司长的陈宝泉撰写的《中国近代学制变迁史》③ 主要论述了近代学制发展，对民初教育部也有所涉及。此外，还有大量有关近代学制、教育思潮、教育行政、女子教育、地方教育等专题的研究和论著。

（2）20 世纪 60 ~ 70 年代

该时期关于近代教育的著作较少，其中值得一提的是 1961 年人民出版社将舒新城的《近代中国教育史料》进行重新整理，出版了《中国近代教育史资料》三册，书中按照阶级斗争观念和近代史分期法，将有关民初教育部的史料分为教育宗旨、政策制度、教育行政、各类教育发展沿革等进行归纳。1979 年人民教育出版社先后出版了陈景磐《中国近代教育史》、顾树森《中国历代教育制度》等系列成果。上述著作既为随后的研究起到了范式作用，又留下了相当空白，呼唤着中国教育史研究高潮的到来。

（3）20 世纪 80 年代以来

这一时期，中国国内关于近代教育的研究形成了新中国成立以来前所未有的研究热潮，取得了大量重要成果。

首先，相关史料大量出版。1983 ~ 1993 年，华东师范大学出版社出版了朱有瓛主编的《中国近代学制资料》（共四辑），在第 3 辑中，作者从学

---

① 郭秉文：《中国教育制度沿革史》，上海商务印书馆，1916。
② 陈翊林：《最近三十年中国教育史》，太平洋书店，1930。
③ 陈宝泉：《中国近代学制变迁史》，北京文化学社，1927。

制沿革、教育行政机构与教育宗旨之变革、学校规制等方面对民国初年有关学制和学校的资料进行了系统整理，是研究民国教育不可多得的史料。南京中国第二历史档案馆自 1981 年开始，利用馆藏档案，整理出版了《中华民国史档案资料汇编》《中华民国史档案资料丛刊》，其中《中华民国史档案资料汇编》第三辑分别从教育方针政策、学校教育、社会教育、国外教育、捐资兴学等方面对民国教育进行了系统总结，收录了大量教育部颁布的重要法令及政策，对研究民国教育部有重要的史料价值。20 世纪 90 年代，上海教育出版社出版了《中国近代教育史资料汇编》，以专题为经、以年代为纬进行编排，吸取此前各种近代教育史资料的成果，在收集文集、年谱、日记等方面有所扩展，且将教育家的议论、章程的初拟和修订分别立项，成为迄今为止近代教育史史料编辑的集大成之作。其中《教育行政机构及教育团体》单独成册，收集了民国时期有关教育部的部分基本资料，其他如《普通教育》《学制演变》《实业教育师范教育》《高等教育》等分册，均有关于教育部的内容。

其次，有关中国近代教育史的研究取得了更为明显的进展，最突出的成果是《中国教育通史》[①] 和《中国教育家评述》[②] 的出版，这两部书揭示了中国教育现代化的历史进程，对清末朝廷的教育改革及北洋军阀时期、国民政府时期的教育都进行了比较客观公正的论述和评价，对蔡元培、陶行知等近现代教育家给予了足够的肯定性评价。李华兴主编的《民国教育史》[③] 中叙述民初教育的发展沿革时，对教育部的相关政策和举措进行了分析评价，并以多学科视角，将各种教育思想流派的影响、学制的变化调整、教育行政制度的演变和管理运作以及各类教育的发展沿革，置于中国现代化进程中考察，运用哲学、教育学、行政管理学和历史学的理论，在研究的深度与广度上都有新的突破。由王炳照、阎国华主编的《中国教育思想通史》[④] 的第 6 卷以教育思想的演变为线索，对辛亥革命后 1912～1927 年间各种教育思潮进行系统的分析和探讨，并对这一阶段教育思潮的出现提出了历史的反思。李国钧、王炳照总主编的《中国教育制度通史》[⑤] 第 7

①　毛礼锐、沈灌群主编《中国教育通史》，山东教育出版社，1989。
②　沈灌群、毛礼锐主编《中国教育家评述》，上海教育出版社，1988。
③　李华兴主编《民国教育史》，上海教育出版社，1997。
④　王炳照、阎国华主编《中国教育思想通史》，湖南教育出版社，1994。
⑤　李国钧、王炳照总主编《中国教育制度通史》，山东教育出版社，2000。

卷以相关研究成果为基础，旨在全面把握民国教育制度的评价尺度，对民初教育部研究具有参考作用。

最后，有关民国时期教育思想家的研究也有大量成果，其研究对象主要集中在蔡元培、陶行知、晏阳初等人，尤其是蔡元培，作为中国近代教育部设立后的第一任教育总长以及后来的北大校长，长期受到学者的关注。有关蔡元培的专著非常之多，《蔡元培全集》①《蔡元培选集》②《蔡元培研究集》③，都着重于论述和研究蔡元培在不同时期的教育思想，对其为近代教育发展所做出的贡献予以积极评价。此外，张华腾、苏全有在《袁世凯与中国近代化》一书中，对袁世凯与民初教育近代化有专章描述，尤其提到"壬子癸丑不仅有利于培养急需的人才，而且有利于教育的普及，有利于普通民众子女入学。此学制实行了 10 年，直到 1922 年新的学制'壬戌学制'颁布之后才失去效力。壬子癸丑学制在中国近代教育史上有着重要的影响，起了承上启下的历史作用"。④

除上述著作，还有一批研究中华民国时期教育的重要论文发表。李华兴在《民国教育与中国现代化》⑤ 一文中将中华民国时期的教育分为胚胎期（晚清）、创始期（1911～1915）、改革期（1915～1917）、发展和定型期（1927～1937）、演进与衰落期（1937～1949）五个阶段；《论民国教育史的分期》⑥ 一文将民国教育的演进置于中国传统教育向现代教育转变的全过程中进行分析，把民国教育的效应放在中国社会由中世纪向现代化转型的大背景中加以衡定。张元隆在《民国教育经费制度述论》⑦ 一文中从教育经费制度研究入手探讨民国教育，指出教育经费是教育事业赖以生存和发展的基本物质条件，其数额确定、筹措手段、管理使用、监督体制等都在很大程度上制约着教育的建设规模和发展走向。

2. 国外研究

《剑桥中华民国史》对民初的教育改革有所涉及，对其给予了比较中

---

① 高平叔编《蔡元培全集》，中华书局，1984～1989。
② 中华书局编辑《蔡元培选集》，中华书局，1959。
③ 丁石孙等著，中国蔡元培研究会编《蔡元培研究集——纪念蔡元培先生诞辰 130 周年国际学术讨论会文集》，北京大学出版社，1999。
④ 张华腾、苏全有：《袁世凯与中国近代化》，青海人民出版社，1999，第 286 页。
⑤ 李华兴：《民国教育与中国现代化》，《江海学刊》1997 年第 5 期。
⑥ 李华兴：《论民国教育史的分期》，《上海师范大学学报》1997 年第 1 期。
⑦ 张元隆：《民国教育经费制度述论》，《安徽史学》1996 年第 4 期。

肯的评价。如书中指出，因为国家财政困难，所以袁世凯采取紧缩政策，包括对军队进行整编和缩减，但"教育多少算是这种紧缩政策的一个例外。袁经常不厌其烦地宣说公民教育的重要性，'国家之繁荣昌盛实系于国民之品德、知识和体力之高超。若欲提高国民此三者之水平，必得强化公民教育。'根据这些思想，一种免费的四年制初等教育系统——国民学校，很快发展起来"①。美国学者欧内斯特·P.扬在《1912~1915年的袁世凯》一书中，对民初袁世凯及民初教育给予较高评价，认为袁世凯及其政府在行政管理的多个方面采取压缩政策，但在教育方面则为例外，"袁世凯的民众教育计划是通过中央集权政府增强国家力量计划合乎逻辑的部分，所有人应该尽他们所能为国家服务"②。任达《新政革命与日本——中国，1898~1912》③ 一书对民初教育也有涉及。

（七）民初司法部研究

辛亥革命中创建的中华民国，不仅标志着中国共和民主新时代的到来，也意味着中国法制现代化的开始。民国司法部，不仅主管国家的法制，而且是行政、立法、司法三权分立体制下司法独立的开端。民初司法部究竟有哪些创建？清末的司法制度在民国有怎样的改革？比较西化的法律制度能否适应国情？地方对司法部指令的执行程度究竟如何？司法部如何保障司法独立？这其中的问题不可谓不多。学界对此进行了一定程度的研究。

1. 国内研究

（1）关于民初司法资料

《清史稿》《大清会典》中有关清末司法制度的介绍详细而具体，为研究民初司法制度的变革打下了基础。《清末筹备立宪档案史料》④ 是一套介绍清末新政的资料，其中的司法部分收录了大量清末司法改革的奏折，无论在制度史还是政策分析方面都有重要的参考作用。

《政府公报》是北京政府于1912年5月开始发行的中央官方刊物，为

---

① 费正清主编《剑桥中华民国史》第一部，第259页。
② 〔美〕欧内斯特·P.扬：《1912~1915年的袁世凯》，张华腾等译，第241~242页。
③ 〔美〕任达：《新政革命与日本——中国，1898~1912》，李仲贤译，江苏人民出版社，1998。
④ 故宫博物院明清档案部编《清末筹备立宪档案史料》，中华书局，1979。

研究司法部提供了大量一手史料，是本书主要采用的史料之一。《民立报》是清末民初资产阶级革命派主办的刊物，报中对北京政府既有客观冷静的分析，亦有辛辣的讽刺与抨击，从不同视角向我们展现出民初的社会状况，也是本书主要采用的史料之一。

清末与民初的司法制度可谓一脉相承，《沈寄簃先生遗书》① 是清末法制改革核心人物沈家本的著述，内容极其广博，是研究中国法制史和法律思想史的重要参考资料。《伍廷芳集》② 选编了伍廷芳进入清朝北洋大臣幕府后的著述、奏折等，是研究南京临时政府司法部的关键史料。董康是清末民初时期著名的法律人才，《董康法学文集》③ 中收录的内容有不少关于民初司法状况的记述。罗文干在民国初年即任司法要职，其撰写的《狱中人语》④ 可以为研究民初司法部提供参考。

（2）关于制度史与法制史方面的研究

对北京政府时期的制度研究中，钱端升的《民国政制史》⑤ 是一部代表性的著作，比较系统地介绍了这一时期司法部的组成及机构设置。此外，许多法制史著作同样涉及司法制度层面，如《中国法律发达史》⑥《中国司法制度》⑦《中国法制史》⑧ 等。《民国法规集成》⑨ 和《中华民国现行司法制度》⑩ 两书主要是对民国时期法典内容的汇编，亦有对相关制度的评价。在对司法部具体职能的研究上，主要有《中国监狱史》⑪《中国审判制度史》⑫《中国律师制度史》⑬《中华民国律师制度史》⑭《大赦特赦：

① 沈家本：《沈寄簃先生遗书》，中国书店，1990。
② 丁贤俊、喻作凤编《伍廷芳集》，中华书局，1993。
③ 何勤华、魏琼编《董康法学文集》，中国政法大学出版社，2005。
④ 罗文干：《狱中人语》，沈云龙主编《近代中国史料丛刊》第 2 辑，台北：文海出版社，1966。
⑤ 钱端升：《民国政制史》，上海人民出版社，2008。
⑥ 杨鸿烈：《中国法律发达史》，中国政法大学出版社，2009。
⑦ 袁红兵、孙晓宁：《中国司法制度》，北京大学出版社，1988。
⑧ 张晋藩：《中国法制史》，商务印书馆，2010。
⑨ 蔡鸿源主编《民国法规集成》，黄山书社，1999。
⑩ 廖与人编著《中华民国现行司法制度》，台北：黎明文化事业股份有限公司，1982。
⑪ 王志亮：《中国监狱史》，广西师范大学出版社，2009。
⑫ 那思陆：《中国审判制度史》，上海三联书店，2009。
⑬ 周太银、刘宽谷：《中国律师制度史》，湖北科学技术出版社，1988。
⑭ 徐家力：《中华民国律师制度史》，中国政法大学出版社，1998。

中外赦免制度概观》① 等宏观性研究的著作，为确认民初司法部的职能定位提供了一定的帮助。

清末法制改革是目前法制史学界研究的重点，也有学者着眼于从整体上论述自清末至改革开放的法制变革历程，如张晋藩主编《二十世纪中国法治回眸》②《20世纪中国法制的回顾与前瞻》③ 及其专著《中国近代社会与法制文明》④，都是这方面的代表性著作。曹全来《国际化与本土化——中国近代法律体系的形成》⑤ 认为中西法律文化经过一个多世纪的对立与融合，逐渐形成了一个新的近代化的法律体系——"六法体系"，而沈家本、梁启超、孙中山和王宠惠等人在其中扮演了重要角色。何勤华主编《法的移植与法的本土化》⑥ 是讨论一国法律可否由他国所移植以及移植后能否"生存""长大"的问题的一本论文集，其中有不少真知灼见，为本书的写作开拓了思路。

民初司法部是由清末法部过渡而来的，故研究清末法部的论文，对民初司法部研究有重要的参考作用，这方面的论文有邬仕聪《领事裁判权与清末的法制改革》⑦、赵俊明《晚清刑部与法部之比较》⑧、李育民《晚清改进、收回领事裁判权的谋划及努力》⑨，以及张从容《晚清中央司法机关的近代转型》⑩。严昌洪《北京临时政府的组建过程》⑪ 论述了北京政府如何接管清政府的中央机构、如何接收南京政府北上人员，探讨了北京临时政府在政权过渡时期所发挥的作用。民初司法部与大理院的争端也是这一阶段司法部的一个重要事件，严昌洪《试论民国初年部院之争》⑫ 对这场争端做了比较全面的梳理，认为论争暴露了政权更迭之初行政制度和法律制度因草创而不够完备的问题。

① 郭金霞、苗鸣宇：《大赦特赦：中外赦免制度概观》，群众出版社，2003。
② 张晋藩主编《二十世纪中国法治回眸》，法律出版社，1998。
③ 张晋藩主编《20世纪中国法制的回顾与前瞻》，中国政法大学出版社，2002。
④ 张晋藩：《中国近代社会与法制文明》，中国政法大学出版社，2003。
⑤ 曹全来：《国际化与本土化——中国近代法律体系的形成》，北京大学出版社，2005。
⑥ 何勤华主编《法的移植与法的本土化》，法律出版社，2001。
⑦ 邬仕聪：《领事裁判权与清末的法制改革》，《金卡工程·经济与法》2008年第5期。
⑧ 赵俊明：《晚清刑部与法部之比较》，《沧桑》2009年第3期。
⑨ 李育民：《晚清改进、收回领事裁判权的谋划及努力》，《近代史研究》2009年第1期。
⑩ 张从容：《晚清中央司法机关的近代转型》，《中国政法大学学报》2004年第1期。
⑪ 严昌洪：《北京临时政府的组建过程》，《历史教学》2004年第7期。
⑫ 严昌洪：《试论民国初年部院之争》，《华中师范大学学报》2003年第5期。

（3）关于司法界重要人物的研究

在司法界重要人物研究方面，有关民初司法部三位总长的研究也取得了一定的成果。如于语和《王宠惠法律思想与实践述评》①、华有根《略论近代中国法学家王宠惠的刑事立法思想》②，对王宠惠在民初司法部的法律实践做了不少研究与分析。李在全《司法官视野中的近代中国法治：路向与功用——以董康、许世英为中心》③认为许世英等人早年倾向于用法律改造社会，晚年则体会到法治的建构离不开对现存秩序的维护，这与其个人遭遇及时代处境是密切相关的。李贵连《沈家本评传》④、陈柳裕《法制冰人——沈家本传》⑤都是史料非常扎实的人物传记，为我们展现了沈家本在清末民初的司法界所起到的举足轻重的作用。张礼恒《从西方到东方——伍廷芳与中国近代社会的演进》⑥，将伍廷芳的人生经历和思想发展放到中国乃至世界近代文明的发展历程下进行考量，从而揭示出中国新式知识分子在文明冲突和社会转型过程中的复杂心态和艰难抉择。《许世英先生纪念集》⑦是在许世英逝世以后收集的各界人士对其评价的一本文集，文集中披露了许多许世英宦海生涯中不为人知的细节。《梁启超传》⑧与《梁启超年谱长编》⑨对梁启超短暂的司法总长经历也有所涉及。

2. 国外研究

美国学者欧内斯特·P.扬认为："共和国从晚清改革中继承了一个司法独立系统的蓝图，一个在全国已经建立的法院框架结构和一个准备颁布的现代刑法典。民国元年，刑法典颁布。新法院的扩充在不同省份中以不同的比例着手进行。到1913年底，全国大约10%的县拥有了蓝图中所提供的初审法院，地方法院几乎完成，而且除了三个省外，所有的省有了总

---

① 于语和：《王宠惠法律思想与实践述评》，《天津大学学报》1999年第3期。
② 华有根：《略论近代中国法学家王宠惠的刑事立法思想》，《上海社会科学院学术季刊》1992年第3期。
③ 李在全：《司法官视野中的近代中国法治：路向与功用——以董康、许世英为中心》，《福建论坛》2008年第8期。
④ 李贵连：《沈家本评传》，南京大学出版社，2005。
⑤ 陈柳裕：《法制冰人——沈家本传》，浙江人民出版社，2006。
⑥ 张礼恒：《从西方到东方——伍廷芳与中国近代社会的演进》，商务印书馆，2002。
⑦ 黄伯度编《许世英先生纪念集》，沈云龙主编《近代中国史料丛刊续编》第49辑，台北：文海出版社，1978。
⑧ 吴其昌：《梁启超传》，百花文艺出版社，2004。
⑨ 丁文江、赵丰田编《梁启超年谱长编》，上海人民出版社，1983。

计划所要的最高法院。最高法院处于北京的操纵之中。目的不仅仅是迁移来自行政结构方面司法分配的负担。它是朝着废除在华外国人免于中国法律追究的治外法权方向迈出明确的一步……换句话说，司法改革是 20 世纪早期民族主义的一部分。"[①] 袁世凯政府聘请的法律、政治顾问、美国学者古德诺和日本学者有贺长雄等对民初司法也有一定的研究。

三　论述思路

辛亥革命、南北议和的结局是中华民国北京政府的成立。北京政府成立之前，南北实际上存在清政府和中华民国南京临时政府两个政府。清政府虽然随着 1912 年 2 月 12 日宣统皇帝宣布退位已告覆灭，但责任内阁体系下的国家行政各部——外务部、农工商部、学部、法部、邮传部、巡警部、陆军部、海军部、度支部、理藩部等还掌握着实际权力，在新政府成立之前，它们还在维持社会秩序，以完成权力的和平移交。南京临时政府虽然为时甚短，但也设有外交、内务、财政、陆军、海军、教育、工商、司法、交通等中央行政部门。中华民国北京政府实际接收了清政府和南京临时政府两份遗产。在起用人才方面，原则是不分南北、唯才是举，将几种政治势力——北洋集团、革命党、立宪派等融为一体，建立各方面都能接受的北京联合政府。在行政各部总长中，北洋集团有外交总长陆徵祥（倾向北洋）、内务总长赵秉钧、陆军总长段祺瑞、海军总长刘冠雄、交通总长施肇基（初由唐绍仪兼）5 个名额，革命党有教育总长蔡元培、工商总长陈其美、农林总长宋教仁、司法总长王宠惠 4 个席位，财政总长为立宪派熊希龄。南北双方共同议定候选人名单，议会投票选举，公诸报端。中华民国北京政府就是在这样的政治氛围中诞生的。革命党执政不足 3 个月就随着总理唐绍仪的辞职而退出北京政府，北京政府就此成为以北洋集团政治势力为主的中央政府。

有鉴于此，我们对民初国家行政各部的研究便从这里开始。鉴于政治制度史的写作惯例，本书的论述从清末国家行政各部变革开始，止于 1916 年 6 月袁世凯去世。如海军部、司法部等因情况特殊，则不受此限。

民初国家行政各部虽然是分别接收清政府各部与南京临时政府各部而立，但绝不是清末国家行政各部与南京临时政府时期行政各部的简单翻

---

① 〔美〕欧内斯特·P. 扬：《1912~1915 年的袁世凯》，张华腾等译，第 235 页。

版，而是在《中华民国临时约法》与《中华民国约法》的精神下执政，且各部的运作都有具体的法规，各部的执掌、内部设置与分工都清晰明确，各部局人才的聘用都有专业技术的限定。比如外交部要求至少精通一门外语，具有法律专业的基础知识；海军部人才、陆军部人才有军事院校毕业的限定；教育部有海外学历与国内学术声望的要求等。有鉴于此，详尽考察各部科层化、专业化、现代化与国际化的发展过程是本书的重点。各部运作及其成效，即在民初社会发展中所起的作用是我们认识民初各部的基础。

必须指出的是，本书考察、研究民初国家行政各部，以马克思主义唯物史观为指导，以罗荣渠中国化的现代化理论为支撑，参照美国学者亨廷顿提出的实现政治现代化的三个方面，即权威的合理化、新的政治功能的区分化以及发展专门机构履行这些功能和参政扩大化理论，对各部进行详尽的分析，探究各部履行的责任和为民初社会发展和进步所做出的贡献以及存在的问题。

本书的写作以历史学理论与研究方法为主导，同时涉及政治学、行政管理学、外交学、法学、军事学、教育学、社会学等学科的概念与研究方法，使各部研究分别体现出各自的特色。

民初行政各部研究是一个新的课题，我们试图在本书中展现新旧交替时期国家最高行政机关的运作全景及运转的效力，展现北洋集团政治势力为中心的统治阶级治国理政的水平及缺陷。鉴于交通部①与农工商部②研究成果已经先期出版，本书呈现的是两部以外的外交、内务、财政、陆军、海军、教育、司法共七部的研究状况，按北京政府各部序列进行写作，特此说明。

---

① 杨涛、李金全：《民初交通部研究》，陕西科学技术出版社，2015。
② 丁健：《清末民初中央实业管理机构整合及转型研究》，中国社会科学出版社，2018。

第一章 外交部研究

民初外交部位列行政各部之首，承担国家外交的重任。国务总理有故，一般情况下首选外交总长主持国务院工作或署理国务总理。北京政府时期对外交工作的重视超过此前其他时期。北京政府外交部虽沿袭清末外务部与南京临时政府外交部，但在创立之初就具有鲜明的特点，专业化、知识化、现代化的水准最高。外交部孕育了民初外交官群体，是民初外交官群体的大本营。弱国无外交几乎是世界所有弱小国家不得不接受的现实，但在民初国家积贫积弱的特殊国情下，外交官陆徵祥、顾维钧、孙宝琦、颜惠庆、周自齐、施肇基、梁如浩、王宠惠、王正廷、蔡绍基、蔡廷干、胡惟德、刘玉麟等为了国家的主权和尊严，以他们的智慧和才华，与列强斗智斗勇，推动国家一步步走向世界、走向现代，在国际舞台上发出中国的正义呼声。其联合欧美以制日的外交方略为后来的南京国民政府所继承。

第一节 北京政府外交部的渊源与成立

民国成立以后，政府成立外交部接管清朝外务部，并在外务部管理体制基础上，借鉴西方经验，不断改革以完善自身组织机构。中华民国外交部是当时主管中国外交事业的专门机构，它的成立和运作加强了政府对外交事业的领导、管理和监督，暗合了民初外交发展和处理国际关系的需要，促进了中国外交事业的向前发展。

一 晚清外交机构沿革

（一）近代外交机构的萌生——总理衙门

古代中国虽有礼部、鸿胪寺等衙署处理外事，但绝不等同于近代国际关系中的外交机构。鸦片战争前的中国政府将对外关系视为"理藩"，无所谓外交，也就无所谓外交机构。清立国之初，设立礼部负责管理对外礼仪、贡举等；又设立理藩院主管少数民族地区事务，参与对俄国的交涉。但二者皆不是专门的外交机构，对外事务只属于其部分职责或兼职。鸦片战争中，清政府战败，被迫签订《南京条约》，根据其开放通商口岸的内容，清政府设"五口通商大臣"负责广州等五个口岸的通商事务，并兼办相关对外事务。同一时期，由地方督抚办理对外交涉后经军机处、皇帝批准的现象也继续存在。随着外交事务的日益增多，《北京条约》签订后，外国使节进驻北京，西方列强对清政府在处理外交事务时部门间权力交错、责任不明的状况日益不满，施加压力使清政府改革外交体制。可见，鸦片战争是中国被迫走向世界的开始。但也正是在这一历史转折下，中国逐渐展开与西方国家的频繁交往。近代外交蹒跚起步，其重要标志便是总理衙门的设立。

1860 年 12 月，奕訢等上奏善后事宜六条，首请设立总理各国事务衙门于京师。奏折云："查各国事件，向由各省督抚奏报，录总于军机处。近年各路军报络绎，外国事务，头绪纷繁。驻京之后，若不悉心经理，专一其事，必致办理延缓，未能悉协机宜。请设总理各国事务衙门，以王大臣领之，军机大臣承谕旨，非兼领其事，恐有歧误，请一并兼管，并请另给公所，以便办公，兼备与各国接见。其应设司员，拟于内阁部院军机处各司员章京内满汉各挑取八员，轮班入值。一切均仿军机处办理，以专责成。"① 1861 年 1 月 12 日，咸丰帝批准了这一奏请，发布上谕："恭亲王奕訢等筹议各条均系实在情形，请照原议办理……京师设立总理各国通商事务衙门，着即派恭亲王奕訢、大学士桂良、户部左侍郎文祥管理。"② 就这样，一个不同于礼部和理藩院，又有别于近代西方国家外交部的过渡性外交机构建立起来。

总理衙门内部组织结构效仿军机处，主要由总理大臣和章京组成。总理大臣一级，首领 1 人，由亲王等皇族或军机大臣兼领；总理大臣无定额，由军机大臣兼领。下有总理大臣上行走及总理大臣上学习行走，由内阁和各部院大臣选任。以上各大臣均由皇帝直接任命。与清廷其他机构不同的是，总理衙门采取分属办事，即按文件的类别分为机密要件、关税事件、

① 《筹办夷务始末（咸丰朝）》卷 71，沈云龙主编《近代中国史料丛刊》第 59 辑，台北：文海出版社，1975，第 5743 页。
② 《筹办夷务始末（咸丰朝）》卷 72，第 5823 页。

台站译递等，分别派内阁、户部、兵部司员经理，依照清政府各衙门职能，对从各衙门抽调来的章京进行分工。在内部职务分配上，总理衙门成立之初设立总帮办办理奏折、照会、文移等事，只有简单的内部分工，到后来才实行分股办事。初设英、法、俄三股，后变成五股，在原有基础上增设了美国股、海防股，此外另有清档房、司务厅等机构处理一般性行政工作及编纂、校订、保管文件等工作。

总理衙门是清代第一个带有外交性质的机构，但外交并非其唯一职能。其职责极为广泛，不仅掌管与各国订约事项并负责执行，还负责通商、关税、外人在华传教、招募华工、边疆事务，以及海防水师、船务、军火、机械、电线、铁路、矿务、练兵等洋务项目，在当时以"洋务内阁"著称。它还另有两个重要附属机构——海关总税务司和京师同文馆。全国性的总税务司于咸丰十一年（1861）成立，垄断当时全国海关税务权。京师同文馆则是培养翻译人员的机构，还兼办天文、化学、算学、格致、西医等。

总理衙门虽然带有半殖民地的性质，但它作为一个新事物，是近代中国社会发展和走向世界的产物。它打破了传统对外关系的旧理念，成为中国近代第一个外交机构。它的设立是中国对外关系发展的一个重要转折点，也是中国外交史上的一场革命。有赖于总理衙门的领导和推动，中国包括外交在内的社会各方面的近代化在客观上得以逐渐推进和发展。

（二）外交机构的正规化——外务部

19 世纪以来，随着日法等殖民国家对琉球、越南等地的占领，以及《马关条约》承认朝鲜为日本的保护国，清政府接连失去自己的藩属地，丧失了对周边国家的宗主权，朝贡制度走向瓦解。甲午战争惨败，宣告了总理衙门积极倡导和主持的洋务运动完全破产，总理衙门的地位一落千丈。随后，八国联军侵华又将中国推入了半殖民地半封建社会的万丈深渊。在内忧外患的危难关头，清政府煞费苦心地推行了一场为期十年的改革，本意虽为自救图存，但其官制改革措施实际上改变了"专制政体之下，既无立法机关，行政司法亦复糅杂不分。其时官厅丛错，官吏冗繁，职守不明"① 的状况，在很大程度上促使政府机构组织及其行政职能与西方接轨。

---

① 伧父：《十年以来中国政治通览》上编，《东方杂志》第 9 卷第 7 号，1913 年 1 月 1 日。

"清廷之改革中央行政机关,当以辛丑为嚆矢",① 亦以外务部为开端。西方列强为进一步扩大侵略利益,更加得心应手地控制中国,明确要求中国改组外交机构,于是清廷首先将总理衙门改为外务部。虽然外务部是在列强的压力下设立的,但此时清政府也意识到"交涉事务,出好兴戎,所关甚巨",② 可见当时建立一个固定的中央部门掌管外交事务极为迫切。在1901年7月24日关于设立外交部的上谕中就明确指出:"从来设官分职,惟在因时制宜。现当重订和约之时,首以邦交为重,一切讲信修睦,尤赖得人而理。从前设立总理各国事务衙门办理交涉,虽历有年,惟所派王大臣多系兼差,未能殚心职守,自应特设员缺以专责成。总理衙门着改为外务部,班列六部之前。"③ 此言明确了外务部在中央政府机构中的地位,并被写进1901年签订的《辛丑条约》。与此同时,按照列强要求,清政府陆续增设了商部、学部、铁路局、陆军部、海军部等机构来行使原总理衙门的部分职权,客观上使得各行政机构更加专业化。也正是在这样的背景下,外务部作为一个将总理衙门取而代之的外交机构,通过改革,与近代国际惯例逐渐接轨。

外务部编制始于1901年,终于1911年,前后11年,经历了管部制、主任制、承政官制、各司制、司务厅制、各股制、各差制的沿革。这与后来北京政府外交部编制密切相关。据曹汝霖回忆,旧制各部员司补缺,均由吏部按资铨叙,外部以重才不重资,故照成例变通,定为一次由吏部铨叙,一次由本部遴补。④ 官员设置最初如下:总理大臣、会办大臣各1人,尚书兼会办大臣1人,左、右侍郎各1人(正二品),左、右丞各1人(正三品),左、右参议各1人(正四品)。之后又增设丞参厅参事4人(正五品)、员外郎2人(从五品)、主事2人(正六品)。至宣统三年(1911),责任内阁成立,改定官制,外务部裁总理大臣和会办大臣,改尚书为外务大臣1人(从一品),改左、右侍郎各1人为副大臣1人(正二品)。大臣、副大臣"掌主交涉,昭布德信,保护侨人佣客,以慎邦交"。⑤

---

① 伧父:《十年以来中国政治通览》上编,《东方杂志》第9卷第7号,1913年1月1日。
② 《拟改总理衙门为外务部折》,李守亭主编《李鸿章全集》第5册,时代文艺出版社,1998,第2980页。
③ (清)朱寿朋编《光绪朝东华录》,张静庐点校,中华书局,1958,第4685~4686页。
④ 曹汝霖:《曹汝霖一生之回忆》,中国大百科全书出版社,2009,第52~53页。
⑤ 赵尔巽等撰《清史稿》,中华书局,1976,第3447页。

外务部尚书之上，还有总理大臣，须以首席军机大臣兼任。"此是庚子改订外部时，为各国要求者，故各公使遇有重要问题，有请见总理大臣者。"① 外务部的组织和人员先由奕劻和李鸿章拟定，后经政务处五大臣及吏部复议而定为正式官制。

就内部职掌来看，外务部在沿袭总理衙门分股办事的同时，又参酌各部通制采用各司制，于丞参外，设四司：和会司，司使臣觐见会晤之请赏宝星、奏派使臣、更换领事及文武学堂、本部司员之升调保奖；考工司，司铁路、矿务、电线、机器制造、军火、船政、聘用洋将洋员、招工出洋学生；榷算司，司关税、商务、行船、华洋借款、财币、邮政、本部经费、使臣支销经费；庶务司，司界务、防务、传教、游历、保护、赏恤、禁令、巡警、词讼。② 又有司务厅，由候补司员分日夜班轮值，专管收发文件、来文摘由。③

从组织制度上看，外务部在清末属于最先进的机构之一，其组织制度也比较符合当时的历史环境。但外务部作为总理衙门向现代化外交机关过渡的中间形态，在它成立之后的几年里，职权相较总理衙门并无实质性改变，除了掌管国际交涉、中外商务和在外侨民事务之外，还负责包括铁路、矿务、电线、机器制造、军火在内的诸多事宜。正如曹汝霖所述："所管事务，凡与外人有关者，如海关、税务、邮政、赔款、洋债等等胥属焉。"④ 此时的外务部与总理衙门相比，核心职能大同小异。这种局面一直持续到光绪三十二年（1906），学部、邮传部、农工商部成立，将外务部部分职权分去时，才有所改变。

同时指出的是，外务部虽然在清末列于六部之首，但其在整个朝廷政制中的地位和总理衙门没有太大区别。一方面，仍然是皇帝、封疆大吏干涉外交；另一方面，始终无法摆脱半殖民地性质的锁链。列强与清廷的议和大纲中"总理衙门必须革故更新……其如何变通之处，由诸国酌定，中国照允执行"⑤ 等语，充分体现出外务部作为一个半殖民地国家政府机构的印记。外务部的存在完全符合并满足了列强的侵略意图，清政府在处理

① 曹汝霖：《曹汝霖一生之回忆》，第51页。
② 伧父：《十年以来中国政治通览》上编，《东方杂志》第9卷第7号，1913年1月1日。
③ 曹汝霖：《曹汝霖一生之回忆》，第51~52页。
④ 曹汝霖：《曹汝霖一生之回忆》，第53页。
⑤ 王彦威纂辑《清季外交史料》卷4《西巡大事记》，台北：文海出版社，1985。

众多涉及国家利益的外交问题上只得完全屈从。外务部以及中国外交被列强操纵的程度由此可见一斑。即便如此，外务部仍有明显的进步之处。一是外务部自成立起就是一个外交常设机构，全然不同于总理衙门作为清统治阶级上层应急以"羁縻"外人的临时性机构，纯属权宜之计："俟军务肃清，外国事务较简，即行裁撤，仍归军机处办理，以符旧制。"① 二是外务部对总理衙门原有职权进行了一次重新分配，体现出职能上从纷繁到简单、从广泛到相对专业的转变，实现了外交职权的专一化，进一步明确了官员责任并提高了办事效率。外务部成立后，完善了使领制度，厘定了驻外使领馆规则，较详细地规定了外交官、领事官的等级、品级和待遇等。这些措施既符合西方外交机构规范，又在典章制度方面为日后外交部的成立和外交现代化奠定了基础。

晚清外交机构的沿革一方面直观反映了近代中国从一个主权国家变成半殖民地国家的历史进程，另一方面又表明中国开始摒弃故步自封的传统，从闭关锁国、盲目自大的迷梦中逐渐清醒，不自觉地走上一条学习、借鉴西方及世界各国先进文化的近代化之路。自此，中国逐渐摒弃传统的朝贡与藩属体制，开始依据近代主权国家平等交往的原则处理与其他国家尤其是西方各国的关系。尽管如此，中国外交机构大步走向近代化及制度趋于健全，也是在辛亥革命后于 1912 年 3 月 10 日改外务部为外交部之后了。

二　民初外交部的成立与革新

（一）南京临时政府外交部

辛亥革命埋葬了清王朝，中国逐步摆脱封建专制的梦魇，迎来一个新兴的西式共和国家。1912 年 1 月 1 日，中华民国临时政府在南京成立。3 日，由孙中山大总统提经各省代表会通过《中华民国临时政府中央行政各部及其权限》，② 规定临时中央政府设立陆军、海军、外交、司法、财政、内务、教育、实业、交通等九部，各部设总长、次长各 1 人，由大总统简任。5 日，正式任命各部总长，大总统举行各部总长委任礼，王宠惠任外交总长，随即大总统简任魏宸祖为外交次长。随着南京临时政府成立，临

---

① 《筹办夷务始末（咸丰朝）》卷 72，第 5823 页。

② 《中华民国临时政府中央行政各部及其权限》，《临时政府公报》1912 年 1 月 30 日。

时中央政府行政各部次第组成。外交部于 1 月 11 日正式成立,①《中华民国各部官职令通则》规定外交部直接受临时大总统领导,"管理外国交涉及关于外人事务并在外华侨民事,保护在外商业,监督外交官及领事"。②《外交部官职令草案》又详细规定了外交部的工作性质及组织方式,在部内组织上接近法国制,下设承政厅,以及外政司、商务司、庶务司,各司工作如下:外政司主管有关国际交涉事项,以及关于界务、铁路、矿务、电线等交涉事项;商务司主管有关保护在外侨民、通商行船、税务、邮政、外债等交涉事项;庶务司主管办理国书与国际礼仪事项,以及接待外宾、监理外人传教、保护外人游历等事项。③

南京临时政府外交部虽然只存在了短短的 3 个月,但其在制度建设以及对外交涉方面做了许多工作。

其一,就外交部这一机构本身来说,确立了首长负责制。《中华民国临时政府中央行政各部及其权限》规定,外交总长、次长管理事务如下:外交总长"管理外国交涉及关于外人事务,并在外侨民事务,保护在外商业,监督外交官及领事";外交次长"辅佐总长整理部务,监督各局职员"。④ 三司司长则分别主持外政、通商、庶务相关事务。另置秘书 1 人、书记 6 人、参事 4 人,以及佥事、主事、录事、翻译、通事、工事等若干,分工协作。此外,在选拔外交人才上,南京临时政府拟有《外交官及领事官考试令草案》,⑤ 虽没有得以真正实行,但这毕竟是总理衙门及外务部未曾有过的外交官任用规章。外交官考试报名资格非常宽松,只要是年满 25 岁的中国男子、具有完全公权者即可。考试分为两场,第一场通过者方可参加第二场考试,第二场通过者则可发合格证书。从报名须附外文翻译论文及第一场考试为必考外国语来看,选拔非常重视外交官的外语水平。第二场考试则重点考察作为职业外交官所必备的外交知识,其中包括国际公法、国际私法以及殖民政策等科目。就以上所列考试令草案内容来看,不难发现,南京临时政府对于职业外交官的业务素质及任用资格已有了相当的认识。

其二,南京临时政府外交部为争取世界各国承认中华民国临时政府付

---

① 外交部地点原设总统府内,3 月 2 日改迁至鼓楼前狮子桥。
② 《民立报》1912 年 1 月 26 日。
③ 《民立报》1912 年 1 月 31 日。
④ 《民立报》1912 年 1 月 26 日。
⑤ 许师慎编纂《国父当选临时大总统实录》(上),台北:"国史丛编社",1967,第 282~284 页。

出了巨大努力。南京临时政府成立后，其首要工作即争取各国承认。临时政府成立之初，伍廷芳曾以外交总长的名义致电各国，希望取得其承认。[①] 1 月 5 日，孙中山总统发表《告友邦书》，详尽阐述了中国革命的起因及目标，并公布了新政府的八大政纲，其中前四条为对外政纲，明确宣布愿与各国建立友好关系。17 日，外交总长王宠惠致电美国国务卿，通报中华民国政府已经成立，希望获得美国承认。[②] 19 日，王宠惠又致电英国外交大臣葛雷，说明清帝将退位，盼其早承认民国政府。[③] 2 月 2 日，孙中山正式照会各国，声明以后与中国交涉事，宜向南京政府磋商办理。但当时各国基于国际公法，不能同时接受两个号称元首的代表，又加上他们多支持袁世凯，因此南京临时政府这些活动没有得到各国的回应。各国驻华外交团就此事达成共识，相约在中国统一政府未成立前，不做承认的表示。无法得到世界各国的认可，使得新政府在对外交涉时法定地位不强，这也成为整个南京临时政府外交工作的最大挫折。

南京临时政府外交部在一些外交事务上也取得了一定成绩，最典型的就是维护华侨利益。外交部除了遵照孙中山总统命令宣布禁绝贩卖猪仔外，[④] 影响最大的就是针对泗水华侨被荷兰警察侮辱事件展开与荷兰的交涉。这是中华民国临时政府成立不久就面临的一个棘手的外交事件。1912 年 2 月 19 日，荷属殖民地爪哇岛泗水市华侨集会在庆祝中华民国统一大典时，遭荷兰警察武力干涉，撕烂国旗，伤杀掳禁，导致 3 人当场毙命、十余人重伤、百余人被囚禁。华侨集体罢市以示抗议，不料荷兰当局出动军队横加镇压，逮捕千余人。南京临时政府外交部接到报告后，随即做出强烈回应，向荷兰政府提出严厉交涉。临时政府此时并未得到国际社会的承认，这给对外交涉造成了极大困难。但外交部一面耐心安抚华侨和国内爱国团体及人士，一面多次致电袁世凯寻求更强烈的外交抗议，提请袁世凯高度重视，因为"此案不独海外各埠华侨受其影响，其关系于民国前途实大"。[⑤] 可贵的是，面对荷兰领事与政府的强词夺理，临时政府外交部没有

---

① 《中华民国史事纪要》编写组编《中华民国史事纪要》中华民国元年，台北中华民国史料研究中心，1987，第 76～77 页。

② 程道德等编《中华民国外交史资料选编》（一），北京大学出版社，1988，第 8 页。

③ 郭廷以编著《中华民国史事日志》第 1 册，台北中研院近代史研究所，1979，第 11 页。

④ 《大总统批荷属侨民曹运郎等请禁止贩卖猪仔及保护侨民呈》，《临时政府公报·令示》1912 年 3 月 19 日。

⑤ 《民立报》1912 年 2 月 27 日。

委曲求全，始终据理力争，严诘荷兰当局。经过交涉后，荷兰政府答应惩罚杀害华侨的凶手、优礼、埋葬被害华侨，抚恤家属，赔偿华侨的损失，并允诺华侨和荷兰人享有同等待遇等。这次交涉的成功，是中国政府和人民不畏列强、勇于抗争的体现，也显示了南京临时政府力争改善海外华侨待遇的强烈意愿。

南京临时政府外交部是辛亥革命的产物，在清王朝还未覆亡时就已经成立，前后延续三个月左右，与清政府外务部并存一个多月。它虽是民国新制，然碍于当时南北尚未统一，各国直接交涉仍集中于北方，其间未能建立起一整套完善的外交机构和科学的管理机制。但必须肯定的是，它的建制反映出中国近代外交机构的新陈代谢和不断改制及完善的过程。而且，它以西方国家现代化的外交架构为参照，无论是职掌范围，还是机构设置、人员安排，都朝着符合当时世界各国现代化政治与外交的通例迈进，正因如此，它对北京政府外交部的改组具有参照和借鉴价值。

（二）北京政府外交部的建立与改组

北京政府外交部在清外务部的基础上创立，同时承袭了临时参议院所制定的各部官制改革，因此在一定程度上也延续了南京临时政府外交部的规制。2月12日清帝下诏退位后，封建国家的机构并没有随着帝制的取消而被裁撤，所有官制一律仍旧。政府机关不能有一日中断，"旧政府应行取消，惟民政部、邮传部、外务部事实上不能即撤，现暂仍旧，惟大臣则改称正首领，副大臣改称副首领"。[①] 外务部照会各国使臣"将原有之各部大臣均暂留办事，改名各部首领"，"出使大臣，暂改称临时外交代表"。[②] 3月10日袁世凯在北京就任中华民国第二任临时大总统，随后依据《中华民国临时约法》，任命唐绍仪为国务总理。15日唐绍仪抵达南京，并列席了19日的临时参议院会议，在会上发布政见，提出内阁名单，提名陆徵祥担任外交总长。24日依照临时政府规制，袁世凯发布临时大总统令，改首领为总长，改副首领为次长；[③] 30日又任了各部总长，其中陆徵祥任外

① 《外务部致各国使臣照会》，《临时公报》1911年12月27日。
② 《外务部致各国使臣照会》，《临时公报》1911年12月27日。
③ 吴成章编《外交部沿革纪略》，沈云龙主编《近代中国史料丛刊三编》第25辑，台北：文海出版社，1966，第59页。

交总长，因"陆徵祥现在出使，未到任以前外交总长任命胡惟德署理"。①
4月1日孙中山宣布辞去临时大总统职务，临时参议院也随之北迁，南京
临时政府结束，正式开启了北京政府的统治。20日，清外务部解散。24
日，外交部部令遵照办理大总统核发的《各部官制通则》，明确总长、次长
的责任及其职权，以及参事、秘书长、秘书、司长、科长、科员的职务等。

由于当时各方都深切地认识到外交对于中国的重要性，所以在北京政
府内阁中，外交部位居各部之首；外交总长由国务总理提名，参议院行使
同意，大总统任命；倘若总理退职，则由外交总长兼代阁揆。陆徵祥首任
唐绍仪内阁的外交总长，开启了中国近代历史上由职业外交家执掌外交的
新时代。陆徵祥（1871～1949），上海人，京师同文馆出身，曾任俄、德、
奥、荷国公使翻译，驻荷、俄公使等职。长期的外交生涯极大地丰富了他
的阅历，更使他通晓近代国际外交知识。而且，陆的性格和气质也很适合
从事外交。唐绍仪总理在参议院大会上发表政见时曾给予陆这样的评价：
"陆徵祥君本任俄使，才具既长而性又和平，将来外交事件非虚心考究办
理，断难得法，万不能再如从前之倨傲自大以致外交失败，故此次推陆君
任外交。"② 陆徵祥就任外长之时，北京政府外交部已在外务部的基础上进
行了相应整改，但此时整个外交部的组织体制仍未健全。因此，陆徵祥走
马上任后，大刀阔斧改革外交部，将中国的外交机构"改头换面"，其在
任期间励精图治，成效卓著，极大推进了中国外交的现代化。

首先，陆徵祥面临的最紧要任务是如何按照西方国家外交部的模式来
改组北京政府外交部。他在结合实际情况的基础上，参照此前临时参议院
议决的外交部官制案，厘定了《外交部组织章程》，为民国外交体制的确
立奠定了根基。这一章程极具法国色彩，设总长1名主持部务，另有次长
1名协助，日常事务则由一厅四司负责。除总长、次长外，置参事4人、
秘书长1人、秘书6人、司长4人，另有科长、科员、录事。一厅四司即
承政厅、外政司、通商司、编译司、庶务司。③ 至此，外交部应设各厅、
司分别设立，且相关事务统属明晰，官制内容趋于完整并得以初步确定，
这也成为北京外交部成立之初编制的基本模式。5月3日启用外交部部印，
这是旧时政治习惯所认定的一个部门成立的主要条件，外交部不得不存之

---

① 《民立报》1912年4月1日。
② 《民立报》1912年4月2日。
③ 《民立报》1912年4月6日。

以示更始。此不啻以外交部名义正式对外发生效力之第一日。①

其次，陆徵祥非常重视对外交人才的培养，如遇有志有才的青年，无不尽力提携。他还制定了非常严格的用人原则：第一，外交人员均要经过考试；第二，选择标准要打破省界；第三，多选通外国语者。② 根据这三个原则，陆将驻外使馆和领事馆改为专业机构，从事外交的人员则为职业外交官。他认为驻外使团业务具有极强的专业性质，只有受过专门训练的人员才能胜任。这在当时的北京，是一个相当重大的改革。在清朝，对政府各部人员的任用一般是由高级官员推荐，候选人为数甚多，谋职的方法之一是请某一政府要员给有意想去的部门首脑写一封介绍信。这种方式常常会使各部门首脑倍感压力。而陆徵祥则叮嘱部下努力供职，做好工作。他大胆宣称，无论部内部外，只要被推荐者没有受过专业外交训练，他绝不接受。这点不仅得到外交部部内人员的称颂，也得到总统和总理的赞许。

陆在回国就任前向袁世凯提出了三项要求作为其任职条件：第一，外交次长应为一长于英文者；第二，陆不向他部荐人，他部也不向外部荐人；第三，外交部应归总长指挥，别人不得干涉。③ 在袁世凯完全答应后他才启程回国。曹汝霖在回忆录中也谈道："外交首任总长陆子兴，温和有礼，操守谨严，定外交官考试章程，甄别旧员，择优留用，即有人推荐，亦须经过考试录用，故任用部员有限制。"④ 这样的严格要求一改前清将那些既不懂外交又不通外语的人派往外国充任使领的做法，不仅大大提高了中国驻外使领馆的官员素质和工作效率，而且大大提高了中国在国际舞台上的声誉。

再次，陆徵祥对驻外使领馆也进行了改革，重点体现在经费和人事任命方面。在他改组外交部之前，中国驻外公使可以领到驻外任期三年的全部经费，包括自己的薪俸、使馆经费以及馆员的薪金。此外，还可以领到其所属领事馆的经费和领事的薪俸。并且，驻外公使可以自行决定携带多少秘书、随员以及其驻在国领事馆工作的其他人员，而大部分出使归国之人，都能得到升迁。因此有许多在京失意的官员甘愿免薪资加入公使馆当馆员或领事。这使得许多中国驻外使节可以在其所管辖范围内的使领业务上独揽大权。面对这些情形，陆徵祥采取相应措施，不仅驻外使团的首

①　吴成章编《外交部沿革纪略》，第 64 页。
②　罗光：《陆徵祥传》，香港真理学会出版兼发行，1949，第 84 页。
③　罗光：《陆徵祥传》，第 80～81 页。
④　曹汝霖：《曹汝霖一生之回忆》，第 113 页。

脑，所有公使馆馆员、领事、副领事以及领事馆馆员都要经北京外交部委任。另外，每个驻外使馆都必须编造预算，报部批准，说明人员数目、级别、薪资及使馆各项开支所需津贴。预算按年度编造，而经费按月汇拨。他还建立起驻外使馆的定期汇报制度，电报往还，不只和以前一样使用密码，而且密码不时改变，以策安全和保密。所有这些改革都合乎需要，使外交部与各驻外使馆间的关系建立在比较科学的现代化制度的基础上。

最后，在地方涉外机构方面，北京政府在各省设特派交涉员，在各重要商埠设交涉员，还将晚清地方交涉司改为特派交涉员署，使之成为外交部的直属机构。这一机构与地方政府之间不相统属，而是相互合作的关系。这也改变了晚清交涉司既为督抚属官又受外交指挥监督的双重授命的状况，使得外交事权进一步集中于中央。

在陆徵祥的一系列改革下，中国的外交机构在北京政府时期形成了现代化且合理的模式。这种模式不仅适用于当时的北京政府外交部，还对后来的南京国民政府外交部产生了重要影响。北京政府外交部的改革并不是一蹴而就的，除上述外，还有很多革新之处。陆徵祥时期的外交部成为此后改革所依托的母版，也就是说，日后的各项改革都没有脱离民初外交部的基本框架。

近代中国国门洞开，在西方国家坚船利炮的施压下走上了对外交往的道路，一个主权不完整的国家所建立的外交事务管理机构不免带有半殖民地的烙印，就机构内部组织结构而言，也一直存在指挥系统不一和混杂的特点，这极大地影响了外交机构的行政效率。虽然外务部成立以后很大程度上改变了总理衙门包揽一切洋务的局面，但外交管理组织并未因外务部的成立而得到根本改变。加之此二者实质上并不属于专门的、纯粹的外交机构，在机构设置上和对外交往中始终无法摆脱传统的樊篱。到民国始建，外交部成立并经过多次官制修正，不断完善外交规章制度，才使得外交中枢管理机构在组织上渐趋一致，在相当程度上改变了清末外交机构内部组织紊乱的状况。

第二节　北京政府外交机构及其组织

凡国家行政，同一事务，必以统一部门统之，统系既明，责任自专，方能定趋向而促进行。[1] 清外务部解散后，北京政府外交部参照西方外交

---

[1]　曾鲲化：《中国铁路史》，台北：文海出版社，1966，第128页。

部模式重组，适时进行官制改革，确定了外交部内部结构与分工，为外交事业的发展提供了良好的制度环境。

一　外交部官制沿革

（一）《外交部官制》颁布

外务部改名外交部，置总长、次长等，外交部始有定名和主任，但丞参以下各官及各司、各股、各差使仍沿袭旧制。1912 年 4 月，外交部依据《各部官制通则》及外交部官制案，改定官制，废止了外务部实行的丞参、厅及各司、各股、各差制度。

临时参议院议决的《各部官制通则》成为各部官制订立所遵循的准则和依据，其大要有八，即总长、次长之职务和权限，以及参事、秘书长、秘书、司长、科长、科员之职务等。根据《各部官制通则》，各部编制统系如下：以承政厅为承接机关，以参事为审议机关，以各司为主管机关，皆直接承于总长，唯参事并承于次长；科员承科长，科长承司长。各部门责任明确：秘书长总理承政厅，秘书分掌承政厅，司长主管各司，科长分掌各科，参事不隶于厅司而专掌审拟事务。至于等级，则确定为：次长简任，参事、秘书长、秘书、司长、科长荐任，科员委任。

正是在《各部官制通则》的指导下，外交部官制得以基本确立，并为日后的改制奠定了基础。外交部官制案对承政厅和外政、通商、编译、庶务四司执掌规定如下：承政厅除《各部官制通则》所定外，并掌保管条约及驻在本国之各国外交官、领事官、侨民叙勋事务；外政司掌关于国际交涉事项、国书及国际礼仪事项；通商司掌关于领事官事项，保护在外侨民事项，关于通商行船事项，关于税务、邮政、矿务、电线、铁路、界防、外债等交涉事项，关于通商口岸会审事项；编译司掌编纂外交文件事项、翻译各项文书事项、接待外宾事项；庶务司掌关于监理外人游历保护事项、关于本部及各使署经费事项及其他不属他司事项。[①] 4 月 24 日，临时大总统任命外交部参事、秘书长和各司司长，同时，外交部以部令第 2 号派司长 4 人分掌四司，以部令第 4 号暂行派定隶司各员。至此，外交部各部门分管事务统属变得明晰。既然外交部制度业已改定，人员"除旧布

---

① 《民立报》1912 年 4 月 7 日。

新"也顺理成章。6月17日，外交部发布部令，所有办事人员，除经大总统任命及收文处、电报处两员，一律解散，另候新令，再行到署。旋以部令第10号选择65员入新署办事，其余被解散者凡有在本国高等学堂或留学他国毕业者，分别记名，听候传补。① 实际上，这次外交部人事任免可以被看作外交部新制与旧制的分界，自此，旧制既废，新制更始。

7月18日，临时大总统公布了参议院议决的《修正各部官制通则》20条，此前《各部官制通则》共26条，两通则不同之处即外交部编制之改变，这成为外交部官制更改之关键。10月8日，参议院议决的《外交部官制》10条正式颁布，至此，北京政府外交部主要机构设置完成。它承继清外务部一厅四司的基本格局，添设交际司，将庶务司改为庶政司，通商、外政两司如旧，基本符合世界通例。总、次长以下设参事4人；改承政厅为总务厅，设秘书4人、佥事8人；每司设司长1人、佥事8人，合设主事80人助理总务厅及各司事务。兹将10月8日前外交部官制案与10月8日《外交部官制》列表对比如下，借以考察新设外交部的继承和改进之处。

表1-1 外交部官制案与《外交部官制》比较

10月8日前外交部官制案	10月8日《外交部官制》	修正方式
外交总长管理国际交涉及关于居留外人，并在外侨民事务，保护在外商业，监督外交官和领事官（第一条）	外交总长管理国际交涉及关于居留外人，并在外侨民事务，保护在外商业，监督外交官和领事官（第一条）	
外交部职员除各部官制通则所定外，其额数如左：参事四人，秘书长一人，秘书六人，司长四人，科长，科员录事（第二条）		删除
外交部承政厅除各部官制通则所定外并掌保管条约及驻在本国之各国外交官、领事官、侨民叙勋事务（第三条）	外交部总务厅除各部官制通则所定外，掌事务如左	
	掌管机密电本（第二条之一）	新增
	收藏条约及国际互换文件（第二条之二）	析置
	调查编纂交涉专案（第二条之三）	自编译司移此
	翻译文书、传达语言（第二条之四）	自编译司移此
	公布文件（第二条之五）	新增
	管理本部部内官役工程，及一切杂务（第二条之六）	新增

---

① 吴成章编《外交部沿革纪略》，第67~68页。

续表

10月8日前外交部官制案	10月8日《外交部官制》	修正方式
外交部置左列各司	外交部置左列各司	
外政司（第四条之一）	外政司（第三条之二）	移置
通商司（第四条之二）	通商司（第三条之三）	移置
编译司（第四条之三）		删除
	交际司（第三条之一）	新增
	庶政司（第三条之四）	修正
	交际司掌事务如左	新增
庶务司（第四条之四）	关于国书及国际礼仪事项（第四条之一）	自外政司移此
	关于接待外宾事项（第四条之二）	自编译司移此
	关于核准本国官民接收勋章及驻在本国之各国外交官、领事官、侨民等叙勋事项（第四条之三）	自总务厅移此
外政司掌事务如左	外政司掌事务如左	
	关于地土国界交涉事项（第五条之一）	自通商司移此
	关于禁令裁判狱讼交犯事项（第五条之二）	自通商司移此
关于国际交涉事项（第五条之一）	关于公约及保和会、红十字会事项（第五条之三）	析置
	关于外人保护及赏恤事项（第五条之四）	析置
	关于本国人出籍、外人入籍事项（第五条之五）	析置
国书及国际礼仪事项（第五条之二）		移入交际司
通商司掌事务如左	通商司掌事务如左	
关于领事馆事项（第六条之一）	关于开埠设立领事、通商、行船事项（第六条之一）	归并
关于通商行船事项（第六条之四）		归并
关于保护在外侨民事项（第六条之二）	关于保护在外侨民工商事项（第六条之二）	修正
关于税务、邮政、矿务、电线、铁路、界防、外债等交涉事项（第六条之四）	关于路矿、邮电交涉事项（第六条之三）	析置
	关于关税、外债交涉事项（第六条之四）	析置
	关于延聘外人及其他商务交涉事项（第六条之五）	增加
通商口岸会审事项（第六条之五）		移入外政司
编译司掌事务如左		删除
编纂外交文件事项（第七条之一）		移入总务厅

续表

10月8日前外交部官制案	10月8日《外交部官制》	修正方式
翻译各项文书事项（第七条之二）		移入总务厅
接待外宾事项（第七条之三）		移入交际司
庶务司掌事务如左	庶政司掌事务如左	修正
关于监理外人传教事项（第八条之一）	关于外人传教交涉事项（第七条之一）	修正
关于外人游历保护事项（第八条之二）	关于游历游学事项（第七条之二）	增修
关于本部及各使署经费事项（第八条之三）	关于各使署、领署专使及各种公费、经费事项（第七条之三）	增修
	关于在外之本国人关系民刑、法律事项（第七条之四）	增加
	关于各国公会赛会事项（第七条之五）	增加
其他不属他司事项（第八条之四）	其余不属他司之交涉事项（第七条之六）	修正
	外交部主事员额至多不得逾八十人（第八条）	增加
	外交部佥事、参事、主事员额，以部令定之（第九条）	增加
本制自公布日施行（第十条）	本制自公布日施行（第十条）	

资料来源：《民立报》1912年4月6日，10月15日。

《外交部官制》的颁布标志着北京临时政府外交部架构基本定型。它对原外交部官制案既有沿袭，又有更改，其变化主要体现在以下三方面。

第一，厅司名称发生变化。如承政厅改为总务厅，庶务司改为庶政司。两者虽有变化，但都未曾以特令公布。其主要原因是此二者仅为名称的变动，其职掌几无变更。而交际司是在废撤旧司的基础上增设的，牵涉归并和组织，必须得以部令诏示内部，方可从事改革。

第二，部分职务重新界定划分，分工更为明晰。原案第三条规定承政厅所掌事务，除各部通则所定外，有保管条约及侨民叙勋两项。《外交部官制》中，订立条约应视其性质分属各司，然收藏条约及国际互换文件则属于总务厅；原案编译司所管编纂、翻译事项与总务厅相关事务，以及部中一切庶务，均划归总务厅管理。同时，由于机密电本、公布文件等应补入，故新官制除通则所定外具体再列举6项。至于叙勋一项事关交际，既已设立交际司，就当划归交际司管理。原案第四条以下规定四司名目及职掌，将仪制、叙勋事务分交由外政司、编译司及承政厅。近代以来，各国对交际、交涉两项分得很清，而且交际仪文条目极为繁细，应有专门官员负责研究以免出现舛误。民国伊始，对于国际通行礼俗推求详尽，逐一仿行，在交际上绝不落后。遂效仿法国，将礼仪等特设一司专掌，且将交际司列于各司之前，以昭郑重，故新官制第三条增交际司名目，并编订交际职掌为第四条。原案第四条有编译一司，又有第七条列举编译司职掌。事实上，编纂、翻译事项分属各司者应当属各司主办，不属各司者则应归总务厅管理，断不应以翻译名义成立一司。至于接待外宾一项，由交际司管理，方能以符名实。关于外交官优待事项，如免税放行等，都在各国通行礼俗范围之内，以及本国官民收受外国勋章须请核准方许佩带，这两项都归交际司主办，故新官制将此列入交际司职掌。原案第五条外政司职掌第一项国际交涉内容过于概括，与他司职掌相混，故新官制列举 5 项，以清界限，并将国际礼仪一条划入交际司。原案第六条通商司，职责划分不甚明晰，如界防、会审俱属政务，应隶属于外政司。新官制既对其分别划改，其职务分配也就另行订改。原案第八条庶务司职掌四项，新官制增列一项，所有在外官民之生死、婚嫁、嗣续、承袭、赋役、争讼及一切与民刑法律相属事项隶属于庶政司。

第三，部内职员名额规定更加明确。原案第二条所列职员数目是按照原定各部通则案第九条编定，现行各部官制通则中已分别改定名目并限定人数，新官制遵循照办即是。至于外交部次长、参事、司长、秘书、佥事员额，各部官制通则中已限定人数，故新官制增入第八条，限定主事员额。此外，各部官制通则中对于佥事唯限以最多名额，新官制于主事亦然，因此增入第九条依各部官制通例规定其定额以部令定之。

（二）外交部内部组织架构

《外交部官制》颁布之前，外交部依各部官制通则虽分四司，但各司职掌及其权限未能大定，也尚未明示分科。① 正因如此，参事、佥事、主事员额皆未定，只限定了主事员额最高不得逾 80 人。后来庶务、会计、出纳三科虽于 7 月设立，但皆因整理本部一部分财政，不得不设置专门科室负责。直到 11 月才定分科执掌之法，真正实现厅司分科办事、各司其职。

---

① 吴成章编《外交部沿革纪略》，第 101 页。

当时厅、司划分如图 1-1 所示：

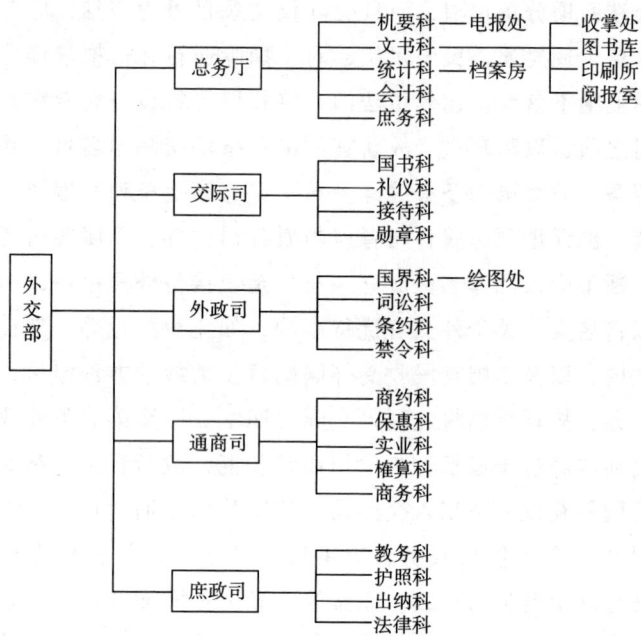

图 1-1　外交部厅、司划分

各厅司、各科及各处分别以其职掌命名，顾名而思义。现将各厅司分科及职掌详列于下。

总务厅分 5 科。

①机要科（附电报处）：掌管机要电报；编用新密电本；收掌各使机密电报；撰拟重要训条；总、次长特命事项；总、次长见客传译记录事项；拆阅每日收文事项；办理不属各司洋文事项；兼管本部电报处。

附电报处：查译各种电报；登记收发各种电信。

②文书科（附收掌处、图书库、印刷所、阅报室）：办理总务厅日行文牍；办理本部及出使职员之进退并刊印职员录；颁发使领各官委任状；典守部印；管理各项试验事项；关于本部会议事项；记录会议草案；不属各司之国务院、参议院事项；公布事项；办理总发各司文件并登记各种编号簿；印刷公布部令公启文件。

附收掌处：收每日公文函件并摘由登簿；监视各厅司文件用印。

附图书库：整理添补保存各种书籍；整理保存各种图册；编制图书目录。

附印刷所：专管印刷本部书册文件。

附阅报室：稽核各种报纸。

③统计科（附档案房）：编制统计并办统计报告；保存各种条约；编纂各种条约；编纂涉专书；纂辑使馆领馆报告；兼管本部档案事务。

附档案房：清理旧档；编纂档案文件目录；保存档案文件；管理提取、收回档案事务。

④会计科：办理预算、决算；答复参议院质问预算、决算事项；办理概算书；办理关于会计之来往文牍；办理审计处所关事项；稽核本部所管经费之出入；检查本部工程及购置物品事项；登记各种簿记；管理清华、俄文两校学费事项。

⑤庶务科：指挥进退本部夫役；关于本部清洁事项；管理本部建筑修缮事项；管理本部购置事项；管理本部官产官物；稽核使馆领馆官产官物册报；登录各种明细簿记。

交际司分4科。

①国书科：拟办各种国书；翻译各国国书；保存各国国书；登记各国公使到任呈递国书日期；登记各国使馆馆员等次及到任日期；编制外交团衔名录；关于派使事项；缮发本国使馆各官赴任证书。

②礼仪科：大总统接见各使礼节；大总统接见所关事项；大总统宴会外宾事项；各使呈递国书礼节事项；外交总长接见拜谒宴宾事项；各国国庆、国讳及其他慰问事项；升旗下旗、鸣炮致敬礼节事项；宴会大典班次礼节事项；关于交际应行通告各国事项；调查各国国际礼仪事项。

③接待科：各国新任、卸任公使照料事项；各国专使接送照料、备办专车旅馆事项；专使暨各外交官游览照料事项；各国贵族士绅来华游历照料事项；管理游览颐和园、海及明清陵寝事项；外交官领事官各种优待事项；使领馆所用物件入口免税事项；本国使领人员优待免税事项。

④勋章科：大总统与各国国主赠答勋章事项；颁赠各国专使勋章事项；颁赠各国外交官领事官勋章事项；颁赠各国官绅勋章事项；核议各部院各省请颁外国人勋章事项；请颁本国外交官领事官勋章事项；管理本国人收受佩戴外国勋章事项；管理各项勋章注册事项；管理华侨奖励叙勋事项；赠送国礼纪念品事项。

外政司分4科。

①国界科（附绘图处）：关于地土主权事项；订立界约及会勘国界事

项；防务交涉事项；外人越垦事项；修订对外章程及对外交涉事项；交界剿匪会捕事项；其他边地交涉事项；管理摹绘地图事项；收藏各界地图。

附绘图处：专办摹绘地图；管理各种界图并编制目录。

②词讼科：华洋词讼；会审公堂；内地观审事项；保护侨寓事项；人命交涉事项；交犯事项；外人华人损失赔偿事项。

③条约科：国际交涉订约事项；各国协约调查收存事项；公断条约及公断衙门事项；海牙保和会事项；红十字会事项；其他国际公约发生事项；核准外人租赁房屋合同事项。

④禁令科：军火禁令交涉；军队过境交涉；其他关于交涉之禁令发生事项；各种禁令通告饬遵事项；内地华人出籍、外人入籍交涉事项。

通商司分5科。

①商约科：通商行船订约事项；设领订约事项；商约领约监察进行及准备修改事项；口岸、领海、河道商务交涉；各国领事到任离任知照各省事项；调查各国驻华领事列表事项；办理各国驻华领事证书事项；收管领事报告。

②保惠科：保护在外华商；保护在外华工；招工订约事项；审核招工合同；资遣流寓华人。

③实业科：路政交涉；矿政交涉；邮政交涉；电政交涉。

④榷算科：关务税务交涉；洋债赔款交涉；银行钱币交涉；各项财政交涉。

⑤商务科：通商行船交涉；禁烟交涉；防疫交涉；商标及各项专利专卖交涉；关于工商实业之延募聘订交涉。

庶政司分4科。

①教务科：保护传教事项；教堂置产事项；民教词讼事项；教堂教民损害偿恤事项；各省添设教堂及升调主教备案事项；各省教堂教民之调查报告及其统计；其他不属于各司之交涉事项。

②护照科：缮发各项护照；办理护照查验盖印事项；请发优待券事项；查核各省所发护照；查核使馆领馆所发护照；稽核照费；兼管游学交涉及关于游学之转行事项；兼管清华、俄文两校学务事项。

③出纳科：管理本部现金之收入及支出；管理关于出使经费事项；办理前两项之来往文牍；支配现金之存放生息拨汇兑换事项；管理现金及各项票据之保存；缮发出使各员留支凭单及按期放款；登载各种簿记；逐日

结算账目及点查现金；按月报告收支详细数目。

④法律科：在外华人各项讼案；在外华人出入国籍；在外华人生死婚嫁及承袭各种注册事项；在外华人动产、不动产各项注册事项；研究关于国际私法各项条件；发给关于法律之保证及承认书；兼管公会、赛会事项。①

（三）《修正外交部官制》

1913 年 12 月，大总统下令公布国务总理熊希龄等呈修正各部官制通则案共 21 条和修正外交部官制案共 8 条，外交部内部组织随之再度调整。② 这次官制实施由于时间较短，未能产生太大的效益。直到次年 7 月 10 日大总统申令修正中央各部官制，外交部官制得以最终确立。相对中央其他各部而言，外交部变动较小，为便于与此前官制对比分析，试引《修正外交部官制》于此。

第一条 外交部直隶于大总统，管理国际交涉及关于居留外人并在外侨民事务，保护在外商业。

第二条 外交部置总务厅及左列各司：一、政务司，二、通商司，三、交际司。

第三条 总务厅掌事务如左：一、收藏条约及国际互换文件，二、调查编纂交涉案件，三、撰辑保存收发或公布文件，四、管理本部所管之官产官物，五、管理本部经费并各项收入之预算决算及会计，六、稽核直辖各官署之会计，七、编制统计及报告，八、记录职员之进退，九、典守印信，十、管理本部庶务及其他不属于各司之事项。

第四条 政务司掌事务如左：一、关于政治交涉事项，二、关于地土国界交涉事项，三、关于公约及保和会红十字会事项，四、关于禁令裁判诉讼交犯事项，五、关于在外本国人关系民刑法律事项，六、关于外人传教游历及保护赏恤事项，七、关于调查出籍入籍事项。

第五条 通商司掌事务如左：一、关于开埠设领事通商行船事项，二、关于保护在外侨民工商事项，三、关于路矿邮电交涉事项，

---

① 《外交部各厅司分科职掌》，《政府公报·命令》1912 年 11 月 30 日。
② 《修正外交部官制》，《政府公报·命令》1913 年 12 月 29 日。

四、关于关税外债交涉事项，五、关于延聘外人及游学游历事项，六、关于各国公会赛会事项，七、其他关于商务交涉事项。

第六条　交际司掌事务如左：一、关于国书赴任文凭及国际礼仪事项，二、关于外国官员觐见及接待外宾事项，三、关于核准本国官民收受外国勋章及驻在本国之各国外交官领事官侨民等叙勋事项。

第七条　外交部置总长一人，承大总统之命管理本部事务，监督所属职员及外交官领事官。

第八条　外交总长对于各省巡按使及各地方最高级行政长官之执行本部主管事务有监督、指示之责。

第九条　外交总长于主管事务对于巡按使及各地方最高级行政长官之命令或处分，认为违背法令或逾越权限者，得呈请大总统核夺。

第十条　外交部置次长一人，辅佐总长整理部务。

第十一条　外交部置参事四人，承长官之命掌拟定关于本部主管之法律命令案事务。

第十二条　外交部置司长三人，承长官之命分掌各司事务。

第十三条　外交部置秘书四人，承长官之命掌管机要事务。

第十四条　外交部置佥事三十六人，承长官之命分掌总务厅及各司事务。

第十五条　外交部置主事六十人，承长官之命助理总务厅及各司事务。

第十六条　外交部因缮写文件及其他特别事务得酌用雇员。

第十七条　本官制自公布日施行。①

这次外交部官制修正令与 1913 年的修正基本相同，总务厅、通商司和交际司仍旧，外政司改名政务司。相对原来组织，主要的不同之处有二。其一，裁撤庶政司，其职务归并其他各司。原属于庶政司所管之外人传教交涉游历及在外本国人关系民刑法律事项等事务归入政务司，各国公会赛会事项等改属通商司。其二，总务厅权限得以扩大。经费、各项收支之预算、决算及稽查直辖各官署的会计事项等均归总务厅办理，因此其成为部内掌理行政的唯一机关。

① 《修正外交部官制》，《政府公报》1914 年 7 月 11 日。

改组后外交部共设政务、通商、交际三司，至于员额，总次长以下，置参事 4 人、司长 3 人、秘书 4 人、金事 36 人、主事 60 人，专职外交人员已达百余人。官制定额比前清已增加到两倍有余。[①] 通过这次改组，外交部在组织上基本实现了一个合乎逻辑的结构：其一，完成了政务与事务的分离，总务厅承担了所有辅助性的事务工作，政务工作则由三司承担；其二，三司各自所掌事务也与其性质一致。因此，这次调整有助于外交部内部分工的进一步合理化。[②] 此次改组后，外交部部门分工日趋细致专业，且民国中央外交行政部门得以稳定并逐步完善。此后，外交部又于 1921 年进行了一次官制改革。

二　驻外使领馆

（一）清末民初驻外使馆概况

19 世纪 70 年代中国驻外使馆制度就逐渐建立起来了，清政府已经开始向海外派遣出使大臣，设立使领馆，其重要标志即郭嵩焘出使英国担任第一位驻外使节。这位近代中国外交的拓荒者，不顾时人的非议和谩骂，怀揣着"意以为时难方艰，无忍坐视之理"的大无畏精神毅然登上了西行的巨轮，于 1877 年 1 月 22 日抵达伦敦。嗣后，清政府陆续派遣使臣到德国、美国、日本、法国、俄国、西班牙、奥地利、荷兰、比利时、意大利、秘鲁和朝鲜等十几个国家。1877～1894 年，清政府又先后在横滨、大阪、长崎、旧金山、纽约等地设立了领事馆。驻外使领馆的诞生标志着中国常驻国外使领制度正式确立。需要指出的是，由于当时清廷所派驻外公使多为兼任，实际使馆数量比较少，其最初设置情况如表 1-2 所示。

表 1-2　晚清驻外使馆一览

使馆名称	设立时间	备　注
驻英使馆	1877 年 7 月	1878 年使者兼使法国；1880 年使者兼使法国和俄国；至 1884 年曾纪泽到俄国谈判改订《伊犁条约》，又将其改为只兼使俄国
驻德使馆	1877 年 11 月	1881 年使臣兼使意大利、奥匈和荷兰；1884 年中法战争时法国反对曾纪泽处理对法事务，于是兼使法国；1885 年兼使比利时

① 曹汝霖：《曹汝霖一生之回忆》，第 112 页。
② 朱汉国、杨群主编《中华民国史》（第四册），四川人民出版社，2006，第 317 页。

使馆名称	设立时间	备 注
驻日使馆	1877 年 12 月	使臣一直为专使
驻俄使馆	1878 年 6 月	1878 年 6 月派崇厚为全权大臣交涉伊犁事件，但为特使性质；次年崇厚回国，总理衙门奏准以参赞邵友濂为驻俄使馆代办；1880 年又改为驻英使臣兼使俄大臣
驻美使馆	1878 年 9 月	使臣兼使西班牙（专驻于当时西班牙殖民地的古巴）和秘鲁

资料来源：戴逸主编《中国近代史通鉴（1840～1949）》第 3 卷，红旗出版社，1997，第 170 页。

随着近代以来中外交往日益频繁和深入，国人已经逐渐摆脱了几千年"夷夏之别"的盲目信奉，对世界形势的认识更为客观和准确。民国肇建，国人期待以新的面貌参与国际事务并获得世界认可的心情显得更为迫切。其中一个重要体现就是驻外使馆在数量和规模上的提升。外务部将使馆分为三个等次：驻英、法、德、俄、美、日使馆为第一类；驻奥、意、比、荷使馆为第二类；驻日（瑞士日内瓦）、葡、秘、古、墨分馆为第三类。① 民国初年的使馆设置继承了清末的基本格局。清帝逊位后，外务部即于 1912 年 2 月 13 日照会各国使臣："现在本国正在组织临时共和政府，所有现驻贵国出使大臣，暂改称临时外交代表，接续办事。"② 次年，各国陆续承认中华民国，这些临时外交代表便顺理成章地成为中华民国的全权公使。就使馆设置来看，与前清相比，最明显的变化就是西班牙、巴西、墨西哥三国由分馆改为公使馆。

清末驻外使领馆建立后，总理衙门曾对其设置进行过相应调整，提出兼使"宜附近分隶"，如设驻英兼驻法使臣，以意、比两国附之；又设驻俄兼驻德使臣，以奥、荷两国附之，其余照旧。③ 由于兼使制在中外交往日益频繁的背景下多有不便，于是清政府根据实际情况向相应国家派出专使，以适应外交发展的需要。这样一来，使馆布局也就比较合理了。1912年 11 月 27 日公布的《驻外使馆各馆暂行组织章程》④ 对使馆各级官员名称做了规定，与前清所称不同：旧时二等出使大臣⑤改称公使；头等、二等、三等参赞改称一等、二等、三等秘书；书记官改称随员；书记生改称

---

① 参见刘锦藻编纂《清朝续文献通考》卷 337，浙江古籍出版社，1988，第 10784 页。
② 《外务部致各国使臣照会》，《临时公报》1911 年 12 月 27 日。
③ 王彦威纂辑、王亮校《清季外交史料》卷 71，王敬立校，书目文献出版社，1987，第 3～4 页。
④ 《中华民国使领各馆暂行组织章程》，《政府公报》1912 年 12 月 1 日。
⑤ 当时国际惯例实行大使、公使、代办三级，公使又分等级，清廷所派公使一般为二等公使。

主事。民初驻外使馆设置基本情况及使馆工作人员安排通过《驻外使馆各馆暂行组织章程》附表即可了然，故引之于下（见表1－3）：

表1－3　使馆设官表

	公使	一等秘书	二等秘书	三等秘书	随员	主事	总数
英	一	一	一	一	二	一	七
法	一	一	一	一	二	一	七
德	一	一	一	一	二	一	七
俄	一	一	一	一	二	一	七
美	一	一	一	一	二	一	七
日本	一	一	一	一	二	一	七
奥	一		一	一	一	一	五
和	一		一	一	一	一	五
义	一		一		一	一	四
比	一		一	一	一	一	五
日	一		一		一	一	四
墨	一		一		一	一	四
秘	一		一		一	一	四
葡			一		一	一	三
总数	十三	六	十四	九（较定额少五人）	二十	十四	

注："和"为荷兰，"日"为瑞士日内瓦，"义"为意大利。

资料来源：《中华民国使领各馆暂行组织章程》，《政府公报》1912年12月1日，第5～7页。

《驻外使馆各馆暂行组织章程》确定了驻外各使领馆所在国和所派人员数额。至于使馆的职掌，集中于以下几点。

1. 管理馆务

使馆的馆务负责人是全权大使或全权公使，二者承外交部之指挥，办理所驻国外交事务，监督所属职员及领事官。参事、参赞承大使、公使之指挥，掌管机要、文书及调查报告事项。随员承长官之指挥分掌文书及调查报告事项。[①]

2. 办理交涉

大使、公使作为中国驻他国代表，最基本的职责是办理交涉。必须强调的是，这种交涉必须根据本国指令而进行。前清驻外代表是钦差身份，他们的地位与总理衙门或外务部几乎平等，因此，总理衙门或外务部并不

---

① 《外交官领事官官制》，《政府公报》1916年3月3日。

能直接命令其做事。但是到了北京政府，官制中明确规定大使或公使是"承外交部指挥"，[①] 也就是说大使馆和公使馆直接受命于外交部，归其管辖，这对于外交事权的统一是很大的进展。虽然大使或公使受外交部的领导与监督，但他们所享受的待遇是与外交总长同级的。

3. 观察与汇报

观察外国情形、搜集情报并向国内汇报是使馆的另一项重要馆务。清末派遣外交使节的主要目的就是观察和报告，到了民国也不例外。如前所述，陆徵祥在 1912 年改组外交部时就建立起了定期汇报制度，汇报的主要内容涉及政治、经济、军事、学务等方方面面。

4. 保护侨民

中国遣使之初，一方面是搜集外国情报，另一方面就是保护侨民。虽然保护侨民主要由领馆负责，但在遇到地方当局不能胜任或为司法手续不能解决时就需要由驻使通过外交方式来解决。北京政府时期不乏驻外使节为侨民取得保障或在侨民受伤后为其取得充分补偿的事例。1914 年第一次世界大战爆发后，外交部就曾上请筹拨专款汇寄各公使，核实散发，以苏侨困。[②] 除了这些工作，使馆还要负责其他很多事情，如管理留学生，或是在未设立领事馆的地方兼办相关事务。

（二）领事馆基本情况

民初领馆数量也较清末有了增加，《驻外使馆各馆暂行组织章程》详细规定了各领馆内部工作人员的设置数额，如表 1-4 所示。

1915 年 1 月 20 日公布的《领事官职务条例》又详细规定了领事官的职务、工作要求及注意事项等。《领事官职务条例》第一条明确指出：驻外总领事、领事、副领事在所驻在国管辖区域内，以发展本国商业、抚绥侨商为职务。[③]《领事官职务条例》的主要内容具体包括五个方面。

第一，确立外交部和各国公使对所驻国领事的领导权和监督权。各国公使和领事直接受外交部领导，对外交部负责，领事同时又受所驻国公使的指挥和监督。各领事在所驻国如遇有疑难事情，得随时商承公使办理；至于事关

---

① 《外交官领事官官制》，《政府公报》1916 年 3 月 3 日。
② 《外交部呈旅外侨民流离失所请筹拨专款交部汇寄各公使核实散发以苏侨困由》，《政府公报》1914 年 10 月 27 日。
③ 徐世昌：《拟定领事官职务条例缮呈钧鉴》，《政府公报》1915 年 1 月 20 日。

表 1－4　领馆设官表

	新嘉坡	澳洲	坎拿大	海参崴	墨西哥	古巴	金山	小吕宋	巴拿玛	横滨	朝鲜	爪哇	槟榔屿	纽丝纶	仰光	温哥佛	纽约	檀香山	神户	长崎	仁川	元山	金山	甑南浦	新义州	萨摩岛	水洞	东把	总数
总领事	一	一	一	一	一	一	一	一	一	一	一	一																	十二
领事	一	一	一	一	一	一	一	一	一	一	一	一	一	一															十四
副领事															一	一	一	一	一	一	一	一	一	一	一	一	一	一	十四
随习领事	一	一	一	一	一	一	一	一	一	一	一	一	一	一	一	一	一	一	一	一	一	一	一	一	一	一	一	一	二十八
主事	一	一	一	一	一	一	一	一	一	一	一	一	一	一	一	一	一	一	一	一	一	一	一	一	一	一	一	一	二十八
总数	四	四	四	四	四	四	四	四	四	四	四	四	三	三	三	三	三	三	三	三	三	三	三	三	三	三	三	三	九十六

紧要而离公使所驻地较远者，得直接请示外交部，外交部所发训条仍应随时详报公使接洽。此外，各领事还得依照《领事官职务条例》所列事项按期向外交部报告，并兼向公使备案，同时，领事、副领事馆又必须兼报总领事馆。

第二，对领事职权的行使进行区别限定。除无公使驻在之国外，各领事不得与所驻国之中央政府直接交涉，遇事须由公使商办。只有所驻国地方政府在管辖区域内时，各领事才能随时与之直接办事。

第三，在业务及工作纪律方面严格要求。各领事在其职务上必须严守秘密，绝对不得泄露，非有外交部长官暨公使训条，不得随意宣布、登报。至于外报有论议本国要政时，则必须随时详报。各领事还必须对所驻国各法律以及与本国所订国际条约进行深入、详细的研究，还须熟悉所驻地及管辖区域内通商、行船的法律与习惯等。

第四，明确领事对其他各部的配合。领事应即遵办国内各部和驻他国使馆所委托办理或调查的事务，而领事致各部公文除奉有特别训条，皆得由外交部转达。对于委托事件，领事确实以为难以照办的，需详请外交部核示。同时，领事必须负责统计在外侨商人数、职业及本国与所驻国通商进出口货物，将其调查结果造册，每年一次报告外交部与农商部。此外，关于所驻国商业、工艺、农产、银行、交通、公共卫生各项情形也须由领事按季报告外交、农商两部。当出现有重要变更，如修改税则、颁布新律及有关本国货物之输出、该国货物之输入等事，应随时从速详报。

第五，明确领事对相关事务和问题的处理方法。例如，本国人在外出入国籍、生死婚娶各项事宜，按照本国或所驻国法律应由领事证明者，各该领事得发证明书，并随时详报外交部；侨民在外身故，其所遗产业如未留有遗嘱、无亲属证明领取者，得由领事证明暂为接收，并详报外交部转行核办；领馆官有器物及馆屋情形，应遵照审计处拟定检查官有财产附属明细表，按年度报告。

（三）使领馆官制

1916 年 3 月 2 日，《外交官领事官官制》公布，外交官、领事官职权、员额设置及使馆、领事馆组织构成等进一步得以明确。

外交官分为全权大使、全权公使、大使馆参事、大使馆参赞、公使馆参赞、大使馆随员、公使馆随员。全权大使、全权公使承外交部之指挥，办理所驻国外交事务，监督所属职员及领事官。全权大使或全权公使兼驻国使馆之参赞得由外交部派充，代办使事官：大使、公使未到任，或暂离任所，或因事故尚未派定时，得派临时代办使事官。代办使事官承外交部及驻使之指挥，办理所驻国外交事务，监督本馆职员。参事、参赞承大使、公使之指挥，掌理机要、文书及调查报告事项。随员承长官之指挥，分掌文书及调查报告事项。①

领事官分为总领事、领事、副领事、随习领事和通商事务员；未设领事之地设通商事务员；未设领事或通商事务员之地，由外交部酌派名誉领事或名誉副领事。额设总领事、领事、副领事之馆于总领事、领事、副领事未到任，或暂离任所，或因事故尚未派定时，得由外交部酌派代理总领事、领事、副领事执行总领事、领事、副领事职务。②

使馆分为大使馆和公使馆两级，二者级别不同，编制也存在差异。大使馆设外交官额缺：全权大使1人，参事1人，参赞1~3人，随员2人，主事1~3人，学习员不定人数。公使馆设外交官额缺：全权公使1人，参赞1~3人，随员1~2人，主事1~3人，学习员不定人数。③ 领馆分为总领事馆、领事馆、副领事馆三级，三级领馆分别以总领事、领事、副领事为馆长，其下设副领事1人或不设、随习领事1人或不设。此外，每馆设主事1~2人，学习员不定人数。使领馆主事为辅助性工作人员，承长官之指挥，掌档册、登载、缮写及庶务等。同时，使领馆还得由外交部依照《外交官领事官考试令》第12条分派学习员以学习外交官、领事官事务，亦可根据所驻国语言之必需酌用翻译人员。在经过清末民初的人事变动后，外交官已极少不通外语，因此不再把翻译作为专职公务，除非必需才设译员，并且其只作为雇员，不再定为官职。使领馆的编制确定后，仍有较大调整余地，各使领馆可以根据实际需要确定实际人员数额，这样一来，就能比较灵活地对人员进行安排。

除以上所述外，北京政府外交部的驻外使领馆编制还有三点值得注意。第一，前清时期公使兼任其他使馆公使的情形在北京政府时期依然存在，但是所占比例在逐渐减少，如在墨西哥、秘鲁等国家先后设立了常驻公使。第二，《外交官领事官官制》中有大使和公使两级之分，但实际上民初并没有

① 《外交官领事官官制》，《政府公报》1916年3月3日。
② 《外交官领事官官制》，《政府公报》1916年3月3日。
③ 《外交官领事官官制》，《东方杂志·法令》第13卷第4号，1916年4月10日。

设立大使。第三，官制中参赞一职实际上并不是正式官衔，这一级的正式官衔是秘书官，然而民初这一官衔的名称并不统一，后来才逐渐统称为秘书。

清末驻外使领馆在体制上并不完备，使领并非实缺，使领内部也没有建立起相应的规章制度，虽然有出使大臣、领事、参赞、随员、商务委员等，但仍然未完全具备近代意义上的使领馆应有的设置和人员。民初驻外机构固然存在某些不合理的制度，但在陆徵祥上任后，针对这些弊病做出了相应的改革，包括使领馆经费的调整、驻外人员的选拔和定期汇报制度的订立等。从历史纵向发展来看，在经历了总理衙门和外务部的演变之后，民初中国驻外机构已经日趋成熟，不论是使领馆的设置，还是出使人员的职业化，以至对外派遣使节的态度，都发生了极大改变。随着中国频繁地与外国接触，参与国际事务，使馆和领事馆的事务也愈加复杂，所牵涉的层面日益扩大。外交部在外交前沿阵地发挥着越来越重要的作用，与农商部、内务部及教育部的关系也非常密切。

三　地方涉外机构和其他相关机构

（一）地方外交机构

洋务运动后清朝封疆大吏各自办理外交，这是中国地方对外交涉的开始，也造成了近代中国外交格局的空前混乱。外务部成立后为收回外交权力，宣布取消地方大吏兼衔总理衙门大臣，但是当时清王室式微，要想从督抚手中收回外交权是很困难的事情。庚子之役中"东南互保"的形成更标志着地方大吏主持外交的权力已到了极点。辛亥革命后，各省先后宣布独立，成立军政府，多在其下设立外交部，这种局面并没有因为南京临时政府的成立而改变，各省外交部甚至与中央外交部相冲突。鉴于此，中央外交部将地方各省外交部改为外司，实际上仍是各自为政。到北京政府时期，外交权力混乱的情况才有了较大的改观。为纠正昔日流弊，统一外交事权，将所有外交事务收归中央办理，北京政府于1913年1月8日公布了《划一现行中央直辖特别行政官厅组织令》。第一条即规定："各省现设之外交、外务、交涉等司使，均改为外交部特派交涉员，其设置地方以通商巨埠为限。"[①] 实际上就是将各省办理外交事务的机关，如交涉员、视察

---

① 《划一现行中央直辖特别行政官厅组织令》，《政府公报》1913年1月9日。

员、特派员等都改为中央外交部的直属机构，实现了中央与地方外交部门之间由合作关系走向统属关系的转变。此外，确定了相应官称和人员设置："外交部特派交涉员署、各关监督署、各盐运使署、各项税捐征收局，除该署局长官外，划一现行设官之名称：一、科长，二、科员。监督运使附属之局所均设委员，以一人为之长。除外交部特派交涉员署外，各署得参照现行官制之例，酌设技士办理技术事务。"① 在 3 月 11 日外交部的呈文《拟设各省特派交涉员及分设交涉员》中，更是明确把地方交涉名称确立为特派交涉员和交涉员，并分别说明其设置理由。特派交涉员署是全省的外交机关，因此每省只宜设置一员以达到事权归一，而从前设有分局的通商巨埠和省会城市不能不设分署，以便有资格相当之员就近与外国领事直接办事。②

5 月 21 日，北京政府外交部颁布了《外交部特派各省交涉员及各埠交涉员职务通则》，将各省外交司撤销，直属于外交部的地方交涉机关随即建立起来。地方交涉机构一共分为两类，即设在各省省会的交涉署和设在重要通商口岸的交涉分署，分别负责各省和各埠外交行政事务。《通则》第一条、第四条明确规定：各省设特派交涉员，称曰外交部特派某省交涉员，掌承外交总长之命，办理全省外交行政事务；各通商巨埠分设交涉员，称曰外交部某省某埠交涉员，掌承外交总长之命，办理各埠外交行政事务。特派交涉员由外交总长经由国务总理呈请简任，各埠交涉员由外交总长经由国务总理荐请任命。特派交涉员之机关称曰外交部某省交涉署，各埠交涉员之机关称曰外交部某省某埠交涉署。③

从机构间各自关系来看，特派交涉员与各埠交涉员兼受该省行政长官的监督。关于兼受监督事项，对于该省行政长官之文书须以呈行之。于职务范围内遇与有军事行政或地方行政相关系事项必须经由都督或民政长者，除呈报本部外，得随时商请都督或民政长办理。特派交涉员及各埠交涉员于职务上所关事项，有必须由地方行政、司法、各官厅及军队执行者，除呈报本部外，得随时分别函令各该长官办理。各埠交涉员虽不是特派交涉员的下级，二者间往复文书以公函行之，但前者对于后者仍负一定责任："各埠交涉员于职务上所关事项，除呈报本部外，兼须报告于该省特派

① 《划一现行中央直辖特别行政官厅组织令》，《政府公报》1913 年 1 月 9 日。
② 陆徵祥：《大总统酌拟设置各省特派交涉员及分设交涉员等情批录遵办文》，《政府公报》1913 年 3 月 13 日。
③ 《外交部特派各省交涉员及各埠交涉员职务通则》，《政府公报》1913 年 5 月 23 日。

交涉员，其关于统一全省外交、行政事项，兼须商明特派交涉员办理。"①

《通则》对于交涉署分科执掌及人员资格有如下规定：第一科掌关于总务事项；第二科掌关于交际事项；第三科掌关于外政事项；第四科掌关于通商事项。交涉分署分设三科，由该署长官将上项职掌分配之；交涉署及分署设科不及三、四科之数者，由该署长将上项职掌分配之。交涉署及分署除以各该交涉员为署长外，设科长、科员，均由该署长官呈报外交总长委任。科长员额每署不得逾 4 人，每分署不得逾 3 人；科员员额每署不得逾 8 人，每分署不得逾 7 人。② 得任特派交涉员和各埠交涉员须具备如下资格：第一，《外交官领事官任用暂行章程》第六、七条所列各资格，即①现任外交部荐任官，②现任外交部有荐任资格之委任官，③内外保送于外交上有特别经验者，④兼通一国以上外国语言，⑤身体健康、外貌整洁等；③ 第二，曾任外省交涉事务人员。同时，基于工作需要，交涉署及交涉分署在缮写文件、办理庶务时可以酌用雇员。④

经过多次增设和裁撤后，截至 1913 年，北京政府就已在 19 个省区设置了交涉署，包括直隶、奉天、江苏、湖北、广东、吉林、黑龙江、山东、浙江、云南、江西、福建、安徽、新疆、四川、广西、河南、陕西、湖南；又在 20 个通商口岸设置了交涉分署，包括营口、哈尔滨、烟台、厦门、汕头、江宁、宁波、苏州、镇江、安东、长春、北海、塔城、瑷珲、成都、宜昌、沙市、温州、南宁、琼州。北京政府将地方交涉机关置于外交部的直接控制之下，与清末督抚及其下属交涉使掌管外交相较，这是统一外交行政的一大进步。但是，特派交涉员和交涉员的设置并没有完全将地方长官处理外交事务的权力全然排斥，正如前文所提到的，"特派交涉员及各埠交涉员均兼受该省行政长官之监督"。也就是说，他们除了直接受外交总长领导外，还要受地方长官的监督，故这一时期，地方政府涉足外交仍是较为常见的情况。地方外交体制是中国近代外交制度不同于世界外交制度通例的事物，它一方面承继了中国传统社会的"边务"外交渊源，另一方面受到帝国主义势力渗透的影响。当然，比起北京政府后期军阀割据混战下中央政令不行、各地军阀自办外交的混乱局面，民初中央政府对外交事

---

① 《外交部特派各省交涉员及各埠交涉员职务通则》，《政府公报》1913 年 5 月 23 日。
② 《外交部特派各省交涉员及各埠交涉员职务通则》，《政府公报》1913 年 5 月 23 日。
③ 《外交官领事官任用暂行章程》，《政府公报》1912 年 12 月 1 日。
④ 《外交部特派各省交涉员及各埠交涉员职务通则》，《政府公报》1913 年 5 月 23 日。

权的掌控力度之大以及有效领导地方外交的积极影响是不言而喻的。

（二）外交部直辖、附属机构

外交部除了直接领导地方外交机构外，还有另外两个直辖机构——清华学校、俄文专修馆和一个附属机构——条约研究会，它们分别有其特殊的地位和作用，对当时的中国产生了较大影响。

清华学校。清华学校是 1905 年我国驻美公使梁诚见机行事，力促美国政府归还超收的庚子赔款，以之用于教育而建立的。"其时议定自拨还赔款之年起，初四年每年派学生百名，自第五年起，于赔款期内每年至少亦续派学生五十名。"① 这一机构即于 1909 年 9 月建置的游美肄业馆，次年更名为清华学堂，因校址在清华园而得名。1912 年 8 月，外交部以部令申诫，与教育部商定改名为清华学校，校长由外交部派任，学校受外交部直接管辖和领导。清华学校创办初年，外交总、次长直接管理学校事务。到 1917 年，为了能更加有效地使用经费，专门成立"清华学校董事会"管理学校经费和基金。1925 年清华成立正式大学，直到 1928 年国民政府才将其改隶于教育部。

俄文专修馆。原名东省铁路俄文学堂，为培养俄文翻译人才而开办。光绪二十五年（1899）六月，督办大臣许景澄因奉、吉、黑等省俄人修筑铁路，贯彻腹地，随事动成交涉，故创置该堂，以造译才。堂中经费取于华俄银行之息，岁计万金，许景澄亦岁捐五千金以补益之。庚子之变后，生徒四散，次年生徒甫二十余名耳。② 光绪二十八年（1902）在城东新建校舍，自此以后，学校增加了学生名额，订立学校规章制度，逐渐扩大了办学规模。直到 1912 年 8 月，由外交部委任校长，整理一切校务，又与外交部商定，将其作为高等专门学校，改名外交部俄文专修馆。

条约研究会。其为 1912 年 8 月 20 日以部令设置作为外交部的附属机关之一，专为研究条约之用。设有会长、会员等职，会长负责组织相关事宜，会员则从事研究及议决；会员之外置书记员、书记生，分任笔札缮写。12 月 6 日，将会长之名改为主任。主任及会员均由外交部派充，书记则雇募。③

---

① 吴成章编《外交部沿革纪略》，第 104～105 页。
② 吴成章编《外交部沿革纪略》，第 103～104 页。
③ 吴成章编《外交部沿革纪略》，第 105～106 页。

第三节　外交部人事

外交制度规章及其有关章程条文构成近代外交事业发展的基本框架，然而这仅是思想或理论的文本形式，要想顺利地贯彻实施一国外交政策，必须将其赋予人的活动。因此，外交行政机构的人事构成与人脉变化，对于外交政策措施的制定及实行，进而对整个外交部门宗旨方针、制度规章的具体落实，都会产生重大影响。中国资产阶级共和国的建立与建设多以西方国家为蓝本，外交作为中国近代历史发展的产物尤其突出，外交部实行的规章制度多参照西方经验，是中国学习西方近代外交理论和实践的体现。外交部的人事制度也不例外。

一　外交部人事制度

（一）外交部官等

外交政策能否与当时中国国情及整个社会发展相协调，外交行政机构及其官员在其中所起的作用极为关键。清朝时期，政府在外交工作的处理上都是临时命钦差大臣去办理，这是由于当时对外交事务的不熟悉和缺乏对整个世界的正确认知而造成的。钦差大臣大多不长于外交，在对外交涉上容易错误判断，造成国家利益受损。直到外务部时期，这种钦差大臣负责外交事务的局面才有所改善。但是真正实现完全由职业外交家从事外交工作是在民国成立后，尤其是北京政府时期。北京政府成立后，中央各部人事组织都在向着现代化、专业化的方向改革，外交部也一样。在首任外交总长陆徵祥的领导下，外交部现代化迅速推进。但是，新的组织架构容易形成，人事上则不能完全如此。人事制度的改革绝不是完全的除旧布新，而是传承与革新并举。北京政府外交部正是在这种理念的指导下，朝着职业外交家处理外交的方向迈进，这对于近代外交发展产生了相当大的影响。

外交人事行政是政府人事行政的一部分，根据外交工作的自身特点又有专门的制度来加以规范。按照近代欧美国家的区分，严格意义上的外交部所属人员由三类组成，包括外交部官员、外交官和领事官。民国时期，外交部所属人员也分成这三类，但界定并不严格。外交部官员既有本部内官员，又包括地方交涉员。与其他部门官员一样，外交部官员也被列为文官。从 1912 年的《文官保障法草案》第一条规定"本法除特任官、公使、秘书及其它法律有特别规定者外，凡文官皆适用之"即可知，特任官、公使、秘书以外其他简任及以下官员均属于文官。1916 年的《外交官领事官官制》又对外交官和领事官进行详细规定：外交官包括全权大使、全权公使、大使馆参事、大使馆参赞、公使馆参赞、大使馆随员和公使馆随员；领事官则是指总领事、领事、副领事、随习领事和通商事务员。虽然北京政府外交部所属人员分为以上三类，但由于民国初年传统科举制度结束不久，在外交方面受过专业训练、具备外交能力的人才为数不多，这三者的区别并不大，划分也并不严格。外交部官员、外交官、领事官三者间是相互支应甚至混而为一的，外交部官员可能会被派往国外，外交官、领事官也可能回外交部办事。

外交部所属官员的官秩等级是与任用程序相关联的，这与封建时代的九品制不同。北京政府外交部所属人员按照不同任用程序分为特任、简任、荐任和委任。特任职、简任职、荐任职为高等文职委员，委任职为普通文职委员。[①] 特任官、简任官之任命状由大总统署名、盖印，国务总理记入年月日副署之或与主管国务员副署之。荐任官之任命状由大总统盖印，国务总理或主管国务员记入年月日副署之。委任官之任命由各该官署长官记入年月日署名盖印。[②]

根据 1914 年 12 月 15 日颁布的《文官任职令》及其他有关规定，外交部所属官员任职等级区别如表 1-5 所示。

表 1-5　外交官领事官任职等级表

署名	外交部				使馆						地方涉外机构
特任	外交部总长				全权大使						特派　交涉员
简任	外交部次长				大使馆参事	全权公使	代办公使				重要商埠　交涉员

---

① 《文官任职令》，《政府公报》1914 年 12 月 16 日。

② 《文官任职令》，《政府公报》1912 年 11 月 7 日。

续表

署名	外交部				使馆								地方涉外机构
	外交部参事	外交部司长	外交部秘书	外交部佥事	大使馆一等秘书	公使馆一等秘书	大使馆二等秘书	公使馆二等秘书	大使馆三等秘书	公使馆三等秘书	大使馆随员	公使馆随员	次要商埠交涉员
荐任	外交部参事	外交部司长	外交部秘书	外交部佥事	大使馆一等秘书	公使馆一等秘书	大使馆二等秘书	公使馆二等秘书	大使馆三等秘书	公使馆三等秘书	大使馆随员	公使馆随员	次要商埠交涉员
委任	外交部主事				大使馆主事	公使馆主事							
荐任	总领事	领事	副领事	随习领事	通商事务员								
委任	领事馆主事												

1916 年 3 月 2 日《外交官领事官官等官俸令》详细规定官员等级自特任以下，分为九等：简任为第一、二等，荐任为第三、四、五等，委任为第六、七、八、九等；每等又有不同级别。①

（二）外交官员的选拔

北京政府外交部在外交官的任用与考铨方面制定了严格程序，这是自外务部设立以来外交官任用向专业化方向发展的继续。为规范职业外交人才的任用，外交部建立了一套专门的考试和资格审查制度。1912 年 11 月 27 日公布的《外交官领事官任用暂行章程》首次规定驻外使领馆官员的任用标准。任用法方面，分为简任和委任两项，简任者指正式简定之驻外公使，由外交部开单呈请大总统点定，咨送参议院通过后由大总统命令行之，驻使之简定由外交部与各国接洽后陆续提出；委任者指驻外使馆领馆员，均用派署法由外交部以部令行之。

驻外使节须具备下列条件之一：

①曾任外交总长、次长或现任外交次长者；

---

① 《外交官领事官官等官俸令》，《政府公报》1916 年 3 月 3 日。

②曾任或现任外交部最高荐任官者；

③曾任或现任公使者；

④现充驻外代表或参赞总领事之曾以使才记名者。

得充使馆领馆馆员必须有以下条件之一：

①现任外交部荐任官；

②现任外交部有荐任资格之委任官；

③新任各馆实缺署缺人员；

④内外保送于外交上有特别经验先行调部人员。①

此外，为了能提高驻外人员业务水平，保证对外交涉更顺利进行，除了上述资格限定外，还必须具备其他三项条件：

①兼通一国以上外国语言；

②办事有成绩者；

③在职积有年资。②

外交部成立专门委员会进行统一审查，合格者即由委员长呈报政事堂铨叙局注册。经过注册之后，均得任用为外交官、领事官或外交部荐任以上职。③ 通过以上严格的资格限定，一方面可以淘汰整个外交部门中不能胜任的官员、提高业务水平，另一方面又能使外交部所属官员在部内相互流通。

任用人事上的严格规定充分体现了外交部对外交人才能力的严格要求和高度重视，同时，外交部也注重积极培养外交人才。外交人才的来源除俄文专修馆外，最主要的就是考试选拔。1915 年 9 月 30 日公布的《外交官领事官考试令》，将外交官领事官考试定为文官高等考试的一个特别类别，"与文官高等考试合并行之"，且"外交官领事官之典试适用文官高等考试典试令各条之规定，典试官由文官高等考试之典试官员兼充，襄校官就外交部遴选各员中呈请派充"。④ 得应外交官领事官考试者须具下列资格之一：

①《文官高等考试令》第三条第一、二、三各款毕业学生之修习政治、经济、法律专科者；

②本国或外国国立或私立专门以上学校修习政治、经济、法律各项专

---

① 《外交官领事官任用暂行章程》，《政府公报》1912 年 12 月 1 日。

② 《外交官领事官资格审查规则施行细则》，《政府公报》1916 年 2 月 28 日。

③ 《外交官领事官资格审查规则》，《政府公报·命令》1915 年 10 月 1 日。

④ 《外交官领事官考试令》，《政府公报·命令》1915 年 10 月 1 日。

科或各国语言文字得有毕业文凭或证明书者。①

所有应试者必须先经外交部。甄录试验由甄录委员会专门负责，设委员长1人，由外交部次长兼充；委员6~8人，由外交总长遴选。甄录要求应试人备齐各项材料：应外交官领事官考试之甄录者须具亲笔愿书，履历书，附以所著论文并用英、法、德、俄、日等一国以上文字译文送达外交部，同时还必须随同履历送验应试人在本国或外国各学校毕业文凭或证明书。履历及论文译文经甄录委员会阅定后认为可以参加试验者，再参加定期面试。面试包括：①作文（国文及应试者译文所用之外国文）；②外国语（译文所用之外国语以口试法试验之）。甄录试验及格者由外交总长咨送考试。②

外交官领事官考试与文官高等考试同时举行，襄校官员额由政事堂临时酌定，由外交部遴员，经由政事堂开单请派。③ 考试共分四场，包括若干科目。第一试科目包括国文和英、法、德、俄、日等一国以上之文字；第二试科目包括宪法、国际公法、国际私法和外交史。以上两试为考试主科，不得取舍。第三试科目有行政法规、刑法、民法、商法、刑事诉讼法、民事诉讼法、政治学、经济学、财政学、商业史等十科，为考试附科，由应试人自由选择四科。第四试科目为约章成案、外交事件、草拟文牍，约章成案和外交事件先口试再笔试，而草拟文牍用国文及第一试曾考之外国文试之，如果应试人通英、法、德、俄、日等一国以上文字以外兼通其他外国文字者，于第一试与第四试一并试验。④

四场考试后，加合总分以计算平均分，满60分者为及格，60分以上者为中等，70分以上者为优等，80分以上者为最优等。及格试卷超过应取名额时，由典试官按照定额择优录取，不及定额时仅录取及格之卷。⑤ 外交官领事官考试及格者，依《高等文官考试令》授秩后由外交

---

① 《外交官领事官考试令》，《政府公报·命令》1915年10月1日。其中第一条资格，依据《政府公报》1915年10月1日《文官高等考试令》第三条规定：1. 本国国立大学或高等专门学校修习各项专门学科三年以上毕业得有文凭者；2. 经教育部指定外国大学或高等专门学校修习各项专门学科三年以上毕业得有文凭者；3. 经教育部认可本国私立大学或高等专门学校修习各项专门学科三年以上毕业得有文凭者。

② 《外交官领事官考试甄录规划》，《政府公报》1915年10月1日。

③ 《外交官领事官考试令施行细则》，《政府公报·命令》1916年1月28日。

④ 《外交官领事官考试令》，《政府公报·命令》1915年10月1日。

⑤ 《外交官领事官考试令施行细则》，《政府公报》1916年1月28日。

部分派驻外使领各馆学习，以两年为限，学习期满由使领长官出具考语咨报外交部，其成绩优良者作为候补，由外交部咨行政事堂铨叙局注册备案，归外交部准用荐任文职任用程序相关规定以相当之荐任职缺呈请任用之。① 然而事实上，由于经费支绌，并不是所有参加外交官领事官考试及格的人员都能到驻外使领馆学习，也就是说，有一部分人员是留在外交部内学习的，因此，外交官领事官考试不仅为作为外交前沿的使领馆输送优秀的外交官和领事官，同时也给外交部本部提供专业水平过硬的工作人员。

同时，外交部还非常重视对外交官的培养，而使馆学习员则是外交官的开始。外交部遴选合格人员向各驻外使馆分派，以养成外交专业人才为宗旨。具有下列各项资格者可由外交部调取考试：

①曾在本国或外国大学或高等学校毕业，通外国语言一种以上者；

②年在 20 岁以上、30 岁以下者；

③身体健强、容貌整洁者；

④品行端详、志趣纯正者。

考试合格者方可由外交部选派为学习员按名额分配各使馆。在三年学习期内，学习员以练习所驻在国语言及外交文牍为主，并研究所驻国外交内政各事以赡学识。如三年期内于所驻国言文实已精熟、足资应用者，得调往他国补习他国言文。学习期间由驻使随时督察，如有荒嬉废学、久无成绩者，由驻使报部撤回。期满由驻使报告成绩将该员咨送到外交部，分派各厅司办事以资考验，到部经考验确合外交官之资格者得任为外交官。②

地方交涉员的任用是通过外交部任用本部人员及地方组织或交涉署来实现的。碍于经费短缺，1913 年后逐渐由地方海关监督和道尹来兼任地方交涉员。总的来看，民初比较重视交涉员的能力，尽量派历练多年且兼习外语、深谙外国情形者兼任。但到北京政府后期，交涉员任用之权在相当程度上受地方军阀的影响。

跟其他官员相同，外交部所属官员的升迁离不开相应的考绩制度。遗憾的是，北京政府外交部并未出台任何明确的考核办法或规章制度，

① 《外交官领事官考试令》，《政府公报·命令》1915 年 10 月 1 日。

② 《拟订遴选驻外使馆学习员章程缮呈钧鉴》，《政府公报》1915 年 1 月 20 日。

因此，外交部官员的考绩几乎完全依赖上级长官的需求和意见。从整体上讲，民初外交部可谓赏罚严明：对恪尽职守、办公勤慎的官员予以晋升，而对那些懈怠公务、办事不力的则直接罢免。但不能否定的是，没有一个配套的考绩制度，一些官员可能会因"另有他职""另候他用"等理由被降级甚至免职，使外交官员职业上缺乏应有的保障，此类问题的长期存在非常不利于外交部门本身乃至整个国家外交事业的发展。

二　外交部部内人事分析

（一）外交部领导层职掌

北京政府外交部部内设置总长和次长各 1 名，厅司主要官员则根据外交部实际情况而定，有参事、秘书、司长、佥事和主事等。

外交总长是外交部的首长，对外代表政府，对内统辖、指挥和监督整个外交系统，在外交部中处于领导与决策的中心地位。《修正外交部官制》第七条规定：外交部置总长 1 名，承大总统之命管理本部事务，监督所属职员及外交官、领事官。① 北京政府时期，外交总长是阁员之一，其一项重要工作就是出席国务会议，副署总统颁布的有关外交部的法令。不可否认，在北京政府时代的权力结构下，外交总长在重大交涉上没有决策权，主要是执行当权者的外交政策，执政者才是真正掌握对外交涉决策权的人。但是，在处理一般对外交涉案件及部内各项事务上，外交总长是有全权的，外交部所有公文必须经过总长核签才能发出，部内规章制度、人事调动、考绩及经费使用都必须由总长依照有关法律规章，以部令公告施行。民国时期的外交总长职权在这些方面与西方外长没有大的区别，接见外国使节与之交涉也是外交总长的职责。近代中国国势微弱、国际地位低下，使得外交总长往往无法按国际惯例行事。② 如根据国际惯例，总长上任，各国使节接到通知后，应先来部拜会，但当时的中国与之截然相反，是由刚上任的外交总长主动拜访驻京各国使节。这一状况直到 1920 年颜惠庆就任总长时规定"兹除分送就职通知书外，仅遣价向各国使节投刺而

---

① 《修正外交部官制》，《政府公报》1914 年 7 月 1 日。
② 颜惠庆：《颜惠庆自传》，姚崧龄译，台北：传记文学出版社，1973，第 206 页。

已"① 才有所改变。又如，依国际惯例，使节和所驻国政府商讨问题时应亲自或派代表走访所驻国外交部，可在民国创立之初，外交总长回复外国使节提出的问题，不是召他国使节来部，而是派秘书去公使馆答复。② 这些与国际惯例不符的交涉程序不仅是西方国家对当时中国政府的欺辱，而且还破坏了中国的外交体制。中国国势不振，是外国使节骄横无理、无视国际外交惯例的一个重要原因，但在历任外交总长的争取和努力下，在北京政府后期这些情形逐渐得以改变。

外交总长主持国家的外交机构，代表政府与他国交涉，与外交机构的完善与否和外交事业的成败息息相关，因此，外交总长必须是一位卓越的外交家。在对其知识结构和业务技能的要求上，除了丰富的本国知识和阅历外，还必须包括详尽的世界知识和国际关系知识，而且擅长口才，精通外语。以如此标准来衡量民国初年的外交总长，可见其水准之高。1912～1916 年，陆徵祥、梁如浩、孙宝琦曾任外长之职，其中陆徵祥在任时间最长，这对对外政策的稳定具有相当重要的作用。从教育背景来看，陆、梁二人均受过西式教育。孙宝琦虽受传统教育，但思想开放，乐于接受西方事务，海禁初开之时就积极学习各国语言，擅长英、法文。另外，他们三人都有过出使记录，在外交经验上绝对无可置疑。

陆徵祥（1871～1949），字子欣，出生于上海。13 岁考取上海广方言馆，1890 年毕业后以第四名的优秀成绩被保送至京师同文馆继续深造。近八年的西式教育和刻苦学习使他打下了良好的外文基础，1892 年被总理衙门选中留洋，派往彼得堡，为驻俄使馆四等秘书兼译员，其间以许景澄为师，致力于学习外交知识与礼仪。在俄国的几年，他表现突出，迅速从一个学习员成长为杰出的外交家。1899 年 5 月，他陪同当时驻俄公使杨儒出席第一次海牙和平会议，1901 年起参与中俄两国关于东三省问题的交涉，1903 年担任驻俄公使馆二等翻译，1905 年则升任中国第一任驻荷公使，民国前已升任驻俄公使。1912 年 3 月 10 日，袁世凯在北京就任中华民国临时大总统后，陆回国出任北京政府第一任外长。此后，他长期活跃在中国近代外交舞台上。

梁如浩（1861～1941），清廷第三批留美幼童，1874 年赴美留学，1905 年任驻荷兰公使随员，1908 年授外务部右参议、外务部右丞等职。

---

① 杜春和等编《北洋军阀史料选辑》下册，中国社会科学出版社，1981，第 211 页。
② 《顾维钧回忆录》第一分册，中国社会科学院近代史研究所译，中华书局，1983，第 103 页。

1912 年 9 月，袁世凯委派其接替陆徵祥，担任代理外交总长。1912 年 11 月，因处理俄国策动外蒙独立问题压力过大而辞职出走天津。此后，他并没有淡出中国外交界。1921 年，他出任华盛顿会议中国代表团高等顾问，紧接着又被北京政府任为"接收威海卫委员会"委员长，几经谈判后于 1923 年与英国草签《中英威海卫条约》。

孙宝琦（1867～1931），字慕韩，浙江杭县人。他的父亲孙诒经是咸丰朝的进士，官至刑部、户部侍郎，也是光绪帝的老师。孙宝琦自幼受父亲影响，喜欢经世之学，对中国典籍研习颇深，但同时他又在育才馆学习外国语言，中、西方教育都对他产生了影响。与清廷有着根深蒂固联系的孙宝琦在清末民初这一新旧更迭的时期一面效忠于朝廷，另一面又对其深感不满，他的一些举措在很大程度上反映了其与时俱进及向往共和制度的倾向。他曾经参与解救孙中山，使其顺利逃离法国。20 世纪初，他还曾响应国内筹建立宪政府的呼声，奏请清廷即刻实行内阁制。在全国反清起义浪潮影响下，身为山东巡抚的孙宝琦电请清廷解散皇族内阁、另简贤能以维持大局，实行共天下，宣布共和。1913 年 9 月，孙被任命为熊希龄内阁的外交总长。他在结束 16 个月的外长生涯后，又改任审计院院长，自此主要从事财经事务。

上述三人都非常熟悉世界知识、国际关系和外交惯例等，因此在处理外交事务时，多能凭借专业知识做出决定。不难发现，北京政府外交部最高领导层的"专业化"在民初就已经相当成功。这既破除了清末外务部时期遗留的不合理惯例，使整个外交制度渐趋完善，又为此后国民政府的外交体制树立了良好的范例。

外交次长是外交部内地位仅次于总长的官员，他的职责是辅佐总长整理部务。[1]《各部官制通则》曾规定：总长有故不能视事时，除列席国务会议、副署法令及发部令外，次长可代理总长之职。[2] 但曹汝霖任外交次长时属于例外，他被袁世凯授予"仪同特任"的殊荣，与总长同待遇，可出席国务会议。民国初创，国力衰弱，此时欧美国家因一战无暇东顾，于是袁世凯在认识和分析国内外形势的基础上，要求外交部必须与强邻（日本）亲睦，因此当时次长多为留日或曾驻日者，以便于和日方沟通。[3] 直

---

① 《修正外交部官制》，《政府公报》1914 年 7 月 11 日。
② 吴成章编《外交部沿革纪略》，第 85～86 页。
③ 颜惠庆：《颜惠庆自传》，姚崧龄译，第 108 页。

到一战结束，欧美势力卷土重来，次长才渐由留学英美人士担任。

依外交部官制，外交次长属于事务官，不同于前清之侍郎。① 也就是说，外交次长是负责实际执行事务的官员，他除了辅佐总长管理外交部、办理外交事务外，还要负责其他许多工作。比如规定"外交总长或外交次长兼任外交官领事官资格审查委员会委员长"，然事实上大都是由次长兼任，另外还明确规定外交甄录委员会委员长由外交次长担任。外交次长在外交部中所承担的责任及发挥的作用之大，使得对他们所具备的学识和经验的要求完全不亚于总长。民初的外交次长无一不具备出使背景，长期服务于外交界，且他们中除了夏诒霆外都有留学背景，因此，他们是完全符合要求并能胜任外交次长一职的。

颜惠庆（1877~1950），字骏人，江苏上海人，早年就读于上海同文馆，1895 年留学美国，入弗吉尼亚大学，1908 年随中国驻美公使伍廷芳出使美国，担任参事，开启了他的职业外交家生涯。此外，他还担任过清华大学总办、外务部参议、外务部左丞等职。1912 年 5 月，在陆徵祥的推荐下，颜惠庆出任北京政府外交次长。上任伊始便与陆一起改造中国外交制度，取得显著成效。北京政府时期还出任过驻德国、丹麦、瑞典等国公使。这位中国外交界的元老在外交制度的改革和外交人才的培养等方面做出了很大贡献。

曹汝霖（1877~1966），字润田，出生于上海。1905 年留学日本归国，先后担任清外务部主事、外务部右丞及外务部副大臣等职。1913 年 8 月任北京政府外交次长。作为北京政府时期对日外交的重要人物，他参与了"二十一条"谈判。其间，他灵活运用与日本的特殊关系，负责起草相关文件，很好地配合陆徵祥拖延了整个谈判过程，后任交通总长等职。长期以来，曹汝霖带着"卖国贼"这个骂名饱尝弱国外交的苦果，承受他人的责骂。但是，他在耄耋之年曾有言："饱谙世味，毁誉偕忘，清夜扪心，俯仰无愧。"② 曹汝霖如此的自评，在另一位外交家顾维钧那里得到了印证。顾维钧说："我认识曹汝霖，并与其在外交部，特别是当签订'二十一条'时共过事。但就我们所共之事而言，我始终感到曹先生是一位能干的外交家，是拥护国家利益的。"③

---

① 曹汝霖：《曹汝霖一生之回忆》，第 113 页。
② 曹汝霖：《曹汝霖一生之回忆》，第 2 页。
③ 《顾维钧回忆录》第一分册，中国社会科学院近代史研究所译，第 183 页。

刘式训 (1868~?)，字筝笙，江苏南汇人。早年入上海广方言馆、京师同文馆习法文，后赴法入巴黎大学学习，曾任驻法、俄、德等国使馆翻译与参赞，出使法国、西班牙、巴西大臣，巴西兼秘鲁全权公使等职。

夏诒霆 (1878~?)，字挺齐，江苏江阴人。曾任清驻德国、法国使馆翻译及法国使馆一等秘书，辛亥革命后，任北京政府国务院秘书、外交部参事、驻日本横滨总领事、代理驻西班牙公使、驻巴西兼秘鲁公使等职。

参事在外交部内地位仅次于次长，其职责是拟定及审议法律、命令等。外交部重要的法令由他们撰拟，各司拟具的法令须送他们审核，并且当本部法令有解释上的疑义时，由他们负解释责任。除此之外，参事也经常参与一些特定的重要工作，甚至参与外交部上层决策，顾维钧任参事时就时常被邀讨论重大外交问题。[①]

北京政府外交部设有秘书厅，依据 1914 年 7 月修正外交部官制，秘书"承长官之命掌管机要事务"。[②] 他们主要的职责是陪同外交总长或次长与各国使节会晤、充当其助手，往来东交民巷负责联络工作。和参事一样，秘书也没有固定的职司，通常受命办理部内各类杂事。民初外交部任命秘书 4 人，由通英、法、日、德四种语言者组成。1925 年因工作量增大，增至 8 人。为满足工作需要，秘书还须广泛与各国使馆人员往还，与外国记者打交道，以便了解各国的外交动向。[③]

司长是各司的行政主管，承长官之命分掌各司事务。[④] 各司以下分科办事，科内设佥事和主事办理事务，分工协作。因缮写文件及其他特别事务有需要时，可酌用雇员。

(二) 外交部高级职员概况

根据以上内容，外交部中具有决策权和参与重大事项讨论的官员，主要包括总长、次长、参事和司长。为能更清楚地分析民初外交部人事的特点，现将外交部领导层人员概况集中于表 1-6。

---

① 《顾维钧回忆录》第一分册，中国社会科学院近代史研究所译，第 103 页。
② 《修正外交部官制》，《政府公报》1914 年 7 月 11 日。
③ 颜惠庆：《颜惠庆自传》，姚崧龄译，第 108 页。
④ 《修正外交部官制》，《政府公报》1914 年 7 月 11 日。

表 1-6　民初外交部高级职员一览表（1912 年 3 月至 1916 年 6 月）

官称	姓名	籍贯	就任前主要外交经历	任期	备注
总长	陆徵祥	江苏上海	毕业于广方言馆、京师同文馆，曾任清朝驻俄使馆四等秘书兼译员、驻俄公使等	1912 年 3 月 30 日任，6 月 10 日到任，9 月 22 日辞。11 月 15 日任，1913 年 9 月 14 日辞。1915 年 1 月 27 日任，1916 年 4 月 23 日重任	1912 年 6 月 1 日代阁；6 月 29 日组阁至 9 月 22 日，仍兼。1915 年 12 月 21 日任国务卿，仍兼，1916 年 3 月 22 日免兼内阁。5 月 1 日假，由曹汝霖兼署，6 月 30 日免。即日唐绍仪任（未就）
	梁如浩	广东香山	赴美留学，归国后曾任驻荷兰公使陆徵祥随员、外务部右参议、外务部右丞等	1912 年 9 月 16 日任，11 月 14 日辞	
	孙宝琦	浙江杭州	曾任驻法国、德国公使等	1913 年 9 月 11 日任，1914 年 5 月 1 日重任，1915 年 1 月 27 日免	1914 年 2 月 12 日兼代内阁。1915 年 1 月 27 日免，任审计院长
次长	颜惠庆	江苏上海	毕业于上海同文馆，后留学美国，回国后曾任清朝驻美使馆参赞、清华大学总办等	1912 年 4 月 24 日任，1913 年 1 月 29 日免	1913 年 1 月 29 日改出使德国
	刘式训	江苏南汇	京师同文馆习法文，后赴法留学，先后任驻法、俄、德等国使馆翻译与参赞，出使法国、西班牙、巴西大臣等	1913 年 1 月 29 日任，8 月 10 日辞免	
	曹汝霖	江苏上海	留学日本回国后任外务部主事、右丞、左侍郎及副大臣等	1913 年 8 月 10 日任，1916 年 4 月 23 日免	1913 年 9 月 4 日代总长，1916 年 4 月 23 日升任交通总长
	夏诒霆	江苏江阴	曾任驻德、法使馆翻译，驻法使馆一等秘书，北京政府外交部秘书，驻日本横滨总领事，外交部参事，等等	1916 年 4 月 23 日代	

续表

官称	姓名	籍贯	就任前主要外交经历	任期	备注
参事	陈懋鼎	福建闽侯	先后担任外务部左参议、俄文学堂监督、驻英国公使馆二等参赞、驻西班牙公使馆一等参赞等	1912 年 4 月 24 日任，1915 年 2 月 15 日调	
	唐在复	江苏上海	上海广方言馆、京师同文馆出身，毕业后赴法留学。回国后历任驻法使馆随员、二等翻译官、三等参赞，驻俄、荷等国使馆参赞，驻法使馆书记官，代办使事，外务部右参议，等等	1912 年 4 月 24 日任	
	吴尔昌	浙江吴兴	上海广方言馆出身，学法文。历任韩国使署法文翻译、仁川领事、使署三等参赞、外务部法国股一等科员、驻日本神户领事、驻比利时使馆二等参赞	1912 年 4 月 24 日任，1913 年 9 月 23 日免	未到任前邵恒濬 6 月 25 日署
	戴陈霖	浙江海盐	京师同文馆出身，后赴法国留学，在巴黎政治学校毕业后任驻法国公使馆随员、翻译官、秘书。1913 年 12 月，任驻西班牙公使兼葡萄牙公使	1912 年 4 月 24 日任，1913 年 12 月 31 日调	未到任前张庆桐 6 月 25 日署
	施绍常	浙江吴兴	清举人，历任驻荷兰、意大利、德国使馆参赞等职	1913 年 12 月 31 日署	
	顾维钧	江苏嘉定	1904 年赴美留学，1912 年获哥伦比亚大学哲学博士学位，归国后任中华民国总统袁世凯的英文秘书兼外交秘书，1915 年任驻美公使	1913 年 4 月 5 日署，9 月 23 日任，1914 年 7 月 11 日调	

官称	姓名	籍贯	就任前主要外交经历	任期	备注
参事	袁克暄	河南项城	曾任清廷驻美使馆参赞，民国成立后，回国在外交部任职	1913 年 12 月 23 日任，1914 年 1 月 9 日再任	
	章祖申	浙江吴兴	历任出使俄国使馆二等参赞、驻荷兰使馆二等参赞代办使事、驻俄国使馆一等秘书、驻西班牙使馆一等秘书。1913 年 12 月，任驻比利时使馆代办公使	1914 年 7 月 30 日任	
	夏诒霆	江苏江阴		1915 年 3 月 17 日任	
	伍朝枢	广东新会	留学英国，于 1912 年回国后担任湖北都督府外交司司长、外交部条约审查委员会委员等	1915 年 7 月 30 日兼署	
外政司司长	陈箓	福建闽侯	1913 年 12 月任驻墨西哥公使，未到任。次年，以少卿衔上大夫为驻墨西哥全权公使	1912 年 4 月 24 日任	陈恩厚 10 月 12 日兼署
	王继曾	福建闽侯	毕业于上海南洋学堂，后赴法留学，回国后先后担任清政府驻法、日使馆随员，外务部主事等。民国成立后任北京政府外交部佥事	1914 年 1 月 9 日任	1914 年 7 月改称政务司司长，后一直沿用
通商司司长	饶宝书	广东兴宁	曾任总理各国事务衙门章京、外交部主事等	1912 年 4 月 24 日任	
	周传经	江苏嘉定	广方言馆、京师同文馆出身，曾任驻奥地利参赞	1912 年 11 月 26 日任	
交际司司长	陈恩厚	北京	京师同文馆肄业，后留学英国，回国后曾任外交部主事、佥事等	1912 年 4 月 24 日任	

官称	姓名	籍贯	就任前主要外交经历	任期	备注
庶政司司长	施绍常	浙江吴兴		1912年4月24日任，1913年1月19日再任	
	许同范	江苏无锡	京师同文馆肄业，留学英国，回国后曾任外交部主事、佥事等	1912年12月21日署，1913年1月18日免	1914年7月改为三司，此后无庶政司

资料来源：陈玉莹编著《中国近现代人物名号大辞典》（全编增订本），张宪文、方庆秋、黄美真主编《中华民国史大辞典》，刘寿林编《辛亥以后十七年职官年表》，刘寿林等《民国职官年表》，石源华主编《中华民国外交辞典》以及《民国元年京省职官表》、《东方杂志》、《政府公报》中有关资料。

从任职情形看，外交部领导层变动不大。以1912年3月30日袁世凯任命各部总长至1916年6月30日计，共任命过3位总长，其中梁如浩任职两月、孙宝琦任职一年半左右，其余时间均为陆徵祥在任，而同时段内交通部十易长官，平均每位总长任期不到半年。次长与总长相当。这段时间共有4位次长出现，其中曹汝霖在任时间最长，颜惠庆次之。如前所述，次长的任命是与当时国家外交重心的转移密切相关的，曹汝霖之所以长期担任次长，是由于一战期间对中国产生最大威胁的是强邻日本，国家将对日关系放在首位。外交部设有参事4员，在民初四年多时间里，共有10人担任过参事一职，1913～1915年出现过人员替换，但每次只变动一人，这样也就保持了参事任职的相对稳定。各司司长除个别有一定变动外，任期都是相当长的，如交际司司长一直由陈恩厚担任，而通商司司长周传经，自上任起直到1928年7月外交部解散为止，都不曾换调职位。

清末民初，西式教育比较发达的地区当推江浙地区和闽广沿海省份，从表1-6不难看出，外交部官员多集中于这些地区。袁世凯统治时期，外交部的3位总长分别来自江苏、广东、浙江，而次长则全部是江苏人。曾被任命为参事或司长的16人当中，有3人来自福建、5人来自江苏、4人来自浙江，其余4人分别来自广东、河南和北京。不可否认，自古以来地缘关系对于中国官员的任用和升迁是一个比较重要的因素，但是民初外交部非常重视官员素质，而不是依赖地缘在官场中拉帮结派。从他们的教育背景来看，从总长到司长，绝大多数肄业于同文馆或广方言馆，接受过西式教育，其中有10人留学欧美国家，1人留学日本。

1912年陆徵祥上任后，为了破除过去旧官僚的弊病，于6月11日将外交部旧员一律免职，仅留下 65 人留部办事，另从他部调任多名有对外交涉经验的人员到部任用，而凡在本国高等学堂或留学他国毕业者，分别记名听候传补。为了去除外务部兼差问题，陆徵祥发布部令，要求所有留部人员如有兼差者，于一星期内必须决定去留。[①] 民国成立后，中央各部都采取措施将原机构改组革新，但是为便于过往工作延续进行，在人事任用上仍沿用旧有人员，外交部亦不例外。1912 年陆徵祥解散外务部后留部办事者和记名听候补传者，都是当时具有西式教育背景或外交实践经验者，[②] 在经重新任命后，这部分人占了大多数。这一方面是因为需要他们的经验；另一方面则是他们具有相当的外交常识，自身素质符合外交部任用人才的标准。从表 1-7 可看出，民初几年，外交部内留部办事者和记名听候补传者占有一定的人数优势。

表 1-7　留部办事者及记名听候补传者在外交部任职人数统计表

	1912 年	1913 年	1914 年	1915 年	1916 年
秘书	3（4）	2（4）	1（4）	2（4）	3（4）
参事	0（4）	0（4）	0（3）	1（4）	1（4）
司长	2（4）	2（4）	2（3）	2（3）	2（3）
科长	21（21）	21（21）	20（21）	20（21）	19（21）
总　计	26（33）	25（33）	23（31）	25（32）	25（32）

说明：（1）此表以每年的 12 月 31 日为观察点，以当日在职人员作为观察对象；
（2）此表（）中数据为对应单位总人数，以便于参考。
参考资料：刘寿林等《民国职官年表》，石源华主编《中华民国外交辞典》，钱实甫编著《北洋政府职官年表》（华东师范大学出版社，1991）及《政府公报》中相关内容。

由此，我们可以得出这样一个结论：民初北京政府外交部在人事任命上极大地延续了清外务部，其影响不仅限于民初数年，而且贯穿整个北京政府时期。当然，从外务部延续而来的官员并没有使外交部人事壅塞，因为外交部也在不断培养新的人才，这有助于在整个外交部人事系统中形成稳定的代谢、更新。

三　驻外使臣人事分析

（一）外交官、领事官的任用

晚清总理衙门时期，外交人员来源多种多样，完全没有从制度层面加

---

① 《外交部令》，《政府公报》1912 年 6 月 19 日。
② 吴成章编《外交部沿革纪略》，第 66 页。

以限定，正是这种复杂而随意的人事任命使得总理衙门在人事组织上并未能实现专门化。驻外公使的选拔一般通过朝廷大臣或各地督抚保举，经由总理衙门上奏批准；选定公使后，使馆内参赞、领事、翻译官等均由其"择通达时务者"奏请简派。实际上，所有的使馆成员皆为出使大臣的属员，因此出现出使大臣徇情滥荐的情况："或本员（公使）自欲调剂私人，或廷臣滥行乞情推荐，竟有一使臣带至三十余人"，① "有到洋习交涉，亦有到洋而未留心交涉者。有到洋而始学西文，亦有到洋而未习一西文者"。② 外务部成立之初，人员虽来源于总理衙门，但进行了适当甄别，尤其是在 1907 年重新修订了总理衙门 1876 年颁行的《出使章程》，对使节制度进行了一些改革，在出使官员的任命上，除了没有进行专门的外交官考试外，大都仿照各国遣使通例对出使大臣提出要求。选拔出使大臣时，"专以外务部侍郎、丞参及各馆资深参赞，开单请简"。③ 参随人员选拔也必须经外务部对其进行考察后加以确定，明确规定："各出使大臣将各馆通晓外国语言文字及政治、法律、商务、理财等科研究有得人员，详开员名履历，出具切实考语送部，复查无异，再行奏补各缺……以后使馆参赞等各缺，由部及储才馆中合格人员调充，其所遗部中各缺，即由各馆中调部人员补授，各馆人员均不得由出使大臣任意调用……"④ 规定虽然严格，但在清朝固有的秩序观念下，驻外官员中不免许多私相授受的情形，使领馆在人事任用上仍存在较大的弊端，使馆工作人员不敷使用，素质亟待提高。要真正改变这种外交人员专门化不足的状况，就必须订立选拔外交人才的专门章程并严格执行。

陆徵祥就任外长后，将改革驻外使领馆职员的任用列为重点工作之一，他制定考核外交官章程，严格选员。⑤ 民国建立之初，仍须延续清廷遗留下来的外交工作，因而在驻外使节的任用上，并未做大幅度的变动，延续了外务部所任命的驻外使节代表，只是由于新政府的成立未获各国承认，驻外使臣暂时改称临时外交代表接续办事，直到次年各国先后承认中

---

① （清）于宝轩：《皇朝蓄艾文编》影印本，台北：学生书局，1965，第 1119 页。
② 《杨儒庚辛存稿》，沈云龙主编《近代中国史料丛刊三编》第 39 辑，台北：文海出版社，第 314 页。
③ （清）朱朋寿编《光绪朝东华录》，第 75 页。
④ （清）朱朋寿编《光绪朝东华录》，第 75 页。
⑤ 曹汝霖：《曹汝霖一生之回忆》，第 114 页。

华民国，这些临时外交代表才相继成为中华民国全权公使。[1] 而陆徵祥对使领馆的改革，使大量拥有近代外交知识、通晓国际法规律令的专业人才，尤其是相当数量留学归国的知识分子进入使领馆、从事外交工作，外交人员的整体素质不断提高，一支职业化的外交队伍逐渐形成，极大地促进了驻外使领馆的专业化。

1876 年 9 月，总理衙门制定了近代中国第一个《出使章程》，对出使大臣的官衔等级做了规定：使臣分头、二、三等名目，头等以一、二品充任，二等以二、三品充任，三等以三、四品充任。[2] 1907 年重新修订《出使章程》后，对使领官员官等也进行了区分：

①头等出使大臣正一品，二等出使大臣正二品，三等出使大臣正三品；

②头等参赞正三品，二等参赞正四品，三等参赞正五品；

③总领事正四品，领事正五品，副领事正五品；

④头等通译官正五品，二等通译官正五品，三等通译官正六品；

⑤商务委员正五品；

⑥一等书记官正五品，二等书记官正六品，三等书记官正七品。[3]

1916 年 3 月 2 日公布的《外交官领事官官等官俸令》具体规定了使领官员的等级，如表 1 - 8 所示。

表 1 - 8　使领官员等级表

特任		大使				
简任	一等	公使				
	二等	公使	大使馆参事			
荐任	三等	参赞	总领事			
	四等	参赞	总领事	领事	副领事	
	五等	随员	领事	副领事	通商事务员	随习领事
委任	六等至九等	主事				

资料来源：《政府公报》1916 年 3 月 3 日。

需要说明的是，民初是完全参照西方惯例将各驻外使节对应为世界公

① 《外交部致各国使臣照会》，《临时公报》1911 年 12 月 27 日。

② 刘锦藻编纂《清朝续文献通考》卷 337，第 10784 页。

③ 刘锦藻编纂《清朝续文献通考》卷 118，第 8783 页。

认的等级，并加以全权，但实际上在北京政府时期并没有大使的出现，只有少数几位加大使衔，到了南京国民政府时期才有真正的大使。

近代中国对外派遣使节经历了从无到有、从排斥到认同的过程，外务部时期虽不免受封建官僚体制的影响，但派遣驻使的观念较此前已有很大改变，对外使节的派任也开始朝着职业外交官的方面前进。到了民国，资产阶级共和国取代封建帝国，在政治、经济、外交制度上都努力效法西方先进国家，这给中央各部门的发展与进步提供了契机。正因如此，外交部也展开了各项整改，驻外使领馆方面，为能使驻外使节的职业化更为稳固，制定了许多专门的考试制度与资格审查规则，这些制度上的保障是北京政府时期大量杰出外交官涌现的一个重要原因。

（二）驻外使节人事分析

与其他职业相比，在业务技能方面，外交官往往有着较高的要求，一个职业外交官必须有渊博的知识、深通国际法、精通外国语言、熟悉外交礼仪等。英国学者费尔萨姆曾就此强调："外交官需要具备作为有成就的实业家、行政人员和文职人员所具备的品质。他不仅应该是这些方面的专家，而且还必须了解别的国家、文化和社会，并且懂得它们之所以存在的依据。他需有专门的知识、技巧与优秀的品质。"[1] 而优秀的外交官，除了这些基本条件外，还要仪表堂堂、风度翩翩、思维敏捷，怀揣一颗爱国、奉献之心。表 1-9 从当时驻外使节的教育背景及其外交经历进行分析，以期从中探析民初外交部驻外公使人事任用的脉络。

表 1-9　北京政府外交部驻外使节简况（1912～1916）

姓名	籍贯	出使国家及时间	教育背景	外交经历
王广圻	江苏上海	比利时（1912～1914）；意大利（1915～1916）	留学美国	驻荷使馆随员、二等书记官
刘玉麟	广东香山	英国（1912～1914）	留学美国	驻美使馆翻译、新加坡总领事、澳洲总领事
刘式训	江苏南汇	巴西、秘鲁（兼）（1913～1916）	留学法国	外交部次长

---

[1] 〔英〕费尔萨姆：《外交手册》，第28页，转引自金正昆《外交学》第2版，中国人民大学出版社，2007，第249页。

续表

姓名	籍贯	出使国家及时间	教育背景	外交经历
刘镜人	江苏宝山	俄国（1912～1919）	留学法国	驻英、法使馆翻译，驻俄使馆参赞
吴宗濂	江苏嘉定	意大利（1912～1913）	京师同文馆	驻英使馆翻译、驻法参赞等
汪大燮	浙江杭县	日本（1912～1913）	科举	总理衙门章京、外务部参议
汪荣宝	江苏元和	比利时（1914～1919）	留学日本	1914年2月，任驻比利时公使，1916年后曾任驻瑞士公使、驻日本公使
沈瑞麟	浙江吴兴	奥地利（1912～1917）	科举	驻比利时随员、驻德国二等参赞
陆宗舆	浙江海宁	日本（1913～1916）	留学日本	清末宪政考察团
陈箓	福建闽侯	墨西哥（1913～1915）	留学法国	外务部主事、外交部外政司司长
施肇基	江苏吴江	美国、古巴（兼）、墨西哥（兼）、秘鲁（兼）（1912～1913）；英国（1914～1920）	留学美国	外务部左丞等
胡惟德	浙江归安	法国、西班牙（兼）、葡萄牙（兼）（1912～1913）	广方言馆	驻俄使馆参赞、使俄钦差大臣
唐在复	江苏上海	荷兰（1913～1920）	留学法国	驻法、俄使馆参赞
夏偕复	浙江杭县	美国、古巴（兼）（1913～1915）	科举	纽约总领事
顾维钧	江苏嘉定	美国、古巴（兼）、墨西哥（兼）（1915～1920）	留学美国	外交部参事
高而谦	福建长乐	意大利（1913～1915）	科举	外务部左丞等
梁诚	广东番禺	德国（1912～1913）	留学美国	使美、秘、墨大臣

续表

姓名	籍贯	出使国家及时间	教育背景	外交经历
章宗祥	浙江吴兴	日本（1916~1919）	留学日本	
颜惠庆	江苏上海	德国、丹麦（兼）（1913~1920）；瑞典、美国（1916~1920）	留学美国	驻美使馆一等参赞、外交部次长
戴陈霖	浙江海盐	西班牙、葡萄牙（兼）（1913~1920）	留学法国	驻法使馆翻译；驻西班牙、葡萄牙使事代办
魏宸祖	湖北江夏	荷兰（1912~1913）	留学法国	南京临时政府外交部次长

说明：（1）此表按驻使姓名笔画顺序排列；（2）驻使未到任者不列入表中，代办使事亦然；（3）外交经历主要参考驻外使馆任职经验，没有驻外使馆经验的，则参考其外交部门工作经历。

资料来源：钱实甫《北洋政府职官年表》，石源华主编《中华民国外交辞典》（上海古籍出版社，1996），闵杰编著《晚清七百名人图鉴》，刘国铭主编《中国国民党百年人物全书》（下册）以及《政府公报》相关内容。

从表1-9我们很容易发现，1912~1916年驻外使节的地缘与外交部部内高级职员地缘呈现几乎相同的趋势，即主要集中于东南沿海一带，尤其是江、浙两省。此外我们还可以观察到：1912~1916年任命的驻外公使大多是留学外国的学者，12位留学欧美，3位留学日本，且他们在出国前也多受西式教育熏陶。吴宗濂、胡惟德2位虽未出国留学，但他们分别出身京师同文馆和广方言馆，接受了系统的西式教育，且长期在驻外使馆工作，积累了丰富的涉外经验。其中有4位科举出身者，但他们在熟悉外交礼仪和国际法的运用方面较为优秀。另外，民初外交部仍有兼任公使的情况，但此时公使兼任的国家以比邻者为多，而且在派驻公使时，除了将其外交经历作为考量因素外，还在相当程度上参考其教育背景，尽量派留学欧美者出使欧美国家，留学日本者出使日本。除了语言关系外，这亦是因为留欧美者与留日者相互之间有排他倾向存在。

四 经费与薪俸

（一）经费来源与支出

总理衙门经费初拟每月由户部支领银300两后复追加300两，后因设

立同文馆费用较多，遂又将各海关所纳船钞项酌提三成以资其应用。[①] 船
钞是总理衙门收入的大部来源。除此之外，总理衙门还有一笔不定收入，
即每年各海关的洋商罚款。外务部经费也主要来源于此。随着北京政府外
交部各项制度的现代化，其经费来源也与晚清时期有所改变。其固定经费
通过国家预算决定，根据 1914 年颁布的会计条例规定，政府各部各有预
算，各部透过岁入岁出概算书向总统府主管编制下年度预算的审计处提出
报告，然后由审计处提交国会议定、分配预算，最后再交由财政部根据议
定项款给予预算。[②] 此外，国外使领馆发放签证、护照或货运许可证所取
得的收入[③]及美国庚子退款，也被给予办理清华学校之用。

　　至于外交部经费支出，主要分为部内开支、出使经费、各省外交经费
及附属机构经费。其中出使经费所占比重最大。一直以来，外交部在部
内、使领馆及地方外交机构经费的分配比例是比较稳定的；而附属机构方
面，1913 年、1914 年只列俄文专修馆经费，没有将清华学校列入预算，因
而附属机构经费相当少。[④] 1916 年将清华学校经费加入预算中，且学校急
需大量建设经费，因此当年附属机构经费突然大量增加。至 1917 年成立清
华学校董事会，由其专门管理清华学校一切基金，在此后预算编制中，附
属机构的预算才渐趋稳定。我们可以从表 1 - 10 中发现，民初几年内，外
交部预算编制都是比较稳定的，并无太大增加或缩减。由此观之，外交部
预算的分配是具有一定条理的。

表 1 - 10　民初北京政府外交部各项经费使用统计

单位：银元

年份	外交部经费	出使经费	直辖机关经费	地方外交经费	其他	总计
1913	620968 196800 （817768）	1985052 602400 （2587452）	13140 1110 （14250）	1142823 232626 （1375449）	0	3761983 1032936 （4794919）
1914	869712 0 （869712）	2400000 0 （2400000）	67074 0 （67074）	886743 0 （886743）	6000 0 （6000）	4229529 0 （4229529）

---

① 陈文进：《清代之总理衙门及其经费（1861~1884）》，《中国近代经济史研究集刊》第 1
　卷第 1 期，1932 年。
② 贾士毅：《民国财政史》，上海商务印书馆，1934，第 189 页。
③ 《顾维钧回忆录》第一册，中国社会科学院近代史研究所译，第 384 页。
④ 贾士毅：《民国财政史》，第 326 页。

续表

年份	外交部经费	出使经费	直辖机关经费	地方外交经费	其他	总计
1916	671076 192636 （863712）	1863210 484430 （2347640）	1221223 1128950 （2350173）	691039 40770 （731809）	0	4446548 1846786 （6293334）

说明：表中每一格所列数据，第一个为经常门预算，第二个为临时门预算，（ ）中则是二者之和。其中，临时门预算以当年预算书所拨预算为准，并非当年实际所用额。

资料来源：中国第二历史档案馆编《中华民国史档案资料汇编》（第三辑·财政·一），江苏古籍出版社，1991，第291~786页。

1914年6月外交部发布的《修改外交部会计出纳规则》对外交部内部财务运作进行了严格规范。总则规定外交部所管经费预算、决算及收支稽核由会计科管理，现金出纳、存放及使领各馆经费筹拨、核销由出纳科管理。外交部所管经费之收入由出纳科通知会计科查核；凡所管之部费支出，由庶务科通知会计科查核；凡所管之使费支出，由出纳科通知会计科查核；清华、俄文两校费之收入或支出，由该校详明本部长官交会计科查核。会计科接到前项通知查核，与预算相符并与向章适合，详明长官核准，发出核准单于出纳科，该科始执行现金收支。部中购置物品或新筑暨修缮工程，先由庶务科估计价目，开单送会计科稽核后始执行。前项物品或工程价值在千元以上者，应按照审计条例，用投标方法请审计处派员监视；其在五十元以上者，则由本部会计科监视。前项之稽核如发现超过预算定额，得详明长官裁减或停止；前项所购物品及工程良否，须经会计科检查始为有效。

在预算、决算方面，规定年度开始以前，依财政部所定期限及其格式造送岁出入概算书暨岁出入预计书咨送财政部，年终作决算报告书咨送亦同之。依审计处所定期限，每月做支付预算书一次，按照预算格式编册咨送财政部；又每月作支出计算书一次，咨送审计处；出使经费每月支出计算书得依事实上之便利由出纳科编竣送交会计科查核，相符转送审计处。如遇临时发生必需之经费系预算外者，应由会计科详明长官先办后追加预算函，商财政部核准后方可支付。

至于收款，凡外交部所管经费之收入，由出纳科用红色联二式收款通知单注明某年度、月份、某款项之金额并署名盖印，以一联存根、一联送交会计科查核。会计科接到前项通知核准登记后，用红色联三式注明号数款目并盖印，以一联存根、两联（一收款核准单、一领收证）送交出纳科，出纳科点收现金登记后截下收款核准单存查，于领收证上加盖印章转交付款人。凡收入款项由出纳科通知会计科核准登记，其在五百元以上者送存外交部指定之银行，至零星款项积至五百元者亦同。前项所称收入款项如系银两，出纳科得依沿用之标准价折成银元数目通知，会计科核准登记仍以银两存入银行以备随时兑换（其兑换价较标准价有盈余时应归作收入一项）。前项所存各银行之款项，出纳科应将银数、日期、行号、利率并长期或短期通知会计科备查，至每月终再由出纳科编制存款报告书二份，以一份详请长官查核，一份送交会计科复核。外交部收入之款项除由他机关拨入外，其由本部直接收入者，应于每月经过后编制收入计算书咨送审计处查核。

此外，对于支款也有详细规定。凡本部经费之支出，由庶务科用各色联二式支款通知单注明年度、月份、款项及金额，并署名盖印，以一联存根、一联送会计科查核；凡使费之支出由出纳科发通知于会计科，亦同之；清华、俄文两校之支出手续由该校遵照本部规定办理。会计科接到前项通知核准登记后，用各色联二式支款核准单注明号数、款目及收款人名，并署名盖印，以一联存根、一联送交出纳科照数发款，但发放本部俸给薪津时，会计科即登载于前国务院立定之俸给簿、薪津簿，详请长官核准签字，先期径交出纳科筹备发给，不适用前两项之手续。前项之支款如超出预算以外或与向章不符，会计科得详明长官，不发核准单并将通知单取消退回。前项之支款通知单须附送应支事由单以备查核，或附注于通知单内亦可。凡支款金额在 50 元以下者由出纳科直接发给现金，在 50 元以上者由出纳科开给银行支票送由次长盖印方能有效。凡庶务科支出之零星小款未满 1 元者，应适用前国务院所定领款单办理。[①]

由上可见，外交部的财务体制比较完善，其层层节制，决不随意浮用。但是在这样严密的经费预算制度下，外交部为何还会时常出现拖欠官员薪金的情况呢？最根本原因在于整个北京政府财政拮据，外交部的经费来源非常有限。

（二）官员薪资

北京政府财政，除了袁世凯主政期内 1914 ~ 1916 年有盈余外，其余时

---

① 《修改外交部会计出纳规则》，《政府公报》1914 年 7 月 4 日。

间多是入不敷出，一年亏短，少则五百多万银元，多则上亿银元，但民初几年的外交部在官员薪俸发给上还不成问题。外交部编制之初，在事各员应支薪俸均按照外务部旧例分别支给。1912 年 5 月国务院通知，凡服务月薪，除总长、次长暂不支薪外，其余一切员司，人给津贴 60 元；员司从前薪津每月不及 60 元者不在此例。至《中央行政官官俸法》公布，外交部薪俸制度凡四变：第一次自 2 月 25 日起至 4 月 30 日止，用外务部旧时办法；第二次自 5 月 1 日起至 7 月 31 日止，用 60 元津贴办法；第三次自 8 月 1 日起至 9 月 30 日止，以官俸法草案为根据，暂行五成官俸办法；第四次自 10 月 1 日起，遵用《中央行政官官俸法》，俸制之外原有津贴以供部员午食之用，至次年 1 月亦陆续撤竣。①《中央行政官官俸法》规定，各部及内阁的官俸一致，只有级别之分。自此，薪俸发放有章可循。其基本原则是每位官员按其所属等级支薪，外交部部内官员也不例外，其薪俸标准如表 1 – 11 所示。

表 1 – 11　外交部部内官员月给薪俸分级表

单位：银元

	特任官	简任		荐任			委任			
		一等	二等	三等	四等	五等	六等	七等	八等	九等
第 一 级	1000	600		360			150			
第 二 级			500	340			140			
第 三 级			400		300		130			
第 四 级					280			115		
第 五 级						240		105		
第 六 级						220		95		
第 七 级						200			80	
第 八 级									75	
第 九 级									70	
第 十 级										60
第十一级										55
第十二级										50

资料来源：《中央行政官官俸法》，《政府公报·法律》1912 年 10 月 17 日。

① 吴成章编《外交部沿革纪略》，第 130 ~ 131 页。

此薪俸标准一直沿用至北伐成功，因此当时官员薪金变化主要是通过等级变动实现的。笔者通过《政府公报》中有关外交部官员官等官俸变化的相关内容，总结其情况大约如此：1914 年外交次长上任时，官员等级多列为二等官，叙二等二级俸 500 银元，然不久即晋升叙列为一等官员，领一等一级 600 银元官俸；曹汝霖为特例，总统每月发给津贴 1000 银元，与总长相同；① 司长、参事上任时为四等官，支四等三级 300 银元官俸，而后随即被晋列为三等官，多领三等一级 360 银元俸；② 秘书也从之前的四等官晋升为三等，领三等二级 340 银元或三等一级 360 银元俸；③ 至于佥事，则多为五等官，领五等六级 220 银元俸；科长则支五等五级 240 银元俸；许多资历久且上著有劳绩之佥事官最高可升任三等官，领三等一级 360 银元俸；④ 主事则多为六至九等官，薪金每月 60～150 银元不等。外交官需多与外人交往，俸薄则不能满足其需要，因此外交部在经费许可之下，酌量发给外交经费，除总长外，次长月 400 元，参事、司长月 300 元，依次递减至科长为止，每月共计 10000 余元。⑤ 虽然此项并未形成定制，但为了便于交际，外交部在此项上都会有所补贴。

一般来说，驻外使领馆官员薪金要高于外交部部内官员。使领馆人员驻扎外国，各国开销水平不同于国内。相比之下，中国当时的经济发展水平较其他国家为低，如果使领人员薪俸与部内官员持平，将使其生活拮据。民初订立《中央行政官官俸法》后，改银元为单位，中央官员薪俸有了一个新的标准，驻外使领馆官俸也须改用相同单位，1912 年起改组使领各馆，实行之初，势难悉予更变，新制、旧制参错互出，所不免也。1913 年 1 月 6 日，本部规定暂行章程，欲合新旧两制归于一，以谋变通之道，公布了《外交官、领事官、领馆主事官俸暂行章程》。⑥ 现将民初驻外使领馆各级官员月领官俸与清末驻外官员薪俸分别比照，如表 1 - 12 所示。

① 《外交部令第九十五号》，《政府公报》1914 年 6 月 15 日。
② 《外交部令第七十三号》，《政府公报》1914 年 5 月 6 日。
③ 《外交部令第九十六号》，《政府公报》1914 年 6 月 15 日。
④ 《外交部令第八十号》，《政府公报》1918 年 6 月 23 日。
⑤ 曹汝霖：《曹汝霖一生之回忆》，第 113 页。
⑥ 吴成章编《外交部沿革纪略》，第 140～141 页。

表 1-12 民初驻外使领馆官员暂行官俸表

单位：银元

使馆	公使	一等秘书	二等秘书	三等秘书	随员	
领馆		总领事	领事	副领事	随习领事	主事
旧官制	二等驻使	头等参赞	二等参赞	三等参赞	二等书记官	书记生
薪俸	1800	750	600	450	360	150

资料来源：《外交官、领事官、领馆主事官俸暂行章程》，《政府公报》1913 年 1 月 8 日；吴成章编《外交部沿革纪略》。

这是民初过渡时期短暂使用的办法，其分配较为简单。因各国生活水平不尽相同，若同级使领官员薪俸一律，则各员间难免失衡。因此，亟须制定更为合理和完善的官俸法。1916 年 3 月 2 日公布了正式的《外交官领事官官等官俸令》，规定依所驻国的不同，官员分数等，每等又分若干俸级。新的官俸由两部分组成：一是依照《中央行政官官俸法》发给本俸，二是针对各使领馆所驻国生活消费水平的差异加发勤俸（参见表 1-13、表 1-14）。本俸与外交部部内官员月给薪俸分级相同，勤俸则分为甲、乙、丙三额，由外交部依据所驻国具体情形而定。

表 1-13 外交官领事官官等俸级对照表

	特任官	简任官	荐任官	委任官
一等		第一级		
二等		第二级 第三级		
三等				
四等			第一级 第二级 第三级 第四级	
五等			第五级 第六级 第七级	
六等				第 一 级 第 二 级 第 三 级

续表

	特任官	简任官	荐任官	委任官
七等				第 四 级 第 五 级 第 六 级
八等				第 七 级 第 八 级 第 九 级
九等				第 十 级 第十一级 第十二级

表 1－14　外交官领事官月给勤俸分额表

	大使	公使	大使馆 参事	第一参事 总领事	第二参事 领事	第三参事 副领事 通商事务员	随员 随习领事	主事
甲额	一四〇〇	一二〇〇	五〇〇	四四〇	三四〇	二〇〇	一六〇	一四〇
乙额	一二〇〇	一〇〇〇	四五〇	四〇〇	三〇〇	一八〇	一四〇	一二〇
丙额	一〇〇〇	八〇〇	四〇〇	三六〇	二六〇	一六〇	一二〇	一〇〇

资料来源：《外交官领事官官等官俸令》，《政府公报》1916 年 3 月 3 日。

《外交官领事官官等官俸令》还规定，使领馆人员署理或代理他职时，应专支所署、所代职之本俸、勤俸；兼理他职时，除支原官本俸、勤俸外，并给以所兼职勤俸之半，但大使、公使兼驻他国不另支俸。临时代办使事官除支原官本俸外，给以该驻使之勤俸，待办使事官除支原官本俸、勤俸外，得加给公使勤俸五分之一至四分之一。待命外交官、领事官留部办事者得支本俸，照原官等级自半俸至全俸支给。使馆、领事馆学习员之薪水，准用所驻地使馆领事馆主事官俸之规定。[①] 这些官俸条例的规定切合各驻外官员所驻国生活水平的需求。同时，对出于其他工作需求产生的经费，也提出了一套合理的薪金办法。就出使川资而言，1912 年外交部通行出使章程对参赞以下至书记官分别准带眷仆人数均有规定，唯驻使眷仆未限定人数，事后支报，每多参差。于是 11 月 1 日外交部发布部令，在新

① 《外交官领事官官等官俸令》，《政府公报》1916 年 3 月 3 日。

的使领各馆治装、路费等项章程重新厘订尚未颁布以前，暂定通行办法：凡驻外各公使赴任或回国之时，实系随带眷仆者，眷属以三人为度，均给头等川资；仆役二人为度，均给三等川资，以示限制。①

至于地方涉外机构工作人员薪资，1913 年，为将地方对外交涉权收归中央，于各省或重要巨埠设立交涉署或交涉分署，由外交部派遣特派交涉员与交涉员管理，其薪额也依《中央行政官官俸法》规定，特派交涉员为简任，交涉员为荐任，按其等级支领薪资。据规定，特派交涉员支领月薪500 银元，交涉员领月薪 360 银元。而交涉署除交涉员外设科长、科员等职，其由该外交署长官呈报外交总长委任。依照 1913 年《各省交涉署、交涉分署员缺俸给一览表》规定，科长依其等级不同，月薪 150 ~ 200 银元不等，科员也依等级月领 60 ~ 120 银元。② 但由于经费短缺，交涉署的经营无法得到保障。1914 年为配合中央节减政费，外交部着手节省地方交涉经费支出，逐渐裁并交涉分署，将其业务交由地方道尹或海关监督兼任。在外交部与财政部商议下，凡海关监督兼任交涉员者，以海关监督为主体，即以海关监督兼充交涉员，所有经费除海关监督经费外，酌留交涉员经费四分之一，以资资助。③

纵观民初外交部，虽受国家财政所限，一些规划实施困难，但已经建立起了较完善的预算制度。外交部内官员薪资分配由于受到《中央行政官官俸法》限定，无法随意加薪，但外交部尽量通过提高官等使官员们薪资更加宽裕，并且还不吝发放各种经费补助。至于驻外使领馆薪金，外交部除了制定日常薪资发放依据的一套等级规则外，结合所驻在国生活水平差异，还实行发放勤俸。地方交涉机构的薪金也依据所在地的重要性及工作量多寡而实行不同等级的额缺俸给发放制度。

结　语

鸦片战争后的中国逐渐卷入了世界现代化发展的浪潮，正是这种特殊情形，与发轫于西方的"早发内生型"现代化进程截然不同，中国"晚

---

① 吴成章编《外交部沿革纪略》，第 131 ~ 132 页。
② 《外交年鉴》民国九年份（上编），外交部统计科编印，第 16 ~ 49 页。
③ 《外交部呈大总统江宁交涉员系金陵关监督兼充拟请援各处兼任交涉员之例将江宁交涉分署裁撤酌留款项为兼任交涉员办公之资以期博节文》，《政府公报》1914 年 5 月 3 日。

发外生型"的早期现代化成为"被延误了的现代化"。①近代中国自主推进现代化进程迟缓、滞后，然而外交现代化却迅速地凸显出来，无论是在外交机构本身，还是外交方式及外交官员职业化等方面都不例外。

民初外交体制趋于健全，就外交部本身而言，其现代化主要体现在外交部权力的行使和整个外交部机构的专门化、对外交事权的统一与集中以及科层制。从整个北京政府外交部外交权的演变过程中，我们可以发现，由于军阀政权更迭，虽然有相当的法令赋予了外交部权力，但外交部对外交权的获得与否完全取决于当政者对外交权力的掌控程度。由于袁世凯本身于晚清时期办理过外交关系，深知外交对于国家的重要性，因此在他执政后，对于外交权的把持较为直接，但也因为如此，袁对于外交官的尊重，亦是其后的执政者所无法比拟的。②虽然袁世凯牢牢掌握了外交权，但他最大限度地给予了外交部处理本部事务及对外交涉的权力，积极支持陆徵祥对外交体制的现代化改革。在他任命陆徵祥为外交总长时就曾允诺不插手陆对外交部的改革，正是这样，北京政府外交部才更为迅速走上了现代化的轨道。袁世凯不遗余力地网络外交人才，在外交人才的任用上，可谓"不拘一格"，完全不受传统任职秩序的限制，尤其重视外交人才的真知与能力，这点从他对顾维钧的重用就可见一斑。当袁担任临时大总统时，就电召在美国留学尚未毕业的顾维钧回国担任大总统英文秘书兼外交部参事。1915年任命顾维钧为驻美国兼古巴公使时，出于避免美国方面可能对其年资太浅产生不满的考虑，同时为了让顾维钧能更好地"在其位，谋其政"，于是袁世凯特地先任命顾为驻墨西哥公使，并赴欧洲游历数月，而后让其在途中转任驻美公使。

北京政府外交部在民初改革后就已经拥有了现代化的组织，以后的几次改革都遵循这一时期的架构，并日渐制度化和规范化。外交部部内组织呈现了一个分工明确且高度专业化的形态，各级机构根据明文规定的法令规章组成，法令规章不变更，行政组织就固定不变。从其改革过程中我们不难发现外交部组织弹性的一面，因时、因势缩减、扩充原部门或增进新部门，从官制改革一节可以清楚地了解外交部内部机构设置状况。驻外使领馆制度在民初改革后更为完善，它脱离了前清派遣钦差大臣的格局，而

① 罗荣渠：《现代化新论世界与中国的现代化进程》（增订本），商务印书馆，2004，第249页。

② 《顾维钧回忆录》第一分册，中国社会科学院近代史研究所译，第107~110页。

建立起直属于外交部的现代化使领馆组织，使之与外交部的联系愈加密切。民初一改过去地方外交权力滥用的状况，将地方外交权收归中央是外交部一项重要工作。袁世凯执政时期在各省及重要商埠设立隶属外交部指挥的交涉署或交涉分署，这是外交一元化原则的体现。

同时，外交部还形成了明确的科层制，外交事权由总长这一国家公职人员单独负责处理，而具体业务则交由各厅司办理，它们功能不同，不相统属或平行，完全分工协作，但外交部直接指挥的控制权则完全集中于一个上级组织。这样的行政机构划分井然有序，权责分明，富有效率，每一个层级执掌和其职位的高低都有系统明确区分，内部每一成员的权力和责任都有严格规定。他们职位分等，下级接受上级的命令与指挥。所有工作人员的任用都完全根据职务上的要求；具备资格者需参加公开考试，考试合格方可被选中，且成员之间只是工作关系，而非私人关系。外交部的组织特性与马克斯·韦伯（Max Weber）的理想组织形式——科层制（官僚制）① 相当吻合。可见民初北京政府外交部在组织架构上，是现代化的组织形态。

"弱国无外交"已成共识，然事实上只要弱国能灵活采取对策，积极赢得机遇，并恰到好处地通过现代外交途径寻求突破，也可以给国家带来好处，维护甚至进一步实现国家利益。因此，弱国外交并非一无是处，而是可以有所作为。北京政府时期的外交正有此体现，虽然其无法摆脱妥协外交的弱点，但是随着其外交观念的转变和外交政策的制定与实施，这一时期的外交部能灵活运用现代外交手段，积极维护国家利益，并取得了相应的外交成果。外交更趋技术化和专业化，效率也明显提高。客观来说，民初几年处于劣势地位的中国，在几个重大外交事件的交涉上是有其成功之处的。首先，北京政府外交部克服重重阻力，积极争取世界各国对新政权的承认，这是保证中国在国际上合法地位的第一步。其次，民初基本保持和维护了晚清形成的中国版图。辛亥革命爆发后新旧政权更迭，国内政局不稳，列强乘虚而入，民初中国边疆面临严峻危机，问题层出，但在强敌环视情况下，以袁世凯为首的北京政府勉强保住了晚清领土。在无法以国力匹敌列强时，妥协外交发挥了一定作用。在这一系列问题处理过程

---

① 韦伯认为科层制（官僚制）有以下特点：合理的分工，科层等级的权力体制，管理依据规章、程序进行，决定和命令以公文形式下达，组织管理的非人格化，注重专业培训，合理合法的人事行政制度等。

中，外交部主要通过谈判、签约等和平方式缓和矛盾，维护领土主权。通过对沙俄、外蒙进行交涉，迫使外蒙取消独立，确保中国对外蒙的主权。对外蒙古的独立，除了由大总统袁世凯与外蒙古哲布尊丹巴直接对话，声明"外蒙同为中华民族，数百年来严如一家，现在时局阽危，边事日棘，万无可分之理。……各蒙与汉境唇齿相依，犹堂奥之于庭户，合则两利，离则两伤。今论全国力量，足可以化外蒙之贫弱为富强，置于安全之域，旧日苛政，当此新基创始，自必力为扫除。此外如有要求，但能取消独立，皆可商酌"，① 外交总长陆徵祥也于 1912 年 11 月 25 日代表中国政府声明："蒙古领土权完全属于中华民国。"② 但鉴于立国未久，政局未稳，不得不采取谈判一途。1913 年 9 月 18 日外长孙宝琦同俄国驻华公使库朋斯齐达成《中俄声明文件》，虽然在其附件中说明外蒙古是中国领土的一部分，但对俄妥协太多，引起国人及政府的强烈不满，谈判持续进行。从 1914 年 9 月 8 日到 1915 年 6 月 7 日，外交部与俄国代表、外蒙代表费时 9 个月，正式开会 48 次，会晤谈判 40 余次，于 1915 年 6 月 7 日，签订《中俄蒙协约》。该条约共有 22 条，其核心内容包括：

第一条　外蒙古承认中俄声明文件及中俄声明另件。

第二条　外蒙古承认中国宗主权。中国、俄国承认外蒙古自治，为中国领土之一部分。

第三条　自治外蒙无权与各外国订立政治及土地关系之国际条约。

第四条　外蒙古博克多哲布尊丹巴呼图克图汗名号受大中华民国大总统册封，外蒙古公事文件上用民国年历并得用蒙古干支纪年。

第五条　中国、俄国承认外蒙自治官府有办理一切内政并与各外国订立关于自治外蒙工商事宜国际条约及协约之专权。③

虽然该条约对沙俄与外蒙地方势力继续妥协，承认沙俄侵入外蒙古的合法性，承认外蒙古自治，但毕竟维持了外蒙古在中国版图之内。随后按照条约规定，外蒙古撤销国号、年号，中国政府派出代表团对外蒙古进行

① 袁世凯：《致库伦活佛书》〈一〉，《袁大总统文牍类编》，第 61 页。
② 王建朗主编《中华民国时期外交文献汇编》第 1 卷，第 685 页。
③ 《中俄蒙协约》，王建朗主编《中华民国时期外交文献汇编》第 1 卷，第 740～741 页。

册封，中俄关于外蒙古交涉告一段落。

在外蒙古问题上外交部坚持国家主权，在西藏问题上也是如此。沙俄策动外蒙古独立的同时，英国则策动西藏上层脱离中国。中国政府不得不与英国、西藏上层谈判。当英国、西藏地方勾结拟定了一个所谓的"西姆拉条约"分离西藏时，中国政府授权外交部谈判代表陈贻范，拒绝在"西姆拉条约"上签字。1914 年 7 月 3 日，陈贻范在会上声明："凡英国和西藏本日与他日所签条约或类似的文件，中国政府一概不能承认。"①同时外交部还指示驻英大使刘玉麟两次正式照会英国政府，做同样声明。"中国政府不能擅让领土，致不能同意签押，并不能承认中国未经承诺之英藏所签之约或类似之文牍。"② 中国政府所为，使英国分裂西藏的阴谋无法得逞。以后历届中国政府都坚持西藏是中华领土的一部分，维持了中国清末固有的版图。

同时，外交部在具体外交事件中善于审时度势，运用灵活的外交手段，在列强夹缝中求生存。比如一战爆发之后严守局外中立，维持国内局势以保安宁。③ 然最为典型的当数中日"二十一条"交涉事件。以袁世凯为首的北京政府面对"二十一条"的苛刻条件和日本的高压，被逼无奈，屈服于日本军事淫威和外交讹诈，允诺进行秘密交涉。然重要的是设法采取措施牵制日本：通过重重谈判拖延时间，并有意将此消息泄露给英、美驻华公使及新闻媒体，利用日本与英美的矛盾和国际、国内舆论声援，迫使日本退让。虽然北京政府最后屈辱应允日本的最后通牒，与之签订《民四条约》，④ 国家主权、利权受到极大损失，但与日本提出的"二十一条"有着重大区别。⑤ 中国政府接受的是"二十一条"的一部分，而不是全部，接受的部分都是已经形成的事实，即日本已经控制了东北南部和蒙古东部部分地区、山东胶州湾地区。以陆徵祥和曹汝霖为首的外交部始终以坚定的外交立场，与日本进行非常艰苦的谈判，交涉前后相持三个月之久，正式、非正式会议至数十次之多，日本一手炮制的"二十一条"各款，中国

---

① 北京大学历史系编《西藏地方历史资料选辑》，生活·读书·新知三联书店，1963。
② 王建朗主编《中华民国时期外交文献汇编》第 1 卷，第 820 页。
③ 张华腾：《中立与参战：第一次世界大战中的中国政府》，《南开学报》2020 年第 2 期；杨雨青：《中国参加"一战"问题之探究》，《学术界》2018 年第 9 期。
④ 即《关于山东之条约》与《关于南满洲及东部内蒙古之条约》。王建朗主编《中华民国时期外交文献汇编》第 1 卷，第 1040 ~ 1043 页。
⑤ 张华腾：《袁世凯对日本侵略的斗争与妥协》，《民国研究》2012 年秋季号。

拒绝了 8 条，修改了若干条，并将第 5 号各款搁置。① 这种联合欧美、对抗日本侵华的做法，非常符合当时中国所面临的状况，因此从某种程度上说是切合实际需要的，其外交手段的适时运用自有可圈之处。著名记者王芸生曾评论"二十一条"交涉说："综观'二十一条'交涉始末与经过，今以事后之明论之，中国方面可谓错误甚少。若袁世凯之果决，陆徵祥之磋磨，曹汝霖、陆宗舆之机变，蔡廷干、顾维钧之活动，皆前此历次对外交涉所少见者。"② 史学家、外交家蒋廷黻非常赞同王芸生的评价，他曾说："关于二十一条的交涉，袁世凯、曹汝霖、陆宗舆诸人都是爱国者，并且在当时形势之下，他们的外交已经做到尽头。"③ 对北洋政府与日本政府的二十一条谈判和结局，时人和学者是给予理解和肯定的。如在美国留学的胡适，在其日记中写道："吾国此次对日交涉，可谓知己知彼，既知持重，又能有所不挠，能柔也能刚，此则历来外交史所未见。"④ 近代史学家陈恭禄对中日二十一条交涉也有客观评价。他说："就国际形势而言，中日强弱悬殊，和战均不利中国，衡其轻重利害，决定大计，终乃迫而忍辱签订条约，何可厚非！"⑤ 应该说，这样的评价是非常可观公正的。民初中国政府尤其是外交部的作为是值得点赞的，为了维护国家的主权、利权，他们付出了艰辛的努力。

前清外务部和驻外使馆在外交人才的培养和任用上已有朝着职业化方向发展的探索，但却没有建立起一套自成体系的专职外交官制度，离完全由职业外交家办理外交事务的阶段还存在很大差距。随着外交专门化趋势的加强和对外交人才培养的日益重视，北京政府外交部坚持朝着职业外交家办理外交的方向前进，无论是部内人员还是驻外使领馆人员的任用都采用现代化的人才选拔方式。北京政府时期是近代中国职业外交家的黄金时代，外交人才济济，他们主要是留学美、欧、日的学生和同文馆、广方言馆新式教育机构的学生。一支专业化、职业化的高素质外交官队伍在北京政府时期已完全形成，而正应归功于民国初年对外交人才的大力培植为此

① 袁世凯：《在最高国务会议上讲话》，骆宝善、刘路生主编《袁世凯全集》第 31 卷，第 288 页。
② 王芸生：《六十年来中国与日本》第 6 卷，大公报社，1933，第 398 ~ 400 页。
③ 蒋廷黻：《民国初年之中日关系》，《大公报》1933 年 9 月 18 日。
④ 《胡适留学日记》，上海书店影印，1989，第 636 页。
⑤ 陈恭禄：《中国近代史》，商务印书馆，1935，第 52 页。

奠定了坚实基础。长期担任外长一职的陆徵祥对于有志青年，尤其是留学生，不分省界，尽力延揽，在外交部中委以重任。他曾在 1939 年接受罗光访问时回忆说："我现在一人在房里，有时很快乐。别人问我为什么快乐？我说我现在看见中国外交界的效果，心中很快乐。现在 3 位大使，14 位公使，都是我当时的青年。凡是办政治，尤其是办外交，绝不可以用外行。武人作外交官，只可认为一时的变态。我那时培养 60 余青年，我绝不用私人，只选择青年培植，希望造成一传统外交人才……"① 外交部次长颜惠庆也曾回忆："外交部训练后起人才，部中干练之高级人员，尽量先外放充任公使、代办、领事等职……直至北洋政权没落，整个外交界尚能保持其传统的作风，故北京外交界的水准，反较 1927 年后为优。"② 北京政府时期外交官的培养和选用严格秉持职业外交官的任用方式，外交机构中任职的官员是社会精英阶层的汇集，他们了解外部世界，受过专门训练，拥有专业知识，有着近代外交意识并将从事外交作为终身职业。较中央其他各部而言，外交部的官员知识结构最为完备，业务水平也更高。随着政府机构现代化的需求，行政人员应是知识广博的通才与精通本行业务的专才的辩证结合。纵观整个北京政府外交部人事，其所拥有的条件相当符合现代行政组织专业化的要求。一批训练有素的职业外交家的出现令中国外交呈现出新的面貌，陆徵祥、顾维钧、颜惠庆、施肇基、王正廷等堪称世界一流的职业外交家，③ 他们表现卓越，娴熟地运用为世界公认的各种外交理论和国际法，以一口流利的外语与强国唇枪舌剑，捍卫本国的利益。他们在国际、国内的影响一直延伸到国民政府时期。20 世纪以来国际舞台上，中国外交官们叱咤风云、折冲樽俎，坚定地维护并争取国家的利益，主动参与国际事务。高水准的外交官阵容给中国外交的现代化增添了活力，使中国外交机构在更充分、有效地行使职能的同时迅速与国际外交接轨，并极大推动中国以新的姿态融入国际社会。

经过以上研究，笔者认为民初北京政府外交部已经是一个组织现代化且人事专业化的机构，捍卫国家利益的积极姿态在中国近代历史上留下了浓墨重彩的一笔。然而，北京政府外交部也留下了一些遗憾。首先，未能

① 石建国：《陆征祥传》，河北人民出版社，1999，第 96 页。
② 颜惠庆：《颜惠庆自传》，姚崧龄译，第 169 页。
③ 石源华主编《民国外交家丛书》总序，见石建国《外交总长陆征祥》，福建教育出版社，2015。

摆脱对列强的依赖与妥协，使近代中国半殖民地在根本上未发生变化，列强长期控制中国政治、经济，外交也受其掣肘，国家主权继续遭受侵蚀，"二十一条"交涉与被迫签订《民四条约》等付出的惨痛代价，留给中国人的是无法抹去的耻辱。其次，外交部所掌外交权的局限性。袁世凯在朝鲜独当一面办理外交十余年，任外务部尚书期间更是大力整饬外务部，长期以来，他积累了极为丰富的外交经验，他在与外国的广泛接触与交往中也充分地认识到外交对中国，特别是一个弱国的重要性，于是在他成为民国元首后对外交格外重视，民初外交部得以快速走上现代化发展的轨道与他不无关系。也正是因为他眼中外交的特殊意义，他在有意或无意间干涉外交事务，他的意志和决定在相当程度上影响着外交部，以至于出现外交权集于元首的现象。亲历民国外交的顾维钧也曾这样回忆："民初袁世凯做大总统，外交事务实际上是袁主持的"，"袁总统在对外关系上是煞费苦心的，对政府所做的一切亲自承担了责任"。① 同时，在对地方外交权的统一上也存在困难，由于经费短缺，许多交涉署改为海关监督或道尹兼充，造成外交部并非交涉署的唯一上级，从而使得地方行政部门与交涉署关系更为密切，外交权极易出现分裂。最后，外交部虽然开启了职业外交家从事外交事务的新时代，但没有建立起与之配套的专门的、固定的考绩、调职制度和完善的抚恤、退休制度，这使得外交官的职业没有充分的保障。此外，外交部经费也始终存在问题，虽然有良好的预算制度，但由于受国家财政短缺的限制，外交部经费的获得相当困难，为此在一些交涉中不免发生困扰，同时还有兼任公使和欠薪问题的长期存在等。这些问题对北京政府外交部的现代化形成很大制约，但我们决不能由此否定北京政府外交部的重要地位和它对以后的南京国民政府外交部以及整个中国外交体制现代化的贡献。

---

① 《顾维钧回忆录》第一分册，中国社会科学院近代史研究所译，第 390～392 页。

第二章　内务部研究

民初内务部是各部中职权最为广泛的一个部，凡有关社会治安、选举、奖惩、出版、结社、赈灾、工程建设以及公共卫生等事业无不在其职责范围之内。如与当代社会相比较的话，其职权相当于今天公安部、人事部、民政部、社保部、建设部、卫生部等的总和，实际上囊括了民初除外交部、财政部、陆军部、海军部、教育部、工商部、农林部、司法部、交通部职权以外的所有方面，责任重大，关乎社会的稳定和发展，关乎国家的治理，关乎人民大众社会生活的方方面面。正因如此，内务部向为北京政府所重视。袁世凯统治时期创办的内务部，是清末新政时期巡警部和民政部的进一步发展，在民国政治制度建设中具有创新意义。内务总长的人选也一直为袁世凯北洋集团中的亲信人物。

第一节　早期内务部概况

1840 年后的中国，无论是社会风气还是政治潮流，都发生了翻天覆地的变化，延续千年的单一封建社会体制被半殖民地半封建社会体制打破，随之而来的是新经济形态、新政治势力、新文化思想的传入和发展。鸦片战争之后的中国在帝国主义的炮舰声中惊醒，一批以林则徐为代表的先进中国人"开眼看世界"，开始向西方学习自强救国的真理。经过近两代人的努力求索，他们由学习西方的先进生产技术到学习先进的经济制度，再到认识和学习西方的先进政治制度。20 世纪初，无论在物质层面还是精神层面，中国人对西方的认识都上了一个台阶，先进的知识分子已经从早期的要求建立西方经济秩序，上升到要求建立一套完善的社会、政治秩序，以保障新经济秩序的运行。近代的社会管理制度特别是警察制度，就是在这样的思想、社会背景下产生的。于是，在现代文明社会中，这个标志着社会治安管理科学化、公共安全保障制度化的新事物——内务部就产生了。

现代社会管理机构的产生是一个从特殊到一般、从简单到复杂的过程。作为社会管理最重要的一项，对社会秩序的有效维护和对公共安全的保障成为最优先考虑的目标。因此，现代警察及警察制度、警察机关的诞生就成了现代社会管理机关的先导。

一　清末内务事业的起步

最早的民政警务机关要追溯到庚子事变后成立的京城善后协巡总局和后来成立的工巡局。这是清政府为应对治安形势恶化而成立的临时警备、司法、公安机关，其主要职责是维持京城地区的社会治安、缉捕盗贼、稳定社会秩序、审理案件、办理对外交涉事件等。但是，这两个机构职权之狭窄、管理之混乱，更像是中国旧时的治安组织，跟近代西方警察制度差距甚大。光绪二十七年（1901）七月三十日，清廷颁布上谕："各省制兵防勇积弊太深，着将原有各营严行裁汰，精选若干，分为常备、续备、巡警等军，认真训练，仍随时严加考校。"1905 年 8 月 5 日，清政府仿照内城工巡局，设立了外城工巡局："巡警为当今要政，内城现办工巡局尚有条理，亟应实力推行，所有五城练勇着即改为巡捕，均按内城办理，着派左都御史寿耆、左副御史张仁黼，会同尚书那桐通盘认真举办以专责成。原派之巡视五城街道厅御史着一并裁撤。"这是清政府谕令各地试办新军、警政的开始。但几年过去了，只有京师及个别省份进行了试办，警政事务也只是空具外壳，与现代警察制度相距甚远。另外，清廷也没有一个明确的办警政令和整齐办警方案，在中央更没有一个统一的领导机构。各地各自为政，所办警政机构设置不一、管理混乱、章程复杂，水平也是参差不齐，效果自然不能尽如人意。时人谈及巡警办理时，有贴切的描述："巡警初设，既无定章可循，又无中央统领，虽试行有年，而各省各自为政，彼此不谋，致多歧异，偏远之省或且推诿迁延，不肯举办。"①

清政府为进一步加强国家机器的力量，加大对社会的控制力度，决意参照西方的社会管理制度，筹建巡警，以求达到稳定国家的目的。清廷在发布的上谕中指出：

> 晚近之学西法者，语言、文字、制造、器械而已。此西艺之皮毛而

---

① 《袁崇镇条陈》，中国第一历史档案馆档案，转引自孟庆超《中国警察近代化研究——以法文化为视角》，中国人民公安大学出版社，2006，第 165 页。

非西学之本源也。居上宽，临下简，言必信，行必果，服往圣之遗训，即西人富强之始基。中国不此之务，徒学其一言一话一技一能，而佐以瞻徇情面，肥利身家之积习。舍其本源而不学，学其皮毛而又不精，天下安得富强耶？总之法令不更，痼习不破，欲求振作，须议更张。①

清廷希望"西学"能解救其于内忧外困的泥淖。然而在中央设置现代的警察管理机构、统筹划一全国警政事务，能够在新政初期就得到实施，当归功于一个偶然的事件。

光绪三十一年（1905）八月二十六日，清政府派出的出洋考察政务大臣从北京出发，五大臣在京城正阳门车站遭到南方革命党人吴樾的炸弹袭击。虽然因提前发现未造成重要人员伤亡，但这一事件暴露了京城治安的糟糕状况。慈禧太后在震惊的同时，一面严令京城步军统领衙门、顺天府、工巡局等治安机构"严切查拿"，并处分了刚刚成立不到两个月的外城工巡局委员；另一面开始重新思考如何才能维持全国社会稳定的问题。事件发生仅七天之后，清政府于九月二日传下谕令，指出："辇毂重地，竟有匪人在火车上掷放炸弹之事，此等凶顽不法，难保无党羽混迹京城，暗图生事。巡警关系重要，亟应认真办理，以销隐患而靖人心。"② 从此上谕可以看出，五大臣出洋考察被炸事件，进一步推动了清政府加强巡警力量，决定要扩大并完善现代警察的功能和组织。

九月十日清廷正式下旨成立巡警部：

> 巡警关系紧要，迭经谕令，京师及各省一体兴办，自应专设衙门，俾资统率，着即设立巡警部，署兵部左侍郎徐世昌着补授该部尚书，内阁学士毓朗着补授该部左侍郎，直隶候补道赵秉钧着赏给三品京堂署理该部右侍郎，所有京城内外工巡局事务均归管理，以专责成。其各省巡警，并着该部督饬办理。该尚书等务即悉心统筹，力任劳怨，严定章程，随时切实稽核，期于内外清谧，黎民乂安，用副委任。一切未尽事宜，即由该部妥协具奏。③

以此上谕为开端，清末新政中首开制度创设的巡警部成立了，它是全国最高公安行政机关，同时负责京师司法、内务、治安事务。从此，现代

---

① （清）朱寿朋编《光绪朝东华录》张静庐点校，中华书局，1958，第4601页。
② 《清实录·德宗实录》卷549，第286页。
③ （清）朱寿朋编《光绪朝东华录》，第5408页。

警政事业有了全国统一的管理机构，也有了明确的办警目标，各地区各自为政、管理制度错综复杂、警务组织章程纷乱不清的局面有了一定的好转，全国警务事业进入统一管理、上下贯通的新时期。巡警部作为我国第一个现代意义上的中央内务机构走向前台，它的成立为以后清末民政部、民国内务部的出现奠定了组织基础。

（一）从巡警部到民政部

巡警部的草创虽然表明了清廷要向西方学习，全面开始办理现代警察事业，但无论是巡警部的机构设置还是权限划分，均是比照现成的商部、学部机构建立的，并没有很好地参照当时欧美国家的内务体系。此后，五大臣历时七个月，遍游美日等国，与当地政要探讨政治体制、机构的变革问题，寻求西方国家富强的政治根源。回国后，他们发现因出洋而产生的中央巡警部并不符合当时欧美各国通行的内务机构设置原则。于是，新一轮的中央内务机构改革在新政中开始了。

光绪三十二年（1906）六月，清政府派出的出洋考察政治五大臣回到北京。考察政治大臣之一戴鸿慈上折奏事，明确提出改革官制，"预备立宪"。在奏折中，他结合在西方考察政治的经历，提出关于中央各部的改革原则。其中，他详细陈述了内务部门所担当的职能和西方各国设置的惯例，指出当下巡警部的不足：

> 今日新设外、商、警、学四部，体制较备于昔，然尚有缺而未举、冗而无当与职权不分明、名称宜斟酌者。增置、裁并，试举其略。内部为民治事，职要而任繁，各国大率举教育、农工商及交通诸行政别区为部，中国必应仿行。其留存于内部范围者，尚有警察、卫生、土木、赈恤并监督地方行政诸大端。中国地方大广，监督行政一层断不适于措理，自以警察为一部最要之图，惟内务可以赅警察，而警察不能尽内务，今中国已设警部，复设内务，不独迹近骈枝，亦且无事可办。然考各国之制，以警部独称者甚希，而内部不立者则竟无有。臣等以为不若改巡警部为内务部，凡户部、工部之关于丁口、工程者，皆并隶之。[①]

---

① 《出使各国考察政治大臣戴鸿慈等奏请改定全国官制以为立宪预备折》，《清末筹备立宪档案史料》上册，沈云龙主编《近代中国史料丛刊续辑》，台北：文海出版社，1974，第371页。

这是清末上层人士第一次明确提出改巡警部为内务部的主张。后因内务部与清廷内务府名称相近，容易引起混乱，就没有再提此议，但巡警部改革势在必行。几天后，清廷下诏决定实行"预备立宪"。同时，在"规制未备，民智未开"的情况下，清廷决定先从改革官制入手。九月十六日，庆亲王奕劻、大学士孙家鼐、军机大臣瞿鸿玑联名上奏《厘定中央各衙门官制折》，认为当下中央各部"权限不分，名实不副"，已经不适合当前的政治形势，同时提出改革官制的三原则"首分权以定权限……次分职以专任……次正名以覆实"，认为"巡警为民政之一端，拟正名为民政部"。① 二十日，清廷下发圣谕："巡警部为民政之一端，着改为民政部……设尚书一员，侍郎两员，不分满汉。"② 至此，民政部代替了巡警部，在预备立宪的大潮中成立了。

（二）清末内务事业发展简评

巡警部虽然在革命党人的炸弹声中成立了，机构的安排尚属易事，或借鉴东洋日本惯例，或学习商部、学部成法，建立起基本的行政机构，但人员的调配较为困难，传统的缉拿、捕快根本不能胜任现代警政职务，"不必员多，惟在得人"③ 成了当时最急切的呼求。所以，在清末新成立的内务、民政机构内任职的人员大多是旧官僚。但这些人并不是旧官僚中的保守派，特别是徐世昌、赵秉钧等人，对近代巡警、内务事业有开创之功，他们都是"新政"的主要人物。"徐君雄才有大度，刚毅有为，内城事仍托之余兄，外城事则托之于赵君秉钧，以张元奇、钱能训、延鸿、吴延燮等充丞参，规画天下警务，议设警官。"④ 徐世昌凭借北洋势力的支撑，加之自身较强的办事能力，任巡警部尚书初期就聚集了一班得力人马。如皇族毓朗办警察不畏权贵，这在此前京城办警政时就有体现，其充任巡警部左侍郎期间也颇有气魄，在"北京办理警察之初，颇具一种勇决之气，固属不诬，用能崭然，自树新基，蔚成美誉"。⑤ 又如右侍郎赵秉钧，更是巡警界的干才。赵秉钧出身警务，熟悉西方现代巡警制度，并且有

---

① 《庆亲王奕劻等奏厘定中央各衙门官制缮单进呈折》，《清末预备立宪档案史料》上册，第 466 页。
② 《裁定奕劻等覆拟中央各衙门官制谕》，《清末预备立宪档案史料》上册，第 466 页。
③ 《户部员外郎闵荷生建言官制不必多所更张呈》，《清末预备立宪档案史料》上册，第 396 页。
④ 徐凌霄、徐一士：《凌霄一士随笔》，山西古籍出版社，1997，第 833 页。
⑤ 徐凌霄、徐一士：《凌霄一士随笔》，第 832 页。

办理直隶巡警的经验。他在任巡警部右侍郎期间，对加强京城的治安管理、稳定社会秩序做出很大的贡献。"吴樾炸弹案发生后，清廷悚惧，特设巡警部，锐意举警政，其动机本在防革命党，而其效乃著于维持治安。北京警察之声誉，久而未泯，今之求警察者犹每取材于故都，盖经始之功，赵秉钧为多云。"① 这是时人对赵秉钧京师办警的评价，应当是十分客观的。

1906 年，巡警部改为民政部，从这一过程来看，清政府在此问题上更多的听取了出洋大臣的意见，吸取了西方各国的经验。相比早先成立的巡警部，民政部无论在机构设置上还是职责划分上，都要更为完善。

民政部内设机构包括二厅五司。承政厅，掌机要事项、考核司科职员、编存部内文件、筹划部门经费等。参议厅职掌有关民政事务的参谋、规划事项。民治司主要是"为民治事"，稽核地方行政，监督地方自治事务，编查户口，整饬风化、礼教等，还负责鳏寡抚恤、荒政移民等事项。警政司为原巡警部的缩编机构，掌管一切巡警事务。疆理司接管了原户部的一部分职能，主要执行划分地方区域、统计土地面积的任务，另外负责稽核官民土地的收放买卖、核办舆图测绘、审定各地图志等。营缮司首先是管理民政部所直辖的大型土木工程，监督全国土木工程的施行，稽核土木事项经费的预决算情况，保护名胜古迹，调查祠庙。卫生司继承原巡警部警保司卫生科职能，掌理全国的卫生保健、检验检疫等事项。② 可以看出，在巡警部降为一个司的情况下，管理卫生事业的单位由科级升至司级，其职能较原来的卫生科更加完善，这是清政府对卫生事业的重视，也符合民政部"为民治事"的原则。

由上可以看出，民政部立根于巡警部，而职权又有所扩大："因就原设巡警部分司职掌，原有者量为合并，原无者分别增入。如民政之地方行政、地方自治、移民、侨民，暨户部分入之保息赈救疆理，工部之营缮，此皆为巡警部原设司科所无也者也。"③ 它接管了全部的巡警部执掌，同时将原户部掌理的疆理、保息、户口、拯救，礼部掌理的臣民礼仪规制、风化教育，工部掌理的城垣维护、公廨、仓廒建造、道桥工程及其预决算等收入其中。其职掌包括：管理全国地方行政，包括地方自治、户口、风

---

① 徐凌霄、徐一士：《凌霄一士随笔》，第 761 页。
② 《民政部分科章程》，转引自韩延龙、苏亦工编《中国近代警察史》上册，社会科学文献出版社，2000，第 79 页。
③ 徐世昌：《退耕堂政书》卷二，台北：文海出版社，1985，第 191 页。

化、保息、救荒、巡警、疆理、营缮、卫生、庙产、信仰、方术等各事，真正成为全国民政的最高管理机关。所以，新成立的民政部更符合现代国家的内务机构设置原则，它的执掌从单一的警政建设扩大到基本的公共事务领域，责任从简单的阶级控制转换到多面的为民治事。应该说，清政府在内忧外患的压力下做出这种变革，是难能可贵的。

从光绪三十一年（1905）九月开始，清政府在内忧外患的关头在中央设立巡警部，再改为民政部，这是清末警政、民政、卫生事业发展的新阶段。特别是民政部的设置，从总体上管理全国民政事业，推动了我国内务管理的科学化发展。民政部把社会治安管理、民政救济、公共卫生事业、公共设施建设纳入一个整体，开拓出封建国家职能不曾涉足的新领域，使现代国家的服务职能从理论走向现实。民政部下设各司的执掌规则大部分为民国所继承，其基本的机构建制都在民初的内务部中得到了体现，这是其对中国民政事业现代化的贡献。诚然，清末政局动荡，清政府不可能在此投入过多精力，但是至少在制度上，巡警部和民政部的出现开启了现代社会管理的先河，巡警建设开始出现在最高决策者的案头，以"卫生"一词为名称的中央部门第一次出现，这些都是巨大的进步。民国成立后，内务部是最早设立的几个部门之一，其职能也兼社会治安、公共卫生、基础设施建设及社会救济为一体，这不能不说是受了清末民政部的影响。

二 南京临时政府时期的内务部机构

南京临时政府虽然存时短暂，但它在政府组织的建设上很有效率。早在 1911 年 12 月 2 日，各省都督府代表联合会就通过了《中华民国临时政府组织大纲》，勾画出新政府的大致形象。内务部为初设五个部之一。在部务执掌上，明确规定："内务部：管理警察、卫生、宗教、礼俗、户口、田土、水利、工程、善举、公益及行政事务，监督所辖各官署及地方官。"①

（一）南京临时政府的内务部官制

关于内务部的早期职员设置，在 1912 年 1 月 27 日颁布的《中华民国内务部官职令》② 中就有明确的规定：内务部下设各司治事，所设办事机

---

① 《中华民国临时政府中央行政各部及其权限》，《临时政府公报》1912 年 1 月 30 日。
② 《民立报》1912 年 1 月 27 日。

构有民治司、职方司（即疆理局）、警政司、土木司、礼教司、卫生司，并简要规定了各司的执掌责任。1912 年 2 月 6 日《临时政府公报》所载《大总统咨参议院编定各部官制》中，提出法制局已经拟就《内务部官制》，后参议院于 3 月 29 日逐条讨论修改，4 月 3 日全文通过。这是民国政府关于内务部的第一个官制，共 10 条。① 它关于内务部机构设置、人员配置的规定直接影响了后来北京政府时期的内务部官制建设。该官制详细厘定了内务部的官员任免、责任担当等。具体规定如下：

①内务部负责管理警察、卫生、宗教、礼俗、户口、田土、水利工程、公益善举、著作出版及地方行政，并选举事务，监督所辖各官署及地方官。

②内务部职员，除各部官制通则所定者外，置有参事、秘书长、秘书、司长、科长、科员、录事、工正、工师、工手等若干人。内务部设有民治、职方、警政、土木、礼教、卫生六司，并分别规定各司所掌事务。

③民治司掌管之事务：关于地方行政事项；关于地方自治团体及公共团体行政事项；关于选举事项；关于保息荒政及公益善举事项；关于调查及编制户籍事项；关于各省人民移殖事项；其他不属于他司之民治事项。

④职方司掌管之事务：关于核定地方疆理及土地统计事项；关于监理官民土地事项；关于编审图志事项。

⑤警政司掌理之事务：关于行政警察事项；关于高等警察事项；关于监理著作出版报章事项。

⑥土木司掌管之事务：本部统辖土木工程事项；地方公共土木工程事项；修理河川道路、堤防、港湾及调查事项；关于收用土地事项。

⑦礼教司掌管之事务：关于宗教寺庙祀典行政事项；关于监理僧侣教士道士事项；关于改良礼制及整饬风俗事项；关于保存古迹事项。

⑧卫生司掌理之事务：关于预防传染病地方病及其他公共卫生事项；关于船舶检疫事项；关于监理医师药师及卖药业事项；关于医生会及医院事项。

该官制详细规划了民国政府内务部的执掌与下属机构的分划。在职掌上直接继承了清末民政部的职责，办事机构也大体继承了民政部的分配方式。

---

① 《民立报》1912 年 4 月 15 日。

（二）南京临时政府内务部厅司分科章程

根据《南京临时政府内务部承政厅及各局办事规则》①，这一时期的内务部厅司划分与前面的《内务部官职令草案》有明显不同。其不同之处在于：增加承政厅，改司为局，改职方司为疆理局。其对厅、局以下机构设置及其职掌做了具体规定。

（1）承政厅

承政厅是一个类似办公厅的文秘机构，其办事规则如下：承政厅置秘书长一员，承总长之命，总理厅务，并掌管机要文书。下设七部。纂辑处，纂辑本部各种文件，并编制统计。文牍处，草拟公文函电。收发处，收发及保存公文函电。监印处，典守印信。庶务处，掌管一切预算、决算及官产、官物与不属于各司事务。会计处，掌管本部出入经费及稽核之事。承政厅内置秘书、科员及录事若干人，分掌各项事务。②

（2）警务局

根据《警务局分科职掌规则草案》，警务局设置四科。第一科掌理关于中央或地方巡警条例之颁布，及警员之编制与经费计划事项，关于警察官吏之考绩事项；第二科掌理关于集会、结社、聚众事项，关于出版著作、新闻杂志事项；第三科掌理关于各种行政警察事项，关于消防事项；第四科掌理关于中央或地方巡警教育之计划事项，关于中央或地方巡警学生及其教员、职员之成绩事项。每科设科长1人，一等科员1人，二等科员2人，三等科员5人。设录事4人，从事记录、缮写等事。

（3）民治局

《民治局分科职掌规则草案》共10条，规定民治局分为四科。第一科职掌地方行政条例之颁布事项，关于呈请核准事项，地方官吏之指挥监督事项，关于选举事项；第二科职掌自治监督事项，公益事业之提倡及指挥事项，自治条例之颁发事项；第三科职掌慈善团体事项，关于抚恤事项；第四科职掌户籍调查及管理，户籍变更之核定，移民之奖励及保护。每科设科长1人，各科设科员若干人，分掌本科事务。

---

① 中国第二历史档案馆编《中华民国史档案资料汇编》（第二辑），江苏古籍出版社，1991，第38~45页。

② 中国第二历史档案馆编《中华民国史档案资料汇编》（第二辑），第39页。

（4）土木局

土木局设四科。第一科掌理关于本部所辖工程费用预算、结算并出入款账事项，关于各地方土木工程之经费，其有应提款补助以及别项费用等之计算事项；第二科掌理关于道路、桥梁之修整事项，监督各地方之经营道路、桥梁事项；第三科掌理关于水利之开凿，港湾、河工之兴革，岛屿、沙滩之调查事项，监督各地方经营川沙、港湾、堤防工程事项；第四科掌理关于街市房屋之改良及拟订条例事项，关于古迹之保存及庙宇之调查事项。每科设科长1人，一等科员1人，二等科员3人，三等科员4人。设录事若干人，司缮写、记录等事。

（5）礼教局

礼教局设三科。第一科掌理典守祭祀、编订历史、关于国家礼制之制定，关于民间礼制之制定，关于各种礼制旧习惯之改良；第二科掌理宗教及其他类于宗教约束方法，关于淫词之禁约事项；第三科掌理关于习惯上应改良事项，关于习惯上应维持之事项，关于习惯上应禁止之事项。每科设科长1人，一等科员1人，二等科员3人，三等科员4人。设录事8人，从事缮写、检存等事务。

（6）卫生局

卫生局设四科。第一科掌理关于地方卫生应兴应办事项，关于卫生行政条例颁布事项，预算卫生行政之经费，考核卫生行政之成绩，编制卫生统计表，编辑卫生年报；第二科掌理关于医士、药师之业务，产婆、看护人之养成，药种商及卖药营业取缔事项，关于卫生事业之提倡及指挥事项；第三科掌理关于传染病、地方病、痘疮及兽疫事项，关于船舶检疫事项，关于花柳病检查事项，关于地方病院及卫生会事项；第四科掌理关于药品事项，关于嗜好品、香妆品、着色料及其他一切之检查事项，关于饮食物检查法之审定事项，关于卖药之检验及取缔事项。每科设科长1人，一等科员1人，二等科员3人，三等科员4人。设录事5人，从事记录、缮写事务。

（7）疆理局

按照《疆理局分科治事规则》，本局分为四科。第一科掌理关于土地收用办法等之具案及颁布事项，关于国有、公有、私有土地之清查事项，关于变更行政区划及统计土地面积事项；第二科掌理关于岛地、滩地及荒山之管理事项，关于海面幅员及水面界碑埋立事项，关于外国人租界事项；第三科掌理关于全国各地地图测绘审定事项，关于地志之编纂事项；第四科掌理关于田土之清理事项，关于掘采土石事项，关于土地买卖之稽核事项。每科设科长 1 人，一等科员 1 人，二等科员 2 人，三等科员 4 人。设录事若干人，司记录、缮写等事。

另外，《临时政府公报》第 57 号另刊有《内务部土木局治事简章》《内务部疆理局分科治事简章》《内务部卫生司暂行执掌规则》① 各一，其分科和人员的编制安排与前略有不同。

据《内务部土木局治事简章》规定，土木局设局长 1 人，总理局内事务。设工监 1 人，襄理局内事务。土木局内设以下七科。材料科，检查本国所产材料之品名、价格、产地、制造地、贩卖地、每年产额及用途，检查外国输入材料，设立试验材料场，收集被拆房屋之旧材料。路工科，负责城镇马路之改良、培植路旁树木、改造原有驿站、设法保存古迹等事宜。屋工科，计划改良住宅、商店、公所式样，改良原有房屋，建造新样房屋，颁行造房条例。水工科，探寻城镇附近泉源及其所含物质，实测河道，筹办大城镇自来水，兴筑河工保固河岸。桥工科，修旧桥建新桥，审定各地桥梁种类。海工科，实测海岸与潮汐，以及码头、船坞、灯塔等事宜。图案科，对以上各工程所起草图，由本科人员着色精制。

据《内务部疆理局分科治事简章》规定，疆理局设局长 1 人，工监 1 人，科长 5 人，另有科员、核算员、录事员若干人。下设五科。测绘科，定平水高低，计面积大小，证土地界址，探山水源流。分设测量团和绘事团。前者负责测量军用地图、教科地图及旅行地图，后者负责绘制各种地图。编审科，负责审定中华民国地图、各省地图、搜辑全国省府厅州地图志，编辑旅行指南。印铸科，印制铜版石版琉璃各版，雕刻图版，洗晒图版。采访科，设有物产团和地质团。前者负责调查各种天然物产和制造物产，后者负责看验各种矿苗，审定各种矿产图志，采集鉴定各种标本。书契科，分设调查团和评计团，前者负责化验地土肥瘠、察看地住远近、调查审定价值，后者负责鉴定、清查契约、划定买卖权限、颁发新订契约等。

据《内务部卫生司暂行执掌规则》规定，卫生司下设四科办事。各科执掌没有太大变化，第一科仍然掌理卫生行政、公共卫生事项，第二科掌

---

① 《内务部卫生司暂行职掌规则》《内务部土木局治事简章》《内务部疆理局分科治事简章》，《临时政府公报》1912 年 4 月 4 日。

理医师管理、药品市场的监管等，第三科掌理防疫事业，第四科管理药商事宜，对特殊药品进行监管。大致与《卫生局职掌规则草案》规定相同。

值得关注的是，从《临时政府公报》第 57 号中可以看出，南京临时政府对内务部下设机构称谓由司改局并不坚定，卫生局就改为了卫生司。另外，随着临时政府北迁，南京政府内务部的不少职员辞职，在刊登的《内务部荐任各员辞职呈》① 中，就使用有民治司、警务司、礼教司、土木司、疆理司、卫生司的称谓。《内务部委任各员辞职呈》中也有"所有承政厅及各司委任各员"等语，这说明在最后时刻，南京临时政府也没有统一内务部内设机构的称谓。

三　早期北京政府的内务部结构

政府北迁后，国务院为了统一管理，对各部颁发了印章。内务部于 5 月 4 日启用新印并通告全国，"以昭信守"。袁世凯大总统基于划一行政官署考虑，对中央行政机构做了一定的调整，相继发布了一系列官制。1912 年 6 月 6 日，北京政府依照《临时约法》第五章第四十三至四十七条的规定，公布了《国务院官制》，基本确立了资产阶级性质的责任内阁制度，7 月 18 日，又公布了《各部官制通则》②，规定了国务院下设各部的组织结构、人员任免及编制、执行权限等。依照此通则，8 月 8 日，北京政府公布了《内务部官制》，这是袁世凯政府第一次对内务部门进行行政规划。1913 年 12 月 22 日，北京政府对《各部官制通则》进行了修改，具体说来，内务部职权为"管理地方行政、选举、赈恤、救济、慈善、感化、人户、土地、警察、著作出版、土木工程、礼俗宗教及卫生事务，监督所辖各官署及地方长官"，③ 这与南京临时政府时期的权限相差不大。"夫民部之司，各国不同。综其大端，选用地方官吏，监督其行政，凡议员选举、警察监狱、卫生保险、赈恤救济、地理道路、祠寺医术、检疫出版、版权土木、统计特许诸事，除矿山土木另立部者，盖皆归焉。"④

---

① 《内务部荐任各员辞职呈》，《临时政府公报》1912 年 4 月 5 日。
② 《各部官制通则》，《政府公报》1912 年 7 月 19 日。
③ 《内务部官制》，《政府公报》1912 年 8 月 9 日。
④ 《民国经世文编　内政·外交》，沈云龙主编《近代中国史料丛刊》第 50 辑，台北：文海出版社，1966，第 2145 页。

（一）常设机构

袁世凯北京政府在一年多时间内，连续两次发布各部官制，内务部的机构设置变化很大。

按照《各部官制通则》和《内务部官制》①，改南京临时政府时期的内务部六局为六司；名称上也有变化，改承政厅为总务厅。8 月 28 日内务部发布命令，颁布了《内务部厅司分科章程》。② 以上文件的颁布实施，基本确定了民初北京政府内务部的常设机构。各厅司具体执掌如下。

总务厅，"掌管机要，典守印信，编制统计及报告，记录职员之进退，纂辑保存并收发各项公文函件，管理本部所管经费并各项收入之预算决算及会计，稽核会计，管理本部所管之官产官物，其他不属于各司及依各部官制规定属于总务厅事项"。总务厅下设文书、会计、统计、庶务四科。文书科掌管印信、职员进退记录和文件的收发保管；会计科掌管本部经费，编制各项收支预决算及稽核直辖各官署的财务；统计科掌管统计材料的搜集、统计及报告的编制；庶务科管理本部官产官物、日常杂务的处理及不属于其他各司的事项。大体上两次官制变化，总务厅作为内务部的秘书机构，其管理庶务，协调、组织、服务部务的职能没有变化。但是，总务厅的下设各科与各司的分科不同，它们直接隶属于总、次长："会计科向为总次长个人之账房，庶务科为总次长之小使，文书科则长官家红白帖套之起稿，统计科则无统不计。"③ 这大大降低了总务厅正常职能的发挥。各科科长只知"迎合上意、假公济私，欺上罔下之举，不一而足"。

民治司位居六司之首，职权广泛，担当了内务部的大部分职能，如地方行政、地方经济、自治团体、选举、民俗、贫民安抚、移民安置、灾害赈济、慈善、户口国籍以及征兵事项等，均属其管辖范围。民治司设五科治事。第一科管理地方行政及经济事项，关于地方自治团体及其他公共团体之行政及经济事项；第二科掌理关于选举事项；第三科执掌关于贫民救济事项，关于罹灾救济事项，关于育婴恤嫠及其他慈善事项；第四科掌理关于贫民习艺所、感化所、盲哑收容所、疯癫收容所之设置与废止及其他

---

① 《内务部官制》，《政府公报》1912 年 8 月 9 日。

② 《内务部厅司分科章程》，《政府公报》1912 年 8 月 29 日。

③ 《北京官僚罪恶史》，荣孟源、章伯锋主编《近代稗海》第 3 辑，四川人民出版社，1985，第 458 页。

管理事项；第五科掌理关于国籍及户籍事项，关于人民移殖事项，关于征兵及征发事项。

职方司为主管行政区划、官地收放、民地调查和编纂土地志的事务机构。职方司下辖四科办事。第一科掌管疆界整理、区域划分与合并等，对行政区域进行调查造册、治所安置厘定等，边缘地区的土司归流也归其管理；第二科执掌官地调查清理登记及其收放交换、借用租赁造册等；第三科掌理民地的清丈和统计，清理和保护民间私产以及外籍人士所租民产等；第四科为技术性科室，负责全国土地清丈统计、编纂图志、审定各地地图绘制、土地志编写等事项。职方司职能类似于南京临时政府时期的疆理司，对全国的行政区划和国土整治负有主要责任。

警政司主管事务包括三项：行政警察事项、高等警察事项和著作出版事项。下设四个科室，第一科主管行政警察事项；第二科掌管高等警察事项；第三科管理著作事项；第四科管理出版事项。警政司的地位很特别，"为内务之首"，在民国初建、社会形势复杂的情况下，着力发展警察事业、维护社会治安是情理之中的事情。北京政府的首位内务部总长赵秉钧即出身清末巡警部，曾在天津办理现代警察事业，卓有成效。另外，警政司还领有近百人的内务部警卫队，支领饷项，"此目惟陆军内务两部各机关适用之"。① 在北京政府内部，除陆军部、海军部和参谋本部外，其他各部均没有直辖警卫，这从侧面说明了警政司的重要地位。原则上，民国政府中央一级行政机关，在地方都设有自上而下的组织系统，但内务部的下属系统是各级警察厅、警察局和警察所，这在民初是很少见的。事实上，内务部的不少职能也是通过警政司运作的，例如民治司的户口管理、户籍调查等，礼俗司的褒扬节义、保存古迹等，卫生司的车船检疫、药品监察等都是由地方各级警察机关来完成的。所以，警政司是内务部中职权广泛、组织庞大的一司，其职能代表了内务部的主要职能。

土木司主掌土木工程事项，包括全国大型公共土木基础项目、内务部直辖的大型土木项目等，也包括江河治理、海港建设、重大道桥施工等。土木司对这些项目的经费划拨和实施有监督之权。该司下设四科。第一科管理由内务部直接管辖的大型土木工程，以及地方重要公共土木工程、自

---

① 《财政部通咨京内署规定支出科目列表附说请自七月份起一律照办文》，《政府公报》1912年7月4日。

主开辟的商埠建设等；第二科主要管理本部直辖工程经费及补助地方工程经费的调查事项；第三科掌理修缮全国重要道路桥梁、大江大河治理工程等，对工程进行可行性研讨，并负责此类工程的筹建和监督，对河海工程局章程进行审定，考核河工官吏并有权进行奖惩；第四科的职责是对全国范围内土地的收用、流转、出租进行审核。

礼俗司，与南京临时政府时期的礼教司职能相同，主管礼制、寺庙、宗教、保护古迹以及褒扬节义、整饬风俗等，下设四科。第一科掌管礼乐的审定事项，负责编纂祀典礼节，褒扬节义，整饬风俗事项；第二科掌管祀典行政，管理祠堂庙坛事项；第三科负责宗教行政事项；第四科负责对各地名胜古迹、历代陵墓、寺庙及古建筑文物进行保护。

卫生司掌理关于传染病、地方病之预防及其他公众卫生事项，关于车船检疫事项，关于医士、药剂士业务之监察事项，关于药品及卖药营业之检查事项，关于卫生会、地方卫生组织及病院事项。从职能看这完全是对南京临时政府时期的卫生局的继承，没有太多变化。该司下辖四科，第一科掌管全国卫生组织的组建及病院事项和关于公众卫生事项；第二科掌管全国范围内的传染病及地方病的预防及种痘事项，关于车船检疫事项等；第三科掌理关于医士、药剂士业务之监察事项；第四科执掌药品及卖药营业之检查事项。

在 1913 年 12 月 13 日和 1914 年 7 月 11 日，袁世凯为了加强统治和完善中央机关设置，分别对中央各部官制进行了两次修改。其中内务部的机构设置变化较大（参见表 2 - 1）。

表 2 - 1 北京政府内务部历次官制变革一览

时间	厅司分配及职能	
1912 年	总务厅	掌办机要印信、文秘编纂、会计预算、人事记录、庶务杂项
	民治司	地方行政及经济事项、地方自治团体、非营利性组织的管理事项、组织地方选举、贫民救恤、灾荒赈济、流民安置教养、慈善劝化、移民调度及国籍户籍管理和军队士兵征发等
	职方司	行政区划分、官地分配收放、土地调查事项、地图勘测
	警政司	有关行政警察事项、高等警察事项、图书著作版权、出版审查事项
	土木司	负责本部大型土木工程的经理、地方公共工程建设、本部工程经费预决算和地方工程经费检查、全国道路桥梁修缮检查、江河水道工程、土地收用

续表

时间	厅司分配及职能	
1912 年	礼俗司	关于祀典、礼制的行政管理，宗教、寺庙管理事项，风俗教化，节义褒扬，文物保护
	卫生司	种痘等传染病、地方病的预防，维护公共卫生，交通检疫，医生、药剂师监督，药品生产流通检查，对卫生组织或团体、医院的行政管理
1913 年	总务厅	掌办机要印信、文秘编纂、会计预算、人事记录、庶务杂项
	民治司	地方行政及经济事项、地方自治团体、非营利性组织的管理事项、组织地方选举、贫民救恤、灾荒赈济、流民安置教养、慈善劝化、国籍户籍管理及士兵征发等，关于祀典、礼制的行政管理，宗教、寺庙管理事项，风俗教化，节义褒扬，文物保护
	警政司	所有警察事项、图书著作版权、出版审查等，所有卫生行政事项
	职方司	行政区划分，土地调查事项，地图勘测，全国道路桥、梁修缮检查，江河水道工程，土地收用
	考绩司	关于地方行政官任免、叙等进级，官员的褒奖、恤赏、惩戒等，边区土司变换承袭
1914 年	总务厅	掌办机要印信、文秘编纂、会计预算、人事记录、庶务杂项
	民治司	同 1913 年官制
	警政司	同 1913 年官制
	职方司	同 1913 年官制
	典礼司	关于礼乐制度编查事项、祀典行政、寺庙管理、宗教事宜
	考绩司	省级巡按使及地方最高长官的惩戒奖赏，各地方官吏、县知事及其行政公署人员之叙等进级和奖惩，土司承袭事项

　　资料来源：《各部官制通则》，《政府公报》1912 年 7 月 19 日；《内务部官制》，《政府公报》1912 年 8 月 9 日；《修正各部官制通则案》《修正内务部官制案》，《政府公报》1914 年 12 月 13 日；《修正内务部官制》，《政府公报》1914 年 7 月 11 日。

　　1913 年颁布的《修正内务部官制案》将原来的六个司压缩为四个，各司执掌也重新进行了划定。具体分配是：撤销礼俗司，其执掌并入民治司；撤销卫生司，所有卫生事务并入警政司；撤销土木司，全国道桥营缮、江海治理、港湾建设、土地收用事务均并入职方司。增加了考绩司，专掌对地方行政官员的任用、进叙等，对有功官员进行褒奖、恤赏，惩罚过失官吏，也管理土司的承袭等。

1914 年 7 月 11 日颁布的《修正内务部官制》对原有各司未做太大改变，只是增加了典礼司，从民治司中分出有关礼制、乐制、祀典行政、祠庙宗教事务归其管理。值得一提的是，这次改革官制是在新约法颁布的背景下出台的，原来的《临时约法》及其体现的责任内阁制不复存在，代之以总统制。原来的国务院和内阁总理也取消了，同时在总统府内设政事堂，设国务卿一人主持。各部的组织虽然没有大的改变，但其职权、地位和性质发生了很大的变化，各总长由原国务员身份降为总统的属员，总长职权前面均加上"承大总统之命"，即总长没有了独立行使权。因此，1914年修订的官制，对内务部来说，其重要性并不在于厅司组织形式的变更，而是其职权的变化，特别是内务总长、国务院和总统之间关系的变化。

（二）特设机构

除上述一厅六司外，内务部还设有一些专门的组织，负责特殊事务的执行，它们也是内务部的组成部分，主要有：内务部编译处、筹备国会事务局、内务部全国河务研究会、内务部选举审查委员会、内务部文官普通惩戒委员会以及内务部普通文官甄别委员会等。编译处是内务部内类似于文秘的机构，负责对各类内务资料进行整理、归类、存档，对各国内务性质的法律进行收录等。全国河务研究会只是一个名义上的机构，并没有开展实质的工作。内务部肩负全国的选举事务，所以在部内成立选举审查委员会，主要负责选举法令的解释和选举程序的审核。由于民初主要进行的是国会两院的选举，这些事务大都由筹备国会事务局代为行使。内务部最重要特设机构当属筹备国会事务局、内务部文官普通惩戒委员会以及内务部普通文官甄别委员会。

筹备国会事务局直隶于内务部，主要负责议员选举程序的确定与监督、国会开会的筹备等。1912 年 8 月 10 日，北京政府公布《筹备国会事务局官制》，[①] 共七条。官制规定了该局隶属于内务总长。设委员长 1 人，综理局务，监督所属职员；另设委员若干人，在内务部参事、法制局参事、蒙藏事务局参事中选派兼任。除此之外，筹备国会事务局设事务员 10人，管理局内文书、会计及其他庶务，由委员长委任。按照该官制规定，8 月 17 日，袁世凯大总统任命施愚为筹备国会事务局委员长，同日，内务

---

① 《筹备国会事务局官制》，《政府公报》1912 年 8 月 11 日。

总长赵秉钧呈请任命内务部参事顾鳌、孙培和法制局参事胡礽泰、余棨昌兼充筹备国会事务局委员。① 8 月 21 日，内务部发布公文，宣布筹备国会事务局开办，"凡关于筹备国会事宜，一应公文函电希即径达该局办理"。②至此，筹备国会事务局开始了紧锣密鼓的工作，推动国会两院议员的选举和省议员的选举。尽管在操作过程中有明显的失误，但这些功劳是不可抹杀的。国会选举结束后，该局在 1914 年 1 月 10 日解散。

内务部文官普通惩戒委员会是按照 1914 年 1 月 20 日袁世凯以总统令形式发布的《文官惩戒委员会编制令》③ 成立的。依据这个文件的规定，在中央官署中应设立普通文官惩戒委员会，掌议本部普通官员的惩戒事项。该委员会置委员长 1 人，由该官署长官兼任。5 月 8 日，内务部公布了《内务部文官普通惩戒委员会规则》。④ 规则规定，所有本部及本部直辖各机关之委任官应付惩戒者均由本委员会议决，委员会委员由内务总长于本部参事、司长、秘书、金事内选派兼任。对于预付惩戒事件，由委员长指定一人以上限期进行调查，撰写报告，报告包括惩戒事实、预受处分、调查员姓名和调查时间。委员长定期召开会议议决各报告，各委员对事件均发表意见，形成惩戒之事实、议决之理由及处分的决议书，呈递内务总长付诸实施。内务部文官普通惩戒委员会设办事员 1 人，承委员长之命掌管整理议案、会议记录和文书收发保存事项；设书记 1 人，管理庶务及缮写事项；设惩戒委员 2~4 人。1915 年 1 月，内务部发布饬文，选派参事张友栋、孙培、司长陈时利、金事李升培为内务部文官普通惩戒委员会委员。⑤至此，内务部文官普通惩戒委员会制度、组织都已完备，正式开始工作。

内务部普通文官甄别委员会，按照 1913 年 1 月 9 日颁布的《文官甄别法草案》在内务部内设立，对未经文官考试任命的官员进行甄别，即考核。1914 年 7 月 30 日，内务部呈请国务卿组织本部普通文官甄别工作。⑥ 8 月 3 日，内务部发布饬文，委派孙培、王黻炜、于宝轩、陈时利、吕铸、

---

① 《临时大总统令》，《政府公报》1912 年 8 月 18 日。
② 《内务总长通行京内各衙门筹办国会事务局业经开办希即查照文》，《政府公报》1912 年 8 月 22 日。
③ 《大总统令·兹制定文官惩戒委员会编制令公布之此令》，《政府公报》1914 年 1 月 21 日。
④ 《内务部部令第九十四号·兹订定本部文官普通惩戒委员会规则公布之此令》，《政府公报·令告》1914 年 5 月 11 日。
⑤ 《内务部饬第二号》，《政府公报》1915 年 1 月 26 日。
⑥ 《内务部呈遵令举行本部普通文官甄别文》，《政府公报》1914 年 8 月 2 日。

祝书元、许宾荫、殷铮、曾维藩、唐坚、王扬宾、延龄、王履康、郑咸等为本部普通文官甄别委员会委员；又依据《文官甄别法草案》第十六条第二项规定，指定内务部次长荣勋充任会长。同时，颁布《内务部普通文官甄别委员会执行规则》，[①] 规定考核甄别的内容为审查、质问被甄别人在任官期间的历办事务，检验其毕业文凭、调验经历、检查成绩、考验学识、考试经验等。然后由调查委员撰写报告书，由委员长定期召开评议会，各委员议决被甄别人甄别结果，撰写成决议书呈递内务总长，由内务总长裁定，分别给予合格证书或免官处理。规则还详细规定了调查程序、调查人员的选派、报告书和决议书的撰写内容等，保证了甄别工作的公正。委员会设事务员 1 人，承委员长之命掌管整理议案及会议记录、文书的登记保存等；设书记 4 人，掌理本会庶务和缮写事项。

第二节　内务部的人事安排

清末民初是中西思想交融的时期，传统科举出身的士人仍然存在，而王朝末年留学西方或日本的青年也陆续回国，这两类知识结构、社会经历截然不同的群体基本构成了民初的人才基础。另外，民国初年的内务部无论在职能上还是机构设置上，都十分类似清末的民政部，"北京内务部，系由满清徐世昌创立之巡警部，后又改为民政部，经两次变更，而有今名"。[②] 因此，内务部在职员安排上也接受了一部分原民政部的官员。可以说，北京政府内务部在官员任用上直面"中西结合"的人才现实，这也是从传统到现代的过渡时期的必然选择。

一　南京临时政府时期内务部人员的配备

1911 年 12 月 25 日，孙中山回到国内，旋即被选为临时政府大总统，并于 1912 年元旦就职。随后临时大总统向各省代表提出了国务员名单，其中内务总长的人选一项，生出很多波澜。前时各省代表会议通过了《临时政府组织大纲》，该大纲主张民国应采用美国式的总统制，但宋教仁在制定的过程中一直主张政体用法国式的内阁制。孙中山在就职的前一天，派

---

① 《内务部普通文官甄别委员会执行规则》，《政府公报》1914 年 8 月 6 日。
② 《北京官僚罪恶史》，第 112 页。

黄兴赴南京向各代表陈说必须修改大纲的理由。当夜九点，湖南代表宋教仁与云南代表吕志伊、湖北代表居正提出了修正案，要求增加副总统职位，增加国务员，更重要的是，要求删除原第十七条，另拟为"国务各员执行政务，临时大总统发布法律及有关政务之命令时，须副署之"，这是将总统制变为国务员负责的内阁制。这一处修改成了各省代表争执的焦点。此时，社会上关于宋教仁想做内阁总理的言论甚嚣尘上，许多代表认为宋主张修改政体是单纯为自己打算，"于是一种政客的嫉妒的心理便充分暴露了，攻击宋教仁不遗余力"。① 1912 年 1 月 2 日，江苏、安徽、浙江、广西、福建五省代表对此议案表示异议，认为如此重大的问题，不应该在夜间开会定论，决议应为无效。其实，当时各代表开会并没有固定的时间，只要代表人数达到法定人数（十省以上），议决事项便是有效，而前日的决议已经具备此条件。最终，新的修正案只是提出设副总统职位及其选举办法，总统制定官制官规、任免文武职员，须得参议院同意。这种不允许责任内阁出现的想法，实是出于对宋教仁个人的偏见，而不是出于冷静的政治思考，是政治智慧不成熟的表现。修改组织大纲的争执最终以总统制的确立告终，宋教仁的责任内阁设想没有实现，但这一事件直接影响了随后国务员名单的拟定。

临时大总统于 1912 年 1 月 3 日提出国务员名单征求意见。原名单中拟定宋教仁为内务总长，但因为修改组织法时宋主张责任内阁制，内务部权高责重，各代表担心宋教仁掌内务会阻碍总统权力的执行，对总统制政体维持多有不便，就反对宋为内务总长，后乃改程德全为内务总长（原定程为交通总长）、汤寿潜为交通总长（原定汤为教育总长），另新提蔡元培为教育总长。因变更内务总长人选引起的连锁反应，使得原拟由革命党人掌管的内务部变成了由旧官僚掌管。

程德全，清朝旧官僚出身，武昌革命时任江苏巡抚。他见清政府大势已去，就接受苏州绅商的劝说，宣布江苏独立，自认"民国军政府江苏都督"，靠挑落衙门的几块瓦片证明了自己是革命者，成了投机革命的典型。原本在组织临时政府的过程中就有人认为，新政府必须体现新气象，必须和清王朝划清界限，主张新政府人员全部用革命党人。但在当时的情况下，这种设想是不现实的。在新旧交替阶段，为了壮大革命势力、巩固革

① 李剑农：《中国近百年政治史》，武汉大学出版社，2006，第 247 页。

命成果，资产阶级必须做出让步，不得不吸收社会名流、各家各派，以争取最广大的支持，达到孤立清政府的目的。在此情况下，按同盟会设计的部长取名、次长取实的方针，各部次长均由同盟会成员担任，内务次长任命同盟会成员居正担任。事实上，内务总长程德全的确一直没有到部，长期在上海养病，部务一直由次长代理。

关于南京临时政府时期的内务部人员任免，2月22日，内务部首先任命了吴永珊、于德坤为参事，史青为土木局局长，王庆莘为土木局监工，高鲁为疆理局局长，林文庆为卫生局局长。① 3月2日，增加田桐、林长民为参事，任命张大义为承政厅秘书长、萧翼鲲为民治局局长、孙润宇为警务局局长，同时任命的还有各局科长、公牍员、编纂员、收发员、监印员、书记员、会计员、庶务员、调查员等。② 通过这两次任命，南京临时政府内务部初步建立起健全的人员编制。

二 北京政府早期内务部重要职员情况

南京临时政府存时短暂，内务部刚刚建立起完善的机构、人事，便面临南北议和告成、政府北迁，于是这批人员大部分主动请辞。内务部职员的集体辞职，在政府北迁时期，曾引起轩然大波。外间风传京城内外巡警总厅因部员全体辞职亦将效尤，有报纸报道，因新任内务总长赵秉钧与国务总理唐绍仪政见冲突，以此罢工。笔者认为，这并非问题的根本。当时的情况是，政府刚议北迁，唐绍仪与赵秉钧的冲突还没有到如此激烈的程度。时人评论认为："新部成立后，调用与否，均在总长，免碍于情面，左右为难，既各员自为计，亦免留者欢心去者懊丧，彼此相形有伤僚谊。"③ 即原内务职员大部分为清末民政部的旧人，曾是赵秉钧的部下。政府北迁，内务部作为南北双方争夺的重点位置，赵秉钧出任肯定会任用前清旧部，这些赵氏旧部为使上司工作顺利开展，免得碍于情面、不好任免，就做了人情，主动辞职，以体贴新总长之意。这一评论恰当与否姑且不论。但是，赵秉钧出任总长后任用熟人旧部，既是政权稳定过渡使然，也是工作尽快开展的需要。这些职员均具有民政工作的经验，能够保证内务部快速地运转起来。5月底，赵秉钧发布命令："所有南京内务部投到人

---

① 《内务部委任职员（附各员简明履历）》，《临时政府公报》1912年2月22日。
② 《内务部职员名单》，《临时政府公报》1912年3月2日。
③ 《民立报》1912年5月2日。

员之张友栋、伍晟、郑毅权、许家恒、居文哲、陈玉润、赵璧、饶光民、陈济、许允、赵世晋、赵燨黄、金体选、孙润畲、吴彤华、罗则逊、万树芳、向迪琮、陶祥煦、景亮钧等二十人暂留本部为办事员，于六月一号现行到署办事。"① 这其中的张友栋、伍晟、赵世晋、赵燨黄等人，后来先后出任内务部参事、司长等要职。6 月 20 日，内务总长赵秉钧呈请任命洪述祖、顾瑗、吴笈孙、丁惟忠为秘书，张友栋、孙培、顾鳌、程克为参事，舒鸿怡、吕铸、陈时利、钟凯、杜关、伍晟为司长。② 事实上，这些内务部的高级职员，并非像时人说的那样都是赵秉钧的旧部。例如卫生司司长伍晟，1907 年考入东京药学专门学校，1910 年毕业即转入东京帝国大学医学专门部药科学习，回国后在南京临时政府卫生局任科长。依履历，他并非赵秉钧旧部，但仍然被重用。6 月 25 日，内务部再次发布命令，在开具的包括 114 人的任命名单中，③ 很多是原南京临时政府内务部的职员，他们在北京政府内务部中也都得到了任用。

（一）内务总长赵秉钧

赵秉钧（1859～1914），字智庵，河南汝州（今临汝县）人，1878 年秀才落第后，投入左宗棠楚军，随军驻守新疆，其间在勘划中俄边界中办事有功，后出任直隶保甲局总办，以"长于缉捕"闻名。袁世凯督直后，委派其为保定巡警局总办，创办新式巡警。他与外国顾问一起，在短时间内就创办了一只新式巡警队伍，成为闻名全国的新政样板工程。后清政府组建巡警部、民政部，赵秉钧一直在侍郎任上筹划警政事务。辛亥革命后，清廷任命袁世凯为内阁总理大臣，赵秉钧在其中任民政部大臣。在迫使清帝退位的活动中，赵秉钧作为袁世凯的亲信，来往于清廷和北洋势力之间，全面地理解和协助实施了袁世凯的政治计划。清帝退位，赵秉钧劳苦功高，袁世凯更曾以开国总理之位相许。但在南北势力的较量和谈判中，赵秉钧的身份并不占优，无奈之下，袁世凯只得以内务总长之职酬谢。内务部在北京政府中的地位仅次于财政部，这一任命极为重要，赵秉钧以旧官僚、袁氏亲信的身份担任此职，非常有争议。但是今天看来，这却是最合适的人选。

① 《内务部赵总长令》，《政府公报》1912 年 6 月 1 日。
② 《临时大总统令》，《政府公报》1912 年 6 月 23 日。
③ 《内务部部令》，《政府公报》1912 年 6 月 25 日。

内务部的首要职能是维护社会治安，稳定社会秩序。赵秉钧有资历有威望，辛亥革命期间，在南方局势失控、北方舆情汹汹的局势下，前清民政部尚书出逃天津，赵秉钧出面掌控局势："赵氏仓猝代之，乃定一律复原，人心始稍定，故终革命之变，而京津无大骚扰。"[1] 政府北迁后，南北实现了形式上的合作，但是整个社会被各种势力充斥，保皇派仍然对封建统治念念不忘，南方军队也仍然对北方政权存有戒心。在北京政府内务部内也存在分歧，当时负责京城治安的内外城巡警总厅和步军统领衙门都很强势，"先是在前清内外两厅，几几有离民政部独立之势，至于步军统领衙门，则犹自成一特别统系"。[2] 赵秉钧在稳定社会、恢复秩序方面有丰富的经验，既有中西合作建设警政的经历，也有长期参与警察现代化一线建设的成绩，更重要的是他深谙警界习俗，在创办现代警察方面享有盛名，颇得北洋警界人物的青睐："赵秉钧氏自前清时即以警务起身，其所以有今日者，亦即以其与内务部有不可解之关系故也。其为人外似圆滑而内实精核有术数，又从小吏出身，故甚习下等社会情事，凡北人通性，可以情谊生气相感，不可以法部勒，赵以此深得部下之心。"[3] 事实上，赵秉钧上任后，其工作也抓住了要害。他首先便利用自己在北洋警界中的号召力，恢复对包括内外城巡警总厅在内的京城警力的支配，理清了与步军统领衙门的关系。以往学者通常把赵秉钧掌内务看作其作为袁世凯的亲信把持北京警政，是控制社会、镇压革命的需要。这种观点是失于偏颇的。在当时的形势下，袁世凯北京政府的当务之急是迅速恢复社会秩序，控制社会治安形势。而赵秉钧出任内务总长，是最好的人选。

赵秉钧入主内务部后，便开始了对社会的治安维稳工作。首先，恢复内务部直辖京城内外城巡警总厅的行政格局，因为内外城巡警总厅丞都是赵的部下，上下同心是很容易的。更重要的是步军统领衙门，这是在京城独立于内务部之外的一个重要武装力量，其组织沿袭前清，在职能上，由于北洋新军驻扎京津要地，其拱卫京城门防的职责有所下降，通常是负责京城治安巡防等，与巡警职能无大的差别。民初时，掌管步军统领衙门的是乌珍，乌珍在清亡后失去了靠山，在筹集饷款上步履维艰，对下属的统辖很不得力，同时归属袁世凯也受到宗社党的怀疑，内外交困，日子很是

① 黄远庸:《远生遗著》卷二，台北：文海出版社，1966，第153页。
② 黄远庸:《远生遗著》卷二，第161页。
③ 黄远庸:《远生遗著》卷二，第160页。

难过。赵秉钧为了使工作顺利进行，就让得力干将江朝宗辅佐乌珍办事。于是，步军统领衙门就出现了"名义在乌，实权在赵"的情况。赵秉钧通过各种关系为步军衙门官兵筹集薪饷，每月由赵分发，"每逢放饷之前，赵氏之门如市，以是步军衙门之万众皆深感其恩"。[①] 就这样，赵秉钧理顺了京城内的巡警关系，摆正了与步军统领衙门的关系，"自赵掌内务，不特两厅指挥如意，即向称独立之步军衙门，亦实在其掌握"。[②] 于是，袁世凯手中的北方武装势力就形成了冯国璋掌禁卫军、段祺瑞掌陆军部、赵秉钧掌警察的格局："自冯国璋氏统禁卫军，禁卫军之势力全归于冯，自赵掌内务，而步军之势力亦吸收于赵。二者归于冯赵，则项城根据地之势力无对矣。"形成这种局面的原因是多方面的，时人黄远生的评鉴应该是中肯的："惟冯赵段能与此等社会相习，一也。有军警会议公所，冯赵段三人指臂相使，军警一致，二也"，"此种势力之成，殊非一朝一夕之故，且天然一半，人为一半"。[③] 在"人为"的一半中，内务总长赵秉钧应该是功不可没的。

"辛亥革命推翻的并不是一个政权，而是一种政体。"[④] 在漫长的封建进程中，这种政体无论是在精神层面的政治思想上还是在物质层面的政治机构上，都日臻完善，有着顽强的生命力，是一种相当完备的政治制度。当清王朝的统治大厦轰然倒塌时，新生政权就必须尽快收集取得合法统治的政治资源，用以说明自己就是当然的权力继承者。但是如前所述，民初的社会形势是复杂的，政党纷争，军事混乱，原本维系社会基本稳定的政治势力不复存在。但政治的动荡又要求社会秩序尽快安定下来，以促进政治秩序回归正常。"政治秩序和社会秩序的相互作用是能动的、辩证的：开始时，社会秩序在形成政治秩序的过程中起着重要作用，后来，政治秩序在建立社会秩序的过程中起着更重要的作用。"[⑤] 在民国政治重心北迁的复杂时期，以袁世凯为首的北洋领导人要想在短时间内恢复政治秩序的稳定，就必然要运用好这两种秩序的能动性、辩证性。赵秉钧所领导的内务

① 黄远庸：《远生遗著》卷二，第 161 页。
② 黄远庸：《远生遗著》卷二，第 161 页。
③ 黄远庸：《远生遗著》卷二，第 161 页。
④ 许纪霖、陈达凯主编《中国现代化史》第 1 卷，上海三联书店，1995，第 276 页。
⑤ 〔美〕塞缪尔·P. 亨廷顿：《变化社会的政治秩序》，张岱云等译，上海译文出版社，1989，第 259 页。

部，依靠其对北洋警察的自如指挥，理所当然地承担起建国初期安定社会的任务。由此看来，赵秉钧掌内务是现实的需要，这一任命能在南京参议院顺利通过，也说明了赵是南北双方都认可的合适的人选。

赵秉钧任内务总长时间较长，历经唐绍仪内阁、陆徵祥内阁，并且在任国务总理后仍然兼任内务总长一职。在其兼任内务总长一事上，还有一段波折。1912 年 7 月 27 日，国务总理陆徵祥称病入院，不再处理政务，袁世凯在任赵秉钧为代理国务总理的同时，不得不再次考虑更换总理人选。袁世凯向黄兴表示，考虑让沈秉堃出任国务总理，认为"沈某阅历极深，可以担任"，① 继承陆徵祥内阁，阁员不再变更。黄兴等同盟会成员商议之后，认为沈秉堃是清末监生、出身旧官僚，虽冠名加入同盟会，但与本党人员关系太薄弱，可能无法在参议院通过。宋教仁在回答记者问时也认为："当时国民党多数不赞成沈。我不同意沈者并不是反对个人，而是担心沈任总理，国民党政党内阁的党议必然要被破坏，而且对于沈的提名在参议院也不一定能够通过。"② 黄宋等人认为，其他阁员不改组，沈即便组阁也只能是个空名总理，于是建议直接由赵秉钧出任总理，将代理变为实任，认为赵秉钧也是党内人员。而空出的内务总长一缺，可由沈秉堃出任。但是袁世凯深知内务总长位高权重，非资历人望兼备者不能胜任，坚持仍由赵领任，沈秉堃则被改任为浦口商场督办。后来袁世凯也考虑让梁士诒任总理，"袁以此席商之先生，先生辞焉，因改授赵"。③ 宋教仁关于此事的解释是："赵虽入国民党，与袁总统实有密切关系，可云袁派内阁；且政府经验甚富，力量亦较厚于各方面，易收效，当得孙、黄两先生及国民党多数之同意，此所以赞成之也。"④ 此番赵秉钧仍旧任内务总长，应该说是其能力的体现，"内务总长一席之关系如此……今者内务总长形式上即有替人，而其根本上绝非寻常人所能胜任"。⑤

赵秉钧早年即追随袁世凯，对袁忠心耿耿。他的上台组阁意味着责任内阁制的嬗变："自唐内阁瓦解后，事实上国务院已成了总统府的秘书厅，

---

① 《赵总理任命后之新猷》，《申报》1912 年 10 月 3 日。

② 张耀杰：《民国背影——政学两界人和事》，浙江人民出版社，2008，第 10 页。

③ 凤冈及门弟子编《三水梁燕孙先生年谱》，沈云龙主编《近代中国史料丛刊》第 75 辑，台北：文海出版社，1973，第 126 页。

④ 张耀杰：《民国背影——政学两界人和事》，第 11 页。

⑤ 黄远庸：《远生遗著》卷二，第 160 页。

所有的国务员都惟总统之命是从，国务总理的有无，本已无关紧要，不过形式上还是非有这么一个装饰品不可。"① 在南北势力的安排下，陆内阁变成了赵内阁，这个被时人评为"内阁政党"的内阁出现后，国务院在参议院的斗争中已经失去了依靠。1912 年 8 月 11 日，参议院通过并公布了正式国会组织法和参、众两院议员选举法，各临时议员也都开始筹备国会选举。赵秉钧内阁在随后的几个月中平稳度过。

1913 年 3 月 20 日，宋教仁在上海火车站被刺身亡，举国震惊。在凶手武士英和应桂馨的供词中隐约有国务总理参与的迹象。于是，政界又一次掀起了风暴。南方的沪上法院要求传召赵秉钧到案听审，北京法院则以"血光团首领"为名要求传黄兴北上听审。至此，南北双方彻底断绝合作，"二次革命"爆发了。身兼内务总长和总理的赵秉钧则在案发后的 5 月 1 日以病告假，总理事务由段祺瑞代理，内务事务由次长言敦源代理。关于宋教仁被刺事件，史学界对此争论很大，王晓华认为赵秉钧在"刺宋"事件中是一个牺牲品，成了袁世凯的替罪羊，其在清末劳苦功高而又口无遮拦，铸成了民国第三任总理的悲剧命运。② 笔者认为，赵秉钧如果没有得到更高层的指示，不可能动手刺杀宋教仁，其不仅没有暗杀的动机，也没有这个勇气。假使宋教仁当选总理组织内阁，充其量赵秉钧下台，相比袁世凯的权力丢失，这一结果对赵没有太大影响，况且赵也曾多次流露出退隐的意思。③ 联系到宋教仁在当时的影响，"刺宋"会对民国国家政体带来巨大震动，身居高位的赵秉钧不会不明白这个道理。因此笔者认为，赵秉钧极不可能是这件事情的主谋。④

1913 年 7 月，在袁世凯总统的首肯和议员的支持下，熊希龄出任国务总理。他曾扬言要组成"第一流经验与第一流人才内阁"来扭转时局。但是熊内阁时期，袁世凯仍坚持用自己的心腹掌管外交、内务、交通等重要部门。9 月 11 日，袁世凯正式发表阁员的配置，由赵秉钧的密友、原巡警厅丞朱启钤担任内务总长，内务部仍然被掌控在北洋系的手里。

① 李剑农：《中国近百年政治史》，第 290 页。
② 王晓华：《民初总理赵秉钧的悲剧》，苏智良、张华腾、邵雍等主编《袁世凯与北洋军阀》，上海人民出版社，2006，第 571 页。
③ 黄远庸：《远生遗著》卷二，第 27 页。
④ 关于宋案，最新研究证实袁世凯、赵秉钧均非宋案主谋。参见尚小明《宋案重审》，社会科学文献出版社，2018。

（二）北京政府内务部高级职员概况

北京政府的官员管理相对南京临时政府而言，无论是在任命程序上还是工作督查上，都有很大的进步，这主要得益于 1913 年 1 月公布的《文官任免执行令》，该命令详细地规定了文官的任免、甄别、惩戒程序等。袁世凯也比较重视对人才的培养与任用，他认为："立国之本，首重用人"，① "国无强弱，得人则兴，时无安危，有才斯理。诚以人才者，国家之元气，治道之根本。譬犹饥渴之需食饮，水陆之资舟车，不可须臾离者也。中国今日贫弱极矣。大难迭乘，外侮日逼，振兴奋发，正在此时。然而诸务未遑，求才为亟。无人才则救贫救弱徒属空谈；有人才则图富图强易如反掌"。② 内务部也是这样。民初内务部官员任免情况详列于表 2 - 2、表 2 - 3。

表 2 - 2　民初北京政府内务部主要官员年表

	1912	1913	1914	1915	1916
总长	赵秉钧 3 月 30 日任	赵秉钧 5 月 1 假（言敦源 5 月 2 日代；7 月 18 日免）；7 月 16 日免 王治馨 7 月 17 日代 朱启钤 9 月 11 日任	朱启钤 5 月 11 日重任	朱启钤	朱启钤 4 月 23 日免 王揖唐 4 月 23 日任，6 月 30 日辞
次长	张元奇 4 月 10 日任，5 月 12 日免 言敦源 10 月 28 日署	言敦源 7 月 18 日辞 王治馨 7 月 18 日署	王治馨 荣勋 5 月 5 日任（许宝衡暂署）	荣勋 9 月 18 日差 张元奇 9 月 18 日署	荣勋 6 月 18 日死 达寿 6 月 22 日任（缺裁）

---

① 袁世凯著，徐有朋编辑《袁大总统书牍汇编》卷五，广益书局，1914，第 26 页。
② 廖一中、罗真容整理，天津图书馆、天津社会科学院历史研究所编《袁世凯奏议》，天津古籍出版社，1987，第 735 页。

续表

	1912	1913	1914	1915	1916
次长	荣勋4月10日任	荣勋，9月14日调 钱能训10月16日任	钱能训5月2日调 张国淦5月5日任（未到任前许宝衡暂代）；5月14日丁忧免 沈铭昌5月14日任	沈铭昌	沈铭昌6月7日调 王黻炜7月7日任
参事	张友栋6月20日任 孙培6月20日任 顾鳌6月20日任 程克6月20日任	孙培 张友栋 顾鳌 程克 虞熙正任，11月18日免 陈威11月18日署	张友栋 孙培 王黻炜1月15日任	张友栋 孙培 王黻炜 顾鳌免 徐星璧	张友栋12月2日免 孙培 徐星璧 金鼎勋免 王守恂
民治司司长	舒鸿贻6月20日任	舒鸿贻 于宝轩	于宝轩	于宝轩	于宝轩10月29日免
职方司司长	吕铸6月20日任	吕铸	吕铸	吕铸	吕铸
警政司司长	陈时利6月20日任	陈时利	陈时利	陈时利	陈时利免 王扬滨署
土木司司长	李钟凯6月20日任	李钟凯			
礼俗司司长	杜关6月20日任	杜关			
卫生司司长	伍晟6月20日任	伍晟			
典礼司司长			祝书元	祝书元	祝书元免 陈时利署
考绩司司长			许宝衡1月10日任	许宝衡	许宝衡免 唐尧钦署

资料来源：刘寿林、万仁元等编《民国职官年表》，中华书局，1995，第22页。

表2-3 内务部高级职员详情一览

姓名	生卒年	籍贯	职务	经历
赵秉钧	1859～1914	河南汝州	总长	清末捐吏出身,任直隶保甲局总办,在李鸿章帐下任巡捕统带。历任保定巡警局总办,巡警部、民政部侍郎
朱启钤	1872～1966	贵州紫江(今开阳)	总长	清举人,外城巡警总厅丞,曾前往日本北海道考察农业垦殖事业。1912年7月任交通总长,1913年7月代理国务总理,后任内务总长,1914年2月兼代交通总长
王治馨	1868～1915	山东莱阳	次长、代总长	曾任京师内城巡警总厅丞,1913年10月任京兆尹
洪述祖	1855～1919	江苏常州	秘书	清低级官吏出身
顾瑗	不祥	河南祥符	秘书	清光绪十八年进士,改庶吉士
吴笈孙	1874～?	河南固始	秘书	曾任民政部民治司员外郎,后任徐世昌文案
言敦源	1869～1932	江苏常熟	次长	清末助袁世凯练兵,历任保定军械局总办、热河练兵统领
钱能训	1869～1924	浙江嘉善	次长	清末进士,历任广西学政,刑部主事、员外郎,巡警部、民政部左丞,陕西布政使
荣勋	?～1914	满洲正白旗	次长	历任清末刑部员外郎、内阁侍读学士、大理寺少卿、内阁学士兼礼部侍郎,曾任蒙藏事务局总裁
张元奇	1865～1922	福建闽侯	次长	清末进士,翰林院编修,监察御史
张国淦	1876～1959	湖北蒲圻	次长	清末举人,曾任国务院铨叙局局长
沈铭昌	1871～1928	浙江绍兴	次长	晚清举人,曾任天津海关道,两江都督文案,1916年任山西省省长
王揖唐	1877～1946	安徽合肥	总长	光绪进士,1904年为北洋军督练公所保送日本士官学校,入东京振武学校,旋改入政法大学,回国后任兵部主事。辛亥革命后在袁世凯帐下,任大总统府秘书、参议、顾问等职
王毓炜	1887～1952	湖北黄冈	次长、参事	毕业于公立京师大学堂,1905年入日本早稻田大学及政法大学,获法学学士学位。南京临时政府司法部秘书长
张友栋	不详	贵州盘县	参事	曾留学日本

续表

姓名	生卒年	籍贯	职务	经历
顾鳌	1879~?	四川广安	参事	曾留学日本，北京总统府顾问。后任大典筹备处委员
金鼎勋	1879~?	吉林永吉	参事	早年为东洋法政学堂学员，后毕业于日本明治大学
孙培	不详	安徽桐城	参事	早年毕业于日本政法大学，回国后任民政部主事、内务部参事、筹备国会事务局委员。1915年，任文官高等惩戒委员会委员
程克	1878~1936	河南开封	参事	毕业于公立河南大学，后入日本东京帝国大学学法学，获法学学士学位，加入同盟会。参事兼筹备国会事务局委员，后升任内务部会议事务局委员，总统府咨议
陈威	1880~1951	浙江绍兴	参事	早年毕业于日本早稻田大学政治经济系，回国后任清政府度支部军饷司科员，大清银行会办等职
王守恂	1864~1937	河北天津	参事	光绪二十四年戊戌科进士，授刑部山西司主事、河南巡警道
舒鸿贻	1867~1947	安徽怀宁	民治司司长	清末乙未科进士，后任刑部郎中，1906年赴日本考察警察行政，次年回国后任御史，1910年初授天津巡警道
于宝轩	1875~?	江苏江都	民治司司长	清末监生，日本留学生，曾任警政司科长
吕铸	不详	云南祥云	职方司司长	清举人，内阁中书，内阁统计局副局长
孙润宇	1879~1960	江苏吴县	警政司司长	先后毕业于北洋大学预科与日本法政大学法科，清末法政举人，财政学堂、高等巡警学堂、法政专门学堂教习
陈时利	1879~?	四川合江	警政司司长	廪生，曾任兵部主事、民政部参事、外城巡警总厅丞
王扬滨	1882~?	湖北武昌	警政司司长	前清进士，早年留学日本，在明治大学学习法律，后改习警政
李钟凯	不详	辽宁铁岭	土木司司长	不详
杜关	1864~1929	四川长宁	礼俗司司长	清末进士，户部主事，后加入同盟会
伍晟	1883~?	江苏武进	卫生司司长	1907年考入东京药学专门学校，发起成立中华药学会，1910年毕业即转入东京帝国大学医学专门部药科学习

姓名	生卒年	籍贯	职务	经历
祝书元	1881～?	河北大兴	典礼司司长	毕业于京师同文馆
许宝衡	1876～?	浙江杭州	考绩司司长	清举人出身，北京总统府秘书、国务院秘书、临时稽勋局局长

参考资料：徐友春主编《民国人物大辞典》（增订版），河北人民出版社，2007；张宪文等主编《中华民国史大辞典》，江苏古籍出版社，2001。

（三）内务部高级职员的特点

1. 任期的特征

内务部是一个职责繁重的部门，所涉及事务的范围广，对职员的素质要求很高，特别是卫生、警政等部门，更要求有专业的才能。内务部职员除各部官制通则规定外，另设"技正四人、技士十人承长官之命掌技术事务"。① 除了总、次长外，其他各员均为事务官，任期不受选举和党派转换影响。因此，尽管内务总长人员变换频繁，下属参事、司长则很少变换。从表2-2可以看出，在袁世凯时期的北京政府中，内务部参事只有虞熙正、陈威、金鼎勋、王守恂任期较短，而孙培、张友栋、顾鳌、程克、王黻炜等任期都很长，孙、张二人更是一直在民初任内务参事。各司职员也很少变化。这种人事任免保证了政府公共政策制定的连贯性和执行的有效性。

2. 学历特征

从这一时期的参事和司长的人员构成看，24人中，有留洋经历的有12人，占总人数的50%；其中有6人出身政法专业，占留洋学生的50%；后期任总长的王揖唐也曾留学日本。这些职员均毕业于日本的早稻田大学、东京帝国大学、日本政法大学、明治大学等著名学府，他们充任内务部的参事、司长，带来的是先进的执政理念和专业的解决思路。以卫生司司长伍晟为例，他1907年考入东京药学专门学校，与留日药科同学王焕文、曾贞、赵燏黄、胡晴崖、蔡钟杰等发起成立中华药学会，这是中国药学会的前身，也是我国最早成立的科学团体之一。伍晟于1910年毕业，随即转入东京帝国大学医学专门部药科深造。在卫生司长任期内，他对民国传染

---

① 《内务部官制》，《政府公报》1912年8月9日。

病的治理做出了杰出贡献。

3. 年龄特征

在年龄结构上看，民初的内务部职员呈现出年轻化的态势。在有籍可查的总次长、秘书、参司职员的上任年龄中，25～30 岁有 2 人，31～35 岁有 6 人，36～40 岁有 6 人，41 岁～45 岁有 6 人，45 岁以上有 5 人。由此可以看出，该时期的内务部职员年龄在 45 岁以下者比例较高，而 35 岁以下的年轻官员也有相当比例，这种年轻化的趋势是很明显的。1914 年初任命的内务部参事王黻炜年仅 27 岁，此时刚刚从日本早稻田大学及政法大学毕业，获得法学学士学位；1912 年 6 月，伍晟从东京帝国大学医学专门部药科结束深造刚回国不久，就被提升为卫生司司长，时年 29 岁，民初第一部《传染病预防条例》就是在其指导下制定的。这些年轻人既有专业之长，又有开拓工作局面的精力和魄力，是适合百废待兴的民初社会形势的，也是内政工作开展所必需的。民初内务部在司员任命上年轻化、专业化的力度可以说是前所未有的，这体现出民国初立时的朝气，同时反映了袁世凯政府在国家现代化过程中对人才重要性的清醒认识，展现了北京政府在成立初期改造社会、开拓新气象的意志。

第三节 民初内务部现代化建构的特征

民国最初几年，中央政府颁布了数次官制，内务部也经历了人事和机构的变化。这其中虽然有政党权力纷争的背景，但内务部变革主要还是围绕职能的发挥和效率的优化进行的，其在组织设计、人事配置、职责履行上的表现较多地体现出一个现代化政府机构的特色。本节将围绕民初内务部在组织设计、人员配备、绩效完成上的表现，说明其在中国现代化进程中产生的积极影响。

一 内务部组织设计的现代化表现

现代管理学认为，组织结构是影响组织效率的首要因素，"公共组织结构就是公共组织内部各组成要素产生相互作用的联系方式或形式，也可称为组织各要素相互连接和排列组合的框架"。[①] 政府机构是以管理社会公

---

① 聂平平、尹利民主编《公共组织理论》，武汉大学出版社，2009，第 78 页。

共事务、协调社会公共利益关系为目的的组织，政府机构能否根据组织的内部条件和外部环境的变化有效地做出选择和调整，直接影响着政府组织的服务功能和管理效率。在民初，政府机构无论在组织还是运行上都处于现代化的起步阶段，内务部的机构组织在设计上也深刻地反映出现代化的表征。

民初内务部采取的是总长负责制。在北京政府 1912 年 7 月公布的《修正各部官制通则》中明确规定：各部总长就主管事务依其职权或特别委任得发部令；各部总长就主管事务对地方长官得发训令及指示；各部总长就主管事务与地方长官之命令，或其处分认为违背法令，或逾越权限者，得停止或撤销。各部总长统辖所属职员，简任官、荐任官之进退会同国务总理呈请大总统行之，委任官之进退由总长专行之。次长 1 人辅助总长整理部务、监督各职员；参事 2~4 人承总长之命掌拟审议法律、命令案事务。通则对总长、次长、秘书、参事、司长、金事、主事的任命与职责都做了详细的规定，对内务部的工作做了专门化的分工。随后颁布的《修正内务部官制》对此加以完善，更精确地对内务部的职责做了定义："内务总长管理地方行政、选举、赈恤救济、慈善、感化人户、土地、警察、著作出版、土木工程、礼俗、宗教及卫生事务，监督所辖各官署，及地方长官。"① 这就为内务部提供的公共服务提出了明确的指向。按照这个组织目标，内务部划分为若干办事司。虽然在历次官制变革中，内务部下设司的名称和数量常有变化，但均是在实现上述目标的指向下变化的。在完成科层划分后，配合厅司分科章程和各厅司的办事细则，内务部完成了内部职责的细化，基本满足了现代公共组织结构的设计要素。

内务部职权广泛，但除去部内各职能部门，还有一些应有职能没能涵盖。基于这个原因，内务部在下属办事司之外，先后设立了若干委员会，如筹备国会事务局委员会、全国水利委员会、筹办八旗生计处等。这些委员会式的组织是为了完成一些综合项目或复杂工作而设立的，既弥补了内务部常设职能部门及其权责划分的疏漏，也更好地聚集了一批学有专攻、具有不同专业背景和经验的人组合起来，完成专项使命。内务部设置的委员会一般是临时性的，最典型的就是筹备国会事务局委员会，它是为了完成民国第一届国会选举而设立的。由于国会选举对民国政局影响深远，国民关注度高，程序操作复杂，选区、选民的调查确认任务量大，只靠一司

---

① 《修正内务部官制案》，《政府公报》1913 年 12 月 23 日。

或一局无法完成，必须靠特定的组织来完成。事实证明，内务部筹备国会事务局委员会很好地完成了使命，在近代史上第一次在全国范围内实现了国会选举。委员会制的出现是内务部职能划分、机构设置现代化的一个突出成就。在常设机构之外，设置临时性或专门性的组织负责专项职责的方法也一直延续至今。

二　内务部人员的选拔与考核

组织结构是一种职位结构，组织目标能否实现，组织职责能否完成，很大程度上取决于在这些职位上的人员能否满足相应的要求。"得人者昌，失人者亡"，对于新成立的中华民国内务部来说，道理是一样的。"一个时代是否能够人才辈出，与政府用人的适当与否确有密切的关系"，[①] 将这一论断用于内务部的人才选拔是十分准确的。

民初政府对官员的选拔非常重视。袁世凯很早就提出："国家设官分职，原所以保卫民生，任免之途即应以法为衡，力彰公道。"[②] 1913 年，颁布了《文官考试法草案》《典试委员会编制法草案》《文官任用法草案》《文官任用法施行法草案》《秘书任用法草案》《文官保障法草案》《文官惩戒法草案》《文官惩戒委员会编制法草案》《文官甄别法草案》，这些文件在本法未公布之前具有法律效用，它们保障了选拔程序的合理、考核机构组织的科学，使施行办法具有较强的可操作性、选拔的官员具有较高的素质。本段主要探讨内务部官员的选拔、考核和奖惩概况。

（一）选拔

民初官员的选拔有严格的制度规定。1915 年 10 月颁布的《文官高等考试令》规定，中华民国男子凡年满 25 周岁及以上者方有资格参加文官高等考试，报名必须满足的条件有：本国国立大学或高等专门学校修习各项专门学科三年以上，毕业得有文凭者；经教育部指定的外国大学或高等专门学校修习各项专门学科三年以上，毕业得有文凭者；经教育部认可的本国私立大学或高等专门学校修习各项专门学科三年以上，毕业得有文凭

---

① 左舜生：《左舜生自选集》，沈云龙主编《近代中国史料丛刊续编》第 53 辑，台北：文海出版社，1974，第 29 页。

② 陆纯编《袁大总统书牍汇编》卷二，上海广益书局，1914；沈云龙主编《袁世凯史料汇刊续编》，台北：文海出版社，1966，第 115 页。

者。在品行道德上也有要求：褫夺公权者、品行卑污被控有案查明属实者、受破产之宣告尚未复权者、贪污公款或侵蚀公款者均不得参与考试。法令中还规定了考试分为统考和专业考试，统考包括现行行政法令解释等，专业考试为按照职位划分的技术考试，并详细列出了各专业的修习、考试学科。同时颁布的《文官普通考试令》，对文凭的要求有所降低，但对品德的要求与文官高等考试的要求基本相同。

文官考试由专门成立的典试委员会主持，委员会对考试成绩及格者按照姓名、年岁、籍贯、履历、考试成绩登名造册，呈报大总统批准，然后报送政事堂转呈铨叙局注册。未经考试又具有真才实学或曾有简任、委任经历的人员，要经过文官甄别委员会甄别待用。所有这些通过考试或甄别的人员还要经过严格的任用程序才能走上岗位。《文职任用令》详细规定了简任、荐任、委任人员的资格要求，随后颁布的《简任文职任用程序令》《荐任文职任用程序令》《委任文职任用程序令》，则对各等级职员的任命做了详尽的程序规定。这些法令的出台在制度上保证了文官队伍选拔程序的合理性，对提高官员素质和道德品质有积极的意义。

内务部官员的选拔除了遵循以上通用的制度外，还有自己的特色，特别是在高层领导的任免上，有别于其他部门。内务部关系社会稳定大局，掌握数目可观的巡警队伍，是实权部门。袁世凯政府对内务总长、次长、参事的选拔格外重视，民初任期较长的内务总长赵秉钧、朱启钤都深得袁世凯的信任。这也决定了内务官员的选拔不同于其他部门。在民初内务事业现代化的初期，北京政府主要向日本学习，从内务部高级官员的任前经历也可以看出，有留日经历的人员占了很大的比重，这也是内务部人员选拔的一个特色。

（二）考核

考核就是甄别，民初对官员的考核是很严格的。民国政府除了设置高等甄别委员会外，在各主管部门也设有普通甄别委员会。高等甄别委员会负责各部门荐任及其以上各官员的考核，普通文官甄别委员会负责对本部委任及其以下各员进行考核。由于民初官制多变，官员任免频繁，1913 年 1 月《文官甄别法草案》颁布一年半之后，内务部才在 1914 年 7 月成立了普通文官甄别委员会，同时颁布《内务部普通文官甄别委员会执行规则》。①

---

① 《内务部普通文官甄别委员会执行规则》，《政府公报》1914 年 8 月 6 日。

该规则规定考核甄别的方法为审查、质问被甄别人在任官期间的历办事务，检验其毕业文凭、调验经历、检查成绩、考验学识、考试经验等。考核结束由调查委员撰写报告书，委员长定期召开评议会，各委员议决被甄别人甄别结果，撰写成决议书呈递内务总长，由内务总长裁定，分别给予合格或免官处理。规则还详细规定了调查程序、调查人员的选派、报告书和决议书的撰写内容等，有利于保证甄别工作的客观公正。

（三）奖惩

内务部有完备的官员问责制度。1914 年 5 月 8 日，内务部公布了《内务部文官普通惩戒委员会规则》[①]，规定所有本部及本部直辖各机关之委任官应付惩戒者均由本委员会议决。委员会委员由内务总长于本部参事、司长、秘书、佥事内选派兼任。对于预付惩戒事件，由委员长指定一人以上委员限期进行调查，撰写报告，报告包括惩戒事实、预受处分、调查员姓名和调查时间。委员长定期召开会议议决各报告，各委员对事件均发表意见，形成惩戒之事实、议决之理由及处分的决议书，呈递内务总长审定后付诸实施。

对一些恪尽职守、工作负责的官员，民初政府有较完备的升迁制度，如《中央行政官官等法》《中央行政官官俸法》等。此外，内务部也有专门的奖励制度，例如内务部在 1914 年 4 月颁布了《警察奖章条例》，对在维护社会治安、禁烟缉毒、救灾赈济、热心公益方面表现突出者，授予警察奖章。

三　民初内务部的工作绩效

内务部的工作绩效是指内务部利用公共资源的效率和效益，是其公共组织功能实现程度的体现。从内务部的职责来看，其工作绩效更多体现在建立现代文官体系、维护社会治安、净化社会风气、提高人口素质四个方面。

严格地讲，工作绩效分为内部绩效和外部绩效，内部绩效是公共组织实现外部绩效的内在前提。民初内务部的内部绩效主要体现在对地方官员进行培训、考核，建立起一支现代化的文官队伍。从民初的社会、政治情

---

① 《内务部令第九十四号·兹订定本部文官普通惩戒委员会规则公布之此令》，《政府公报·令告》1914 年 5 月 11 日。

况来看，内务部重视人才、更新吏治也是其稳定秩序、管理社会、提供公共服务的职能要求使然。这里以内务部对县知事的考察、选拔为例。县知事虽为荐任官，但自有其独特的任用制度。在民初北京政府时期，内务部对于县知事的任用特别重视。北京政府于1912年先后颁行《知事任用暂行条例》《知事任用暂行条例施行细则》《知县奖励条例》《知县惩戒条例》，1915年又颁行《县知事甄别章程》。根据这些规定，任用知事，首先要进行考察验证。1913～1916年，内务部在全国范围内组织了四次县知事试验考试，对在任各省知事进行甄别，考试科目包括现行法令解释、国际条约大要、地方行政策问、设案决断、草拟文牍等。为了提高基层行政官员职业素质，1913年底，内务部开设了直属的地方行政讲习所，在县知事考试中位列丙等的人员，要进入地方行政讲习所进行行政职业能力培训。讲习所开设课程包括国文、历史、历代典章、循吏列传、公牍、现行法令、国际法大意等，只有考试合格者方可按《知事任用暂行条例施行细则》分发任用。① 对于因工作原因不能正常参加学习的丙等学员，内务部特别制定了《地方行政讲习所校外修业章程》，拟定校外修学计划，强调"民国更新，法令宜求完备，举凡察吏育才等事，尤当积极进行"，以求达到"培养人才，讲求吏治"的目的。② 可以说，内务部在提升官员素质、强化文官行政能力方面取得了很好的效果，至少实现了县级管理者选拔的制度化，为民国的政策、法规施行提供了良好的人才保障。其在官员培训中开设有关中西法律的课程，也使得现代法制观念深入人心，促使广大官员在行政思想和为官意识上迈入现代化的大门。

在稳定社会秩序、净化社会风气方面，内务部在民初的成绩是有目共睹的。民国建立过程中，政府更迭，南北混战，社会秩序异常混乱。内务部面对社会局势，在机构上将警政司列于各司之首，积极强化警察队伍，提高警察素质，加强巡逻、值班，打击了偷盗、抢劫等违法犯罪行为。

在净化社会风气方面，内务部积极打击买卖烟土、种植鸦片等行为。受旧社会影响，吸毒者成为民初社会的一颗毒瘤，毒品成为偷盗、抢劫等违法犯罪的重大根源。1912年3月2日，孙中山毅然下令厉行禁烟，以求达到"永雪东亚病夫之耻，长保中夏清明之风"的目的。迫于国际列强的

① 《地方行政讲习所章程》，《政府公报》1913年12月28日。
② 朱启钤：《蠖园文存》卷上，沈云龙主编《近代中国史料丛刊》第23辑，台北：文海出版社，1966，第159页。

压力，民国政府在鸦片贸易上没有禁烟主权。但是，内务部坚持利用警察甚至军队严厉查处种烟、贩烟行为，并对禁种不力的官员进行免职处分，奖励警察缉查烟馆。此举促使中国的国际舆论逐渐好转，外国输华鸦片快速减少。按照中英条约的规定，外国输入中国的鸦片每年递减 5100 箱，从 1912 年到 1916 年每年可以输入中国的鸦片数量分别为 25500 箱、20400 箱、15300 箱、10200 箱、5100 箱；实际上，由于中国政府厉行禁烟，每年实际进口的数量分别为 17031.5 箱、105 箱、472 箱、317 箱、168 箱。实际进口数量的大幅减少，说明民初内务部的禁烟效果非常显著。

对于社会闲散人员，内务部也注重治理。首先是对年龄较小的幼年游民予以关注。内务部特别成立游民习艺所，对幼年游民进行抚养、教育，在颁布的《游民习艺所章程》中明确提出，习艺所"专司幼年游民之教养，及不良少年之感化等事项，以使得有普通知识、谋生技能为主旨"，凡有贫苦无依者及性行不良者均可入校。习艺所开设国文、算数、习字、史地、风琴唱歌、体操专业等文化课，后来"期以美感教育，陶冶儿童之心性"，[①] 又特意增加音乐科目。这些是为了使儿童具有常识，促进其成长。另有技术课，包括制帽、制鞋、织染、印刷、刻字、木工、石工等，培养他们的谋生技能。习艺所由总务科、教务科、艺务科分管各项事务，还设有诊所专司学员的疾病诊治，基础设施很完善。其次是对清末旗民问题的处理。清末八旗子弟游手好闲，无所事事，旗民不仅成为国家财政的重要负担，也是社会的重要不安定因素。民国后，内务部着手从根本上解决这一问题。1913 年，内务总长朱启钤拟定《筹办八旗生计议》[②]，确定八旗整顿不仅是要解除国家的财政负担，更是要旗民能自谋生计。"政府苦心虑思，期于旗民之各能自立也，故不以国家代筹生计即为计划之完全，必以旗民能自谋生计始达最终之希望。"为此，内务部成立了旗务处，分别对旗产进行清理，安排旗丁、旗兵分流，进行职业培训。此外，为了净化社会风气，培养人民的现代公民观念，内务部对"孝行卓绝著闻乡里者；赈恤乡族救济贫困事状昭著者；创兴公益事业或捐助财产千元以上为公益事业者；提倡勤俭及其他善良风俗化行乡邑有事状可称举者"进行表彰，[③] 褒扬在办理教育、公众卫生、慈善事业中表现突出的个人或团体。

---

① 朱启钤：《蠖园文存》卷中，第 205 页。
② 朱启钤：《蠖园文存》卷上，第 75～99 页。
③ 《褒扬条例》，《政府公报》1914 年 3 月 12 日。

这种政策上的导向效应对促进社会进步、提高人民生活水平、加速科教文卫事业发展的作用是十分明显的。

内务部还推动了民国时期的城市化进程和经济发展。民初时期，政治风气的改变促进了经济的发展，民族资产阶级迎来了发展的春天，城市化进程明显加快。内务部肩负全国范围内市政建设的重任，在民国城市化进程中发挥主导作用。这一时期，内务部最值得称道的是对北京旧城的改造，这项工作是由内务总长朱启钤亲自规划实施的。首先是开通京师环城铁路。原北京城轨道交通主要集中在西、南两面，京汉、京奉、京张都在此方向设有车站，随着社会经济的发展，生产生活物资运往城东和城北十分不便："揆之现势，殊不足剂城乡商市之平，而谋都会交通之便。"①1913 年 6 月，内务部提出建设环城铁路，使京张铁路由西直门站经德胜门以东往南过安定门、朝阳门，以达东便门，与京奉路之通州米仓岔道接轨，大大缓解了内城的交通压力，使城市物资运送更加便利。其次是为解决前门一带交通堵塞，内务部和北京市政公所改建了正阳门，打破了皇城对北京交通的阻滞，打通了东西长安街、府右街、南长街与北长街、南池子与北池子，而且还在南长街和南池子路口建造了两座传统民族风格的拱形街门。最后，进行城市环境建设。如鉴于北京市区道路两侧没有树木，在主要街道栽种槐树作为行道树，供市民纳凉；同时，疏浚护城河，并在河岸栽种柳树，为市民休闲娱乐之用。此外，将原已荒芜的社稷坛重新规划，改建成对市民开放的中央公园（今中山公园），丰富市民文化生活。这些举措，使北京逐渐走上城市现代化道路，奠定了今日北京城的基本格局。

综合来看，就部务职掌而言，内务部无论是在社会控制还是治安管理、除旧布新方面，都有新的建树。具体来说，民初内务部完善了全国的警察系统建设，确立了现代化的警察体系，维护了民初社会秩序稳定，保障了公共安全；在全国范围内实现了第一次国会选举，极大地促进了政治生活的现代化；移风易俗，禁烟禁毒，努力净化社会风气，提倡现代生活方式，推动了近代精神文明建设；提倡公益，在保障底层民众权益上多有建树；对全国主要河道进行治理，对重要城市进行现代化改造，促进了经济的发展和中国的城市化进程……这些成绩既是内务部严格履行职责使然，也是新的政治制度下国家新气象的体现。以往学者往往只关注到北京

---

① 朱启钤：《蠖园文存》卷上，第 151 页。

政府统治的黑暗，将内务部看成维护军阀反动统治的重要机构，这是不全面的。从实际来看，它对中国社会、经济现代化的影响也有积极的、深远的一面。

当然，政府绩效的提升受到很多因素的影响。作为政府机构的一部分，内务部也受到国家政治形势、社会风气和文化传统的影响。例如传染病医院对疑似传染病人的隔离处理就受到传统思想的阻碍：

> 我国医学退化民智闭塞，一遇疫疬盛行，不谙救治之术，甚或迎神送厉。禳祷无灵，又辄归天灾，诿诸劫数，迷信之深，贻害最大。又况社会习俗中，于人心骤行遮断隔离之法，人民多所疑惧。父施诸其子，必以为不慈；子施诸其父，必以为不孝；施之于夫妇，必以为不情；施之于友朋，必以为不义；施之于仆婢，必以为不仁。数千年之习俗，牢不可破。①

国家的政治体制决定行政体制，政治权威决定行政权威；良好的经济发展状况是提高公共组织绩效的物质基础；良好的社会风气和优良的文化传统、健全的社会团体建设等都有助于公共组织工作绩效的提升。遗憾的是，民初政治、社会、经济、文化等诸多因素都不太理想，在此环境下，内务部能在国家内政建设方面取得如此多的成就，实属不易。历史发展也证明，这种良好的势头并没有持续太久，袁世凯称帝后，内务部对国家现代化的积极影响就十分有限了。

第四节　内务部与民初卫生事业的发展

近代中国内务事业的起步是以清末相继建立的巡警部和民政部为标志的。辛亥革命后民国初立，改清末民政部为内务部。无论是南京临时政府还是北京袁世凯政府，对内务部的机构建设、制度建设都相当重视，内务部在稳定社会秩序、提升公共管理水平、促进社会经济发展上发挥了很大的作用。一些学者认为，民初的内务部由于脱胎于清末巡警部，只是在近代中国的警察事业建设方面发挥了作用；再加上民初长期任内务总长一职

---

① 朱启钤：《蠖园文存》卷上，第196页。

的赵秉钧"自前清时即以警务起身"，① 这给人一个错觉，即内务部只是镇压党人、骚扰小民的暴力工具而已。事实上，从上文所述内务部的工作绩效来看，除了众所周知的警察建设外，内务部还在建设现代化文官队伍、卫生事业、风俗开化事业、社会公共基础设施建设以及地方官厅建设和县级区域治理方面建树颇多。本节拟就民初内务部在卫生事业方面的举措及其成果做一说明。

1905 年，清政府在中央设立了巡警部，其下共分五司十六科，其中警保司下设保安、卫生、工筑、营业四个科室。卫生科负责考核医学堂之设置、考验医生给照，同时管理道路清洁、疾病防疫以及审查核准所有关于卫生、保健的章程文件等。1906 年巡警部改设为民政部，原巡警部警保司卫生科升格为卫生司，下设保健科、检疫科、方术科，其职能基本保持不变。清末巡警部警保司卫生科是我国历史上第一次出现的以"卫生"一词命名的中央政府机关，也是第一个主管公共卫生、国民健康的政府常设机构。这反映出在新旧交替的时代，西方医疗思想和公共卫生理念的传入及对清末民政思想的冲击，是我国公共卫生事业发展的一个巨大进步。"新式卫生管理机构的设置，是清末政府应对疾病在管理上所做出的新举措，适应了社会的发展需要，扩大了国家对医疗卫生管理的范围，有利于进一步建立下属各级医政机构，以及成立相应为社会服务的专业医疗机构，这无疑对于人民的健康、医学的发展、社会的进步具有重大意义"。②

民国肇基，先是在内务部设置卫生司统揽规划全国卫生事业，后几经官制变化，在内务部警政司设立卫生科，地方各级政府也在警察系统内设置第三科，配合地方经理卫生事务。由于晚清政府的腐败，近代卫生事业的发展水平有限，与同期的西方国家相比更是落后。民国成立时，面对的是城市污水横流、乡村时疫频现的卫生局面，民初内务部对公共卫生事务的管理就是在这样的基础上起步的。其管理有以下几个特点：第一，内务部警政司第五科掌关于卫生行政事项，第六科掌关于卫生技术监督事项；③第二，这一阶段是卫生法规从无到有、从简陋到完善的过程，虽然在执行上稍有折扣，但奠定了发展公共卫生事业的制度基础；第三，这一阶段的

---

① 黄远庸：《远生遗著》卷二，第 160 页。

② 余新忠主编《清以来的疾病、医疗和卫生：以社会文化史为视角的探索》，生活·读书·新知三联书店，2009，第 129 页。

③ 《内务部厅司分科章程》，《政府公报》1914 年 8 月 4 日。

卫生事业领域宽广，范围涉及道路清洁、时疫防范、医药化验、药商管理、医院设置、饮食卫生、公共场所卫生、娼妓、禁毒以及卫生社团组织管理等各个方面，其中最主要的事项是关于时疫的防治、公共卫生管理和药品、药商管理。

一 现代防疫事业的起步

传染病一直是威胁人类健康的主要病种之一。我国传统医学把能够在人群中传播的疾病统称为"疫"，历代医家对疫情产生的原因也有不同观点，有"瘴气说""戾气说""胎毒说"等，但这是建立在传统自然哲学基础上的认知，在对传染病的病理解释和治疗策略上并没有深入本质。直到19世纪末，随着西方自然科学特别是微生物学的发展，病原体学传入我国，人们才终于对传染病的预防和治疗有了科学的认识。因此，现代意义上的防疫事业是从清代后期才开始的。

清末，随着巡警部的成立，卫生防疫事业走向科学化。1906年，巡警部奏请设立内城官医院，成效显著，颇受民众欢迎。1908年，民政部又奏请设立外城官医院。民政部卫生司郎中唐坚在创建内城官医院过程中，出力颇多，受到朝廷赏识，又被派筹办外城官医院。这两座医院是京城最早成立的官立医院，因此它们还肩负着防范时疫、维护公共卫生的职责。1911年，东三省—京城一带鼠疫暴发，清廷"顷已饬内外城官医院配制预防及消毒药品，为此示仰居民人等知悉，嗣后如或有此种疫病发生，或所患病状近似此项疫症者，随即呈报内外城官医院，以便随时诊察"，[①] 两座官立医院及其所设的分医院在扑灭疫情中发挥了积极作用。这些医院专门为百姓看病，负责社会卫生、防疫事业，反映出我国封建社会的卫生医疗体系开始从宫廷走向民间。在创办医院的同时，清政府还颁布了一系列卫生防疫法规，如《厅区救急药品使用法》《卫生处化验所章程》《卫生处化验所办事规则》《预防时疫清洁规则》《管理种痘规则》《内外城官医院章程》等，这些法律规则的颁布初步奠定了近代防疫法律的基础，也为后来的民国政府所继承、发扬。

---

① 《大公报》1909年11月6日。

（一）民初传染病预防的情况

民国时，南京城惨遭战火，城区内病亡人员较多，这些人往往没有得到妥善处理，极易引发流行疾病。从表2-4中，我们可以看出民初防疫形势十分严峻。1912年2月23日，内务部发布命令，督促江南巡警总监抓紧指导掩埋各处停枢，防止污染环境、引发疫情。① 3月7日，孙中山大总统再次就内务部掩埋城垣内外各处暴露尸棺事宜发布命令："江南风俗，常有亲死不葬，殡厝旷野，历年既久，楷棺暴露。又此次大变之后，尸骸狼藉，未及归土者，往往而有。此不惟伤行路之心，损首都之美，抑恐天气转热，蒸成疫疠，关系全都人士卫生，实非浅鲜。为此令该部饬下所司，速派专员，切实调查。其有主之棺，责令自行收葬；无主者，由官妥为埋掩。务期实力奉行，勿徒以虚文塞责。切切！此令"②。此后，在内务部的监督下，各地相继展开战后公共卫生建设运动。

虽然临时政府采取了种种措施，但是在民国初期，传染病仍然是群众身体健康的重大威胁。表2-4反映的是民初六年间鼠疫、霍乱、天花、斑疹伤寒、猩红热、白喉等烈性、急性传染病在我国的暴发流行情况。面对严峻的防疫形势，临时政府内务部必须做出应对。

表2-4　民初重要传染病流行情况一览

年份	疾病	流行地区
1912	鼠疫	北海、海南、广州、香港、澳门、汕头、厦门、上海
	霍乱	海南、香港、汕头、厦门、上海、南京、九江、汉口、长沙
	天花	汉口、梧州
	斑疹伤寒	汉口
1913	鼠疫	北海、广州、香港、汕头、厦门、上海
	霍乱	广州、福州、汉口、常德
	猩红热	杭州
	斑疹伤寒	杭州

---

① 《内务部令江南巡警总监掩埋各处停枢文》，《临时政府公报》1912年2月23日。

② 《大总统令内务部掩埋城垣内外各处暴露尸棺文》，《临时政府公报》1912年3月7日。

年份	疾病	流行地区
1914	鼠疫	北海、广州、香港、澳门、肇庆、汕头、厦门、福州、上海
	霍乱	梧州、上海、广州、香港、南京、汉口、赵州府
	天花	武汉
1915	鼠疫	北海、广州、香港、汕头、厦门、永春、上海
	霍乱	北海、梧州、香港
	天花	温州
	猩红热	开封、镇江
	白喉	镇江
	流感	镇江
1916	鼠疫	香港、广州、赵州府、厦门
	霍乱	北海、南宁、香港、澳门、广州、上海
	天花	香港
	白喉	河南、长沙、宁波
1917	鼠疫	香港、厦门
	天花	贵州、上海、安东
	猩红热	苏州、镇江、南京、山西、杭州
	白喉	苏州、镇江、南京、山西

资料来源：张大庆：《中国近代疾病社会史（1912～1937）》，山东教育出版社，2006，第22页。

此外，结核、麻风、性病等慢性传染病虽然不像急性、烈性传染病有那样高的致死率，但患病率相当高，也属于危害人民健康的严重疾病。这些疾病传播范围更广，危害性更加持久，与公共卫生的关系更加密切。据学者记述："我国近代结核病流行严重，至20世纪30年代，结核病一直位居各类疾病死因的首位。"而麻风病患者数量也居高不下："我国近代麻风病患者估计为100万，在麻风病患者较多的地方，千人中约有一位患者。"① 受传统陋习的影响，我国性病患者更多，伍连德曾对1912～1925年在香港、上海和哈尔滨地区的14家医院住院的梅毒病人和淋病病人做过统计，他们占总住院人数的比例在1.7%～10.5%，且受传统观念的影响，

① 张大庆：《中国近代疾病社会史（1912～1937）》，第28页。

这些数据尚不是患者的全部。更多的慢性传染病患者因得不到有效的治疗，只能坐以待毙，任其感染、传播。总之，民初的传染病防疫形势不容乐观。

（二）《传染病预防条例》的颁布

面对严峻的防疫形势，医学界也极力呼吁在新型政府体制下建立我国的公共卫生防疫体系。1912 年 5 月 12 日，莫希廷发表《防疫要言》，认为"杀人最速而最惨酷者殆未有过于急性传染病者也"，"其毒其危险实甚吾同胞之岁死于此者，不知几十万人。病机一发，辄浸淫传染，由一而十而百而千而万，以至无量数，如火燎原，如川溃堤，其势汹汹，莫可遏制……则对付之法将如之何，将任其蔓延流毒于无穷乎，亦将听其自然消灭乎，曰不然。是在有地方之责者，于未发之前，先事预防之，一发之时，锐意扑灭，则肉眼不可见之细菌，其无以肆其狂焰"。进而他把防疫方法分为行政官防疫法和个人防疫法两类，认为行政当局应当对商埠、交通要道进行检疫、对患者进行隔离治疗，设立治疗所，"延富于医学之医士，研究治疫疠之方法，或制药或合丸药以备应急之用"，对水源进行病原菌卫生检查，对污秽地检查与消毒，对生活用品进行卫生检查；个人防疫法主要分居住饮食、身体卫生的养成等部分。[1] 这反映出时人对社会防疫事业的关注。

应该说在民国军兴时期，政府对传染病的预防法规建设还是比较重视的，特别是军队的传染病预防法规建设，开始得比较早。在南京临时政府时期，政府于 1912 年 3 月 23 日就颁布了《陆军传染病预防规则》33 条，次日又颁布了《陆军传染病预防消毒方法》19 条。1913 年 12 月，又对这两部法律进行了修改，使之更完善、可操作性更强。[2] 但是与之相反，民用的传染病预防法规迟迟未能出台，这显然是与其维护公共卫生的施政目标不符的。

民国政府显然也注意到，民间防疫事业刻不容缓。在南京临时政府时期，内务部就着手拟定《传染病预防法》，"查痘疮白喉症猩红热等传染病已有发生之兆，非亟定预防办法不足以重卫生而便执行，兹有本部拟就暂

---

① 莫希廷：《防疫要言》，《民立报》1912 年 5 月 12 日。

② 《陆军传染病预防规则》《陆军传染病预防消毒方法》，《政府公报》1913 年 12 月 31 日。

行传染病预防法草案三十五条，呈送大总统交制院审定后，咨由参议院议决公布施行"，以期使传染病预防走向法制化轨道。孙中山在促请参议院尽快议决内务部拟呈的《暂行传染病预防法章》时也认为："传染病发生甚易，传播至速，亟应指定预防法规，俾有司实力奉行，人民知所防范。该部所称实为卫生行政最要之举，合将该部呈送之传染病预防法草案三十五条咨送贵院议决见复，以便颁布施行。"① 令人叹息的是，此案在参议院议案报告中被列为"未经审查案"。② 就这样，一部原本会在传染病预防法制化进程中具有重要意义的法律就此搁浅。

然而，民间和医学界关于防疫事业的讨论依旧没有停止。1915 年 3 月，近代著名医学家、医药学博士、中华医学会和全国医师联合会创建者之一俞凤宾发表文章《论公众卫生之必要及其范围》，直言"今泰西各国已进于防疫时代矣"，"今之善治病者，不重疗病，而重防病矣"，诸如种痘、劝导夏令卫生、设置自来水、制造防疫疫苗、海港检疫、学校卫生等，"莫不赖卫生行政之设施，故公众卫生，实为防病之关键，而亦进化之枢纽也"。③ 1916 年 3 月 12 日，北京政府内务部参照日本的防疫法规，制订发布了《传染病预防条例》，④ 这是我国首次发布以预防传染病为目的的单行法规。该条例共规定了八种急性传染病，即霍乱、痢疾、伤寒、天花、斑疹伤寒、猩红热、白喉和鼠疫预防办法。

1916 年的《传染病预防条例》共 25 条，对八种烈性和急性传染病的预防管理办法主要包括以下几点。其一，规定管理者为"地方行政长官"，当"地方行政长官认为有传染病预防上之必要时"，应采取的措施为：①将预防传染病的事由通告民众；②设立传染病院和隔离病舍、隔离所及消毒所；③地方行政长官制定单行章程，规定传染病院、隔离病舍、隔离所及消毒所管理办法及其设备的保管使用办法，指导居民实行清洁和消毒；④当传染病流行或有流行之虞时，地方政府应设置检疫委员担任"检疫预防之事，并执行舟车检疫"，对于疑似传染病患者，有权予

① 《大总统咨参议院请议决内务部呈暂行传染病预防法草案文》，《临时政府公报》1912 年 3 月 26 日。
② 邱远猷、张希坡：《中华民国开国法制史——辛亥革命法律制度研究》，首都师范大学出版社，1997，第 476 页。
③ 俞凤宾：《论公众卫生之必要及其范围》，《东方杂志》第 12 卷第 3 号，1915 年 3 月 1 日。
④ 《传染病预防条例》，《政府公报》1916 年 3 月 13 日。

以扣留观察；⑤施行健康诊断及尸体检查；⑥紧急时刻可以管制交通，隔离市、街、村落之一部或全部，限制或禁止民众集体活动；⑦限制使用或毁弃有传染病毒的物件，禁止贩卖有传染病毒的饮食物或病死的禽兽等；⑧保护公共水源，车站、码头、工厂等公共场合应配备专职医师及其他预防设备；⑨施行除鼠方法；⑩检疫官吏及医师在执行公务时可凭证免费乘坐舟车；⑪政府有紧急避险的权力，对民产民物可以先征用后补偿。其二，规定了传染病义务报告人及报告时限：①医师发现传染病患者或疑似患者，应于 12 小时内报告当地官署；②病者或死者之亲属、同居人，以及学校、工厂等集团或公共场所的监督人或管理人发现传染病患者或疑似患者，应于 24 小时内报告当地官署。同时详细规定了承担报告义务的所指人：首先是患者家长、亲属；次之是同居人；再次为所在旅社、舟车的主人或管理人，最后是学校、寺院、病院、工厂、公司、感化院、养育院、监狱及其他相似处所的监督人或管理人。必须保证第一时间内报告官署。其三，规定了对传染病患者、病死者及其住所的处理方法：①传染病患者或疑似患者，应送至传染病院或隔离病舍治疗；②凡传染病患者及其接触者住过的处所，均应服从医师或检疫、防疫官吏之指示，施行清洁方法并消毒方法；③在一定之期间，官署可以使传染病患者或疑似传染病患者之家属及其近邻隔绝交通；④传染病患者及其尸体，非经该管官吏之许可，不得移至他处；⑤对传染病死者应于 24 小时内埋葬，其葬地须距离"城市及人烟稠密之处三里以外"，"掘土须深至七尺以上，埋葬后非经过三年不得改葬"，对受毒较重之尸体，应火葬。其四，规定防疫经费由地方行政费用支出，不足部分"经地方最高行政长官核准得由国库酌予补助"。其五，规定了处罚措施：①凡不遵行依《传染病预防条例》发布告示者，处 5 元以下之罚款；②凡医师报告不实者，处 5 元 ~ 50 元之罚款；③其他义务报告人"不报告、或报告不实、或妨害他人之报告者"，处 2 元 ~ 20 元之罚款。其六，规定了防疫经费的出处，"已办自治地方关于第二条、第三条、第五条第七款第九款、第六条之费用，由自治经费中支出之；但由自治会议议决，经地方最高行政长官核准，得由国库酌予补助。地方行政长官为前项之核准后，须咨陈内务部"，"除第一项外，因执行本条例所需之经费均由国库支出之"。①

---

① 《传染病预防条例》，《政府公报》1916 年 3 月 13 日。

由上可以看出，该法规详细规定了传染病预防的操作规程，对控制传染源、切断传播途径、保护易感人群均有全面的规定。在预防传染病上，尽可能地调动了社会一切力量，确立了政府、公众、医生各自在消灭传染病战斗中的位置。值得一提的是，该法规对执行过程中的防疫经费筹措问题、对违规者的处罚问题也有详细的规定，这大大加强了其可操作性。俞凤宾博士在得知《传染病预防条例》颁布后，亦不无感慨地说：

> 政府之轻忽地方卫生行政历来已久，虽屡次改革，力图维新，胥不及卫生问题也……本年三月二十日，下传染病预防条例之教令，不可谓非特别之创举，足为国民稍慰也。窃谓预防传染病之法，至为繁重。关于技术上者，分检查、消毒、隔离、清道、验尸、火葬，废弃传染媒介物、施行康健诊断等，审慎详密，非有专家，不能举办也；关于实行上者，如筹措经费、组织机关、劝导人民乐从，责成官吏取缔及医生切实报告，非当事者热心经营，又无效力也。细阅教令，于上述二者，俱详列无遗，诚能按章施行，吾国公众卫生之起点在是，国民生命庶得一保障矣。①

俞凤宾博士的评价是中肯的。这种"不可谓非特别之创举"，表明政府开始将传染病的预防纳入法制化进程。综观该条例的内容，其重点着眼于传染病流行之时，而对于疫情早期的"预防"措施较少，似是偏重于事后的"防治"。不过作为一种新事物，它将一种全新的观念投向社会，即传染病是可以预防的，这对于一般民众视传染病为不可避免之灾难，政府与官吏漠视民间疾苦、任民众自生自灭的旧习来说，是一种巨大的冲击。该条例的出台为政府实施传染病预防奠定了法律基础。中国著名药物学家黄胜白在《传染病预防条例评注》一文中，进一步对传染病的传染源、传播途径以及以上八种急性、烈性传染病的易感人群、发病症状等做了详细说明，同时认为，1916 年 3 月颁布的《传染病预防条例》部分体现了政府惠及民生的考虑："日本则简直从德国抄袭而来，中国又从日本完全抄袭而来者也。故合之中国情形，条文所缺众矣。良由造律者非通医之士，但知逐字翻译全未稍加以考虑也。虽然，袁皇帝洪宪纪元，光阴有限，竟能

---

① 俞凤宾：《陆国务卿颁布传染病预防条例感言》，《中华医学杂志》第 2 卷第 2 期，1916 年，第 14 页。

于日不暇给之中，颁布此律，亦可谓难矣！"① 仅就《传染病预防条例》而言，这一时期颁布的政策法规也有一些可取之处。

当然，现代疾病预防机制的建立不是单单靠出台一部法规就能解决的，从法规颁布到切实施行还需要付出相当多的努力，尤其是在法制体系初创的近代，无论是官吏还是普通国民，法律意识尚未形成，法律实施也处于摸索阶段。因此俞凤宾强调，欲希望《传染病预防条例》成功，则"必地方官实行条例不能敷衍，或推诿了事。而其对于人民，必切实劝导遵守法令，庶禁必止，令必行，无所阻格矣。第二，必医生热心任事，慨然以救社会为职务。诊验病状，必特别注意，而作详确之报告。盖此际行医，不仅关于一人之生死，实关乎一群之安危。故医生之责任最为重大也。第三，须人民知其生命之宝贵，明乎罹患传染病与否，与鬼神祸福之说无关，转而服从法律，遵守地方官及医生之命令。则不特所以保全一身一家，亦所以利及社会也"。②

（三）完善传染病诊疗和预警机制

传染病防治是一项技术性很强的工作，仅有卫生行政组织和法规还不够，还必须建立防治的业务机构以及疫情的预警机制。只有以防疫科研机构和医疗机构作为防疫的技术支撑，加上完善的疫情预报机制提供及时的信息，现代防疫事业的开展才能成为现实。内务部作为主管卫生的政府机构，其对传染病研究机构、诊疗机构以及疫情调查预报有组织之责。

1912 年，鉴于南京花柳性病的流行，医生赵恩溥呈请内务部批准设立花柳检查医院，并声称已经得到江宁巡警总局的批准。内务部在批文中认为："检查娼妓，事属国家卫生行政范围，断无许其以私人资格执行检查之理。业由本部批斥外，仰南京巡警总监迅即将前批取消，以免扰乱治安而重行政法权。"③ 并在 3 月 8 日饬令江宁巡警总局取消批文。在内务部看来，由于花柳病患者的特殊性，私人从事检查，难免不妥。事实上，内务部一直认为预防传染病是自己的分内之事。内务总长朱启钤在京师传染病

---

① 黄胜白：《传染病预防条例评注》，《自觉月刊》第 1 卷第 1 号，1920 年，第 37 页。

② 俞凤宾：《陆国务卿颁布传染病预防条例感言》，《中华医学杂志》第 2 卷第 2 期，1916 年，第 15 页。

③ 《内务部批赵恩溥等请私立花柳检查医院呈》《内务部令南京巡警总监取消批准私立花柳检查医院及以私人假用公产文》，《临时政府公报》1912 年 3 月 9 日。

院开院训词中说道："遇有斯症，无可收容，诊治之方因之棘手，是诚公众卫生之缺憾，而亦本部之羞也。"① 此外，防疫机构还有伍连德博士1912年10月在哈尔滨创办的东三省防疫事务总处，专门从事鼠疫研究，平时应诊，疫时防治。北京政府时期，中央政府对在各地设立传染病医院也较为重视。在此之前，北京、青岛也曾设有传染病医院，随后天津、上海等地都建立了传染病医院。

1915年内务部回顾清末东北三省鼠疫流行期间的防疫情形，同时参阅东西各国卫生防疫均建有传染病医院的成例，正式开始建设专门性的传染病防治医院。3月初，内务部饬派陈时利等筹设中央卫生会兼筹传染病院，② 4月，在筹设呈请中，内务部重申"立国之方，首重民命，卫民之术，首保健康"，指出"京师首善之区，中外观瞻所系，虽内外城官医院经本部组织成立有年，而遇有传染病症发生，实非普通医院所能诊治，且查，是项医院一面为疫症之治疗，一面为预防之研究，实属紧要之图，亟应及早设置，俾资模范而重卫生，先拟暂择适宜房舍先行开办，选派究心医学、富有经验之员，充任该院总办。分设四科掌管诊断、预防、检查、消毒诸事。他如接种牛痘苗、制造血清均为该院专营事业"。③ 同时，由于京师地区人口稠密，环境污染严重，在城区内外时有猩红热、白喉等症传播，内务部不得不一面暂时设立内外城临时防疫处，一面选择地面、拟定章程，筹设传染病医院。这一提议得到了批准。中央政府除设立传染病防治机构外，在一些省市也建立了相应的专门业务机构，以加强区域性传染病的预防与防治工作。

现代医学认为，烈性和急性传染病的防治重在赢得防治时间，在疾病将要发生时采取措施扑灭疫情，这就要做到早发现、早预防，建立一个行之有效的疾病预警机制。从前述传染病预防条例或防治条例中，可以看出疫情报告是其最重要的一项工作："报告疫病发现情形，为防治疫病之第一步，最属重要。"④ 疫情报告能够提供较为详细的疫情信息，一是有利于政府和卫生部门组织力量对当时当地的传染病进行预防和控制，以达到及

① 朱启钤：《蠖园文存》卷上，第195页。
② 《内务部饬第十五号》，《政府公报》1915年3月20日。
③ 朱启钤：《蠖园文存》卷上，第75～99页。
④ 费克光：《中国历史上的鼠疫》，刘翠溶、伊懋可主编《积渐所至：中国环境史论文集》（下），台北中研院经济研究所，1995，第732页。

早控制传染源、防止传染病继续传播的目的；二是能够及时地对传染病患者进行医学诊治，防止转重，减少死亡，使其早日恢复健康；三是对疫区的邻近地区及其他地区有警示作用；四是对来年的传染病防治工作能够提供重要的参考。当然，办理疫情报告，贵在迅速，这需要在全国范围内建立完备的调查组织，以期在最短时间内各地可以互通情况。由此可见，健全的调查组织，高效的工作效率，是建立传染病疫情报告制度的必要条件。

内务部肩负全国统计事项，"统计纲目隶属于内务范围者十居六七"。① 在1913年7月制订发布统计地方表式时，内务部就比较注重对各省、道、县的卫生状况调查，在卫生表式中有医院及种痘检疫各局所表、患八种传染病及死亡者类别表、某县现在人死亡者死因及年龄表、某县现在人死亡者死因地方别表、患病者病类地方表、死亡者病类地方表等。② 在各级地方的《死亡者病类地方表》备注栏内，内务部着重强调"揭载各地方死亡者病类差别，以观地方与病类之关系，及卫生行政之良否"。在省、县《现在人死亡者死因及年龄表》后也特别附上《患八种传染病及死亡者类别表》，备注栏内强调："传染病以八种（霍乱、赤痢、肠窒、痘疮、疹热症、猩红热、白喉、黑死病）为最剧，本表揭载患者及死亡人数以重预防。"另外不明疾病或死因不详者也在统计之内。通过开展这些设计科学、覆盖全国的年鉴式统计工作，政府肩负起基层疫情预报的任务。这大大提升了民国政府对民间卫生状况的了解程度，为有效开展防疫事业初步奠定了基础。

民国时期，中央政府在传染病的预防和防治实践中，逐步建立起一套较为完善的疫情报告制度，从而使得传染病预防机制向"耳聪目明"的方向发展。除了如上所述在全国范围内建立年鉴式的卫生统计外，北京政府内务部还摸索出以下两种疫情报告方式。

首先是定时性疫情报告。清末，东北三省暴发鼠疫，清政府聘请医学家伍连德全面主持防疫事务，民国以来北京政府继续聘任，伍连德在1912年10月建立东三省防疫事务总处，兼备诊疗与研究。随后，在哈尔滨、拉哈苏苏、大黑河、安东、牛庄、满洲里、齐齐哈尔等地也建立了防疫病院

---

① 内务部印行《临时政府内务行政纪要》，1913，第140页。
② 《内务统计地方表式目次》，《政府公报·命令》1913年7月24日；《内务部令续第四百三十八号》，《政府公报·命令》1913年7月26日；《内务部统计地方表式目次》，《政府公报·命令》1913年7月29日。

和检疫所，这些分设各地的防疫医院和检疫所一旦发现疫情即向防疫事务总处报告，总处随即向中央政府报告。此外，防疫事务总处还以每年10月1日至次年9月30日作为一个年度，由伍连德执笔写成《东三省防疫事务总处第×年全年报告》，向中央政府汇报东三省防疫的总体情况，而疫情记录是其中的必备内容之一。东三省防疫事务总处因此成为第一个定时向中央政府做疫情年报的机构。九一八事变发生后，东三省防疫事务总处向中央政府的报告中断。故而，我们将它称之为定时性的疫情报告。费克光曾评论说："他们从未对疫情失于掌控，能够保持确实的统计，并致力于实验。"① 这些定时性的疫情报告成为后人了解1912～1931年东北疫情和防疫情况的宝贵资料。

其次，建立偶发性疫情报告制度。这是应传染病的突发而建立的制度。1916年3月，北京政府内务部颁布了《传染病预防条例》，其中第七条、第八条明确规定了传染病义务报告人及报告时限："医师诊断传染病患者或检查其尸体后，应将消毒方法指示其家属，并须于十二小时以内报告于患者或患者尸体所在地之该管官署，其结束时亦同"，"患传染病及疑似传染病或因此等病症致死者之家宅及其他处所，应即延聘医师诊断或检查，并须于二十四小时以内，报告于其在地之该管官署。前项报告义务人如下：①病者或死者之家长或家属；②无家长或家属时，其同居人；③旅舍、店肆或舟车之主人，或其管理人；④学校、寺院、病院、工场、公司及一切公共处所之监督人或管理人；⑤感化院、养育院、监狱及与此相类处所之监督人或管理人"。② 条例还提出相应的罚则："医师诊断传染病患者或检查其尸体后，不依本条例报告或报告不实者，处五十元以下五元以上之罚金"，"对于该管官署官吏或医师依本条例之处分或指示不遵行者，或依本条例应行报告事项并不报告，或报告不实，或妨害他人之报告者，处二十元以下二元以上之罚金"。③

综上所述，民初时期的内务部在重大急性和烈性传染病的预防上下了很大的功夫，创造性地使传染病预防事业走上了法制化、专业化的轨道。内务部积极采取防治措施，无论在疫情的预防、治疗还是前期预警上，都

---

① 费克光：《中国历史上的鼠疫》，刘翠溶、伊懋可主编《积渐所至：中国环境史论文集》（下），第732页。
② 《传染病预防条例》，《政府公报》1916年3月13日。
③ 《传染病预防条例》，《政府公报》1916年3月13日。

确立了以政府官厅为主体的疫情防治实行者。

二 公共卫生治理

国势的兴替，民族的强弱，同各国或是各民族对公共卫生事业的关注有深切的关系。近代著名医学活动家俞凤宾就提出"夫欲卫国力，卫民力者，须先求人群之卫生，欲求人群之卫生者，须自公众卫生入手也"。① 在遍览欧美各国的卫生事业建设历史后，俞凤宾得出"未有病夫遍地，而国能独强者"的结论。时人莫希廷在《防疫要言》中也认为，政府在防疫过程中，除了对交通要道、疫区进行检疫、设立治疗所外，还应该对公共卫生中的水源进行检查，对社会污秽之地进行消毒处理。② 在西方医疗思想深入传播、社会人士广泛呼吁的大背景下，提倡公共卫生就成了民国初期的要务之一，而实施卫生行政也成为治国的重要策略。不过想要培养民众注重卫生的美德并不是一件容易的事情。新型疾病预防机制的建立是通过颁布卫生法规、设立防疫机构、开展卫生运动实现的，其中，公共卫生运动的开展是最基础、最重要的疾病预防措施。同时，开展公共卫生运动也是最难的，它需要完备的政府组织来提倡和宣传，使群众从根深蒂固的旧思维、旧习惯中解放出来，接受新的思维方式、生活方式。如果民众认识不到维护公共卫生的重要性，不是阳奉阴违，便是置之不理，那么一切法规和预防机制便不能发挥应有的作用。所以，要进行公共卫生建设必须提倡现代科学，反对封建迷信。

1915 年，伍连德在《东方杂志》发表关于公共卫生建设的文章，其中心论点就是要用西医的科学务实思想进行公共卫生建设，他认为："日本从前风气未开，其医学悉本于中国内经灵素各古方药，近五十年以来，殚精竭虑，日图进步，现城镇乡村医校林立……其医学可与列强并驾齐驱，国势所以蒸蒸日上。我国四万万人民，官设医校统计尚不及六所，余皆为外国教会所设立。"③ 他还指出，传统中医的最大缺陷是"缺乏公益之心"，"偶有所得，秘而不宣"，而在国外西医"凡有发明之埋，惟恐人之不知，朝得一方，夕遍全国，不旬日而传布环球"，并分析了中西医在传染病致

---

① 俞凤宾：《论公众卫生之必要及其范围》，《东方杂志》第 12 卷第 3 号，1915 年，第 11 页。
② 莫希廷：《防疫要言》，《民立报》1912 年 5 月 12 日。
③ 伍连德：《论中国当筹防病之方实行卫生之法》，《东方杂志》第 12 卷第 2 号，1915 年，第 6 页。

病原因分析上存在的原则性差异："西医谓传染病系由于微生物或从呼吸饮食而得，或由虫类吮侵，核疫由鼠蚤，疟疾由蚊，下痢由不洁不熟之水及苍蝇之浊，其治法均用除灭微生物，隔离病人，摄入药浆，以杀病菌在血之中酿出毒质；中医则谓为狐鬼作祟或地气所生，其治法则例重禳醮行傩，打锣击鼓，种种颠倒，难以枚举。"所以伍氏认为，"旧药已成淘汰"，而国内"迷信中医者又十居七八"，这极不利于对传染病的防治和公共卫生事业的建设，故政府应"改革医学，谋进卫生之法"。他还提出当时应急切着手的公共卫生事业包括：建立初等学校卫生，尤其须提高教师卫生学知识；中央设立卫生总机关，罗致人才，筹集经费；地方设立卫生机关，加强街衢清洁，严格传染病管理和食品管理等；充分利用民间力量办理公共卫生。虽然伍连德关于中医的思想有所偏颇，但在民初，其关于公共卫生事业建设的认识是非常有见地的，后来民国政府内务部关于维护公共卫生的种种举措，也大都体现了这位被梁启超称为"国士无双"的杰出医学家的思想。在民初的特殊形势下，政府要想实施卫生行政，一定要先从公共卫生的维持做起，从公共卫生的宣传和指导做起，使民众感觉到讲求卫生的利益，使民众知道注重卫生的方法，然后上行下效，通力合作，公共卫生的设施乃能渐次实现。所以，宣传和指导不但可以辅助卫生行政的进行，也是实施卫生行政的根本办法。在这些方面，内务部做了许多卓有成效的工作。

（一）完善卫生陈列所

早在清末，北京内外城巡警总厅为普及公众卫生知识就组建了卫生陈列所。这是一个博物馆性质的公共机构，陈列一些近代的医疗器械和卫生图片、书籍等，用以对大众普及先进的卫生医学知识。卫生陈列所开办后，民众反响很好，参观展览者络绎不绝，更有国外要员到馆参观。临时政府北迁后，政治机构进行改组，内务部深感卫生陈列所在普及公众卫生中的重要性，即酝酿将原内外城巡警总厅所办卫生陈列所扩充规模，增加陈列品种，收归部办。内务部在发布的文件中提出："查卫生陈列所本隶属于前内外城巡警总厅，创办有年，规模粗具，自本年厅制改组后，本部以该所有增进公共卫生之效力，且中外人士时往参观，视线所集，规模不宜过隘，遂将前光禄寺礼器库旧址由部收回，力求扩充，搜罗卫生物品，如式陈列，实力组织以新观听。"①

新组建的卫生陈列所直属于内务部，掌理关于卫生物品陈列检查及保管事项；设所长1人承内务总长之命总理所内事务。1914年7月23日，内务部发布饬文，任命原技正伍晟派充卫生陈列所所长。② 伍晟1907年考入东京药学专门学校，发起成立中华药学会，1910年毕业即转入东京帝国大学医学专门部药科学习，这一任命可以说是专家型领导的典型。所长下设有技术员、事务员，技术员分掌陈列、检查、保管及一切技术事务并研究卫生事宜；事务员管理文牍及庶务事项。③ 陈列所设卫生物品、药品、图片供群众参观，以加深民众对现代医学知识的认识，提倡符合现代卫生要求的生活方式，深入开展公共卫生知识教育。值得一提的是，内务部卫生陈列所的开办，直接影响了各省地方的卫生陈列所建设。各地方通过办理卫生陈列所，作为常年对公众开放的卫生展览教育机构。例如1915年，京都市政公所"鉴于都市卫生的重要，为灌输人民卫生常识起见"，在中央公园社稷坛西侧配房设立了卫生陈列所，展览各项有关卫生物品，④ 包括医疗器械、人体构造、模型、图表等，向民众展示现代医疗设备和卫生知识，同时展出的还有关于卫生医药的图书。卫生陈列所展出的内容多简要生动，趣味性强，善于用反面教材发人深省，并且提倡的卫生方法简单易行，容易为大众接受，宣传效果很好。卫生陈列所开幕后，"参观者众"，在民国时期很长时间内一直存在，这对公共卫生知识的普及、大众现代公共卫生意识的建立有很好的推动作用。

(二) 公共卫生的法制化建设

对公共卫生的整治，是现代卫生、疾病防治的基础工程，是一个艰巨复杂的过程。近代以来，特别是清末民初颁布的一系列公共卫生相关法规，成为后来民国中后期制订全国范围内卫生法规的基础。民国建立后，首先欲从立法上提升道路和剧院等公共场合的卫生水平。但是，卫生立法不是一蹴而就的事情，特别是关于公共卫生的立法，涉及面广，操作复

---

① 内务部印行《内务行政纪要》，第135页。
② 《内务部饬第十三号》，《政府公报》1914年7月24日。
③ 《内务部部令第七十九号·兹订定卫生陈列所章程公布之此令》，《政府公报》1914年4月9日。
④ 王芸主编《北京档案史料》，新华出版社，2004，第277页。

杂，难以在短时间内实现。清末政权在构建近代化新秩序的过程中，已经陆续颁布了促进公共卫生建设的一系列法规。民国成立后，政府继承了绝大部分法律，因此我们可以从晚清的卫生立法中一窥民国关于公共卫生治理的法律建制。

1907 年 12 月 25 日，清政府制定了《大清新刑律》，并定于 1913 年执行。该法律是中国司法体系与世界司法体系接轨的集大成之作，标志着中国法制现代化的开始。正是由于它在立法思想、法条体系上的进步性，辛亥革命爆发后，这部本应随着清政府寿终正寝的刑律并没有退出历史舞台。1912 年 3 月 10 日，袁世凯在北京就职的当天，发布了五项临时大总统令，其一就是"现在民国法律未经议定颁布，所有从前施行之法律及新刑律，除与民国国体抵触各条应失效力外，余均暂行援用，以资遵守"。于是，清末的《大清新刑律》经过司法部的简单修改，删除了维护皇权的条文，改定名称为《中华民国暂行新刑律》。但其在内容实质上，与《大清新刑律》没太多差别。

《大清新刑律》中有三章内容涉及公共卫生，从其中可以看出西方疾病预防思想在当时开始受到重视。在第 24 章中有这样的规定：

第 284 条　凡污秽供人饮料之净水，因而致不能饮用者，处五等有期徒刑、拘留或 100 元以下罚金；

第 285 条　凡污秽由水道以供给公众饮料之净水或其水源，因而致不能饮用者，处三等以下有期徒刑。

第 286 条　凡以有害养生之物，混入供人饮料之净水内者，处四等以下有期徒刑。

第 287 条　凡以有害养生之物，混入由水道以供公众饮料之净水内或其水源者，处三等以上有期徒刑。

另有第 25 章相关条例：

第 293 条　凡违背预防传染病之禁令……处五等有期徒刑、拘留或 100 元以下罚金。

第 294 条　凡知情而贩卖有害养生之饮食物、饮食用之器具或小儿之玩弄器者……处 50 元以下卖价以上罚金。

另外，违警律中也有关于卫生的条款。与新刑律相比，违警律规定具体、处分轻微，功能相当于今天的治安条例。违警律第八章名为"身体及卫生之违警罪"，规定如下：

第 38 条　凡犯左列各款者处十日以下五日以上之拘留或十元以下五元以上之罚金：

一、偶因过失污秽供人饮用之净水致不能饮用者；

二、违背一切官定卫生章程者。

第 40 条　凡犯左列各款者，处五元以下一角以上之罚金：

一、毁损明暗各沟渠或受官吏督促不行浚治者；

二、装置粪土秽物，经过街市不施覆盖者。

这些法律的继续实施，保证了民国初期在没有制定完备的现代法律体系的情况下，不至出现执法空白。它们在维护公共卫生、规范群众生活习惯上起到了积极的作用。1915 年北京政府公布了《违警罚法》，这一治安处罚条例性质的单行法规的出台，比前清法规更加具体地规定了关于危害公共卫生的处罚方法。在第八章"妨害卫生之违警罚"部分中，该法律详细说明了危害公共卫生的惩罚细则。

第四十六条　有左列各款行为之一者处十五日以下之拘留或十五元以下之罚金。

一、未经官署准许售卖含有毒质药剂者；

二、于人烟稠密之处开设粪场者；

三、于人烟稠密之处沥晾或煎熬一切发生秽气之物品不听禁止者；

四、售卖春药堕胎药及张贴此等告白者；

六个月之内于同一管辖地方违犯前项第一款至两次以上者应停止营业，三次以上者得勒令歇业。

违犯第一项第二款者勒令歇业。

第四十七条　有左列各款行为之一者，处十日以下之拘留或十元以下之罚金。

一、应加覆盖之饮食物不加覆盖陈列售卖者；

二、掺杂有害卫生之物质与饮食物而售卖借牟不正之利益者；

三、售卖非真正之药品或深夜逢人危急拒绝卖药者;

第四十八条 业经准许悬牌行术之医生或稳婆无故不应招请者处十元以下之罚金,其应人招请无故迟延者亦同。

第四十九条 有左列各款行为之一者处五元以下之罚金:

一、毁损明暗沟渠或受官署督促不行浚治者;

二、装置粪土秽物经过街道不加覆盖或任意停留者;

三、于商埠繁盛地点任意停泊粪船者;

四、以秽物或禽兽骸骨投入人家者;

五、于道路或公共场所便溺者。[①]

随着这些法律法规的认定和出台,民初关于管理公共卫生的法律依据逐渐完善,加上罚则威慑的作用,关于公共卫生的观念逐渐深入人心,广大群众也开始对一些疾病的发生、预防有了科学的认识,中国现代卫生事业开始了有法可依的时代。

(三) 公共卫生人员的培育

完善的法律需要人员去执行,卫生行政也不例外,所有卫生政策的实施,归根到底是人去实施。所以,公共卫生人员素质的高低、其对公共卫生现状认识的深浅也就决定了政府所有举措能取得成果的多少。从理论上讲,公共卫生人员包括卫生行政人员、医生、护士、医学研究人员等。对于公共卫生人员的培育重点是对卫生行政人员的培育。民国肇兴,人才匮乏,卫生工作也不例外。随着各地公共卫生事业的兴办,术有专长、学有所成的医疗技术人才就显得非常紧缺,这很大程度上制约了医疗科学化的进展。内务部为应对这种情况,积极对卫生行政人才进行培养。

按照国际医学惯例,内务部将卫生人才的培养分为医学科和药学科。1912 年 3 月的一份批文中提出:"研究医学自是当今要图,惟医与药不可混而为一,分别研究,方能抉其精微,探其奥妙。"[②] 随后,1912 年 10 月教育部颁布了《大学令》,确立了现代教育体系。该法令秉承了内务部思想,规定医科分为医学和药学两门。在第二年公布的《大学规则令》中,详细规定了医学、药学专业人员的培养课程设置。

---

① 《违警罚法》,《政府公报》1915 年 11 月 8 日。

② 《内务部批医生傅春帆设立医学研究会并请指拨公产呈》,《临时政府公报》1912 年 3 月 9 日。

第十一条　大学医科之科目如下：

医学门：解剖学、组织学、生理学、医化学、胎生学、局部解剖学、药物学、病理学、病理解剖学、诊断学、内科学、外科学。

药学门：有机化学、无机化学、药用植物学、制药化学、卫生化学、生物学、细菌学、外国生药学、内国生药学、制剂学……

这些课程的设置既有与国际接轨的考虑，又是继承传统的体现。民国初期的医学专门学校有1912年成立的北京医学专门学校、浙江省医药专门学校、江苏医学专门学校，1912年张謇创办的南通医学专门学校，1916年成立的直隶医学专门学校。教育部大纲没有把中医列为国民教育序列，所以中医学校一般为私立，但是在西医教育的影响之下，中医教学也开始编写教材和教学大纲，采纳西医的教育模式。这时期成立的著名中医专门学校有1915年成立的上海中医专门学校和1917年成立的浙江中医专门学校。这些成立较早的中、西医药专门学校肩负起为民初政府培育新型卫生人才的任务。1915年内务部发布《文官高等考试令》，在医学专科考试科目项下规定，第一试为普通科目，试经义一道、史论一道、现行法令解释一道，第二试、第三试是对各项专门学科分门考试。该考试令首先对参加考生资格进行界定，即"毕业于本国国立大学、教育部指定的国外大学或私立大学，以及各项专门学科三年以上毕业并得到文凭者"。[①] 考取公职卫生人员的专业考试科目如下：

医学专科：

第二试科目：解剖学、生理学、医化学、病理学、病理解剖学、药材学、调剂学、卫生学。

第三试科目：内科学、外科学、产科学、妇科学、眼科学、法医学、精神病学、小儿科学、皮肤病学、梅毒学、耳鼻咽喉学。

制药专科：

第二试科目：物理学、调剂学、生药学、分析术、裁判化学、制药化学、卫生化学、植物解剖学、药用植物学。

第三试科目：裁判化学实习、分析术实习、制药化学实习、调剂学实习。[②]

---

① 《文官高等考试令》，《政府公报》1915年10月1日。
② 《文官高等考试令》，《政府公报》1915年10月1日。

该规则与《大学令》相呼应，这保证了未来的卫生行政人员必然接受过系统的医学、药学教育，具有专业的医学素养。录取人员一般分拨到内务部，由内务部再分配到全国各地从事医药卫生行政工作。①

三 卫生行业整顿

卫生事业的开展除政府进行公共卫生活动外，对卫生行业的整顿也十分重要。民初内务部对卫生行业的整顿是从药品的管理和医生从业规范两方面展开的。针对药品管理，内务部的主要着力点在于加强对特殊药品的管理和对药商经营的管理。由于民国刚刚脱离封建社会，社会风气受封建陋习影响颇深，加上近代西方国家对我国进行毒品贸易以牟取暴利，鸦片、吗啡等毒品在市场上非常常见，但它们同时也是重要药品，内务部对特殊药品的管理也就主要集中在这类药物上。对药商的管理主要集中在对药品的生产、销售环节进行质量监督。对卫生从业人员的规范主要体现在对医士资格的审查和医疗操作规程的管理上。

（一）对违禁药品的管理

内务部对违禁药品的管理是在当时社会风气败坏、毒品横行的背景下实施的。自从 1840 年鸦片战争后，中西方关于烟土贸易的斗争一直没有停止，虽然西方国家承认鸦片贸易有失道义，但在巨大的利益驱使下，鸦片仍以洋药的名义出口我国。对此，内务部采取行政措施，对鸦片、吗啡等违禁药品进行管理。早在 1912 年 3 月，大总统就关于禁止鸦片事务命令内务部通饬全国，务必严加管理："鸦片流毒中国，垂及百年，推其为祸之烈，小足以破业殒身，大足以亡国灭威……着该部悉心筹划，拟一暂行条例，颁饬遵行，务使百年病根，一旦拔除，强国保种有望焉。"② 这道政令不仅加强了政府对禁毒的重视，更将其提高到了强国保种的高度，可见民国政府对毒品的深恶痛绝。对于吗啡类的新型麻醉药品，虽然中央尚没有制定管理规定，但地方警察机关已开始注意核查。1913 年 1 月初，上海禁烟局发布公告，对经营烟丸、吗啡的行为进行取缔。③

1914 年 4 月，内务部颁布了《吗啡治罪条例》，5 月初又颁布了《禁

---

① 《文官高等考试令施行细则》，《政府公报》1916 年 1 月 28 日。
② 《大总统令内务部通饬禁烟文》，《临时政府公报》1912 年 3 月 6 日。
③ 《民立报》1913 年 1 月 5 日。

种罂粟条例》。在短短不到一个月的时间内，民国政府连续颁布了两个关于违禁药品管理的法规，反映了内务部对特殊药物管理的重视。

《吗啡治罪条例》对吗啡的贩卖、生产、销售以及施打器具的贩卖、收藏都详细规定了处罚措施。为加强执行，条例第三条、第六条分别规定："税关官员或其佐理人自外国贩运吗啡或专供施打吗啡器具或纵令他人贩运者，处二等或三等有期徒刑并一千元以下罚金"，"巡警官员或其佐理人在执行职务时，知有前三条之犯人，故意不即兴相当之处分者，亦依前五条之例处断"。重要的是，该条例还包含了一个开放性条款："在制药律未颁布以前，凡关于高根、安洛英及其化合质料之犯罪，亦适用本条例。"这就对当时流行的毒品进行了约束。①

《禁种罂粟条例》是在 5 月 6 日颁布实施的。条例明确了禁种措施的行政执行人，即禁种事项应由内务总长严饬各地方民政长官，督率所属县知事，切实执行，实际上是明确了地方长官负责制。条例对禁种不力的地方官员提出了惩戒措施，如"县知事查禁不力，致辖境内发现罂粟者，应由该管长官呈请付高等文官惩戒委员会惩戒之。其因贿故为隐蔽者，除付惩戒外，仍依暂行新刑律规定办理"。②

对特殊药品的管理，是和禁烟、禁毒运动分不开的，民国初期的禁烟、禁毒吸收借鉴了清末的一些经验和教训，取得了一定成效。在上述的药品管理中，内务部也十分注重政策的落实。条例颁布后，对于厉行禁烟、出力颇多的官员给予奖励；③ 相反，对于部分认不清形势、禁行不力的县知事则严惩不贷。应该说，这些措施是对民初禁烟大环境的补充。内务部出台的一系列举措直接促进了民初政府对违禁药品、特殊药品的管理，在净化社会风气的同时，也规范了卫生医疗的用药。

（二）对药品市场的管理

卫生事业的管理离不开对药品的管理。民初，市场对药商的管理机制还不健全，尤其是缺乏专门的药商管理规则。由于管理制度的缺失，民初的药材市场十分混乱。如前文所述，民初政府一再厉行禁烟，一切烟土、

---

① 《吗啡治罪条例》，《政府公报》1914 年 4 月 12 日。
② 《禁种罂粟条例》，《政府公报》1914 年 5 月 6 日。
③ 《署湖北巡按使吕调元呈明鄂隋军办理禁烟情形并本年办理烟禁最为出力人员恳予分别给奖文并批令（时平）》，《政府公报》1914 年 7 月 3 日。

洋药及其吸食器具都在禁行之列，有的不良商人趁此机会，推出了禁烟丸、戒烟药等，以迎合群众禁烟心切的心理。尽除烟瘾是一个漫长的过程，也是一个科学的过程。为了夸大效用，有些商人就用毒性更强的吗啡等毒品作为戒烟药，这虽然会缓解毒瘾的发作，但其害更甚于吸食鸦片。在南京临时政府时期，内务部就注意到这种现象，发布通令："自禁烟令下，售烟者停止营业，而各地之制售戒烟丸药者层见迭出，多以吗啡烟灰等品夹杂掺入，唯利是图，名为戒烟，实则抵瘾迹，其流弊微特不能断烟，且更甚于吸烟，京师首善，凡售戒烟丸药各商店，早经饬厅勒限禁绝，外省事同一律，遂于本年一月间通行各省，切实严禁，俾收全国一致之效。"① 这件事情说明，对药品市场的管理已经到了十分迫切的地步了。

1912 年 3 月 11 日，世界各国在海牙签订禁烟公约，内务部认为，各国对生熟鸦片、吗啡、海洛因、可卡因等都有专行规则，缔结的条约亦要求各成员国应颁布专门法律或行政章程，以规范制药业，限制、规范特殊药品的制造和销售。条约同时规定，各缔约国应相互支持，同心协力阻止毒品的蔓延。此时，没有一部专门的制药律，民国政府不仅无法规范本国的药品销售市场，也不利于与他国展开国际禁毒合作。

1915 年 10 月，经多方修订，内务部向大总统呈递了拟订的《管理药商章程》及《限制药用鸦片吗啡等品营业章程》二则。内务部在呈递大总统的章辞中讲道："我国对于鸦片之犯罪除适用前清现行律外，迨入民国以来，复有禁种罂粟条例及吗啡治罪条例之颁布。俾官吏人民均有所遵守并为鼓励缉私起见，复订有烟案罚金提成充赏及查获罂粟种子赏给办法，则关于鸦片吗啡等品之法律章程大致以臻周备。惟于药用鸦片吗啡等品，法律既不之禁，不有章程以资限制，药商究靡所遵循。兹由部拟定管理药商章程一种，共三十条，凡药店卖药行商及制药者悉在取缔之列，其中于药商之注册领照暨毒剧药品之制造，贮藏贩卖，靡不缕悉条分，详为规定，而又以鸦片吗啡等物，虽为毒剧药之一种，若竟赅之于毒剧药品，弗为分别取缔，恐药商不加注意，烟禁或因之而弛。因于管理药商章程之外，复订限制药用鸦片吗啡等品章程一种，共十三条，凡药商之贩卖此类药品者，除遵守管理药商章程之外，并应遵守此项章程之规定，以期周妥

---

① 内务部印行《内务行政纪要》，第 137 页。

而利推行。"袁世凯批示:"准如所拟办理,即由该部通行遵照。"① 由此,民初关于药品管理的两个重要法规出台。《管理药商章程》共 30 条,涉及药商的执照管理、药士的资格管理、药物的剂型、处方用药和毒剧药的管理以及相关处罚规定等。②《限制药用鸦片吗啡等品营业章程》总分 13 条,明确规定:凡药用鸦片、吗啡及高根、安洛因及其化合质料之贩卖、授予,除遵守《管理药商章程》售受制造毒剧药各条之规定外,应遵守本章程办理。该文件规定药店、卖药行商、制药者在购买药用鸦片、吗啡、高根、安洛因等品,及施打各种器具以备医疗之用时,须将所需数目报告该管警察官署核给执照,始准输入、售卖。经营这些药品除随时禀报官厅听候查验外,并须将购药凭单一并呈送考核。该章程还对这些危险药品的生产、批发、零售等各个环节都做了详细的规定,对生产经营者的厂址、姓名、年龄、履历等信息详细登记注册,提出了违反规定的处罚办法,务必保证每个环节都在政府的监控之下。③

(三) 对医生行医的管理

民初内务部对医士的管理是非常规范的,从医士资格的取得到工作地点的注册都有详细的规定。各医院或病院负责对所雇医士进行管理。对于没有进入医院的私人诊所医生,内务部也有所顾及,这一点从内务部制定的统计地方表式中就可以看出。在道、县表目中,均有《某省道(县)医士稳婆人数表》,并且说明这些统计包括"未立医院或病院而为医士、稳婆者"。④

在医生的行医资格、药剂士资格取得上,内务部规定其必须为医药专门学校毕业或教育部指定的国外医科大学毕业者,且通过内务部举行的专门考试,方能取得行医资格。药剂士资格在《管理药商章程》中有明确规定:①曾在本国或外国药学校或医学校毕业,领有文凭者;②有药学经验,禀经官厅考试给以证明书者;③曾在官立、公立、私立医院,管理配药事宜,继续三年以上者;④曾在药店练习配药事宜,继续五年以上者。

---

① 《内务部呈拟订管理药商及限制药用鸦片吗啡等品章程二种缮具条文请训示文并批令(附清折二件)》,《政府公报》1915 年 10 月 15 日。

② 《谨将拟订管理药商章程缮具条文恭呈钧鉴》,《政府公报》1915 年 10 月 15 日。

③ 《谨将拟订限制药用鸦片吗啡等品营业章程缮具条文恭呈钧鉴》,《政府公报》1915 年 10 月 15 日。

④ 《内务部统计地方表式·某省道医士稳婆人数表》,《政府公报》1913 年 7 月 24 日。

前列①、②两项资格，经官厅查验后给予及格证书；③、④两项资格，官厅认为必要时得酌予考试，再行核给证书。① 在内务部出台的这份文件中，同时把药剂士的工作单位也列为管理医务人员的主体之一，对于店内"药剂士未经核准领照者"，将给予药店十元以上百元以下的罚款。

此外，对于医士、药剂士、医疗研究人员的技术规范，内务部也出台了相关法令。对于医士、药剂士技术的规范主要体现在《传染病预防条例》《管理药商章程》《限制药用鸦片吗啡等品营业章程》中，其中对传染病的预防措施、消毒措施、药方的开具、药品管理方法、对药方的配药等，均有明确的规定和惩戒措施。对于医疗研究人员的规范主要包括 1913 年 11 月颁布的《解剖规则》② 和 1914 年 4 月出台的《解剖规则施行细则》③ 等。《解剖规则》相对比较简单，只涉及解剖尸体的来源和处理环节；《解剖规则施行细则》则比较详细地规定了医士执行解剖的资质确定事项，对待解剖尸体来源及后续处理也有完备的规定。这些行为均必须在该管官署的监督下进行，对尸体的领取必须经官署认可，尸体处理也须经官署确认。每年年终，各地具有解剖资质的医疗单位需将本年度"解剖尸体具数及一切情形，在京用正式公函汇报警察官厅，在外汇报各地方行政官厅，转行呈部备案"。

综上，内务部在民初确实颇有作为，特别是在防疫事业、公共卫生治理和卫生行业整顿方面，无论在制度建设上还是规则执行上，都可圈可点。以往研究认为，内务部一直由北洋势力把持，只在镇压革命上发挥作用。但是，任何事情都有两面性，北洋时期的内务部也是如此，其在促进社会管理科学化、维护公共治安方面的成绩，也应当引起我们的重视。

结　语

民国时期是中国近现代史上一个急剧变革的时期，也是现代化发展的重要时期。"就现代化的特定意义而言，在十九世纪后半叶，它只是中国近世社会大变动诸流向中的一个流向；到本世纪初清王朝解体，现代化才

---

① 《谨将拟订管理药商章程缮具条文恭呈钧鉴》，《政府公报》1915 年 10 月 15 日。
② 《解剖规则》，《政府公报》1913 年 11 月 27 日。
③ 《内务部部令第八十五号·兹订定解剖规则施行细则公布之此令》，《政府公报》1914 年 4 月 27 日。

异常艰难地上升为诸流向中带有主导性的趋势。"① 事实上，民国建立后，在教育改革、军事建设、政治制度创新、民主思想建设等各个方面均有建树，在社会管理方面也不例外。国务院内务部的设立标志着民国政府在加强社会管理、提升公共服务水平上进入了一个新的发展阶段。

民初内务部上承清末巡警部。由于历史原因，清末巡警部除创办巡警成绩颇多外，在其他社会管理方面成果非常少。但是清末的内务事业毕竟已经起步，至少在制度建设上，开启了中国社会管理的先河。进入民国后，民国政府在很短的时间内建立起了完善的行政机构。从南京临时政府到北京政府，内务部的机构建制逐渐完善。在确立一厅六司的建制的同时，还确立了普通惩戒委员会、普通甄别委员会等特设机构。北京政府虽然多次变更内务部官制，但基本格局未变，基本职掌照旧，内务部在变革中稳定执行着推进中国社会管理现代化建设的任务。在职员的选拔任免上，内务部并非纯粹由北洋旧人把持，内务总长赵秉钧在内务人才的选拔上自有特色，无论是在职员的专业化和年轻化，还是官僚集团的稳定上，都有可圈可点之处。

在部务执掌上，内务部无论在社会控制、管理治安、除旧布新、发展经济以及加速城市化进程上都有新的建树。具体来说，民初内务部完善了全国的警察系统建设，维护了社会秩序稳定，保障了公共安全；在全国范围内实现了第一次国会选举，极大地促进了政治生活的民主化；在移风易俗、禁烟禁毒上的努力，净化了社会风气，促进了近代精神文明建设的现代化；对全国江河的治理、对一些大城市的现代化改造，推进了经济的发展和中国的城市化进程。以内务部在中国卫生事业现代化方面的建树为例，首先，民初内务部在急性和烈性传染病预防上下了很大的功夫，颁布了《传染病预防条例》，标志着我国在传染病预防上迈入法制化的轨道。其次，在公共卫生建设上，加大宣传力度，完善卫生陈列所建制，健全公共卫生法规，培育卫生人才。最后，内务部还加强了对违禁药品的管理，对药商市场行为进行规范。内务部作为政府官厅，主动肩负起维持公共卫生的职责，是现代政府由统治型政府走向服务性型政府的第一步，其在民初的建树颇具进步意义，值得我们进一步研究。

---

① 罗荣渠：《现代化新论——世界与中国的现代化进程》，北京大学出版社，1993，第243页。

第三章　财政部研究

民初北京政府遇到的第一大难题就是财政问题：国库一贫如洗，另有继承的清政府"遗产"——对外赔款、借款须如期偿还；与此同时，因革命膨胀起来的军队需要遣散经费，国家治理、政府机构运转也需要经费。因此，民初财政部重任在肩，一方面忙于内部机构建设，力争成为专业高效的现代财政机关；另一方面筹措财政经费，忍辱负重，千辛万苦获得善后大借款。善后大借款只能应急于一时，应对财政危机的根本之途是加强中央集权，使财政集中于中央。财政部采取了集权中央的政策，实行改革，建立了新的财政体系，首创国家税与地方税的划分，建立中央集权化的财政管理体系；整顿田赋、盐税等旧税，开办印花税、烟酒公卖，进行所得税、遗产税立法等。经过几任财政总长的努力，民初财政改革初见成效。1914 年、1916 年两年，国库有余，成为民国三十七年间财政状况最好的年份。

第一节　财政部的成立

一　民初财政沿革

民初的财政体制承自清代，财务行政以户部为全国总汇，掌管全国土田、户口、财赋收支及相关政令。在地方，由"掌一省之政"的布政使司管理各省财政；在中央，皇室财政由内务府管理，与户部掌管的国家财政分别收支。

清代前期，国家政治稳定、经济繁荣，逐步建立起一整套中央集权的封建财政体制，其税收是由地方按中央政令总征各项赋税，然后通过存留起运、冬估报拨、钱粮奏销等制度，在中央统一筹划和监督下开支各项经费。按照这项制度，各省州县征收的赋税，除应由本州县主支的小部分款项外，其余都要解交藩库，即布政使司库。布政使汇总全省钱粮，除去本省留支，剩余部分听候户部调拨，或运解邻省，或上解中央。上述程序，各处预留钱粮称"存留"，解出钱粮称"起运"。各省解出的钱粮，上解中央供京师应用者称"京饷"；运解邻省或中央指定的其他地点者称"协饷"。冬估报拨和钱粮奏销则是中央用以监督各省财税收支的一套制度。清制，各省例于每年冬季预估下年本省官兵奉饷等项经费数额，造册送户部，是为"冬估"（亦称"冬拨"）；至次年春、秋二季，各省再分两次造送本省库存银两实数册，称"报拨"（亦称"春秋二拨"）。户部根据各省册报复核后，除按上年冬估册所开各项经费数额准其存留支用外，剩余部分分别指拨京、协各饷。各省各项钱粮款项的征、支、拨、储各数，每年按规定期限向中央册报请销，由户部详加审核。有定额的根据定额，无定额的依循旧案，与定额或旧案相符者覆奏准销，不符者据原册指驳，限期更正。年底，户部汇齐全国总数具奏。这就是钱粮奏销。① 这种高度集权的中央财政体制及财务管理制度，一直持续到鸦片战争爆发。随着外国资本主义势力的侵入，尤其是太平天国运动兴起后，清王朝权力结构出现由中央集权向地方分权的趋势，各省财权逐渐增大，财务收支越来越独立，中央对各省财务不仅难以有效稽核，而且结局往往不了了之。其后，由于外债、赔款和新政经费等支出增多，户部已无力主持筹办，只能摊派到各省分别筹措。同时，各省诸政繁兴，新增支款率由自筹，省自为政，甚至州县也各自为政，遂致国家财政不统一的状况更加严重。其时的中央户部虽名义上仍为"全国财政总汇"，但因奏销制度早成虚文，外销不报部之款又不断增多，所以根本掌握不了各省财务。即便在京各衙门的经费，亦因多系各衙门自筹自支，而不能确知其数。因此，当庚子后清政府宣布"变法"，推行新政，在财政方面的首要步骤就是改革财务行政，加强对全国财政的管理。

二　财政部初立

光绪二十九年（1903）三月，始设财政处，"从来立国自非通盘筹划，因时制宜，安望财政日有起色。着派庆亲王奕劻、瞿鸿机会同户部，认真整顿"。② 设立财政处的目的，即在"通盘筹划"，整顿全国财政。当时规

---

① 汪敬虞主编《中国近代经济史（1895～1927）》中册，人民出版社，1998，第 1290～1291 页。
② （清）朱寿朋编《光绪朝东华录》，张静庐点校，中华书局，1958，第 5013 页。

定：财政处与户部会奏财政事务，衔列户部之上。光绪三十二年（1906）七月，清廷宣布预备立宪。九月，厘定官制、改组部院衙门，户部改称度支部，并将财政处归入度支部管辖，度支部下辖清理财政处和督办盐政处等。为使清理财政处的工作得以顺利展开，还在各省设清理财政局，协助中央，专管本省的清理财政事宜。

南京临时政府时期，财政部组织较简单，有总长 1 人，下设赋税、会计、公债、钱法、国库五司。袁世凯掌握政权以后，将清末主管全国财政事务的"度支部"改为"财政部"，作为管理全国财政的最高机关，其内部的组织构成和权限也数次变化。1912 年冬，将钱法司改名为泉币司，国库司改名为库藏司。1913 年冬和 1914 年春又进行了内部组织的调整。直到 1914 年 7 月，政府修改官制，正式在财政部内确立了一厅五司的格局，即总务厅、赋税司、会计司、泉币司、公债司、库藏司。财政部主要负责赋税、会计、出纳、公债、泉币、专卖、储金、银行及其他一切财务行政事务，直接或间接地监督地方财政机构与公共团体的财务活动。

除上述财政机关外，1914 年因善后大借款中盐税被用来抵充外债，北京政府又相继设立了盐务署和盐务稽核所，隶属于财政部，总管全国盐政；并设海关税务处，与财政部平行。此外，还有烟酒事务署，管理全国官产、印花事务的官产处和印花处，最初隶属于财政部，其后划为独立的机关。

第二节　官制与人事

一　管理层概况

（一）管理层变动

在袁世凯政府统治时期（1912～1916），内阁曾有八次更迭，在此期间担任过财政总长的有熊希龄、周学熙、周自齐等人。为了更好地分析财政部人事的特点，现将财政部历年总、次长和参事、司长的情况整理为表 3-1、表 3-2。

表 3-1 财政部历年总、次长一览（1912~1916）

官职	姓名	籍贯	主要经历	派系倾向	任职时间	备注
总长	陈锦涛	广东南海	香港皇仁书院毕业，美国耶鲁大学政治经济学博士，南京临时政府财政总长、审计处总办	财政系	1912年1月1日至4月1日 1916年6月23日至7月14日	
署总长	施肇基	浙江杭县	康奈尔大学文学硕士，邮传部右参议兼京汉路总办、京奉路会办，外务部右参议、左参议	交通系	不详	
总长	熊希龄	湖南凤凰	进士，翰林院庶吉士，进步党名誉理事、北洋"第一流人才内阁"总理兼财政总长	财政系	1912年3月30日至7月14日 1913年9月11日至1914年2月9日	
代理总长	赵秉钧	河南汝州	秀才未中，保定巡警局总办、知府盐运使、内务总长、代理国务总理、总理、直隶都督、民政长	袁系	1912年7月14日至7月26日	
总长	周学熙	安徽东至	举人，山东候补道员、山东大学堂总办，陆徵祥和徐世昌内阁财政总长	袁系	1912年7月26日至1913年9月4日 1915年3月5日至1916年4月30日	
署总长	周自齐	山东单县	举人，驻美公使馆秘书、参赞、山东都督兼民政长、中国银行总裁、财政总长，署理国务总理，摄行大总统职务	袁系	1914年2月9日至1915年3月5日	
总长	孙宝琦	浙江杭州	山东巡抚、北京政府国务总理、审计院长、财政总长兼盐务署督办	财政系	1916年4月23日至6月23日	5月20日起由周自齐署
次长	王鸿猷	湖北咸宁	留学比利时，同盟会员、南京临时政府财政次长	财政系	1912年1月1日至4月1日	

续表

官职	姓名	籍贯	主要经历	派系倾向	任职时间	备注
次长	赵椿年	江苏武进	清末举人，江西抚署文案、资政院议员、财政部次长	财政系	1913 年 5 月至 9 月 14 日	
代次长	周宏业	湖南湘乡	湖南时务学堂学生，曾赴日游学，参与创办《国民报》和《游学译编》，民国成立后代理财政次长	财政系	1913 年 9 月 14 日~?	
次长	张弧	浙江萧山	清末举人，两淮盐运使，北京政府盐务筹备处处长、财政次长、盐务署署长、盐务稽查总所总办	财政系	1913 年 9 月 14 日至 6 月 20 日	
次长	张寿龄	江苏武进	留日，江苏都督府秘书长、江苏国税筹备处处长兼财政司司长、北京政府财政部次长	财政系	1914 年 2 月 8 日至 1916 年 5 月 2 日	1915 年 5 月 2 日差
次长	龚心湛	安徽合肥	金陵同文馆毕业，驻英、日、美、法、比等国使馆随员，汉口中国银行行长，安徽国税筹备处处长，财政厅长，财政次长兼盐务署督办	财政系	1915 年 6 月 20 日至 1916 年 4 月 26 日	
署次长	殷汝骊	浙江平阳	早稻田大学经济科毕业，同盟会成员、国会议员、民国财政部次长	财政系	1916 年 7 月 27 日署	

表 3-2　财政部历年参事、司长一览（1912~1916）

姓名	籍贯	官职	姓名	籍贯	官职
项骧	浙江瑞安	参事	赵椿年	江苏武进	参事
陶德琨	湖北襄阳	参事	吴乃琛	浙江崇德	参事

续表

姓名	籍贯	官职	姓名	籍贯	官职
李士熙	直隶永平	参事	贾士毅	江苏宜兴	参事
曹葆珣	直隶武清	赋税司司长	吴乃琛	浙江崇德	泉币司司长
曲阜新	山东牟平	会计司司长	陈威	浙江绍兴	公债司司长
钱应清	江苏崇明	库藏司司长	李景铭	福建闽侯	赋税司司长
贾士毅	江苏宜兴	会计司司长	卢学溥	浙江桐乡	公债司司长
周作民	江苏淮安	库藏司司长	胡翔林	安徽泗县	会计司司长
金兆蕃	浙江嘉兴	会计司司长	丁道津	贵州织金	库藏司司长

资料来源：根据刘寿林编《辛亥以后十七年职官年表》（见沈云龙主编《近代中国史料丛刊续编》第 5 辑，台北：文海出版社），任嘉尧编《当代中国名人辞典》《民国元年京省职官表》《东方杂志》《政府公报》《申报》等资料辑录而成。

由此可以看出，民初财政部总、次长更迭非常频繁。1912～1916 年这五年间，财政总长前后历经 7 人，周学熙任职两年零三个月，为时间最长者，周自齐任职一年零一个月，熊希龄任职八个多月，其他的几位总长有的仅任职几个月，更有甚者还不到一个月。

由籍贯一栏不难发现，民初财政部官员的来源，南北分布很不平衡，人员主要来自长江三角洲、珠江三角洲地区，并由东南沿海地区沿长江流域向华中、内陆依次退减，来自广大西北内陆地区者寥寥无几。民初财政部任职官员的来源为何会形成这样的地理分布？概括而言，大致有以下两个方面的原因。

第一，长三角、珠三角及东南沿海地区拥有优越的自然地理条件，物产丰饶，江河湖海相通，内外交通便利，因此这些地区自古以来多是我国的经济重心。

第二，长三角和珠三角地区，是近代被迫开放通商口岸的集中地，不但承受着沉重的经济剥削，而且成为近代中国对外经济交流的窗口，因此社会风气开放，民众思想开明。晚清的洋务运动，重点地区即是江浙、湖广等，这为当地发展工商业打下了一定的基础，同时也培育了一批熟习近代新式经济和财政的人才。

（二）关键人物

谈到对民初财政经济事业做出重大贡献的主要人物，不能不提熊希龄和周学熙。

1. 熊希龄

熊希龄（1870～1937），字秉三，原籍江西丰城县，其先祖曾屡次任官于湖南湘西州县，遂入籍凤凰直隶厅（今凤凰县），因而人称"熊凤凰"。熊天资聪颖，勤奋好学，能闻一而知十，少年时即初露锋芒，被誉为湖南"神童"。1882 年应试考中秀才，1891 年考中举人，1894 年中进士，遂授翰林院庶吉士。1912 年袁世凯组阁时，熊希龄受任担任财政总长，后又出任国务总理，主抓军饷筹措，磋商借款。当时，中央和地方需款甚急，银行团贷款条件过于苛刻，各方诘责，指熊希龄为卖国；再次组阁时又能被袁世凯利用。在这种情况下，熊希龄无法施展其才干，颇感"英雄无用武之地"，因而抑郁地离开了内阁。然而，这并不代表熊希龄在任财政总长时无所作为，事实上，他的财政思想非常丰富。1912 年 5 月，他在向参议院报告财政意见时提出，当时的财政困难，是因为前清时已有"国家破产之兆"，民国初兴，各省独立，"财政更加分裂"。① 当时中央财政仅有支出，并无收入，纯恃外债维持，故陷入十分困顿的境地。由此，他提出八项解决办法：①节减军费，以求收支平衡；②建立国家银行，以期金融复活；③改革币制，实行废两改元；④改革税制，将通过税改为营业税、为加税裁厘做好准备，改革田赋，开征验契和酒税，推行印花税、所得税等新税；⑤筹划对盐、烟实行专卖，以增大宗收入；⑥划分税目，区分国家与地方的权限；⑦制定会计法，以规范各部、各省的收支；⑧整理国债，以保国信。7 月，熊希龄随国务总理唐绍仪辞去财政总长一职，但其所提方针，对以后的当政者产生了一定的影响。

熊希龄较早地提出整理财政要"以维持国民公共之安宁秩序，及增进国民公共幸福为目的"的进步主张。② 本段主要探讨其在"加税裁厘"和举借外债两个方面的思想主张。

（1）"加税裁厘"

1912 年 5 月上旬，熊希龄在咨请国务会议讨论加税裁厘问题的文章中指出，在现今的政治环境下，加税裁厘有五方面的好处：第一，蠲免国货出口厘金，减轻成本，奖励其输出，可以吸收外资，疏通国内之金融；第

---

① 林增平、周秋光编《熊希龄集》上册，湖南人民出版社，1985，第 313 页。
② 《上载泽论财政书》（1907 年 9 月），载林增平、周秋光编《熊希龄集》上册，第 134 页。

二，裁撤厘卡，洋货行销内地，没有留难之苦，洋商也必然乐于增税，不但减轻了商民负担，而且对国家收入也没有丝毫损害；第三，厘金具有通过税的性质，最足以遏抑产业的发达，只有废除厘卡，全国的生产事业才能发达；第四，废除通过税，则销场税、出产税可以从事整理，而纯粹的营业税，也就可以普及全国，恶税去而良税行，完全的租税系统也就开始确立了；第五，全国裁撤厘卡，各地货物运输自由，市场必渐趋繁荣，内地偏陋的商场，也可以变为繁盛之区。

熊希龄的上述主张，体现了我国民族资产阶级的诉求，他们具有反对帝国主义侵略、摆脱封建主义束缚、放手发展民族工商业的愿望和要求，这是有巨大进步意义的。但是，从当时国家财政收入情况看，厘金为政府大宗收入，裁厘必然触及政府的税收来源，给财政带来影响。而且当时全国并不统一，各省区军政自筹自销，反对裁厘。熊希龄自己也不能回避这一事实，所以他在提出上述主张的同时，电令各省财政司长，照旧征收厘金。

（2）外债思想

熊希龄担任财政总长期间，正值国家财政收入拮据、国库极度空虚之时，当时除了举借外债，没有什么办法可以解决财政困难。而列强提供的贷款，除了赚取高额利润之外，往往还企图达到借以干预甚而控制中国内政外交的目的。对此，熊希龄有清醒的认识。他坚决反对六国银行团提出的在中国设立财政顾问的要求，"宁可捐利而稍重息扣，不可失权而令设监督"。[①]

熊希龄在外债问题上，创造性地提出了如何使用外债的主张。第一，以借还债，即以利息五厘借新债若干，还清利息六七厘之旧债若干。"法国国债之数多，其能周转而不拮据，一半是因为以债还债，一半是因为实业发达。我国仿效之，国债虽多，皆有准备，外人自不能监督我国财政。"第二，以债放债，即以外国输入之巨债，用作吾国实业之母也。在借款中提出十成之一，于边省设立屯垦银行，仿日本拓殖银行之性质，扶植人民发展实业。再在借款中提出十成之三，在各要地开办劝业银行，附益以商股，定为株式性质，以为辅助周转之机关。第三，以债募债。即一面以借债开支急需，一面募集国民公债，如此数年后，经济上必益活泼，实业必

---

① 《为借款事致袁世凯》（1912 年 5 月 14 日），载林增平、周秋光编《熊希龄集》上册，第318 页。

益发达。①

在当时的历史条件下，熊希龄能提出如此新见，其精神是令人敬佩的。尽管当时没有实现的可能，但对于今天进行社会主义现代化建设的中国而言，其思想仍是有借鉴作用的。

2. 周学熙

周学熙（1866～1947），字辑之，又字止庵，安徽建德（今东至）人，中国近代著名实业家、社会活动家。出身官宦家庭，其父周馥（1837～1921），晚清著名督抚，1861年入李鸿章幕府，初帮办文案，后追随李鸿章办理洋务，一直在李鸿章身边，创海军、兴学堂、修铁路、开矿山、办外交等，是李鸿章的主要助手，与李鸿章有着非常密切的关系，李鸿章保其为津海关道、直隶按察使、四川布政使、直隶布政使等。后出任山东巡抚、两广总督、两江总督等。周学熙为周馥第四子，其出身如此家庭，寄托了家人的无限希望。周学熙少年苦读，聪明伶俐，十六岁中秀才，1894年中举，随后因两次参加会试不第，放弃科举，投笔从事工商，走上实业救国之路，志在富民强国。他认为，"今日商战时代，惟实业足以救国，亦惟实业足以利民"。② 1897他开始在开平矿务局任职，次年报捐候补道。1901年分发山东，成为袁世凯的属官。袁世凯札委他创办山东大学堂（即今山东大学，全国第一所地方官立大学），他制定章程，筹划课程，为山东大学堂的创办做出了积极的努力。随着袁世凯升任直隶总督，其父亲升任山东巡抚，按清制他回避转直隶候补。袁世凯委派他创办北洋银圆局，七十天后铸出铜元150万枚，大大缓解了天津的金融危机。周学熙雷厉风行的工作作风和较高的行政效率是袁世凯所没有想到的，"因讶其神速，推为当代奇才。……嗣后以一切工业建设相委"。③ 新政期间袁世凯对周学熙的信任和依赖，达到无以复加的程度，"长芦周都转学熙自慰帅倚重，从无人敢拂其意"。④

1903年，袁世凯派周学熙到日本考察。在日本期间，周学熙对明治维新以来崛起的日本非常崇拜，虚心学习，广泛考察了日本现代化的炼钢厂、造船厂、纺织厂、银行、造币局、印刷局、煤矿等，参观了日本各级

---

① 《1912年6月关于慎重借款用途与某君的谈话》，《申报》1912年7月1日。
② 周小鹃：《周学熙传记汇编》，第243页。
③ 周小鹃：《周学熙传记汇编》，第125～127页。
④ 《盛京时报》1907年10月26日。

各类学校，广泛接触了日本工商业界人士。日本成功建设的现代化社会，使他在思想上受到了很大的震动："今日本蕞尔岛国，幅员不过一百三十五万方里，其内港外海商轮大小一千三十余艘，铁路纵横一万二千数百里，电报得津风则无村、无市无之，其民生而习乎交通洞达之场，智慧日增而不自觉。"他在考察途中记述了完整的《东游日记》，总结了日本明治维新的经验。他说："日本维新最注意者，练兵、兴学、制造三事。其练兵事专恃国家之力，固无论已。而学校、工场由于民间之自谋者居多，十数年间，顿增十倍不止。其进步之速，为古今中外所罕见。现全国男女几无人不学，其日用所需洋货几无一非本国所仿造，近且返运欧美，以争利权。"① 回国后他以日本模式在直隶推行新政，大力兴办实业，大力发展中国的民族工业，走工业化道路。直隶新政经济建设尤其是工业建设方面成就卓著，应该归功于周学熙。周学熙的业绩使其备受袁世凯的信任，他先后任开平矿务局总办、北洋银圆局总办、直隶工艺总局总办、天津官银号督办等，官至署天津道、长芦盐运使、直隶按察使、农工商部丞参、农工商部头等顾问官等。他以亦官亦商的身份，在天津直隶地方掀起了一股创办工业企业的高潮。周学熙得袁世凯之信任，除了其杰出的经济才能外，还由于其父周馥与袁世凯结为亲家，周学熙的一个妹妹嫁给了袁世凯第八子袁克珍为妻。袁世凯与周馥、周学熙父子既有同僚关系，② 又有姻亲关系，所以袁家与周家可谓相互支持，共谋发展。

　　入民国后，周学熙曾两度出任袁世凯北京政府的财政总长，其首任财长期间，在袁世凯的大力支持下，对民初财政实行改革，建立了新的财政体系。他首创国家税与地方税的划分，建立中央集权化的财政管理体系；提出和运用"公平普及"的租税原则，整顿田赋、盐税等旧税，开办印花税、烟酒公卖，进行所得税、遗产税立法。为民初经济的恢复和发展做出了一定的努力。其间，因主持签订了善后大借款，周学熙蒙受国民责难，不得不辞职。再任财政总长期间，其财政政策取得显著成效，国库有了积余。这一时期北京政府的财政，是民初17年间最好的时期。后周学熙因不赞成帝制再辞职，从此脱离官场，以私人身份大办实业。到20世纪

---

① 周学熙：《东游日记》，虞和平、夏良才编《周学熙集》，第50页。
② 周馥与袁世凯都是李鸿章的属下，最初周馥是袁世凯的上级，1901年李鸿章去世后，袁世凯继任直隶总督兼北洋大臣，周馥出任山东巡抚，袁世凯职务高于周馥，在晚清政坛上属同僚关系。

20 年代，他创办了一个拥有水泥、煤炭、纺织、玻璃、陶瓷等工业企业和北京自来水公司等公共事业以及包括保险、银行金融业在内的大型资本集团——周氏企业集团，资本总额达 4000 多万元，成为北方最大的企业集团。① 可与南方张謇的大生企业集团相媲美。他本人与张謇也享有南张北周之誉称。日本人对周学熙评价甚高，称其为"天津实业界巨头""中华第一流理财家"。② 时人也对他评价甚高："自入民国，皖人多致通显，而才力坚卓者，学熙其首屈一指。"③ 有关周学熙财政政策及实践活动详见本章第三节。

二　机构设置与职能划分

1912 年元旦，中华民国临时政府在南京成立，孙中山为临时大总统，在其就职宣言中提出："满清时代借立宪之名，行敛财之实，杂捐苛细，民不聊生。此后国家经费，取给于民，必期合于理财学理，而尤在改良社会经济组织，使人民知有生之乐。"④ 1 月 3 日，选举产生了临时政府的副总统黎元洪，并成立了政府各部及参议院，颁布了《中华民国临时政府中央行政各部及其权限》。其中，设置财政部作为中央财政全国最高主管机关，总长陈锦涛、次长王鸿猷。财政部主管会计、库帑、赋税、公债、钱币、银行、官产事务，监督所辖各官府及府县与公共社会之财产。

北京政府继之，亦设财政部，首任财政总长为熊希龄。1912 年 7 月，周学熙接任财政总长后，励精图治，对财政官制予以改革，将原来的三司扩充为五司，增设公债和库藏两司，将财务司改为泉币司，设立盐务、税务两署，初步确立了北京政府财政机构的框架。财政部官制经参议院通过后于 1912 年 11 月 2 日由袁世凯下令公布。其内容大致如下。

财政部最高办事人员为财政总长，下辖五司，并且设定驻外财政员制度。财政总长的职责是：总辖国家之财务，管理出纳、租税、公债、货币、政府专储金保管物及银行事务，监督所辖各官署及公共团体之财务。

赋税司主要职责是：掌国税之赋课及征收、管理及监督，土地清册，赋税之调查、稽核、计算，财政部所管之税外一切收入事项等。

---

① 张华腾：《北洋集团崛起研究（1895～1911）》，第 201～202 页。
② 周小鹏编《周学熙传记汇编》，甘肃文化出版社，1997，第 278 页。
③ 沃丘仲子：《近现代名人小传》（下），第 40 页。
④ 《辛亥革命史资料》，《近代史资料》（第 1 号），中华书局，1961，第 3 页。

会计司主管总预算、决算事项，编制岁出岁入现计书，支付预算，预备金之支出，金钱及物品会计事项等。

泉币司主管整理币制、调查货币、货币计算、金属货币及生金银输出输入、监督造币厂及银行、发行纸币、稽核准备金、国内外金融等事项。

公债司主要掌握公债之募集发行、出纳管理、偿本付息、注册更名、公债簿之登记及公债计算书之调制、整理公债、地方公债稽核、财政部证券等。

库藏司主要掌理国资之运用出纳、发款命令之稽核、国库之出纳管理、国库簿之登记、监督金库、监督出纳官吏、政府各种基金等。

1913 年北京政府参议院议决公布了《财政部官制》，规定财政部隶属国务院，总辖国家财务，下设赋税司管理税收事务。次年修正《财政部官制》，规定财政部隶属于大总统，由财政总长主管全国财政事务；下设次长 2 人，一人管理部务，一人管理盐务署。财政部下设总务厅和赋税、会计、泉币、公债和库藏五司，另外专门设置有盐务署、烟酒署、税务处、印花税处和官产处等。

1914 年 7 月，周自齐出任民国财政总长，对财政部官制进行了修正，将财政部直隶于大总统；另置总务厅，管理本部所辖之官产、官物，管理本部经费，并各项收入预算、决算及会计，稽核直辖各官署之会计，撰辑保存收发文件，编辑统计及报告，记录职员之进退，典守印信等。财政部设总长 1 人，承大总统之命，掌管本部事务，监督所属职员并所辖各官署。财政总长对于各省巡按使及各地方最高行政长官之执行本部主管事务，有监察指示之责。财政部置次长 2 人，辅助总长整理部务，其他基本如前所述。这是因为经历"二次革命"之后，袁世凯加强了对全国的统治，并改内阁制为总统制之缘故。至此，财政部五司一厅建制大致固定下来。周学熙的官制改革方案在整个北洋军阀统治时期基本未再变动。

这场官制改革中，除了厘定各部门具体职能分工外，财政部还设置了不少附属机构，例如驻外财政员、编纂处、币制委员会等，以便切实加强对各方面财政的有效管理。

驻外财政员的办事处设在伦敦，按照颁行办事章程的规定，其职责为承财政总长之名驻扎于外国，掌调查各国财政及办理汇兑、公债事务。

在斟酌中外财政制度后，财政部设置了编纂办事处，并于 1912 年 11 月 16 日制定办事章程，其职责是"掌编纂关于财政书籍事务"。其体例仿行总务厅，由财政总长指派一人为主管员，分为二科：一为编译科，应办事项包括收集关于各国财政上因革变迁之历史、财政学上发明之新理、财政上计划之状况、经济政策之趋向、金融状态之变迁、财政法令之颁布；二为纂辑科，主要任务是处理关于本国财政因革变迁情形、现行法令辑览、中央及地方历届报告、一切调查成案、一切进行计划，以及总次长特别命令编制而成的表册文件。各科事务由编纂分类负责，并应由编纂处主管员整理综核。

为筹议币制，财政部下设币制委员会，并制定《币制委员会章程草案》。币制委员会负责商讨一切改良币制之重大问题和主要方法，如本位问题、货币之重量成色、主币与辅币之比价、处置旧币之办法、纸币政策、关于币值的一切问题等。

第三节 周学熙财政改革政策及实践

周学熙于 1912 年 7 月至 1913 年 9 月、1915 年 3 月至 1916 年 4 月两度出任袁世凯政府的财政总长，其莅任之初，正值民国初建，前清政府因内忧外患，关、盐税均落入外人之手，同时背负着巨额的战争赔款，中央政府财政日益拮据，入不敷出，濒于崩溃的边缘。面对民初财政困难的状况，周学熙借鉴西方财政理论和方法，对中国传统租税理论采取"扬弃"的态度，在分析、整合中西财政理论和方法的基础上，提出了一些有别于中国传统财政方式的改革举措，并在其两次任期内，使国家财政由"竭蹶情形"变为"库有余帑"，[①] 财政状况得以好转。可以说，周学熙在传播近代先进财政理念和方法、初建我国近代资本主义财政思想体系方面，具有不可忽视的历史功绩。

一 民初财政的恶化

鸦片战争后，西方资本主义国家不断向中国倾销商品，掠夺原料，逐渐破坏了中国自给自足的自然经济基础，使中国逐渐被纳入资本主义殖民体系，日益成为列强的附庸，关税、盐税等国家重要税种皆受制于列强的监管，对外赔款和债务负担日渐沉重，国家财政逐渐趋于恶化。

---

① 周叔贞：《周止庵先生别传》，周小鹃编《周学熙传记汇编》，第 283 页。

所谓关税，即指国家授权海关对进出入关境的物品征收的税款。鸦片战争后，西方资本主义列强破坏了中国关税主权，迫使我国接受世界上罕见的低关税税率。外国侵华势力还攫取了中国海关行政管理权，使当时的中国海关成为外国资本主义控制中国对外贸易、支配中国财政和政治、外交的工具。关税支配权的丧失是同关税一次又一次作为巨额外债的担保品相联系的。19 世纪末，清政府为筹措甲午战费和对日赔款举借外债，已将关税几乎全部抵押。不久后，帝国主义列强又发动八国联军侵华战争，迫使清政府签订了丧权辱国的《辛丑条约》，赔偿各国巨额资金，史称"庚子赔款"。至此，清政府已完全丧失了对关税的支配权。在偿付债息和赔款的名义下，把持中国海关管理权的外籍总税务司可以直接支配关税收入，从而使中国海关自主权丧失殆尽。

盐税指的是国家对盐的产、运、销等环节所征之税。食盐消费弹性极小，税收稳定，因而盐税成为历代统治阶级主要的财政收入。"清末盐税收入已成为主要财政收入来源之一。宣统三年，资政院复核制，盐税年约4500 万两，占预算总收入的 14.9%，仅次于田赋与官业收入而居第三位。"① 八国联军侵华后，因"庚子赔款"数额巨大，关税抵押外债担保后仍不足抵偿，盐税便作为另一项"最容易取得的""可靠的"税收被加入赔款担保品之列，受列强控制。

中日甲午战争，中国战败，被迫向日本支付 2 亿两白银的巨额战争赔款和赎辽费3000 万两。当时清政府全年财政收入不到9000 万两，支付赔款显然有困难，于是被迫举借规模空前的巨额外债。西方列强趁机要挟清政府，提出非常苛刻的借款条件，其折扣之大，期限之长，都是前所未有的。1901 年签订的《辛丑条约》，要求清政府向列强赔偿白银 45000 万两，按赔偿期 39 年、年息四厘计算，总计达白银 98200 万两。这不仅对中国而言是前所未有的负担，在世界史上也是罕见的。

空前沉重的对外赔款与债务负担，使中国财政主权旁落，财政收支平衡被严重破坏，大量资金外流，国内经济发展受到严重阻碍，半殖民地化日益加剧。民国建立后，政府仍然要支付"庚子赔款"及清政府所借巨额外债本息，给民初中央政府财政带来沉重负担。

---

① 中国税务局主编《中华民国工商税收史——盐税卷》，中国财政经济出版社，1999，第 17 页。

二　财政改革政策的实施

袁世凯就任大总统以后，任命他的亲信及外交方面的得力助手唐绍仪为国务总理，组成了一个平衡各方面力量的"混合内阁"，而其中最重要的外交、内务、海军、陆军四部总长，都是袁世凯北洋派系中的人物。财政总长是所谓"超然派"的熊希龄。而南京方面同盟会入阁的成员，只获得教育、司法、农林、工商四部总长位置。这样一来，所谓"混合内阁"的实权实际上掌握在袁世凯手中。然而，唐绍仪醉心于西方的"民主"，又被"责任内阁"这类字眼所"迷惑"，不甘心只做袁世凯的附庸，坚信《中华民国临时约法》既已规定，他作为内阁总理就有权处理国家事务，不必遇事向总统请示。其以南北两派中间人的身份自居，不愿完全站在北洋阵营，这种态度与袁世凯对其的期望正好相反。因此，没过多久，唐袁二人就日渐疏远了。唐绍仪虽然追随袁世凯多年，但与北洋派军人很少有直接来往。北洋系军人的地域观念极强，对这位与孙中山同乡的南方政客荣膺地位显赫的内阁总理难免不服。更让唐绍仪难堪的是，内务总长赵秉钧从不出席国务会议，却总是往总统府跑，遇事直接向大总统汇报，未曾将自己这位国务总理放在眼里；财政总长熊希龄也经常在国务会议上指责国务总理侵犯了财政总长的职权。这使唐的处境颇为尴尬。

新的中央政府成立伊始，面临的最大问题即财政方面收入少，而军费开支又过于庞大。南京留守的黄兴屡次电催内阁，希望新政府尽快拨款裁减南方军队。唐绍仪为此向比利时银团的华比银行借款一百万镑。相比于此前的巨额外债，这只是一笔小小的借款，唐绍仪认为这是属于其内阁权限以内的事情，无须请示大总统，更不必召开全体内阁会议商讨。不料，由此引发了一场轩然大波。清末，为了进一步掌控中国的财税，英、法、德、美四国财团组成了四国银行团，分别代表各自国家的在华利益。该银行团严令清政府不得向四国以外的银行接洽借款，而他们的借款又往往附以极为苛刻的条件，还不许中方"讨价还价"。前承清例，新生的北京政府的任何对外财政与金融借贷活动都不能轻易绕过四国银行团，而唐绍仪向比利时银行借的一百万镑借款，正触动了四国银行团敏感的神经。他们联合向北京政府提出抗议，认为此举违反了四国借款成约，并且威胁今后将停止向中国借款。其实，四国银行团扬言停止借款，不过虚张声势，他们是绝对不会轻易放弃中国这块肥肉的。对此，袁世凯也心知肚明，而他之所以故意借此挑起内阁争端，实际上是希望将纠纷矛头指向唐绍仪。袁世凯故意让熊希龄走访了日本正金银行和华俄道胜银行，商谈借款事宜。四国银行团得知消息后果然大吃一惊，慌忙让美国公使出面打圆场，主张以和平谈判方式解决争端。紧接着，四国公使同时转舵，提出今后借款的四项先决条件：①取消比国合同，退还一百万镑借款；②中国政府正式向四国道歉；③保证今后不再向四国以外的任何一国借款；④中国财政预算，须交四国公使备阅。袁世凯对这些条件立即全盘接受。在袁的压力下，唐绍仪以一国总理之尊，亲自到四国公使馆道歉。外交问题解决之后，袁世凯又指使其亲信向唐绍仪兴师问罪，指责比国借款用途不明，暗示唐绍仪中饱私囊，甚至说唐用此款帮助了南方革命军，使其颜面尽失。不久，唐绍仪又因直隶总督的人选问题，再次被袁世凯要弄，便留下一道辞呈，黯然下台。同时，同盟会的四名阁员亦纷纷请辞，熊希龄紧随其后，辞去职务，所谓的同盟会"中心内阁"就此宣告垮台。从 1912 年 4 月 21 日组阁，到 6 月 16 日唐绍仪拂袖而去，唐内阁总共存在不到两个月时间，是民国史上的第一个短命内阁。

唐绍仪去职后，袁世凯立即授命在原唐内阁中担任外长的陆徵祥出任国务总理，并兼任外交总长，由其组织一个"超然内阁"，以替代之前的"混合内阁"。但出人意料的是，由陆徵祥所提交并经袁首肯同意的六内阁成员名单遭到参议院的否决。为使名单通过、尽快组阁，袁世凯向同盟会、共和党等进一步施压，指使北洋将领和"北京军警联合会"恐吓和威胁参议院。在武力的胁迫下，参议院再次投票表决时，财政总长周学熙、司法总长许世英、交通总长朱启钤、教育总长范源濂、农林总长陈振先都顺利通过，只有工商总长蒋作宾的提名被否决，改提刘揆一之后，获得通过。一度难产的"超然内阁"总算是成立了。正是在这样复杂的政治权力纠葛中，周学熙开始了其在北京政府的首任财政总长之路。

早在光绪二十九年（1903），周学熙东游日本，考察"工商印刷"时，就曾向日本明治时期的财政名家讨教过理财之法，并对日本和中国的财政问题进行过专门的研究。回国后，周学熙主持北洋银元局铸造新币，总办直隶天津官银号，管理一省财政，又从实践方面积累了丰富的财政和金融管理经验。周学熙一直盼望着能有施展其才能的更大的平台和机会，但当"机会"来临时，他认识到这与其最初的预想存在不小的差距。清末民初，国家内忧外患不绝，民族危机空前深重，而国内新旧各派政治势力盘根错节，矛盾纠纷不断，短时间内难以实现真正而有效的统一。袁世凯当权后，这一难解困局非但没有稍许缓和，反因人事分歧大有愈加恶化的趋势。正是在内阁短命、政府要员更迭频繁之时，周学熙被袁世凯强令入都，于1912年8月受命出任财政总长，并兼任税务处督办。上任伊始，他即向国会提交了《财政政见书》，11月又撰写了《财政方针说明书》，这两份文件集中反映了他的主要财政方针。针对民初国内财政窘困，周学熙一针见血地指出："而其受病之源，两言以弊之，一曰紊乱，一曰枯竭而已矣。"① 他提出造成财政紊乱的原因有四：其一是财政系统不明，国家收支与地方收支未明确划分，"中央拥考核之虚名，各省操征权之实柄，中央需费则求之各省"；其二是财权不统一，各省有藩司、盐使、关道以及各种税局，均拥有征税权力；其三是新政繁兴，岁计日绌，旧有税收不足供应，于是巧立名目，苛索于民，税目、捐项有千百种，"省与省殊，县与县异"，毫无系统；其四是负担不均，农商小民，苦于苛索，而巨绅富室，竟有"无丝毫之贡献者"。他认为造成财政枯竭的原因也有四项：其一是信用不坚，难以利用公债调剂，预算不敷；其二是币制不统一，比价变动影响国库收支，使国用日绌；其三是银行基础未立，无法进行金融的灵活调剂；其四是产业不发达，工农业生产凋敝，税源枯竭。② 基于此，周学熙决定"当于财政求整理"，③ 下决心搞财政改革。他提出了用直接和间接的财政方法治理这两大症结，即用财政政策治理"紊乱"，用经济政策治理"枯竭"。采用直接财政方法治理"紊乱"症结，目的在于"使行政机关归于统一"，即从根本上改革沿袭自前清的财政旧制，特别是扭转当时中央财政权旁落失堕的局面，将财权重新收归中央，把主要税源作为国家税，由中央直接掌握，以谋求国库之充裕。

（一）构建新型财政体制

周学熙上任之初，即向参议院提出财政政策方案，如划分中央财政与地方财政、财政机构职权统一等。7月16日，北京政府财政部公布《财政调查委员会章程》，规定财政部设调查委员会，"掌调查各省财政收支之旧

---

① 周叔贞：《周止庵先生别传》，周小鹃编《周学熙传记汇编》，第154页。
② 周叔贞：《周止庵先生别传》，周小鹃编《周学熙传记汇编》，第154～155页。
③ 周叔贞：《周止庵先生别传》，周小鹃编《周学熙传记汇编》，第183页。

制及现状，以为整理财政之准备"。① 9 月，调查委员会成立，任命王璟芳为会长，并向各省派出财政视察员，考察各省财政状况，与各省都督协商成立国税厅筹备处，以期划分国家税与地方税。周学熙参照旧制，酌度现情，以事实为旨归，以历史为依据，按以下标准划分国税和地税：税源普及于全国，或有国际之关系，而性质确实可靠，能得巨额之收入者，为国家税；税源多囿于一定之区域，不含有国际之关系，其性质虽已确实，而收入额稍少者，为地方税。②

按照民国元年参议院议决的财政体制，中央政府设财政部，各省设财政司管理全省正杂各税，隶属于都督之下，因此财政完全掌握在地方参政长官手中，中央财权旁落。为改变这种局面，周学熙拟在各省财政司外另设国税厅，由中央直接经管原国家税，地方税仍归各省财政司管辖。1913年 1 月 11 日，财政部公布《国税厅筹备处暂行章程》，规定财政部设国税厅总筹备处，各省分设国税厅筹备处，掌监督及执行关于国税之事务。原财政部调查委员会改为国税厅总筹备处，到 1913 年底，各省国税厅筹备处相继成立。是年冬，财政部公布划分国家税、地方税税法草案，规定国家税为供中央及地方行政所需诸经费而征收之租税，包括田赋、盐税、关税、常税、统税、厘金、矿税、契税、牙税、当税、牙捐、当捐、烟税、酒税、茶税、糖税、渔税共十七种赋税，由中央统一管理；地方税为供地方自治团体因处理自治事务所需诸经费所征收之租税，包括田赋附加税、商税、牲畜税、粮米捐、土膏捐、油捐、酱油捐、船捐、杂税捐、店捐、房捐、戏捐、车捐、乐户捐、茶馆捐、饭馆捐、肉捐、鱼捐、屠捐、夫行捐、其他之杂税杂捐共二十一种赋税，由地方管理。该法案的一个显著特点即在税项划分上偏重于中央，将大部分原属地方管理的税收收归中央掌握。总之，法案如此划分，体现的是一种相对集中的财政体制。然而，看似周详的方案迎来的却是一盆现实的凉水。国税厅成立后，"各该行政官多疑赋税等项一经解厅，即为中央之专款，不得自由取支，或诿延不交，或既交之后于督催概不出力，任其短绌"。③ 而地方税划分之后，"所办自

---

① 《财政调查委员会章程》，《中华民国法令大全·官规》，商务印书馆，1934，第 83 页。
② 周叔贞：《周止庵先生别传》，周小鹃编《周学熙传记汇编》，第 159 页。
③ 《大总统命令》，《政府公报》1913 年 12 月 24 日。

治学堂、实业等亦徒有其名，多归中饱"。① 这一财政体制并没有收到预期的效果，不得已，其后接任的财政总长周自齐于 1914 年 6 月 1 日提议，将国税、地方税名目取消，所有收入均解交各省财政官署审度缓急，酌量支配。

国税、地方税取消之后，各省国税厅和财政司合并，成立财政厅，直属于中央财政部，恢复了前清地方解款中央的财政体制。但与前清不同的是，北京政府由此加强了中央集权。1914 年 6 月 11 日，袁世凯以大总统命令的形式公布了《财政厅办事权限细则》，规定各省财政厅"直隶于财政部，凡支配款项及关于一切财政事务均受财政部之指挥，遇有重要事件得径呈大总统"。财政厅长由大总统直接任命，"奉特别命令，受巡按使之监督"，在规定范围内，"受巡按使之指挥"。② 而巡按使对于财政事务，一切当受成于财政部。财政厅的设立，标志着北京政府建立起了完全集权于中央的财政体制。

周学熙借鉴西方资本主义国家先进的财政体制，将国家税与地方税予以划分，其基本宗旨是根据各级政府职能范围的大小来决定各级财政的分配，以确保中央及地方政府各尽所能。这一体制为后来的国民政府所采纳。

（二）改革旧税制

所谓旧税，系相对于 20 世纪初所创立的新税而言。旧税中包含一些古老且一直在封建财政收入中占据极重要地位的税目，如田赋、盐税等。首先即为改革田赋。中国是一个农业大国，田赋是历朝历代中央政府财政收入最重要的税源，周学熙对此非常重视。1913 年，周学熙首任财长时就通过立法将这一税种划为国家税，从地方管理转由中央管理。政府征收田赋以鱼鳞册为依据，而前清鱼鳞册经多次内乱早已散失无存，致使征收缺乏确凿根据，甚至出现有的有田无粮，有的有粮无田。征收官吏浮收中饱，民间飞洒诡寄、百弊丛生，造成国家财政损失，而人民赋税不均。同时，民国政府成立之初仅从"整理旧册"入手，对现行的实际征收情况进行登记整理，从未丈量田亩，严重有悖"公平普及"原则。于是，1915 年周学熙二任财政总长时直面这一问题，向袁世凯提出《筹拟整理田赋办法概

---

① 《财政总长呈请取消国税地方税名目文并批令》，《政府公报分类汇编·赋税》第 23 号，1915 年。

② 《大总统命令（公布财政厅办事权限细则）》，《政府公报》1914 年 6 月 12 日。

要》八条，明确宣称："以查丈为入手，而最终达到均赋之目的。"① 鉴于此项工作的艰难性和复杂性，周学熙在财政部内又设立了专司此事的税务所，并亲自主持拟定了整顿田赋、清丈土地的相关实施方案。其主要做法包括治标与治本两个方面。

治本之法为查丈田亩，做到田粮相符。查丈程序如下。①先让各县官吏，组织士绅、农民等人员清查田亩，按册编号，限期两个月内查丈完毕；对于有匿粮跨亩及飞洒影射等弊端的，准地邻及地保告发。②各县官吏对各区呈报清册抽查核实，如无错漏，汇钞清册，两个月内送报该省财政厅。③财政厅接到各县清册后，即汇总开明各县田赋状况，如田亩面积、赋税、单产、田租等，造册呈送财政部。④在清查之后，所有田赋征收一律改为按亩收赋。⑤对于应升科之地，及田多赋少、匿报夹荒、私种黑地等弊端，如果在清查时能自首者，以前概不追究，但清查之后，一律照章纳赋；对于有意蒙蔽、事后查出的，应将欠赋追缴入官。⑥清查经费按亩征收铜元一枚，此外不得多取。⑦所有清查曾入之款，得于征解时留二成，补助官吏调查经费，留三成补助绅董调查之需。⑧其调查详细增数最多者，官绅均可请奖。

治标之法即为采取均赋措施。①将以前所征田亩之正、杂、银、米及附收之征收费并附税等，归并为地赋；其米、粮、草、豆等，未经改折之处，一律均赋案内折征。②地赋税率高低，根据各县地质、收益、以往之税率、新订之税率等综合情况，或应增或应减，编制细册，请财政厅审核。③征收地赋原则以银元为本位，其单位以厘为止，厘以下四舍五入，不得浮收，银元未通行地区，按市场折纳。④原征税率每亩超过 1.2 元以上的不再加增。②

周学熙整理田赋的办法详尽周全，不仅切中时弊，大有益于北京政府的财税整顿，而且也间接地成为其后南京国民政府制定土地整理计划的重要参照。

其次为改革盐税，盐税是北京政府财政收入的重要来源，分为正税和附加税两大类。正税是国家对盐的产、运、销等过程所征之税，又可分为"场税"（就盐场征税）和"岸税"（又称"引税"，在食盐销岸征税）。民

---

① 周学熙：《筹拟整理田赋办法概要》，周小鹃编《周学熙传记汇编》，第 210 页。
② 周学熙：《筹拟整理田赋办法概要》，周小鹃编《周学熙传记汇编》，第 210 ~ 211 页。

国初年，盐税征收基本沿袭清末旧制，即"先盐后课"的"引岸制度"，盐税名目繁多，税率不一。为克服这一状况，周学熙在首任财长期间，对盐税征收制度进行了整理，主要内容包括四点。一是在财政部内设盐务筹备处，并于 1912 年 9 月制定《盐务筹备处分股办事暂时章程》。稽核方面，1913 年 1 月，由袁世凯公布《盐务稽核造报所章程》，稽核全国盐务的收支及行盐数目。盐税管理方面，1913 年 1 月，财长周学熙奉袁世凯令，自该月起，所有盐务收入款项作为专款存储，不准挪用。二是为便于稽核各盐场的食盐产销量，从 1914 年开始，整顿盐场，撤并了一些较分散、难以管理的小盐场。三是对食盐运销体制进行改革。从 1914 年起，实行就场征税、自由贩运的运销管理体制，取消专商，开放引岸。四是统一盐税税率。1913 年 2 月，北京政府公布了《盐税条例》，实行均税。

上述盐税制度的整理，在一定程度上改变了盐税征收的混乱局面。改革中建立的一些方法制度，例如盐务稽核制度等，后来一直沿用。它与盐运销制度的改革一起，成为我国盐务近代化的开端，具有一定的进步意义。1917 年以后，时局动荡，军阀混战加剧，许多地方为增加财政收入，又开始随意改变盐税的税率，并设立各种附加名目，盐税征收再度混乱。

（三）引进西方新税制

周学熙将西方财政思想与中国传统赋税思想相融合，结合当时的财政状况，一方面积极引税，但不盲目引进，更不贸然推行；另一方面借鉴西方税项，仿行创设新税。其举措主要包括如下诸项。

1. 仿创烟酒公卖费

我国古代即对烟酒实行专卖或征收烟酒税。从清末一直延续至民初，烟酒税始终作为一种消费税开征，属于地方财政收入。1913 年周学熙上任后，考虑到"烟酒税作为大宗奢侈性消费税，税率尚轻，为弥补财政亏空，筹议加税"。[①]"加税"实际上就是增加仿创的烟酒公卖费。该税项不同于一般商品的征税管理，它是国家对烟酒的生产、买卖全部加以垄断，即通过控制公卖价格，征收一定比例的公卖费，获取财政收入。周在第二次执掌财政部时期开征烟酒公卖费。为使烟酒公卖费的施行长久化，1915 年 5 月，在其倡导下，财政部颁布了《烟酒公卖局暂行章程》和《烟酒公

---

① 陆仰渊、方庆秋：《民国社会经济史》，中国经济出版社，1991，第 91 页。

卖暂行章程》两个行政规章，令各省设公卖局，并根据各省实际情况，划分若干区域，设置分局；分局之下再设公卖分栈，招商承办，由局拨借一定资金，颁发营业执照，进行垄断经营。① 其从中国具体国情出发，实行"官督商办"的公卖制，即由公卖局核定烟酒成本、利润、各项税厘捐和各地的产销情况，酌量加收十分之一至二分之一的公卖费，定为公卖价格，随时通知各栈，由各地公卖栈管理商人的销售和代征公卖费。为确保税收归公，"各省公卖局征收款项，就近缴存各该省金库，并按月列表报部，听候核发"。② 为维护公卖机构的信誉，保护消费者的利益，《简章》还规定，"凡分栈发售烟酒，如有私自增减公卖价格者，应由分局处以相当之罚"，③ "商民如私卖烟酒，当照另订稽查专章，从严惩罚"。④ 由于推行了烟酒公卖费，国家财政岁入增加，仅烟酒公卖费"每年收入达 2000余万元"。⑤

2. 引进印花、所得和遗产新税

所谓印花税，是指国家对因商事行为、产权转移或社会关系确认所书立或使用的凭证征收的税种，基本做法是在有关凭证上粘贴印花税票，故而得名。1624 年荷兰政府为解决财政困难，创设印花税。由于印花税是以财产及人事关系所书立的契约、簿册、单据、文书、凭证等为课征对象，税源较为普遍可靠，且税率较轻，征收简便，征收费用亦低，故被当时许多人认为是一种良税。西方著名财政学家、法国人哥尔柏曾把财政这种技术形象地比喻为："拔最多的鹅毛，听最少的鹅叫。"印花税就是这种"听最少的鹅叫"的新税种。其后，英、法等欧洲国家相继仿效，逐渐推广及世界各地。

1907 年，清政府度支部拟定《印花税税则》，但因"大多数人不知印花税为何物，加上当时执政大臣和地方官吏多持异议"，⑥ 被搁置一旁，直至王朝终结亦未能实施。周学熙初掌财长伊始即提议："本部实行印花税，并以此提出新税法案。以期推行新良税，废止旧恶税。"⑦ 随即着手将清廷

---

① 李楠夫：《周学熙调整财政政策之研究》，《现代财经》2003 年第 1 期。
② 《全国烟酒公卖暂行简章》，周小鹃编《周学熙传记汇编》，第 214 页。
③ 《全国烟酒公卖暂行简章》，周小鹃编《周学熙传记汇编》，第 214 页。
④ 《全国烟酒公卖暂行简章》，周小鹃编《周学熙传记汇编》，第 214 页。
⑤ 陆仰渊、方庆秋：《民国社会经济史》，第 922 页。
⑥ 胡寄窗、谈敏：《中国财政思想史》，中国财政经济出版社，1989，第 769~770 页。
⑦ 周学熙：《财政方针说明书》，周小鹃编《周学熙传记汇编》，第 164 页。

的《印花税税则》修订为《印花税法》，于 1912 年 10 月经参议院通过，1913 年由财政部公布《印花税票总发行所章程》，并设立总发行所。① "印花税首先在京城开征，当年收得印花税 5 万元，推行于全国后，印花税每年收入约在 200 多万到 300 多万之间"，② 成效卓著。印花税随着经济活动的繁荣呈现出逐步增加的趋势，1921 年达 300 余万元；北京政府时期税收最高的一年是 1925 年，达 586 余万元；南京国民政府时期以 1936 年最高，达 874 余万元。③ 印花税是我国引进西方税制的尝试，是我国由传统税制向近代税制嬗变的起步，在近代税制史上具有积极的意义。

所得税于 1799 年首创于英国，后英、美、日等国相继仿效。宣统二年（1910）清政府度支部为缓解财政压力，吸取外国经验，引进所得税制，拟具了《所得税章程草案》30 条，但尚未实行，清政府即走到了历史的尽头。民国肇建，国库空虚，所得税再次被提上日程。大体而言，实行所得税的积极之处有四。第一，所得税公平，"国民负担租税能力，随贫富而不同；若各种赋税用比例税法征收，则富者之负担较轻，而贫者之负担反重，故益增贫富之差。所得税乃用累进税法，故富者之义务重，可以补正诸税之缺点"。④ 第二，所得税具有普及一般国民的优点，现行各税 "仅限于局部，不能普及"，田赋不过课于地主，房屋税课于居住者，牙当税课于牙、当两商而已。而所得税除无纳税资格者外，凡一般国民随所得金额之大小，皆有纳税的义务，故可普及一般国民。第三，所得税具有弹性，"国民之纳所得税者，皆中流社会以上之人，衣食既足，自知礼义；故泰平之时，轻其税率，以增进富力，一旦有事，增高税率，较为容易"。⑤ 第四，所得税较为充裕，"所得税普及于全体，且用累进税法，故其收入，较他税为多。日本之所得税，岁入达三千万圆以上；英国之所得税，占岁入总额十分之一二，于可见矣"。⑥

由于当时国家的法制不健全，政治腐败，经济上处于半封建状态；国民的文化及社会组织程度较差，有完备的会计核算的企业为数极少，又缺

---

① 程悠等编《中华民国工商税收大事记》，中国财政经济出版社，1994，第 7、11 页。
② 孙翊刚主编《简明中国财政史》，中国财政经济出版社，1988，第 240 页。
③ 国家税务总局主编《中华民国工商税收史——直接税卷》，中国财政经济出版社，1996，第 305、343 页。
④ 吴兆莘：《中国税制史》，上海商务印书馆，1937。
⑤ 吴兆莘：《中国税制史》。
⑥ 吴兆莘：《中国税制史》。

乏必要的统计资料，因而所得税征收的具体实施困难重重。1915 年，财政部在给大总统的报告中说："惟欲将普通人民之所得，同时举办，于事实上恐难办到，不如分为数期，逐渐推广，较易施行。"① 因此，财政部又奉准公布了《所得税第一期施行细则》十六条，把课征对象限制在大商巨贾、议员、官吏及工程师、医生、经纪人等中产阶级的范围内。但该方案一经公布，便遭到全国商会的反对，财政部迫于压力，于 1916 年初通令暂缓举办。

遗产税是以财产所有人死亡后遗留的财产为课税对象，向遗产的继承人及受赠人征收的一种税。近代遗产税始征于 1598 年的荷兰，其后，英、法、美、意、日、德等国相继开征遗产税。中国古代受"子承父业、天经地义"的儒家传统思想及"父债子还"观念的影响，一直没有开征遗产税。遗产税是近代中国国门被打开以后受西方影响而引进的新税种。1915年夏，周学熙二任财长之时，通过《遗产税条例（草案）》，规定继承遗产应交税，并采取累进税制，这是我国首部遗产税法。虽然周在任时，"除印花税付诸实施外，所得税条例于 1914 年颁布但未实行，而遗产税始终只是一种设想"，② 但这些构想反映出其在税制问题上的见地和胆识。印花税、烟酒公卖的实施及所得税、遗产税的立法在我国历史上属于首次，这是西方赋税原则在我国近代的初次运用。

（四）周学熙财政政策的执行状况

民初周学熙两任财长，借鉴西方资本主义国家先进的财税体制，结合当时中国的国情，制定了一系列财政改革政策。这些政策的颁布施行在一定程度上扭转了国家的财政亏空的局面，但总体而言，并未达到理想的效果。

1. 积极成效

清代的财政官制和财政监督体系存在很多的弊端，行政效率极为低下，人浮于事、互相推诿，加之财政监督体系具有单一性，且腐败严重，对财政的监督作用微乎其微。周学熙任财长之后，在借鉴清代财政管理制度的基础上，对民国财政部进行了一系列整顿和改革，使

---

① 国家税务总局主编《中华民国工商税收史——直接税卷》，第 9、10 页。
② 钟祥财：《中国近代民族企业家经济思想史》，上海社会科学院出版社，1992，第 114 页。

财政部管理经济的工作富有成效。这主要体现在官制和划分国、地两税等方面。

官制方面，财政部总辖国家财务、管理租税等事务，监督厅辖各官署及公共团体财务。财长总管财政事务，部内设五司，赋税司掌管税收，会计司掌管预决算，泉币司负责币制工作，公债司掌管公债事务，库藏司掌管国库出纳。周学熙非常注重财政统一，经官制改革，在国家财政事务中，五司责权明晰、各司其职，克服了清代机构臃肿、职权混乱、效率低下、腐败严重的弊端，逐步建立起能够提高工作效率、保障财政稳步运行的新官制。另外财政部还设立了驻外财政员制度和编纂处。驻外财政员奉财政总长之命驻扎于外国，掌调查各国财政及办理汇兑公债事务。编纂处掌编纂财政书籍事务，分为编译科和纂辑科，且财政部各厅司"认为足充编纂资料者，应随时移付本处（编纂处）以资参考"。① 这两个机构的设立，有助于政府了解和借鉴中西古今财政运作情况，以便不断充实及发展现有的财政制度。

周学熙借鉴西方资本主义国家的财政体制，将国家税与地方税划分开来，这在一定程度上改变了财权失堕的局面，有利于税制的近代化。一方面清末民初国家职能发生变化，民初临时政府已被迫担负起外交、交通、工业建设等重任，而传统的封建财政不能负担这种变化，政府亟须改变现状；另一方面，国内危机四伏，兵变不断，地方官任意截留税收，国外列强虎视眈眈，以逼债干涉中国财政。面对此种情况，必须改变既有的税制，以发挥国家在财政管理中的核心作用，谋求财政状况的好转。周学熙斟酌中西国情，采用划分国家税与地方税的方法，可谓中国财政管理体制史上的一个创举。

周学熙在两次财政总长任内，殚精竭虑，使国家由"竭蹶情形"变为"库有余帑"，② 财政状况得以好转。1914 年财政收入 383504188 元，支出 356024030 元，盈余 25480158 元；1916 年财政收入 472124695 元，支出 471519436 元，盈余 605259 元。③ "时中央威信已著，各省解款皆能如数而

---

① 虞和平、夏良才编《周学熙集》，华中师范大学出版社，1999，第 408~409 页。
② 参见周学熙《周止庵先生自撰墓志铭》、周叔贞《周止庵先生别传》，周小鹃编《周学熙传记汇编》，第 283 页。
③ 张神根：《袁世凯统治时期北京政府的财政变革（1912~1916）》，未刊，第 80 页。另见朱汉国、杨群主编《中华民国史》（第十册），四川人民出版社，2006，第 167 页。

至。关、盐两税亦集权中央，故库有存余，且约计每年可余二千万。"①
1915 年亦被后人称为"财政之黄金时代"，周学熙任财政总长之时，"财政已能收支相抵，为后来所未有"。②

2. 理想与现实的矛盾

在民国初年纷繁复杂的社会大背景下，周学熙的财政政策显然无法完全达到理想的效果。

在构建新型财政体制方面，划分国家税与地方税和设立财政厅，标志着北京政府建立起完全中央集权的财政体制。但是这种财政体制仍然存在着严重的缺点：首先，国家与地方财政界限混淆不清；其次，财权集于中央，致使中央和地方矛盾纠纷迭起；最后，给予各省军政长官以财政监督权，为日后北京政府财权旁落埋下了隐患。有鉴于此，1916 年 8 月，由参议院建议，恢复 1913 年财政部所厘定的国家税、地方税税法草案修正案，经国务会议议决，由财政部通电各省。各省应解中央之款及专款，仍照现在定额，如数报解；国税如有不敷，酌量由地方税内协拨，俟两税划分确定后，再另定办法。自此以后，北京政府在名义上一直沿用这种财政体制。而在实际上，自袁世凯帝制覆灭后，北京政府政令不出都门，各省财政厅一切用人行政权逐渐移诸地方，财政厅长均由地方长官吸引私人，荐请任命，其后更是公然自行任命。在财政业务上，各省财政厅自行截留税款，增设苛捐，俨然成为独立王国，中央、地方各自为政，财政统辖体系荡然无存。如此，北京政府建立的中央集权财政体系完全崩溃了。

在新税的引入方面，袁世凯死后，军阀割据混战，印花税连续三年徘徊在 200 万元至 280 余万元之间。③ 所得税条例于 1914 年颁布但未实行，而遗产税始终只是一种设想。

周学熙任内的一系列财政措施，在理论上具有很大的进步性。一方面，其试图在财政制度方面向近代化靠拢，适应历史发展的潮流，并努力扭转国家财政的窘境；另一方面，我们又不无悲哀地看到，这些措施大多并未得到很好的执行。

民国初年，周学熙尝试以西方财政理论和方法为指导，为挽救民初的

---

① 参见周学熙《周止庵先生自编年谱》、周叔贞《周止庵先生别传》，周小鹃编《周学熙传记汇编》，第 40 页。
② 周小鹃编《周学熙传记汇编》，第 223 页。
③ 转引自国家税务总局主编《中华民国工商税收史——直接税卷》，第 305 页。

财政危机，提出了一些与中国传统理财方式迥然不同的财政改革方案：主张国、地财政分开，建立财权集中于中央的新体制；引入新税，如印花税、所得税和遗产税。其两任财长时期是近代中国仿创西方税法较多的年份。我国仿行西方而颁布的一些重要税法，其中除印花税法是 1907 年拟定外，其余多是在 1913～1915 年这三年间创立的。周学熙的财政改革不仅在当时促进了国民经济的发展，而且对今天的财政改革仍然具有一定的借鉴意义。

第四节　民初财政部与善后大借款

善后大借款是中国外债史上的一次重大举措，其实质是一次政治借款，此项借款的磋商历经一年零两个月，在此期间，借方的决策者是袁世凯，执行者相继为唐绍仪、熊希龄和周学熙；贷方是国际银团，但其成员构成有变化，初为英、法、德、美四国财团，继而增加日、俄两国，成为六国银团，最后以美国财团的退出又变为五国银团。国际银团企图运用贷款手段，通过对袁世凯政权的控制，达到干涉中国财政的目的。善后大借款是列强采取政治威压和经济引诱等手段，强迫北京政府签订的屈辱借款条约，严重损害了国家利益，侵犯了中国主权。

一　善后大借款发生的历史背景

1911 年辛亥革命爆发后，清廷请袁世凯出山镇压革命力量，授其为内阁总理大臣。在此期间，袁世凯一方面策动"请愿共和"，利用孙中山的资产阶级革命力量要挟清帝退位；另一方面又以清帝退位为条件逼迫孙中山辞职。1912 年 2 月 12 日，清帝退位，清王朝覆灭。2 月 15 日，南京临时政府参议院选举袁世凯为临时大总统。3 月 10 日，袁世凯在北京宣誓就职，开始了中华民国北京政府统治时期。袁世凯在取得大总统职位之前，称自己完全接受南京临时政府所颁布的《中华民国临时约法》等条件，但在当上大总统之后逐渐暴露出本来面目。在组织总统府问题上，袁世凯根本无视参议院的意见，排除异己，安插亲信，培植党羽，规定"所有各股办事员应由新举大总统选派"，[①] 同时还无视《临时约法》，蓄意破坏内阁

---

① 《袁总统新设临时筹备处》，《申报》1912 年 2 月 29 日。

制度，把法律本来规定由内阁制定大政方针的权力改为大总统之权力，将外交、财政、内务、陆军和海军等重要军政大权，全部交由总统府处理，并不报告于国务会议。因此，北京临时政府虽然以民主共和为名，但实则带有封建专制独裁的色彩。

袁世凯专权独裁的行径，遭到了以孙中山为代表的资产阶级革命党人的极力抵制，并与其展开了激烈斗争。例如在政府内阁问题上，为遏制袁世凯专权举动，同盟会极力坚持《临时约法》中制定的政府采取内阁制的这一政治体制，提出国务总理必须由同盟会成员担任，"再由总理提出阁员全体名单，请参议院投票"，[1] 而袁世凯则极力坚持总理由唐绍仪担任。袁既反对划清总统府与国务院的权限，坚持一切承教于大总统；又反对国务院为政府的有机主体，主张各国务员直接受命于大总统。1912 年 3 月 25 日，唐绍仪到南京组织内阁时，人员全部是由袁世凯指定的，其中除蔡元培和王宠惠属于革命党人外，其余都是前清旧吏。因此，南京军政学商各界纷纷反对，南京临时政府参议院决议将内阁人员名单驳回。袁世凯在强烈的反对下虽然做了一些变动，但外交、陆军、内务、海军等关键部门的总长人选仍由北洋一系把控。

由上可知，在善后大借款的前后，袁世凯虽然任民国政府大总统，但其十分清楚，孙中山等革命党人对他是不信任的，他所控制的北京临时政府还不巩固。

为巩固其统治，袁世凯采取了如下措施。首先，逼迫革命党人把政府设在北京。早在袁世凯要取得大总统的职位时，孙中山就提出将临时政府建于南京，对其加以制约。而袁世凯为了摆脱束缚，称"北方秩序不易维持"，还以列强势力反对相威胁："北京外交团向以凯离此为虑……若因凯一去，一切变端立见。"[2] 同时袁世凯为制造紧张气氛，在北京策划"兵变"事件。[3] 帝国主义各国也借口保障使馆安全，采取了支持袁世凯的行动。北京外交团从天津速调军队，英、美、法、德、日、俄等国亦纷纷从旅顺、香港、哈尔滨、青岛等地调集军队三千余人。帝国主义各报纸也攻击孙中山坚持临时政府设在南京"全系意气用事"，并称袁世凯"能得到

---

[1] 刘厚生：《张謇传记》，上海龙门联合书局，1958，第 169 页。

[2] 李新、李宗一主编《中华民国史》（第二编第一卷）（上），中华书局，1987，第 1 页。

[3] 最新研究证实，北京兵变与袁世凯无关。参见尚小明《论袁世凯策划民元"北京兵变"说之不能成立》，《史学集刊》2013 年第 1 期。

南北之信用，仍为现势上之主人，则尚不难以其威望镇定祸乱，否则仅有列强联合干涉之一途"。① 在南京的一些被袁世凯收买的议员也与之遥相呼应。在形势逼迫下，南方革命党人被迫同意民国政府迁设北京。

其次，裁遣南方革命军队。辛亥革命开始后，南京临时政府招募了大量的革命军，当时受南京政府调遣的革命军号称 20 余万，驻扎在苏、皖、浙、闽的军队就有 26 个师 5 个军，其中南京政府所辖军队即达 16 个师之多。南方的革命军虽然没有北洋军阀的数量多，但也足以与其抗衡。袁世凯是以军事起家的，其深知军队的重要性和当时南北军事对峙的严重性，所以，裁遣南方军队，既属当务之急，也需慎重处理。

最后，北京政府成立初期财政十分困难，亟须设法开源节流。清政府历年的战争赔款和举借外债，使财政情况不断恶化，财政赤字一度达 7000 万两之多。② 各省在武昌起义后相继独立，亦解款无望。1912 年 3 月熊希龄出任北京政府财政总长时，清点国库发现"不及六万"。③ 地方财政也十分拮据，晋、陕、新、皖、浙、鄂、闽等都督飞电请款，迫不及待。1913 年，北京政府已严重入不敷出，总支出为 64220 万元，而总收入仅为 33390 万元，亏缺 30830 万元，占支出总数的 48%。中央财政"应付俱穷"，④ 据熊希龄估计，当时财政不敷约计 28052 万两。⑤

鉴于民初财政的实际状况，袁世凯政府不得不向帝国主义列强求援，走向借款之路。于是，善后大借款被正式提上了日程。

二　善后大借款的谈判及签订

（一）艰难曲折的谈判过程

善后大借款开始于 1912 年 2 月 28 日，完成于 1913 年 4 月 26 日。整个谈判、交涉进程，按其内在的演变，大致可区分成前、后两个阶段。

第一阶段为 1912 年 2~8 月，主要是磋商临时垫款和形成借款的条件。袁世凯为了尽快取得借款，于 1912 年 2 月 22 日，派代理财政部长周自齐

---

① 转引自《欧陆各报论京津兵变》，中国史学会主编《中国近代史资料丛刊·辛亥革命》第 8 册，上海人民出版社，1957，第 513~514 页。
② 王善中：《民国初年的财政和外债评述》，《北京社会科学》1991 年第 2 期。
③ 林增平、周秋光编《熊希龄集》上册，第 323 页。
④ 林增平、周秋光编《熊希龄集》上册，第 373 页。
⑤ 林增平、周秋光编《熊希龄集》上册，第 313 页。

在北京先和英、德、法、美四国银行（即汇丰银行、德华银行、东方汇理银行、美国银行团）代表团的驻华代表进行接洽，要求他们提供紧急援助，每月需 640 万两白银，另外提供南京留守政府 700 万两白银。由此拉开了善后大借款的序幕。1912 年 2 月 27 日，袁世凯派亲信唐绍仪主持借款谈判事宜，会见银行代表，提出垫款和借款计划。2 月 28 日，为了支持袁世凯稳定局势，以英国为首的四国银行团同意由汇丰银行经手，交付 200 万两白银的垫款作为南京政权北迁和裁军的费用。3 月 9 日，四国银团在提供第二次垫款时，得到袁世凯政府承诺："鉴于四国银行团在目前紧急关头所给予中国的援助，及其在外国市场上支持中国信用的贡献，中国政府向四国银行团保证，如条件与其他方面的条件同样有利，银行团有承办大规模的善后借款的选择权。"[①] 这成为银行团日后垄断中国借款的依据。3 月 11 日，唐绍仪函告银行团，要求贷款 500 万两，维持黎元洪武昌政府的开支。12 日，四国银行团代表在伦敦开会讨论对华贷款，对于 500 万两的要求，他们只同意给予 200 万两的军饷费，且附有苛刻的条件。鉴于严苛的附带条件，唐绍仪原想利用外国银行之间的竞争，打破四国银行团的垄断，遂于 14 日与华比银行签订了借款合同。当时俄国为了在中国财政问题上有发言权，就让俄亚银行出面联合比利时银行组成华比银行，向四国银行团施加压力，希望从中牵制和监督借款的实施，以便将来与四国银行团达成有利的协议，而唐绍仪亦希望利用这个机会与华比银行达成一笔借款。华比借款的成立，动摇了四国银行团对袁世凯政府借款的垄断权，他们表示强烈不满。25 日，四国公使亲自邀见袁世凯，就华比借款问题提出强烈抗议，要求取消华比借款，并威胁如果他们的声明得不到重视，则要中国政府立即归还已垫款项，要求"自此以后，凡关于中国借款之事，应与本国驻使交涉"[②]。袁世凯将责任推到唐绍仪头上，让唐绍仪就华比借款亲自向四国公使道歉。4 月 27 日，中方答应取消华比借款合同。29 日，四国公使才同意其银行团恢复谈判。这是四国政府向袁世凯示威、迫使袁就范的典型事例。四国银行团一看北京政府如此软弱，进一步提出了监督财政的无理要求，即开支军饷、解散军队由外国军官监督；今后使用垫款，由各银行向财政部选派外国审计员监督；要求北京政府保证采取

① 李新、李宗一主编《中华民国史》（第二编第一卷）（上），第 242 页。
② 《四国借款近闻》，《申报》1912 年 4 月 3 日。

措施，在外国专家参与下改革作为垫款担保的盐政。① 列强控制中国的野心引起各界人士的强烈反对。四国银行团一看讹诈不成，即制造舆论，声称"非唐辞职，不能借款"。② 因唐绍仪主持善后借款不利，破坏了与各国的关系，袁世凯在列强威胁下，决定换掉唐绍仪，让财政总长熊希龄取而代之。唐绍仪只好声明"总理无暇，以后由熊总长直接磋商"。③

在熊希龄主持善后借款前，英、法、德、美四国为了避免与日、俄在华利益上发生矛盾以及减少在善后借款上的阻力，请求俄、日加入银行团。日、俄为了保护既得利益，先后接受了邀请，于是有了所谓的六国银行团。1912 年 5 月 15 日，六国银行团在伦敦举行谈判，经过一个多月的商谈，他们共同确定了一系列借款条件：①中国政府提出垫款目的和用途清单，由六国银行团进行监督；②作为抵押的税收必须由海关或类似机构管理；③垫款是善后借款的一部分，在善后借款合同规定的五年内，中国不得向银行团以外的银行借款；④在此期间，银行团应为中国政府的财政代理人。④ 熊希龄在做了一些非本质的变通后，遂与六国银行团达成协议："关于各省发放军饷及遣散军队费用，须由地方政府备三年清单，由中央政府委派高级军官及该地方海关税务司会同签字；如在北京及附近地方发放军饷或遣散军队，由中央派一高级军官会同核计员将三联领饷清单查核。"⑤ 合同签订后，银行团在 5~6 月先后交付了 300 万两的垫款，累计垫款数达 1210 万两。从此列强获得了监督中国财政和军队的特权，中国政府实际上已成为列强的附庸。这时，六国银团又追加了监督中国财政、监视并管理中国借款用途、由外人管理中国盐税等更为苛刻的条件，财长熊希龄以银团提出的苛刻条件遭到中国人民反对为由，表示拒绝。随后熊希龄向袁世凯提出辞职，但在袁未批准前，仍继续与银团代表周旋。7 月银团提出要么接受其提出的借款条件，要么停止借款，且六国不再向中国提供贷款。8 月，谈判陷入僵局。

第二阶段为借款磋商和签订合同时期，时间是 1912 年 9 月至 1913 年 4月。大借款谈判中止以后，六国银行团停止垫款，袁世凯政府财政依旧困

① 财政科学研究所等编《民国外债档案史料》第 4 卷，档案出版社，1990，第 391~392 页。
② 《民权报》1912 年 5 月 9 日。
③ 黄远庸：《远生遗著》下册，商务印书馆，1920，第 3 页。
④ 李新、李宗一主编《中华民国史》（第二编第一卷）（上），第 245~246 页。
⑤ 高劳：《银行团借款及垫款之交涉》，《东方杂志》第 9 卷第 1 号，1912 年。

难。这时袁世凯想到了周学熙。1912 年 7 月，袁世凯"征召频频，函电纷至，策使临问"，周学熙"条举四因，不敢与闻政事"，但袁"仍责令入都，面商国事，顿迫就道"。① 7 月 26 日，袁以临时大总统令任命周学熙为财政总长，兼充税务处督办。周学熙称病不往，但最后还是于 8 月 19 日到京就职。

早在 5 月，一个以美国垄断资本洛克菲勒集团为后盾的国际银团开始与袁世凯政府接洽贷款事宜；7 月 12 日，双方签订了向中国政府提供 1000 万英镑的借款合同草案。旋即该银团把此项权益转让给了英国伦敦证券交易所的一名经纪人克利斯浦。克利斯浦组建公司并作为公司代表，在伦敦就近与中国驻英公使刘玉麟洽谈，于 8 月 30 日由刘代表北京政府财政总长周学熙与克利斯浦公司签订了借款合同。此举震惊了六国银团，不仅引起各国财团同六国银团的竞争，也使银团内部发生分裂，英国汇丰银行甚至也有退出银团单独进行借款活动的意图。因此，英国外交部坚决支持汇丰银行并对克利斯浦公司施加压力；银行团也对袁世凯政府多次提出强烈抗议。9 月初，袁世凯应英国公使朱尔典要求，亲自许诺，如果六国银行团同意放宽借款条件，中方可以取消克利斯浦借款。

周学熙采取了不申辩国际银团的策略。9 月 16 日，他主动向六国银团提出了重开借款谈判的意见，六国银团迅即做出积极响应，两天后就势拟出形成合同各款雏形的条件：①本借款主要用途应为偿付拖欠的借款，归还银行团的临时垫款、各省举办的外债和华北银行经手的借款，支付遣散军队的费用、军警的薪金和给予清皇室的津贴；②供本借款担保的税项由海关管理或新设一受外人指导的类似海关的机关，征收税金存入国际银团各银行；③本借款的支用应受银行团代表的监督，所需要支用借款的申请书，应由经银行团认可、财政部任命的稽核处处长草拟并提出；④本借款由银行团发行，应给予所规定的佣金和发行一切中国公债的取舍权；⑤于相当时期内规定今后实业借款的用途须经银行团同意，并应雇用银行团同意的外籍技术专家和稽核处处长分别在中国政府指导下，办理和监督此种企业的开支；⑥财政部同意银行团充任中国政府的财政代理人，期限五年；如开发资源而建立机构或有关于改革税收的征收及改革，应与诸银行

① 周学熙：《周止庵先生自叙年谱》，周小鹃编《周学熙传记汇编》，第 35 页。

团磋商。① 由此不难看出，列强不仅意图控制中央政府财政，还妄图干预并进而掌控中国未来经济的发展走向。

为尽可能减少国家主权和利益的损失和权力外溢，周学熙提请国务会议研究通过了五条谈判大纲：①中国自行整顿盐务，产盐和征收盐税可酌自聘用洋人，帮同办理，所收盐税，可交存于最妥实的银行；②借款用途以经参议院决议的项目为准，其支票之签字应由财政总长自委一华员和六国银行团代表会同签字；③稽核账目归中国审计院办理，对于借款的一部分用账，可兼备华英文册据，派华洋人员同办；④中国日后兴办实业，如需借款，只可商聘洋技师，按照普通合同办理；⑤倘中国续借款项，六国银行团享受优先承办权。

对于这五项大纲，周学熙提出两项原则要求，即第一，勿碍中国政府行政权；第二，勿致激动中国百姓反对风潮。同时，要求银行团立即垫款，否则断难取消克利斯浦借款。②

11 月 15 日，袁世凯委任国务总理、外交总长、财政总长为全权代表，与银行团恢复磋商，27 日正式开议，为期一月。据财政总长周学熙日后在致临时参议院的说帖中所写："至开议以后，种种要挟，愈逼愈紧，几于舌敝唇焦，只以内顾各省之同一困穷，外见蒙事之万分危急，不得不降心忍气委屈磋磨。然抱定大纲，不使越此绳尺。中间几至决裂者数次，现已磋议达于极点。"③ 12 月，谈妥之后，双方拟定了合同，借款数目为 2500 万镑。27 日，周学熙等赴参议院将合同全文当场宣读，并撮要缮印分发。经议定，先将合同特殊条件逐条表决，再将普通条件整体表决，均已通过。原定于 1912 年 12 月 29 日签字，银行团忽以巴尔干战争方急、欧洲金融市场紧迫为由，要求于原议利息五厘之外，增加半厘。中方考虑到借款数量大、期限长，增加半厘利息，中方吃亏不浅，决定暂停签字。美国财团对于英国在对华借款上的优先地位亦不能忍受，遂于 1913 年 3 月间宣布脱离银行团，这一举动有打破银行团垄断之意。美国财团在退出银行团后，就单独进行对华借款一事邀约财长周学熙赴津，商订 600 万镑的财政

① 六国银团向财政总长周学熙提出的《借款条件节略》（1912 年 9 月 18 日），日文档案，转引自宓汝成《国际银团和善后借款》，《中国经济史研究》1996 年第 4 期。
② 《周学熙关于借款条件致六国银行团复函》（1912 年 9 月 20 日），虞和平、夏良才编《周学熙集》，第 364 ~ 367 页。
③ 周学熙：《借款情形说帖》，《中国善后借款合同案据汇编》，南京图书馆古籍部藏。

借款合同。① 这使五国银行团大为着急，急忙改变态度，与周学熙继续商谈。同时，欧洲金融市场也渐渐松动，五国银行团遂同意利息仍照五厘，周学熙才同意签字。

1913 年 4 月 26 日，周学熙与国务总理赵秉钧、外交总长陆徵祥一起来到位于东交民巷的汇丰银行，与由汇丰银行、德华银行、东方汇理银行、道胜银行和横滨正金银行组成的五国银行团代表会面，历时一年多交涉的大借款正式成立。

（二）善后大借款的内容

善后大借款合同共 21 款，主要内容如下。

第一，借款总额。善后大借款总数为 2500 万英镑，相当于 51125 万马克、63125 万法郎、23675 万卢布、24490 万日元。

第二，借款利息。每年按 5 厘计算，由银行或其所指定代理人，每半年一次交付持有息票，并以英镑或以英镑合成马克、法郎、卢布、日元交付利息。利息从借款发售之日算起，先交付每月应付本息基金 124616 英镑，以每月底为交付之期，由北京政府于前 14 日拨汇。

第三，借款期限。期限定为 47 年，前 10 年仅付利息，还本由第 11 年起，每年分还总额约 9.84%，约合 245994 英镑。自订借之日起，第 17 年后、第 32 年前，无论何时全数收回，或购回一部分，则每 100 英镑需加付 2.5 英镑，唯第 32 年以后收回无须加价。

第四，借款担保。担保分三种，首先是盐务收入的全部，其次是海关税的余额，再次是直隶、河南、山东、江苏上交的中央税。盐务收入是北京政府中央财政的第一大来源，合同中明确规定："以中国盐务收入之全数作为担保。此项借款，或其一部分，未清还以前，其所有本利，应较将来他项借款，或他种抵押之债务，用以上所指盐务收入者独占优先权。凡他项借款或他种抵押之债务，比此次借款更占优先权，或与之平等者，或减少、或损害盐务收入用以担保此项借款每年应有款项之利权者，均不得举行或创办。又将来他项借款，或他种抵押之债务，用上文所指盐务收入者，须本借款占优先权，并须于将来他项借款，或他种抵押之债务之契约

---

① 徐义生编《中国近代外债史统计资料（1853～1927）》，第 109 页。

内载明。"① 五国银行团以防止盐务收入担保出现问题为由，又提出将关税余额作为第二重担保，要求海关税除应付以前各种担保款项外，"若仍有余款，即默认并商定该余款应尽先作为本借款之担保，用以偿还本利"。② 因盐务正在整顿之中，借款后不能立即作为担保，五国银行团在借款合同上还明确规定"于盐务正在整顿之际，及自本合同债票发售后之第一个月起，直隶、山东、河南、江苏省应提出款项，足敷本合同附表所开本借款内应还之数目，于未到期十四天以前按月交存，于银行所言各该省应备之款项，即以将来各该省所指定之中央政府税项为头次之担保"，③ 等将来盐务收入接续三年足够预备偿付之额，四省之担保才可取消。

第五，借款审计。凡关于借款款项之领款凭单，须由审计处所属稽核外债室华、洋稽核员会同签押，并制定暂行审计规则，作为善后借款合同的庚号附件。审计的总则是"审计国家之岁入、岁出及一切财政之规程、会计法，及其他法律未公布以前，京外各官署及其所属局所均应遵守。财政部及主管官署暂定的一切会计章程，收支规则与本规则不抵触者，乃有效力"。审计的权力范围有：稽核支出、审查决算、检查国库、检查簿记、检查官有财产、检查国债、处分各官署官吏。④

第六，规定借款用途。合同规定善后借款为以下各事之用：①用于中国政府业已到期清还各款；②用于各省现有借款全数；③用于中国政府不久到期各款随时清还之用，连预备赔偿各国因革命所受损失一项亦算在内；④用于遣散军队；⑤用于现时行政各费；⑥用于整顿盐政事务。

第七，整顿盐务。北京政府对善后借款担保物即盐税征收办法进行改良整顿，并用洋员以资襄助，于北京设立盐务署，由财政总长管辖。盐务署内设立稽核总所，由北洋总办一员、洋会办一员主管发行所有引票，汇编各项收入报告及表册。在各产盐地区设立稽核分所，设经理华员一人、协理洋员一人，共同担负征收、储存盐务收入。稽核总所与分所的人事聘免由华总办、洋会办共同定夺。各产盐地方，盐斤纳税后，须有该处华、洋会办会同签字，方准将盐放行。盐务进账之款，必须有总办、会办共同

---

① 《中国政府善后借款合同》（1913 年 4 月 26 日），虞和平、夏良才编《周学熙集》，第 505 页。
② 虞和平、夏良才编《周学熙集》，第 505～506 页。
③ 虞和平、夏良才编《周学熙集》，第 506～507 页。
④ 财政科学研究所等编《民国外债档案史料》第 4 卷，档案出版社，1990，第 432～434 页。

签字，否则不能提用。

综上所述，善后大借款可谓中国近代史上数额最大、政治性最强的一次对外借款，也是当时在国内外影响最大的一笔政治交易。

（三）善后大借款的影响

1913 年 4 月，袁世凯北京政府与英、法、德、日、俄五国银行团签订"善后大借款"，是中国近代外债史上最具代表性的事件之一。"善后大借款"不仅在整体上给中国社会带来了极大危害，也使中国丧失了部分盐政主权，人民生活受到极大影响。同时，作为主持签订善后借款合同的周学熙也受到诸多牵连。

1. 中国盐政管理权丧失，严重影响民生

食盐是人体必需之品，消费弹性很小，所以盐税税收稳定，历来是封建王朝财政收入的重要来源，其在国家财政收入中的地位仅次于田赋。北京政府时期，盐税不仅是中央财政收入的两大支柱之一，还是中央政府能够真正控制的唯一大宗收入来源，是筹措债务收入的重要保障。民国时期，盐务行政事宜归财政部管辖。然而，善后大借款却以盐务收入作担保，让外人管理我国盐政，严重影响中国社会发展，给人民带来巨大灾难。彼时食盐价格昂贵且品质低劣，仍能存续至民初，全赖关税这一经济屏障的外在保护。盐政一旦由海关兼理，或者将其变为关税制度，加之海关基本由外人把持，盐务关税的降低与外盐的输入势所难免。面对质优价廉的洋盐的有力竞争，我国本土盐产恐难以招架，甚有被市场淘汰的危险，而以此为生的滨海百余万之盐户均将面临失业，届时普通商民的生计亦将难以保障。

2. 对周学熙个人的影响

周学熙主持签署善后大借款合同后，国会中的国民党议员以此事没有经过国会批准为由视之为非法，舆论攻讦强烈，最终迫使周学熙于 5 月 3 日向袁世凯提出辞职。周在辞呈中说："观察财政病症所在，由于兵多为患，善后借款列有裁遣军队费，以期虚枯回生。"但在周学熙卸任之后不久，"二次革命"爆发，袁世凯向国民党开战，"裁兵之费竟以之用兵"，周学熙不由感叹"诚国家气运使然也"。①

---

① 周学熙：《周止庵先生自叙年谱》，周小鹃编《周学熙传记汇编》，第 37 页。

关于周学熙主持大借款之事，民初的新闻记者黄远庸评价："君（周学熙）之力主借款，深识其经济政策与外交政策之关系，在国势虽以稍晚，然君之宗旨良复不误。"[1] 给予了中允的评价。长期以来，由于国民党一派过度渲染袁世凯以善后借款用于镇压"二次革命"，以至于周学熙也受千夫所指。他在《示儿诗》中说："祖宗积德远功名，我被功名累一生。"所指即大借款之事。

善后大借款实际用途到底如何？实际上在借款合同中对此有比较详细的规定。善后借款合同中借款预算方案如表 3-3 所示。

表 3-3　善后借款用途分配

序号	用项	金额	百分比
甲号	偿还中国政府到期借款	431778 英镑 9 先令 7 便士	
乙号	偿还各省借款	2870000 英镑	50.66%
丙号	偿还中国政府不久到期借款（包括赔偿外人损失）	3592263 英镑 10 先令 3 便士	
丁号	裁遣军队费用	3000000 英镑	14.10%
戊号	行政费	5500000 英镑	25.85%
己号	整顿盐务经费	2000000 英镑	9.39%
合计		21280041 英镑 19 先令 10 便士	100%

资料来源：财政科学研究所编《民国外债档案史料》，第 426~431 页。

可见，善后大借款除了用于归还外国借款、赔款以及利息外，中国政府实际能够支配的并不多。

善后大借款是民初经济危机严重的特殊情况下中国政府的无奈之举，财政困难使政府无法运转，且偿还清政府的借款、赔款，裁减因革命膨胀起来的军队以及政府政策的运作等，都急迫需要经费支持。南京临时政府如此，北京政府亦然。接受借款的苛刻条件，会丧失国权、丧失利权，使个人名誉受损，参加善后借款谈判的熊希龄和周学熙对此都是非常清楚的。对周学熙等人参与善后大借款一事，不应该给予过苛的谴责，而应更多地站在历史的视角上进行评判。

---

[1] 转引自贾士毅《民国初年的几任财政总长》，台北：传记文学出版社，1967，第 28 页。

结　语

主持国家财政税收的经济部门财政部，实际上是国家稳定发展与社会进步的最为重要的行政管理机构与经济后盾，所以历来为主政者所重视。在隋唐以来的国家行政管理机构——吏、户、礼、兵、刑、工六部中，户部的地位举足轻重，仅次于对官员考察与提拔的吏部。随着小农经济社会向现代工业社会的转型，随着以农为本向以工商为本的经济观念与国策的转变，随着资本主义工商业的发展，旧有的国家管理机构显然不能适应社会的发展，于是有了清末新政期间国家最高行政管理机构的重大变革。就财政税收方面来说，户部改为度支部，是国家最高行政机构迈向现代化的第一步。

中华民国成立，南京临时政府与北京政府继承清末新政的改革成果，在度支部基础上设立财政部，作为民国初年重要的经济部门、最高国家财政管理机关，管理国家赋税、公债、库帑、钱币、会计、官产等事务，监督所辖各官署及府县与公共之财产，是国家财政机构迈向现代化的第二步，凸显现代化特色，为国家财政机构现代化奠定了基础，这是非常可喜的。民初财政部初步具备了现代化特征，具体表现为三点。

第一，财政部内部机构设置的现代化。财政部机构设置，是由法制局拟订方案，经参议院审定，由大总统公布施行，集思广益而具有法律效力。财政总长主管全国财政事务；设次长二人，一人管理部务，一人管理盐务署。财政部下设总务厅和赋税、会计、帛币、公债和库藏五司，另外专门设置盐务署、烟酒署、税务处、印花税处和官产处等部门。各职官各机构权限职责分明，总长承大总统之命，掌管本部事务，监督所属职员并辖各官署。财政总长对于各省巡按使及各地方最高级行政长官之执行本部主管事务，有监察指示之责。次长二人，辅助总长整理部务。每司设司长一人。赋税司掌国税之赋课及征收，还包括财政部所管之税外一切收入事项等；会计司主管总预算、决算事项，预备金之支出，金钱及物品会计事项等；泉币司主管整理币制、金属货币及生金银输出入、监督造币厂及银行、发行纸币等；公债司主要掌握公债之募集发行、出纳管理等；库藏司主要掌理国资之运用出纳、发款命令之稽核、国库之出纳管理、监督金库及出纳官吏等。各机构各司其职，各负其责，没有了叠床架屋及相互推诿现象，行政效率大为提高。

第二，财政部管理人员的现代化。除了文中主要介绍的熊希龄、周学熙之外，尚有周自齐、龚心湛、张弧、李士熙、贾士毅等，他们或曾任总次长，或长期任司长、参事，都是民初著名财经专家。他们专业水平较高，或毕业于经济学专业，或有着管理财经方面的丰富经验，视野较宽，专业知识过硬。

第三，正因为财政部职员的现代化，所以他们的作为及制定的财经政策都具有财经现代化趋向。他们学习西方，结合中国实际，大胆进行改革。诸如首创国家税与地方税的划分，建立中央集权化的财政管理体系；提出和运用"公平普及"的租税原则，整顿田赋、盐税等旧税，开办印花税、烟酒公卖，进行所得税、遗产税立法。他们的改革，不仅改变了民初财政窘迫的困境，而且使国库有了一定的积余，"中央威信已著，各省解款皆能如数而至。关、盐两税亦集权中央，故库有存余，且约计每年可余二千万"。[①] 后人将 1915 年称之为"我国财政之黄金时代，当时财政已能收支相抵，为后来所未有"。[②] 这是非常了不起的。虽然这样的业绩不能都归功于财政部，但财政部的业绩、财政部政策的实效也不能隐匿为讳。

民初财政部固然取得了比较明显的成效，但财政受制于半殖民地半封建的体系没有改变，借款及利息需要偿还，赔款需要按时缴纳，关税、盐税等需要作保，"关余"才能作为中国政府的收入。所以中国财政严重依赖于列强而不能自主，这是其一。其二，财政收入的多寡还与经济的发展密切相关，北京政府的其他经济部门如农工商部、交通部等制定了不少发展资本主义工商的政策与法规，刺激中国经济、中国实业的发展，但我们在研究财政部的过程中却很少发现财政部这方面的作为，仅发现《民国实业银行章程》与发展经济有着直接的关系。民国实业银行是财政部创办的银行，其总纲第一条宣布："本银行以辅助实业发达或改良为宗旨，定名民国实业银行。本银行经财政部核准注册给照，并请农商部备案。"[③] 民初银行金融业在财政部职权范围之内，如何利用金融业促进国家经济的发展，财政部在这些方面应该说是有欠缺的。另外，袁世凯奉行中央集权主义，财政集权中央取得实效，但对与地方的关系的处理则有不足。袁世凯以后，地方势力再度膨胀，军阀控制地方财政，财政部受制于军阀，财政部的权威性与神圣性便大打折扣了。

---

①　周学熙：《周止庵先生自编年谱》，周小鹃编《周学熙传记汇编》，第 40 页。
②　周小鹃编《周学熙传记汇编》，第 223 页。
③　《民国实业银行章程》，《政府公报》1915 年 8 月 29 日。

第四章　陆军部研究

　　陆军部是民初最具实力的国家军事管理机构，在海军尚弱、空军尚未创办的情况下，陆军部掌控的陆军肩负着保卫国家安全、维护社会稳定的重任。陆军部承继清末陆军部、南京临时政府陆军部进一步发展，专业化、知识化、现代化水准较高。陆军部总长、次长均为军事院校毕业，学有专长；其下辖一厅八司，一厅即总务厅，八司即军衡司、军务司、军械司、军学司、军需司、军医司、军法司、军马司，八司司长几乎是清一色的国内外军事院校高才生；八司之下的各科科长，也几乎都有军事学的学历。民初陆军部的成绩较为明显，将辛亥革命中膨胀起来的一百多万军队精简到六十万上下，与民初社会相适应。以保定军校为核心的军事院校，培养了一大批军事人才，整顿统一了全国兵工厂，统一了军事武器标准，为陆军进一步现代化奠定了基础。遗憾的是，袁世凯以后，地方势力坐大，军阀兴起，军事恶性发展。

第一节　民初陆军部的设立

　　近代中国真正现代意义上的陆军管理机构起步于中华民国南京临时政府，虽然南京临时政府存在时间不长，但它打破了中国行之千年的各项传统行政制度，创立了全新的近代范畴的行政管理模式，其意义不可谓不大。因时局变幻，代之而起的中华民国北京政府继承了南京临时政府的行政体例，并在运行中针对其缺陷和不足之处不断改良、完善。陆军部在各方面的表现可圈可点，使近代中国军事管理早期现代化大大向前推进。本节从清末陆军部入手，探寻其在民初的沿革损益。首先，着重探求《陆军部官制》在民初波诡云谲的政局中的几次蜕变，关注南北妥协后南京临时政府的部分制度为北京政府所沿用，并在运行中不断完善；其次，考察陆军部中央和地方机构设置在两部约法中的演变；最后，聚焦中央集权后，袁世凯侵夺陆军部军权，致使其与段祺瑞关系恶化，最终迫使段辞职隐退，陆军部失位。但袁世凯此后在操作帝制上的失败，为段祺瑞制造了重掌大局的机会，陆军部大权失而复得。本节通过对陆军部种种变化的考察，以期进一步理解该时期复杂的政治形势。

一　陆军部的沿革

庚子激变之后，朝野弥漫着类似甲午战后曾有的耻辱和悲愤的情绪，军事改革再次被提上日程。朝廷一再发布上谕要求地方各督抚整饬军政，广建武备学堂，培养"将才"，同时，"将原有各营，严行裁汰，精选若干营，分为常备、续备、后备、巡警等军，一律操习新式枪炮，认真训练，以成劲旅"，对于玩忽职守者，"即行严参惩办"。[①] 始于胡燏棻的晚清编练新军工作，朝着全国范围铺排开来。

为统一全国新军的编练、整顿武备、建立新的国防力量，成立新的领导机构迫在眉睫。加之日俄战争一触即发，形势不变，清政府急需一个统一的军事领导机构来应付时局。因此，朝廷于 1903 年 12 月 1 日诏令设立"练兵处"，派庆亲王奕劻总理练兵事务。袁世凯近在北洋，且有练兵经验，充会办练兵大臣，铁良襄同办理。[②] 12 月 24 日，制订练兵处分设司科管理章程，并将兵部的编练新军事项划入，且人事、经济、训练、指挥完全独立。练兵处的设立，使全国编练新军活动有了一个统一的领导机构，其成立"时虽不久，而当时新军制度，悉由处订定颁行，各省视之，均奉为金科玉律，及其后时有增损，顺其根基所树，终未能出其范围"。[③] 这一评价的前半部分也许有些夸大，但最后的结论不失为定论。由于当时掌管全国军事的兵部并未裁撤，与练兵处权限不明，事权不一，严重影响到各项工作的展开，致使两机关时有摩擦。

清末新政渐次深入后，逐渐转向政治体制改革。1906 年 11 月 6 日，清政府下令中央官制改革，规定中央行政机构设外务、吏、民政、度支、农工商、邮传、陆军等 11 个部。就陆军部改革而言，将"徒拥虚名"的兵部"正名为陆军部"，把练兵处、太仆寺并入，应设的海军部和军谘府

---

① 《清实录·德宗实录》第 522 卷，中华书局，1987，第 10 页。
② （清）朱寿朋编《光绪朝东华录》，张静庐点校，中华书局，1958，第 4718～4719 页。
③ （清）朱彭寿撰《安乐康平室随笔》，何双生点校，中华书局，1982，第 187 页。

于未设之前，暂归陆军部管理。① 1907 年 5 月，陆军部奏订新官制，拟设二厅十司二处：二厅即承政厅、参议厅；十司为军衡司、军乘司、军计司、军实司、军制司、军需司、军学司、军医司、军法司、军牧司，每司设司长 1 人，其下设科不等；二处即军谘处、海军处。陆军部的正式设立，在中国军事史上具有里程碑意义，它既是中国 20 世纪军事变革的重要成果，又进一步推动了军事制度的改革和发展。尽管清末体制变革是一种被动状态下的改革，但在客观上仍对中国军事的早期现代化进程具有积极作用和深远影响。

清末陆军部机构设置前后有两次变化。1910 年 12 月，陆军部重新厘定官制，将原来二厅十司二处缩编为八司一处：承政、军衡、军制、军医、军实、军牧、军需、军法八司和番计处。② 这次改革对各司处重新整合，变化很大，但仅系过渡性质。三个月后，该官制再度修改，将前订八司一处再改为七司二处，司下分科如下：承政司，下设四科；军制司，下设七科；军衡司，下设四科；军需司，下设三科；军医司，下设二科；军法司，不设科；军牧司，下设二科；陆军审计处，下设二科；军学处，下设六科。③ 陆军部这一建制，直至清帝退位，未有变更。

概言之，不论是练兵处，还是陆军部，都是在编练新军进程中应时而生的机构，其主要的驱动力，都源于新军内在的发展需求。伴随新军扩展的轨迹，军事管理机构逐步由区域性向全国性扩展。同时，它也是权力分配和折冲的产儿——练兵处为督练新军和应付日俄战争而设立，陆军部则是中央官制改革和机构优化重组的产物。这些机构，尤其是陆军部，对规划全国整体军事改革发挥了极其重要的作用，其继承和扬弃练兵处的政策，主持或参与制定了一系列推进新军和国防建设的新举措，有力地推进了中国陆军早期现代化的进程。

1911 年武昌起义爆发，清王朝覆灭，陆军部作为中央政府的职能机构，成为这一毁灭进程的加速器。清工朝穷途末路时，军人扮演起"激进派"的角色。军队作为民族主义和社会改革的先锋，是新兴中产阶级中最有内聚力

---

① 《清陆军部奏折·奏为核议陆军部官制并酌拟办法折》，《清陆军部档案资料汇编》（第 1 册），全国图书馆文献缩微复制中心，2004，第 199 页。

② 《宪政编查馆军谘处陆军部会奏厘定陆军部暂行官制大纲列表呈进折》，《政治官报》1910 年 11 月 15 日。

③ 姜克夫：《民国军事史略稿》（一），中华书局，1987，第 14 页。

和纪律性的成分，其对社会的影响是"革命性"的。[①] "新军的重大意义，不仅在于它已被证明是毁灭清王朝的工具之一，而且还在于它是改革年代的重要产物。"[②] 陆军部主持下所编练的新军与清政府的初衷背道而驰，新军未能成为防外御内的依靠力量，反而一跃而为反清主力，清廷只能饮下这杯"种瓜得豆"的苦酒。清政府灭亡后，代之而起的便是民国陆军部。

清末陆军部虽然在革命进程中覆灭，但其仍为民初陆军部留下了一份可观的"遗产"。

第一，组建起规模庞大的新军。陆军部成立后，积极规划全国编练新军事务，1907 年重申分省限年编练新军三十六镇的方案，除袁世凯已练就的北洋六镇外，其余三十镇全属续办之列。根据各省防务需求及人力财力状况分派续办名额："江苏、湖北各两镇，山东、山西、陕西、新疆各一镇，四川三镇，限三年；江北、安徽、江西、河南、湖南、热河各一镇，限四年；广东、云南、甘肃各两镇；广西、贵州各一镇，限五年；浙江、福建、奉天、吉林、黑龙江各一镇，限两年。"[③] 事实上，除东三省及其他几个少数省份外，大部分地区都消极应付，截至 1911 年清廷覆灭前，全国仅编成连北洋六镇在内的十四镇十八混成协四标一禁卫军，按编制成军计算，"总计新军共十三万一千八百余人，而北洋六镇的兵力就有七万四千五百余人"。[④] 结果虽与原定目标相差甚远，但这是陆军在编练新军方面最大的成就，"也是陆军部的巅峰时代"。[⑤] 清廷这十数万新军，都为民初陆军部所接管，成为巩固统治的支柱力量。

第二，机构设置上显示出科层制特征。近代科层制（又称官僚制）理论的一个重要原则，就是机构因事而设，分工明确，职责清晰。清末陆军部的机构设置与职能划分，基本上反映出这一理论的特征。从陆军部起初的二厅十司二处，到后来修订的七司二处，厅、处、司、科的设置，职司

---

① 〔美〕塞缪尔·P. 亨廷顿：《变化社会中的政治秩序》，王冠华、刘为等译，人民出版社，2008，第 181～182 页。

② 〔澳〕冯兆基：《军事近代化与中国革命》，郭太风译，上海人民出版社，1994，第 310 页。

③ 《清实录·德宗实录》第 576 卷，第 19 页。

④ 姜克夫：《民国军事史略稿》（一），第 17 页。此数仅为《清史稿》统计的光绪三十三年的编练数字，实际到武昌起义之前，清政府编练的新军有 20 多万。参见张华腾《清末新军》，人民出版社，2019。

⑤ 刘凤翰：《晚清新军编练及指挥机构的组织与变迁》，集刊编辑委员会编《中研院近代史研究所集刊》第 9 期，台北中研院近代史研究所，1978，第 229 页。

专门，权限明晰，有利于各级军事的统筹规划、分类管理和协调发展。这种机构设置模式，为民初陆军部所延续、扩充和完善。

第三，培养了一大批近代军事人才。清末陆军部培养中国陆军军事人才，只有两个途径，一是聘用外国军官来华训练和创办新式军事学堂，二是派遣军事留学生和出国考察军事人员。据民初陆军部调查，在清末，中国共培养了四五千名中下级军官，并且几乎全部为后来的民初陆军部所吸收、延揽。在陆军部各机构中，上至总长段祺瑞，次长蒋作宾、徐树铮，中及各司司长、科长，下至各科科员，由清末陆军部培养的军事人才无处不在。至于军队、学校，更是这批军事人才的集中分布地，甚至各省都督也不乏留学生出身者，如云南都督蔡锷、山西都督阎锡山、江西都督李烈钧等皆毕业于日本陆军士官学校。

表 4 – 1　1899 ~ 1909 年中国留学日本陆军士官学校员额

单位：人

兵科	第一期	第二期	第三期	第四期	第五期	第六期	第七期	第八期	第九期	合计
步　兵	22	16	35	37	23	107	28	28	29	325
骑　兵	4	2	12	34	8	11	10	10	6	97
炮　兵	9	4	28		11	17	12	11	1	93
工　兵	5	3	16	9			5	5	1	52
辎重兵			4	3		8				15
合　计	40	25	95	83	50	143	55	54	37	582

资料来源：郭荣生校补《日本陆军士官学校中华民国留学生簿》，台北：文海出版社，1966，第 1 ~ 65 页。

二　民初政局与《陆军部官制》

（一）南京临时政府的困厄与首部《陆军部官制》夭折

武昌举义，各省相继响应，未及两月，革命党人迅速奄有南方半壁江山。这种突然的胜利，连孙中山都很惊讶："起事不过数旬，光复已十余行省，自有历史以来，成功未有如是之速也！"[①] 这种胜利对于并未做好建立全国性政权准备的革命党人来说是始料未及的，因而，筹建中华民国中央政府迫在眉睫而又困难重重。就中央政府建在何处这一问题，革命阵营

---

① 《临时大总统宣言书》，《临时政府公报》1912 年 1 月 29 日。

内众说纷纭，主要有武昌和上海之争。后江浙联军攻克南京，武汉与上海两地关于成立新政府地点的争执，因双方皆属意南京而得到解决。

在此过程中，各省都督府代表齐聚武汉，商讨组织临时政府事宜。各省代表联合会以制定《中华民国临时政府组织大纲》（以下简称《大纲》）为首要任务。1911 年 12 月 3 日，《大纲》经审议通过，其对中华民国新生政权机构运作做了初步擘画，成为中华民国南京临时政府组建的依据。由宋教仁主持起草的《大纲》，以责任内阁制为主导，权力中心在内阁，总统处于统而不治的地位。12 月 25 日，孙中山从海外归来，他认为责任内阁制不符合当时政情及行政需求："内阁制乃平时不使元首当政治之冲，故以总理对国会负责，断非此非常时代之所宜。吾人不能对于惟一置信推举之人，而复设防制之法度。"① 因此，他立即在上海召集同盟会骨干，开会研讨临时政府组织事宜，并力主实行总统制，反对宋教仁的内阁制主张。12 月 31 日，孙中山提出修改《大纲》，并派黄兴由沪至宁陈说修改情由。修改后的《大纲》由责任内阁制改为总统制，"对原《大纲》的缺陷和不足，进行了弥补，不妥之处，作了一定程度的调整，总的看来是积极的"。② 但客观而论，这一调整仍不免有因人立法的嫌疑。

1912 年 1 月 1 日，中华民国临时政府在南京正式成立，标志着辛亥革命取得阶段性胜利。"自上而下的革命本来是推动现代化的最激进方式。但一场革命变革社会的实际成效与变革方向，并不取决于革命家的主观愿望，而取决于各种主客观条件。"③ 罗荣渠的这一论断，精准概括了革命活动往往受制于环境影响。虽然革命党正式建立起与清政府对峙的政权，但其生存环境异常恶劣。在财政方面，因局势尚未明朗，西方各国均以"金融中立"为借口，拒绝向南京临时政府贷款；在战局方面，北洋军在几次战斗中接连胜利，明显占据优势；在外交方面，民国初期西方列强采取"中立"态度，拒不承认南京临时政府的合法地位，后在南北形势明显倾向于北方后，西方列强撕下"中立"的伪装，皆倒向了袁世凯控制下的清政府。这一切不利因素促成了南北议和局面的出现。

---

① 《胡汉民自传》，《近代史资料》1981 年第 2 期。
② 李学智：《民国初年的法治思潮与法制建设——以国会立法活动为中心的研究》，中国社会科学出版社，2004，第 54 页。
③ 罗荣渠：《现代化新论——世界与中国的现代化进程》（增订本），商务印书馆，2004，第 319～320 页。

北方袁世凯集团在接连胜利的情况下，向南方伸出了"橄榄枝"，主张"和平"。南京临时政府在困厄的局势面前，被迫与北方接触。孙中山本来反对与北方妥协，但由于他从海外归来时和谈已经展开，故只得认可这一既定事实。以同盟会为主体的南方在武力北伐、推翻满清、建立共和政府等方面毫不妥协，而北洋集团则要求统一后的中国由袁世凯出任新政府首届大总统。北洋集团的这种"情愫"在靳云鹏的话中表露无遗："北军之主动在袁，北军将士之感情亦在袁。倘南军果能赞成推袁之举，（则所有问题皆）迎刃而解。"① 可以说，"袁世凯的主动议和与同盟会期待袁世凯反正二者之间的共同点，促使了两大政治集团的联盟与合作"，② 也正是这种各取所需，成为和谈持续进行的动力。当孙中山向袁世凯做出"清帝实行退位，宣布共和，则临时政府绝不食言，文即可正式宣布解职，以功以能，首推袁氏"③ 的承诺后，袁世凯遂开始加快逼迫清帝退位的步伐。1912 年 2 月 12 日，清帝被迫下发退位诏书，清王朝就此灭亡。

清帝退位同日，袁世凯发表政见，赞成共和。2 月 13 日，孙中山向参议院提出辞职，并推举袁世凯继任，认为"此次清帝退位，南北统一，袁君之力实多，发表政见，更为绝对赞同，举为公仆，必能尽忠民国。且袁君富于经验，民国统一，赖有建设之才，故敢以私见贡荐于贵院。请为民国前途计，无失当选之人，大局幸甚"。④ 2 月 15 日，南京临时参议院一致选举袁世凯为中华民国临时大总统，并将选举情况致电袁世凯："查世界历史，选举大总统满场一致者，只能华盛顿一人，公为再见，同人深幸公为世界之第二华盛顿，我中华民国之第一华盛顿。统一之伟业，共和之幸福，实基此日。"⑤ 中华民国临时政府将袁世凯与美国的华盛顿相比，可见是时袁世凯人气之盛，以及民众对其寄予希望之高。

① 廖少游：《新中国武装解决和平记》，中国社会科学院近代史研究所近代史资料编辑组编《辛亥革命资料类编》，中国社会科学出版社，1981，第 352 页。

② 张华腾：《对立中的统一——辛亥革命前后同盟会、北洋集团关系述论》，《江海学刊》2006 年第 1 期。

③ 中国社会科学院近代史研究所中华民国史研究室等编《孙中山全集》（第二卷），中华书局，1982，第 23 页。

④ 中国第二历史档案馆编《中华民国史档案资料汇编》（第二辑），江苏古籍出版社，1991，第 81 页。

⑤ 中国第二历史档案馆编《中华民国史档案资料汇编》（第二辑），第 83 页。

南方为了保障民主共和在袁世凯手上不至变更，要求袁世凯南来就职，而北洋集团则认为定都北京更为符合时局要求，继而引发了"迁都之争"。在迁都之争中，因社会舆论及"大部分人是站在国家大局、民族利益的高度上来看待这一问题的"，① 双方最终决定定都北京。南方在定都问题上没有达到约束袁世凯的目的，转而为袁"量身打造"了《中华民国临时约法》（以下简称《临时约法》），并赶在袁世凯就任次日发布出来。该约法将中华民国的政体由总统制改为责任内阁制，借以架空袁世凯的权力。孙中山曾很有见地地认为内阁制是国家承平时的一项好制度，但不为非常时期所适宜。斯时，中国处于从帝制向共和迈进的过渡时期，相对集权的总统制是比较符合国情的。孙中山在组建南京临时政府时曾将内阁制改为总统制，并且事实证明，总统制在当时的国情下是可行的，而南方党人仅为变更领导人，就以保障共和为由，制定新宪法来限制袁世凯的行动，这种因变更领导人而更改国家体制、修改国家根本大法的做法，备受时人和后世研究者的批评："无故变更总统制为内阁制，约法因人而立，刻意剥夺大总统权，已无人不知，亦无不指摘其失当者矣。"② 蔡锷亦愤而批驳："彼时兵事甫息，民意未申，且起草各员仓卒竣事，不暇详考。夫中国国情国势，复于国家机关权限值分划，不免参以成见。"③ 韦庆远也对《临时约法》所造成的消极影响进行了客观分析："虽然它的用意在于保护革命成果，但在资产阶级民主和政权建立初期，它首开了因人立法之风，因人立法反映出很大的封建人治主义色彩。因为法随人变，就造成了人的意志高于法的意志。"④

南北和谈，南方明显处于弱势。"衡量一种政治力量总是首先看支持它的军事的大小，也就是说，政治党派影响的大小，取决于他们所能控制的军队的数量与质量。"⑤ 南京临时政府因实力不济在和谈中逐步退出，但在其存在期间，仍做了不少有益的尝试，尤其是在规章制度的制定上。随着南京临时政府行政各部先后成立，为加快各部规章建设，孙中山要求法

---

① 张华腾：《统一中的对立——民国元年同盟会、北洋集团的合作与斗争》，《历史档案》2006 年第 2 期。

② 夏新华等整理《近代中国宪政历程：史料荟萃》，中国政法大学出版社，2004，第 318 页。

③ 曾业英编《蔡松坡集》，上海人民出版社，1984，第 775 页。

④ 韦庆远主编《中国政治制度史》，中国人民大学出版社，1989，第 458 页。

⑤ 〔美〕拉尔夫·尔·鲍威尔：《1895～1912 中国军事力量的兴起》，陈泽宪、陈霞飞译，中国社会科学出版社，1979，第 1 页。

制局尽快制定各部官制通则及各部、院、局官制，"以利推行"。① 1912 年 2 月 6 日，孙中山咨请参议院尽快审议《各部官制通则》等 19 部官制，至 3 月 12 日之前，已经议决的只有《南京府官制案》和《各部官制通则》，其余 17 部未开议或未审议完毕。在接下来的时间里，参议院集中时间审议各部、院、局官制官规案，在 4 月 4 日的会议上，主持会议的副议长王正廷向各位议员强调："政府北上在即，现应尽先将各官制议决。"② 为了完成这项政治任务，参议员加班加点工作，至 4 月 6 日临时参议院最后一次会议时，完成了最后一部官制——《海军部官制案》的审议工作。这 17 部官制均是在 20 余天内通过的，堪称立法史上的奇迹，其中也包括《陆军部官制》30 条。③ 该官制于 1912 年 4 月 20 日在《民立报》发布。此时南京临时政府已经完成了它的使命，历史的车轮转入北京政府时代。

（二）《临时约法》下的《陆军部官制》

清帝退位后，南北双方因"迁都之争"，致使组建统一政府的工作无法提上日程。基于此，黎元洪致电孙中山等，提出"力祛成见，共济时艰，早定国都，组织政府，庶可收中央统一之效，杜外人干涉之渐，其余问题，尽可从容解决"。④ 蒋尊簋也认为，统一政府一日不立，政令难以通畅，只有建立中枢，"庶可弭各界之纷争，谋全国之统一"。⑤ 实际上，袁世凯早在 1912 年 2 月初就开始着手安排筹建新政府行政各部的各项工作，孙中山辞职、推荐其就任新任大总统的当天，袁世凯就以"全权组织临时共和政府"的名义发表文告："政府机关，不容有一日之间断。现值组织临时政府，所有旧日政务，目下仍当继续进行。庶政方新，百端待举，全赖群策群力，互相匡济，务以保全治安、共维大局为要着。在新官制未定以前，凡现有内外大小文武各项官署人员，均应照旧供职，毋旷厥官。所有各官署应行之公务，应司之职掌，以及公款、公物，均应照常办理，切实保管，不容稍懈。"⑥ 由于统一政府尚未成立，在新旧过渡时期，

---

① 《大总统咨参议院编定各部官制》，《临时政府公报·令示》1912 年 2 月 6 日。
② 李学智：《民国初年的法治思潮与法制建设——以国会立法活动为中心的研究》，第 87 页。
③ 《咨参议院请核议各部官制文》，《孙中山全集》（第二卷），第 65 页。
④ 汪钰孙编《黎副总统书牍汇编》（卷一），台北：文海出版社，1985，第 8 页。
⑤ 汪钰孙编《黎副总统书牍汇编》（卷一），第 28 页。
⑥ 《全权组织临时共和政府袁布告内外大小文武官衙》，《临时公报·通告》1912 年 2 月 13 日；章伯锋、李宗一主编《北洋军阀（1912~1928）》（第 6 卷），武汉出版社，1990，第 6 页。

袁世凯以"改良政治"为名,在北京崇文门内堂子胡同设立临时筹备处,作为就职前筹设各部机构的咨询顾问机关,[①] 直到 4 月 21 日才下令裁撤该机关。[②] 袁世凯就任临时大总统后,开始组建北京政府,他要求前清政府中央各部"于日内将本部案卷交于临时筹备处点收",继而命令各部主管"限于三星期内务将本部一切案卷检出备齐,以便新内阁成立时对部交代"。[③]

1912 年 4 月 29 日,中华民国北京政府成立,但行政各部因组建时间紧迫,并未出台新官制,因而各部相继沿用了南京临时政府的临时官制。《陆军部官制》成为新官制出台前陆军部组建的基本准则。陆军部按照该官制相应任命了参事、秘书长、各司司长,部内秘书、编纂、司务、主计及各科科长亦经部委职任事,分司分科办理部务。陆军部作为全国最高军政机构建立起来。北京政府行政各部相继重组任事,稳妥履行各部事务,积极开展战后社会的重建工作。为适应全国性统一政权的需要,重新修正行政各部的官制势在必行,诚如黎元洪《致中央及各省请速颁官制》所述:

> 政府虽幸告成,各国尚未承认,欲扶持危局,必先尊重国权,欲尊重国权,必先划一官制。自东南反正,仓卒更张,沿事设官,因人建署,机关林立,譬彼乱丝,流弊所趋,更仆难数,官无常格,人有强权,角长争雄,莫相为下。党厚者既席势以兼包,位卑者复抗颜而独立。斩群龙于穴隙,揣寸木于岑楼,秩序荡然,莫可究诘,一也;省无定制,署无定员,别部分曹,随心所欲。名籍齐于熊耳,冠盖密于牛毛,椎推怨脱,终日营营。前灭后增,朝生暮灭,棼扰孔亟,偕莫惩嗟,二也;军民樛结,府县纷歧,因革损益,漫无标准,各阿其党,各恂其乡,一方则溪水分流,千里则车轮异轨迷离扑朔,莫知适从,三也;裂土分疆,省自为政,倭冠美履,采制各殊。夫东周列国,西德联邦,纵风尚之不同,岂宪章之互别?纲隳呇废,弦断琴残,魑魑前途,罔知税驾,四也;新旧搀杂,南北乖离,非燕藩之北

① 《临时筹备处规约》,《临时公报·规约》1912 年 2 月 22 日;《袁总统新设临时筹备处》,《申报》1912 年 2 月 29 日。
② 章伯锋、李宗一主编《北洋军阀(1912~1928)》(第 6 卷),第 12 页。
③ 《袁总统交谕各部预备交代》,《大公报》1912 年 3 月 21 日。

徒，而秣陵久设分郡，等周命之维新，而沫土犹沿□制，民情惶惑，争议沸腾，刺史、节度之议，则讼诸牍书，公推、简任之争，则诉诸失石，戈操共室，剑击同舟，谁秉国成，铸此大错，五也。因此数端，遂生奇祸，言军政则波谲尘飞，大权旁落；言司法则猩喂鬼啸，上诉无门；言民事则苛税繁兴，贪吏交作，神明之胄，降为舆台；言度支则府海自雄，债台私筑，开门揖盗，白首同归，昊天不庸，降此大庆，哀我胞舆，沦膏以铺，诸公何忍视此！窃谓临时官制，必须早日议决颁行，俾全国有所准则，然后量才授职，为事择人，道一风同，源澄流治。以此布政，何政不兴，以此交邻，何邻不服？①

有鉴于此，北京政府开始酝酿新的官制，法制局在国务总理的督促下，依照《中华民国临时约法》的精神拟定了《各部官制通则》（以下简称《通则》）20 条作为中央行政各部成立的准则，并由临时大总统袁世凯于 7 月 18 日公布各部院周知。《通则》中明确规定，各部总长"就主管事务，依其执权或特别委任得发部令"，"对地方官得发训令及指令"，"于地方官之命令或其处分认为违背法令或逾越权限者，得停止或撤销之"。各部总长有事时，除列席国务会议、副署及发部令外，得令次长代理其职务。各部在建制上均要求设置总务厅，总务厅及各司之分科由各部总长决定。次长为简任官；参事、司长、秘书、佥事为荐任官；主事为委任官。"各部总长统辖所属职员，简任官、荐任官之进退，会同国务总理呈请大总统行之，委任官之进退由总长专行之。"同时，《通则》还对官员员额及职务等做了明确规定：次长（1 人）辅助总长整理部务，监督各职员；参事（2～4 人）承总长之命掌管拟定及审议法律、命令案事务；各司司长（1 人）承总长之命总理一司事务；秘书（4 人）承总长之命分掌总务厅事务；佥事（总务厅及各司均不得超过 8 人）承长官之命分掌总务厅及各司事务；主事（各部自定）承长官之命助理总务厅及各司事务。②

---

① 汪钰孙编《黎副总统书牍汇编》（卷一），第 34 页。
② 《各部官制通则》，《政府公报·法律》1912 年 7 月 19 日。

表 4-2　陆军部行政官等

特任	简任		荐任			委任			
	一等	二等	三等	四等	五等	六等	七等	八等	九等
陆军总长	陆军次长	陆军次长		陆军部秘书、四等始者限一人					
			陆军部秘书	陆军部秘书	陆军部秘书				
			陆军部参事	陆军部参事					
			陆军部司长	陆军部司长					
				陆军部秘书	陆军部秘书	陆军部秘员	陆军部秘员	陆军部秘员	陆军部秘员
				陆军部副官	陆军部副官	陆军部司副官	陆军部司副官		
			陆军部技正	陆军部技正	陆军部技正	陆军部技士	陆军部技士	陆军部技士	陆军部技士

资料来源:《中国大事记》,《东方杂志》第 9 卷第 6 号,1912 年 12 月 1 日,第 14 页。

根据《各部官制通则》,《陆军部官制(修正案)》于 7 月 26 日交付参议院初读会上讨论,政府委员提出陆军部官制修正原因有三:"其一,因《各部官制通则》已修正,各部官制皆有互相关系之处,及互相一致之处,《各部官制通则》既修正,则陆军部官制亦当修正;其二,为原案陆军部分司只有七司,修正案增加马政司一司,改为八司。其所以增加之理由,因马政之事,在军事上非常郑重,原案关于马政之事,全然漏列,必致将来改良马政之事,无从办起。且陆军强与不强,一半关于马政,在军事上实非常重要。现在马政不修,屡向外国购马,财资外输亦太甚。况蒙古地方,在前清时代,本有关系马政之事,且为陆军部所管辖,此时斟酌情形,自然必须设立;其三,陆军部职员大概以军人充任,而需用文官之地方甚少,此为与他部不同之点。"① 《陆军部官制(修正案)》得到多数参

---

① 《参议院第四十七次会议速记录》,《政府公报·附录》1912 年 8 月 10 日。

议员认可而获通过,"遂决意交法制审查"。① 8 月 31 日,《陆军部官制》刊布。

将 1912 年 8 月的《陆军部官制》(以下简称"八月官制")与南京临时政府的《陆军部官制》(以下简称"临时官制")做一简单比较,无论从宏观还是微观上来看都明显表现出差异性。

首先,从宏观上来看,"临时官制"较"八月官制"的条数多了几近一半,前者有 31 条,2600 余字之多;而后者仅 16 条,1800 余字。这种表面呈现出来的巨大差异主要由于"八月官制"是在较完备的《各部官制通则》下编纂的,仅将各司所执掌事宜以粗线条定之,并未涉及司以下的各科建制及执掌事宜;而"临时官制"事处陆军部草创阶段,对各司、科分管事宜都事无巨细地做了明确规定,从而有利于陆军部的顺利组建,这也是为何在北京政府陆军部组建时依然采用"临时官制"的原因。实际上,"八月官制"除军马司外,各科较此前建制几无变化,修正案只是对各科部分执掌事宜进行了宏观概括、重组,故而无论是条款还是字数都有明显的缩减。从各司设置来看,"八月官制"增加了"军马司",变为八司,较"临时官制"多出一司。军马司的增加是陆军部考察各国马政后所做出的选择。清中叶以后,八旗兵窳惰不堪,骑兵亦无可幸免,马政改良遂被荒废。清末民初马匹体小力弱,直接影响骑兵部队的作战效果,故陆军部专设军马司,以专其责。

其次,从微观上来看,"八月官制"中陆军部职员的设置严格按照《各部官制通则》规定,无论是简任官的次长,还是荐任官的参事、司长、秘书、佥事,均未超出上述定额;而"临时官制"还设置参事 1 人、秘书 3 人、编纂 5 人、主事 1 人、司长 7 人、副官 7 人,另有科长、科员、录事、手工等职。② 从陆军部的职权上说,"八月官制"明确遵照《临时约法》要求的责任内阁制精神,强调内阁代总统向国会负责,突出国务员的副署权,这就赋予了陆军总长极大的权力,同时,依据《各部官制通则》中对各部总长的规定,陆军部在管辖陆军军政方面具有很大权力,而这些在"临时官制"中却没有体现。

---

① 《参议院第四十五(七)次开会纪事》,《盛京时报》1912 年 7 月 31 日。
② 《陆军部官制》,《民立报》1912 年 4 月 20 日。

（三）《中华民国约法》下的《陆军部官制》

同盟会在让位于袁世凯时，为其量身定制了旨在确保共和政体不被动摇的《中华民国临时约法》，但北京政府在其框架内的实际运作弊病丛生，内阁连番倒台，总理几经易手。究其根源，在于由总理向国会负责，让具有实力的临时大总统袁世凯处于无权状态；而民初共和初定，需要强有力的领导人维持局面。南方党人忽视了"事关国家根本制度，应根据国情、民意及社会发展趋势慎重决定，而不应以最高行政长官的人选更迭为转移"，① 这种"取他国印板之文，谬加效仿而加之厉"、② "对人立法"③ 所产生的危害，袁世凯在宣布增修《临时约法》时说得很清楚："本大总统内审吾国之现情，外察世界之趋势，窃以为民国草创，根本大法，虽不能取法于共和先进诸国，而事事削足适履，究其实，或将有利吾国者始，而害吾国者终，福吾民者求，而祸吾民者应。"④ 而"《临时约法》于立法权极力扩张，行政权极力缩减，束缚驰骤，使行政不得遂行，卒之筑室道谋，徒滋纷扰，贻害全国，坐失时机"，⑤ 这是促使袁世凯对《临时约法》渐次突破的主要原因。

《临时约法》运行之初，蔡锷就洞察出总统权力微弱、无法形成中央控制地方的格局。因此他致电袁世凯，阐述自己对《临时约法》与时局的见解："今者改弦更张，若不极力扶持政府，加之以实权，而复事事为之限制，时时为之动摇，国本不固，则国脉以伤，自保尤且不能，更无足以对外。"发生这种现象，蔡锷认为是《临时约法》和中国国情不符所致："中国固自有特别之历史、民情、习惯，而必求一一吻合于他国，所谓削足适履，有背而驰耳。"因此，他建议袁世凯，宪法"务期适合于现情，不必拘牵于成例"，⑥ 可修改《临时约法》。宪法与国情不符的情形，直接导致北京政府对各部官制的两次大修订，并最终催生了 1914 年 5 月 1 日《中华民国约法》的出台。此法代替了《中华民国临时约法》，使政权组织

① 杨天宏：《政党建制与民国政治走向》，社会科学文献出版社，2008，第 58 页。
② 毛注青等编《蔡锷集》，湖南人民出版社，1983，第 283 页。
③ 李剑农：《中国近百年政治史（1840～1926）》，复旦大学出版社，2007，第 310 页。
④ 白蕉：《袁世凯与中华民国》，中华书局，2007，第 105 页。
⑤ 白蕉：《袁世凯与中华民国》，第 110 页。
⑥ 曾业英编《蔡锷集》（一），湖南人民出版社，2008，第 796 页。

形式由责任内阁制演变为总统制，权力的重心由内阁让渡到总统手中，体制发生了根本性的变化。因而，此前在《临时约法》框架内制定的《陆军部官制》也应有相应调整以适应"袁记约法"的需求。于是，就有了同年7月经国会通过，继而公布的《修正陆军部官制》22条。

总体来看，1914年《陆军部官制》除了将军马司改称军牧司，在机构上基本没有大的改动，仅涉及部分员额的变化。诚如《民立报》对新旧《陆军部官制》的比照所示，新版官制将因部务需求所设双次长写入官制当中，成为定制；秘书由3人增为4人；纂译官由2人增为4人。

表4-3 1912年与1914年陆军部新旧官制比照表

	1912 年官制	1914 年官制
军衡司	10 项职事	10 项职事
军务司	19 项职事	19 项职事
军械司	8 项职事	8 项职事
军学司	11 项职事	11 项职事
军需司	21 项职事	19 项职事
军医司	9 项职事	9 项职事
军法司	5 项职事	5 项职事
军马（牧）司	5 项职事	5 项职事
总长	1 人	1 人
次长	1 人	2 人
参事	4 人	4 人
科长	无定额	不得逾 50 人
科员	不得逾 200 人	不得逾 200 人

资料来源：《各部分司与员额之新旧比较观》，《申报》1914年7月17日。

从表4-3来看，机构和人员设置方面确无太大变化，但从陆军部的职权方面看，新版官制有两点重大变化。[1]

其一，原各部总长均有一定职权，总长也是各部职权的行使者；依照修改官制规定，原属总长的职权一律改为部的所有职权，总长本身在法律

---

① 钱实甫：《北洋政府时期的政治制度》（上册），中华书局，1984，第97页。

上没有固定的职权，只是作为部的代表来行使部的职权。

其二，修订官制所规定的各部总长行使的职权主要有下列各项：①承大总统之命，管理本部事务，监督所属职员及各官署；②对于各省巡按使及各地方最高行政长官执行本部主管命令，有监察、指示责任；③关于主管事务对各省巡按使及各地方最高行政长官的命令或处分，认为违背法令或逾越权限时，得呈请大总统核夺。这些规定似乎和过去没有太大差别，但仔细分析便可发现，大总统的权力得到扩大，各部总长过去可以独立行使、不必一一向大总统请示的权力却相对被压缩了。

细察民国初年中国的国情，加强中央集权是极为必要的。1912 年 8 月，孙中山、黄兴迭受袁世凯电邀莅临北京，晤商要政。历经月余磋商，形成建设民国内政大纲 8 条，其中第 6 条要求在军事、外交、财政、司法、交通事务上皆取中央集权主义。① 可见，无论是已经退出政府的同盟会，还是掌握国家大权的北洋集团，都认识到当时加强中央集权的必要性和迫切性。同时，袁世凯还考虑到处于历史交替时期的民众的心理："虽易帝国为民国，然一般人民心理，仍责望于政府者独重，而责望于议会尚轻。使为国之元首而无权，即有权而不能完全无缺，则政权无由集中，群情因之涣散，恐为大乱所由生。"为改变"《临时约法》于立法权极力扩张，行政权极力缩减，束缚驰骤，使政策不得遂行"的现状，② 才制定了《中华民国约法》。《约法》刊布后，得到终生捍卫民主共和的斗士——蔡锷的认同，他认为："非集权统一不足以伸张国力，保障民权，非有强有力之政府，又不足以收统一集权之效也。"③ 章太炎也认为有必要强化总统权力，"宜请大总统暂以便宜行事"。④ 此外，"'督军专政'逐渐滋生出浓烈的地域特征，抵消或抹杀了原有国家军队的中央同属性质。这些因素，都使军事势力在革命时期积累的政治资源即其参政权逐步消耗殆尽。需要其回归本位，担当其原有国防及治安任务"。⑤ 革命中军人登上都督高位，建设强有力的中央政府，控制游离的地方军事力量，是国防发展的客观要求。可见，民初总统集

① 张国淦：《孙中山与袁世凯的斗争》，《近代史资料》（总 3 号），科学出版社，1954，第 145 ~ 146 页。
② 白蕉：《袁世凯与中华民国》，第 109 页。
③ 中国人民政治协商会议云南省委员会文史资料委员会编《云南文史资料选辑》第 10 辑，云南人民出版社，1962，第 105 页。
④ 朱宗震、杨光辉编《民初政争与二次革命》，上海人民出版社，1983，第 73 页。
⑤ 徐勇：《近代中国军政关系与"军阀"话语研究》，中华书局，2009，第 512 页。

权是符合历史发展要求的，并非像学界长期以来所持论调——集权单纯是袁世凯为后来实现帝制在做准备。

三 民初陆军部的行政机构

（一）南京临时政府陆军部

1912 年 1 月 1 日，中华民国临时政府在南京正式成立。1 月 3 日，中华民国临时大总统孙中山颁布了《中华民国临时政府中央行政各部及其权限》，中央行政计陆军、海军、外交、司法、财政、内务、教育、实业、交通共九部，直隶于大总统。该《权限》将各部行政长官称呼由"部长"改为"总长"，各部设总长 1 人、次长 1 人。陆军总长职务较前所述为细，管理陆军军政、军事、教育、卫生、警察、司法及编制军队事务，监督所辖军人、军佐；次长辅佐本部总长，整理部务，监督各局职员。① 同日，公布了南京临时政府内阁简任人员名单，各省代表会议同意了孙中山提出的各部总长人选，其中黄兴出任陆军总长，蒋作宾担任次长。② 1 月 5 日，孙中山举行了各部总长委任礼，黄兴正式担负起中华民国南京临时政府陆军部的统筹工作。但是根据规定，"总长取名，次长取实"，即各部实际事务是由次长来完成的，故南京临时政府时期的内阁又有"次长内阁"之称。③

1912 年 1 月 9 日，南京临时政府陆军部正式成立，其下分设军学、军医、军衡、军械、军法、军需、军务七局，局下设各科。④ 陆军部办公地点设于督练公所，⑤ 并于同日申报启用任事关防，⑥ 对各军将校通报此事。然而，此后各省军队及各团体或个人在函电中仍对黄兴有"大元帅""副元帅"等各式各样的称呼，使黄兴不得不再次登文澄清，要求来往函件称呼"陆军总

---

① 中国第二历史档案馆编《中华民国史档案资料汇编》（第二辑），第 8～9 页。
② 《简任员名》，《临时政府公报·纪事》1912 年 1 月 31 日；《致陈其美电》，《孙中山全集》（第二卷），第 7 页。
③ 章伯锋、李宗一主编《北洋军阀（1912～1928）》（第 6 卷），第 3 页。
④ 《南京电报》，《民立报》1912 年 1 月 9 日。
⑤ 郭廷以编著《中华民国史事日志》（第一册），台北中研院近代史研究所，1979，第 6 页；许师慎编纂《国父当选临时大总统实录》（上册），台北："国史丛编社"，1966，第 132 页。
⑥ 《陆军部申报启用关防》，《临时政府公报·纪事》1912 年 2 月 1 日。

长"："如再有沿用者，无论何事，概不作复，以正名义而保体制。"① 行政各部先后成立，却无一整套建设规章，这种失衡，严重制约了行政各部的发展。于是，孙中山要求法制局尽快制定各部官制通则及各部、院、局官制；官制草案甫一完工，孙中山即刻咨请参议院尽快审议《各部官制通则》等 10 部官制，其中就包括《陆军部官制》30 条。② 南北议和达成后，袁世凯于北京就任临时大总统，并被授权组建北京政府。正是在南京临时政府即将谢幕的背景下，参议院匆匆忙忙在半个多月时间内，完成了数十部官制的审议。《陆军部官制》在这种背景下产生，疏漏在所难免，即便如此，它作为民国陆军行政机构第一部官制，意义仍不可谓不大。值得注意的是，在这部官制中已将南京临时政府行政各部中的"局"改为"司"，另外增减了个别科室，如撤销军衡局中的考绩科、军需局中的建筑科和购办处，增添了军务司中的"工兵科"。

根据南京临时政府制定的《陆军部官制》，陆军部下设二处七司：二处为秘书处和副官处，七司包括军衡司、军务司、军械司、军需司、军学司、军医司、军法司。每司设置司长、副官各一人，副官协助司长管理本司事务。司下设科不等，如军学司设有六科，而军法司下则不设科。诸科由科长总领本科事务。根据需要，各科下复设一、二、三等科员，负责处理日常实际事务。此外，有时因特殊需要，还设置额外科员。因南京临时政府是在不对等的实力下达成的议和，政权中心便转移到北京，该官制在南京时期基本上未产生作用。

（二）北京政府陆军部中央行政机构

1. 新官制颁布前的过渡机构

1912 年 4 月 26 日，袁世凯任命徐树铮为陆军部秘书长，林摄、沈育文、翁之麟、罗开榜、方擎、施尔常、魏宗瀚为陆军部司长，金绍曾、吴绍麟为陆军部参事。③ 至此，陆军部高层管理人员基本就任。4 月 29 日，

① 《陆军总长布告宜正名称文》，《临时政府公报·令示》1912 年 2 月 4 日。
② 《咨参议院请核议各部官制文》，《孙中山全集》（第二卷），第 65 页。
③ 中华民国史事纪要编辑委员会编《中华民国史事纪要》（初稿）（1~6 月），台北：民国史料研究中心，1972，第 461 页；刘寿林、万仁元等编《民国职官年表》，中华书局，1995，第 32 页；《政府公报·通告》1912 年 6 月 2 日；吴廷燮：《段祺瑞年谱》，中华书局，2007，第 24 页。

中华民国北京政府成立，陆军部经前任命的参事、秘书长、司长等遵饬到部任差，部内秘书、编纂、司务、主计及各科科长亦经部委职任事，分司分科办理部务，"作为本部成立之期"。① 5 月 2 日，陆军部通告各部院，启用从国务院领到的新铸银质印信，文曰"陆军部印"，并声明已将旧印上缴国务院销毁。② 北京政府陆军部开始正常运作起来。

其实，自北京政府接洽前清陆军部和融合南京临时政府陆军部到新官制出台以前，这段过渡时间内，陆军部依照南京临时政府参议院审议通过的《陆军部官制》，建立了陆军部的基本组织结构，设立军衡、军务、军械、军需、军医、军法、军学等八司，司下分科不等。③ 在南、北陆军部归并过程中，无论机构设置还是人员安排，都显示出一种过渡性质，保留了前清陆军部中的部分机构，如编纂司、印刷所、工程处、陆军监狱及枪炮实验所等。人事任命也按照暂时编制，如总务厅在参议院议决的官制中仅设秘书 3 员、副官 14 员，并无科长、科员阙额，但是总务厅因事务异常繁多，故临时聘任委员长及一、二、三等委员，以资佐理要务。其中还有部分官职是为了解决特殊问题而暂时设置的。如顾问官、差遣员、额外委员、候差员，此四项是专门为安置各遣散军官而设；通信员系武昌起义后，为探听外界消息而设。

表 4-4　北京政府陆军部首批职员

职别		姓名	职别		姓名
秘书处	处长	徐树铮	军需司	司长	罗开榜
	秘书	曾毓隽、塔齐贤、梁建章		会计科科长	唐汝谦
				粮服科科长	杨鸿昌
总务厅		李钟岳、李士锐、冯祖培、吴宗煌、杨葆元	军医司	司长	方　擎
				医务科科长	李学瀛
军衡司	司长	林　攝		卫生科科长	张修爵

① 《陆军部呈报成立日期及大概情形文》，《政府公报·呈文》1912 年 5 月 3 日。
② 《陆军部咨行各部院启用印信日期等文》，《政府公报·通告》1912 年 5 月 4 日；《陆军部呈报启用新印日期等文》，《政府公报·呈文》1912 年 5 月 7 日。
③ 《陆军部官制》，《民立报》1912 年 4 月 20 日；《参议院官制议案》，《民立报》1912 年 4 月 21 日。

职别		姓名		职别		姓名
军衡司	任官科科长	刘冠军		司长		魏宗瀚
	赏赉科科长	陈 虹			教育科科长	丁 锦
军务司	司长	沈育文	军学司		步兵科科长	陈 干
	军事科科长	张华甫			骑兵科科长	刘文锦
	步兵科科长	王凤清			炮兵科科长	李实茂
	骑兵科科长	苑尚品			工兵科科长	吴经明
	炮兵科科长	朱兆熊			辎重科科长	齐振林
	工兵科科长	雷炳焜	军械司		司长	翁之麟
编 纂		杨志澄、张伯英			枪炮科科长	韩麟春
主 计		士 杰			材具科科长	简业敬

注：军法司成立较晚，故不在表中。——作者注

资料来源：根据《新旧各部近状况（序）》（《申报》1912 年 5 月 5 日）、《陆军部呈报成立日期及大概情形文》（《政府公报·呈文》1912 年 5 月 3 日）及《陆军部人物表》（《民立报》1912 年 5 月 5 日）编制而成。

从表 4-4 可以清晰地看出，除军学司外的六司建制与南京临时政府的《陆军部官制》完全一致。也就是说，在这段过渡时间内，陆军部采用了新建制，并保留了前清陆军部的部分机构，并非仅"半沿前清之旧，如陆军正副大臣改为陆军总次长，则名称之更易"[1] 那么简单。迨八月官制公布，陆军部才照章改组。陆军部利用这段过渡时间，对部内机构予以有效整顿、融合，为此后新官制的施行奠定了基础。

2. **陆军部的内部机构**

北京政府经过三个多月的整顿，基本完成了行政各部的创设。在过渡时期建立起来的各机构，存在着这样那样的不足和冲突，因而颁布适应于统一需求的各部官制势在必行，后遂有在《各部官制通则》下产生的《陆军部官制》。该官制于 1912 年 8 月 31 日刊布，其中规定陆军总长管理陆军军政，统辖陆军军人、军属，监督各官署，体现出陆军总长作为国务员的实际权力，也反映出《临时约法》中内阁向国会负责的精神。陆军部下辖一厅八司，一厅即总务厅，八司即军衡司、军务司、军械司、军学司、军

---

[1] 张侠等编《北洋陆军史料（1912～1916）》，天津人民出版社，1987，第 7 页。

需司、军医司、军法司、军马司，其具体职责如下。

总务厅主要负责整个陆军部的机要、统计、收发函件及经费事宜。其具体事务有：关于机密级陆军文库事项、关于典守印信事项、关于征发对象表的报告及统计事项、关于各项公文函件之纂辑保存收发事项、关于部内文官任用事项、关于部内风纪事项及其他不属于各司的事项。由于总务厅所掌职务繁多，原设有秘书 3 人、副官 14 人，不敷分配办公。其下分设三科，因限于定额未设科长、科员，而以委员长、委员分任各科事务，以秘书、副官兼任之委员 28 人助理总务。①

军衡司职掌陆军官免及军用文官之佐任，调查各兵科人员，保管战时官兵及军用文官名册，考察官佐士兵功绩及赏赉，处理废兵及其善后养赡事宜，以及解决军人婚姻问题。该司分为任官和赏赉两科，科长之下以科员为办事人员。

军务司事务繁杂，涉及陆军建制编制及训练、配置，军纪、风纪之管理，陆军礼节、服制、徽章事项，戒严、征发、招募招集及解兵退伍事项，军队内务、卫戍勤务及宪兵服务事项，各兵科军官军士以下人员之调用及其补充事项，以及与要塞相关事项。战时事务尤繁，频发内讧，"故此司军书旁午，非学堂出身者不能滥竽"。② 军务司下设军事、步兵、骑兵、炮兵、工兵五科。

军械司职掌军用枪炮弹药器具材料之制式、筹划、支给、交换、检查事项，各项器材之经理及检查事项，攻城守城器材之筹办事宜，以及技术审检院、兵工厂、军学局事宜等。民国建立后，全国虽有制造厂十余处，"然皆各自为政，枪炮子弹，每一不律，甲处所制造者，乙处不能用；乙处所制造者，丙处亦不能用"。③ 这样的窘境决定了军械司的职责所在。军械司下辖枪炮和材具二科，前者主要负责枪炮弹药方面的统筹，后者职掌武器弹药之设计。

军学司掌军事教育及军事训练相关事项。民初陆军人才，曾在外国留学者，统计只四五千人而已。"查每帅团需用四五百军官，四五千人仅敷十师之用，此外何所取材？是宜将军官资格，确实调查，堪派往东洋者，

---

① 陆军部编《陆军行政纪要》（民国五年六月），台北：文海出版社，1966，第 29 页；张侠等编《北洋陆军史料（1912～1916）》，第 7 页。

② 沃邱仲子：《民国十年官僚腐败史》，中华书局，2007，第 24 页。

③ 《参议院第五次会议速记录》，《政府公报·附录》1912 年 5 月 16 日。

则派往东洋，堪派往西洋者，则派往西洋，以便学成回国，可供录用。至于水陆军学校，亦应急速成立，加意培植，庶人才不至缺矣。"[1] 这是段祺瑞在参议院会议上提出解决民初军事人才匮乏的举措。军事教育及训练关乎军队的整体战斗力，军学司针对北洋陆军步、骑、炮、工、辎重五个兵种，各设一科，此外另设教育科总领各兵科教育及训练事宜。

军需司事皆至繁，主管军政经费预算决算、军服粮秣之购办及陆军用地（建筑用地和军用坟地）之擘画。该司设会计、粮服二科，前者主管经费之出纳并预算决算一切事宜，后者负责调度军用服装粮秣等事。

军医司掌军士伤病诊断、体格检查、卫生勤务、防疫及卫生实验、医务人员（包括军医及兽医）勤务考绩以及红十字会和恤兵团等事项。近代陆军西式军医肇始于清末北洋陆军。民初陆军膨胀，军队医疗和卫生工作却相对滞后，为改观这一情形，陆军部设立军医司。该司成立医务、卫生二科。

军法司主要职掌陆军军法的制定，军事监狱及监狱职员的管理，对犯有重大军事罪行者会审等事项。该司不分科，主要由一等（3名）、二等（5名）、三等（5名）及初级（2名）法官负责日常事务。

军马问题在近代以来越发凸显。蒙古各地所产之马越出越小，即便体格大的马匹，力量也不充足，日常乘骑尚可堪用，若充当军马则万不适用。相比之下，外国马比中国马体格大一半有余，且能负重远行，军事上往往得利。基于此，段祺瑞在参议院宣布政见七条中，就认为中国马政"不能不讲求也"。[2] 马政的重要性正如陆军部官制修正案讨论会所讲："陆军之强与不强，一半关于马政，在军事上实非常重要，现在马政不修，屡向外国购马，资财外输亦太甚，况蒙古在前清时代本有关系马政之事，且为陆军部管辖，此时斟酌情形，自然必须设立。"[3] 军马司为陆军部新成立的一个司，但由于改良马匹是一个投资多、见效慢的工作，故"军马司职务较简，省未设立，由军务司兼理"。[4]

1913 年底，北洋集团完全掌握了北京政府。因政治更新和经济建设的需要，中央提出了缩减开支和整合机构的"减政主义"。是年因镇压同盟会"二次革命"及全国防务的需求，全国军费岁需一亿五千万，占岁入三

---

① 《参议院第五次会议速记录》，《政府公报·附录》1912 年 5 月 16 日。
② 《参议院第五次会议速记录》，《政府公报·附录》1912 年 5 月 16 日。
③ 《参议院第四十七次会议速记录》，《政府公报·附录》1912 年 8 月 10 日。
④ 陆军部编《陆军行政纪要》（民国五年六月），第 29 页。

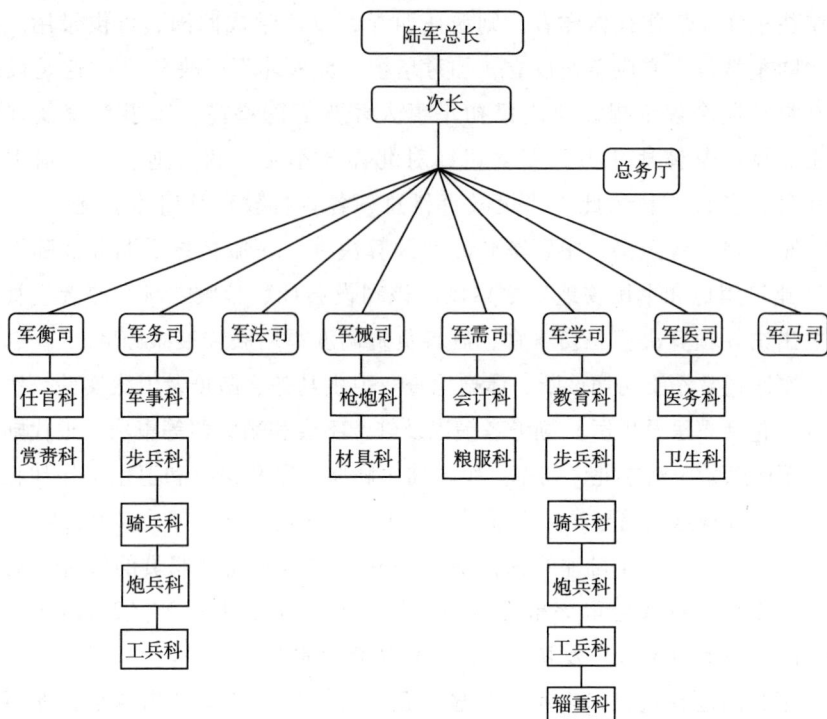

图 4-1 北京政府陆军部结构

分之一，财政陷入入不敷出的困境。基于此，肃政厅条陈"请速核减"，"严查各项靡费滥款而裁减之，以期国防、财政两不妨碍"。① 中央各机关大量裁减顾问、咨议等员，以节政费。陆军部职员皆由军官担任，与他部情形不同，不便裁撤，故以"减薪主义"响应中央号召。具体而言，"凡三百元以上者六成，百元以上者七成，三十元以上者八成，二十元以下者，免减"。② 在"减政"口号下，中央各行政机构也相应做出调整，由法制局酌加删改，陆军部原设之八司，在新草案下改为军务、军衡、军需、军法、军医五司，原来之军马司并入军务司，军学司并入军衡司，军械司并入军需司。③ 陆军部的这次机构调整，是政府为渡过难关的一种暂时行为，虽然在一定程度上减少了政费开支，但缩合部门也造成一些机构过度臃肿，影响军事行政效率，因而其过渡性质较为明显。新约法出台后，原

---

① 《整顿中之司法与军政》，《申报》1915 年 8 月 10 日。

② 《陆军部分等减薪之办法》，《申报》1915 年 8 月 20 日。

③ 《减政时代之中央新官制》，《申报》1913 年 12 月 8 日。

来的机构设置自然恢复过来。

3. 陆军部的外部机构

陆军部的外部机构很多，其中最主要的是兵工厂和学校。

（1）兵工厂

武器装备是检验一支军队战斗力的重要保障，而创办兵工厂是解决该问题的途径之一。陆军部的兵工厂建设是从接收前清兵工厂起步的。严格来讲，晚清创建现代化的兵工厂源于洋务运动，同治初年的金陵机器局、上海制造局是中国早期兵工厂的领头羊，另有广东增步军械局紧随其后，这一时期可以作为中国陆军现代化的发轫阶段。此后，在光宣年间出现了一个建设兵工厂的高潮，先后涌现出四川兵工厂、汉阳兵工厂、汉阳钢药厂、德县兵工厂、枪炮实验场等。这些兵工厂在清末官制改革以后都归入陆军部名下。清王朝覆亡后，这笔遗产为北京政府陆军部所继承。

上述八大局厂在北京政府时期由陆军部对其进行分级管辖，"沪、鄂、德、四局厂原为本部（陆军部）直接管辖，自四年七月督办兵工厂事务接管，所有一切进行事务，均由该督办咨转，惟计算仍由部核转。其川、粤、鄂三局厂为间接管理管辖，一切进行由该省该厂报部备核。其余山东、河南等局厂，无甚出品，既不归本省管辖，自未便列入。又本部附设枪炮实验场，为本部试验军械机关，一切事宜由本部管理"。① 因材料匮乏，且各局厂机构设置相似，本节仅对上海制造局一处予以考察。

上海制造局创设于清同治四年（1865），总局位于城南高昌庙，分局设在龙华，火药库设在浦东及江阴。该局经费原由江海洋税及各关道局提拨。② 北京政府陆军部接收后，因经费不足，其生产一直处于半停滞状态，即便开工，"各厂日均自由工作，于一年之内造出机器若干、需工若干、需料若干，竟茫无头绪"。③ 针对此情形，是年底陆军部委任陈洛书为督理，对上海制造局进行整顿。陈洛书到任后，"一切改革事宜与各厂委员妥为编制，以期实在而策进行"。④ 针对制造局糜烂的现实情况，他首先从改革机构、人事入手，并将设想报部核办。段祺瑞核准了该方案，并交由军械司核准颁下，"惟原定总务、工程、材料、会计四处，今工程改工务，

---

① 陆军部编《陆军行政纪要》（民国五年六月），第 143 页。
② 章伯锋、李宗一主编《北洋军阀（1912~1928）》（第 1 卷），第 113 页。
③ 《制造局重整精神》，《民立报》1913 年 1 月 10 日。
④ 《制造局新气象》，《民立报》1913 年 1 月 8 日。

又添审检一处"。① 各处及分局掌理事务如下：协理督办全局事务，下设秘书、副官、差遣及翻译等职员；总务处计分三股，即杂事股、文案股、军械股，不设处长；工务处计分二股，分别为稽工股、核料股；会计处亦分二股，即审计股、支应股；材料处下设二股，即经理股和收发股；审检处下不分股，内设技师、技士、工手等职员。龙华分局由分局长管理分局事务，编制依总局而定。② 制造局机构及职员的任命如表4-5所示。

表4-5 上海制造局机构、职员一览

	各处	处长	各股	股员
上海制造局	总务处	陈洛书（暂兼）	杂事股	侯莹、潘德隅、韩镛、张辅贤
			文案股	金志存、严日祚、王道钧、纪涤、吴锡璋、刘熙明、吴大闰
			军械股	贺时清、沈茂椿
	工务处	谢邦清	稽工股	黄乃增、傅震、朱萱
			核料股	郑滋楎、何书云、平步瀛、李家驹
	会计处	李文彪	审计股	樊炳煦、王德镌、陈颐
			支应股	汪庚亮、张铭勋、徐振宏、侯淇
	材料处	袁畏三	经理股	胡树声、袁兴棨
			收发股	周璞、梁应枢、□承宪
	审检处	蔡琦		俞继述、陈其文、李景镐、鲍才生、陈本瑞、沈毅、沈鉴
	龙华分局	陈本瑞	稽查股	陶枢楷
			材料股	李傅运

资料来源：根据《制造局之励精图治》（《民立报》1913年1月14日）及《制造局分职任事表》（《民立报》1913年1月18日）编制而成。

与制造局机构、人事改革同时进行的还有预核工料及估工制度。前清时期，制造局并无领取工料的制度，各厂工人自由工作，"其材料由各委员自由领取，以致虚靡，政府竟不能支持"。有鉴于此，督理陈洛书制定了一种"星期工料表"，具体如下："分某项工程应须（需）几日、几时，

---

① 《制造局之励精图治》，《民立报》1913年1月14日。

② 《制造局分职任事表》，《民立报》1913年1月18日。

造成需料各若干，于下星期所做之工，所用之料，在前星期五发表填表式，于星期六由督理亲自核准签字，然后该管委员会，凭单往材料处领料。"① 严格的工料审批程序，不仅减少了浪费，而且有效监督了工程进度。针对制造局工效低下的现状，陈洛书曾有将造炮若干工程改为工匠包工计算的设想，由炮厂学生朱天奎依炮厂实情，拟具《估工章程》12条。② 估工制度打破了制造局"大锅饭"的局面，以"多劳多得"为原则，极大地调动了职员的积极性，同时，估工制度实施后，使得工程责任明确，枪械质量明显提高，制造局的改革很快卓见成效。1913 年 3 月，陆军部为统一全国军械，令各省制造局将年来所造各种枪炮及子弹式样并工程绘图列表送部核办，结果经陆军部详核，"各制造局所制军械，以沪局最为合用，其制造法亦极精巧，特电达陈君（陈洛书）如法督造，将来各局均以沪局为模范云"。③

制造局在陈洛书的管理下，全面恢复生产，但好景不长，不久后爆发了"二次革命"，制造局也因上海战事停工。制造局在停工一年后，出现"所存的枪炮及枪弹、炮弹均将用罄，若不赶速配料制造，恐难接济"④ 的窘境。于是，陆军部着令制造局新任督理郑汝成"赶紧开办"，郑根据实况，拟于 1914 年 7 月先开枪厂、炮厂、子弹厂、炼钢厂四厂，制造局重新开工。1915 年中日"二十一条"交涉失败，中央认为"乃由我国之积弱，亟应整饬武备以图强盛。但练兵以器械为先，首须扩充军械"，⑤ 兴起整顿全国兵工厂之议，并任命统率办事处办事员萨镇冰为全国制造军械各工厂督办。⑥ 萨镇冰曾有以汉阳制造厂为全国军械总枢机的提议，但因财力有限、购买机器扩充维艰，便又产生了将非"煤炭复合型"的上海、德县兵工厂停办而将其机件移于汉阳兵工厂扩充内容、定其名为兵工总厂的想法，使之作为供给全国各军器械、弹药之总机关，川粤各厂则留为辅助。终袁世凯统治时期，归并德沪两厂之议，未见分晓。

----

① 《制造局新气象》，《民立报》1913 年 1 月 8 日。
② 《制造局之估工章程》，《民立报》1913 年 1 月 16 日。
③ 《军械局之好模范》，《民立报》1913 年 3 月 9 日。
④ 《制造局又将开工》，《申报》1914 年 7 月 5 日。
⑤ 《规划全国海陆军造械谈》，《申报》1915 年 6 月 25 日。
⑥ 《陆军部请派军厂督办》，《申报》1915 年 6 月 15 日。

表 4 - 6　各局厂职员一览

厂别	长官	各工处书记员数（员）	工头、匠徒数（员）
上海制造局	总办李钟岳	136	2056
汉阳兵工厂	总办刘庆恩、会办敫廷铨	203	1870
汉阳钢药厂	总办沈凤鸣	42	390
德县兵工厂	总办谢邦清	94	872
四川兵工厂	总办张文郁、会办卢焕	—	—
广东兵工厂	总办苏抡元	—	—
金陵机器局	总办王者化	—	—
枪炮实验场	管理员陈祖□	—	1
附记	一、沪、鄂、德局厂内容处所繁多，且近由督办处管理，职员径报该处，故仅列员司、工匠总数，如拟详查，应咨督办处调取； 二、川、粤、宁局厂由该省管理，职员表多未送部。		

资料来源：陆军部编《陆军行政纪要》（民国五年六月），第 187 页。

（2）学校

检验一个国家军队的强弱，军事管理者水平的高低、数额的多寡是重要指标。近代军事人才多来源于军事院校，因此，对于走后发型现代化道路的国家来说，培养军事人才，提升军队战斗力，通常是从扩充军事院校开始的。民国亦然。

筹划军事教育是从中华民国南京临时政府时期开始的。南京临时政府建立伊始，就在陆军部下成立了专门管理军事教育的军学局，但因其存在时间不长，成绩乏善可陈。北京政府陆军部明确定性军事教育总机关，应作为"掌全国陆军及关于陆军各学校教育、训练事宜，提纲挈领，计划进行，以图全国军事教育进步之一致"的机构。[1] 民初管理全国军事教育的最高机关几经变化。最初是由南京临时政府陆军部之军学司及前清陆军部辖下军学处合并而成的陆军部军学司，其下分教育、步兵、骑兵、炮兵、工兵、辎重兵六科，各科置科长 1 人，一、二、三等科员若干，分掌一切事务。1915 年 7 月，袁世凯为统一管理，并进一步强化对全国陆海军教育和训练的力度，将陆军部军学司、军学编辑局及参谋本部的第五局合并一处，成立直隶于大总统的陆军训练总监，设陆军训练总监 1 人，

---

① 陆军部编《陆军行政纪要》（民国五年六月），第 291 页。

下设一处一厅五监一局。一处即副官处，"任宣谕、招待及整理事务之则"；一厅即总务厅，管理"本署文牍、庶务、会计等事"；五监即步兵监、骑兵监、炮兵监、工兵监、辎重兵监，"掌理全国各兵专科训练事宜"；[①] 一局即编辑局，负责军事书籍的编译和出版。陆军部遵令将陆军军官学校及陆军第一、二预备学校同时移交陆军训练总监直辖。[②]

南京临时政府陆军部在军事上虽未取得实质成绩，但做出了有益尝试。1912 年 1 月 15 日，陆军部为"战时补充军官起见，招选中华民国全国有军人气质优秀人员，速行训练，以期养成军官资格为宗旨"。[③] 同时发布了《陆军军官学校章程》，成立了直隶于陆军部的陆军军官学校，设置二部三处，其学校组织如表 4 - 7 所示。

表 4 - 7　陆军军官学校组织

机构	职员	数额（人）	军衔
校本部	校长	1	都领官
	副官	2	参领官
	书记	1	
队本部	队长	1	参领官
	队附军官	1	次等官
	六大队	300	
教官处	教官	6	参领官
经理处	军需官（校本部副官兼）	1	参领官
	庶务员	2（正 1、副 1）	
	书记	2	
	印刷所	3（书记长 1、书记 2）	
医务处	军医官	1	一等军医长
	司药官	1	一等司药
	兽医官（暂不设）	1	
	医兵	4	

---

① 陆军部编《陆军行政纪要》（民国五年六月），第 292 页。

② 《陆军部呈本部军学司及陆军军官并两预备学校遵令移交文》，《政府公报·呈》1915 年 8 月 12 日。

③ 中国第二历史档案馆编《中华民国史档案资料汇编》（第二辑），第 159 页。

　　虽然北京政府陆军部主管军事教育的机构几经变迁，发展军事教育的理念却没有变化，"武装世界，非练兵不足以立国，而练兵之要，首重练将，此设立陆军各项学校，培植将材，为教练军队之基础"。[①] 在这种考虑下，陆军部军学司陆续制订出各陆军学校的条例，准备逐步成立陆军步兵专门学校、陆军骑兵专门学校、陆军野战炮兵学校、讲武堂、陆军军官学校、陆军预备学校、陆军士官学校、陆军电信教导营、无线电报陆军学员班、陆军铁路工程班、武技术教练所等机构。在上述各教育机关中，"有设立而未公布，或公布而尚待实行者，如步兵专门学校及炮兵学校、初级军官学校等"。[②] 陆军部所设立的军事学校，机构设置大体相仿，仅在规模上表现出差异。本节拟梳理最具代表性的陆军军官学校的组织系统，以管窥各军事院校的创办状况。

　　1912 年 9 月 21 日，陆军部颁发了《陆军军官学校条例》，凡 40 条，其中详细规定了军官学校组织结构设置。军官学校主要由校长负责，其下统管教育长、校副官、各兵科科长、学生连长、学生排长及各科教员。学校行政系统于校长下分设四处，即本处、教授处、训育处、马术处：本处主管文职人员，如文书、军需、军医、兽医及主要杂役；教授处负责教授军事学；训育处以教授技术为主；马术处以教授马术为主。陆军军官学校的组织系统如表 4 - 8 所示。

表 4 - 8　陆军军官学校组织系统

少将	少将(上校)中(上)校	区别	中校及同级佐官文官	少校及同级佐官文官	上尉及同级佐官文官	上(中)尉	准尉	上(中)(下)士	上、一、二、三等兵及杂役
校长	教育长	本处	第一校副官 (1)	第二校副官 (1)			弁目 (1)	差弁 (15) 门役 (14)
			正书记员 (1)	副书记员 (2)		司书生 (10)	印刷生 (4)	杂役 (8) 印刷夫 (14)

---

① 陆军部编《陆军行政纪要》（民国五年六月），第 294 页。
② 陆军部编《陆军行政纪要》（民国五年六月），第 293～294 页。

续表

少将	少将(上校)中(上)校	区别	中校及同级佐官文官	少校及同级佐官文官	上尉及同级佐官文官	上(中)尉	准尉	上(中)(下)士	上、一、二、三等兵及杂役
校长	教育长	本处	二等军需正(1)	第三军需正(1)	一等军需(2)		会计生(4)		杂役及洗濯夫(34)
								缝工士(1)	缝工兵(8)
								靴工士(1)	靴工兵(10)
			二等军医正(1)	第三军医(1)	一等军医(2)	二等军医(1)		看护士(4)	看护兵(8)
								司药士(2)	杂役(12)
				第三兽医正(1)	一等兽医(2)			司药士(2)	杂役(4)
	步兵科长(1)	教授处	战术军制学教员(15)						杂役(37)
			兵器学教员(9)						
			地形筑垒学教员(3)						
			经理学教员(军需兼)						
	炮兵科长(1)		马学教员(兽医兼)						
			卫生学教员(军医兼)						
			外国语学教员(15)						
	工兵科长(1)	训育处		学生连长(13)		教育副官(1)学生排长(39)	助教(26)号长(1)司书生(2)		差弁(1)
									杂役(90)
									号兵(38)
								枪工士(1)	枪工兵(6)
								锻工士(1)	锻工兵(4)
								木工兵(1)	木工兵(8)

续表

少将	少将（上校）中（上）校	区别	中校及同级佐官文官	少校及同级佐官文官	上尉及同级佐官文官	上（中）尉	准尉	上（中）（下）士	上、一、二、三等兵及杂役
校长	教育长 步兵科长（1） 炮兵科长（1） 工兵科长（1）	马术处	马术教员长（1）	马术教员（5）			助教（15）	掌工士（1） 鞍工士（1）	杂役（5） 马夫（175） 掌工兵（6） 鞍工兵（6）

注：括号中数字为人数。

资料来源：《陆军军官学校条例》，《政府公报·命令》1912年10月18日。

（三）地方陆军行政机构

民初地方陆军行政机构递变频仍，未能形成比较一致的组织名称，但总体趋势是逐渐走向统一和集权。就地方陆军行政机构而言，无论是军事单位的名称，还是机构的组织形式，都明显地表现出亦新亦旧的特征，这是民国初年处在历史交替时期历史的惰性将前朝旧制附着在新生政权上的惯性使然。

南京临时政府时期，各省相继建立的军事机构主要有都督府、军政府、军政分府等，这些机构的性质基本一致。武昌起义后纷纷建立起来的各省都督府，以都督为最高军政长官，此后，部分都督府改称为军政府，但军政职权仍操于都督手中。由于南京临时政府存在时间较短，没有颁布全国性建立陆军行政机构的通则，故而各省下属军事机构五花八门，就全国来看，实际上处于一种失控状态。因材料匮乏，现以湖北省为例略做说明，借以探察该时期各省的军政状况。

湖北是首义之区，鄂军都督府的组织是首创，其产生时逢乱局，因时局变动，修改亦多，但在某些方面仍为他省之榜样。1911 年 10 月 11 日，湖北建立了都督府，公推黎元洪为都督，但黎不肯就职。军情紧急，都督府有名无实，革命党人被迫先组织谋略处处理重大军政事务。同日下午，议决军政府组织，暂置参谋、军务、政务、外交四部，各部设正、副部长各 1 名。10 月 15 日，谋略处划归参谋部，另设军令部；17 日，军政府会议议决《军政府暂行条例》六章 42 条，军令、参谋、军务三部仍旧；25 日，军政府议决《中华民国鄂军政府改订暂行条例》，都督直辖军令、参谋、军务、内务、外交、理财、交通、司法、编制九部，其中前三部为军事机构：军令部掌发布军令、编定调遣军队、纠举军官、检阅军队；参谋部职掌作战计划制定；军务部主要负责军事行政。此外，由于各省军队相继赴鄂支持革命，为维持军队风纪，特组总监察处作为军政府的最高监察机关。总监察处设总监察 1 人、秘书长 1 人，分置稽查、参议两部，各设正、副部长 1 人。该机构成立不久，便因总监察刘公改任北伐左翼总司令官移驻襄阳，无形消失。①

其他各省缺乏系统的记载，只能看到部分材料，现将一些省份军政机构列举于下，以借此一窥当时的复杂局势：大汉军政府四川都督府下设军政部，下辖参谋局、军需局、军法局、军械局；安徽军政府（孙毓筠督皖时期）设司令部、参谋部、军务部（含考功、执法、训练三科）；陕西军政府总司令部初设参谋、文书、军需三部级民政府，旋改设军令、民政两部，参谋、军需两处。1912 年 2 月初，南京临时政府因中央政府各部既称为"部"，地方各省行政部门再称"部"于制不合，故大总统特令内务部致电各省都督，一律将各省设置各部改为"司"，至于分设几司，则俟地方官制决定后再行改组。② 2 月中旬，陆军部提出统一军政、民政、财政办法，上呈大总统请咨送参议院议决。大总统曾令陆军、内务、财务三部找参议院议案，将各省军政分府裁撤，酌设司令部专管军事，民政、财政悉由地方官主持，司令长不得干涉。③ 未几，陆军部致电各省都督："现战争已将告终，民政应设专员，军政应筹统一，军政分府多属无用，希贵都督

①　钱实甫：《北洋政府时期的政治制度》（下册），第 422～425 页。
②　《大总统令内务部分电各省都督所属各部改称为司》，《临时政府大纲·令示》1912 年 2 月 9 日。
③　《大总统令陆军、内务、财政三部照参议院议案，将各省军政分府酌改司令长不得干涉民政、财政由》，《临时政府大纲·法制》1912 年 2 月 24 日。

酌量情形，将所属军政分府分别裁撤，以一事权。"①

袁世凯时期，为实施"军民分治"，令民政长主管民政，都督只负责军政。为了明确都督职责，陆军部于 1912 年底刊布了《都督府暂行条例草案》，规定每省设一都督府，置简任官都督一员，都督作为该省最高军事长官，统辖该省各部队，并有维护地方治安之责。在军政事务上，都督受陆军总长指挥监督，于军令事务，须受参谋总长监控。当地方发生叛乱时，经地方官请求，可出兵弹压；如事情紧急，亦可以自行决定用兵，但须同时呈报陆军总长、参谋总长并国务院。都督在其职权范围内发布命令，陆军总长、参谋总长对都督所发命令认为违背法令或逾越权限时，可请撤销或停止。都督府设置军务、军需、军医、军法四科，以参议、秘书、副官、科长、科员为办事员。

1914 年 6 月，袁世凯为加强中央集权，下令废除省都督制，设将军府于北京，由中央派将军到各省临时"督理军务"，建立将军行署，其职责为统辖省内驻军，维持地方治安。② 将军行署内设参谋长 1 人，"辅佐长官，赞襄军务"；参谋 4 ~ 6 人，辅助参谋长，分任军事计划；副官长 1 人，主要职掌宣达本署事务；副官 3 ~ 6 人、书记官 2 人，办理文牍事务；其下分科与都督府设置相仿。由中央直接派将军掌管地方军务，中央掌握各省军政人员的控制权，就可以遏制地方都督坐大。

除了上述由都督府演变而来的将军行署外，地方性军事机构还包括巡阅使公署、护军使署、镇守使署等。

巡阅使公署为北京政府所设立的跨省军事机构，掌两省以上或某个特殊区域的军政事务，一般设立于战略地位重要的区域，由北洋系统内资望较高的军人担任首脑。巡阅使大致可以分为两类：一类是跨省性的，如闽粤、两湖、两广、东三省、直鲁豫等；一类是以地理区域命名的，如长江、南洋、海疆等。巡阅使由大总统任命高级军官（上将或中将）充任。巡按使公署内附设军务厅，设厅长 1 人掌军务厅事务；厅内设军务、军需、军法三科，由巡按使遴委人员，佐理一切事务，其职掌员额按事之繁简，由巡阅使自定，报与大总统并咨陈陆军部分别叙等注册即可。③

护军使署是北京政府设立的临时性地方军事机构，其长官为护军使。设置情况有两种：一是设于无军政长官省区，冠以省名或地名，相当于都

① 《陆军部拟裁撤军政分府通告各都督电文》，《临时政府大纲·令示》1912 年 2 月 28 日。
② 《将军行署编制令》，《政府公报·命令》1914 年 7 月 19 日。
③ 《巡阅使公署附设军务厅编制令》，《政府公报·命令》1914 年 7 月 19 日。

督或将军，直属于中央，节制全省军队，如黑龙江护军使、贵州护军使；二是设于有军政长官省区，一般只辖省内某一地区，冠以地区名，受省军政长官控制，如淞沪护军使。个别护军使也设副使——护军副使。护军使署的编制和员额对标省军政长官公署，但在有军政长官的省区，其编制不得超过省军政长官公署三分之二。①

镇守使署是北京政府在省内重要军事区域设立的地方军事机构。起初，镇守使署为临时性措施，设置并不普遍，这在1913年9月陆军部给袁世凯的呈文中说得很明白："自军兴以来，所有不靖地方，迭奉任命镇守使筹施一切事宜，先后据各该镇守使纷请组织行署，设置人员，以资佐理。惟此项机关概系暂设，并无成法可考，遂不免此盈彼绌，事设分歧。"因而，"亟应拟定暂行章制，以便有所遵循，俟事局大定之后，再行取消"。② 在暂行镇守使条例中规定：镇守使长官多由师长、旅长简任，镇守使署设参谋、副官各1~3人，军需官、军医官、法官各1人，书记2人。1914年后镇守使成为定制，部分地方另设副使，称镇守副使。③

表4-9 全国军事机关一览

单位：人

	衙署	军队			教育机关	制造机关	存储机关	其他	合计
		师	独立旅	独立营团					
陆军部	7	14	12	8	5	10	1	3	60
参谋本部	3				3				6
将军府	1								1
训练总监	2				5				7
直隶	5		1	2			1		9
奉天	4	2		2			1		9
吉林	4		3	4			1		12
黑龙江	1	1	1	3			1	2	9
河南	5		2	2	1	1		2	13
山东	5		1				1	1	8
山西	6		1				2	3	16

---

① 张宪文等著《中华民国史》（第一卷），南京大学出版社，2006，第237页。

② 《陆军部呈大总统拟定镇守使署暂行条例请鉴核示遵文并批（附条例）》，《政府公报·公文》1912年9月7日。

③ 朱汉国、杨群主编《中华民国史》（第四册），四川人民出版社，2006，第11页。

续表

	菵署	军队			教育机关	制造机关	存储机关	其他	合计
		师	独立旅	独立营团					
江苏	8	2	3	3	1		1	4	22
江西	6		2	1	1		2	1	13
安徽									—
浙江	4	2	1	1		1	1	6	16
福建	2		3		1	2	3	4	15
湖北	5	1	2	3					11
湖南	7	2		5					14
广东	9	1		1					11
广西									
四川									
陕西	4		1	1		1	1	2	10
云南									
贵州	3		1	1	1				6
甘肃	3								3
新疆	2		1	1					4
热河	3			2			1	5	11
察哈尔	3			1				4	8
绥远	1			3					4
长江巡阅使									
淞沪护军使	3								3
宁夏护军使	1							1	2
步兵统领衙门	5				1		1	7	14
京兆								1	1
蒙藏								12	12
总　计	112	25	35	48	19	15	18	58	330

资料来源：张侠等编《北洋陆军史料（1912～1916）》，第4～6页。

四　袁段分歧与陆军部大权失而复得

（一）袁段分歧与陆军部失位

1. 陆海军大元帅统率办事处

《中华民国约法》颁布，权力重心转移到总统手中，袁世凯开始加强中央集权。依靠军队起家的袁世凯，深知军权的重要性，因此，他的集权是从收束军权开始的。1914 年 5 月 8 日，袁世凯公布办事处组织令，并依令成立"陆海军大元帅统率办事处"。① 依照新约法第 23 条，大总统为陆海军大元帅，统率全国陆海军，袁世凯在大总统府内设统率办事处。处内设置第一、二、三所分办军事，每所设主任 1 名，分别以蒋廷梓、田书年、童焕文为所长；助理员额以事务之繁简而定。办事处以参谋总长黎元洪、陆军总长段祺瑞、海军总长刘冠雄、大元帅特派之高级军官王士珍和荫昌、总务厅长唐在礼为办事员，前三者每日入值，有事时得委员代理；总务厅长监督处内三所事务。此外，办事处还设参议 8 员，随同计划一切，规定本处承发军令事件，以陆海军大元帅命令行之。

表 4 – 10 陆海军大元帅统率办事处编制

统率办事处	办事员	参谋总长	陆军总长		海军总长		特派高级军官	
		1	1		1		无定额	
	总务厅	厅长	第一所		第二所		第三所	
			主任	助理员	主任	助理员	主任	助理员
		1	1	无定额	1	无定额	1	无定额

资料来源：陆军部编《陆军行政纪要》（民国五年六月），第 101 页。

表 4 – 11 陆海军大元帅统率办事处职员

办事员	黎元洪 段祺瑞 刘冠雄 荫昌 萨镇冰 王士珍
总务厅厅长	唐在礼
第一所主任	蒋廷梓
第二所主任	田书年
第三所主任	童焕文
参议	姚宝来 程璧光 覃师范 张一爵 蒋方震 陈仪 姚鸿法 唐宝潮

注：表中"办事员"一栏缺唐在礼，原文如此。

资料来源：郭卿友主编《中华民国时期军政职官志》，甘肃人民出版社，1990，第 61 页。

陆海军大元帅统率办事处的设立，直接把军事权从各部收归大总统手中，使该处成为全国最高军事统率机构。② 军事权通常分为军政、军令两种，军政权包括军队之给养、维持、补充等，军令权则包括调遣、编制等，其权限较重。关于前者，由陆军部代为行使，后者之职权则由大总统名义上所有。③ 陆

---

① 《陆海军大元帅统率办事处组织令》，《政府公报·命令》1914 年 5 月 9 日。
② 朱汉国、杨群主编《中华民国史》（第四册），第 5 页。
③ 钱端升等：《民国政制史》（上册），上海人民出版社，2005，第 18 页。

海军大元帅统率办事处成立后，凡涉及军事，事无巨细均要由大总统签发，甚至军政权亦操于袁世凯之手。实际上，民国初年陆军实力微弱，海军亦不足堪用，此外，参谋本部本身就直接隶属于大总统。因此，陆海军大元帅统率办事处实际侵夺了陆军部的军政权，"陆军部就成为一个名存实亡的机关了"。[①]

段祺瑞敏锐地洞察到袁世凯表面上借此加强中央集权，而实际上是削弱了自己所掌陆军部的实权。然而，段、袁之间唇亡齿寒的关系，使得段祺瑞又无法与袁撕破脸，于是就开始消极怠工，经常借故不到统率办事处任事，连同陆军部的日常事务也交给次长徐树铮全权办理。段祺瑞如此表现，袁世凯看在眼里，怨在心头，为此曾发牢骚说："咱们北洋团体还成什么样子的团体，华甫（冯）要睡到十二点以后才起床，芝泉（段）老不到部。"[②] 看到北洋旧将暮气沉沉，袁世凯决心改造北洋派。他早已看中蔡锷是个长于练兵的军事人才，经过杨度、夏寿田"里应外合"的荐引，决定起用蔡锷。袁打算先派蔡锷为参谋总长，以代从不到部的黎元洪，然后调任为陆军总长以取代不听调度的段祺瑞。据杨度反映，蔡锷是知晓这一计划并且同意过的，但计划终因袁世凯担心北洋集团内部发生分裂而作罢。[③]

2. 创办模范军

为了彻底抛开陆军部，打压段祺瑞，袁世凯听从了蒋方震编练模范军的建议。1914 年 10 月 23 日，袁世凯下令成立模范团。[④] 该组织是由从北洋陆军各师中抽调的优秀军官士兵组建而成的，建制为一个团，培训半年后将其分配到各师充当军官，借此来控制整个北洋军。模范团分属两期培训，首期袁世凯本打算让袁克定担任团长，在征询段祺瑞的意见时被段否决，袁世凯只好自兼团长，并提拔陈光远为团副，以抵制段祺瑞的反对；到第二期袁世凯直接任命袁克定为团长，陆锦为团副。陈光远、陆锦均是袁克定的心腹，因而模范团始终掌握在袁克定的手里。1915 年冬，模范团扩成第十一、十二两师，以张永成、陈光远为师长，第十一师军官全系模范团第一期毕业生。[⑤] 袁世凯单独创立模范团，且令其不隶属于陆军部管

---

① 陶菊隐：《武夫当国：北洋军阀统治时期史话（1895～1928）》，海南出版社，2006，第257页。

② 陶菊隐：《武夫当国：北洋军阀统治时期史话（1895～1928）》，第257页。

③ 陶菊隐：《武夫当国：北洋军阀统治时期史话（1895～1928）》，第254～255页。

④ 章伯锋、李宗一主编《北洋军阀（1912～1928）》（第6卷），第66页。

⑤ 章伯锋、李宗一主编《北洋军阀（1912～1928）》（第1卷），第101页。

辖范围之内，本身就是对陆军部掌管全国陆军规定的一种破坏。而身为陆军总长的段祺瑞对于袁世凯掌握这样一支重要武装力量，却无可奈何。

3. 段袁关系破裂

段、袁矛盾在日本提出"二十一条"期间激化，最终造成段祺瑞的解职。1915 年初日本向袁世凯提出"二十一条"，5 月 7 日，日本发出最后通牒，要求在 48 个小时内答复，袁世凯遂召集要员讨论此事，多数人主张对日妥协，惟独段祺瑞因有人言"陆军不能一战"，① 主张动员军队，"通电主战"。对此，袁世凯笑曰："芝泉老友，去则去耳，何必出此恶声哉。"② 在此期间，陆军部上了一道请求增加职员薪金的呈文，袁看后大怒，亲笔批了"稍有人心，当不出此"八个大字。③ 在袁步步紧逼的态势下，段不得不避其锋芒。5 月 31 日，段祺瑞向袁引病请辞，袁下达策令，历数段祺瑞"病情"变化经过，追述其在民初的功勋业绩，并颁人参四两，给假两月，勉以善自珍重，还要求若有重要军务事宜，仍要随时奉命驱遣。

段祺瑞辞职后，袁世凯下令让生性淡泊的王士珍署理陆军总长。④ 8 月 2 日，段祺瑞因假期已满、病情仍旧为由呈请开缺。⑤ 8 月 29 日，袁世凯因段祺瑞称病拒不劝进，"竟罢段祺瑞陆军总长，而代以王士珍"。⑥

在慰留段祺瑞期间，袁世凯下令将陆军部军学司、陆军军官学校和第一、二预备学校全部移交陆军训练总监。陆军训练总监成立于 1915 年，"掌全国陆军及关于各学校训练事宜，负有全国军事教育画一之责"。⑦ 8 月上旬，陆军部奉命将本部之军学司、军学编辑局、陆军军官学校以及第一、二预备学校移交训练总监管辖，并办清交接手续，其余之各军事学校仍归陆军部统辖。⑧

---

① 《陆军新旧两总长》，《申报》1915 年 6 月 5 日。

② 瀫江浊物：《段祺瑞秘史》，《北洋人物史料三种》，台北：文海出版社，1966，第 112 页。

③ 陶菊隐：《武夫当国：北洋军阀统治时期史话（1895～1928）》，第 257 页。

④ 王士珍自清政府灭亡后，就返回原籍正定，不问国事，1914 年春天，袁世凯派袁克定赴正定迎王入京。王初不允，在袁克定极力劝说下，王情不可却地随他赴京。袁世凯立即授王为陆军上将，派职陆海军大元帅统率办事处坐办。

⑤ 《陆军总长管理将军府事务段祺瑞呈假期届满并仍未痊请开去差缺文》，《政府公报·呈》1915 年 8 月 2 日。

⑥ 费行简：《段祺瑞》（中编），台北：文海出版社，1966，第 40～41 页。

⑦ 《陆军训练总监暂行条例大纲》，中国第二历史档案馆编《中华民国史档案资料汇编》（第三辑·军事·一·上），第 104～105 页。

⑧ 《陆军部呈本部军学司及陆军军官并两预备学校遵令移交文》，《政府公报·呈》1915 年 8 月 12 日。

王士珍出任陆军总长，在接手陆军部的 8 个多月时间内，无论在机构设置还是人员调动上都乏善可陈。这一方面是由于任职时间不长，另一方面也是因为王士珍上任伊始就面临着洪宪帝制高潮的到来，忙于帝制而无暇顾及陆军部事务。1915 年 10 月 12 日，王士珍领衔军人呈请变更国体，呈文内称：

> 据各省将军、军官及中央军事各机关军人等先后文电，称共和之制不适国情。四年以来，亡征屡见，幸赖大总统毅力苦心，挽兹危局，惟是外患日亟，隐忧方长，若不为改弦易辙之谋，终非长治久安之道，深观国势，默查人心，改为君主立宪，实属最善……士珍等默查舆情，静观时局，势非从根本着手改建国体，则纷纷扰扰，庶政永无进行之日，尚何富强之足云？现在军心一致，众论金同，既据环情未便壅于上闻。①

在洪宪帝制期间，王士珍主导下的陆军部成为袁世凯称帝的工具，而段祺瑞却在反对帝制中声名鹊起，俨然成为一面旗帜。段祺瑞联络远在南京的冯国璋，为袁世凯所察觉，对其采取严密监控，"内则严侦祺瑞之行动，而外则假换防为名，调陆军第四师、第十师长驻上海，调第五师之一旅驻扎苏州，调安武军之第一路驻扎南京，所以防段氏与冯内外结应者，无微不至"。② 袁的这一系列动作，反而加剧了段的逆反心理，他遂"杜门谢客，弗与国事"，"以为遵时养晦之计"，③ 等待时机。

（二）段祺瑞出山与陆部复位

1915 年 12 月 12 日，袁世凯接受劝进称帝。然而，未及半月，全国反对帝制之声一片，连北洋旧将也相率要求取消帝制。段祺瑞更是利用复出的机会，授意率部南下镇压护国军的张敬尧"顿兵不进"，④ 以此瓦解北洋军的攻势，又与冯国璋商议，"暗约鄂督王占元、赣督李纯，不奉洪宪之命"，⑤ 并"与西南暗通声气，以防阻帝制"。⑥ 正是段、冯联手制造的暗

---

① 《陆军总长王士珍等呈据情汇陈请固邦本文（附清折二件）》，《政府公报·呈》1915 年10 月 13 日。
② 沃丘仲子：《段祺瑞》（中编），广文书局，1920，第 45 页。
③ 沃丘仲子：《段祺瑞》（中编），第 44 页。
④ 沃丘仲子：《段祺瑞》（中编），第 49 页。
⑤ 张一麐：《直皖秘史》，中华书局，2007，第 43 页。
⑥ 张国淦：《北洋述闻》，上海书店出版社，1998，第 76 页。

潮，致使洪宪丑闻草草收场。袁世凯在被迫取消帝制后，就如何收场问计于徐世昌，徐说："此事关系太大，须约芝泉（段祺瑞）共同商办，才有力量。"① 此前，袁世凯"显然未能对日本 1915 年'二十一条'作出强有力的反应。这步失棋使他在中产阶级民族主义集团当中完全处于孤立地位，丧失了制衡军阀割据势力的必要权威"。② 袁世凯在帝制中陷入绝境，为段祺瑞复出制造了机会。

1916 年 4 月 21 日，袁世凯下令恢复责任内阁制，并由段祺瑞组阁。段祺瑞建议裁撤陆海军大元帅统率办事处，将该处所管事务归入陆军部办理，又请求由陆军部接收模范团和拱卫军，③ 为袁世凯所首肯。4 月 23 日，段祺瑞得到袁的保证后，出山组阁，陆军总长由段祺瑞兼任。④ 同时，中央传出"中央军界重要人员中有持反对之论，力言不可者，如某某公子亦极有反对之意态"，⑤ 于是段祺瑞加紧逼迫袁世凯交出军权，向他递一说贴，要求裁撤统率办事处，将该处所管事务归并陆军部办理。袁世凯阅毕，即于此条上拔笔批云："君能每日到部乎？"⑥ 其意仍不愿交出军权。

在段、袁争执军权归属问题期间，袁世凯突然病情恶化，并于 6 月 6 日病逝，段、袁间的分歧因袁世凯的突然离世消弭于无形。而段祺瑞作为袁世凯死后唯一可以左右大局的人，自然期盼军权收归陆军部。段祺瑞以内阁总理的身份重掌陆军部，陆军部的权力自可想见。

第二节　制度与经费

各项制度是保障陆军部运行的基本保证，而经费是陆军部能够正常运行的原动力。本节分为两部分：一是制度建设，主要从陆军部风纪、军衔、军服、抚恤等方面考察；二是经费，主要集中于经费支出类型、经费困境、建立现代财政制度等方面来论述。本节通过对制度与经费两部分的论述，以期对民初陆军部的建设有更深刻的认识。

---

① 张国淦：《中华民国内阁篇》，《近代史资料》（总 40 号），中华书局，1979，第 168 页。
② 〔美〕塞缪尔·P. 亨廷顿：《变化社会中的政治秩序》，王冠华、刘为等译，第 255 页。
③ 胡晓编著《段祺瑞年谱》，安徽大学出版社，2007，第 95 页。
④ 《政府公报·命令》1916 年 4 月 24 日。
⑤ 《新内阁之军权问题》，《申报》1916 年 5 月 6 日。
⑥ 《新内阁之军权与财权》，《申报》1916 年 5 月 7 日。

一 规章制度

(一) 风纪

军政之良窳，军纪风纪是一个重要评判标准。陆军部统率全国军政机关，一举一动，备受瞩目，上有所求，下必有以应，"故部内风纪关系最大"。由总务厅庶务科督率驻署宪兵一排、卫兵一连，专门秉承长官，维持全部之风纪，掌内外之警戒为职责。同时，由于本身的特殊性，陆军部设有严格的门规，部员上班要求佩戴记章，另有部员请假、值日及检查新闻等各项制度。

1. 门规

陆军部作为总理军政之重要机关，设立严格的门禁制度是极其必要的，凡投文到部及来宾出入均有相应规定，"以资防闲"。

陆军部大门由 3 名士兵守卫，每两小时轮换一次，遇有特殊情况可以增加守卫人数。卫兵对身着军服的本部科长及同等以上的各员应行举枪礼，对其他各级司员行立正礼，对虽未身穿军服而确识其为何级人员者，也应分别行礼；署门关闭后酌从简便。署门每日于上午七点准时开启，下午五点准时关闭，东边左门可延至夜间十二点关闭；因特别情事不能依例关闭，应禀请该管长官核定施行。署内偏门非遇要事不得开启。本部人员入门需佩戴本部徽章，以作识别。①

投文到部及来宾接待都有相关流程。各机关及私人投递邮电公文函件时，由门皂房挂号接洽，询明投件的地点及收件人的姓名，再由收文处登记入簿，给予收条；匿名信件一律不收。来宾到部请见本部人员，先由卫兵询明衔名、住址、事由及接见人，到门役详细登记，再行引入接待室，等候通报见面，但不得妨碍办公。访问完毕，门役将接见时间注明在门簿上。门簿每天早上由庶务科科长稽核一次。

本部差役携带包裹或重大物件的，必须有庶务科发给的通行证，交给门役验明无误后放行，否则一律截留。② 运送包裹的通行证由庶务科立簿登载数目，存据每日由庶务科科长核查一次。

① 《陆军部门禁规则》，《政府公报·饬》1914 年 9 月 21 日。
② 陆军部编《陆军行政纪要》（民国五年六月），第 38 ~ 39 页。

2. 记章

陆军部的记章分属两种，按照人员编号交给各厅司处，分别发给各员司、夫役佩戴，以便出入稽查。同时颁发佩戴记章规则，"而昭慎重"。①

其一，陆军部公务人员不得佩戴记章任意四处走动，出入妓院、戏馆等处，一经查出，按照陆军惩罚令第48条第10项办理；其二，该记章仅属于陆军部内部工作人员本人佩戴，不得随意借予他人，同时外人也不可以佩戴借于他人的记章，一经发现按上条惩处；其三，不准伪造或仿造陆军部记章，如被发现有此行为，按照暂行新刑律伪造文书印文罪条例惩处。

3. 请假

陆军部内公务人员请假也很严格，按规定非因疾病伤瘵及确系不得已之事故不得请假。请假人须先将事故及期限记入登记册内（病假须诊断证书），次日呈送长官过目；因急病或紧急事故不及前一日呈送的，也可以临时呈送。关于请假规程的制定，陆军部主要从请假的期限和核查两方面入手。从请假期限方面来说，凡荐任以上官员，请假在5日以内，由陆军次长核准，超过5日则须由陆军总长亲自批准；委任以下官员，请假在3日以内，由各厅、司、处长官决定，超过3日，由次长核批。期满需要续假，按照前项手续办理。关于请假的核查，凡请假核准后，所属厅、司、处长官将请假单送交总务厅保存，并填入请假一览表内，以便核查。每到月底将此表送交陆军次长核查。②

4. 值日

陆军部掌理全国军政大事，部内须臾不敢离人。陆军部内值日由各司科长轮流负责，担任值日科长，并配一科员为值日员。在其值日时间段（24小时）内，一律身着制服，并佩戴具有值日标记的"值日带"。③ 他们的职责分列如下。

值日科长的职责。值日科长承陆军总长、次长的命令，帮同主管人员兼理下列事项：①部内军纪、风纪事项；②部内卫生情况；③部内火灾及其他警戒事项；④陆军部大门启、闭及出入规则事务；⑤卫兵、宪兵遵守规则情况；⑥例假内来宾接待事宜；⑦部门清除及整修事务；⑧监督值日员值日情况；⑨陆军总长、次长特别饬办事务。

值日员的职责。值日员承所属厅、司、处长的指示，协助主管人员，管理下列事务：①厅、司、处内军纪、风纪事项；②厅、司、处内卫生情况；

---

① 陆军部编《陆军行政纪要》（民国五年六月），第38页。
② 《陆军部部员请假规则》，《政府公报·饬》1914年6月26日。
③ 陆军部编《陆军行政纪要》（民国五年六月），第36页。

③厅、司、处内清除及整修事务；④厅、司、处内夫役督饬事宜；⑤下班后文件的收发、送阅事宜；⑥值日科长通知事项；⑦司、处长特别饬办事务。

值日室设不同登记簿记载各类事项：①谕知簿登载总、次长谕知事宜；②通知簿登载值日员互为通知事宜；③报告簿登载值日科长报告总、次长的事项或值日员报告司、处长及值日科长的事项；④记录簿登载关于特别记录的事项；⑤轮值簿登载轮值员名单及次序。①

5. 检查新闻

新闻、报纸为舆论的代表，本无检查的必要，只是军事消息涉及国家军事机密，亦有因传闻失实以致引起误会的可能，影响重大。因此，陆军部检查新闻的目的在于防止机密泄露和无稽记载的传播。

检查新闻大体有两端：其一为值日检查，每日检查新闻，凡涉及军事消息登载的报章，皆由庶务科值日员逐条检出、汇总送次长阅核；其二为专员检查，除庶务科值日员检查外，另派定专员两名，详细查察，凡登载各报的军事内容，如有泄露秘密应予更正的部分，由检查专员注明理由，上报次长核饬办理。②

1913 年 3 月下旬，陆军部制定了检查新闻的规定。3 月 21 日，内务部针对京外各种报纸刺探外交、军事秘密并登载见报的行为，认为"实于国家政务大有妨碍"。因此，内务部函请陆军部饬令各报社，"对于外交、军事秘密事件，一概不许登载"。为确保万无一失，陆军部总务厅派员专门负责，每天下午一点至三点接待各新闻记者，对即将发行的报纸文章实行检阅签字。对于那些故意违反规定者，陆军部制订了"饬员究办，自有相应之对待"的规定。③ 3 月 27 日，由京师警察厅将陆军部这一规定传达给北京各报社，各报社听闻此消息后，群情激愤，报界同志会立即召开会议，寻求解决之道。各会员认为，对于军事、外交，只有当事人有保守秘密的义务，即便泄露也是当事人应负其责，而与报馆无关，且军法仅限于制约军人，万无针对报馆之理。因此，报界同志会的会员认为："陆军部之野蛮，乃较甚于俄国，发出此种非法之命令，以摧残舆论，可谓荒谬已极。"④

---

① 陆军部编《陆军行政纪要》（民国五年六月），第 36~37 页。
② 陆军部编《陆军行政纪要》（民国五年六月），第 39~40 页。
③ 《北京报界对待陆军部违法命令之激昂》，《申报》1913 年 3 月 28 日。
④ 《北京报界对待陆军部违法命令之激昂》，《申报》1913 年 3 月 28 日。

　　基于此，各报馆决议向大总统请愿，恳请其取消陆军部的违法命令；若得不到满意结果，就到参议院请愿，请其提出弹劾案，"以为横暴者戒"。① 面对报馆的激烈反对，陆军部提出划定军事秘密的范围，以便报馆编辑遵守。其范围包括："战时军队编制、驻扎地及出发之时期；战时后方勤务之计划；整旅计划及准备；要塞地域内之兵备及关于防御之营造物；关于国防及作战之计划；关于战斗进行之状况；战时军械军需之运输及储存地点；关于军事之外交事件尚在交涉中者；关于军队中异常之变动；关于裁并及征调军队之计划；关于军械之购置及制造；军官军佐关于军事上之任免或调遣未经宣布者；其他官署该军事禁止登载者。"②

　　范围的划定，给了各报馆明确的界限，泄露军事机密事件开始明显减少。报社仍不小心泄露军事机密的，陆军部在遵守法律的前提下，寻求各相关部门协商解决办法。如因《大自由报》《醒华报》违反规定，宪兵逮捕了报社编辑、勒令停版，陆军总长段祺瑞知情后，认为军队直接干涉报社为违反法律，饬令"所属以后对于报馆记载军事之件，有应取缔者，只宜行交警厅取缔，不可再有直接干涉，以重法律"。③

（二）　军衔

　　"军衔"一词在《辞海》里解释为："军人等级和身份的称号和标志"，④ 它是国家最高权力机关根据现役和预备役军人的职务、军种、勤务、军事素质以及资历贡献而授予每个军人的一种衔称，是用以表明军人的身份、地位、荣誉及待遇的一种称号。授衔对象上至最高统帅下至基层士兵，并在上下级之间形成一种隶属、服从的等级体系。军衔制是一项确保军队整体素质不断发展和提高的重要军事制度。

　　南京临时政府肇造，立即着手在制度方面除旧布新。1912 年 1 月 5 日，孙中山发布《军士服制令》，⑤ 规定军官衔为三等九级：上等军官，分为大将军、中将军、少将军三级；中等军官，分为大领、中领、少领三级；初等军官，分为大尉、中尉、少尉三级。法令同时规定士兵分为二等四级：

① 章伯锋、李宗一主编《北洋军阀（1912～1928）》（第 6 卷），第 56 页。
② 《解释军事秘密范围之文章》，《申报》1914 年 6 月 13 日。
③ 《陆军部干涉报馆之转圜》，《申报》1914 年 8 月 2 日。
④ 辞海编辑委员会编《辞海》，光明日报出版社，2002，第 620 页。
⑤ 《孙总统颁定军士服制》，《东方杂志》第 8 卷第 10 号，1912 年，第 9 页。

军士分为一等目兵、二等目兵；兵则分为一等兵、二等兵。1 月 16 日，孙中山着令陆军部颁发陆军编制表，同日，陆军部交陆军编制表 14 张、陆军官佐士兵等级表 1 张，由临时总统孙中山发表，正式公布了军官佐及士兵的等级。① 2 月 6 日，在颁发的《陆军暂行给与令》中对三等九级军衔制的各级衔称做了修改：上等军官改称为大将军、左将军、右将军三级；中等军官为大都尉、左都尉、右都尉三级；初等军官为大军校、左军校、右军校。士兵则分为二等六级：军士分为上士、中士、下士；兵分为上等兵、一等兵、二等兵及运输兵。另外，在军官和士兵之间添加了额外军官一级。②

由于南京临时政府存在时间不长，加之南方各省军队的编制参差不齐，临时政府陆军部所制定的军衔制度并未被充分实行，即便在实施的区域，也多是新旧军衔交织在一起，混乱不堪。"适应军队组织体制的发展，设置相应的军衔等级，是军衔制度发展的一个重要方面。"③ 因此，针对军制歧出，军官名目繁多、等级混乱的情况，大总统府秘书厅交陆军部拟定军官名称等级。④ 陆军部在南京临时政府军衔制基础上，参核各国军衔制的优点，于 1912 年 8 月 19 日公布了由陆军部提交、参议院议决的《陆军官制表》。军官仍采用三等九级制，上等曰将官、中等曰校官、初等曰尉官，每等分上、中、少三级。军佐不设上等第一级，故与将官同等官只有二级，即与校官、尉官同等官，仍各分三级。军士及兵卒以勤务为标准，各分三级，军士分为上士、中士、下士；兵士分为上等兵、一等兵、二等兵。⑤ 此外，该官制表还对全国军队的名称做了规定，以师、旅、团、营、连、排、班等国际通用军队编制，取代前清新军采用的镇、协、标、队等绿营名目，达到"以正名义"的效果。⑥

北京政府的军衔制还有两个特殊的规定，即虚衔和追赠军衔。虚衔指官佐在正式授予将官衔以前，先给其加一个虚衔，即陆军上校可加少将衔，陆军少将可加中将衔，陆军中将可加上将衔。如蔡锷实际上是陆军中将，但可加上将衔。追赠军衔指军官佐在作战身亡或因病去世后，依据其

---

① 《准颁布陆军编制表令》，《孙中山全集》（第二卷），第 24 页。

② 中国第二历史档案馆编《中华民国史档案资料汇编》（第三辑），第 177 ~ 179 页。

③ 军事科学院军制研究部及解放军报编辑部编《军衔》，长征出版社，1985，第 10 页。

④ 《大总统府秘书厅交陆军部拟定军官名称等级文》，《政府公报·咨文》1912 年 5 月 9 日。

⑤ 《陆军官佐士兵等级一览表》，《政府公报·法律》1912 年 8 月 21 日。

⑥ 张侠等编《北洋陆军史料（1912 ~ 1916）》，第 221 页。

生前的功绩，可以追加高一级的军衔。如黄兴在死后，由陆军部追赠为上将。此项规定，也为后来的国民政府所继承。

表4-12 北京政府陆军官佐士兵等级一览

上等（将官）			中等（校官）			初等（尉官）			准尉官	军士			兵		
上将	中将	少将	宪兵上校	宪兵中校	宪兵少校	宪兵上尉	宪兵中尉	宪兵少尉	宪兵准尉	宪兵上士	宪兵中士	宪兵下士	宪兵		
			步兵上校	步兵中校	步兵少校	步兵上尉	步兵中尉	步兵少尉	步兵准尉	步兵上士	步兵中士	步兵下士	步兵上等兵	步兵一等兵	步兵二等兵
			骑兵上校	骑兵中校	骑兵少校	骑兵上尉	骑兵中尉	骑兵少尉	骑兵准尉	骑兵上士	骑兵中士	骑兵下士	骑兵上等兵	骑兵一等兵	骑兵二等兵
			炮兵上校	炮兵中校	炮兵少校	炮兵上尉	炮兵中尉	炮兵少尉	炮兵准尉	炮兵上士	炮兵中士	炮兵下士	炮兵上等兵	炮兵一等兵	炮兵二等兵
									炮兵工长	炮兵鞍工上士	炮兵鞍工中士	炮兵鞍工下士			
										炮兵刨工上士	炮兵刨工中士	炮兵刨工下士			
										炮兵木工上士	炮兵木工中士	炮兵木工下士			
										炮兵锻工上士	炮兵锻工中士	炮兵锻工下士			
										炮兵掌工上士	炮兵掌工中士	炮兵掌工中士			

续表

上等（将官）		中等（校官）			初等（尉官）			准尉官	军士			兵		
		工兵上校	工兵中校	工兵少校	工兵上尉	工兵中尉	工兵少尉	工兵准尉 工兵长	工兵上士	工兵中士	工兵下士	工兵上等兵	工兵一等兵	工兵二等兵
		辎重兵上校	辎重兵中校	辎重兵少校	辎重兵上尉	辎重兵中尉	辎重兵少尉	辎重兵准尉	辎重兵上士辎重兵掌工上士	辎重兵中士辎重兵掌工中士	辎重兵下士辎重兵掌工下士	辎重兵上等兵	辎重兵一等兵	辎重兵二等兵
将官同等官		校官同等官			尉官同等官				经理军士			经理兵		
军需总监	军需监	一等军需正	二等军需正	三等军需正	一等军需	二等军需	三等军需		军需上士	军需中士	军需下士			
									缝工上士	缝工中士	缝工下士	上等缝工	一等缝工	二等缝工
									靴工上士	靴工中士	靴工下士			
									卫生军士			卫生兵		
军医总监	军医监	一等军医正一等司药正	二等军医正二等司药正	三等军医正三等司药正	一等军医一等司药	二等军医二等司药	三等军医三等司药		看护上士	看护中士	看护下士	上等看护兵	一等看护兵	二等看护兵
		一等兽医正	二等兽医正	三等兽医正	一等兽医	二等兽医	三等兽医							
												军乐兵		
							军乐长	副军乐长	军乐上士	军乐中士	军乐下士	军乐兵		

资料来源：《中国大事记》，《东方杂志》第9卷第4号，1912年，第17～18页。

表 4 – 13 陆军部职员

总长（上中将）	次长（中少将）	参事（少将上校及相当文官）		
		总务厅	秘书（上中校及相当文官）	
			副官（上中少校上中尉及二等军需正一二等军医）	
		军衡司	司长（少将上校）	司副官（少校上尉）
				科长（上中校）	科员（中少校上中尉）
		军务司	司长（少将上校）	司副官（少校上尉）
				科长（上中校）	科员（中少校上中尉）
		军械司	司长（少将上校）	司副官（少校上尉）
				科长（上中校及相当技术官）	科员（中少校上中尉及相当技术官）
		军学司	司长（少将上校）	司副官（少校上尉）
				科长（上中校）	科员（中少校上中尉）
		军需司	司长（军需监一等军需正）	司副官（三等军需正一等军需）
				科长（一二等军需正）	科员（二三等军需正一二等军需）
		军医司	司长（军医监一等军医正）	司副官（三等军医正一等军医）
				科长［一二等军（兽）医正］	科员［二三等军（兽）医正二三等司药正一二等军（兽）医一二等司药］
		军法司	司长（少将上校相当文官）	司副官（少校上尉相当文官）
				一二三等初级军法官（上中少校上中尉相当文官）	
		军马司	司长（少将上校）	司副官（少校上尉）
				科长（上中校一二等兽医正）	科员（中少校上中尉二三等兽医正一二等兽医）
		技师		技士

资料来源：《陆军部官制》，《政府公报·法律》1912 年 9 月 1 日。

（三）军服

与军衔息息相关并能直接反映军职等级高低的最明显的标识就是军服。军装主要由军帽、衣裤和鞋三部分组成，而这三部分的某些特定部位，如帽章、领章、肩章等是甄别等级的重要标示。

孙中山在颁定的《军士服制令》中规定："军衣军帽，无分阶级，一律黄色，惟肩章、领章及袖口，则按照阶级，分列五色。"[①] 军帽惟帽星系用铜质金色，军官佐之帽，是用红色灯草缘边，制兵无。领章（即颈项中之白硬领）按兵种分色：步兵红色、工兵蓝色、炮兵黄色、辎重兵绿色、马兵紫色、宪兵黑色、卫生兵白色。将官之肩章均用金地，大将军中星三粒，中将军中星两粒，少将军中星一粒；领官之肩章均用红色呢地，上用二金线，大领中星三粒，中领中星两粒，少领中星一粒；尉官之肩章均用红地一金线，大尉中星三粒，中尉中星两粒，少尉中星一粒或无星。一等目兵的袖章，红线三条，其中两条宽半生的、一条宽三生的；二等目兵红线两条，其中一条宽半生的、一条宽三生的。一等兵的袖章，红线两条，均宽半生的；二等兵红线一条，宽半生的。将校外套均用黄色呢，短服亦用黄色呢。将校之靴为黑皮长筒，兵士之鞋则用黄色皮鞋。

段祺瑞掌管陆军部后，在"军服制度，观瞻所系，尤应亟谋画一"理念的驱使下，"博稽古制，详考西法"，[②] 制定出具有时代特色的军服。陆军军服主要分为常服和礼服两种。

衣服与鞋子。衣服分为冬装和夏装两类，冬装初用黄色呢，1914 年后，改用具有保护色的绿色呢。夏装用斜纹布制成，官佐衣服在里袖口十二生处缀红辫线一道，裤子外侧裤缝也缀红辫线一条；衣服对襟七扣，扣平圆式，二生的径，军官镀金，军佐镀银，均不用扣襻，明系襟上；衣服后背下摆均开叉，长约十五生的。凡官佐上衣上下各做明口袋两个，共四个；军士以下，仅上方做两个明口袋，下侧于衣襟内做两个斜口袋。徒步各军士以下，在左臂下方缀同色呢布长约十二生、宽约二生的板带，以便支持刺刀。除骑兵、炮兵、宪兵穿长靴外，其余军种均穿革鞋。

军帽。陆军军帽无论冬夏均用灰黄色斜棉布或呢制。冒顶边缘绣细红

---

① 《孙总统颁定军士服制》，《东方杂志》第 8 卷第 10 号，1912 年，第 9 页。
② 《大总统府秘书厅交陆军部拟定军官名称等级文》，《政府公报·咨文》1912 年 5 月 9 日。

辫线一道，帽墙中央，军官缀平金辫线一道（宽约一生的），军佐缀平银辫一道（各师多为实行，概用金辫）；帽襻官用金、佐用银，两端均缀小圆金钮；自军士以下，帽墙上不缀辫，遮阳及帽襻均用黑漆皮，帽襻两端用铜镀小圆金钮固定。帽章用铜制，陆军军旗衔章均着金色，中央圆形及星均成凸形；后改为五角形，角凸分为红、黄、蓝、白、黑五色。

领章。长方形，外端作内圆形（半径约一生的），长约七生的，宽同领高。除上等官佐用金外，其余均以色分科，并缀团号（独立营用营号），步兵红色、骑兵黄色、炮兵蓝色、工兵白色、辎重兵黑色、军需绛色、测量灰色、军法暗红色、宪兵淡红色、军乐鹅黄色，军医、兽医、司药均为暗绿色，均用呢制，一望可知。[①] 军士领章上之号码，表明军士所属军种。陆军部下辖中央陆军，领章趋于一致。某团号码，由左边领章上的铜制阿拉伯数字表示，营名在同处用罗马字表明。兵士之个人号码用数字表明于左边领口上。

肩章。肩章宽为三生的，长九生的。军佐肩章一律直缀肩上，以金银区分官佐等级。上等军官全用平金辫；中级军官用两金辫夹中央一银辫；下级军官两银辫夹中央一金辫。上、中、少三级则用五角星来区分，各等第一级缀三星、第二级缀两星、第三级缀一星，额外官佐肩章与初等相同，仅缀一星（见表4-14）。至于军士肩章，则用红色呢地，缀细金线一道，同样以金星数量区分上、中、下士三级。兵卒则仅缀星而无细金线。

表4-14 陆军各等级军官肩章区别

等别	级别	称呼	辫	星数	备考
上等官	一	上将	全金平辫	三	陆军总长
	二	中将		二	师长
	三	少将		一	旅长
中等官	一	上校	金辫二道，中间银辫一道	三	团长
	二	中校		二	团附
	三	少校		一	营长
初等官	一	上尉	银辫二道，中间金辫一道	三	连长
	二	中尉		二	连长或排长
	三	少尉		一	排长
	额外	准尉		无	司务长

① 《陆军军官服制》，《民立报》1912年6月4日。

配刀。官佐平时一律配刀（额外军官同），刀锷镂菊花，刀鞘银色、附双环，刀穗按兵科颜色划分。骑兵、宪兵、炮兵之军士、兵卒须配战刀。官佐平时带刀，束于衣内；战时用战刀，束于衣外，刀柄均向后。

陆军除常服外，还有礼服。陆军礼服采用蓝色，帽章用金菊花嵌五色角星，帽中前方竖白羽缨标，以宽窄金辫分等级，上等一级宽金边三道，其余类推。肩章用护盾式，周围之线、正面之星，其分等级法与常服无别，仅上等官用金底，其余各兵科以颜色区别（如常服领章）。领章及袖章之袖口处，上等金底金花，中等金底银花，初等银底银花。袖章上之金辫，上级三道，中级二道，初级一道。腰带之区别在金银花（如常服之肩章），钮七颗，平圆金面，衣袋四个，上下各二个。胯外方按上、中、下三等，分别缀红条三、二、一道。陆军一律穿短筒皮靴，靴上不用纽扣。官佐佩刀，上等官鞘口、环、尾雕镂金花三朵；中等官鞘口、环镂金花二朵；初等官鞘口、环镂金花一朵。刀穗用金，刀带也用金银分等。①

与陆军礼服配套的是军礼，其"关系军队之精神，军纪风纪，莫不赖以养成"。因此，陆军部制定陆军礼节，分三篇五章共113条。② 陆军自小站练兵时，就采用各国通用的"举手""举枪""撇刀"等礼节。1912年，陆军部修正前清颁布的陆军礼节条文，其制大致为：下级见上级行"立正、注目、举手"或"举枪"礼，上级则以"举手"回礼；室内陈事，则"立正、注目、脱帽"；在校阅或教练时，同级相遇，相互"举手""撇刀"，但骑兵兵卒仅"举刀""举枪"之动作。起初，卫兵对中等以上之军官仍采用清末新军的"举枪""立正"礼节，1914年后，变为凡属经过皆"举枪"。③

（四）抚恤

建立现代抚恤制度是保证军队战斗力的重要保障。南京临时政府陆军部一经建立，就颁布了《恤赏章程》，经孙中山发布在军队通行。北京政府陆军部执掌后，认为"恤典之设，上以表国家褒崇忠义之义，下以动观

---

① 文公直：《最近三十年中国军事史》，台北：文海出版社，1971，第72页。
② 陆军部编《陆军行政纪要》，第87~88页。
③ 文公直：《最近三十年中国军事史》，第73页。

感奋发之心。无论平时、战时，关系最为密切"。① 北京政府陆军部考察了南京临时政府陆军部的《恤赏章程》，发现其中仅规定了战时恤赏，而忽略了平时的恤赏，便令军衡司考察国际通例后悉心改订，增补阙无，最终于 1912 年 9 月 12 日颁布了《陆军平时恤赏暂行简章》和《修正战时陆军恤赏简章》，作为军队恤赏准则。

1. 平时抚恤

陆军平时恤赏分为剿办内乱伤亡、因公伤亡、积劳病故三项（详见表 4 – 15）。

剿办内乱伤亡的恤赏。陆军官佐士兵在剿办内乱时，当即死亡或受伤后在法定期限内死亡的，或在防守要隘、乱地工作、侦探地势、补充弹药等情况下遇害的，均按照《陆军平时恤赏表》第一号分别办理。在御乱中受头等、二等、三等伤（参见表 4 – 16），可按照《陆军平时恤赏表》第三号办理。

因公伤亡的恤赏。陆军官佐士兵平时在军队执行任务时因公而误罹危险，或因操练失慎及与此类似的原因而殒命者，均可按照《陆军平时恤赏表》第二号分别办理。因勤务失去二肢以上而退役者，或失一时之健康而尚堪服役者，均按照《陆军平时恤赏表》第三号分别给恤。

积劳病故的恤赏。平时陆军官佐士兵在军营立功之后，或在戍守及陆军各机关办理公务勤务，功勋卓著而染病身故者，按照《陆军平时恤赏表》第二号分别办理；未立功而在军营病故者，按照第三号分别办理。但系积劳病故只给一次恤金，不给年抚金。

恤赏规则。平时陆军官佐士兵遇害或负伤符合上述情节者，分别给予一次恤金及年抚金。在剿办内乱中伤亡各员，限给该员或遗族五年年抚金；因公伤亡者，限给该员或遗族三年年抚金，期满截止；若受年抚金的遗族违背法律，将年抚金转给遗族中的第二应受者。应受年抚金的负伤官兵有失去军人分位、被剥夺公权、再入常备军、改为文职、本人身故等情况，停止恤金。负伤官兵，均由各该管长官取其医生诊断书，按照陆军部颁布调查表填写，报部候办。②

---

① 《陆军部呈大总统拟订陆军平时战时恤赏暂行简章请鉴核批示文并批》，《政府公报·公文》1912 年 9 月 18 日。

② 《陆军平时恤赏暂行简章》，《政府公报·公文》1912 年 9 月 18 日。

表 4 - 15　陆军平时恤赏一览

单位：元

阶级	第一号		第二号		第三号		
	被戕身亡一次赏恤金	遗族每年抚恤金	因公殒命一次赏恤金	遗族每年抚恤金	因公负伤每年抚恤金		
					头等伤	二等伤	三等伤
上　将	900	500	700	450	450	420	400
中　将	800	450	650	410	400	380	360
少　将	700	400	600	380	350	340	320
上　校	600	350	500	340	300	280	260
中　校	500	300	450	290	250	240	230
少　校	400	250	350	240	200	180	170
上　尉	350	200	300	190	180	170	160
中　尉	300	170	250	160	150	140	130
少　尉	250	140	200	130	120	110	100
准　尉	150	110	130	90	80	70	60
上　士	100	70	80	60	50	50	50
中　士	90	60	70	50	45	45	45
下　士	80	50	60	40	40	40	40
上等兵	70	40	50	35	35	30	30
一等兵	60	40	50	35	35	30	30
二等兵	50	40	40	35	35	30	30

资料来源：《陆军平时恤赏暂行简章》，《政府公报·公文》1912 年 9 月 18 日。

表 4 - 16　陆军阵伤等次

头等伤	二等伤	三等伤
两眼皆盲者	两耳俱聋者	盲一目者
失去一足或一手以上者	一足一手残废者	鼻脱落者
咀嚼、言语之机能并废者	生殖器损失或失去机能者	咀嚼、言语之机能生大障碍者
身体运动非人扶持不可者	身体运动失去运动者	一手失去拇食、两指或三指以上者
与前项相等之一切伤病者	与前项相等之一切伤病者	一足失去四指以上者、项及腰运动上有大障碍者
		与前项相当之伤病者

资料来源：《修正战时陆军恤赏简章》，《政府公报》1912 年 9 月 18 日。

2. 战时恤赏

陆军战时官佐士兵恤赏分为阵亡、伤亡、临阵受伤、因公殒命、积劳病故五种。以上伤亡抚恤分为一次恤金和年抚金两种，前者是以死者级别议准，按照续上表给予死者家属一次性的恤金；后者是按年给予受伤者或死者家属的恤金。具体见表4-17。

战时官佐士兵阵亡有临敌殒命、临阵受伤旋即殒命和阵地防守受伤旋即殒命三种，照第一表分别办理。伤亡按照受伤等级及死亡时间分头等、二等、三等伤，时限分别为十个月、六个月、三个月。在战场上受伤并在时限内伤发死亡者，按照第一表办理；不在此时限内伤发身亡者照第三表办理；并非伤发但确系因病死亡者，照积劳病故分别办理。官佐士兵因战斗受伤，出征后因公受伤，或战争防守、委差遭遇水火等灾害、误受弹药以及遭受其他各项伤痍者，均可按照受伤等级，分别照第二表办理。官佐士兵虽然受伤，但并未损折肢体，且康复后仍可服役，以及感染疾病以致一时难以痊愈者，照三等伤，给予一年年抚金。官佐士兵如有前项伤病，经军医诊治后确定伤残等级，并颁发证书执照，该管长官上报陆军部核办，若退伍一年内，伤病日增以致残废，可由本人或家属将证书执照递交该管长官或驻地民政机关核验，相符报部查核，酌量给予相当的恤金。凡伤亡士兵给予阵伤年金者，则将其伤亡一次恤金减去三分之二。若符合失去军人之分位、剥夺公权、再入常备或改就文职而领受薪俸或本人身故者，即将其年抚金停止，并注销恤金给予令。恤赏规则。在国际战争中阵亡的官佐士兵，若出现生前功绩卓著、临阵率先遇害或死事极惨、被害极烈等情形，可按照续上表呈请从优议恤，或指定按某等级从优议恤。阵亡人员生前任职重要，功勋卓著，除了照章优抚外，可在交战地点、通衢大邑建祠崇祀、勒石纪功，以垂不朽。但在议恤时，只准大于原职一级，不得超越两级以上。凡申请抚恤的军政长官，必须按照陆军部所规定的调查表如实填写，并将各件送交陆军部备案。若无以上手续，先行请恤者，自呈准之日起，给予一年时间上交调查表；逾期未至，陆军部可将恤案呈请大总统注销。

年抚规则。凡符合年抚规定者，都发给恤金给予令。年抚金按年发放给受伤者或死者的妻儿。抚恤对家若无子女，终身发放；若有子女，发到子女24岁为止；若长子早夭，则推延至次子为准。发放一次抚恤金的当年没有年抚金，在领取抚恤金证时，就可领取第一次年抚金。受抚者出现入外国籍或犯重罪入狱，寡妇死亡、再嫁或去其户口，孤儿死亡且没有兄弟，孤儿为他人收养或年满 24 岁，自抚恤金议准之日起两年内未到部领取者，发给抚恤金证、停领五年以上的情况，凡符合上述其中一条，停止发放抚恤金，注销资格。

除以上规定外，陆军部还将雇用人员的抚恤考虑在内。在国际战争中，陆军雇用人员在战场上因公阵亡负伤，按照如下给恤：雇用人员职务等于额外军官者或临时服兵务者，应按照恤赏表分别给予相当抚恤金；雇员的职务等同于下士者或雇员月俸在 15 元以上者，应按照恤赏表给予三分之二的抚恤金；常用与临时雇员、工役、佣人等，经该管长官批准，应按照恤赏表，常用者减半给恤，临时者给予三分之一恤金。①

表 4 - 17　陆军阵亡阵伤抚恤金一览

单位：元

第一表		
军　衔	阵亡一次恤金	遗族每年抚恤金
上　将	1500	800
中　将	1200	700
少　将	1000	600
上　校	900	500
中　校	800	450
少　校	700	400
上　尉	500	350
中　尉	400	300
少　尉	300	250
准　尉	200	100
上　士	150	80
中　士	130	60
下　士	120	50
上等兵	100	40
一等兵	80	30
二等兵	60	25

---

① 《修正战时陆军恤赏简章》，《政府公报·公文》1912 年 9 月 18 日。

续表

第二表

军衔	阵伤致废每年恤金		
	头等伤	二等伤	三等伤
上　将	800	600	500
中　将	700	550	450
少　将	650	500	400
上　校	600	450	300
中　校	500	400	250
少　校	450	350	200
上　尉	400	300	150
中　尉	350	250	120
少　尉	300	200	100
准　尉	200	100	60
上　士	120	80	50
中　士	100	70	45
下　士	90	65	40
上等兵	80	60	35
一等兵	60	50	30
二等兵	50	40	25

第三表

军衔	因公殒命一次恤金	遗族每年抚恤金
上　将	1000	600
中　将	800	550
少　将	670	500
上　校	600	450
中　校	530	400
少　校	470	350
上　尉	340	300
中　尉	270	250
少　尉	200	200
准　尉	140	100

续表

第三表		
军　衔	因公殒命一次恤金	遗族每年抚恤金
上　士	115	80
中　士	100	60
下　士	90	40
上等兵	75	30
一等兵	60	25
二等兵	45	20

第四表		
军　衔	积劳病故一次恤金	遗族每年恤金
上　将	750	500
中　将	600	450
少　将	500	400
上　校	450	300
中　校	400	250
少　校	350	200
上　尉	250	150
中　尉	200	120
少　尉	150	100
准　尉	130	60
上　士	100	40
中　士	90	35
下　士	80	30
上等兵	65	25
一等兵	55	20
二等兵	40	15

资料来源：《修正战时陆军恤赏简章》，《政府公报·公文》1912 年 9 月 18 日。

　　《陆军平时恤赏暂行简章》和《修正战时陆军恤赏简章》，陆军部拟订之初就以之为权宜之计，"一俟各官佐确定为终身官，以次实授，制定官俸后，始可一面仿定养赡办法，一面取消此次暂行简章，以利推行，而昭划一"，[①] 因此，对各项抚恤制度的修改和完善也极为必要。1912 年 12 月

---

① 《陆军部呈大总统拟订陆军平时战时恤赏暂行简章请鉴核批示文并批》，《政府公报·公文》1912 年 9 月 18 日。

2 日，陆军部针对受恤人员增多，且各地抚恤诊断证书手续不统一等情况，制定《陆军战时及平时恤赏诊断证书造具手续》，从病伤、伤亡和积劳病故三个方面规范伤病诊断证书。①

抚恤制度被制定并不断地完善，形成整套陆军平时和战时抚恤体系，成功地解决了陆军官佐士兵的后顾之忧，对组建一支为国效力的军队起到了莫大的作用。

二　经费

（一）经费支出类型

根据柏斯特布尔的财政分配理论，中央与地方政府可分为三类：①事之关于一般民众利益者，应归中央，事之属于地方利益者，宜归地方；②事之需要高深技巧及智力者，宜归中央，事之需要精细监督者，应属地方；③行动之需要一致者，应归中央，行动之因地制宜者，宜属地方。②军备是保障社会安全的重要力量，"安全为全社会最大之利益，设军备即以求安全，故军备之费，应为中央支出"。③军队维护国家安全、保障社会稳定的特殊性，又决定了政府必须斥巨资来供养一支庞大的武装群体。作为统辖全国正规武备力量的最高机关，民初北京政府陆军部是一个不断依靠外来"输血"才能激活，且自身"干细胞"并无"造血"功能的军事机构，仅作为中央政府补给各军事机关和地方军队的中间桥梁。

1. 薪俸

陆军部成立之初，并无科学系统的薪俸体系，几经变化。1912 年 5 ~ 8 月为第一次变化，陆军部职员以暂行编制组成，在此期间照准国务院通知，行政机构在编各员，除总、次长暂不支薪外，其余各员月给薪 60 元以为津贴；员司从前薪津每月不及 60 元者，不在此例。8 月 1 日至 9 月 30 日为第二次调整，以官俸法草案为依据，暂行五成官俸办法，总长仍不支薪，次长支薪八成。第三次调整始自 10 月 1 日，陆军部采用《中央行政官

① 《陆军战时及平时恤赏诊断证书造具手续》，《政府公报·命令》1912 年 12 月 25 日。
② 转引自何廉、李锐《财政学》，湖南教育出版社，2008，第 69 ~ 70 页。
③ 何廉、李锐：《财政学》，第 70 页。

官等法》，将行政官员除特任外，分为九等十二级，[1] 按级定俸。[2] 自此，薪俸发放有章可循，其基本原则是按每位官员所属等级支薪，即按照基本职务的薪酬模式定俸，陆军部职员亦不例外。其薪俸标准如表 4 - 18 所示。

表 4 -18　陆军部职员月俸分级

单位：元

级别	特任官	简任		荐任			委任			
		一等	二等	三等	四等	五等	六等	七等	八等	九等
第 一 级	1000	600		360			150			
第 二 级			500	340			140			
第 三 级			400		300		130			
第 四 级					280			115		
第 五 级						240		105		
第 六 级						220		95		
第 七 级						200			80	
第 八 级									75	
第 九 级									70	
第 十 级										60
第十一级										55
第十二级										50

资料来源：根据《简任官以下月俸分级表》和《官等俸给对照表》（《政府公报·法律》1912 年 10 月 17 日）整理而成。

陆军部职员中除了大量的文案人员外，还需要大量的技术人员，因此，陆军部除了按上述职务定薪外，还必须按照技能和年功制定薪酬。陆军部技术官有技监、技正和技士三种，三种薪俸按照《技术官官俸法》的规定办理。简任、荐任技术官受至最高级之俸，满五年以上确著功绩者，分别得 700 元、500 元、200 元，以内之年功加俸。技术官官俸由各该长官视其事务之繁简、技艺之短长、执务之勤惰定其俸级，并按照序列晋升。技术官官俸除别有规定外，其各级俸额均依表 4 -19。[3]

① 《中央行政官官等法》，《政府公报·法律》1912 年 10 月 17 日。
② 《中央行政官官俸法》，《政府公报·法律》1912 年 10 月 17 日。
③ 《技术官官俸法》，《政府公报·法律》1912 年 11 月 3 日。

表4-19　技术官月俸分级

单位：元

俸级	技监	技正	技士
第 一 级	800	440	165
第 二 级	750	420	150
第 三 级	700	400	135
第 四 级	650	380	120
第 五 级	600	360	105
第 六 级	550	340	95
第 七 级		320	85
第 八 级		300	75
第 九 级		280	65
第 十 级		260	55
第十一级		240	45
第十二级		220	35
第十三级			30
第十四级			25

表4-20　陆军部及陆军部附属机关人员及薪俸支数（1912~1915）

单位：银元，两

职别	员额	俸　数			
		1912 年	1913 年	1914 年	1915 年
总长	1	2600	11400	10200	3000
次长	2	2200	5800	5400	3000
参事	4	6060	13360	13680	
秘书	4	3080	7800	7740	2220
办理秘书事宜	4			3420	
副官	14	11060	36400	33980	4180
编纂	2	480			440
司务	5	1775			
主计	1	355			
技正	4	220	10400	10080	2640
技士	4		1090	3870	1785
司长	7	11760	24780	23940	6300
科长	26	23965	57200	56740	16940
司副官	9	6378	12480	11570	2340

续表

职别		员额	俸 数			
			1912 年	1913 年	1914 年	1915 年
科员	一等科员	56	38095	72900	101700	23700
	二等科员	74	49416	106990	106600	26650
	三等科员	70	35673	707200	67410	18795
法官	一等法官	3	3690	5280	5040	1340
	二等法官	6	3195	9300	10650	2700
	三等法官	6	3316	7540	6240	1560
	初级法官	2	648	560	480	
委员	委员长	1	790	2220		
	一等委员	5	2750	7350	9000	750
	二等委员	10	3332	12480	14820	1300
	三等委员	15	5310	18900	15750	1260
	额外委员	29	9600			
录事	一等录事	51	1818 两；5760	16832	18624	4832
	二等录事	61	2715 两；8372	19684	19572	4760
	三等录事	47	1956 两；5424	10488	10080	2280
	四等录事	29	36 两；280	5060	5680	1480
	暂雇录事	14		280	2560	
译电员	一等译员	4	1000			
	一等司电员	1	520	840	840	210
	二等司电员	2	160 两；448	1344	1344	336
	三等司电员	1	120 两；168	504	504	126
	司电生	2	160 两；224	672	672	168
	借调电生	2		40	320	
监印	领班监印递事	1	160 两			
	专司监印	1	104 两			
	监印	7	392 两			
	一等印差	1	128	384	384	96
	三等印差	8	768	2304	2304	574

续表

职别		员额	俸 数			
			1912 年	1913 年	1914 年	1915 年
递事	专管递事	1	104 两			
	二等递事	4	320 两			
	三等递事	5	280 两			
	顾 问	14	18000	58100	30400	
	差 遣	14	34580			
	领差员	2	320			
	通讯员	1	560	1210	100	
	书 记	6		240	480	
印刷所	委员	1	240			
	司事	2	192 两；320	80		
	庶务员	1		300		
	监工员	1	120 两；200	590		
	校对员	2	128 两；128	384		
工程处	总监工	1	310			
	技士	5		1910	3190	875
	技师	5		1440	1350	495
	司事	2	320 两	720	720	180
	勘估员	1	288 两			
工程处	勘估绘图员	1	288 两			
	绘图员	3	192 两		208	411
	木匠监工	1	192 两			
	瓦匠监工	3	440 两			
	监工委员	1	40 两			
	清书	1	96 两			
陆军监狱	监狱长	1	240 两			
	监狱副官	1	96 两			
	医官	1	240			
	司书生	2	96 两			
	司药生	1	60			
枪炮实验场管理员		1	200 两			

注：1. 本表起于 1912 年 5 月，终于 1915 年 3 月；

2. 职员员额取 4 年中所设的最大值；

3. 薪俸取实，即各职员的实际工资和。

资料来源：《补登陆军部历年人员额数及薪俸支数表》，《政府公报·呈》1915 年 5 月 10 日。

由表 4 - 20 来看，考虑到 1912 年薪制混杂，且从 5 月开始计薪，仍有许多未裁撤的旧官职，将银两折合银元，应该不少于 40 万元；从 1913 年、1914 年两年陆军部本部职员薪俸总和来看，总数应不下 60 万；而 1915 年、1916 年两年，陆军部机构变化不大，故每年职员薪俸总和也应不少于 60 万。据此推测，民初五年中，陆军部本部职员薪俸总额超过 280 万元。

2. 军费

军费实为陆军部管理经费中之大宗。民初陆军部所辖各省军事机关和军队经费如表 4 - 21 所示。[①]

表 4 - 21　1912~1916 年陆军部军费支出预算对比

单位：元

	1912 年预算数	1913 年预算数	1914 年预算数		1916 年预算数	
			经常费	临时费	经常费	临时费
陆军部及各军事机关经费	25961714	55793751	40363895	488842	47221159	3407148
京兆陆军费		172839	41827		42643	
直隶陆军费	4284922	4315634	4187178	283985	4108636	283985
奉天陆军费	7432602	4589550	6203276		6203231	41938
吉林陆军费	3479799	2842593	3244205		3005379	5000
黑龙江陆军费	1247073	2566738	2599026	333554	2357740	578248
山东陆军费	2128478	4986158	4192023	100000	5140396	
河南陆军费	2100481	3989868	4752961	24072	5598889	38707
山西陆军费	563368	3804648	3171740		2317215	21785
江苏陆军费	10281263	7867364	4334800	528000	4650108	200000
安徽陆军费	1591342	2358286	3838246	7320	3735244	100323
江西陆军费	2939448	2729778	2828101	412747	2231245	148623
福建陆军费	2196205	2054099	1779537	100000	1702562	186090
浙江陆军费	2808046	3358161	3275415		3264012	
湖北陆军费	4493157	7040146	4803782	320000	5032955	200765
湖南陆军费	1283826	2148207	3154431		3144455	3500
陕西陆军费	1847732	3061137	3573930		3624036	
甘肃陆军费	1186268	1843809	1731593	56000	1731593	

① 张侠等编《北洋陆军史料（1912~1916）》，第 434~437 页。

	1912 年预算数	1913 年预算数	1914 年预算数		1916 年预算数	
			经常费	临时费	经常费	临时费
新疆陆军费	1598682	5579534	3398586		3387229	1089
四川陆军费	6141342	7043832	5122397		5805518	218560
广东陆军费	5802185	12335230	7418137	170624	7494864	120000
广西陆军费	1987755	4363554	4053652	120546	3610109	250000
云南陆军费	4233375	6162229	3054448	200000	3090812	15476
贵州陆军费	1056223	1586200	1205526	60800	1205340	4450
热河陆军费	914028	3351120	1201791	42800	1196008	22175
绥远陆军费	398252	1131846	609788	13392	809788	
旧化陆军费		28294				
察哈尔陆军费	501046	371505	337326		405899	
西宁青海陆军费		23548				
川边陆军费	390045	3591556	1560000	63600	1560000	63600
阿尔泰陆军费	190958	411560	298951		298951	
塔尔巴哈台陆军费	104792	8414	154578		113804	29385
伊犁陆军费	1424509					
西藏陆军费	1237905	103500	130000		130000	
库伦陆军费	556689				132016	
乌里雅苏台陆军费	10378				29132	
科布多陆军费					29132	
恰克图陆军费					29132	
总 计 536321174	102402180	163775012	127631801	3526282	135813986	6438727
			131158083		142252713	

注：表中无 1915 年数据。

资料来源：张侠等编《北洋陆军史料》，第 434~437 页。

依表 4-21，1912 年陆军军费预算总额为 102402180 元；1913 年为 163775012 元；1914 年分为经常费和临时费两类，经常费总额为 127631801 元，临时费总额为 3526282 元，合计 131158083 元；1916 年经常费总额为 135813986 元，临时费总额为 6438727 元，合计 142252713 元。1915 年预算数据虽然缺失，但若不考虑各地区缺报情况，通过对民初几年军费的分析，仍可以大致推测出 1915 年陆军军费预算数额。

1912 年 5 月陆军部成立，下半年才开始第一个年度预算。1913 年革命党和北京政府间因"宋案"爆发了"二次革命"，战争历时三月余，军费开支较大亦在情理之中。1914 年，国家承平，没有战事，预算数额相对较低一些。而 1916 年因年前爆发的反对帝制的战争，军费预算再次升高。如此推算，1915 年因为加快帝制进程，军队多次调配，军费预算数额应高于 1914年但低于 1916 年，处在两年预算数额之间。假设 1915 年陆军经费预算为1.35 亿元，民初五年陆军部预算经费总额约为 6.6 亿元，平均每年 1.32 亿元。

3. 行政费

民初陆军部部务繁杂，经费用途十分广泛，如办公费、旅费、购置设备费、机密费、修缮费等，但记载上述各项费用的史料非常稀少，无法系统考察，因此本节仅以资料较多的旅费为例，一窥陆军部的行政费用。

民初陆军部各机关单位办事人员往来频繁，出差费用成为一笔重要的开支。1913 年 10 月 13 日，段祺瑞签发了《陆军旅费规则》："凡陆军军人军属因公务旅行时，依本规则支给旅费。"旅费分为火车费、轮船费、民船费、车马费、寄宿费、膳食费、零费七种，火车、轮船费依照公司定价，民船、车马费依照地方时价，由所属长官核准发给，火车半价票照章支给半价；寄宿费按照日数发给，水路旅行或所到之处备有公地寄宿者，即不另给；以轮船（民船除外）旅行者不提供膳食费；公务旅行人员交通工具由公家提供者，旅费不另给。各等军职出差旅费数目见表 4 - 22。

表 4 - 22　陆军各等军职旅费一览

单位：元

等级	火车费	船　费	寄宿费	膳食费	零　费
上将	头等	大餐间	2	2	8
中将同等官	头等	大餐间	1.5	1.5	6
少将同等官	头等	大餐间	1.5	1.5	4
上校同等官	头等	官舱	1.2	1.2	2
中、少校同等官	头等	官舱	0.8	0.8	1.2
上尉同等官	二等	房舱	0.6	0.6	0.8
中、少、准尉同等官	二等	房舱	0.5	0.5	0.5
士兵	三等	统舱	0.2	0.2	0.2
役夫	三等	统舱	0.15	0.15	0.1
附记	各官长现仍领公费者，不给零费				

资料来源：《陆军旅费规则》，《政府公报·命令》1913 年 10 月 31 日。

其中，公务人员在旅途中遇有因公发送电报、购买笔墨纸张及携带物品重量超出车船所许限额的情况，允许另行支付费用和雇请搬运脚力。在遇到不可抗拒因素时，如旅途中身染伤病、因车船停运事故而滞留途中等，经部核查情况属实者，补给医药费和额外差旅费。公务人员在出差途中因办理私事而滞留者，费用自备。

（二）经费困境

民初陆军部曾对其治下机关及军队需要经费做了初步统计：衙署机构16117160元，教育机关2427449元，制造机关4310700元，存储机关399000元，他项机关3140230元，以及占开销最大的军队65482570元，总计需求88643249元。其具体支出情况见表4－23。

表4－23　陆军部管理经费总览

单位：元

	衙署	军队			教育机关	制造机关	存储机关	他项机关	合计
		师	独立旅	独立团营					
陆军部	2210700	27313000	7600170	1156300	415500	4212200	20000	73200	43001170
参谋本部	805400				358800				1164200
将军府	221830								221830
训练总监	389300				1448530				1837830
直隶	216800		364540	70370			32200		783910
奉天	451800	3970800		152300			31600		4406500
吉林	188000		2627900	1670700			24700		3001300
黑龙江	159990	1328490	599900	59000			24570	24200	2196150
河南	291700		1408700	359000	19400	56500		19000	2154300
山东	3200000								3200000
山西	353900		823900	614500			45400	43000	1880700
江苏	556200	1381700	1034000	38300	55400		40700	183000	3289300
江西	366800		1204900	57400	74400		41500	13200	1758200
安徽									
浙江	682000	2014800	500000	90000		8000	21200	78600	3394600

续表

	衙署	军队			教育机关	制造机关	存储机关	他项机关	合计
		师	独立旅	独立团营					
福建	170000		1835700		600	4000	4500	129100	2143900
湖北	484000	500000	1091000	40000			37000	103700	2255700
湖南	342300	1949000		660000					2951300
广东	623800	790000		100000			40000	72500	1626300
广西									
四川									
陕西	150000		529000	60000		30000	12000	24000	805000
云南									
贵州	883500		700000	19900	48000				1651400
甘肃	2450000								2450000
新疆	149500		851500	197300					1198300
热河	108200			286200			14900	599700	1009000
察哈尔	139000			300000				410300	849300
绥远	62300			842300					904600
长江巡阅使									
淞沪护军使	131900								131900
宁夏护军使	131700							180000	311700
步军统领衙门	106540					6819		8730	986730	1108819
京兆								200000	200000
蒙藏									
总 计	16117160	39047790	21171210	5263570	2427449	4310700	399000	3140230	91877109
附 记	表内所列数目悉依各机关全年支出经费概数为准，其报告书内未经开列数目者从略。								

资料来源：张侠等编《北洋陆军史料（1912～1916）》，第430～433页。

陆军部经费数额常年庞大，而北京政府的财政除1914～1916年略有盈余外，其余年份多是入不敷出，一年亏短，少则500余万元，多则上亿元。陆军部的巨额经费在如此财政状况下，面临不济在所难免。这在陆军部每月向财政部领款一事上表现得非常明显："惟因库款艰窘，故每月应领数额，往往不能如期照发，甚至延欠数月始行补给。数年以来大率如此。"① 1913 年底，政府因财政不济号召"减政"，因陆军部掌管军队，在机构上不便削减，就实行"减薪"以响应号召，总长、次长、参事、秘书、副官、司长、科长、技正均由原来的 1000 元、500 元、300 元、220 元、220 元、300 元、220 元、220 元分别减为 700 元、400 元、270 元、200 元、200 元、270 元、200 元、200 元。

中央管理机构如此，地方政府军政单位也是步履维艰。财政部府库空虚，陆军部无款可拨，两部遂商定在发放军饷时混搭纸币，但此种方法并不理想。湖南因银根吃紧，每月发饷搭用纸币，旋发旋兑，无异现金，很难推广，且在发放过程中易于"滋事"，故请求陆军部变更。② 察哈尔发放交通分行纸币，因国务院下令封存，无法兑换，使得该师官兵"有纸币不能行使之忧也"。③ 地方军政大员为解决经费缺口，也是奇招百出，使用最多的方法是截留解款，如陕西都督陆建章和巡按使吕调元、云南巡按使任可澄、山东都督靳云鹏于 1915 年 8 月至 1916 年 2 月期间，多次截留解京专款，以充军费。④ 陆军部为筹措军费，甚至不惜动用一向被视为禁脔的盐款作抵押，以挪用交行款项。⑤

（三）建立现代财政制度

针对经费居高不下的问题，陆军部相应地从开源和节流两方面采取了一些举措。从开源方面来说，主要集中在整顿地方经济以增加税源和加大向西方国家借款两端，但碍于民初财政经济状况，此方面作为不大。从节流方面来看，陆军部主要是从削减过剩军队和建立合理的财政管理制度两个途径着手，其中裁遣军队将在后文专门论述，此处不再赘言。本节主要从陆军部财政制度中的预算、出纳、审查三个方面进行考察。

1. 预算

陆军部成立之初，其组织内部并未设立系统管理经费的机构，经费管

---

① 张侠等编《北洋陆军史料（1912～1916）》，第 428～429 页。
② 张侠等编《北洋陆军史料（1912～1916）》，第 464 页。
③ 张侠等编《北洋陆军史料（1912～1916）》，第 465 页。
④ 张侠等编《北洋陆军史料（1912～1916）》，第 462～473 页。
⑤ 张侠等编《北洋陆军史料（1912～1916）》，第 474 页。

理杂乱无章。自 1912 年 6 月财政部通令政府行政各部提交年度预算案，陆军部始有预算一说。^① 依据财政部所颁发的例言，陆军部编写了针对 1912 年下半年的首个财政预算；1913 年初，陆军部虽然又依例提交了 1~6 月的第二个财政预算，但仍无明确的会计年度界限。1913 年 2 月，财政部发函，规定本年 7 月初至次年 6 月底作为一个会计年度，这种规定沿用至 1915 年 5 月以通年（即一年的 1 月 1 日至 12 月 31 日）为会计年度的新记法。

1912 年 12 月 17 日，陆军部颁发了《预订经费计算规则》，其中详细规定辖内属（雇）员的俸饷津贴额度、购物价格折合、差旅费用计算、银洋交混折算及统计时小数问题的处理办法。^② 次日，陆军部又发布了《陆军军费岁出预算次序令》，凡 5 章 10 条。其对陆军军费岁出预算程序、概算书、预定军费申请及预算定额分配等方面做了详尽擘画。^③ 陆军部预算程序是当每年接到财政部的预算通知后，"即按照年度编造概算，其编制之顺序，每年先由军需司草定每年度岁出方针于前年度，呈明部长核定后，通行各机关办理，总务厅接到此项通行后，通知各司处按照陆军经费算出概则之规定，分造本司之岁出概算清单，付送总务厅汇齐后，编定全部岁出概算书，经部长阅定后，移送军需司汇转财政部办理"。^④ 对于临时特别需要款项，准照追加预算办理。表 4-24 即 1912~1916 年各年陆军部预算与实支对比。

表 4-24　民初陆军部本部预算、实支比较（1912~1916）

单位：元

			1912 年	1913 年	1914 年	1915 年	1916 年
经常门		预算款数	1788233.174	1810057.215	1809565.528	1083345.464	771652.860
		实支款数	365200.580	663504.716	735392.403	632629.084	616126.401
	第一项俸饷	预算	1471158.264	1040165.460	1061118.700	876430.560	628282.560
		实支	289298.840	606946.380	640010.710	573818.792	564438.531

① 《财政部致国务院、参议院、外交部、海军部、陆军部、司法部、教育部、内务部、农林部、工商部、交通部赶编概算书启》，《政府公报·公文》1912 年 6 月 2 日。
② 《预订经费计算规则》，《政府公报·命令》1912 年 12 月 17 日。
③ 《陆军军费岁出预算次序令》，《政府公报·命令》1912 年 12 月 18 日。
④ 陆军部编《陆军行政纪要》（民国五年六月），第 32 页。

续表

			1912 年	1913 年	1914 年	1915 年	1916 年
经常门	第二项办公费	预算	246323.720	140869.729	120119.716	126137.608	124310.300
		实支	50827.040	35900.045	81154.360	47611.900	82685.750
	第三项预支	预算	65751.190	28082.058	27067.030	30768.298	29060.000
		实支	25164.710	20657.191	13617.322	11138.349	9003.125
临时门	预算款数		86652.000	61680.000	61820.000	49820.000	64320.000
	实支款数		2441.916	18948.310	35168.127	33751.690	40030.168
	第一项旅费	预算	60912.000	23800.000	15400.000	6900.000	5400.000
		实支	2081.916	4988.310	626.450	292.568	503.240
	第二项购备	预算	1740.000	630.000	420.000	420.000	420.000
		实支					
	第三项秘密费	预算	24000.000	40000.000	45000.000	41000.000	42000.000
		实支	360.000	13960.000	34541.977	33459.122	39526.328
	第四项部费	预算		250.000	1000.000	1500.000	1500.000
		实支					
	第五项修缮费	预算					15000.000
		实支					
合计	总预算		1869885.174	1274737.245	1271385.528	1083165.464	911942.860
	总实支		367732.506	682153.080	770560.830	666380.774	716156.563
比较	增						
	减		1508152.000	892294.219	99824.860	4167864.800	189813.291

注：表中数据有不准确之处，遵从原文。——作者注

资料来源：陆军部编《陆军行政纪要》（民国五年六月），第 51 页；陆军部续编《陆军行政纪要》（民国九年三月），第 35 页。

2. 出纳

1912 年 12 月 18 日，陆军部颁布了《陆军出纳官规定》，将"凡掌管陆军金钱、物品、出纳保管者"定性为"出纳官"，并划为三等：对于所管一切经费、请领支出及物品保管负完全责任的主任出纳官；负分担主任出纳官所管一切事务之责的分任出纳官；出纳官因故不能就职时，由该长官任命部下代理其职者谓之代理出纳官，负出纳官之全责。各机关出纳官规定见表 4-25。

表 4 – 25　出纳官区分

	主任出纳官	分任出纳官	代理出纳官
本　部	统计科长	各司副官	临时由长官呈报
各　师	军需正	各军需等	
官　衙	军需或副官		
学　校	高级军需	次级军需	
局　所	军需或副官		
附　记	凡机关未设军需者，以副官为出纳官；未设副官者，以承办出纳人为出纳官。 凡机关无设立分任出纳官之必要者，不必另设分任出纳官。		

资料来源：《陆军出纳官规定》，《政府公报·命令》1912 年 12 月 18 日。

当现任出纳官卸任时，继任者与其之间就存在手续交接问题。为保障交接有序可循，1913 年 2 月 20 日陆军总长签发了《陆军出纳官交代规则》，[①] 前任出纳官在交接时，须将账簿结至交代之日止，在其最终记账下画一条单线，载明合计总数，并于其下画一条双线记入年月日，会同继任者核算相符后，双方署名盖印。前任出纳官应根据簿账凭据及其他书类，编制目录 3 份，还应将本月领收未完之款项额数，编制领收计算书 3 份；将所保管之金额种类，编制保管金计算书 3 份；将保管之物品种类数目，编制成计算书 3 份。继任者对卸任官的钱物交接核算确认无误后，双方签字盖章，各留一份以备后用，另交部一份备案。出纳官因故不能交接，由该管长官委员代理，交接程序与上同。

陆军部在财政管理上建立了出纳制度，将出纳分属不同等级，明确规定各级所负之责任，并对部辖机关、军队需要设立何种出纳官、由什么级别的官员来担任以及各单位前后任出纳官卸任间的交接都做了相应的规定。这不但使出纳制度规范化，而且也厘清了职员间的权责，对提高陆军部行政效率和确保财政安全都大有裨益。

3. 审查

陆军部建立财政审计制度并专门设立审查处的初衷，在 1913 年 3 月 1 日陆军总长段祺瑞呈袁世凯的《拟定本部所设陆军会计审查处暂行章程请批示遵行文》中说得非常清楚：

---

① 《陆军出纳官交代规则》，《政府公报·命令》1913 年 3 月 18 日。

窃本部前因陆军经费为全国岁出之大宗，而战时所需，端赖筹划于平日。其中应守秘密之处甚多，故一切用款，非陆军以外各监督机关所宜直接参与，而会计经理恒以应军事之要求为主旨，又非未具经理专门学识者所能审查适当，当将应设陆军审查处缘由提交国务院议决，照设在案。[1]

陆军部因军事机密请求设立自己的审查处，为国务院所接受。关于审查处的官职，"本应分别拟定，提交院议，旋因此项官制应参照审计院法办理，方能允合。查审计院法公布尚需时日，而审计处暂定章程业经呈请批准，通行各处，本部所设之陆军会计审查处自应查照成案，先拟《暂定章程》九条"。《暂定章程》规定，在陆军审计官厅、官制未公布以前，暂设陆军会计审查处，隶属于陆军总长，主要职责是"掌理监督陆军全体岁出岁入及关于一切会计事务"。审查处设处长 1 员，管理全处事务；设科长 3 员，分掌三科，第一科掌理陆军各官衙、学校、局厂审计事项，第二科掌理近畿各军队审计事项，第三科掌理各省军队审计事项；科下设办事员若干，由陆军总长委任分理各科事务，缮写、核算等业务可酌量雇用专门人才；设副官 2 员，分管文牍、会计、庶务及不属于各科的事项。陆军审查处职员的军衔暂照陆军部各司厅办理。[2]

1913 年 3 月底，陆军部刊布了 6 章 19 条的《陆军审计现行规则》，[3]该《规则》是对《暂行章程》的细化和延伸。在支付、决算方面规定，陆军年度预算未经成立以前，所有陆军各机关每月支付概算分册，由主管预算机关汇送陆军会计审查处查核；陆军各机关经费支付，应由管理支付机关按月将实付之款项数目汇送审查处查核；陆军各机关每月决算分册及附列各种收据，由审查处按照各种收据审查决算，分别呈请准驳，且其决算分册应按月汇送军需司办理。审查处对审查决算持有疑义时，可呈请该主管机关处理或派员就地检查。在陆军部官有财产方面，由主管各机关调查汇送审查处办理；陆军建筑工程及购买军需物品，价值在 500 元以上者，应将合同、契约或详细说明书及价格表报明核查；陆军官有财产作废或变

---

① 《陆军总长段祺瑞呈大总统拟定本部所设陆军会计审查处暂行章程请批示遵行文》，《政府公报·公文》1913 年 3 月 6 日。
② 《陆军审查处暂行章程》，《政府公报·公文》1913 年 3 月 6 日。
③ 《陆军审计现行规则》，《政府公报·命令》1913 年 4 月 4 日。

价时，审查处视手续对其转卖之投标进行核查。在监督会计方面，审查处可派员检查各陆军机关的金柜，按簿表所载核查收支数目与现存款项及各种证据是否相符；出纳官所保管之金钱物品因不得已事故损失时，审查处须派员查核是否属实；对追加预算之款项数目及事由，应由军需司每月汇送审查处查核；凡余款补领及因误付账缴还款项数目之事由，由审查处查核后，送军需司办理；建筑工程完竣之日及购买军需物品运到之日，由审查处按照原立合同、契约或详细说明书及价格表，切实检查认可后，再由主管机关接受。为防止出现舞弊现象，《规则》中还制定了惩处条例：将陆军各机关所属出纳官姓名、履历送审查处备查，并转送审计处；陆军出纳官之处分，除适用《审查处暂行审计规则》第 26 条外，凡陆军出纳官违背本规则及各种法令者，或其他官佐确认其与出纳官有通同违法者，审查处有呈请分别行使处分的权力。

陆军部设立审查处后，各省的军事财政全部递交其审查，工作量很大，难以按时完成。因此，陆军部打算在各省成立陆军会计审查分处，以分担陆军部事务。1913 年 5 月 13 日，段祺瑞上呈袁世凯："伏查中国地方辽阔，所有整理陆军财政，若统由中央直接查核，大有鞭长莫及之势。现准各省都督迭经函电，查询职部，体察情形，并参酌各国成规自应亟行分设陆军会计审查分处，以资整理而便推行。"[①] 各省陆军会计审查分处冠以省名，设于都督府内，职员主要有分处长 1 员（一等军需正），在陆军部命令和本省都督的指导下掌理处务；处员 3～6 员（二三等军需正或一二等军需），奉分处长的命令助理处务，处员额数按照各省实际情形核定。[②] 1913 年 9 月，陆军部根据《审查处暂行审计规则》及《陆军审计现行规则》为各省陆军会计审查分处制定了《陆军会计审查分处现行审计细则》。《细则》体例与陆军部的《陆军审计现行规则》相同，从审查支付概算决算、检查惯有财产、检查一切会计账目三方面做了详细规定。[③] 9 月下旬，针对《陆军会计审查分处现行审计细则》中规定的日期及各省陆军机关递送决算册与审计处间的差异，"为慎重军费起见"，审计处训令各省审计分处处长嗣后收到陆军各机关决算分册，将审计所得造表报告连同原册汇送

---

① 《陆军总长段祺瑞呈大总统谨拟陆军会计审查分处条例六条请批示遵行文并批》，《政府公报·公文》1913 年 5 月 15 日。

② 《陆军会计审查分处先行条例》，《政府公报·公文》1913 年 5 月 15 日。

③ 《陆军会计审查分处现行审计细则》，《政府公报·命令》1913 年 9 月 8 日。

本处核办。① 1913 年 12 月，为统一管理需要，国务院照准海军部在陆军部会计审查处下设立海军会计审查处，正式成立陆海军会计审查处，将原有章程略做修改，形成《陆海军会计审查暂行章程》。②

1914 年 7 月，因审计院成立，"审计处所定订审计条例已无事，前审查办法对于各机关每月支付预算书及请款凭单，只送处备案，以为事后审查之参考。本部体察情形，陆军会计亦应变通办理，以免歧异。兹已将各省陆军会计审查分处一律裁撤，嗣后陆军各机关应行审查事件由部核办"。③

（四）建立现代财政制度原因与成效

民初陆军部为何能建立现代意义上的财政制度？其背后是哪些因素促成了这一制度的建立？想要回答这些问题，必须对民国初年的政治、经济等方面做深入的剖析。

其一，陆军部建立现代财政制度是新时期的客观要求。正如亨廷顿所说："政治现代化包括划分新的政治职能并创制专业化的结构来执行这些职能。"④ 民国初年是传统政体向现代政体转变的过渡时期，是一个破旧立新的时代，随着清政府的土崩瓦解，新建立起来的中华民国百废待兴，尽快建立各项制度迫在眉睫。陆军部建立现代的财政制度，正是应时应景的产物。

其二，陆军部的现代财政制度是为配合财政部的相关制度而设立的。陆军部部内各项财政制度大都是应财政部的要求及便于与其接洽而建立起来的，并随着客观需求的不断变化，完善或废止。因此，袁世凯在北京政府成立当日莅临参议院就财政发表意见时说："半年以来，工商荒废，税入锐减，外债暂不能偿……百废待兴，要在财政……建设财政所需，应速成立预算。"⑤

---

① 《审计处训令各省审计分处处长嗣后收到陆军各机关决算分册，可按照审计所得，造具成绩报告连同原册汇送本处核办等情文》，《政府公报·公文》1913 年 9 月 28 日。
② 《陆海军部呈大总统改订陆海军会计审查处暂行章程请批示遵行并批》，《政府公报·公文》1913 年 12 月 4 日。
③ 《陆军总长段祺瑞呈请将各省陆军会计审查分处一律裁撤文并批》，《政府公报·呈》1914 年 7 月 20 日。
④ 〔美〕塞缪尔·P. 亨廷顿：《变化社会中的政治秩序》，王冠华、刘为等译，第 27 页。
⑤ 朱宗震、杨光辉编《民初政争与二次革命》，第 11~12 页。

其三，民国初年，财政艰窘是促使陆军部建立各项现代财政制度的催化剂。民国打破了旧有的政治格局，旧的赋税系统也随之崩溃，而北京政府又无法在短时间内真正意义上统一全国，新的赋税系统不能一蹴而就。加之，民初政局云谲波诡，战端连绵，军费开支不断膨胀，导致政府财源匮乏。陆军部在"开源"上无法突破僵局，只能转向"节流"，而"节流"的最佳方法就是在源头上保证支出的科学性和杜绝开支无度糜烂。基于此，由陆军部在体制内建立各项现代财政制度就被推上了轨道。

陆军部严格按照各项财政规则行事，监督辖下各军政机关的用款效度。1913 年 6 月，陆军军官学校因教学需要，准备购置骡马及相关的教学用具杂物，学校按惯例向陆军部军需司递交请款申请书，经核算，陆军学校一次性购买各项军需物品总价值超过 500 元。按照《陆军审计现行规则》的条款规定，陆军部派科员洪百新持文前往该校核查，① 无误后方才拨款。1914 年 1 月，陆军部公布 1913 年 3 月黑龙江省都督宋小濂控告该省巡防统领马瑞禄等拥兵通匪及侵吞款饷一案，经陆军部及黑龙江审查分处介入调查，最后得出马瑞禄等并无拥兵通匪和侵吞款饷的罪状。② 审查是为确保军事经费用度的合法性和有效性，同时，通过审查结果说话，防止地方军政官员之间的倾轧，也是对地方军政官员的一种保护。一种制度的效果如何，关键在于其执行力，陆军部一直尽力避免因执行力不到位而使辛苦建立起来的制度大打折扣。当时，个别军事机关每月用款预算表未按时送交陆军部，但核查国务院记录，其支出分类簿上却列有支出预算数，陆军部担心此项预算"关系重大，稍有迟缓，不惟本部发款无所依据，即各机关簿记亦无从整理"，因而于 1914 年 2 月，饬令各机关务必按制将预算于每月 20 日前送达陆军部，"以免贻误"。③

陆军部在控制经费支用上也并非无懈可击。民国初年，中央对地方控制力大大减弱，地方省份的财政自由度较大，表现在军队方面，军事用款往往先斩后奏——自行动用巨款，事后报部销账。陆军部对此向袁世凯提出整治要求，称："值此部库奇绌，每届饷期艰窘万状，似此任意开支，

---

① 《令陆军军官学校校长蒋方震》，《政府公报·命令》1913 年 6 月 19 日。
② 《兼代陆军总长周自齐呈大总统报明尊将马瑞禄等拥兵通匪及侵吞款饷一案审讯明确，应行分宣告无罪及执行各等情，缮具原判决书请批示遵行文》，《政府公报·公文》1914 年 3 月 5 日。
③ 《陆军部部令》，《政府公报·命令》1914 年 3 月 5 日。

若不加以限制，不惟财力不继，势难支持……拟请嗣后各军队，凡关于临时发生用款必不可省者，应详具理由，并估计确数先行报部，经本部查核后，呈请大总统批示"，否则"一律认为无效"。① 然而即便陆军部三令五申，强调军事用款需要报部审核，地方各军队仍置若罔闻。

综上不难看出，陆军部在财政方面，尤其在现代财政制度上所做的种种努力，是不容忽视的。经过陆军部及部属机关的上下互动，在一定程度上减少了各军政机关随意扩大预算、出纳官权限不清等现象，并通过设置审查处等机关，监督各单位经费用度情况。即便民初陆军部在财政建设方面存有不足，但其在本单位内部的尝试仍是可圈可点的。

第三节　段祺瑞与民初陆军部管理

民初陆军部的管理层在北京政府中具有特殊地位，既有北京政府中央各部人事管理的共性，又表现出自身的独特性。本节拟对陆军部管理层成员做细致梳理，从中探察陆军部在人事管理上的基本特点，继而从陆军部的灵魂人物——陆军总长段祺瑞入手，探讨他与各方成功的人际关系及获得陆军总长职位的条件，并剖析在民初政局极度不稳的形势下，段祺瑞如何能成为政坛上的"不倒翁"，牢牢控制陆军部人事大权的原因。

一　段祺瑞的人际关系与陆军总长人选之争

段祺瑞（1865~1936），原名启瑞，字芝泉，安徽合肥人，北洋武备学堂首届毕业生。段祺瑞少年时代家道衰落，遂投身行伍，1885 年他以优异的成绩考入李鸿章创办的北洋武备学堂，两年后以"最优等"成绩毕业，被派往旅顺"监修炮台"。② 1888 年冬，李鸿章奏请选派武备学堂学生 5 人留学德国，段祺瑞考取第一名。在柏林研习完理论课程后，入世界一流兵工厂——克虏伯炮厂实习，1890 年秋学成归来。但是由于国内没有新式陆军炮兵部队，段祺瑞这个新型军事人才便被安排到专业并不对口的北洋军械局。不久，又被派到威海随营武备学堂担任教习，直到袁世凯编

---

① 《陆军总长段祺瑞呈大总统拟请嗣后各军队凡关于临时发生必不可省之用款，应详具理由，并估计确数报由本部查核后，呈请批示饬遵，否则一律认为无效，以示限制文》，《政府公报·公文》1914 年 4 月 24 日。

② 吴廷燮：《段祺瑞年谱》，第 9 页。

练新军，段祺瑞才被征招到营，所学才派上用场。

段祺瑞经北洋武备学堂总办荫昌推荐，和王士珍、冯国璋、梁华殿 3 人全部被袁世凯录用。[①] 对于段祺瑞的才能，袁世凯深信不疑，委任他为炮兵营统带。段祺瑞也没有辜负袁世凯的期望，从炮兵的建制、训练到演习等，他都亲自过问，在德国教习的协助下，培育出中国第一支近代正规炮兵部队。他除了负责炮兵训练外，还肩负着全军训练的重任，段祺瑞在小站的重要性，正如沃丘仲子在《近现代名人小传》中所载那样："世凯治兵小站，教练之事，专任之祺瑞。"[②] 段祺瑞倾心帮助袁世凯编练新军，开办军事学堂，培养中下级军官，使得"其后近畿诸军学，皆所经始。故北洋军官，半其弟子"。而段祺瑞在小站的另一个贡献是制定练兵章程，厘定操典，编译兵书。先后编定《新建陆军兵略录存》《训练操法详晰图说》等书，这是近代中国人改革陆军过程中不多的思想结晶。

段祺瑞苦心扶持袁世凯练兵，袁世凯也对其青睐有加，层层提拔。练兵处成立后，袁世凯推荐他出任军令司正使，担纲全国新军编练工作。在北洋集团自己编练的 6 镇新军中，段祺瑞相继担任过第三、四、六镇的统制。在 1905 年的河间会操和 1906 年的彰德会操期间，段祺瑞皆为北军的总统制，且两次率军大胜南军。当时报纸赞誉云："中国赳赳武夫能具战将风采为全军冠冕者，首屈一指段统制。"[③] 1911 年底，段祺瑞以第六镇统制身份代王士珍为江北提督。[④] "加侍郎衔，常驻江苏清江。"[⑤] 辛亥革命爆发后一度担任湖广总督，成为封疆大吏。中华民国北京政府成立后，段祺瑞以此学历经验，执陆军部之牛耳，亦在情理之中。

（一）段祺瑞的人际关系

1. 与李鸿章的关系

段家祖籍江西饶州，明末迁往安徽英山县，道光年间辗转迁至六安县太平集。1865 年 3 月 6 日，段祺瑞出生于六安祖居，后数年举家迁往合肥

---

① 文斐编《我所知道的北洋三杰》，中国文史出版社，2004，第 3 页。
② 沃丘仲子：《近现代名人小传》（下），北京图书馆出版社，2003，第 30 页。
③ 张华腾：《北洋集团崛起研究（1895～1911）》，中华书局，2009，第 75 页。
④ 沃丘仲子：《近现代名人小传》（下），第 30 页。
⑤ 李新、孙思白主编《民国人物传》（第一卷），中华书局，1978，第 163 页。

乡间，故有"段合肥"之称。祖父段佩①，粗识文字，曾和乡邻刘铭传合伙贩运私盐。咸丰年间，段佩跟随刘铭传创办团练抵抗太平军，后来与合肥人士张树声、周盛波、唐殿奎等人的团练一起归入官府名下。同治年间，刘铭传等所部团练被编入李鸿章创建领导的淮军系统，段佩初任铭军哨官，旋升马队管带，后因功累保提督衔记名总兵、励勇巴图鲁，授荣禄大夫、振威将军。段祺瑞父亲段从文，在乡务农，加赠荣禄将军、振威将军；母亲范氏，赠一品夫人。②

段家出身行伍，"邑人又多以军事致显要，故颇重军事学识"。③ 段祺瑞年仅 8 岁时，祖父段佩就将他接至自己在江苏宿迁的驻所，并送至附近私塾读书，闲时常带左右，体验军旅日常。这种生活直至段祺瑞 15 岁时，祖父卒于宿迁任上，他扶枢归葬合肥为止。祖父去世后，家道中落，经济拮据，段祺瑞被迫辍学，17 岁时只身从合肥徒步投奔在山东威海驻军中任管带的族叔段从德，补营哨书。④ 20 岁以优异成绩考入了李鸿章创办的北洋武备学堂炮兵科，迎来了他人生中第一次重大转机。在北洋武备学堂期间，段祺瑞学习了兵法、地形、军器、炮台、算法等军事学课程，同时兼修传统古文课程。正如费敬仲所说："（段祺瑞）既入武备学堂，实获己志，攻业颇勤敏，以力学不倦称于当时，治学既专，每届学校实验，辄冠其踬辈，与王士珍等齐名于时。"⑤

正是这样的刻苦钻研，使段祺瑞迎来了人生的又一机遇。为加快中国早期军事现代化的步伐，1888 年，李鸿章奏准选派北洋武备学堂学生出洋，赴号称陆军最强的德国学习军事。段祺瑞考取第一名，同行的还有吴鼎元、商德全、孔庆唐、滕毓藻。⑥ 段祺瑞以官费进入柏林军校，系统学习先进的军事理论知识，毕业后，经李鸿章特批单独入世界著名的克虏伯炮厂实习半年，受益匪浅。在德国期间，段祺瑞"既习欧西军学，复与彼都人时相周旋；呼吸海外之空气，观摩渐渍亦既有年。由是学识大进，思想亦日新，慨然有澄清祖国之志。尝与同志讨论世界大势，每就军事之学

① 亦作珮。
② 吴廷燮：《段祺瑞年谱》，第 7 页。
③ 费敬仲：《段祺瑞》（上编），台北：文海出版社，1966，第 3 页。
④ 另据段祺瑞的女儿段世巽说，其父并非一人，而是在征得家里同意后，与上京探亲的邻居沈姓老人同行，随身只带了一块银洋，基本上是徒步到北京的。
⑤ 费敬仲：《段祺瑞》（上编），第 4 页。
⑥ 胡晓编著《段祺瑞年谱》，第 43 页。按：一说为周畅亭、吴凤岭、孙文泄、滕毓藻。

识，研究中国军人之弱点，欲一新其制度。颇似著书立说，以先觉为己任，故比之归国，已头角嵘然也"。①

段祺瑞留学德国，自此开启了职业军人的生涯。他的人际关系网络，也开始围绕着北洋武备学堂逐步展开。在此期间，他结识了王士珍、冯国璋、梁华殿、商德全、吴鼎元、吴凤岭等一大批左右此后政局的军政显要。因此，段祺瑞从心底感激李鸿章的提携，他曾写过一首五言长诗《先贤咏》，表达了对同乡前辈的敬仰，其诗如下：

> 昆仑三千脉，吾皖居其中。
> 江淮夹肥水，层峦起重重。
> 英贤应运起，蔚然闲气钟。
> 肃毅天人姿，器识尤恢宏。
> 勋望诚灿烂，宛如万丈虹。
> …………
> 仰面朝霄汉，气焰陵华嵩。
> 环顾海内士，樽俎谁折冲？
> 五洲所信仰，惟有李文忠。
> 国危而复安，深赖一老翁。②

该诗雅有劲气，将对同乡先贤的钦慕表露无遗。由德回国后，段祺瑞先后担任北洋军械局委员、山东威海随营武备学堂教习。既接受过德国先进军事教育，又有军中实际工作经验，这都成为日后段祺瑞被编练新军统帅袁世凯选中的重要原因。

2. 与袁世凯的关系

对段祺瑞军事政治生涯影响深远的第二个人当属袁世凯。1894 年，清军在甲午战争中惨败，朝野哗然，要求改革军队的呼声日高，清廷也以编练新军是"自强的关键"，是"救时第一要义"。因刘坤一、张之洞等封疆大吏及李鸿藻、荣禄等朝廷重臣的举荐，"知兵文臣"袁世凯担当练兵大员。1895 年底，袁世凯在小站从胡燏菜手中接过"定武军"，扩建改编为"新建陆军"。袁世凯编练新建陆军，一律习洋操，根据德国陆军教育条目

---

① 费敬仲：《段祺瑞》（上编），第 5 页。
② 徐一士编著《一士类稿 一士谈荟》，书目文献出版社，1983，第 196～197 页。

进行训练，这就需要深切了解德国陆军的实际情形和操练要诀的教习。于是袁世凯请李鸿藻、荫昌等为其推荐军事人才，段祺瑞便因"学行深中湛""军事学第一"成为不二人选。段祺瑞加入清末编练新军队伍后，成为袁世凯小站班底的顶梁柱之一。他在训练新军时，发现军队中级指挥人员军事素养匮乏，经与袁世凯商讨后，与王士珍、冯国璋等人先后创办了旨在培养中下级军官的随营学堂，成效显著。袁世凯对段祺瑞也是"深器其人，于教练新军之事，一以委之"，甚至出现了"凡属北洋军官，半出段氏之门下"的局面。① 后来冯玉祥回忆受训经历时说："我们在南苑训练，每日长官兵目都要上讲堂，学术两科并重。段祺瑞对于官长头目的训练，尤为认真。一时全镇空气紧张，人人兴奋。"② 段祺瑞也没有辜负袁世凯对他的期望，训练出了 20 世纪初中国最先进的新式陆军。在北洋这杆大旗下，段祺瑞可以说是如鱼得水，一路高升，从炮队统带升至总督。除了在政治上栽培段祺瑞外，袁世凯还特别关心他的生活，在得知段祺瑞的原配吴氏病故后，便将自己的大太太于夫人一手带大的义女张佩蘅许给其续弦，袁、段二人除了多年的袍泽关系外，又成了翁婿。③

1908 年 10 月，光绪、慈禧两宫先后驾崩，载沣摄政后，政策渐趋保守，大肆擢升满族贵胄，打压汉族官僚。清廷为控制袁世凯所属的北洋新军，首先将其调入军机，进而以袁世凯"患足疾，步履维艰，难胜职任"为由，开去本兼各职，令其"回乡养疴"。袁回彰德时途经保定，将府学胡同私宅赠予段祺瑞，以酬谢其蓄意制造北洋军队"兵变"，致使清廷对除袁有所忌惮之恩。④ 此举虽有袁世凯为此后复出留下后路之意，但由此亦可见袁、段关系之一斑。在清末袁、段密切合作的 16 年间，段对袁来说是下级，是助手，也是朋友，可以说"段祺瑞为成就袁世凯一生的业绩忠心耿耿，立下卓著的功勋。袁世凯则知人善任，对段层层提拔重用，使段祺瑞成为清末民初政坛上叱咤风云的人物"。⑤

辛亥革命爆发后，袁世凯在各种条件成熟的前提下出山，担任内阁总理大臣，重掌清廷之大权，成为当时中国最大的实力派。段祺瑞虽未在新

---

① 费敬仲：《段祺瑞》（上编），第 6 页。
② 冯玉祥：《我的回忆》，军事科学出版社，1988，第 76 页。
③ 周俊旗：《百年家族·段祺瑞》，河北教育出版社，2006，第 31 页。
④ 侯宜杰：《袁世凯全传》，当代中国出版社，1994，第 162~170 页。
⑤ 张华腾：《袁段矛盾与洪宪帝制的败亡》，《殷都学刊》2006 年第 2 期。

的内阁成员名单上，但袁任命他署理湖广总督，总统前线事宜，依持之心，可见一斑。1912 年 1 月 1 日，中华民国南京临时政府成立，此后，各省相继独立，清廷大势已去，南北形成对峙之势。各界要求统一的呼声渐次高涨，但清帝仍不肯退位，实现共和遥遥无期。袁世凯不好直接出面逼宫，"统一"陷入僵局。段祺瑞洞悉袁世凯意图，见此情形，率部于 1 月 19 日联名致电清廷，要求速定共和政体，以现政府内阁暂代政府职权。① 然而，到 26 日清帝仍无退位迹象，段祺瑞遂联合湖北前线的 46 名北洋军将领，联衔电奏清廷，痛责二三王公迭次阻挠颁发"共和诏旨"，并声言"率全军将士入京，与王公痛陈利害"，② 随即由湖北孝感撤兵北上。这则通电及段祺瑞的实际行动，最终促成了清王朝的覆灭，也为袁世凯解决了摆在面前的一大难题。为此，袁世凯将王士珍于 2 月 17 日辞去的陆军大臣一职给予段祺瑞。③ 此后，随着革命形势的发展和国际局势的变化，同盟会和北洋集团在妥协中实现了共赢，达成了民主共和，形成了南北统一的良好局面。④ 中华民国北京政府建立后，在袁世凯的力争之下，段祺瑞出任北京政府陆军总长。

段祺瑞能出任陆军总长，除了真才实学外，和其良好的人际关系，尤其是和袁世凯的良好关系是密不可分的。当然，袁世凯也需要依靠段祺瑞为他稳定局面。1912 年 8 月，段祺瑞为袁顶住各方对"张方案"质问的压力，袁为答谢段，于 9 月授予段祺瑞上将军衔，⑤ 接着于 10 月授予勋一位，⑥ 段袁关系日益密切。这种关系还表现在段任职陆军总长一事上。民国初年，政局动荡，在袁世凯不到五年的统治期内，临时内阁组阁多达八次，教育部十易总长。内阁连番倒台，总长走马换凳，而段祺瑞"陆军总长一席如泰山、如磐石。半年之间，阁员三易，而段氏则无论为袁系为民党从无动摇之者"。⑦ 段祺瑞平时去觐见袁世凯，也享受特殊待遇，他所乘

---

① 章伯锋、李宗一主编《北洋军阀（1912～1928）》（第 6 卷），第 4 页。
② 《段军又点催共和》，《民立报》1912 年 2 月 13 日。
③ 郭廷以编著《中华民国史事日志》（第一册），第 25 页。
④ 丁健：《"妥协"与"共赢"——民元孙中山让位的背后》，《宜春学院学报》2008 年第 1 期。
⑤ 《命令》，《盛京时报》1912 年 9 月 10 日。
⑥ 章伯锋、李宗一主编《北洋军阀（1912～1928）》（第 6 卷），第 20 页。
⑦ 濑江浊物：《段祺瑞秘史》，《北洋人物史料三种》，第 109 页，

车辆可直达南海，"亦为他人所未能"。①

直到袁世凯伺机称帝，段袁二人的关系才出现罅隙，并最终致使段祺瑞辞去陆军总长一职，暂时淡出北京政府的权力中心。袁世凯接到辞呈后，虽对段祺瑞不支持帝制恼怒不已，但仍然很珍惜二人间的情谊，三次派人劝阻。第一次派徐世昌，第二、三两次均为王士珍出面慰留，段氏因不愿与袁闹到无法收场而拒绝了二人的好意，仍以"病势太重，恐有误部务"，② 坚求袁氏照准。即便关系即将破裂，段祺瑞仍针对外界中伤袁世凯的谣言公开发表了辟谣电文：

> 二十年前，大总统在小站练兵时，祺瑞以武备学生充下级武秩，与大总统毫无关系，乃承采及虚声，立委为炮队统带，升任统制；及大总统东山再起，祺瑞复见任湖广总督、陆军总长等职。以大总统知祺瑞之深，信祺瑞之坚，遇祺瑞之厚，殆无可加，是以感恩知己，分虽部下，情逾骨肉。近数年来，祺瑞吐血失眠，吁请息肩。乃包藏祸心之某国报纸，以挑拨离间之诡计，直欲诬祺瑞为忘恩负义之徒，甚至伪造被人行刺之谣，更属毫无影响。不得不略表心迹，以息讹言。③

段祺瑞情愿自己背黑锅，也不愿抹黑与自己平生"有特别关系"的袁世凯。④ 袁世凯自然也留有余地，在段祺瑞辞职后，请他移居南海，但为段祺瑞所拒绝。⑤ 袁世凯帝制失败后，请段祺瑞出山，收拾危局。起初段心中有气，"故从不参与要政，亦未到过参谋本部一日，总计由公府面受，任命之日起及蒙召会议事务，迄今不过出头四次而已。闻段莅席会议间，亦颇形勉强，当举座会议之际，惟有噤口垂头，谨听众人之议论，决不加可否一语，默然而来，默然而退也"。⑥ 当袁世凯有退位之意时，段祺瑞则开始为其善后奔走协商，派心腹徐树铮急赴南京，与足以影响时局的冯国璋密议，以维持大局。⑦

---

① 《陆军部新旧两总长》，《申报》1915 年 6 月 5 日。
② 《陆军部新旧两总长》，《申报》1915 年 6 月 5 日。
③ 陶菊隐：《武夫当国：北洋军阀统治时期史话（1912～1928）》，第 258 页。
④ 灏江浊物：《段祺瑞秘史》，《北洋人物史料三种》，第 114 页。
⑤ 《专电》，《申报》1915 年 10 月 5 日。
⑥ 《黎、段、徐之态度多冷静》，《申报》1916 年 4 月 10 日。
⑦ 《黎、段、冯之今日地位》，《申报》1916 年 4 月 22 日。

袁世凯帝制失败后，郁愤而死，袁段的隔阂、怨恨也随之消融。段祺瑞不但在帝制取消后，"乃出而为项城收拾残局，殷殷恳垦，终无怨言"，而且"项城既殁，为之照料家事，保护眷属"。[①] 从袁、段交往的二十余年历程来看，二人始终存在着极为密切的关系，也正是袁的知遇之恩，让段祺瑞登上高位，培植了自己的个人势力，最终依靠皖系统治中国经年。

3. 与北洋集团的关系

起家于军队的段祺瑞，深知欲在军界有所发展，团结军队各级将领为不二法门。从小站练兵起，段祺瑞就很注意和小站班底中的各级军官搞好关系，而要经营这种关系，关键是要和"北洋三杰"中的其他"两杰"——王士珍（"北洋之龙"）、冯国璋（"北洋之豹"）和谐共处。王士珍生性淡泊，不喜拉帮结派，且笃信黄老，为人厚道，凡事不肯擅专，是北洋圈子里公认的"老好人"，相对容易相处。民国成立后，王士珍因念前清拔擢，主动请辞，不再过问国事，返回正定原籍居住，因而段祺瑞和这位老朋友的关系比较融洽。而冯国璋权力欲望很强，为人处事圆滑，加之袁世凯驭下的策略是让三人平衡发展，这就使段、冯成为潜在的竞争对手。但在把北洋陆军训练为最优秀军队的共同目标下，这种竞争又是良性的。段祺瑞控制住自己的脾气，和冯国璋在互相商量、讨论中制定出一个又一个练兵方案，形成了既严肃又活泼，既竞争又团结的练兵管理团队，段、冯的深厚友谊也在北洋军旗下得到升华。这种良好的关系一直延续到民初，段祺瑞执掌陆军部，冯国璋坐镇南京，段主内，冯主外，互为奥援，持续到袁世凯统治时期终结。在袁世凯称帝期间，段、冯为捍卫共和体制，共同抵制帝制，与袁世凯相抗，结成利益同盟。斯时，直、皖两系皆处于孕育阶段，双方无直接利益冲突，尚能和平共处，"两人一内一外，确均有掌握大局之资格"。[②] 但由于冯国璋坐镇江南，对京师瞬息万变的政治形势不能及时掌握，让段祺瑞占了先机。可以说，段祺瑞在陆军总长任上能够上令下达、掌控局势，和冯国璋一派搞好关系是至关重要的一环。

段祺瑞在为袁世凯的北洋军培养新型军事人才的过程中也孕育了自己的势力。在"设立学堂为练兵第一要义"的既定方针的指导下，随营学堂

---

① 潋江浊物：《段祺瑞秘史》，《北洋人物史料三种》，第189页。

② 张国淦：《北洋军阀直皖系之斗争及其没落》，杜春和等编《北洋军阀史料选辑》（下），中国社会科学出版社，1981，第41页。

应时而生，开设"兵法、枪炮、算学、测绘、地理及战阵攻守各法"① 等近代自然科学、军事学课程，极大地丰富了学生的军事知识结构。1907 年袁世凯在上呈清廷的奏折中曾对段祺瑞在新建陆军中的作用给予肯定："该总兵器识宏远，文武兼资……嗣经臣调充新军兼办理随营学堂，所有练兵章制、战法、操典，半皆其手订。现在陆军营队，所用得力学生，亦半皆受其陶熔。"② 小站时期，这些毕业学生充任下级军官，名声不显，但入民国后，随着北洋集团掌控中央政府，随营学堂的学生开始崭露头角，这种"上下级和师生关系的纽带，将段祺瑞与靳云鹏、傅良佐、吴光新、张敬尧、曲同丰、陈文运、马良、魏宗瀚、何丰林等人紧紧地结合在一起"，③ 他们相继"成为北洋集团中的新生代力量"。④ 下面将段派除徐树铮外的核心人物撮要列举如下。

靳云鹏（1877~1951），字翼青，山东济宁人。出身贫寒，为生活所迫，应募新建陆军入营当炮兵，由于表现突出，升至排长。1896 年被选入附设炮队随营武备学堂第一期学习，同学有曲同丰、傅良佐、吴光新、张树元、马良等人。⑤ 后靳云鹏成为段祺瑞的学生，并受到段的青睐，升为哨长。段倚重其才，在靳云鹏毕业后将其留在身边充当助手。正如费敬仲所描述那样："（靳云鹏）器宇激昂，胸襟径直，伟然有丈夫之目。段祺瑞一见器之。为之吸引，力荐于项城，得为北洋军官。"⑥ 1902 年，靳任直隶军政参谋处提调，此后在浙江新军中任职。⑦ 1909 年云南编练新军，云贵总督李经羲请段祺瑞推荐军事人才，段举荐靳云鹏，靳遂赴云南督练公所任十九镇总参议。辛亥革命爆发后，云南新军起义，靳云鹏乔装北归，投奔段祺瑞。时段祺瑞正在武汉前线督战，保荐靳云鹏赴京向袁世凯面陈滇中局势，并特电袁称："靳能生还，不禁狂喜。已令上谒崇阶，面陈一切。钧处如无驱策，千乞饬赴前敌。"⑧ 靳返鄂后，受到段的重用，参与机

①　袁世凯：《新建陆军兵略存录》卷一，来新夏主编《北洋军阀》（一），上海人民出版社，1988，第 40 页。

②　廖一中、罗真容整理《袁世凯奏议》（下），天津古籍出版社，1987，第 1465 页。

③　莫建来：《皖系军阀统治史稿》，天津古籍出版社，2004，第 8 页。

④　张华腾：《北洋集团崛起研究（1895~1911》，第 82 页。

⑤　宗志文、严如平主编《民国人物传》（第六卷），中华书局，1987，第 102 页。

⑥　费敬仲：《段祺瑞》（下编），第 2 页。

⑦　〔美〕包华德主编《民国名人传记辞典》（第四分册），沈自敏译，《中华民国史资料丛稿·译稿》，中华书局，1983，第 54 页。

⑧　宗志文、严如平主编《民国人物传》（第六卷），第 102~103 页。

要。由段祺瑞保荐内容可见，段视靳为股肱之臣。北京政府成立后，经段祺瑞举荐，1913 年靳云鹏任北洋军第五师师长，并会办山东军务，[①] 8 月代理、9 月署理山东都督，1914 年 6 月晋升将军。袁世凯帝制兴起后，靳起初支持，参与 14 省将军联名电请"登基"，但因段祺瑞抵制帝制，遂也加入反袁序列。"由于其为段之夹带中人，段去而失其奥援，转附冯（国璋）以自固"，[②] 但最后仍为袁世凯所罢免。袁世凯死后，段祺瑞控制政府大权，靳云鹏再次受段重用，任参战陆军办公处主任、边防军教练处长等职，被段倚之为左右手，与徐树铮、曲同丰、傅良佐一起，成为段手下"四大金刚"之首。

曲同丰（? ~ 1929），山东福山人，小站练兵后不久，就投身戎行，与靳云鹏、傅良佐、贾德耀等成为同学。过硬的军事技术使其得以提升为正目，进入炮科随营学堂学习，入段祺瑞门下。因成绩出众，1902 年曲同丰被选派赴日本士官学校步兵科留学，两年后回国，相继在北洋速成学堂任教，担任驻扎云南新军第十九镇第三十八协协统。辛亥革命爆发后，云南都督蔡锷致电各省都督，推荐熟悉北洋情形且素有声望之员，前往山东、直隶等省沿海一带招抚北洋军队，以为内应。时任军务部总长的曲同丰因"监督北洋速成学堂多年，各省陆军将校半出其门下，鲁、冀各军多其旧侣，北方情形最为熟悉"，[③] 被举荐为北洋招抚使。经各省赞同，随即北上返京。[④] 袁世凯统治时期，曲历任将军府参军、保定军官学校校长，关于其在保定军校的作为，后文有专节论述，在此揭过。

傅良佐（1886 ~ 1925），湖南乾城人，与曲同丰的履历相似，同为段祺瑞的得意门生，和曲同丰同期入日本士官学校，研习炮科，1904 年回国。徐世昌坐镇东三省时，调傅良佐为督练处参议，未几借调入陆军部任科长。1911 年武昌起义后，袁世凯借机复出，傅良佐拜袁内阁参议。入民国，傅良佐历任总统府军事处副处长、察哈尔副都统、直隶蓟榆镇守使、高等军事审判处处长。由于追随段祺瑞，被提拔为陆军次长，成为段祺瑞的亲信。

---

① 《命令》，《盛京时报》1912 年 7 月 19 日；章伯锋、李宗一主编《北洋军阀（1912 ~ 1928）》（第 6 卷），第 16 页。
② 游梅原：《中华民国再造史》，台北：文海出版社，1966，第 61 页。
③ 曾业英编《蔡锷集》（一），第 350 页。
④ 《专电》，《申报》1912 年 1 月 8 日。

曾毓隽（1865～1963），字云霈，堂号为梦筑堂，福建侯官县（今福州）人，1894 年中甲午科举人，曾任京北良乡县及直隶文安县、大城县知县，后结识段祺瑞，并为其所信赖。入民国，曾毓隽于 1912 年任陆军部军需司处长，后又任张家口盐务稽核所经办、国务院秘书、京汉铁路局局长等职，1917 年任安福俱乐部交际课常任干事。①

吴光新（1881～1939），字自堂（植堂），安徽合肥人（一说江苏宿迁人），出生于官宦人家，其父吴懋伟曾做过地方官吏。5 岁时姐姐嫁给段祺瑞为妻，成为段祺瑞的内弟。段因为妻子的缘由，对吴关爱有加，有意培养。1902 年送吴入北洋速成学堂习炮科，② 1903 年吴留学日本，入陆军士官学校第三期炮科，回国后任北洋第三镇炮队三标管带，因为"性格果敢，治军严酷，故深受袁世凯的赏识，称其为'后起之健者'"。③ 辛亥革命时，第三镇奉命从沈阳、长春等地开回北京，吴光新升任该镇第五协协统。段祺瑞领衔发表逼清帝退位电文，吴光新等都具名其上，为段"一造共和"建功。④ 1912 年镇改师后，第三镇改编为第三师，曹锟担任师长，吴任旅长，1914 年署中央陆军第二十师师长。袁世凯称帝后，四川反对尤烈，吴光新随曹锟入川征讨护国军，因战功被授予陆军中将衔。旋即，吴因段祺瑞反对帝制而反袁，遂被段祺瑞调入第二军任军部参议。袁世凯死后，吴光新公开拥段，成为段的得力亲信。

李纯（1874～1920），字秀山，直隶人，北洋武备学堂毕业生。李纯出身将门，祖父辈大都身历戎行，只是官职普遍不大，故名声不显，至其族兄李准官至广东水师提督，才有名于时。因此，李纯也受祖辈影响，年幼时即组织幼儿，以"战斗之戏"为乐。进入私塾，李在课余时仍"好弄武艺"，常以古代名将自期。⑤ 李纯在其父母相继去世后，曾表露远大志向："我祖我父，挂名军籍，而皆殄志以殁。及吾身而犹不能耀武扬威，为男儿一吐气，吾将何以见先乎？"⑥ 于是，放弃考取科举功名之路，"专从事于射击之事"。生长于燕赵故地的李纯也养成了天性好名而淡薄私利

① 章伯锋、李宗一主编《北洋军阀（1912～1928）》（第 6 卷），第 539 页。
② 闵杰编《晚清七百名人图鉴》，上海书店出版社，2007，第 565 页。
③ 李庆东：《执政幕影——段祺瑞幕府》，岳麓书社，2001，第 197 页。
④ 李庆东：《执政幕影——段祺瑞幕府》，第 198 页。
⑤ 吴虞公述《李纯全史》，《北洋人物史料三种》，第 199 页。
⑥ 吴虞公述《李纯全史》，《北洋人物史料三种》，第 199 页。

的豪爽任侠性格。21 岁时，受到亲戚张耀荣的保荐，进入北洋武备学堂学习。在其学习期间，国家外辱纷至，危机四伏，有"慨念国事，辄与同学慷慨议论，意欲卒业以后，效力疆场，树千古不拔之业。拯人民于水火，挽国家之危机"的抱负，[①] 并在武备学堂组织同志会，自任为会长，形成势力。后因同学程光达组织同学会与之分庭抗礼，李纯对同志会也心灰意冷，遂无形解散。武备学堂毕业后，李纯出任淮军小队长，因办事敏捷，被段祺瑞相中，于 1902 年将其调至编练常备军参谋处，直接受段的统辖，官至教练处提调。[②] 他在小站期间的表现也是可圈可点："每有事，辄使之，纯亦奉令唯谨，无从丝毫过误。对上对下，一以诚挚，故不特为上官钦重，即下级也悦服之。然遇兵有过则依法而行，毫不假借，而责之治军，亦以严肃为务，军纪井然。"[③] 因此，循功升至北洋陆军第六镇协统，并于 1911 年升任第六镇统制。入民国后，李纯紧紧追随袁世凯，历任师长、九江镇守使、护军使、江西都督、江苏督军、三省巡阅使等要职。

段祺瑞除了与顶头上司袁世凯及军界搞好关系外，还结识了不少政坛新贵要人。从清末练兵起，段祺瑞在北洋这杆旗帜下，逐渐接触到靠近袁系的政坛要人，随着官职的提升，这种关系网不断扩大，其接触人物的层次也在不断提高。诸如徐世昌、赵秉钧、唐绍仪、熊希龄、阮忠枢、王揖唐、陆徵祥、孙宝琦、张国淦、章宗祥、许世英、陈锦涛、张耀曾、曹汝霖、孙洪伊、汪大燮、张一麐等政界勋贵人物，段祺瑞都主动结交，尽量融入他们的利益圈之内，形成你中有我、我中有你的利益同盟。而这些新贵们大都处于权力中枢，他们也没有令段祺瑞失望，在清末民初的政坛上为其助益不少。

（二）陆军总长之争与段祺瑞成功上位

南北议和成功后，袁世凯遵照南京临时政府参议院办法，于 1912 年 3 月 10 日在北京举行正式受任礼，宣布就任临时大总统。接下来就是组建政府的问题。根据南京临时参议院通过的《中华民国临时约法》，北京政府的组织形式应采用责任内阁制。关于内阁人选，尤其是关键阁员，如陆军

---

① 吴虞公述《李纯全史》，《北洋人物史料三种》，第 200 页。
② 杜春和等编《北洋军阀史料选辑》（下），第 258 页。
③ 吴虞公述《李纯全史》，《北洋人物史料三种》，第 200 页。

部、海军部、内务部及外交部，其总长人选颇受关注。居间调停的唐绍仪在加入同盟会的前提下，出任新一届国务总理，同盟会和北洋集团都认为其是"最适当的理想人物"。① 相比之下，陆军总长一职的人选成为同盟会与北洋集团争夺的焦点，双方分歧较大。

3月25日，唐绍仪抵达南京组织内阁，提出陆军总长一职袁世凯属意于段祺瑞，南京方面则认为黄兴更为适当。陆军总长人选陷入了南北"各执己见"的局面。南方的同盟会希望将中华民国的军事权牢牢掌控在同盟会手中，借此对袁世凯政府进行有力监督。尽管黄兴一再表示已达功成身退之夙愿，不在统一政府中担任领导职务，但南方还是提议由黄兴出任陆军总长，参议院接到六省都督来电，"谓陆军总长非黄克强君不可"。② 其实，在南方与北方谈判初见成功时，就有拥黄一事"恐不能为袁世凯之承认，尚待商议而后决云"③ 的征兆。即便如此，同盟会仍然坚持己意，并请唐绍仪将这种想法转告袁氏，但"袁不同意"。④ 鉴于陆军总长一职关乎国家安危，袁世凯自然属意段祺瑞。对此，南京方面召开军界大会，声明"陆军总长非中外著闻、富有才学威望者，决难维系南北军心而谋全国幸福。黄总长兴缔民国，苦心经营，尤为全球所钦服……现在国基未固，全国军队正在易动难静之时，再四思维，足以从容镇抚，措置裕如者，黄君而外，实难其选"，⑤ 因此，"反对段祺瑞任陆军总长"。⑥

实际上，北方原酝酿陆军总长一职也是让黄兴来担任的，对退意甚坚的黄兴，袁世凯一再劝其出任此职。但是，袁世凯向参议院递交内阁成员名单时，突然提出由段祺瑞掌陆军部。袁世凯自是不容革命党人染指陆军部，并策动北洋将领以"通电"的方式，以"军界统一会"的名义向参议院施加压力，称如不以段祺瑞为陆军总长，他们就"要求大总统另行组织政府"。⑦ 为缓和局势，袁世凯提议让黄兴担任北京政府参谋总长，黄兴坚

---

①　李剑农：《中国近百年政治史（1840～1926）》，第330页。

②　湖南省社会科学院编《黄兴集》，中华书局，1981，第133页。

③　《新政府组织案纪闻》，《申报》1912年1月26日。

④　毛注青编著《黄兴年谱长编》，中华书局，1991，第292页。

⑤　《顾忠琛致袁世凯等电》，《民立报》1912年3月18日。

⑥　《南京电报》，《民立报》1912年3月16日。

⑦　转引自张宪文等著《中华民国史》（第一卷），第11页。

辞不就，最终改任黎元洪为参谋总长。① 为了使南方能让出陆军总长一职，袁世凯提出两个条件：其一为承诺在南京设立留守府，由黄兴担任留守，统率南方各省军队；其二为任命与革命党人关系密切的王芝祥为直隶都督。革命党人眼看陆军总长一职袁世凯势在必得，知道再坚持也于事无补，遂同意段祺瑞担任新政府的第一任陆军总长。

3月29日，南京临时参议院召开临时会议，唐绍仪就当前形势做了简短发言，提出了十部总长候选名单，并对各总长予以简单介绍。在介绍到段祺瑞时说："段君任兵事有年，兵学甚长，而性又谨慎，诚陆军长材，故推段君任陆军。"② 唐绍仪报告完毕后，开始讨论，参议院审议并投票选举唐绍仪提出的十部总长候选名单。会议出席者39人，孙中山、黄兴等列席了会议。最终段祺瑞的投票结果是：同意票29票，不同意票10票。按照得票满投票总数三分之二者当选的规则，段祺瑞正式成为中华民国北京政府首任陆军总长。3月30日，大总统袁世凯公布各部总长人员名单，段祺瑞被任命为陆军总长。③ 袁世凯为平息南方怨气，同意由南京临时政府陆军部次长蒋作宾继续出任北京政府陆军部次长，并于4月4日下达了委任状。

平心而论，陆军总长一席由段祺瑞出任，确较黄兴为佳。首先，陆军总长职掌全国军事大权，非经验丰富的优秀军事人才不能胜任。就个人的军事背景来看，黄兴并非军人出身，也未曾进入专业学堂学习过军事理论，④ 其军事知识是在革命活动中自行积累的；而段祺瑞行伍出身，并作为北洋武备学堂炮科优秀毕业生被选派赴德留学，且在克虏伯炮厂实习半年。其次，从经历上来看，黄兴在出任南京临时政府陆军总长以前，十余年间都在进行推翻清朝的革命活动；而段祺瑞自1890年由德归来，即担任山东威海随营武备学堂教习，长达5年，1895年袁世凯被任命为编练新军大臣时，段祺瑞入其麾下，辅佐袁世凯编练新建陆军，北洋新军成军后，在1905年的河间会操、1906年的彰德会操中，段祺瑞两次担任北军总指挥，均

① 湖南省社会科学院编《黄兴集》，第154页。
② 中华民国史事纪要编辑委员会编《中华民国史事纪要》（初稿）（1～6月），第371～376页。
③ 《大总统命令》，《申报》1912年4月1日；李振华辑《近代中国国内外大事记》，台北：文海出版社，1974，第2358～2360页。
④ 黄兴在国内时就读于武昌两湖书院，因成绩优异，被派往日本留学，入东京弘文书院速成师范科学习，此后，全身心地投身于革命事业当中。

大胜南军，引起国内外轰动，《华字汇报》曾评论："中国赳赳武夫能具战将风采为全军冠冕者，首屈一指段统制。"① 黄兴与具有丰富的军事理论知识和军队管理经验，并在"同辈中推军事学第一"② 的段祺瑞相比，何者更适合担任陆军总长一职，不言自明。关于段、黄二人，时人曾有评论：

> 立国之强弱，视乎海陆军以为衡，而海陆军之强弱，又悉视乎统率之人学识程度以为准。以故东西各国之海陆军长官类，无不毕业海陆军学校，由军佐将校选经拔擢而来。诚以一国之戎机，关系一国民人之保障，生命攸关，荣辱攸寄。当命官任职之际，有不可以苟焉从事者矣！
>
> 异哉，近日各界之反对段祺瑞为陆军总长，而必欲强黄以联任也。夫段虽不肖，然其卒业于陆军学校者有年，迨其后服役津门，置身军旅，与士卒同甘苦。较之东西洋诸陆军大将或未必可以同日而语，在吾国今日则固赫然陆军专门家也！今以之任陆军总长，似亦足以胜任而愉快矣。然南中各界啧有烦言，若非黄总长联任，必不足以服起义军士之心，而为民国造乐利。不念黄总长长揖归隐之高怀，惟沾沾焉以联任为前提，庸亦知民国之陆军前提至为重要。有以慰南中诸将士之心，未必即可节制北军而威扬宇内。况段之与黄，一则历年治兵而精娴韬略，一则以教育巨子奔走海外，热心光复，遂建伟勋。两人各有所长，正不必强率以相就，况黄总长高尚其志，早有功成引退之说耶，此则记者不能无疑于南中人士者也。③

这则评论，主要从陆军总长职位的重要性、南方褒黄抵段的心态及段黄军事才能比较三个方面来论述，最后作者明确提出段祺瑞为合适人选。再次，从人际关系来看，袁世凯出任中华民国总统，与陆军总长关系的好恶将直接关系到政令是否畅通、国家能否稳定大局。民国之前，袁世凯和黄兴从未谋面，更谈不上关系，而段祺瑞则不然，他与袁在编练新军过程中共事多年，袁世凯非常信任段祺瑞。张一麐曾说过："世凯治兵小站，教

---

① 转引自张华腾《统一中的对立——民国元年同盟会、北洋集团的合作与斗争》，《历史档案》2006 年第 5 期。
② 张一麐：《直皖秘史》，第 136 页。
③ 《敬告今之组织海陆军专部者》，《申报》1912 年 3 月 17 日。

练之事，专任之祺瑞。"北洋系下的骄兵悍将，"半为其弟子"，[①] 且南方诸将也有以段氏为楷模者。最后，从时情来看，英国支持西藏上层叛乱于西南，沙俄勾结外蒙致使其独立于北方，日本支持宗社党活动于南满，这些都给民国政府的生存空间带来极大威胁。另外，南方在统一后还保留了数十万军队，对立情绪不可能在短时间内消弭。因而，对于北京政府来说，亟须整顿和加强中国军事力量，而斯时北洋军又是中国唯一可以担负起攘外安内职责的武装力量，故陆军总长一职，"不仅应该是中国军事上最优秀的人员，而且应该是袁世凯最信任的"。[②] 综上，段祺瑞是陆军总长的不二人选。

二 陆军部管理层的结构分析

1912 年 4 月底，陆军部此前任命各员到部任职，陆军部正式运作起来。袁世凯政府统治期间，陆军部全体职员、夫役共 500 人左右，而每届主要领导层由 14 ～ 15 人组成。陆军部在北京政府中既是领导层人员数额最多的部门，也是最大的部门，因此，"陆军一部，其势力实远超诸阁员之上也！"[③] 陆军部历届领导人共计 21 人（参见表 4 – 26），相较北京政府其他部门人员更迭频率来说，要稳定许多。在袁世凯称帝期间，除了陆军总长、次长受到政局影响相继更换外，其参事和各司司长都未做调整，表现出极大的稳定性。本节拟对陆军部领导阶层的 21 人进行具体分析，以期展现陆军部人员的总体情况。

表 4 – 26 陆军部管理层任职一览

	1912 年	1913 年	1914 年	1915 年	1916 年
总　　长	段祺瑞	段祺瑞 周自齐	段祺瑞	段祺瑞	王士珍 段祺瑞
次　　长	蒋作宾	蒋作宾	蒋作宾 徐树铮	蒋作宾	蒋作宾 傅良佐
				徐树铮 田中玉	田中玉 张士钰

① 张一麐：《直皖秘史》，第 136 页。
② 张华腾：《统一中的对立——民国元年同盟会、北洋集团的合作与斗争》，《历史档案》2006 年第 5 期。
③ 费敬仲：《段祺瑞》（中编），第 23 页。

	1912 年	1913 年	1914 年	1915 年	1916 年
参　事	金绍曾 吴绍麟 张承礼 毛继成 陈宽沆	金绍曾 吴绍麟 毛继成 陈宽沆	金绍曾 吴绍麟 毛继成 丁　锦 陈宽沆	陈宽沆 吴绍麟 林　摄 丁　锦	吴绍麟 陈宽沆 丁　锦 林　摄 韩麟春
军衡司司长	林　摄	林　摄	林　摄	金绍曾	金绍曾
军务司司长	沈郁文	沈郁文	沈郁文	沈郁文	沈郁文
军械司司长	翁之麟	翁之麟	翁之麟	翁之麟	翁之麟
军学司司长	魏宗瀚	魏宗瀚	魏宗瀚	自 1914 年 7 月后未见任命	
军需司司长	罗开榜	罗开榜	罗开榜	罗开榜	罗开榜
军医司司长	方　擎	方　擎	方　擎	方　擎	方　擎
军法司司长	施尔常	施尔常	施尔常	施尔常	施尔常
军马司司长	徐树铮	徐树铮	徐树铮		

资料来源：刘寿林、万仁元等编《民国职官年表》，第 32 页。

1. 周自齐

周自齐（1869～1923），字子廙，山东单县人，毕业于京师同文馆，后留学于美国哥伦比亚大学。周家三世在粤为官，其父周镐秀，广东候补巡检，但中年早夭，家道败落，周自齐遂跟随伯父生活。基于这样的经历，周自齐少年时代刻苦自励，博览群书，以期出人头地。及年长，他对中外交往已有深刻的认识："非通别国语言文字，不能究其政治施为之本末，徒自锢于旧习，无益也。"[①] 于是投身广州方言馆，学习英语，因其聪颖好学，成绩出众，受到张之洞的器重，以翻译生保送京师同文馆学习。在同文馆期间，对西方政俗人情、自然科学颇有了解，在京兆考试中，他援引西方自然科学来论证传统经义，这让考官耳目一新。自是周自齐声名"振于京师"，迎来了人生的新转机。

经京师侍郎张荫桓推荐，周自齐哥大毕业后给驻美大使伍廷芳充当助手，开启在美十余年的外交生涯。驻美期间，历任秘书、领事、参赞、代大使等职。周自齐在美所办实事不少，如美国政府对大量涌入旧金山淘金

---

① 卞孝萱、唐文权编《辛亥人物碑传集》，团结出版社，1991，第 324 页。

的华工加以限制，并在限制时限到期时，欲继续延禁十年，周自齐对此多次就此事和美当局协商，寻求解决之道。中国商人运输货物到古巴，因为没有定制条款，遭古巴当局克扣、罚没者不计其数，致使华商损失惨重，中国对美洲地区的贸易锐减。周自齐了解此事始末后，组织人力，编定税制章程，保护了华商的利益，遏制了古巴当局的胡作非为。这一章程此后被长期沿用。周自齐还在募集善款赈济旧金山地震中被困华侨及帮助国内争赎粤汉铁路等方面出力甚巨。①

1907 年 7 月，袁世凯调任军机大臣兼外务部尚书，受到袁赞赏的周自齐顺势被援入外务部。1909 年 5 月，周自齐授外务部左参议，8 月以左参议署左丞，9 月授右参议，并署右丞。② 斯时，张之洞、鹿传霖并管中枢，凡外交事宜大都先咨询周过后，才做定夺。1910 年他奉命赴美任中国学部代表，监督中国留美学生。③ 1911 年 10 月，周自齐自外务部左丞改任度支部副大臣。④ 民国之初，袁世凯授予周自齐山东都督。后周自齐入掌财政，虽精心擘画，然适库空如，苦于应付，被迫请辞。1913 年底，袁世凯派段祺瑞去湖北迎黎元洪北上就任副总统，借以削弱湖北实力，将其纳入北洋势力范围。在段处理湖北事务这段时间，由周自齐暂兼陆军总长一职。⑤ 段祺瑞将黎元洪胁迫进京后，北京政府因时局的需要，特电令"兼领湖北都督段祺瑞，着即回京供职"，⑥ 将湖北都督一职转交段芝贵署理。⑦ 而在段祺瑞未回京期间，"特任周自齐调署财政总长，任兼代理陆军总长"。⑧ 随着湖北局势稳定，北京一再催促段祺瑞回京供职，直到 1914 年 5 月 7 日，段祺瑞呈报大总统，遵令到部任职，⑨ 至此，周自齐兼任陆军总长结束。周自齐嗣后掌农商部，恰值帝制之议风靡，政府无心倡导实业。袁世

① 卞孝萱、唐文权编《辛亥人物碑传集》，第 324 页。
② 钱实甫：《清季新设职官年表》，中华书局，1977，第 46 ~ 48 页。
③ 〔美〕包华德主编《民国名人传记辞典》（第四分册），沈自敏译，第 90 页。
④ 钱实甫编《清季重要职官年表》，中华书局，1977，第 112 页。
⑤ 《大总统任命周自齐兼陆军总长令》，中国第二历史档案馆编《中华民国史档案资料汇编》（第三辑·军事·一·上），第 52 页。
⑥ 《大总统著陆军总长段祺瑞回京供职令》，中国第二历史档案馆编《中华民国史档案资料汇编》（第三辑·军事·一·上），第 52 页。
⑦ 《大总统令》，《政府公报·命令》1914 年 2 月 2 日。
⑧ 《大总统令》，《政府公报·命令》1914 年 2 月 10 日。
⑨ 《段祺瑞报告就任陆军总长呈及大总统批》，中国第二历史档案馆编《中华民国史档案资料汇编》（第三辑·军事·一·上），第 53 页。

凯即将改元，而日本颇有微词，袁特招周密议，令其作为贺使出使日本。后因日本政府顾虑国际影响，拒绝周赴日，以致未能成行。

2. 王士珍

王士珍（1861～1930），字聘卿，号冠儒，直隶正定人，北洋武备学堂首届毕业生。王士珍因家贫，17岁应征入正定叶志超部，后升为队官。1885年，李鸿章檄各军遴选优生于武备学堂，他应召前往，在校成绩不俗，"考试恒居优等"。[①] 武备学堂毕业后，随叶志超部驻守山海关，督办随营炮队学堂。甲午战启，王士珍随叶部赴朝鲜作战，在牙山遭到日军袭击，退守平壤，与日军顽强作战，并在战役中负伤。[②] 由于主帅叶志超弃城逃跑，战争失利，他随军逃回国内，战后随提督聂士成驻防芦台。

1896年初，袁世凯新建陆军急需将才，经荫昌介绍，"公（王士珍）及段公祺瑞、冯公国璋偕往"。王士珍初次和袁世凯见面，因为丁忧缘故，并未引起袁的注意，等到与之议事时，"乃大惊异之，是为公（王士珍）受知袁公之始。即檄充督操营务会办，学堂监督，及工程营管带，军中事无洪纤，不咨公者，袁辄不为画诺。小知大受，檄一出，上下悚然，服其当。相臣奖藉，远人震叠。群目袁公以当代奇才，实则帷幄发纵，由公本谋者为多"，[③] 可见袁世凯对王士珍的倚重。王给袁的惊喜远不止于此。袁世凯在小站练兵严格，遭到大肆渲染，朝廷派杀气腾腾的荣禄前来检阅新建陆军，王士珍将自制水雷、踩雷等武器展示给荣禄看，荣禄"瞠目骇叹，莫敢瑕疵"。王士珍还将特制的方便携带、功能多样的渡水工具——"布桥"展示给荣禄观摩，令他"益为叹服，由是谭燕欢洽"。一场暴风骤雨，经王士珍的化解变成春日暖阳。荣禄在回京后致袁世凯的信中写道："公幕中竟有夷吾，何止兵事。"[④] 后来，张之洞在北上途中与王士珍促膝长谈，"亦目为才识无双"。[⑤]

王士珍在袁世凯此后的政治生涯中发挥了至为重要的作用，在袁世凯镇压义和团运动、施行北洋新政、扩编新军及北洋集团最终形成的过程中处处为袁出谋划策。袁世凯对其也是宠命优渥，层层拔擢。

① 沃丘仲子：《近现代名人小传》（下），第35页。
② 李宗一：《袁世凯传》，中华书局，1980，第55页。
③ 卞孝萱、唐文权编《辛亥人物碑传集》，第300页。
④ 卞孝萱、唐文权编《辛亥人物碑传集》，第300页。
⑤ 卞孝萱、唐文权编《辛亥人物碑传集》，第300页。

袁移督北洋后，王士珍历任北洋常备军第一协统领兼领督理全省操防营务处、北洋常备军左翼翼长、练兵处军学正使、第六镇统制、正黄旗蒙古副都统、陆军部右侍郎、江北提督等要职。1911 年辛亥革命爆发后，被清政府任命为湖北军务帮办，王士珍以病未赴任。袁世凯组阁，任命王士珍为陆军大臣，亦未赴任。① 民国成立，清帝逊位后，王士珍念清廷旧恩，回归故里，"由是不问世事矣"。② 直到 1914 年袁世凯在政治上陷入困境，派袁克定前往正定再三劝说，王勉强答应就任陆海军统帅办事处坐办，并兼任模范团筹备处处长。帝制风潮兴起后，段祺瑞因劝谏袁世凯取消称帝无效，开始抵制袁的活动，不到部任事，袁遂以王署理陆军总长职务。1915 年 8 月底袁世凯正式免去段祺瑞陆军总长之职，以王士珍继之。③ 就职陆军总长时，《申报》曾评价王："在陆军中之资格远驾段上，久为总统（袁世凯）理想中之陆军总长，其为人勤俭，在统率办事处，每日均系步行，不惟不坐汽车，马亦不甚常骑，军界人物多重视之。"④ 帝制活动失败后，段祺瑞出山收拾残局，王士珍转而被特任为参谋总长。⑤

3. 蒋作宾

蒋作宾（1884～1942），字雨岩，湖北应城人，毕业于日本陆军士官学校。清末湖广总督张之洞创办新式学堂，1903 年，秀才身份的蒋作宾与宋教仁同时进入武昌文普通学堂，在校接触的军事课程是他"今后决定从事军事生涯"⑥ 的开始。张之洞为培养人才，次第遴选高才生派赴日本士官学校就学，前后有 60 余人，如清末民国叱咤风云的将领——蓝天蔚、吴禄贞、李书城等皆出自此。因蒋作宾表现可圈可点，1905 年春，张之洞便送其入东京成城学校学习，1907 年转入日本士官学校第四期步兵科。蒋作宾在日期间，"纠集同志，高唱排满革命，尊孙中山先生为先导"，⑦ 立志成就一番事业。1908 年毕业回国后，蒋作宾在北京应清廷考试，成绩

---

① 章伯锋、李宗一主编《北洋军阀（1912～1928）》（第 6 卷），第 366 页。
② 卞孝萱、唐文权编《辛亥人物碑传集》，第 301 页。
③ 《大总统令》，《政府公报·命令》1915 年 8 月 30 日。
④ 《陆军部新旧两总长》，《申报》1915 年 6 月 5 日。
⑤ 《大总统特任王士珍为参谋总长策令》，中国第二历史档案馆编《中华民国史档案资料汇编》（第三辑·军事·一·上），第 7 页。
⑥ 〔美〕包华德主编《民国名人传记辞典》（第四分册），沈自敏译，第 24 页。
⑦ 奚楚明：《中国革命名人传》，台北：文海出版社，1988，第 4 页。

名列第二，授特科举人，在保定任速成军官学校教官，次年被陆军部征招延用，调任陆军部军衡司科长。此间，他因翻译日文《步兵操典》，名声大噪，[①] 并积极倡导改编军队，"建议用五年时间逐步由国内外新式军校毕业生替代所有旧式军官"，这个建议为陆军部所采纳，在北洋军中应用。[②] 而声誉渐高的蒋作宾，也于 1911 年被擢升为军衡司司长。[③]

武昌起义后，蒋作宾联络吴禄贞前往滦州，张绍曾进兵北京的行动未成。[④] 辗转南下汉阳，而汉阳已为北军占领，遂奔赴九江，并接替李烈钧任军政府参谋长。1911 年底，蒋作宾应黄兴等人邀请赴上海商谈筹建新政府。1912 年 1 月 1 日，中华民国南京临时政府成立，1 月 4 日，黄兴担任陆军总长，同日孙中山授蒋作宾少将军衔，任命他为陆军次长。南北议和后，陆军总长一职让段祺瑞摘得，于是南京方面希望蒋作宾能出任陆军部次长，几经商谈，北方妥协让步，同意蒋出任北京政府陆军次长一职。起初，蒋作宾认为袁世凯无诚意，"坚不欲往，而孙、黄、唐诸公，金以民党势力宜谋北渐，北京一点，焉可漠视？力促之行，始往任事"。[⑤] 蒋作宾担任陆军次长的任期几乎与袁世凯统治时期相始终。1915 年，袁世凯欲称帝，蒋称病辞职未获准，被袁幽禁于北京西山。[⑥] 蒋在任陆军次长时期，恪尽职守，尽力协助段祺瑞处理陆军部日常事务，此间也与总长段祺瑞发生过争执，曾于 1912 年 7 月赴宁裁遣南京军队处理善后时，"不愿回京复职"，并传出袁世凯有改派天津营防处总办倪嗣冲为后任之意。[⑦] 袁为拉拢蒋作宾，提名由参议院议决让其出任赵秉钧内阁长期无人担任的工商总长一职，但最终因选举少两票未获通过而落选。[⑧]

蒋作宾的才学深得段祺瑞的赏识，而段本人又疏于部务，因此，陆军部许多大政方针及各项规章制度皆出自他的手笔。1914 年 5 月，陆军部出于部务需求，上呈袁世凯："本部部务繁重，拟仿内务、财政两部设两次

① 敷文社编《最近官绅履历汇编》（第一集），台北：文海出版社，1970，第 318 页。
② 〔美〕包华德主编《民国名人传记辞典》（第四分册），沈自敏译，第 25 页。
③ 章伯锋、李宗一主编《北洋军阀（1912～1928）》（第 6 卷），第 531 页。
④ 奚楚明：《中国革命名人传》，第 4 页。
⑤ 奚楚明：《中国革命名人传》，第 5 页。
⑥ 〔美〕包华德主编《民国名人传记辞典》（第四分册），沈自敏译，第 25 页。
⑦ 《陆军部次长问题》，《盛京时报》1912 年 7 月 4 日。
⑧ 《选举国务员之结果》《蒋作宾落选原因一说》，《盛京时报》1912 年 7 月 30 日。

长助理部务。"① 袁照准了该呈，改设双次长，此后蒋作宾次长之权渐分于徐树铮。1916 年 7 月 22 日，参谋部次长唐在礼因病恳请辞职，黎元洪准如所请，此职遂改由蒋作宾承担。② 三日后，《政府公报》发表通告，蒋作宾就任参谋次长。③ 总的来说，蒋作宾在任陆军次长期间，尽管与段祺瑞产生过矛盾，大都为公事上的分歧，而非私利之争，因此，双方比较克制，未发生分裂，从而确保了陆军部的正常发展。

4. 徐树铮

徐树铮（1880~1925），字又铮，江苏萧县（今属安徽）人，毕业于日本陆军士官学校，皖派核心人物，与徐世昌相对，世人称之为"小徐"。徐树铮 13 岁"补县庠生"，16 岁"即折节读书，经史子集，一经寓目，历久不忘。尤好兵家之言，纵横之术，凡六韬三略，莫不研究，而又益以机变智巧，故其一言一行，动大有战国策士之遗风焉"，④ 17 岁，则"食廪饩"。甲午事变后，国势日非，徐树铮胸怀大志，断然放弃科举之路，将目光投向新建陆军。1901 年冬，22 岁的徐树铮跋山涉水，远赴济南上书山东巡抚袁世凯，欲由此谋取出路，然恰逢袁居丧，派道员朱钟琪接见，因意见相左，未能为袁所延揽，却无意中结识了段祺瑞，"约与长谈，深相契，遂延揽焉"，⑤ 聘为书记官，深受段的赏识。这成为徐树铮人生的转折点。

徐树铮在段祺瑞门下时，严格自律，经常"与士兵同操作，习跑步，艰苦卓绝，志趣异人"。⑥ 徐因聪敏而颇受段祺瑞赏识，1905 年由段保送入日本士官学校第七期步兵科学习，1910 年学成归来，入段祺瑞幕下，从此跟随段祺瑞鞍前马后，成为段的智囊和臂膀，以报其知遇之恩。⑦ 徐树铮起初"名位不显"，⑧ 段祺瑞为磨砺他，在江北提督任上，派他为第六镇军事参议，领袖群僚。辛亥之役，段祺瑞统率第一、二军，徐树铮初为会

---

① 《政事堂为陆军部奉准设两次长公函》，中国第二历史档案馆编《中华民国史档案资料汇编》（第三辑·军事·一·上），第 21 页。

② 《大总统策令》，《政府公报·命令》1916 年 7 月 23 日。

③ 《参谋次长蒋作宾就职日期通告》，《政府公布·通告》1916 年 7 月 27 日。

④ "中央国史"编辑社编《徐树铮正传·轶事》，台北：文海出版社，1985，第 4 页。

⑤ 徐道邻：《徐树铮先生文集年谱合刊》，台湾商务印书馆，1962，第 145 页。

⑥ 卞孝萱、唐文权编《辛亥人物碑传集》，第 590 页。

⑦ 胡晓编著《段祺瑞年谱》，第 57 页。

⑧ 沃丘仲子：《近现代名人小传》（下），第 107 页。

办军务的参谋官，旋即派为第一军总参谋，运筹帷幄。段祺瑞对其表现评价甚高："性刚直，志忠纯，重职责，慎交游。其才气远出侪辈，相形不免见绌。"[1] 而段对徐的信任，也是"过于侪辈"。[2] 此后，在辛亥革命中，段祺瑞统辖第二军南下与民军开战，徐"按兵不动，坐观两方之胜败"再"待时而动"的计谋为段所采纳；南北和谈因清帝拒不退位，谈判几至决裂，徐树铮劝段"乘势而起，联络北军将士，致电清廷，赞成共和"，[3] 又为段夺得一造共和之功。

袁氏当国后，1912 年 3 月命段祺瑞为陆军总长，派徐树铮出任陆军部军学处处长，9 月调任军马司司长兼管总务厅事务。11 月由其创办的《平报》，由臧荫松担任主编，为段祺瑞鼓吹，宣扬段的政治观点，被人称为"陆军部机关报"。[4] 1914 年 5 月 14 日，袁世凯发布大总统令，"任命徐树铮为陆军次长"，[5] 次日，徐树铮正式到部任职，与蒋作宾一起辅佐段祺瑞管理陆军部，至此，陆军部双次长制形成。同年，徐树铮在北京创办正志中学，自任校长，聘请林纾等教育界名流为教员，提倡古文。袁世凯帝制自为，与创建共和制度之初衷相悖，徐"力劝段氏拒袁阴谋，为袁所觉，遂与段同退"。[6] 袁世凯死后，段祺瑞出任总理，徐树铮担任国务院秘书长。段、徐之间，始终存在一荣俱荣、一损俱损的密切关系。

5. 田中玉

田中玉（1870～1935），字蕴山，直隶临榆人，毕业于北洋武备学堂。田中玉幼而颖敏，1887 年以优异成绩考入山海关武备学堂，考试"辄冠其曹，列第一者七，声誉籍甚"。[7] 1901 年以武备学堂山海关分校学生身份赴天津武备学堂会考，取得一等第三名的优异成绩。武备学堂毕业后在北洋海军服役五年，1894 年胡燏棻创练定武军，闻田中玉之名，招为督操官。在田中玉的悉心擘画下，士卒训练水平大为提高，胡嘉奖他"足楷模全军"，乃升为管带官。

小站练兵时，起初袁、段二人不知田中玉的才干，"及检阅其军，乃

---

① 卞孝萱、唐文权编《辛亥人物碑传集》，第 590 页。

② "中央国史"编辑社编《徐树铮正传·轶事》，第 10 页。

③ "中央国史"编辑社编《徐树铮正传·轶事》，第 12 页。

④ 李新、孙思白主编《民国人物传》（第一卷），第 204 页。

⑤ 《大总统令》，《政府公报·命令》1914 年 5 月 15 日。

⑥ 张一麐：《直皖秘史》，第 137 页。

⑦ 卞孝萱、唐文权编《辛亥人物碑传集》，第 454 页。

叹定武之良，遂令佐段公（祺瑞），为炮队第一营帮统，兼管带右翼快炮队领官，公名由是益显。段公尝访将才于公，公以王公士珍对，于是进之袁公，洊加拔擢，其后遂与段公并为北洋名将"。① 田中玉一直跟随袁世凯，历任北洋常备军第一镇炮队第一标标统，调第二镇标统，后补第四协统领，兼总办教练处及陆军讲武堂事宜。为求军事教育练达，田还曾亲自赴日本考察军事。

当时，北洋军精锐冠绝中国，各省简练师旅，辄取将北洋，而田中玉成为热门人选。1906 年，粤督岑春煊在广东创练陆军，特调田中玉充新军协统，② 在粤供职数月。后岑春煊调离，田中玉也辞职，调回北洋。1907年，徐世昌总督东三省，调任其为教练参谋处总办，旋任督练公所总参议。③ 时已保官至提督，不幸为刘浚所诬陷，心中不安。④ 1910 年，江苏巡抚程德全将其调至苏省，任陆军第二十三混成协统领。田中玉在粤、东、苏皆建立不俗政绩，正如他的墓志铭所称："公在粤、苏虽未久，而缔造营构，振疲药赢，粤、苏军之成，实自公始。其在东，佐徐公筹边，规抚宏远，威立政举。而治吉林旗军，激扬淬砺，化孱为强，潜弭祸变，尤为当时所称颂云。"⑤ 1910 年 3 月，任命田为兖州镇总兵，加陆军协都统衔，8 月，赴任兖州，旋即兼署兖沂曹济道统领，前中两路防营。

辛亥事起，山东曹、兖盗贼蜂拥而起，田中玉应机抓捕，缉拿魁首，党徒四散，畏强蛰伏。民国肇建，他改任兖州镇守使；白朗起义，又任鲁苏豫皖四省边防总司令，参战大小十余次，战功卓著，论功授予陆军中将，勋五位。1915 年 6 月，田中玉出任陆军部次长，时王士珍任总长，将部务一委于田，田中玉恪尽职守，勤廉率属。袁世凯死后，田中玉被任命为察哈尔都统，加上将衔。

6. 其他主要人物

张承礼，生卒不详，浙江人，毕业于日本陆军士官学校第四期步兵科，前清时任职情况不详，入民国资料也很匮乏。北京政府陆军部成立，即被选入部担任参事，1912 年 12 月被任命为保定陆军军官学校教育长，

---

① 卞孝萱、唐文权编《辛亥人物碑传集》，第 454 页。
② 张一麐：《直皖秘史》，第 140 页。
③ 章伯锋、李宗一主编《北洋军阀（1912~1928）》（第 6 卷），第 384~385 页。
④ 沃丘仲子：《近现代名人小传》（下），第 45 页。
⑤ 卞孝萱、唐文权编《辛亥人物碑传集》，第 455 页。

1913 年 9 月 13 日辞职；此后一直担任参事一职。

陈宽沆（1881～1917），字琴舫，湖北安陆人，比利时白耳义陆军学校毕业。陈宽沆早年丧父，赖其母替人做针线活维生，他发愤学习，考入武昌两湖书院。1902 年冬，两湖书院改为两湖文高等学堂，随之转入高等学堂就读。1903 年，端方抚鄂后，害怕革命势力蔓延，与梁鼎芬等会商，将陈宽沆、魏宸祖等 24 名激烈分子送到欧洲留学。次年，陈宽沆联合同志，与孙中山在布鲁塞尔商谈革命方略，达成共识，成立执行革命方略小组，并负责处理日常事务。孙中山在日本成立中国同盟会后，布鲁塞尔执行小组正式改名为中国同盟会欧洲通讯处。辛亥革命成功后，南京临时政府建立。清廷驻欧洲大使馆为阻止学生回国，扣押学费，不予发放。陈宽沆等人突破封锁，艰难回国。后陈出任南京临时政府陆军部参议，被授予陆军少将军衔，协助黄兴处理军队方面工作，帮助地方各省整编军队，建设军校，培养军队干部，处理有关国防和安全事宜。政府北迁后，陈继续担任陆军部参事一职。第一次世界大战爆发后，代表中国出任赴欧洲观战团副团长，1917 年病故于比利时。

毛继成，生卒不详，山东人，毕业于日本陆军士官学校，归国后担任北洋武备学堂经理科头班教习，因恪尽职守，选入陆军部担任参事，并于1912 年 10 月担任保定陆军军官学校教育长，12 月卸任，由张承礼继任。1914 年 8 月出任第一预备学校校长。

丁锦，生卒不详，字慕韩，江苏无锡人，北洋陆军速成学堂毕业。毕业后出任清陆军部咨议官。① 民国成立，任北京政府陆军部军学司教育科科长。1912 年 8 月官制改革，丁锦相机出任陆军部参事、军务司司长，改充边防军旅长、航空筹备处处长。②

韩麟春（1881～1931），字芳春（一说苏辰），奉天沈阳人，毕业于日本陆军士官学校。1904 年韩麟春赴日本留学，1908 年毕业于日本陆军士官学校炮兵科，归国后历任清陆军部军械司科长、军械司司长、北京陆军讲武学堂教务长等职。北京政府成立后，段祺瑞组织陆军部，韩麟春为军械司枪炮科科长。1916 年 6 月初，韩麟春调任陆军部参事，1922 年初，任颜惠庆内阁陆军部次长，不久辞职回奉天，并被奉系军阀重用，成为奉张的

① 敷文社编《最近官绅履历汇编》（第一集），第 91 页。
② 敷文社编《最近官绅履历汇编》（第一集），第 91 页。

高级幕僚，与郭松龄、杨宇霆并称"奉军三杰"。

林撰（1877～？），字赞侯，浙江瑞安人，毕业于日本陆军士官学校工兵科。清末任事不详，1912 年出任北京陆军部军衡司司长，1915 年初卸任，调任陆军部参事，1916 年 6 月去职。后历任云南都督府参议、军务院出征军动员计划主任、山西塞北税务监督。①

金绍曾（1874～？），字益庭，直隶天津人，毕业于北洋陆军速成学堂，后赴英国皇家学院深造，曾任保定北洋行营军咨府参事，负责编辑军事刊物，1907 年初任保定陆军速成学堂教习、北洋陆军行营练兵处监督、直隶陆军小学堂总办等职。1912 年 4 月，出任北京政府陆军部参事。1915 年 1 月，任陆军部军衡司司长。1920 年 8 月，任陆军部次长，并曾兼代总长。1924 年 11 月去职，寓居天津，专心从事实业。

沈郁文（1884～1926），别号竹泉，湖北孝感（一说汉阳）人，日本陆军士官学校第四期炮兵科毕业。1904 年 10 月官费赴日本留学，先入日本陆军振武学校完成预科学业，继而入日本陆军士官学校炮兵科学习。1906 年 12 月毕业回国，任保定陆军速成学堂第一期兵学教官，后转任北洋陆军保定行营参谋处教官、参谋官、陆军处参谋等职。中华民国北京政府成立后，担任陆军部军务司司长。1917 年担任陆军部参事，次年底被免职。

翁之麟，生卒不详，字振伯，江苏常熟人，毕业于日本陆军士官学校第四期。清末任职不详。入民国，担任南京临时政府军械局局长。② 北京政府成立，任陆军部军械司司长。③

魏宗瀚（1884～？），字海楼，直隶正定人，毕业于日本陆军士官学校。魏宗瀚出身行伍，因能吃苦耐劳，军事素质过硬，被段祺瑞保荐，进入陆军速成学堂学习。1908 年毕业后，入队见习，后赴日本深造，入日本陆军士官学校，毕业回国后，被授予陆军协参领。1911 年派充陆军十三协统领官，并给陆军协都统衔。④ 民国成立后，历任北京政府陆军部军学司司长、陆军第一模范混成旅团长。1917 年，任陆军第五混成旅旅长，后任陆军第九师师长。

---

① 敷文社编《最近官绅履历汇编》（第一集），第 162 页。
② 郭卿友主编《中华民国时期军政职官志》，第 18～19 页。
③ 敷文社编《最近官绅履历汇编》（第一集），第 204 页。
④ 吴廷燮：《段祺瑞年谱》，第 16 页。

罗开榜（1872～1933），字仲芳，安徽合肥人，毕业于威海水师学堂和天津水师学堂。1897 年毕业后，供职于北洋海军，曾任军需长。民初任陆军部军需司司长、督办，后改任边防事务处军需处长、陆军次长等职。[①]

施尔常，生卒不详，字端生，江苏松江人，日本留学毕业后，任前清陆军部军法司一等军法官。入民国，担任陆军部军法司司长。[②]

方擎（1884～?），字石珊，福建闽侯人，曾就读于日本千叶医学专门学校，任《医药学报》主笔，后转学日本金泽医学校。[③] 学成归国后，任国立北京医学专门学校教授。1912 年 2 月，任南京临时政府陆军部军医局局长，4 月，任北京政府陆军部军医司司长。1917 年去职，后任中央防疫处处长、国立北平大学医学院卫生科主任等，并自办京师首善医院，任院长。

表 4 - 27　北京政府陆军部管理层人员信息一览

姓名	籍贯	任职年龄	职务	学历		
				旧学	国内学堂	国外院校
段祺瑞	安徽	47	总长		北洋武备学堂	柏林军校
周自齐	山东	44	暂代总长	贡生	京师同文馆	美国哥伦比亚大学
王士珍	直隶	54	总长		北洋武备学堂	
蒋作宾	湖北	28	次长	秀才		日本陆军士官学校
徐树铮	安徽	32	军马司司长、次长	秀才廪生		日本陆军士官学校
傅良佐	湖南	29	次长		北洋武备学堂	日本陆军士官学校
田中玉	直隶	51	次长		北洋武备学堂	
吴绍麟	山东	不详	参事	举人		日本陆军士官学校
张承礼	浙江	不详	参事			日本陆军士官学校
毛继成	山东	不详	参事			日本陆军士官学校
陈宽沆	湖北	31	参事			比利时白耳义陆军军校
丁　锦	江苏	不详	参事		北洋陆军速成学堂	

① 敷文社编《最近官绅履历汇编》（第一集），第 338 页。
② 敷文社编《最近官绅履历汇编》（第一集），第 181 页。
③ 敷文社编《最近官绅履历汇编》（第一集），第 94 页。

续表

姓名	籍贯	任职年龄	职务	学历		
				旧学	国内学堂	国外院校
韩麟春	奉天	31	参事			日本陆军士官学校
林　摄	浙江	35	参事 军衡司司长			日本陆军士官学校
金绍曾	直隶	37	参事 军衡司司长		北洋陆军速成学堂	英国皇家学院
沈郁文	湖北	28	军务司司长			日本陆军士官学校
翁之麟	江苏	不详	军械司司长			日本陆军士官学校
魏宗瀚	直隶	30	军学司司长		北洋陆军速成学堂	日本陆军士官学校
罗开榜	安徽	40	军需司司长		威海水师学堂 天津水师学堂	
施尔常	江苏	不详	军法司司长		不详	
方　擎	福建	28	军医司司长			日本千叶医学专门学校

　　资料来源：根据卞孝萱、唐文权编《辛亥人物碑传集》、张一麐《直皖秘史》、沃丘仲子编《近现代名人小传》、中国社会科学院近代史研究所主编《中华民国史资料丛稿·民国人物传》、孙宝铭编《北洋军政人物简志》，以及《政府公报》《民立报》《申报》等多种报刊资料整理而成。所录人物系陆军部职务在司长以上者，任职年龄为任职当年的实际年龄。

　　通过上文分析，不难看出陆军部管理层要员所具有的一些基本特点，笔者试分析如下。

　　第一，具有极强的地域特征。就籍贯而言，陆军部领导人来自全国各个省份，但从表4-27可以看出，陆军部管理层人员的籍贯来源具有两个明显的特点：一是成员基本上集中分布于9个省份；二是从地域分布上看，他们中绝大多数来自长江流域及其以北省份，尤以江苏、湖北、直隶、山东为多。这很可能与出身皖省的段祺瑞长期执掌陆军、北洋新军创练于北方及北京政府接手于中华民国南京临时政府有关。段祺瑞从清末就任北洋新军中担任重要职务，新军中许多年轻将领都是其学生，在他周围自然地形成了一个所谓的"皖派"，而提拔、照顾同乡在中国这个人情国度里又是极为普遍的。清末北洋新军士兵大多在直、鲁、皖及江浙一带招募，而斯时中下级军官异常匮乏，只能在识字聪颖者中挑选合适的人，通过部队军校培训，再派往国外（以日本为主）进一步深造，回国后破格录用。这其中的大多数人到民初已成为中高级军官。因此，北方人员相较南方为多，是基于这样的渊源。北京政府是南北妥协下的产物，南京临时政府陆军部中的部分职员也为北京政府延聘，故湖北人也相对多一些。

表 4 – 28　陆军部管理层籍贯统计

	直隶	安徽	山东	湖北	江苏	浙江	福建	湖南	奉天
人数（人）	4	3	3	3	3	2	1	1	1
占总人数百分比（%）	19.05	14.29	14.29	14.29	14.29	9.52	4.76	4.76	4.76

第二，人员结构年轻化。在陆军部 21 个领导成员中，6 人的具体年龄不详，但透过他们的材料，通过合理分析，仍可寻找到有关他们年龄的蛛丝马迹。吴绍麟，1900 年入日本陆军士官学校，是中国向日本陆军士官学校派遣的第一批留学生。清政府主要从在职优秀中下层军官中挑选首批学生，年龄不会太大，但也不会太年轻；再横向看与其同级的学生，如蒋雁行、铁良、张绍曾、吴禄贞、唐在礼等，他们在民国初年均为 30 岁出头，故吴绍麟的年龄应与之相仿，应该在 35 岁左右。毛继成，1903 年入日本陆军士官学校第三期，与蒋方震、蔡锷、曲同丰、吴光新、傅良佐等为同学，民初他们的年龄都在 25～30 岁，故毛继成的年龄也应在这个范围内。张承礼、翁之麟二人同为 1906 年进入日本陆军士官学校的四期生，根据推算他俩的年龄可能在 27 岁左右。丁锦，毕业于 1904 年创办的陆军速成学堂，即后来的陆军军官学校，在陆军部成立之初，他是陆军部军学司下辖教育科科长，1914 年就被提拔为陆军部参事。从北洋系内提拔较重资历的惯例来看，丁锦可能是速成学堂的前两届毕业生，故他的年龄也应该在 30 岁出头。最后一位，军法司司长施尔常，材料最少，仅知道他是"前清陆军部军法司一等军法官"，估计此人也在 30 岁左右。根据以上推算，可以大致将 6 人年龄划定在某个年龄段内，这样就给我们分析陆军部管理层人员的年龄提供了可行性。将其余 15 人的年龄与之综合，可得表 4 – 29。

表 4 – 29　陆军部管理层人员年龄统计

	25～30 岁	31～35 岁	36～40 岁	41～45 岁	46～50 岁	51～55 岁
人数（人）	8	7	2	1	1	2

就年龄来分析，陆军部管理层人员的任职年龄基本在 25～55 岁。这一年龄段的成员，富有朝气，精力充沛，办事果断敏捷，极具开拓精神。年龄集中在 25～35 岁的人员有 15 人之多，占总人数的 71.43%，而年龄在 36～55 岁的人员仅 6 人，占总人数的 28.57%。而特任的陆军总长，年龄多在 46～55 岁，他们都有丰富的阅历和从政经验，尤其是段祺瑞和王士珍二人，是中国新式陆军的缔造者和核心成员，因此，无论从阅历还是精力来说，这一年龄段都是担任上层领导人员的最佳时期。而在他们周围，围绕着一批具有扎实的专业知识和丰富的实践经验的中青年陆军专业人才，从而造就了民初陆军部欣欣向荣的景象。

第三，专业素质很高。就学历而言，在陆军部管理层的 21 个成员中，除了周自齐是一位专业外交人才外，其余有 18 人出自国内外高等专业军事院校。施尔常的具体院校不详，但日本人记录他曾出任清末陆军部一等军法官的职务，考虑到他能够胜任专业性如此强的职位，且清末朝廷极度重视留日人才，可推测此人应该受过较好的专业训练，并很可能在日本留过学。21 人中仅罗开榜一人出身海军院校，其余有 17 人属陆军专业学校毕业，占总人数的 80.95%，甚至有 2 人不但在国内陆军专门院校学习过，而且在国外顶尖军事院校继续深造，具有多国学位。从旧学与新学角度上看，陆军部管理层 21 人中，有 4 人曾有旧功名，但他们投笔从戎，最后又进入新式军事院校学习，这也反映了清末尚武精神的迸发。再从陆军部管理层成员受教育的地域来看（仅分析入军事院校的管理层人员），可划分为国内自办院校和国外军事院校，国外军事院校主要集中在德国、日本、英国、比利时四国，接受过国外教育的有 15 人之多。其中访学日本的就有 12 人，占留学人员总数的 80%，绝大部分在日本陆军士官学校毕业。留日研习军事的人数较多，正是暗合了甲午战争后中国人受到巨大刺激，开始"以日为师"。日俄战争中日本陆、海军皆大胜，加快了中国向日本学习的脚步，再加上中日间的地缘政治联系，最终催生出一大批留日学生。① 对陆军部管理人员知识结构的统计，也从一个侧面反映出袁世凯时期北京政府中央官员的知识结构。据谢学兰统计，袁政府中央官员中"没有功名的官员仅占 2.68%，有约四分之一的官员仅有旧功名，11.06% 的官员具有

---

① 张瑞安：《留日士官生与清末民初军事现代化成败》，硕士学位论文，华中师范大学，2003。

双重功名,具有新功名的官员为 61.07%,占一半以上"。① 陆军部的情况也大体上印证了这一情形。

澳大利亚学者冯兆基认为"近代军队的实力很大程度取决于军官们的素质,军官素质低是中国陆军最大的弱点",指出其根源在于"缺少一个能产生有才华军官的社会阶层"。② 而民初陆军部管理层并非一般的军人群体,他们是一个受过近代军事教育的新型知识复合型军事群体,相较晚清以来任何一支军队的管理层,在文化层次上都表现出极大的优势。这打破了袁世凯北洋军管理层以自办随营学堂培养军官的单一模式,更为多元化地吸收了世界各国先进的陆军管理理念。民初陆军部之所以取得不菲的成就,和陆军部管理层具备的较高的专业素质与文化素养有着莫大的关系。

第四,底层的奋斗精神。从上文对陆军部管理层成员的介绍来看,其中部分人出身于社会底层的单亲家庭,在他们身上表现出的更多是出人头地的渴望与光耀门楣的信念。像陆军部三位总长——段祺瑞、周自齐和王士珍,均出身于落败的仕宦人家,他们受过一定的教育,在此基础上,段、王以参军为跳板,而周以进外语学堂为契机,借此改变自身命运。次长蒋作宾、徐树铮、田中玉及大部分参事、司长等幼年多生活在温饱线边缘,因而被迫选择入伍参军。在军队中他们严于律己,顽强拼搏,逐渐得到上层长官的赏识,进而被提拔为中下级军官。斯时恰逢新军缺乏将才,于是他们获得千载难逢的机会——进入部队随营学堂或出国留学,研习近代军事知识和军事技能。北洋推举士官生毕业归国后,大多"担任的职位很高,而且晋级也很快,一般都在很短时间内做到标统或协统,个别有做到统制的"。③ 这些重要岗位的获得,使他们有机会将自己在军校学习的新知识、新理念应用到管理中去,并且由此获益。入民国,这些具有先进军事管理知识和丰富实践经验的中层军官,被选拔进入陆军部,得到一个更为广阔的施展才华的平台。由此,民初陆军部所取得的成就和其管理层的集体智慧是密不可分的。

---

① 谢学兰:《袁世凯时代北京政府中央官僚构成之研究(1912~1916)》,硕士学位论文,上海师范大学,2004,第13页。

② 〔澳〕冯兆基:《军事近代化与中国革命》,郭太风译,上海人民出版社,1994,第27页。

③ 陶菊隐:《武夫当国:北洋军阀统治时期史话(1895~1928)》,第36页。

表 4 - 30　北京政府陆军部部员统计一览（1912~1915）

单位：人

	1912 年	1913 年	1914 年	1915 年
总长	1	1	1	1
次长	1	1	2	2
参事	2（4）	4	4	4
秘书	2（3）	3	3	3
办理秘书事宜			4	
顾问	8（12）	13	14	
副官	14	14	14	7
编纂	2			1
司务	5			
主计	1			
技正	1	4	4	4
技士		2	4	5
司长	7	7	7	7
司副官	7（9）	8	8	6
科长	20（19）	22	23	26
一等科员	40（48）	49	54	56
二等科员	66（69）	70	69	74
三等科员	50（70）	54	55	66
一等法官	2（3）	2	2	2
二等法官	4（5）	6	6	6
三等法官	4（5）	6	4	4
初级（学习）法官	1（2）	2	2	
委员长	1	1		
一等委员	5	5	5	5
二等委员	7	8	10	10
三等委员	15	15	14	12
一等录事	32（40）	45	50	51
二等录事	59（61）	60	59	57
三等录事	42（47）	41	38	33
四等录事	4	27	26	26

续表

	1912 年	1913 年	1914 年	1915 年
暂雇录事		2	13	
一等译员	4			
一等司电员	1	1	1	1
二等司电员	1（2）	2	2	2
三等司电员	1	1	1	1
司电生	2	2	2	2
领班监印递事	1			
专司监印	1			
监印	7			
专管递事	1			
二等递事	4			
三等递事	5			
一等印差	1	1	1	1
三等印差	8	8	8	8
差遣员	1（14）			
额外委员	25（29）			
领差员	2			
通信员	1	1	1	
书记		1	1	
印刷所 委员	1			
印刷所 司事	2	2		
印刷所 监工员	1	2		
印刷所 校对员	1	2		
印刷所 庶务员		1		
工程处 总监工	1			
工程处 勘估员	1			
工程处 勘估绘图员	1			
工程处 绘图员	1		1	3
工程处 木匠监工	1			
工程处 瓦匠监工	2（3）			

		1912 年	1913 年	1914 年	1915 年
工程处	司事	2	2	2	2
	监工委员	1			
	清书	2			
	技师		3	4	5
	技士		5	5	5
陆军监狱	监狱长	1			
	监狱副官	1			
	医官	1			
	司书生	2			
	司药生	1			
枪炮实验场管理员		1			
借调电生			2	2	
合　计		493（570）	508	526	498

注：1. 该表起自 1912 年 5 月陆军部成立，止于 1915 年 3 月；

2. 1912 年内员额数目系按照陆军部暂行编制组成。其中所用括号内系是年 8 月《陆军部官制》出台后的员额。《陆军部官制》于 1914 年 7 月修订一次，但陆军部部员变动不大，故未标明；

3. 除了陆军部 1912 年 5~8 月所采用的暂行编制外，其余均采用各年中部员数额的最大值。

资料来源：《补登陆军部历年人员额数及薪俸支数表》，《政府公报·呈》1915 年 5 月 10 日。

三　段祺瑞对陆军部的控制

（一）段祺瑞的性格特点

段祺瑞之所以能成为北洋集团的柱石，并在袁世凯死后的政局中脱颖而出，和他的性格特点有关。在北洋高级将领中，段祺瑞是性格比较独特的一个，吴铁城曾对段祺瑞的性格做过如是评论："胸襟偏狭而不失其质直，爱惜才干而不辨贤佞，易为群小包围而不贪鄙，主观的公忠体国，而有北方军人才是国族中坚的偏见。"[①] 这是对段祺瑞性格最精炼且最恰如其分的评价。具体而微，段祺瑞的性格特点表现为以下五个方面。

---

① 章君谷：《段祺瑞传》（下册），台北：中外图书出版社，1978，第 311 页。

1. 尚武轻文，沉稳坚毅

段祺瑞的性格形成与其家庭背景和特殊的成长环境息息相关。他出身于皖中军旅世家，且少年时期跟随祖父成长于军营。基于这种特殊经历，段祺瑞逐渐习惯并喜欢上了军营整齐划一的生活，同时这也塑造了他沉稳、坚韧的性格。儿时嬉戏，"每好整以暇，见者辄称其沉默有度，即偶然言笑，亦不涉童呆杂沓之态"。等到年长就学于私塾，他"性殊强韧，同学或狎之，每持以镇静，若视之不屑与伍者。读书亦不甚措意，视老师、宿儒灭如也"。① 正如季宇在《段祺瑞传》中所说："尽管祖父供他读书，但段祺瑞却始终于文墨兴趣不大，而总喜欢跟着士兵舞枪弄刀。他的尚武精神和意识，也许就在那时候播下了种子。"②

段祺瑞对"宋教仁案"的处理也反映了其轻视文人的心态。宋案发生后，南北双方剑拔弩张，"二次革命"一触即发。赵秉钧因宋案当处要冲，躲避不出，袁世凯遂任命段祺瑞代理国务总理之职。段祺瑞极力主张对南方用兵，在国务会议上，国务院秘书张国淦提出，以南北军事力量比较，北方不难取胜，但民心所向、潮流所趋并非是武力所能解决的，故为了从根本上解决南北矛盾，应从政治上寻求办法。张的话音未落，段祺瑞立时板起面孔，大声说道："军事不是你文人所知，你不必干预！"③ 段祺瑞自己陆军部的地盘绝不允许他人插手，对袁世凯身边的红人张国淦尚是如此，对其他人等更是可想而知。

2. 锐意进取，勇于任事

1882年，段祺瑞投军族叔段从德部下。虽说有族叔的庇护，段祺瑞仍然严格自律，积极进取，凭借扎实过硬的军事素质，很快便在营盘中崭露头角、得到重用。1885年，段祺瑞顺利考上北洋武备学堂，成为第一批学员。在武备学堂学习期间，他丝毫不敢懈怠，加之生性要强，逐渐小有名气。在李鸿章一次例行检验武备学堂的过程中，段祺瑞因成绩突出，开始受到关注，并最终促成了留德之行。④ 段祺瑞在小站练兵期间协助袁世凯，不但负责炮兵科的全部训练，而且还担负起整个北洋新军的建制、训练、演习等常务。更重要的是，他根据自己掌握的德国军队训练的一手材料，

---

① 费敬仲：《段祺瑞》（上编），第4页。
② 季宇：《段祺瑞传》，安徽人民出版社，1998，第4页。
③ 杜春和等编《北洋军阀史料选辑》（下），第157页。
④ 季宇：《段祺瑞传》，第23页。

结合中国军队的特有属性，编译了几部最后由袁世凯署名的军事教程。①
袁世凯也正是看中段祺瑞这种进取之心，将其步步提拔至北洋军统帅。

入民国，段祺瑞就任陆军总长，领导陆军部建树颇多。他在民初陆军
部任上的一系列动作，都是基于在参议院第五次会议上所提出的"七大整
顿方法"：一是裁遣军队以恢复地方秩序；二是设定军官为终身官；三是
开办军事专门院校，培植陆军人才；四是编定征兵制度，实施征兵制；五
是建立大型兵工制造厂，自造枪械弹药；六是设立被服厂，保障后勤；七
是改良马政，建立骑兵部队。② 这七大整顿方法可以视为段祺瑞在民初建
设陆军的施政纲领。时任美国驻华公使芮恩施在谈到段祺瑞时说："段将
军所以有那么大的影响，在于他的品德……尽管他的确很懒惰，但他的才
智、他的基本诚实以及他处处保护部下和勇于承担责任的精神，使这位沉
静谦逊的人成为中国军界最杰出的首领。"③ 虽然民初政局不稳，严重制约
了陆军部的发展，但相比清末陆军，民初陆军现代化显然走得更远，且其
进步不是一星半点。这虽然是陆军部集体努力的结果，但和段祺瑞的个人
才能及其勇于任事的性格也是紧密相连的。

3. 依律办事，不事逢迎

这种性格的塑造和段祺瑞留学德国的经历不无关系。段祺瑞入德国军
校研习火炮，继而入克虏伯炮厂实习炮工，在接受了先进军事理论的同
时，也逐渐接受了日耳曼民族的严谨、果决。并且，段祺瑞看到德国陆军
的军姿、军容整齐划一，认为这都是完善的军事管理制度和有效的执行力
所起的作用——下级必须服从上级，杀伐决断，一决于上。

段祺瑞不事逢迎，"对人对事，只要他主观认为不对，他便无所顾忌，
直言不讳"。④ 这种性格在小站练兵中就曾有充分体现。他治军号令严明，
赏罚不避亲疏，曾有合肥军官犯事，依律应处死刑，段祺瑞并未念及同乡
之谊，准备照章执行。其人辗转托人求情于袁，袁与段谈及此事，段祺瑞
回答袁说："彼为我之同乡，吾苟纵之，何以治他人，吾不愿老师以此教

---

① 《段祺瑞秘史》，《北洋人物史料三种》，第 183 页。

② 《参议院第五次会议速记录》，《政府公报·附录》1912 年 5 月 16 日。

③ 〔美〕芮恩施（P. S. Reinsch）：《一个美国外交官使华记》，李抱宏、盛震溯译，商务印书
馆，1982，第 187 ~ 188 页。

④ 杜春和等编《北洋军阀史料选辑》（下），第 300 页。

我也!"① 袁世凯听到如此答复,知道此事已无可挽回,便默然不语。后该军官被段依法惩处。在军务上,袁虽然是顶头上司,段仍不给其情面,依法办事,不肯妥协。也正是这种学自德人的原则性,使其"管军严肃,督练尤毫不假借,乃得纪律严肃,军容威整,蜚声于当时"。②

4. 生活勤俭,洁身自好

段祺瑞生活清廉俭朴,不敛财、不好色,且无不良嗜好,给人以洁身自好的印象,为时人所称赞。他食宿简朴,并不崇尚奢华,袁世凯被清廷罢免时送给他的府学胡同之住宅"未尝一改旧观云"。③ 相比民国初年,凡各方大员莫不拥资数千万,少亦数十百万,而"段氏掌陆军最久,曾三为首揆。其富当加人一等矣,而财产殊不及他人十分之一。即京中住宅,亦无力改筑也。及其三次组阁,所借外债,何啻亿万,居其间者,皆私囊充斥,富同石崇,而段氏殊无所取。故虽为总理,服饰车马,转不若一总次长也"。④ 在日常生活方面,"段氏不好货、不好色、无宫室舆马妻妾之奉。虽能饮酒,而不肯放纵,举爵有数。间亦观剧,对谭鑫培、陈德霖等亦击节称赏,独不喜爱女伶,国务院员司,有酷好女优者,皆遭段氏之斥责,而籍以敛迹焉"。⑤ 段祺瑞这种洁身自好、为政清廉的形象,博得不少军官、政客的好感,于是争相夤缘攀附,或投身其幕下,加速了以段祺瑞为核心的皖系的形成。

5. 飞扬跋扈,护短无忌

段祺瑞的跋扈在"蒋方震自戕"事件里反映得最为清楚。1912年底,袁世凯事前没和段商量,任命蒋方震直接接任保定军官学校校长一职。段祺瑞因此极为不快,就令其学生——陆军部军学司司长魏宗瀚多方为难该校。⑥ 蒋至陆军部时,"极受各员冷遇",⑦ 索要经费均被拖延,最终酿成了自戕事件。蒋自杀未遂,愤而辞职。袁改派蒋为公府军事处参议,段以陆军总长身份兼任公府军事处处长,竟然拒绝颁发委任状。事情为袁所知,袁十分气愤,便又亲自委任蒋方震为军事处头等参议,并在头等两字上加了两个大圈圈,以示提醒。袁在无可奈何之下,让幕府陈仲恕转告蒋

---

① 《段祺瑞秘史》,《北洋人物史料三种》,第183页。
② 文公直:《最近三十年中国军事史·军史》,第4页。
③ 费敬仲:《段祺瑞》(附录),第3页。
④ 《段祺瑞秘史》,《北洋人物史料三种》,第188页。
⑤ 《段祺瑞秘史》,《北洋人物史料三种》,第189页。
⑥ 《专电》,《申报》1913年6月21日。
⑦ 《特约路透电》,《申报》1913年6月21日。

方震，让其暂时不要入府办事，以免受段之气。直到段祺瑞解除军事处处长兼职后，蒋方震才到府办事。① 蒋方震离开保定军校后，段祺瑞委派入室弟子曲同丰接替蒋为保定军官学校校长。②

段祺瑞的护短表现最为明显的是在袁世凯罢免徐树铮一事上。1914年，袁世凯建立了陆海军大元帅统率办事处，开始限制段祺瑞的军权，段、袁产生矛盾。段开始不到部视事，但为保住陆军部的军权，段将一切部务交给心腹徐树铮办理。袁世凯一心想将军权囊入己手，便有调动徐的打算。为此，段曾对袁世凯大声说："很好，请总统先免我的职，随后要怎么办就怎么办！"③ 在陆军总长段祺瑞这顶大庇护伞下，袁世凯根本无法调动徐树铮。直到段祺瑞病辞后，不及一月，袁世凯就以徐树铮浮报订购外国军火为借口，免去其陆军次长之职，④ 借以打击段祺瑞在陆军部的势力，"如此一步紧一步，皆以制段"。⑤ 袁帝制破产后，起用段祺瑞来收拾残局，段以"徐树铮相处有年，文笔甚佳"为由，准备重新起用被罢免的徐树铮为秘书长，托张国淦转达，遭到袁世凯的拒绝，为此，段竟愤然"与西南通电，互谋对袁"。⑥ 在段主政后，徐树铮的跋扈"不特使北洋派分裂，而且激起各方反感，各方越是攻击徐，他越重用徐，他素来抱定用人不疑的态度，这也是他表现为刚愎自用的一个方面"。⑦

梁启超曾对段祺瑞的性格有中肯的评价，说其长处是"宅心公正，持公情直""赋性澹泊"，缺点是"眼光稍短"。⑧ 他的长处帮助他登上陆军总长的高位，开辟了民初陆军部的大好局面，使中国陆军早期现代化取得累累硕果。但同时，他的缺点影响了他在陆军总长职位上的人事任免，虽然达到了控制陆军部的目的，但他和袁世凯的关系产生了罅隙，并一度不为袁所信任而失去陆军总长的职位，这都不利于他在民初陆军部改革军事计划的实施，一定程度上延缓了中国陆军早期现代化的进程。

---

① 陶菊隐：《武夫当国·北洋军阀统治时期史话（1895~1928）》，第256页。
② 张一麐：《直皖秘史》，第144页。
③ 陶菊隐：《武夫当国：北洋军阀统治时期史话（1895~1928）》，第257页。
④ 章伯锋、李宗一主编《北洋军阀（1912~1928）》（第6卷），第74页。
⑤ 张国淦：《北洋述闻》，第82页。
⑥ 张国淦：《中华民国内阁篇》，《近代史资料》（总40号），第171~172页。
⑦ 杜春和等编《北洋军阀史料选辑》（下），第300页。
⑧ 梁启超：《盾鼻集》，台北：中华书局，1961，第70页。

（二）段祺瑞对陆军部的人事控制

"陆军部有管理全国陆军军政之权，宜有无上权力，冠冕各部。"[1] 段祺瑞作为陆军总长，对陆军部的人事任免拥有绝对的权力。他身居高位，加之刚愎自用的个性，在用人方面无人敢拂逆，甚至连袁世凯都需避其锋芒。

段祺瑞对陆军部的控制是通过人事控制实现的。在接手组织陆军部之初，段祺瑞就非常重视对部内高层军政人员的任事。陆军总长以下，以次长权力为最，"然次长以下，权力大减矣"。[2] 因此，段祺瑞想将自己的近臣心腹安插在次长这个职位上。起初，他想让自己的得意门生徐树铮出任次长，以此契机让徐树铮上位。为此，段祺瑞主动找袁世凯商谈此事，打算以徐替代南方推戴的次长人选——蒋作宾，但袁从南北初平、大局为重的政治立场出发，劝段少安勿躁。段遂退而求其次，为徐树铮谋得陆军部秘书长、军学处处长等职，旋即又呈请袁世凯任命徐树铮署军马司司长，并兼管总务厅事宜。后因部务繁重，袁世凯同意陆军部仿财政、内务两部，设双次长相助部务。这时段祺瑞的势力在陆军部已根深蒂固，遂将徐树铮提升为陆军次长。徐树铮因跟随段祺瑞抵制帝制，被袁世凯以在购买军火时收受贿赂为借口免职，代之而起的是段派的田中玉。田中玉毕业于北洋武备学堂，作为段祺瑞的学弟，曾在段祺瑞的北洋右翼快炮队下担任领官，为段马首是瞻。蒋作宾于1916年5月卸任后，段祺瑞又将自己的学生、"四大金刚"之一的傅良佐擢升为陆军部次长。至此，陆军部已经听不到段派以外的声音了。

对于陆军部的各司司长，段祺瑞主要是从当时军界中知名度较高的人员中挑选，这些人基本上集中毕业于北洋武备各级军校和日本陆军士官学校。在1912年4月26日一次性任命的七名司长加上9月11日任命的军马司司长徐树铮——共八名司长中，除军法司司长施尔常因资料匮乏不清楚学历外，军衡司司长林摄、军务司司长沈郁文、军械司司长翁之麟、军学司司长魏宗瀚和军马司司长徐树铮五人皆毕业于日本陆军士官学校；后接替林摄的军衡司司长金绍曾，毕业于北洋陆军速成学堂，并入英国皇家学院深造；军需司司长罗开榜出身于威海水师学堂；军医司司长方擎毕业于

[1]　沃邱仲子：《民国十年官僚腐败史》，第23页。
[2]　沃邱仲子：《民国十年官僚腐败史》，第23页。

日本千叶医学专门学校，曾担任《医药学报》主笔、国立北京医学专门学校教授、南京临时政府陆军部军医局局长。八个司长，基本上毕业于专门的军事院校，大部分还有留学经验，学有所长，且均在各种部门中担任过重要职务，兼具基层工作经验和敏锐的政治眼光。组织他们组成陆军部领导层，令人不能不佩服段祺瑞的识人眼光。

至于各级军官的提拔任命，起初由铨叙局和陆军部共同负责，并无明确分工。直到 1913 年初，陆军部上呈临时大总统袁世凯，将部内荐任以上各级军职任免仍划归铨叙局办理，而陆军中上将、各级官佐军职、特设官职及旗务绿营各军职的任命权归入陆军部。具体分工如下：

> 为呈报事，军衡司案呈前准铨叙局公函开查京外荐任各官以上之委任状，均归本局办理。惟本局职掌系限于文官范围，除陆军上将以次各官由贵部呈准，另给补官证书外，其余军师、旅长及各省护军使、陆军参谋，以及将军、都统、副都统、城守、尉，并提镇、副参、游各官之特、简、荐各项任命状，是否由贵部一并办理，以清权限而免歧误之处，希即酌核见复。等因到部，当经本部往返函商，规定办法，除本部内荐任以上各军职与各部人员均属中央行政官，其任免事项仍归该局继续办理外，举凡陆军上中将两等各级官佐、军职及关于军事上临时特设官职以及旗务、绿营各官职，自民国二年元旦日起，所有奉令任命人员，悉归本部接办，分别特、简、荐三项缮具任命状随时呈请署名、盖印发部转给。以清权限，而专责成。①

与铨叙局将人事权限划分清楚后，陆军部就开始照章办事。1913 年 4 月 3 日，段祺瑞呈请任命叶乐民为陆军会计审查处处长，冯福长、王大中、王世义为陆军会计审查处科长。② 同日，段祺瑞还呈请任命靳云鹏为山东都督府军务科科长、高皋言为军需科科长、郑宝善为军法科科长。③ 针对地方军政府随意任免、调动军职，而不报部审批的现象，陆军部于 6 月 17 日致电各省都督、军长：“奉大总统令，师长、旅长及司令长等均属上级

---

① 《陆军部呈大总统本部内荐任以上各军职任免事项应仍归铨叙局继续办理，至陆军上中将两等及各级官佐军职奉令任命人员，悉归本部分别缮具任命状，呈请署名、盖印以清权限请钧鉴文》，《政府公报·公文》1913 年 1 月 22 日。
② 《临时大总统令》，《政府公报·命令》1913 年 4 月 4 日。
③ 《临时大总统令》，《政府公报·命令》1913 年 4 月 4 日。

军官，为特任、简任之职，责任甚重，如轻易更调，恐军心易致摇动，纪律或有废弛。嗣后凡由中央已经任命之师长、旅长及司令长等遇有更调，必须由各都督军长先商明陆军部呈请核办，以昭慎重。"① 依此，地方军职任免、更调做到了有序可依。对于地方已经非法任命的军职人员，陆军部下令追回，此外，陆军部还对各级军职人员任命进行核查，对名不副实及重复补官予以更正，并列单公示。② 在这种权限划分清晰的情况下，陆军部对各级军职官佐任命的严密控制，杜绝了任命过程中的舞弊行为。

自然，在人才相对缺乏、用人制度尚未完善的大环境下，段祺瑞领导的陆军部之用人也无法摆脱人际关系的影响。段祺瑞身为北洋集团的领导人之一，北洋系统中复杂的人际关系和交织的利益，使他在不危害自身利益的前提下，也不得不从全考虑人事安排。总体来说，段祺瑞对陆军部的人事控制，可总结出三大特点。

其一，强调正途出身，即是否毕业于专门军事院校。军事职务是一个专业化程度很高的职务，未经专门的学习和训练是难以胜任的。因此，段祺瑞在组织陆军部之初，为陆军部选取次长、参事及各司长时，首先要求的便是毕业于国内外的专门军事院校，并有一定的军事机关工作经验，且办事认真负责、能力出众。陆军部从次长到司长无一不毕业于国内外专门军校，其中几人还具有多所军校的学习经历，在当时来看，堪称优秀。一直遭人诟病的徐树铮，实际也是一位不可多得的军事人才。徐树铮13岁中秀才，古文功底深厚，曾手注《孙子》，流传甚广。入日本陆军士官学校留学后，"夜读阴符朝试剑"，③ 余暇则考察日本的法政及规章制度。回国赞襄段祺瑞，段祺瑞领衔"主张共和"的通电即由徐树铮一手炮制。袁世凯称帝，徐则为段出谋划策："不论直接间接，积极消极，均反对帝制到底。"④ 由上可见，段祺瑞任用徐树铮，除私人情感以外，也因徐不论是从军事能力还是政治敏锐度来说都是不可多得的人才。

其二，段祺瑞的用人还主张打破南北派系的局限。陆军部组建之初，其各科科长及秘书处人员中，除军务司工兵科科长雷炳焜、军需司会计科科长唐汝谦、军医司卫生科科长李学瀛、军学司工兵科科长吴经明、秘书

---

① 《陆军部致各省都督军长电》，《政府公报·公电》1913年6月17日。
② 《陆军部呈核明军官姓名不符及补官重复请更正文》，《政府公报·呈》1915年1月7日。
③ 徐道邻：《徐树铮先生文集年谱合刊》，第55页。
④ 徐道邻：《徐树铮先生文集年谱合刊》，第163页。

处秘书塔齐贤五人"为该部旧员外,余皆南方新人物"。① 段祺瑞执掌下的陆军部是一个广泛吸收南北优秀人才的机构,他将曾供职于南京临时政府陆军部的蒋作宾、翁之麟、方擎分别荐任为陆军部次长、军械司司长和军医司司长。同时,他将北洋军系统内服役经年、军事经验丰富的中层军官也选入陆军部。这样,民初陆军部就成为一个既服务于统一政治的大前提、使用南方军事人才,又照顾到拥有丰富管理经验的该部旧员,同时以大量北洋中层军官为中坚力量的混合体。段深知陆军部若全部任用北洋系统内的军事人员,虽然可以形成统一、没有"杂音"的局面,但并不利于陆军部的发展,只有在不同的见解和争论中才能得出真理,促使陆军部进一步完善。纳入曾经效力该部的旧员及南方政府的人员,亦可见段的胸怀和用人智慧。这也体现出统一政府之用人"不能因地势而有所屈限,则北人长用北人,南人长用南人,只求其当,不问南北"② 的格局。

陆军部总务厅厅长徐树铮跋扈无度,因该部总务所长一缺为参议院所驳,认为是林摄、沈郁文从中破坏,遂怀恨在心。"因于总长前禀告沈林二人,禀中所具言词毫无理由,故沈林遂将其原禀逐条驳出,传观全部。徐因此失败,欲挑动南北恶感,排斥南人。"③ 此举为一向对其信任有加的段祺瑞所拒绝。徐树铮不死心,又宴请陆军部北方官员,意欲结合团体,以为排挤之准备,不意北方人又皆恨其平日跋扈,假借总长名义欺人种种,皆与其貌合神离。为此,段曾屡次压制徐树铮排挤南方官员,确保南北不至分裂。另外值得一提的是,段祺瑞主政陆军部期间,绝少任用自己的亲戚,这在派系林立、任人唯亲的北京政府中,确属难能可贵。

其三,段祺瑞主张事务官应久留其位,无须随长官共进退。段祺瑞曾亲历清末官场派系斗争,尤其是袁世凯被清廷开缺后,段也被调离北洋军系统,被边缘化,因而他深知派系倾轧之害。故在他出任陆军总长后,力避此类事情发生,尤其是管理层事务官,经谨慎选用后,采用考级制度管理,并不随私意变动。在其任职期间,除了正常升调外,陆军部的管理层人为变动不大。④

民国初年,段祺瑞长期担任陆军总长,陆军部管理层的挑选、军队的编制和调遣、将领的选拔和补充几乎都是由他亲自主持的,北洋军的新生力量大多

①　《新旧各部近况纪》,《申报》1912 年 5 月 5 日。
②　《临时统一政府之人物》,《民立报》1912 年 3 月 17 日。
③　《陆军部风潮》,《民立报》1912 年 9 月 3 日。
④　次长徐树铮因反对袁世凯帝制,在段祺瑞被迫辞去陆军总长后,也被袁借机免职。

也是由他培养和提拔的。在他执掌陆军部时期，很大程度上满足了陆军部人事组织的需要。段祺瑞对陆军部的长期人事控制，进一步提高了他在陆军部的权威，强化了他在军界的声望，并对"皖系"的最后形成起到直接促进作用。

第四节　民初裁军

武昌起义爆发后，各省相继独立，南方革命党人迅速建立了中华民国南京临时政府。临时政府起初以推翻清廷为最终目标，在这面大旗下，各省相继组织了大量民军，准备北伐。此后，因形势压迫，在保证共和制度的前提下，南方最终将组建统一政府的主导权让于北洋集团。南北统一得以实现，中国开始由革命时期转入建设阶段。然而，如何处理武昌起义以来日渐膨胀的军队，成为民初政府亟须解决的问题。本节从武昌起义入手，详细梳理各省、各地区在革命进程中发展起来的军队及各种武装力量，并从民国初年南京临时政府及北京政府的财政状况、统一政府成立后的政治形势、民军与北洋军的战斗力、政党政治发展的要求及民军的缺陷等方面予以分析，以论证1912~1913年初的北京政府大裁军并非单纯"裁南不裁北"，也不完全是打击革命党人的一种手段。[①] 同时，本节将1914年后北京政府的裁军也纳入考察范畴，予以通盘审视，以期阐释民初裁军的结果及其所产生的重要历史意义。

一　辛亥革命的爆发与军队的膨胀

（一）武昌起义爆发

庚子事变后，清政府重新拾起未被人们忘却的改革，中央与地方督抚上下互动，订立了全方位的改革方案，成就了中国早期现代化的第二个亮

---

① 汪朝光在《论民初裁军及其与资产阶级的关系》（《近代史研究》1986年第5期）一文中认为，裁遣民军是导致"二次革命"失败的原因之一，也使资产阶级失去了一次建立自己军队的重要机会。张伟的《集权分权之争与民初军政——民初中央与地方关系研究系列之一》（《株洲师范高等专科学校学报》2002年第6期）及《集权与分权——1912~1916中央与地方军政关系》（《固原师专学报》2003年第4期）两篇文章中认为，裁军是民初中央加强集权，削弱地方军权所采取的重要手段。而李文平的博士论文《民国前期的扩军与裁军问题研究》是第一部全面系统探讨北京政府时期军队扩张及裁遣的论著，但遗憾的是，该文在看待民初裁减民军问题上，仍未摆脱此前学界的窠臼。

点。在新政改革卓见成效的基础上，清廷于 1906 年将目光转向政治层面，着手预备立宪，诸般举措按部就班地推进，人民的政治意识渐次高涨。令人遗憾的是，宣统三年（1911），清廷措施旋即趋向保守，立宪党人"希望大事改革的要求不达，转而寻求对抗"。[①] 清廷在人民中失去了最后的奥援，这为革命党人在辛亥年革命推翻清政府，营造了客观上的大好局面。

1911 年 4～5 月，清政府在盛宣怀的主持下实施铁路国有政策，但转手又将铁路的修筑权给予西方列强，从而激怒了与其有直接利益关联的粤、鄂、川、湘等省绅商。他们兴起了声势浩大的保路运动，愈演愈烈，不可收拾。在湖北新军抽调入川新军期间，湖北革命党人加紧行动，10 月 9 日，辛亥革命领导人之一刘公在俄租界实验时，炸弹突然爆炸，引来俄捕和华官，搜出炸药数十箱、革命党人名册文件多册，两营新军人人自危。10 月 10 日午后四时，鄂督瑞澂忽然下令闭城，大肆搜捕革命党人。新军统制张彪只给大半直隶籍的二十九、三十两标士兵发放枪械弹药，工程第八营闻悉此事，认为此举"明以备敌我等也"，于是，"一唱百和，倡言革命"。[②] 武昌起义正式爆发。

经过激烈的战斗，民军于是夜占领武昌城，在接下来的两日，驻扎在汉阳、汉口的新军亦先后起义，未经激战，汉阳、汉口也告光复。武汉三镇为革命军占据，并迅速组建了湖北军政府，宣布独立。接到湖北起义的奏报，京师大震，立即下令停止"业已办竣"的本年秋操，[③] 并命军咨府、陆军部会商，迅速派一、二两镇由陆军大臣荫昌督率前往弹压，并饬令海军提督萨镇冰率舰会同长江水师驰援。斯时，发动起义的新军整编过后尚不足一镇，面对大军压境，为保住武汉不失，巩固革命成果，扩军成为不二之选。

（二）各省民军扩张

1. 两湖地区

在武昌起义筹备过程中，革命党人就已有扩军的思想准备，商定"起事后，即扩充军队，以便于防守及酌订进取计"。[④] 因此，湖北军政府一经

---

① 张朋园：《立宪派与辛亥革命》，吉林出版集团有限责任公司，2007，第 4 页。
② 《革命军事记》，《申报》1911 年 10 月 15 日。
③ 《上谕》，《申报》1911 年 10 月 15 日。
④ 中国人民政治协商会议湖北省暨武汉市委员会合编《武昌起义档案资料选编》（上），湖北人民出版社，1981，第 25 页。

成立，就发布"暂编步兵四协，马队一标，炮队二标，工、辎各一营，军乐队、宪兵队各一队"的告示，公开招募士兵。① 此举立即得到各界的热情回应，广大农民、工人、学生都前来踊跃投军，几日内，"投效总计革军之数已有二万五千名，步队十八队，炮兵三队，马兵二队，工兵数队"。② 河南测绘学堂学生百余人，不辞千里跋涉之苦，由代表周某率领来鄂投效军政府。同时，北洋及河南、湖南新军约四五千人前来投奔。③ 武昌民军与清军对峙且处于不利地位，各省援军络绎不绝——九江义军三千人、广西三千人、安庆约三千人。④ 至 12 月，军政府"现行鄂军应练部队八协，计四镇，暂不设统制；马队两标，炮队三标，辎重两营"，⑤ 一时间，武昌军队数量猛增，鄂军从四镇扩充为八镇又两个混成协，并改编了陈士华和萨镇冰带来的军舰，形成了荆襄、长江水师。彼时，武昌城内聚集"兵士与学生军等约有四五万人"。⑥

湖南是响应起义最早的省份，这不仅是因为两湖间的地缘关系，也因湖南素为革命之活跃区域。10 月 22 日，会党焦达峰、陈作新等策动新军攻占长沙，宣布独立，成立"中华民国湖南军政府"⑦，由焦、陈分任正、副都督，并就如何巩固政权、支持湖北前线展开商讨，二人一致认为："武昌为中国枢纽，武昌一失，中国之机（枢）纽断。"⑧ 焦达峰在得到湖北械款后，"即命原新兵一协扩为两协，命王隆中率一协先发，一协驻岳州作预备队，长沙只有少数军警维持秩序"。⑨ 焦达峰遇害后，王隆中一协仍遵命赴鄂。陈作新则力谋扩充新军，"三日之内，自由招兵达六万余人"。⑩ 同时，湘西、湘南等地也"纷纷招兵，其中有为省城派往者，有自行组织者，亦有会党乘机而起者，名目繁多，不可究诘"。⑪ 在这样的氛围

---

① 《中华民国公报》1911 年 10 月。
② 《纪武昌城内所见》，《申报》1911 年 11 月 19 日。
③ 《四方归顺革命军》，《民立报》1911 年 10 月 24 日。
④ 《各省援军救武昌》，《民立报》1911 年 12 月 3 日。
⑤ 中国人民政治协商会议湖北省暨武汉市委员会合编《武昌起义档案资料选编》（上），第 62 页。
⑥ 《中国光复史》，《申报》1911 年 12 月 10 日。
⑦ 次日便改称"中华民国军政府湖南都督府"。
⑧ 《武昌革命》，《申报》1911 年 10 月 13 日。
⑨ 武汉大学历史系中国近代史教研室编《辛亥革命在湖北史料选辑》，湖北人民出版社，1981，第 157 页。
⑩ 文公直：《最近三十年中国军事史》，第 302 页。
⑪ 文公直：《最近三十年中国军事史》，第 306 页。

下，青年学生纷纷弃学从军，"长沙大中学生再也不能安心读书了，大家纷纷请愿投笔从戎"，① 加入革命军的洪流中。

2. 赣、福、粤区域

江西省原有新军混成一协、独立一标，分地驻扎。辛亥革命之际，第五十三标统带马毓宝在九江宣布独立，南昌立即响应，举吴介璋为都督，旋易彭程万。因军事吃紧，"亟应筹备战事以保要土，经彭都督选派干员许炳蔡编练四标，勤加训练"。同时，将省垣"城守三营改编保安队，其内部分配为四大队，每队兵丁 125 名"，② 光复后乃"骤增为两师，益一师巡驻防各部队为数乃至数万"。③ 福建原有新军第十镇，1912 年，改称第一镇；"其他尚有义勇、巡防、防卫、护卫各营，皆革命时所招募"。④ 广东的情况比较复杂，在得知武昌起义成功的音讯后，除革命党人积极回应外，会党、绿林及地方民团也揭竿而起，形成遍地开花的局面。陈炯民、邓铿在惠州起义，人数迅即发展过万；王和顺在归善、博罗、东莞举事，掌握一支 3000 多人的队伍；几乎同时，黄明堂在钦州和防城、张醁村在潮州和汕头组织民军。10 月下旬，这些军队开赴广州。大军压境，广东被迫独立。11 月中旬，胡汉民、陈炯民先后任正、副都督。"各地民军进入广州大十万之众"，⑤ 除北伐军总司令姚雨平所部一军及女子北伐队一标至南京会师外，全省之兵尚不少于五万。⑥

3. 以南京为中心的浙、苏、沪区域

浙江、江苏、上海次第光复后，组织苏浙联军，伺机攻克南京。早在革命军攻下上海、布置善后事宜时，就唯恐兵饷不足，无法保障社会治安，于是开始招兵，拉开了江浙地区扩军的序曲。青年学生投军者甚众，未及半月，中华学生军"业经招有三百余人"，不得不声明截止报名；⑦ 学生北伐队的报名者也"越二百余人"，⑧ "学生军发起不过三日，而报名者

---

① 陶菊隐：《记者生活三十年》，中华书局，1984，第 4 页。

② 《赣省军界要闻》，《申报》1911 年 12 月 15 日。

③ 丘权政、杜春和选编《辛亥革命史料选辑》，湖南人民出版社，1981，第 141 页。

④ 丁文江：《民国军事近纪》，中华书局，2007，第 139 页。

⑤ 谢本书、冯祖贻：《西南军阀史》（一），贵州人民出版社，1991，第 50 页。

⑥ 文公直：《最近三十年中国军事史》，第 347 页。

⑦ 《学生军截止报名》，《申报》1911 年 11 月 30 日。

⑧ 《上海大革命（九）》，《民立报》1911 年 11 月 12 日。

已达五百余名"。① 上海女学生在听到湖北文华学堂女生曹道新置身军旅的消息后，亦不甘于后，有慷慨入军之志。如女民国军，仅第一队就预计招募合格者"五百人"；② 女子北伐光复军、女子军事团、同盟女子经武练习队等团体都招了不少女兵。《民立报》记录下了这一参军热潮："民国军自在武昌起义以来，甫及月余，各省响应，青年志士之投笔从戎者，争先恐后，人心欢跃，亘古罕闻。"③ 此外，各省旅沪人士也组织有各种军事团体十余个。12 月 1 日，联军会攻南京，"开抵南京之民军不下一万三千人"，次日，南京光复。未几，民国临时政府开府南京，众军云集，拱卫首都，"号称二十余师"。④ 江苏境内，所驻扎军队有"本原来有者；有由各省遣派者；有各地军政分府自行招募者；有由热心志士创办各种团体等各目。而无所统属者，水陆纵横，土客杂处约计人数何止十万"。⑤ 临时政府成立之初，对扩军所带来的问题并未细察。孙中山就任临时大总统当天，就犒赏对革命有功的军队："湖北为首义之师，犒银五万元，江西四万元，海军一万元，其余各省，由都督酌发。"⑥ 这种论功行赏，直接刺激了地方军队的膨胀。

4. 西南各省

桂、滇、黔、川各省的革命党积极响应武昌起义，相继组建并扩大自己的军队，掀起扩军高潮。广西独立后，"通省巡防军新旧各营，已增至一百零三队，共有弁勇三万人"。⑦ 陆荣廷为壮大实力，对防军和新军分别进行整编。防军被编为七军，共 108 个队，由谭浩明、林俊廷、龙济光、朱安樟、刘古香、陈昕政分任第一至六军统领，秦步衢任省防军统领，全军总计 37260 人。此外，他将新军缩编为一个步兵团，下辖三营（每营缺一连），官兵合计 1425 名。⑧ 云南独立战争打得甚为激烈，蔡锷以川省同胞正受都督赵尔丰惨杀，"尚在水火之中，讵可不救？"特派一梯队团赴川

---

① 《上海大革命（八）》，《民立报》1911 年 11 月 10 日。
② 《民立报》1911 年 11 月 18 日。
③ 《租界纪事》，《民立报》1911 年 11 月 29 日。
④ 丁文江：《民国军事近纪》，第 99 页。
⑤ 《十万大军之安置》，《民立报》1912 年 3 月 24 日。
⑥ 李振华：《近代中国国内大事记》，台北：文海出版社，1974，第 2253 页。
⑦ 《新广西之风丝雨片》，《民立报》1911 年 12 月 17 日。
⑧ 中国第二历史档案馆编《中华民国史档案资料汇编》（第三辑·军事·一·上），第 263 ~ 264 页。

征讨。又有腾冲等地区军队意图自立，不得不派兵讨伐，但因省中兵力单薄，拟再添招一镇。① 最终，"以饷项无着，器械不敷，只得改变初衷，练成三标听用"。② 贵州独立之初，匪患猖獗，"热心之士及革退军人报名入伍，有成第二标之举，以陈松圃为协统"。③ 武装杂乱，不能和平相处，加之贫困等因素，最终"编全黔新军、民军、练营、巡防等一个镇、五个混成协，亦未完竣"。④ 至于四川情形，早在 1911 年 5 月，四川便因"铁路国有"政策而成立保路同志会，与政府抗争。7 月 15 日，赵尔丰逮捕蒲殿俊、罗纶等人，激化双方矛盾，革命党人旋即发出"自救自保"的"水电报"，两日便集聚同志军"逾六千人"，同时，派员赴川西南督促各地会党起义，"多者数千人，少者数百人，皆奔赴成都，民气一动，而不可复静"。⑤ 铁路风潮愈演愈烈，端方奉令率鄂新军入川戡乱，引发武昌起义，川中党人四面出击。10 月 7 日，四川独立。蒲殿俊、朱庆澜为正、副都督，不久后又为尹昌衡、罗纶所取代，重组军政府，扩编军队，纳入序列。编定四镇，分别由宋学皋、彭光烈、孙兆鸾、刘成厚任第一至四镇统制官。另外，还新编有全副武装的军事巡警队。⑥

5. 北方诸省

陕西新军练成一混成协，巡防队号称五营，其中尚多缺额，而"实数不满两千人"。此次起义，防勇响应三营有半（其未响应者多从升允逃至甘肃），兵力不敷防战。军政府成立后，即招募将士，商州募 8000 人，兴安募 5000 人，凤翔、延安各募 2000 人，准备训练成三镇劲旅。已选三千兵马，"东出大庆关，经河东以联络太原，又派兵二千，南定南郑，出剑阁以联络四川"。⑦ 都督张凤翙将其"改编为七旅，一独立团"。⑧ 还组织一支 3000 人敢死队，"因枪械不足，却退万余人，不得入敢死队者形不乐"。⑨ 各府、厅、州、县组织民团，各数十或数千人不等。山西局势稳定

---

① 《云南光复后种种》，《民立报》1911 年 12 月 17 日。
② 《新云南风风雨雨（二）》，《民立报》1911 年 12 月 26 日。
③ 《贵州独立史》，《民立报》1911 年 11 月 28 日。
④ 文公直：《最近三十年中国军事史》，第 397 页。
⑤ 隗瀛涛、赵清主编《四川辛亥革命史料》，四川人民出版社，1981，第 450~451 页。
⑥ 隗瀛涛、赵清主编《四川辛亥革命史料》，第 508 页。
⑦ 《三秦健儿之气概》，《民立报》1911 年 12 月 8 日。
⑧ 丁文江：《民国军事近纪》，第 80 页。
⑨ 《龙腾虎跃之新陕西》，《民立报》1911 年 12 月 24 日。

后，开始招募新兵，10 月 5 日，"招足一协零一标，分南、北、中三路驻扎训练"。五天后，又着手"募集新兵二十营，八营归省城训练，其余十二营赴潞安、平阳、代州、平定地区，驻扎训练"。① 在山东，民军占领烟台，特设军政府添招士兵。各县青年报名异常踊跃，仅"三日间已招至一千余名，往投者仍行拥挤"。② 此外，甘肃、河南及东三省等地都在不同程度地扩充军队。

在辛亥革命过程中，各地还涌现出大量带有私有性质的民团组织。武昌起义后，各地土匪蜂拥而起，打家劫舍，强抢民女，严重影响民众的生命财产安全。于是，地方士绅大都以时局岌岌、保护地方为宗旨，着手兴办团练，认为："今日我人民最急之务，莫如勤办民团，在城镇者，曰商团；在乡村者，曰民团。办民团之意义为在保卫地方安宁，与各人自己之身家性命，其义似狭，而其用甚广。"同时，一些有识之士看到各国军制都有后备之兵，而革命甫兴，各地军政府还无暇顾及于此："革命军均以奉令出征，后备之力不固，一旦兵士缺乏而欲添招募，财力即一时能继，而时候又不能克日成军，若今日各处勤练民团，即无须饷项而训练既熟，日后如欲增兵前敌之时，凡愿出征者，即可选赴前敌，是一呼而能战之士，数万不难立就，犹之各国之后备兵也，此察大局而民团之不可不勤练也。"③ 一时间，创办民团蔚然成风，杭州成立"全省民团总局"，曾公举汤寿潜为总理，陈黻宸副之；④ 安徽池州仿行从前保甲办法创设团防，⑤ 在省垣成立"安徽团防总局"；⑥ 苏州开办民团一经公布，"各路报名应募者，已经逾额"，出巡防守，皆配备枪械；⑦ 扬州团练局成立后，招得四百人，并划分区域，各设局所；⑧ 营口商务总会所组织的商团 300 人，"逐日操练，颇著成效"。⑨ 甚至连和尚也倡办僧团，沪南陆家浜之海潮寺住持认为："现值用武之秋，僧界亦人民之一份子，就邀集僧徒三百名，组织僧

① 《三晋民军之近状》，《申报》1911 年 12 月 7 日。
② 《烟台光复后纪事》，《民立报》1911 年 12 月 21 日。
③ 《勤练民团说》，《申报》1911 年 11 月 23 日。
④ 《杭垣办理民团之情形》，《申报》1911 年 11 月 2 日。
⑤ 《各埠通信》，《申报》1911 年 11 月 4 日。
⑥ 《各埠通信》，《申报》1911 年 11 月 1 日。
⑦ 《各埠通信》，《申报》1911 年 11 月 4 日。
⑧ 《各埠通信》，《申报》1911 年 11 月 7 日。
⑨ 《关东新杂志》，《民立报》1912 年 3 月 20 日。

团";① 浙江定海普陀山和尚亦筹办僧团。②

这一时期，南方军队迅猛壮大，并奄有半壁江山，与袁世凯的北洋集团形成对峙情势。因各方势力折冲，南北走向和谈。此后，议和一度陷入僵局，部分革命党人中间兴起一股以实力促和谈，即通过扩充形成足够与北洋新军相抗衡的军事力量来促进南北对话的想法，其认为："和议者，战斗之后备；战斗者，和议之前提。战斗力强，则谈判之实力随之而张；战斗力弱，则谈判之实力随之而亡……况今日者，际汉满绝续之交，值议和谈判之日，虏廷虽衰，余焰犹张，乘间抵隙，择利而进。若是乎兵备之不可以或弛，而和议之不可不以武力为后盾也。"③ 革命党人采取这种以军事实力促成和谈的激进举措，使本已在南北和议中逐步减缓的扩军态势再度高涨起来。

在辛亥革命中大量涌现的民军和土崩瓦解的清军，以及其他各种由地方势力在社会混乱时为特定目的所组织的武装力量，人数众多，编制混乱，给临时政府造成了极大压力，给社会带来不稳定因素。南北统一后，北京政府为了尽快弥合战争创伤、减轻财政负担、稳定社会秩序，给经济恢复营造一个宽松的外部环境，在全国范围内对武昌起义后膨胀起来的军队进行整编、规范，裁军便成为势在必行的举措了。

二　裁遣军队的经过

（一）裁军政策的出台

在民初财政艰窘的情况下，革命过程中膨胀起来的各省民军，仍日日向临时政府陆军部催要军饷，巨额的军费开支是南京临时政府所无法承受的。于是，裁遣民军之议兴起。首先是素称稳健派的蔡锷在 1912 年 2 月 9 日《致孙中山及各省都督电》中，倡议裁军："惟反正以后，各省多添募新兵，略无限制，至有非临战区域，亦有以一省而骤添五六镇者，枪械既缺，饷糈尤不可支，恐将有不戢自焚之祸。"④ 基于这种压力，黄兴曾以陆

---

① 《琐闻》，《申报》1911 年 11 月 19 日。
② 《各埠通信》，《申报》1911 年 11 月 29 日。
③ 《评论》，《申报》1911 年 12 月 21 日。
④ 曾业英编《蔡锷集》（一），第 411～412 页。

军总长的身份多次电令各省"不准擅行招募",对于呈请招募者,"一概不准"。① 这样也就可以理解,为何在南北刚达成统一时,黄兴就呼吁各省都督"凡各省军队,宜就各该省情形酌留若干外,务希设法遣散,俾免滥竽"。②

北京政府建立全国统一政权后,仍然面临着近百万军队缺饷的问题。1912 年 4 月 29 日,袁世凯在参议院发表演说词,呼吁减轻民众负担:"近日军队复杂,数逾常额几倍,消耗过巨,闾阎何以堪此?已饬财政、陆军两部实行收束之方。"③ 5 月,袁世凯召开高级军事会议,陈说裁军理由:"支持目前之财政,恢复地方之秩序,俱须从遣散军队下手。"④ 同时,基于陆军的现状,陆军总长段祺瑞在参议院发表的"七大纲领"中的第一条就是消纳军队以恢复地方秩序:"武昌起义以来,各省相继招募,于是军队林立,较原有增多一倍不止,且皆仓猝成军,未受教育,既难保不为地方之祸。而值此国家经费万分困难之时,饷项亦必不能继。前数日开高级军事会议,商议消纳手续,大略办法,业今拟定。"⑤ 参议院对裁军持支持态度。至于裁军的具体方案,段祺瑞提出:"今于无标准之中定一标准,即姑以各省原有之军额、饷额为依据,越于原额之兵裁之,越于原饷之额借之。如因实际不得不增于原额者,由该省都督叙明理由,经财政、陆军、参谋三部允准,亦可酌增。"⑥ 段祺瑞所制定的这一准则成为此后裁军,尤其是民国元年裁遣民军的基本依据。按照准则中裁汰非"原额之兵"的规定,南方各省在革命中新招募的军队均为裁减对象,而袁世凯集团的军队则不在此限,这也是后来研究者一直诟病陆军部的裁军政策是"裁南不裁北"、是"打击革命党人的手段"的原因。1912 年 8 月,孙中山、黄兴受邀赴京,与袁世凯达成了"八大纲领",其中第三条为"暂时收束武备,先储备还陆军人才",⑦ 南北双方在裁军问题上达成了统一。

总体来讲,北京政府的裁军政策有一定的滞后性,即在该政策出台前,南方的裁军活动已经在如火如荼地进行了。但不可否认的是,陆军部的裁军政策对此后收束军队起到了巨大的指导作用,也正是在这一裁军原

---

① 《陆军部通饬各军队文》,《申报》1912 年 2 月 5 日。
② 《陆军部维持大局》,《民立报》1912 年 2 月 22 日。
③ 白蕉:《袁世凯与中华民国》,第 41 页。
④ 《遣散军队及优待军官之办法》,《申报》1912 年 5 月 21 日。
⑤ 《参议院第五次会议速记录》,《政府公报·附录》1912 年 5 月 16 日。
⑥ 《优待军人办法之大决定》,《申报》1912 年 6 月 21 日。
⑦ 白蕉:《袁世凯与中华民国》,第 47 页。

则下，民元裁军并未流于纸面文章，而是落在了实处，成就了民国裁军史上重要的一笔。

（二）各省军队的裁撤

相较于北京陆军部裁军政策迟迟无法出台，南京方面，黄兴早在临时政府结束前就以陆军总长的身份呼吁各省都督裁遣军队，而各省将领在其号召下亦早已开始收束、整编军队。同时，黄兴也着手将皖、苏、浙、粤等省军队编成 26 个师 5 个军，分属柏文蔚的第一军、徐宝山的第二军、王芝祥的第三军、姚雨平的第四军、朱瑞的第五军。

南京方面在北京政府组建时放弃了对陆军总长一职的争夺，转而求其次，为保存民军实力而成立了南京军事善后机构——南京留守府。3 月 31 日，临时大总统袁世凯委任黄兴为南京留守。《南京留守条例》规定，留守职责在于"维持整理南方各军及南京地面之责"，有遇战事可"先调遣军队军舰相机处理"等大权；但在财政问题上，留守管辖的范围内所需款项均由"留守咨商理财部筹解"，因此民国肇造、财力窘迫的现实情况，决定了黄兴在留守任上的决策——迅即裁遣军队。且《条例》规定："俟南方军队整理就绪，即行裁撤"，[①] 清楚地说明了其作为过渡性的暂时机构的性质。南京留守府的设立，正式揭开民初裁军的帷幕。虽然黄兴是南方民军的最高统帅，却无财权，"款项奇绌，计兵授粮，时虞不继"。[②] 4 月底，他在给袁世凯的呈文中称："惟饷项各款，亏欠至千万元之谱，坐困无策，焦灼万状。"[③] 但袁世凯迟迟没有复电，黄兴"五内焦灼，前尚可借军钞救济，今则坐困穷城。此间军队伙食已数日不能发给，今日有数处竟日仅一粥，每日索饷者门为之塞。危险情形，日逼一日……哗溃之势，以见发端"。[④] 面对在财政上同样困顿的北京政府，黄兴除了加快裁军步伐，别无选择。

正当黄兴按部就班地整裁军队时，南京却突然发生了兵变事件。1912年 4 月 11 日夜，驻宁赣军第二十七、二十八两团士兵因欠饷而发生了哗

---

① 《南京留守条例》，《临时公报》1912 年 4 月 15 日。
② 湖南省社会科学院编《黄兴集》，第 234 页。
③ 刘泱泱编《黄兴集》，湖南人民出版社，2008，第 323 页。
④ 刘泱泱编《黄兴集》，第 351 页。

变，在白门桥、太平桥一带大肆抢掠，"商民被劫者不下数百家"。[①] 是晚，驻宁各军协助镇压了兵变。黄兴目睹此次兵变危害，断然处死了证据确凿的二百余名犯兵。兵多饷绌的危险局面，进一步刺激黄兴加速了裁军进程。此后，不及一月，黄兴对驻宁的客籍军队进行了大刀阔斧的裁遣，其具体如下：①赣军于兵变后即令将军械缴还，全体遣散；②浙军全部开回原籍；③湘、桂、粤驻宁之各军已遣散者共八千余人；④粤军定日内将全部陆续开回广州；⑤以后无论何处军队，如有缺额者，概不准补；⑥已经裁撤之官长，留守均拟设法位置，即第二师已裁之师长朱先志，现任命为留守府参议官，其余官长均经留守委用。[②] 在黄兴解职前夕，有记者访问前南京陆军部军需局局长曾可楼，他谈及南京十五万军队的遣散情形时说："现在南京之军队，第一、第三、第四、第七、第八、第九、第十一、第十二共八师，每师减至七千人，又二十旅、三十五旅、五十一旅每旅三千人，其余宪兵营、警备队仍前，现员五万余人，计减少及拨回原省者约十万人。"[③]

　　江苏对驻军产生的问题察觉较早。早在 1912 年 3 月，江苏省议会就上呈袁、孙两总统请处置苏省境内驻军："南北统一，善后万端，自以处置军队问题为第一要义，亦以此问题为第一困难。"[④] 此后，江苏就开始逐步整编本省军队。黄兴对苏省的编遣事宜和南京大抵同时，他决定在最短时间内，规划苏省军事。然而，驻苏军队数额庞大，遣散费缺口巨大的现实，逼得黄兴不得不双管齐下：一面提倡国民捐款，解决军饷问题；一面对士兵晓以大义，鼓励自动退伍。许多高级将领纷纷主动请退，要求撤销番号，如沪军二十三师本已编组成完整的一师，为给自愿裁军做榜样，首先取消了番号，师长黄郛主动请辞，将部遣散。[⑤] 到 6 月，已遣散将士多达七八万人。同时，将退伍军队上缴的武器用来重新装备保留下来的队伍，并将所有遣散部队的优秀军官及精良武器组成一个新师，即第八师。"这个师从师长至营连长，都是日本陆军士官学校和保定军官学校的同盟会会员。"该师有两套枪支，一套发给士兵，另一套存储在仓库以备战时

---

① 刘泱泱编《黄兴集》，第 299 页。

② 《南京军界要闻》，《民立报》1912 年 5 月 5 日。

③ 《金陵军事谈》，《民立报》1812 年 6 月 4 日。

④ 《十万大军之安置》，《民立报》1912 年 3 月 24 日。

⑤ 丘权政、杜春和选编《辛亥革命史料选辑》，第 513 页。

扩军之用，其"饷项归中央陆军部直接发给"。① 黄兴留守任内，共计裁撤了 5 个师（其中尚存部分旅团），即第二师、第五师、第六师、第二十五师、第二十六师，尚余第三、七两师及第五十一旅、第三十五旅、警备队两团、湘独立团、宪兵一团。程德全接手留守府后，按照黄兴所定的裁军计划"继续进行"，② 相继遣散了第五十一旅、第三十五旅及独立团。③ 至8 月中旬，程德全接掌苏省军权，并得到北京政府的财政支持，迅速行动，先后裁遣军队达 4 个师和 8 个旅，约计 8 万余人。1912 年底，除扬州第二军及第八师外，"苏属军队实不满四万"。④ 次年初，又将其缩编为三师，分派全省。

浙江在革命后，军队一度扩充达到 38316 人，⑤ 也是拥有军队较多的省份之一。朱瑞回浙出任都督后，即开始了大规模的裁兵。1912 年 5 月底，浙江省出台士兵按等分级并给予优厚待遇、鼓励退伍的政策，⑥ 效果甚佳。与此同时，还对官佐"分别去留"，凡非陆军出身者，"一律给资遣散"。⑦ 经过月余的整编，第五军所辖两师，第六师师长由朱瑞自兼，第二十五师师长由周承菼担任，其保留下来的旅、营中下级官长大多出身于军事院校。⑧ 从 5～9 月的 4 个月间，人员陆续退伍，"军官佐退役者 290 人，士兵退伍者 2878 人，士兵弁护匠夫遣散者 1408 人"，⑨ 并将第二十五师之老弱及窳朽枪械悉数裁汰，缩编为独立旅。⑩ 最终，浙省陆军形成"一师一旅"的编制。

湖北是首义之地，聚集军队数额庞大，陆军八镇，水师一镇，兼及其他零星部队，约计 11 万余人。湖北由于局势不稳，政潮丛生，军队暴动时有发生，严重影响裁军的顺利进行。1912 年 5 月 15 日，黎元洪召集各镇协官佐开裁汰军事会议，达成三点决议：①重新编制各部队；②不合格士

---

① 丘权政、杜春和选编《辛亥革命史料选辑》，第 223 页。
② 《专电》，《民立报》1912 年 6 月 18 日；《金陵之息兵偃武》，《民立报》1912 年 7 月 21 日。
③ 《南京军队近况》，《民立报》1912 年 7 月 18 日。
④ 李新、李宗一主编《中华民国史》（第二编第一卷）（上），中华书局，1987，第 128 页。
⑤ 张侠等编《北洋陆军史料（1912～1916）》，第 32 页。
⑥ 《浙军退伍之优待》，《民立报》1912 年 5 月 28 日。
⑦ 《浙军近事撷要》，《民立报》1912 年 7 月 13 日。
⑧ 《浙军职官调查录》，《民立报》1912 年 8 月 5 日。
⑨ 张侠等编《北洋陆军史料（1912～1916）》，第 52 页。
⑩ 文公直：《最近三十年中国军事史·战史》，第 190 页。

兵限期退伍；③裁减各镇工匠。① 由于局势不稳，该决议并未被认真执行。及 1912 年 8 月初，又正式拟定裁军计划：保留一、二、三、四四镇，裁汰五、六、七、八四镇。具体措施是："（将五、六镇之）老弱士兵及官长之无程度者一律遣散；健者存留，编为辎重、工程各团营，并归一、二、四镇管辖。其两镇上级官长，仿照南京办法派充都督府副官；教练官以上之官长派充都督府参议及属员；管带以下之官长预任为辎重、工程各营官长"，"将七、八两镇兵士大加淘汰，精者插补一、二、三、四镇，以成其额。而此镇官长均严行考验，留其优者补之"。② 两个半月后，湖北军队数量大减，其员额如表 4－31 所示。③

表 4－31　裁军后湖北军队数额表

单位：人

名　　称	官佐人数	夫役人数	兵士人数
第一师司令部	100	645	
第一师	512	1148	4107
第二师	480	1340	3685
第三师	666	1226	3316
第四师	588	1218	3654
第五师	554	946	2242
第六师	818	788	3007
第七师	595	2477	7162
第八师	388	1425	2278
第十七旅	298	526	1852
炮兵旅	617	1620	2499
马队旅	111	359	1044
工兵团	51	123	240
辎重团	61	437	246

① 《裁汰军队之会议》，《民立报》1912 年 5 月 16 日。

② 《裁并鄂军办法》，《民立报》1912 年 8 月 11 日；《湖北之裁兵计划》，《民立报》1912 年 8 月 26 日。

③ 《时报》1912 年 10 月 26 日。

续表

名　称	官佐人数	夫役人数	兵士人数
教导团	441	405	1201
宪兵处	125	233	480
近卫警兵处	21	23	80
军乐连	8	10	88
护军	11	25	153
军务司卫队	65	234	1050
共　计	6510	15208	38384
	60102		

资料来源：《时报》1912 年 10 月 26 日。

虽然裁去 27000 余名将士，但每月仍需军饷 82 万余元，这对于元气大伤的湖北来说，还是无法负担的。同时，湖北政局动荡，发生"倒黎风潮"，黎元洪本打算将军队尽数解散、另行征兵，因解散之兵游荡不肯归农，怂怂思动，几酿大变，故决定不再裁兵。至 1913 年 2 月，保留"三师两个独立旅"，中、下级军佐优给退伍。[①]

湖南革命后，迅即扩编了 5 个师 2 个旅，各师鱼龙混杂，兵多械少，经费支绌。胡瑛等人酌拟湘省裁兵浚湖办法，上呈总统府，[②] 未得实施。面对如此局面，部分士兵出于爱国热情自愿退伍，如第一团第一营骑兵团，辎重团一、二、三、四连"自请解散"，[③] 第四师"全体呈请休职退伍"，第四师退伍的行为又感染了第五师第十七团第一营兵士，他们呈请军务司"自愿退伍，并声明不领去休养金"。[④] 但部分清退并不能改变大局，裁遣之步骤仍刻不容缓。谭延闿曾就裁兵问题派人相商于黄兴，得到黄兴的首肯。与黄兴保留二三师以备缓急的主张不同，他认为"裁汰改编，必致发生争议，不如一律退伍，另建一支新军，较为妥善"，[⑤] 对程潜提出每师保留两营作为成立新军干部的建议，也未予采纳。为了监督裁

---

① 《鄂军裁遣计划种种》，《民立报》1913 年 2 月 25 日。

② 《裁兵浚湖办法》，《民立报》1912 年 6 月 17 日。

③ 《整饬军队大计划》，《民立报》1912 年 7 月 22 日。

④ 《第四师之归田乐》，《民立报》1912 年 9 月 6 日。

⑤ 中国人民政治协商会议湖北省委员会编《辛亥首义回忆录》（第一辑），湖北人民出版社，1979，第 85 页。

军，谭延闿致电袁世凯请王芝祥赴湘协助，得袁所允。同时到湖南的还有南京第八师的赵恒惕部，以客军的身份监督裁兵。1912 年 8 月，湖南组织裁兵委员会，决定对各师一律裁撤，所有士兵，一律补给优厚的退伍年金。岳州第三师全体官佐兵夫"顾念大局，将士一心，呈请全体将士休职退伍"，得到国务院"传令嘉奖"。① 就将官安置问题请示中央后，谭延闿得到袁世凯和陆军部"与各军官以实职，分别等第，着量委用"的允诺。② 五师二旅，一次性全部裁撤，先后"共裁撤官兵四万几千人"。③ 1913 年初，谭延闿下令裁撤有名无实之民团，并命军事厅制定统一办法七条，饬令各属一体遵照，④ 旋即民团也被解散。湖南在这次裁军中是极为特殊的一个省份，也是进行得最成功的一个省份。

安徽驻宁的第一师、第九师两师，在南京留守府遣散军队时，被划入江苏管辖。而程德全要求由皖省协饷百万，方收第一、第九两师，这引起安徽当局的反对。⑤ 柏文蔚出任都督后，第四师及张汇滔、葛应龙两混成旅划归安徽辖制。段祺瑞出任陆军总长后，派门人吴中英出任安徽省军政司司长，监督裁军事宜。陆军部定制，皖省为一师一旅，多余部分一概解散。5 月下旬，柏文蔚委派胡万泰携款前往芜湖，裁并芜湖军队，将无军械者一律解散，⑥ 成功裁减了芜军。驻省的敢死军军官并呈请"解甲归田"，全队开回寿州。⑦ 7 月 22 日，柏文蔚抵宁与程德全、王芝祥二人筹商裁并第一军事宜，渐有成效。8 月 30 日，柏文蔚解散第一军，取消司令部，仅留军长名义，"军费七十一万元，后由段祺瑞负责清还"。⑧ 9 月 14、15 日，柏文蔚召开特别军事会议，最后确定将皖省军队归并为两师一旅，制定妥善的安置军官方法，其要者有三：其一，送中央分别委用，如有志向学者，按照程度入相当之学校；其二，补都督府属官；其三，如系他项专门投笔从戎即分别送各司委用。⑨ 11 月，北京政府拨款 50 万元，要求柏

---

① 《国务院致湖南谭都督电》，《政府公报·公电》1912 年 8 月 21 日。
② 《湘中健儿退伍记》，《民立报》1912 年 9 月 4 日。
③ 中国人民政治协商会议全国委员会文史资料委员会编《辛亥革命亲历记》，中国文史出版社，2001，第 113～114 页。
④ 《长沙通信》，《民立报》1913 年 1 月 9 日。
⑤ 《专电》，《民立报》1912 年 8 月 26 日。
⑥ 《专电》，《民立报》1912 年 5 月 25 日。
⑦ 《专电》，《民立报》1912 年 6 月 14 日。
⑧ 丘权政、杜春和选编《辛亥革命史料选辑》，第 114 页。
⑨ 《皖省裁兵大会议》，《民立报》1912 年 9 月 19 日。

文蔚继续裁兵。次年 3 月，裁编完成后，皖省奉令保留一师一旅，一师统三旅两营，混成旅辖三团，胡万泰任师长，顾琢塘代理旅长，分驻长淮一带及长江南北。①

江西都督李烈钧是较早着手整理军队的地方长官之一。1912 年 2月，李烈钧下令将赣省光复后未经裁遣而由绿营改编的守城部队和民团"一律裁汰，所有官长着造册呈报听候录用，兵士则挑选壮者并入兵团。其老弱及自愿归农者，酌给恩饷，遣散回里"。② 驻扎省城的军队于数日办竣，但驻扎九江的军队恃功不服裁编，派员赴浔疏导无效，并呈不稳迹象，最后，"派员携款数万密往慰劳，改编之举于焉办妥"。③ 5 月底，李烈钧将全省军队编为四协，然而，苦于军饷浩大，难以接济，此外尚有四标军队未曾编制。④ 至 8 月，他将防军三十六营全部遣散，辛亥后扩编的十六标新军也被裁减半数，整编为四旅。与其他省份不同的是，李烈钧在裁军的同时，还有意识地提升赣省军队的战斗力，不仅牢牢控制住了江西的军事用人大权，还新招本地籍士兵，借以提升军队素质。1913 年初，李烈钧拒绝了陆军部给赣省一师一旅编制的规定，编成两师一旅。这也是"二次革命"中，李烈钧敢于向北京政府叫板的原因之一。

再看广东。胡汉民复任广东都督后，军事大权依然操于陈炯明之手。但陈炯明所部循军"品格不齐，年龄不合"，而陈又私心太重，排斥粤省其他部队。南京留守府裁军时，有驻苏精锐粤军两师，姚雨平曾电商胡汉民，拟回粤驻防高州、廉州一带，但为陈炯明所阻。最终，姚雨平被迫将全军解散。粤军保留的训练有素的一营炮兵，回粤后也为陈炯明缴械解散。至 4 月 1 日前，统计遣散各类军队将士 33382 人，遣散费共计 26 万余元（见表 4－32）。至 1912 年底，陈炯明主持裁军达十二三营之多，仅剩二十一旅，其中"合计逃亡、死伤、退伍、缺额以逾半数"。⑤

---

① 《皖省军事大会议》，《民立报》1913 年 3 月 13 日；《安徽军政调查记》，《民立报》1913年 4 月 14 日。

② 《遣散绿营之办法》，《民立报》1912 年 2 月 22 日。

③ 丘权政、杜春和选编《辛亥革命史料选辑》，第 141 页。

④ 《赣省军队之编制》，《民立报》1912 年 5 月 31 日。

⑤ 《粤都督说明募兵原因》，《申报》1913 年 6 月 18 日。

表 4 -32 广东遣散民军一览

营 名	统领名	遣散人数（人）	遣散费（元）	备 注
育字营	李育卿	148		
	罗缘波	—		
威字营	邝 辉	430		
瑞字营	何瑞芹	306		
昌字营	黄世昌	538		
兆字营	杨兆山	1398		
俊字营	欧阳俊	1150		
华侨北伐先锋队		164		
初字营	何福初	504		
惯战军	李碧川	80		
澳字营	梁汉成	525	5384.5	
毅字营	苏少楼	618		
秉字营	姚立亭	260		
财政司卫队	黄星海	154	1705	
瀛字营	谭 瀛	1858	21376.6	
爽字营	梁 爽	504	5517	
镇字营	杨仁山	591	6328	
海字营	陈春魁	1199	4893	
强字营	杨荫伯	564	6250	
劲武军	李锋甫	1278		
明字顺军	柯子汉	589		
	卢少琦	700	9954	
东新军	刘肇槐	2143	23429	
惯战军	梁冠三	140		
	朱绍廷	426		
顺属民军	麦 锡	1821		
应字营	赵应龙	367	459	459 元是"应字营"剩余 43 人的遣散费
谦字营	曾谦如	158		
经字营	邝敬川	1280	34563	

续表

营　名	统领名	遣散人数（人）	遣散费（元）	备　注
展字营	梁　展	779	8463	
敬字营	严经一	3085	13086	
镎字营	罗　镎	597	6508	
慎字营		839	1180	1180 元是"慎字营"余军 90 人的遣散费
纯字营	陈　纯	601	6503.5	
伟字营	钟伟生	981	11890	
祥字营	孔祥民	355		
	朱振基	587	6286	
仁字营	欧仁甫	221	2400	
惠字营		64	473	
云南回粤华侨炸弹队		49	1883.9	
鸿字营	江　斌	602	6829	
瀛字营		1894	38815.2	
北伐军兵站运输队		144	838.6	
华侨游击队		215	5072.1	
安辑军	曾其光	435	4742.5	
华侨炸弹队		642	20230	
澳部华军	李　华	606	6557	

注：未注明遣散费者系由民军总务处发给，未有具报不入此表。

资料来源：《遣散民军一览表》，《民立报》1912 年 4 月 27 日；《遣散民军一览表（续）》，《民立报》1912 年 4 月 28 日。

云南木为苦寒之地，历来属于协饷省份，军兴之后，所招兵勇"每年军费政务约需四百万两"，而战争对经济的破坏，及旧有税收体系的崩溃，造成军费尤不易筹措。援川军队归来后"自愿退伍归农，以节军费"。[①] 同时，对现役期满者，发给执照，实施退伍，并制定功牌条例四

---

① 《滇军自请退伍》，《民立报》1913 年 6 月 11 日。

条：①副兵奖正品职衔；②正兵奖从六品职衔；③副目奖正六品职衔；④正目奖从五品职衔外，又每兵另给月 15 元饷银。① 基于云南为边防之要塞的现实需求，最后，裁并滇军为 2 个师 1 个旅，其边防各镇绿营则力为裁整，改编陆军。②

在革命起事扩充军队的诸省中，除湖北、湖南、广东三省外，属陕西扩军为多。其原因在于陕西宣布独立后，东有豫军的进逼，西有甘军的扑杀，东西两线作战，只能被迫扩军。陕西在接到陆军部规定保留兵额一镇的裁兵命令后，开始陆续裁遣军队。陕西军政司恐退伍军士在所过地方"招摇滋扰"，特发出通告预警。③ 值得一提的是，陕西所裁遣的士兵，由于财政窘迫，大多并未获得遣散费就相率离去。6 月 2 日，《军事上之观察》一文声称，"近两三月陆续遣散之兵士约三四万人"，④ 此说与8 月陕西军政司奉令调查本省军队得出的"（除）遣散外，现有八十五营，每月需银三十六七万之谱"⑤ 的结果相悖。陕西第一次整编后，步兵营应有 400 人，其他营较其稍少，保守估算，陕西当时至少还有三万军队。可见，前说显系夸大。兵多饷绌的实际状况，使陕西不得不大力裁编。经过逐次裁并，至 1914 年春，陆建章率第七师入陕代张督，"其时陕军尚存三个旅"。⑥

除了上述各省外，福建军队裁去一些旧军，保留了第十四师，以许崇智接替杜持任师长；广西新军在北伐的名义下，被陆荣廷排挤出省，客籍南京，陆荣廷所部均为巡防营，改编为两师；贵州军队不多，1913 年 7 月编成新军一师、国民军第三十三营；四川因为西藏战事，裁并之事并未认真执行。北方起义省份，均自行进行了裁并。概而言之，民国成立时，南京临时政府控制下的南方六省，拥有军队"约 39 个师，51 万人，一年间裁遣了约 27 个师，36 万人"。⑦

① 《云南军界片片》，《民立报》1912 年 6 月 27 日。
② 文公直：《最近三十年中国军事史》，第 381 页。
③ 《关于散兵之通诰》，《民立报》1913 年 5 月 26 日。
④ 《军事上之观察》，《民立报》1913 年 6 月 2 日。
⑤ 《关于军事之调查》，《民立报》1913 年 8 月 6 日；张侠等编《北洋陆军史料（1912 ~ 1916）》，第 57 页。
⑥ 文公直：《最近三十年中国军事史·战史》，第 96 页。
⑦ 汪朝光：《论民初裁军问题及其与资产阶级的关系》，《近代史研究》1986 年第 5 期。

（三）民三裁军

陆军部在解决民军的问题后，转而开始整顿、裁汰北洋系统及其他杂牌军队，以进一步减轻政府的财政压力。1914 年，熊希龄内阁发表了《政府大政方针宣言》，其中涉及军队规划："今政府所为计划，谓有兵 50 万人，庶可以收锄爆遏乱之象。"并计划在 50 万军队限额内，将其分为甲、乙两种，甲种实行陆军编制法，归中央节制、调遣，为驻扎在各地要塞边防的"国防军"；乙种实行警备队编制，归地方行政长官统辖，分驻州、县，主要从事"捕盗诘奸，以补行政警察、司法警察所不及者"，最终训练成"果敏之警察"。① 这一分类整编、振兴陆军的大政方针，最终因袁世凯帝制自为引起战乱，而归于失败。

上述计划虽然未能最终实施，但在全国整编军队 50 万的构想被保留下来，成为"民三裁军"的主要依据。此次裁军主要为了加强中央集权，尽量压缩地方武装力量，提升国防实力，确保国防安全，进一步减轻政府的财政压力，从而促进政治高度统一和经济复苏局面的出现。在这次裁军过程中，新疆都督杨增新备受瞩目，他在上呈中央的电文中提出，"民国成立以来，中央及各省区因用兵而添兵，致库藏消耗于此兵"，而促进政治统一和经济发展，"裁减军队为第一之要素"。② 在杨增新 1914 年的"弱兵政策"中，无论是驻守新疆的新军还是巡防营，均遭到大量裁汰，数量锐减，陆军最初的二十四营又四队，经一再裁汰，至 1915 年仅剩"步兵 4 个营、马队 9 个连，炮队 2 个营又 1 连，工程和警察各 1 队，人数不足 1 万人"。③ 军费预算也大为减少，从 1913 年的 558 万元减到 1915 年的 100 余万元。④ 杨增新的"弱兵政策"，极大地缓解了新疆的财政困难，保证了新疆内部的长期稳定。

经过民初北京政府陆军部的不懈努力，至 1915 年，北京政府拥有军队 540871 人，基本上达到了熊希龄在 1914 年《政府大政方针宣言》中要求的 50 万之谱。各省裁减军队情况详见表 4 - 33。

---

① 熊希龄：《政府大政方针宣言》，《东方杂志》第 10 卷第 6 号，1914 年，第 23~30 页。

② 转引自李文平《民国前期的扩军及裁军问题研究》，博士学位论文，河北师范大学，2009，第 81 页。

③ 苗普生、田卫疆主编《新疆史纲》，新疆人民出版社，2004，第 405 页。

④ 伏阳：《试论杨增新主政新疆时期的"弱兵政策"》，《西域研究》2001 年第 2 期。

表 4 – 33 裁军前后比照

省 区	1912 年军队人数	1915 年军队人数	增减人数
近畿	禁卫军 14000 人、拱卫军 15657 人	37100 人（禁卫军一部 5900 人，拱卫军 14000 人另计）	增 27343 人
直隶	101464 人	24100 人	减 77364 人
山西	21500 人	14200 人	减 7300 人
河南	21500 人（毅军 13257 人另计）	35351 人	增 594 人
四川	54750 人（另有川边军队 4418 人另计）	15500 人	减 43668 人
江西	20136 人	21900 人	增 1764 人
浙江	38316 人	35160 人	减 3156 人
湖南	51000 人	17300 人	减 33700 人
江北		9500 人	不详
江苏	33500 人（南京归并各军 34000 人另计）	70400 人	增 2900 人
福建	33500 人	7500 人	减 26000 人
湖北	80000 人	33600 人	减 46400 人
贵州	27643 人	11800 人	减 15843 人
奉天	41350 人	38400 人	减 2950 人
吉林	17050 人	15400 人	减 1650 人
黑龙江	9550 人	14100 人	增 4550 人
甘肃	30000 人	2390 人	减 27610 人
山东	42263 人	39800 人	减 2463 人
陕西	50500 人	10900 人	减 39600 人
安徽	36175 人	不详	不详
广东	59000 人	不详	不详
广西	36500 人	20700 人	减 15800 人
新疆	15000 人	不详	不详
云南	39500 人	15000 人	不详
热河	5955 人	22270 人	增 16315 人

省　区	1912 年军队人数	1915 年军队人数	增减人数
察哈尔	892 人	12600 人	增 11708 人
绥远	214 人	6300 人	增 6086 人
塔尔巴哈台	500 人	1000 人	增 500 人
合　计	全军数额 959808 人	已统计人数为 540871 人	共减 281744 人

资料来源：根据张侠等编《北洋陆军史料（1912～1916）》中《民国元年（1912）各省现有兵数饷数单》和《民国四年（1915）各省军队人数及驻地》编制而成。

表 4 - 33 极为清楚地反映了 1912～1915 年各省驻军人数的变化。大多数省区的军队有所减少，如直隶、四川、湖北、湖南、福建、贵州、甘肃等，这些省份大多都削减了大半军队，其中福建压缩了 75% 以上的军队，甘肃削减了近 80% 的军队，可见裁军力度之大。陆军部主导下的裁军效果之明显，不言自明。

三　裁军原因新探

（一）民初裁遣民军原因分析

南北统一后，袁世凯经南京参议员选举，担任中华民国北京政府临时大总统，民主共和制度在中国得以确立。"世界上几乎所有的革命转型，都会呼唤武力，并以之达成最终的革命目标。军队是社会的组织，军人政治是社会混乱的产物，也是整合混乱的方式之一。"[1] 中国开始由革命时期转入建设阶段，削减军费开支，压缩军队数量成为北京政府的当务之急。作为全国军事最高统率机构，陆军部在民初选择大事裁减全国军队，是基于多方面考虑的。

1. 政府无法克服财政困难

武昌起义爆发后，孙中山并未立即回国，而是赶赴巴黎、伦敦向西方国家寻求借款。由于革命军尚处于与清政府的对峙中，西方国家采取"金融中立"政策，回绝了孙中山的要求。孙中山空手回国，不得不绞尽脑汁为南京临时政府寻找财源。举借外债、募捐、发行债券及私人借款的数额都极其有限，南京临时政府时刻面临军队哗变、政府崩溃的威胁。正如一

---

① 徐勇：《近代中国军政关系与"军阀"话语研究》，第 511 页。

个英国人在他的备忘录中所写的那样："革命派首领们进行军事的和政治的斗争的主要困难是款项问题。"[1] 南京临时政府组织内阁时，推举张謇出任财政总长，张曾说："政府权力首在统一军队，次在支配财政，而军队之能否统一，尤视财力强弱为断……列强之能否承认，全视此为关键。"[2] 精于理财的张謇自知无法解决政府每年八千余万的财政赤字，因而不肯就职。南京临时政府对外告贷无门，对内新的赋税体系又残破不堪，军饷无法正常发放，上海甚至出现都督府将盛宣怀的地产"抵借银八十万两，以充军需"[3] 的事情。南京临时政府陷入了财政困境，被迫贱卖辖区内汉冶萍煤矿，以渡过难关。数额庞大的军费开支，使本就捉襟见肘的财政透支殆尽。

南京临时政府的财政总收入为 1387 万元，其中举借外债收入高达 850 万，发行公债和私人借款为 277 万元，内外债收入总计为 1127 万元（见表 4-34），约占总收入的 81.3%。在支出方面，李荣昌对临时政府结束前的军费支出的保守估计为 1400 万，[4] 约占总支出的 90.3%。（见表 4-34）因此，如果说南京临时政府被迫议和，并最后让位于袁世凯的话，其最主要的原因极可能在于"他们无力支付为争取彻底胜利所必需的代价"。[5]

表 4-34　南京临时政府财政收支统计

单位：万元（银元）

收　入		支　出	
借外债	850	政府各部及参政院行政经费	80
发行公债和私人借款	277	海陆军费	1400
发行军钞	100	外债佣金支付和私人借款偿还	65
淮盐税款	110	杂项开支	5
没收敌产、杂税、官业收入、接受捐款、其他	50		
总　计	1387	总　计	1550

资料来源：李荣昌：《南京临时政府财政问题初探》，《辛亥革命史丛刊》（第五辑），中华书局，1983，第 63 页。

---

[1]　《英国蓝皮书有关辛亥革命资料选译》（下），胡滨译，中华书局，1984，第 466 页。

[2]　张謇：《对于新政府财政之意见书》，上海社会科学院历史研究所编《辛亥革命在上海史料选辑》（增订版），上海人民出版社，2011，第 907 页。

[3]　《处置盛氏地产》，《申报》1911 年 12 月 29 日。

[4]　李荣昌：《南京临时政府财政问题初探》，《辛亥革命史丛刊》（第五辑），第 62 页。

[5]　杨天石：《孙中山与民国初年的轮船招商局借款——兼论革命党人的财政困难与辛亥革命失败的原因》，《中国社会科学》1997 年第 4 期。

北京政府成立后，开始收束全国军队。据统计，1912 年全国在编军队在部分裁减后，仍有近 96 万人，全年所需军费 10375 万余元（海军费尚不包括在内），[①]"较之满清，饷数几增一倍"。[②] 庞大的军费支出占全年财政总支出的三分之一以上，为解决军队带来的财政压力，北京政府"日日开内阁会议，殆无一次不及于借款与消纳军队问题"。[③] 虽然北京政府实现了全国统一，但清政府原有的赋税体系在辛亥革命中已完全崩溃，而新的税收系统又无法一蹴而就，加之在预算中占较大比例的赋税均被地方截留，中央亦无法分润。基于此，北京政府通过向各国借款，暂时维持政府的运作。这一情况在财政总长熊希龄的报告中反映出来："清末财政已濒破产，入民国后因为各省宣告独立，财政更趋分裂。当前状况是只有支出全无收入，因此所有支出唯有依赖举借外债。"[④] 由于政府建立伊始，各处需款浩繁，初期达成的小借款都是滴水入海。1912 年 6 月，财政总长熊希龄束手无策，电令各省出资协款，蔡锷应承"筹解中央二十万，以应急需"。[⑤] 7 月下旬，由于熊希龄与各国商谈借款不善，财政部出现库存仅 5000 元的窘境，不得已向交通部暂借 30 万元以解燃眉之急，而交通部在竭力搜罗下，竟连 10 万元不能凑齐。[⑥] 这一记载可能有所夸大，却反映出政府财政极度匮乏的实际状况。北京政府财政在开源方面处处碰壁，只能转向节流，而收束军队则是减少财政支出的最有效方法。于是，陆军部以减少经费为前提，接连召开会议，讨论消纳军队以恢复地方秩序。[⑦] 即便袁世凯与陆军、参谋两部初步商定以裁兵六十镇为限，遣散费也"需银二千零七十七万两"。[⑧] 在 1913 年 4 月善后大借款之前，所借款项用于军事开支的就高达 3.654 亿元之多，[⑨] 这对依靠举借外债度日的北京政府来说，无疑是一个沉重的包袱。

① 张侠等编《北洋陆军史料（1912～1916）》，第 33 页。
② 《陆军第二十五师师长周承琰致袁世凯、黎元洪、黄兴等电》，《北洋公报》1912 年 5 月 12 日。
③ 《军队与借款》，《申报》1912 年 6 月。
④ 章君谷：《段祺瑞传》（下），第 212 页。
⑤ 曾业英编《蔡锷集》（一），第 653 页。
⑥ 《库空如洗之财部》，《民立报》1912 年 8 月 1 日。
⑦ 《参议院第五次会议速记录》，《政府公报·附录》1912 年 5 月 16 日。
⑧ 《专电》，《申报》1912 年 6 月 7 日。
⑨ 杨荫溥：《民国财政史》，中国财政经济出版社，1985，第 16 页。

当时新政府一方面面临"军队林立，岁费日增"的局势，① 另一方面"库空如洗，度支首领仰屋兴叹，彷徨无术"。② "'军兴'之后造成了社会经济相当程度的破坏，中华民国初立虽为万象更新，却也是百废待兴，恢复和建设任务非常艰巨。"③ 因此，袁世凯上任伊始，就发布命令："现在国体新定，组织新邦，百务所先，莫急于培元气、兴实业"，④ 但巨额的军费开支，让"振兴实业为第一要事"⑤ 的经济方针束之高阁，无法实施。军事费用支出的多寡，是基于军队数额而定的。因此，想要从根本上改变这一局面，缓解政府财政困境，裁军便成为不二之选。

2. 统一后的建设需求，封堵了民军存在的前提

南北和议成功后，统一成为全国各阶层的共同期待，并最终以北京政府代替了南京临时政府。袁世凯当选大总统，这是南方各省所不愿看到的，他们纷纷致电陆军总长黄兴，诉说愤恨。黄兴在给各都督的回电中说："满清退位，南北统一，大局将底和平，恢复秩序，整饬纪纲实为目前之要举。查军兴以来，各省以军事之要求，多于适要地点设立军政分府，以资震慑，现战事已将告终，民政应设专员，军政应筹统一，军政分府多属无用，希贵都督酌量情形，将所属军政分府，分别裁撤，以一事权。又战争方殷之际，各省兵卒皆仓猝召募，编配入伍，兵格既属参差，服装、饷械亦多缺乏，现南北军队维持秩序，剿灭匪徒，尽可敷用。"⑥ 第一个发出了立足统一、要求收束军队的讯号。孙中山也认为："南北联合，民国统一，战事既息，人心自安。"⑦ 因而，他也主张"各省民军过多，亟宜分别遣留"。⑧

北京政府成立后，中国开始由革命阶段转向建设时代，而各省皆坐拥数量可观的军队，糜费北京政府本就捉襟见肘的财政，使得建设无法正常展开。是以社会各界普遍认为："兵队一日不遣，则财政一日不得而理，

---

① 《财政总长周学熙呈大总统陈明视察财政情形并请现设国税处筹备处以资整理而重税务文并批》，《政府公报·公文》1913 年 1 月 12 日。

② 《统计局编行政统计汇报》第五章《关于公债之募集及其沿革事项》，《政府公报》1916 年 11 月 26 日。

③ 汪敬虞主编《中国近代经济史（1895～1927）》（中册），人民出版社，2000，第 1524 页。

④ 《大总统命令》，《申报》1912 年 4 月 18 日。

⑤ 《要闻一》，《申报》1912 年 5 月 1 日。

⑥ 《陆军部维持大局》，《民立报》1912 年 2 月 22 日。

⑦ 《孙中山全集》（第二卷），第 104 页。

⑧ 《孙中山全集》（第二卷），第 235 页。

无论其为外债、为国民捐、为爱国公债、为不换纸币，要之，只可救一时之急需，而不可供永久之支用。以一国终岁所入，而悉数用之于兵队，而且犹日恐其不足。吾不知民国初立，共和告成，果何为需如此之雄狮，养兵所以救亡，而吾乃反转以速亡耶。"[1] 而解决之道，"惟有减兵以就饷，断断不可减饷以养兵，惟有裁撤军队以腾出饷需，冀或收效教育、实业，前途以肇造，我民国断断不可各保持其现势，各充养其兵力"。[2] 然而各省都督对裁军持抵制情绪，并不响应陆军部的裁军政策。地方权重，势必影响中央集权进程，时人谓"吾国势力薄弱，积弱已久，全国士夫咸思建造一强固有力之国家，以骎跻诸强之列。然政权不能统一，则国家永无巩固之期。在大总统维持全局，或不欲骤与纷更，然大权所在，不能不收集中央，以图指臂相连之效果"。基于如此认识，蔡锷主张"现时军队之凌杂无纪，除分别裁留外，实无他法。拟请中央通盘筹计，速划定军事区域，酌定应编数额，凡溢出之兵，可裁则裁，酌予恩饷，次第遣散。若势难骤裁之兵，则分别汰留，从事开垦，以为消纳"。[3] 究其实质而言，蔡锷主张裁军以削弱地方军事实力，进而加强中央集权，同时，遣兵归农，发展地方经济，以期达到减轻国家财政负担的目的。

3. 在野党不应拥有军队，成为民军被裁的正当理由

南北和谈后，同盟会和北洋集团在妥协中实现了共和体制，完成统一，组建了混合内阁，同盟会和北洋集团一起成为中国的统治力量。可惜的是，第一届内阁内部矛盾重重，无法形成统一的意见，袁世凯更是越过《中华民国临时约法》赋予的权力行事，这使唐绍仪在调和南北无望的情况下，负气出走天津。唐绍仪辞职后，同盟会四阁员宋教仁、蔡元培、王宠惠、王正廷固守"政党内阁"的信条，也一同辞职，退出北京政府。同盟会由执政党转而为在野党，开始实施政党内阁的主张，和北洋集团的短暂合作也宣告终结。[4]

民国初年是中国政党政治的发轫阶段，该时期政党的使命并非领导革命，而是为特定阶级和利益集团通过议会争取执政权力。从严格意义上

---

① 《论今日急宜遣散兵队》，《申报》1912 年 5 月 22 日。

② 《养兵危言》，《申报》1912 年 4 月 10 日。

③ 曾业英编《蔡锷集》（一），第 590 页。

④ 张华腾：《统一中的对立——民国元年同盟会、北洋集团的合作与斗争》，《历史档案》 2006 年第 5 期。

讲，这种政党不是在革命环境中催生的，而是在建国后由议会中的不同派别逐步发展起来的。在这种条件下，必然要求执政党掌握军队，这是政党政治的一般规律。通常情况，政党对军队的掌握是一种间接的统领，即政党自身不拥有特定的武装力量，而主要通过政府行政部门的中间环节，如陆军部、参谋部等机构来掌控军队，实现军队国家化。而同盟会四阁员退出联合政府后，同盟会已转变为在野党，此时拥有数量巨大的军队，就违反了政党政治条件下由执政党掌握军队的常规。

"军队是国家的，不是私人的。军队总服从政府，不问主政者属于哪一派。"① 军队作为国家政权的重要组成部分，在政党政治条件下，其能否有效地置于政府的掌握之下，直接关系到国家的政治稳定、社会经济发展乃至国家、民族的命运。一旦军队脱离政府的领导，军权被个人或利益团体所操控，对于国家来说都极具威胁。民国此后的政治发展便是这一理论的最好诠释。因此，北京政府裁遣在野党名下的民军也是合情入理的。

4. "汰弱留强"的原则，成为民军被裁的主要原因

通常来说，扩军和裁军都是强兵的手段。扩军是通过增加军队作战人员直接加强军事力量，裁军则是通过压缩军队规模，尤其是裁遣疲弱过剩的士兵来提升战斗力，二者同是加快军队新陈代谢的重要手段。民初的军队正是历经了这样一个由扩到裁的过程，军队裁遣也基本是依照"汰弱留强"的原则进行的。

武昌起义爆发后，清廷迅即命令荫昌率北洋陆军一、二两镇南下平乱，而北洋军实际上仍掌握在袁世凯手里，荫昌时受掣肘。因此，起初战事进展并未达到清政府的期许，清政府不得不起用袁世凯。1911 年 10 月 27 日，湖广总督袁世凯受钦差大臣职，海陆各军均归其节制，袁世凯遂命冯国璋奔赴前线，组织战斗。冯国璋抵汉当晚就发动了首次进攻，民军不敌，"跑马厂附近至街市全部，悉为北军所有"。② 此后两日，北军步步逼近，民军殊死搏斗仍不能扭转战局。11 月 2 日，北军继续压迫民军，并纵火焚烧了汉口，民军退守武昌。委派冯国璋指挥后，民军此前和北军在战场上的均势立即被打破。平心而论，若非袁世凯携私，为获得更大的权柄而以圆滑的段祺瑞替代了冯国璋，作为首义之地的武汉极可能被冯国璋一

① 蒋廷黻：《中国近代史大纲》，第 76 页。
② 文公直：《最近三十年中国军事史·战史》，第 19、301～302 页。

鼓荡平。此后，战机一直为北军控制，直至阳夏战役。在阳夏战役失败后，时任战时总司令的黄兴在战略上与湖北军界发生分歧，出走上海，他在反思汉阳失守时，认为原因有二，一是"由军士之不精练，昔日部曲伤亡殆尽，新招者虽有三镇之多，究不及老于军事者之灵变"，二是"军火之不充足"。① 时任黄兴战时总司令部参谋的辜仁发，后来在总结阳夏战役失利原因时，同样得出类似的结论。②

再看民军夺取南京的战况。民军在会攻南京前是做了周密准备的：苏、浙、沪三处所派会攻南京之兵先后至镇江，并公举徐绍桢为联军总司令，率军由镇江开赴南京；而皖、粤、桂三省也派兵来会。11 月 24 日，民军正式发起攻势，此后，战事一直呈胶着态势，胜利几经易手。至 12 月 2 日，民军才勉强夺取雨花台，攻入南门、太平门，占领南京。南京攻坚战中，民军有军队两万余人，而张勋所部，"不满一万四千名，且其中曾受训练者，不及五千名，余皆革命后新招者也"。③ 与张勋之军火不足、粮饷缺乏相比，"民军则极充足，且携有最新式三六寸口径与三寸口径之巨炮，此皆张勋所无也"。④ 张勋部在北洋军当中，并非能征善战的部队，在作战人员、粮饷以及武器装备都处于劣势的情况下，还能与民军鏖战九天之久，可见民军的战斗力较为有限。

在汉口和南京两大战役中，民军和北洋军的战斗力孰优孰劣，不难判定。汉口战役，民军的基层指挥官多为老兵，而临时招募、"能'托枪''预备放'者即可充军士"，⑤ "所招新兵由旧军教练枪法三日，然后归队"，编入战斗序列。⑥ 是以武汉鏖战时，鄂军之战斗主力几尽由军官、军士负担，兵卒则仅做无目标之射击，且时有妨害阵线之虞。这些军事知识几为空白的民军，怎能和训练经年、被称为"二十世纪中国新式陆军的希望和核心"⑦ 的北洋陆军相抗衡？因此民国建立后，蔡锷在致孙中山及各省都督电中，建议由陆军部"体察各省情形，酌定应编镇数，通令汰弱留

---

① 《黄兴之感动力》，《申报》1911 年 12 月 3 日。
② 中国人民政治协商会议湖北省委员会编《辛亥首义回忆录》（第一辑），第 198 页。
③ 《会师攻克金陵之先声》，《申报》1911 年 11 月 20 日。
④ 《石头城下之恶潮》，《申报》1911 年 11 月 23 日。
⑤ 文公直：《最近三十年中国军事史·战史》，第 282～283 页。
⑥ 《武汉革命大风云》，《民立报》1911 年 10 月 20 日。
⑦ 〔美〕拉尔夫·尔·鲍威：《中国军事力量的兴起（1895～1912）》，第 52 页。

强，勤加训练"。① 在南北调和成功、战端将熄之际，他建议陆军总长黄兴："应裁汰冗兵，以纾饷力。"②

5. 难以克服的自身缺陷，制约了民军存在前景

投身于南京临时政府名下的各省民军，随着革命的推进，自身的弱点和缺陷也日益暴露出来，这不仅制约了其发展，而且成为阻碍其延续的主要障碍之一。民众投入民军阵营，"其应募本意不过博得头衔，糊口而已，以故恒不受束缚。其少数之庸懦者，又皆为迫于饥寒之小民，绝无尚武精神"。③ 在战端紧迫时，常州就出现新兵敲诈客栈之事，而广西竟有士兵与当地痞棍勾结，在桂林城内外开设赌场百余处，并且私设烟馆，巡警、官弁皆不敢过问，赌徒放言："宣布谓独立，即许自由，我辈烟、赌自由，谁能禁遏！"④

临时政府成立后，孙中山看到南京秩序紊乱，士兵以"稽查为名，私入人家，擅行劫掠，以至行者为之戒途，居者不得高枕"，遂责令陆军总长黄兴"速筹防范方法，转饬各军一体加意约束，以靖闾阎而肃军纪"，但所起作用并不明显。1 月 19 日，《泰晤士报》撰文对南京民军纪律松弛、管理失妥等现象提出批评。南京作为临时政府所在地，备受中外瞩目，而发生类似事件，如果处理不好，将严重影响临时政府的形象和声誉。因此，该新闻一经报道，就受到孙中山的重视，他颁布临时大总统令，称："该报向表同情于民国，今为恳切之忠告，若不切实警戒约束，不惟贻讥外人，后患何堪设想。"他一方面下令卫成总督加强戒备；另一方面希望陆军部"速切颁行军令，责成各军司令以下将校切实奉行，以后各负其责任"。⑤ 陆军部立即着手制定《军律十二条》，由卫成总督公之于众，以示警告。⑥

尽管各省也相继制定了军律，但由于南北对峙的特殊情形，军纪涣散的状况非但没有好转，反而日渐恶化。桂军王芝祥部之北伐六大队，"三五成群，在避巷小街剥夺行人皮袍，如或抵拒，即被刀伤……强奸妇女尤

---

① 曾业英编《蔡锷集》（一），第 442 页。
② 曾业英编《蔡锷集》（一），第 466 页。
③ 《新常州近事一束》，《民立报》1911 年 12 月 19 日。
④ 《广西独立后之种种》，《民立报》1911 年 12 月 10 日。
⑤ 中国第二历史档案馆编《中华民国史档案资料汇编》（第二辑），第 160～162 页。
⑥ 《卫成总督及各军警告示》，《临时政府公报》第 2 号，1912 年。

为习惯，至买物不给价，吃食不付钱，犹其小焉者也"，① 民众大受其扰。即便由南京遣散回桂，"桂人之谈虎色变也"，② 可见危害之劣。在河南开封，发生数百军人挟持典当行，每人以布衫一件硬当钱两千，导致该行被迫罢市止当。③ 甚至就连前清军纪严明的浙江，在民国成立后，妓院常有"一班军士出入其间，时启争端"，"往往欲以野蛮从事，且相互冲突，一言不合辄事寻仇，妓界之畏军人等于老虎"。④ 向来军纪严明的云南也未能例外，军队"变为匪徒麇集之薮，偶一睚眦，操戈相向，加以饷糈日绌，哗变时闻，将骄兵骄，皆有不戢自焚之虑"。⑤

除无视纪律、肆意胡为外，民军内部更是争斗不断。湖南革命成功后，焦达峰、陈作新分任湖南正、副都督。焦原为会党出身，就职后其党徒皆大呼："焦大哥做大都督，我们都这做官去！"⑥ 其中许多干部元勋，"动辄持功集会要挟，以致纪律荡然无存"。⑦ 这些举动为谭延闿等新式军官所厌恶，以致酿成了先后戕杀陈、焦二人的惨剧。⑧ 作为首义之地的湖北，光复以后，政治风潮不断。1912 年 2 月，爆发了被称为"湖北二次革命"的旨在推翻湖北省军务部、驱除孙武的武装游行；未几，又发生了黎元洪假袁世凯之手除去张振武的"张方案"。广东的局势也不容乐观，王和顺的惠军不服陈炯明的管治，遂致开战，"势甚决裂，日夜不辍"。各社团及民军统领力促调和息战，均难奏效。此次之乱，"名为兵变，实为内讧"，⑨ 造成死难者多达"数百人"。⑩

裁遣军队，其实质是善后问题。每次战争都会使既有军事力量得到空前的膨胀，战后随之而来的就是裁遣过剩的军事人员并予以妥善安置。然而，民国初年的特殊政治格局，使这次裁兵更多地表现出其复杂性，成为多种因素交织在一起的结果。其中，政府财政匮乏及南北统一形势是民军失去存在基础的根本原因，而同盟会主动退出北京政府，由执政党变为在

---

① 《六大队扰民记》，《民立报》1912 年 2 月 22 日。
② 《桂父老谈虎色变》，《民立报》1912 年 6 月 13 日。
③ 《军人大闹典当记》，《民立报》1912 年 2 月 27 日。
④ 《军界风流小史》，《民立报》1912 年 3 月 11 日。
⑤ 曾业英编《蔡锷集》（一），第 589 页。
⑥ 文公直：《最近三十年中国军事史·战史》，第 301 ~ 302 页。
⑦ 中国人民政治协商会议全国委员会文史资料委员会编《辛亥革命亲历记》，第 113 ~ 114 页。
⑧ 《长江焦陈两都督被杀》，《民立报》1911 年 11 月 9 日。
⑨ 《论广东之兵变》，《民立报》1912 年 3 月 14 日。
⑩ 《广东兵劫详志》，《民立报》1912 年 3 月 19 日。

野党，失去掌握军队的合法性，则推动了北京政府裁撤民军的进程。同时，民军本身素质低下及其无法克服自身缺陷的主观原因也促成了其被收束和裁遣的命运。显然，民国初年首先裁遣民军是有极其复杂的历史和政治原因的，并非像此前研究者所认为的仅是袁世凯打压革命党人的一种手段。

（二）"民三裁军"原因探析

1914 年前后的裁军，概其原因，不外以下两点。

1. 加强中央集权，进一步削弱地方权力

孙中山、黄兴曾受袁世凯邀请赴京商讨国事，达成"八大纲领"中第六条提出的加强中央集权的构想——"军事、外交、财政、司法、交通，皆取中央集权主义，其余酌量各省情形，兼采地方分权主义"，[①] 这一构想也成为袁世凯此后的施政纲领。

"二次革命"后，北京政府完成了对全国的控制，但是也埋下了隐患，"造成了日益增多的人企图靠军队和地方武装蠢蠢欲动的现象"，"刺激了军人想在国家政治中成为更为强大的角色的欲望"。[②] 士兵"只知道小忠，忠于给他们衣食的长官，和忠于他们的同乡或同族的领袖"，[③] 这种意识助长了分裂因子的出现。地方军政长官居功自傲，尾大不掉，如李纯因镇压"革命"有功，持军要挟，不服调遣；第二师师长王占元拥兵自雄，不时挑战湖北都督段芝贵的权威；东北等二十七师师长，坐拥地方军事势力，甚至觊觎奉天都督张锡銮的职位。袁世凯没有办法，只得将段芝贵和张锡銮调离，"迁就地方军人的要求"。[④]

各地军人拥兵自雄，让袁世凯疲于应对，这也有悖于袁加强中央集权的初衷。于是，中央出台旨在削弱地方军政大员军权的办法。1914 年 6 月 28 日，袁世凯公布了《各省军政民政长官管辖军队权限条例》，将陆军部将要裁汰的地方巡逻队、警备队等武装，划归省长管辖，"凡各该队之只用军费、任用军官、裁改编制等事，均由省长咨陆军部核办"。[⑤] 显然，该

---

① 白蕉：《袁世凯与中华民国》，第 48 页。
② 〔美〕齐锡生：《中国的军阀政治》，杨云若等译，中国人民大学出版社，2010，第 15 页。
③ 蒋廷黻：《中国近代史》，上海古籍出版社，2004，第 177 页。
④ 朱宗震：《真假共和（下）·1913 中国宪政实验的困境与挫折》，山西人民出版社，2008，第 257~258 页。
⑤ 张侠等编《北洋陆军史料（1912~1916）》，第 23~24 页。

条例不但提高了省长的权力来分化都督独占的地方军政大权，还将地方军权收归中央陆军部。此举也拉开了陆军部民国三年裁军的序幕。旋即，袁世凯颁布废除各省都督的命令，改由将军统辖各省军政，并在北京设置直隶于大总统的将军府。7 月 18 日，颁布《将军府编制令》和《将军行署编制令》，其中规定选取高级将领出任将军府将军，作为军事上之最高顾问。① 将军"于驻在地方设置将军行署"，执行大总统的命令，受到陆军部、参谋部的监察、指示，办理和执行军政事务及军事计划。将军管理辖区内的治安，巡按使就治安问题请求将军支援时，其可"酌量情形，派兵协助"；若情况紧急，可"径行处置"，但上述事情须同时上报大总统，通报陆军部及参谋本部。② 该项规定"压缩了将军在地方的用兵自由度，削弱了其控制地方的权力，加强了袁世凯的中央集权"。③

2. 巩固国防

北京政府在制定国防政策上，经历了一个渐进过程。民国成立之后，对内以稳定社会秩序、整顿财政、恢复经济为主导，无暇顾及国防问题，从而导致西方列强觊觎我国边疆领土，明目张胆出兵侵占。1912 年 8 月，孙中山曾发表即席演说："愿袁大总统练二百万精兵，孙文造二十万铁路。"④ 这在很大程度上反映出当时国人要求加强国防的愿望。但民国初期政治上的不稳定，使得北京政府无暇他顾，直至 1913 年，对于国防问题仍无长策，这在同年 10 月袁世凯正式就任第一任民国大总统的莅任宣言书中表述得很清楚："至国防问题，吾国正在休养生息之时，尚非武力竞争之时。"⑤

归根结底，国防力量是以经济基础为依托的。到 1914 年时，国内政局逐渐趋于稳定，经济在前两年的基础上基本实现了平衡并展现出勃勃生机，为组建国防武装力量奠定了基础。而国防问题也被适时地提了出来："国权脆弱，亟宜注重军防也，于是特定陆海军之统帅及编制权，以扬国威而崇兵备。"⑥ 与此同时，列强对中国的侵略也在一步步加深，尤其是日本妄图以"二十一条"吞灭中国。北京政府收到最后通牒时，陆军总长段

---

① 《将军府编制令》，《政府公报·命令》1914 年 7 月 19 日。
② 《将军行署编制令》，《政府公报·命令》1914 年 7 月 19 日。
③ 李文平：《民国前期的扩军与裁军问题研究》，第 91 页。
④ 白蕉：《袁世凯与中华民国》，第 47 页。
⑤ 白蕉：《袁世凯与中华民国》，第 64 页。
⑥ 白蕉：《袁世凯与中华民国》，第 110 页。

祺瑞力主出兵与之一战，然而当时北京政府的国力、军队都无法与日本抗衡，最后被迫接受屈辱的条约。受签订《民四条约》的刺激，袁世凯曾召集各部要员讲话："经此大难以后，大家务必认此次接受日本要求为奇耻大辱，本卧薪尝胆之精神，做奋发有为之事业。举凡军事、政治、外交、财政，力求刷新，预定计划，定年限，下决心，群策群力，期达目的。则朱使所谓埋头十年，与日本抬头相见，或可尚有希望。"① 并认为"今日立国，非自强无以图存，而强弱之分，悉由人事"，中国已经处在"彼为刀俎，我为鱼肉，实逼处此，岌岌可危，厝火积薪，早成险象"的境地，故而"在财政经济许可的范围内加强军队建设，成为举国上下的共识"。②

蒋方震曾言："无兵而求战，是为至危，不求战而治兵，其祸尤为不可收拾也。练兵将以求战，故先求敌而后练兵者，其兵强；先练兵而后求敌者，其兵弱，征之以中外古今之事，而可信者也。"③ 北京政府为捍卫国土安全，开始扩充北洋军，并在各地要塞配置重兵驻防。加强国防实力，扩充军队是一方面，而裁汰老弱病残又是另一方面。前者在于增加作战人员的数量，后者在于提高作战人员的质量，陆军部在扩军的同时，也在大量裁汰旧军，以使有限的军费发挥最大效果。1914 年 7 月，陆军部对守护前清陵寝的泰宁、马兰两镇绿营官兵暂给五成饷银，并责令该总兵"遵照裁编"。④ 此后，各省杂牌军队不同程度地被裁汰、改编，连巡防营最多的直隶也仅存"约一万六七千人"，⑤ 他省情形自可想见。民初陆军部正是走了这样一条由裁兵到练兵到强兵，进而巩固国防之路。

四 民初裁军影响

以中华民国南京临时政府时期为嚆矢，在北京政府主导下实施的民初裁军，影响极大，成为时人关注的焦点问题，对民国初年社会产生了深远影响。

---

① 白蕉：《袁世凯与中华民国》，第 125 页。
② 李文平：《民国前期的扩军与裁军问题研究》，第 86 页。
③ 蒋方震：《政略与战略（敌与兵）论战志之确定》，《蒋方震集》，台北：文海出版社，1966，第 72 页。
④ 《陆军总长段祺瑞呈遵核泰宁、马兰两镇绿营请暂按五成给饷，责令该总兵遵照裁编请鉴核示遵文并批令》，《政府公报·呈》1914 年 7 月 21 日。
⑤ 章伯锋、李宗一主编《北洋军阀（1912～1928）》（第 1 卷），第 116 页。

1. 缓解了民初政府的财政压力

南京临时政府时期就曾因财政无以为继而开始部分收束各省在辛亥革命过程中膨胀起来的军队,陆军总长黄兴及部分有识之士倡导裁减民军,如周浩在《民立报》上登文称,"兵不贵多而贵精,今之用兵者,以多为务,而精则非。其所求吾窃以谋尤。……兵不求精,战则致败,不战则扰民,况兵多则饷钜。有时呼应不灵,势将溃散,溃散则后患尤不堪闻矣",希望"新政府统全局而筹之"。① 次日,周浩再次撰文,公开讥讽士兵"多属市井无赖,为饥寒所迫,闻招兵则欣然,喜借饷糈以谋生活",并指出临时政府如对此不加遏制可能会产生兵害问题。② 但这些意见都被要求北伐的喧嚣声所湮没。军队膨胀问题在临时政府晚期就已有表现,"兵以卫民,非以扰民。所谓扰民者,不必其躬身掠夺也,有兵而过多,兵多而风纪不肃。使人民不以兵为可恃,而以兵为可尤,则其扰民为已甚矣"。③ 从一定程度上讲,最后南方与北方妥协,被迫让位于袁世凯的北洋集团,与南方数十万军队饷械无着落有着直接的关系。

南京临时政府如此,北方袁世凯组建的"共和政府"也不例外。"上海曾接北方来电,知北京之需款更急于南京,政府库空如洗,罗掘维艰。且清帝既已退位,袁世凯亦不能再向索款矣。"北京军队的数额大约在南军之上,且军士多有数月未领到饷银者。④ 如张怀芝部因军饷无着,有哗溃的危险,电京告急,收到的复电云:"筹饷甚难,应就枪数留兵,酌量裁汰。"⑤ 南北政府财政皆告罄,于是社会上兴起一股裁军思潮,主张"为今之计,惟有减兵以就饷,断断不可减饷以养兵,惟有裁撤军队以腾出饷需,冀或收效教育、实业,前途以肇造,我民国断断不可各保持其现势,各充养其兵力";⑥ "兵队一日不遣,则财政一日不而得理,无论其为外债、为国民捐、为爱国公债、为不换纸币,要之,只可救一时之急需,而不可供永久之支用。以一国终岁所入,而悉数用之于兵队,而且犹日恐其不足。吾不知民国初立,共和告成,果何为需如此之雄狮,养兵所以救亡,

---

① 《兵贵多乎》,《民立报》1912 年 1 月 1 日。
② 《招兵之利害观》,《民立报》1912 年 1 月 2 日。
③ 《兵以卫民》,《民立报》1912 年 3 月 24 日。
④ 《南北政府经济困难之状况》,《申报》1912 年 2 月 26 日。
⑤ 《专电》,《申报》1912 年 1 月 19 日。
⑥ 《养兵危言》,《申报》1912 年 4 月 10 日。

而吾乃反转以速亡耶"。① 李烈钧也认为"欲减少全国靡费，非从裁兵节饷，无所着手"。② 据调查，综计南北方面每月所需，"非七百万两不足以供军队之用"，③ 这一数目足以压垮"仰给外债以度岁月"的北京政府。

北京政府成立后，开始大规模举借外债，以维持政府的运转、供给军队耗费以及恢复经济建设所必要的资金投入。该时期北京政府所借主要外债的数额及其用途如表4-35所示。

表4-35　袁世凯北京统治时期北京政府所借主要外债的数额及其用途

年份	借款国及借款名称		原借款数额		折合银元数额（百万元）	用途
1912	德 英比俄 美法德英 英	瑞记第一、二次借款 华比第一、二次垫款 善后大借款四次垫款 克利斯普借款	千镑 千镑 千规银 千镑	750 1250 10100 5000	7.4 12.3 13.5 49.1	订购军火及作军政费用 政费 军政费用 军政费用及偿还外债
1913	德 奥 英法德俄日 法比 法 比	瑞记第三次借款 奥国第一、二次借款 善后大借款 同成铁路借款垫款 中法实业借款 比证券银行借款	千镑 千镑 千镑 千法郎 千镑	300 3200 25000 1000 10000	3.0 31.8 248.3 9.9 39.4	军政费用及订购军火 订购军舰 军政费用及偿还外债 行政费用 行政费用等 行政费用
1914	法 奥 比	钦渝铁路借款垫款 奥国第三次借款 比证券银行借款	千法郎 千镑 千镑	625 32116	6.2 14.0	复辟帝制费用 海军经费及军火 行政费用
1916	美	李·希金逊借款	千美元	500 400 1000	5.5 4.4 2.0	军政费用
共　计					446.8	

资料来源：杨荫溥：《民国财政史》，第16页；刘秉麟：《近代中国外债史稿》，武汉大学出版社，2007，第104~107页。

① 《论今日急宜遣散兵队》，《申报》1912年5月22日。
② 《公电》，《申报》1912年5月22日。
③ 《论裁兵为今日之必要》，《申报》1912年5月28日。

从表 4 - 35 可以看出，第一，从借款次数及数额上来看，1912～1913
年两年借款次数最多，数额最大。五年间北京政府总共借款 14 次，前两年
就有 10 次之多；总共借款额为 4.468 亿元，前两年就借了 4.147 亿元。第
二，从用途上讲，以 1913 年 4 月的善后大借款为界，前期的借款主要用于
填补军事方面的开支，数额高达 3.654 亿元，[①] 占借款总额的 81.78%；后
期多用于行政费用开支，少量用于军政开支。再将 1916 年以前的五年间北
京政府举借外债数额及其主要用途列表 4 - 36。

表 4 - 36　民初借款及用途

单位：百万元

年份	借款数额（合计）	不同用途分配情况		
		财政金融	军械军饷	外债本息
1912	111.7	4.1	82.3	25.3
1913	331.9	133.6	64.4	133.9
1914	33.5	18.8	13.6	1.1
1915	1.6	1.2	0.4	——
小　计	478.7	157.7	160.7	160.3
百分比（%）	100	32	34	34

资料来源：杨荫溥：《民国财政史》，第 15 页。

表 4 - 36 清晰反映出中华民国北京政府成立之初举借外债的情况。五
年间，北京政府总共向欧美各国借款 4.787 亿元，从用途上看，用于财政
金融方面的共计 1.577 亿元，占总数额的 32%；用于军饷军械方面的共计
1.607 亿元，占总数额的 34%；用于偿还外债本息的共计 1.603 亿元，占
总数额的 34%。政府举借利息如此高昂的外债，且其中的三分之一都被用
于军事消耗，极大地窒碍了经济的复苏和社会的进一步发展。从阶段上来
看，1912 年到 1913 年上半年的外债主要用于发放士兵薪饷和遣散费用，
1913 年下半年以后军事开支减少，政府遂将借款主要投入财政金融方面。裁
兵以节饷，进而发展经济，成为社会的共识，如蔡锷称："兵犹火也，不戢
自焚，宁坐视其燎原，而不自行扑灭？民国罪魁，厥在军人，若能一律裁
兵，规复旧额，则各省出款锐减，无须嗷嗷待哺中央。……如中央未定用

① 杨荫溥：《民国财政史》，第 16 页。

途，滥行借债，不能用之于助长实业之地，而徒以耗诸遣散军队之需，则今日借资，明日告匮，债台日筑，何有已时，埃及之祸，即在目前。"① 可以说，正是由于推行裁军政策，削减了过剩军队，政府才能将大量借款省下用于发展经济。同时，袁大力整顿财政，"一方面千方百计增加收入，另一方面减少支出，压缩军政开支，遂使财政形势趋于好转"。② 最终当第一次世界大战爆发的时候，北京政府勉强实现了财政上的自给自足，再无须向外国贷款了。③

若按照裁军的效果来看，如黎元洪称："惟军兴以来，库藏告匮，闾阎凋敝，财政困难，达于极点，农商各业，诸多废弛。兹当战事已息，庶政遂举，非极力振兴实业，节省销耗，不足以图元气之恢复，而谋生计之发达。"④ 因此他力主裁撤过剩军队，以恢复经济发展，富国强民。民初所实施的裁兵政策，使大量社会劳动力回归工作岗位，从单纯的消费者变为社会财富的创造者。将裁军省下来的经费，用于恢复当时残破不堪的社会经济，这不仅缓解了当时的"财政危机"，使经济状况得到好转，也为中国在1912～1922年迎来持续十年的资本主义经济较快发展的"黄金时代"⑤ 奠定了坚实的基础。从这个意义上讲，民初裁军实现了其初衷。

2. 稳定了社会治安

辛亥革命中招募而来的军队，大多是素质不高且未受过专门训练的农民、小手工业者及社会闲散人员。由于民初政局不稳，社会动荡，政府财政拮据，无法按时定量地发放饷银，加之某些别有用心的地方官长为笼络手下军人，放任自流，不加约束，部分地方军队烧杀抢掠，严重危害地方社会稳定。南京临时政府陆军部早在1912年2月初就曾饬令各军，对那些擅自招募军队"扰害地方者，急速严拿，由各该处军法会议讯取供证，电部核办，决不宽从，以肃军纪"。⑥ 陆军部的电令并未起到防微杜渐的作用，各地军队的恶行仍屡见报端。如陕西徐香山营士兵驻扎淳化，"甚无

---

① 曾业英编《蔡锷集》（一），第634页。
② 汪敬虞主编《中国近代经济史（1895～1927)》（中册），第1371页。
③ 〔美〕费正清编《剑桥中华民国史：1912～1949年》（上卷），杨品泉等译，中国社会科学出版社，1994，第76页。
④ 汪钰孙编《黎副总统书牍汇编》（卷五），第4页。
⑤ 虞和平：《20世纪的中国——走向现代化的历程（1900～1949)》（经济卷），人民出版社，2010，第241页。
⑥ 《陆军部通饬各军队文》，《申报》1912年2月5日。

纪律，在该地四处搜罗，勒索财物，扰害地方，该处百姓颇不安其居"。①
更有甚者，如安徽第四师第七旅旅长袁家声，被吴中英取消旅长职务，心
怀不服，乃带属员及卫队三十余人追至省城，各备军械，欲乘吴中英交卸
之后，与之为难；到省后恰逢吴已回籍，乃分寓于大汉宾馆及大同旅馆，
欣逢建国周年纪念日，借招妓侑酒，② 此举为《民碞报》刊载，袁家声知
道后，异常气愤，率领属下"捣毁该社，并劫去招牌"。③ 此外种种暴行，
罄竹难书，是以裁遣军队成为社会各界的一致诉求。

大量裁遣民军是保障民初社会安定的一个重要举措。假如民初民军全部
被保留下来，并在"二次革命"中与北洋军兵戎相见，南北相互攻伐，统一
局面不复存在，中国将再次陷入混乱之中。而民军被大规模裁撤，失去与北
洋军对抗的实力，整编后所保留下来的部分民军在"二次革命"中很快被
北洋军击溃，社会再次恢复平静。从国家转入建设时期、立足稳定这个角
度看，民初裁遣民军的历史意义不言自明。

过剩的军队被裁撤后，政府收缴了其所占武器，且在裁军过程中，许
多地方设立巡警局教练所，招募遣散士兵教授警察，④ 中央也有将"资遣
回籍"的士兵改充警士的设想。⑤ 在民三裁遣各地巡防营时，其中一大部
分被转化为地方警察。将遣散的散兵游勇收束起来改充警察，不但可以降
低其扰乱社会的可能，而且招募有参军经历的士兵进入警察队伍，也有利
于警察队伍素质的提高，有助于其成为维护社会稳定的重要力量。

3. 有利于加强边防

民初裁军并非简单地削减过剩的战斗人员，也会在遣散内地军队过程
中，将部分军队安置到北部边疆省区，加强边防，阻止俄国鼓动外蒙叛乱
及英国在西南的侵略。这主要集中在黑龙江、热河、察哈尔、绥远及塔尔
巴哈台等省区。1912 年上述省区驻守军队分别为 9550 人、5955 人、892
人、214 人、500 人，1915 年增至 14100 人、22270 人、12600 人、6300
人、1000 人，分别净增 4550 人、16315 人、11708 人、6086 人、500 人。
北部各省边防军队数量的提升，极大地增强了边防军实力，有利于确保边

---

① 《陕西军界风潮》，《民立报》1912 年 6 月 25 日。
② 《安庆通信》，《民立报》1913 年 1 月 10 日。
③ 《安徽电报》，《民立报》1913 年 1 月 8 日。
④ 《安置散兵之办法》，《民立报》1912 年 6 月 29 日。
⑤ 《袁总统对于裁兵之政见》，《申报》1912 年 4 月 25 日。

防安全。另外，即便裁遣边省军队，也是以足敷驻防为前提进行裁减，如云南保留整编陆军二师，巡防营 15000 人，军队总数不下 30000 人；新疆军队有 15000 人，杨增新裁减后，仍保留近万人。这就可以解释为何民初边疆危机四起，中国却几乎未丢失大块领土。除了有能征善战的北洋军外，这也与陆军部在裁遣军队过程中不忘加强边防不无关系。

4. 开启民国裁军的先河

袁世凯死后，各派军阀为争夺地盘和中央的控制权，连年混战，军事力量几度膨胀，因而作为军事善后事宜的裁军，成为民国史上司空见惯的标签性名词。"此种所谓裁兵，或是流于纸面文章，或是一方借以削弱另一方的手段。"① 而民国初年的裁军则是唯一例外的一次，无论是南京临时政府还是北京政府，都摒弃了政治立场上的差异，站在国家、民族的高度上来对待这次裁军活动。

基于财政上的巨大压力，南京临时政府时期社会上就掀起一股裁军热潮，而部分革命党人不顾现实，仍盲目地认为："若讲满清今已推倒，南北日趋统一，遂欲汰减军队，迁就财政之计，此危道也。"② 陆军总长黄兴则对形势有着清醒的认识，他意识到重兵使"国民膏血，悉供饷糈，财政既艰窘万分，借债复多方要挟，民穷国病，满目疮痍，甚至给予稍迟，哗变立至"，若不立即叫停地方私募，继而裁汰过剩军队，缺饷势必会引起哗变，从内部瓦解南京临时政府的根基。因此，黄兴以陆军总长身份发出了收束军队的号令。黄兴在担任南京留守、主持裁兵工作期间，以大局为重，声称"当兹建设方殷，万事待举，此后国家岁入，断难养此多数兵额。欲求补救之策，舍裁减军队，别无他法"。③ 北京政府陆军部接管全国军政大权后，仍无法摆脱"兵多饷缺"的困境，只能"裁军以就饷"。至 1915 年，裁军政策基本上得到落实。民初先后两次大规模裁军，即民国元年裁遣民军和民国三年裁汰北洋军中老弱病残和地方杂牌军队，使得近百万之谱的军队锐减至五十余万，手笔之大，纵观民国无出其右者。

民初裁军对此后民国时期的裁军有着巨大的影响，无论是段祺瑞的皖系、曹锟的直系、还是张作霖的奉系掌权时期，抑或在皖、直统治的

---

① 汪朝光：《论民初裁军问题及其与资产阶级的关系》，《近代史研究》1986 年第 5 期。

② 《今后之军队》，《民立报》1912 年 2 月 8 日。

③ 刘泱泱编《黄兴集》，第 345 页。

交替时期，在军队膨胀到一定程度、战争无法解决时，都会依照民初传统，实施裁军政策。虽然 20 世纪 20 年代的裁军，如甚嚣尘上的"废都裁兵"，其动机已经与民初裁军相差甚远，但仍可视为民初裁军举措的延续和"病变"。

第五节　民初军事教育的勃发

军事教育是保证一国后备军官来源的重要途径，同时也是提升士兵整体素质的有效手段。《陆军行政纪要》中对军校教育和军队教育的重要性说得很清楚："陆军一切之教育，以陆军各学校及各军队分别施行，而二者相须以完成之也。无论军队或学校其教育实施，对于军人，首以高尚军人道德，锻炼军人体质，授与应备之学识技能。对于部队，则以练成团结活动之完全能力，是为陆军教育之大纲。"① 基于此，陆军部主持下的军事教育，主要是从开办军校培养后备军官和加强军队训练提高士兵素质两方面来实现的。本节拟论述学校军事教育整体情况，并对各个学校分别予以介绍，同时，对军队教育的执行情况以及检查军队成绩的校阅活动进行考察，即通过对学校和军队教育的双重考察，总结民初军事教育的特色和影响。

一　学校教育

（一）学校教育综览

早在南京临时政府陆军部时期，政府就开始筹设民初军事教育。1912 年 1 月 15 日，陆军部发布《陆军军官学校章程》，对学生员额、教育年限、教学科目等都做了粗线条的规定，"其余未尽事宜，俟本部斟酌现时情况，再行随时追加"。24 日，陆军部颁发《陆军军官学校教育方针》，共十三条，在教育目的、军纪、科目、精神及考绩等各方面都有明确规定，其开篇即申明此方针是教育需求和战时窘境下的权宜之计：

> 军官学校教育之目的，原来在使军官候补生养充初级军官必要之基本学术，故所学各课程，诸兵种均属相同，以期造成将来在队中应用，或在入各科专门学校，或独学、自习、研究高等学术之素地，期

---

① 陆军部编《陆军行政纪要》（民国五年六月），第 297～298 页。

望他日大成为限。但迫于现时之状况，为战时迅速补充军官起见，不能不缩短教育期限，宽限学生资格，变通办理。因此则各学生之程度不一，又于短少时间须造成其有军官资格，教育上即不免来种种之困难，全在各队长、教官体察各级学生状态、程度，随时施以相当之教育，方能稍收效益。①

3月4日，陆军部刊发了《陆军军官学校暂行条例》，计二十八条，该《条例》是对此前规制的修订和补充。南京临时政府作为一个过渡性质的政府，许多军事教育章制未及形成便为北京政府所替代，但从上文不难看出，民初发展陆军教育的愿望是十分迫切的。

北京政府陆军部开办军事教育，是从军队发展的客观现实和地方培养军官的现实需求出发的。各管理军事教育的机构相继建立，展开本职工作。陆军总长段祺瑞针对因革命而中断的军事教育，着手恢复教育秩序："以武汉起义后，各省陆军学堂均已停办，所有学生纷纷星散，现在大局已定，一切政务渐次就绪。而陆军学业，尤为民国切要之图，若任其久弛，殊非所宜。特拟继续进行方法，便从速开课。"他饬令军学司司长魏宗瀚筹拟教育规章，俟编订完善，立即通咨各省遵照办理。② 军事教育滞后，严重制约军队发展，有鉴于此，段祺瑞在1912年5月13日参议院第五次会议上提出"广泛培植陆军人才"的政策，试图扭转现状。根据陆军部调查，清末曾在外国留学研习的陆军人才仅四五千人而已，只敷十师军官之用。就如何改变陆军人才匮乏这一现状，段祺瑞认为："是宜将军官资格确实调查，堪派往东洋者则派往东洋，堪派往西洋者则派往西洋，以便学成回国，可堪录用。至于本国，水陆学校应急速成立，加意培植人材，不至缺乏。"③ 而民初派赴国外学习军事的留学生，数量并不多，这一难题主要就落在本国军校上。5月底，云南都督蔡锷致电陆军部，商咨派遣留学生和开办讲武堂事宜。陆军部在复电中称："现在南北统一，军学一事宜通盘筹划，所送初级军官学校学生一节，应俟本部规定划一办法，再当通电办理。所议筹设讲武堂，以为未受完全军事教育，现在在营军官讲学之地计划，诚为周至。惟目下各省财力异常支绌，宜于教育军人之

① 中国第二历史档案馆编《中华民国史档案资料汇编》（第二辑），第167~168页。
② 《各部近事记（三）》，《民立报》1912年5月11日，
③ 《参议院第五次会议速记录》，《政府公报·附录》1912年5月16日。

中，仍寓节省虚糜之意。为现有军官特开一堂，似不如在营设立军官讲习所，使讲学、实习、兼营并进，且可无旷官守，用费亦可较省。"①

在接管清政府的各军事机关单位时，陆军部在人才极端匮乏的压力驱使下，积极整顿军事学校，收容学生。陆军小学堂恢复办学，但不续招新生，而是责令中途辍学的各界学生返校，待到全部毕业后立即停办。各陆军中学堂、陆军贵胄学堂及陆军速成学堂等一律停办，在校学生等待军学司派往人员接收。陆军部专门为保定入伍生队的学生在保定陆军速成学堂旧址开办兵官学校一所。原有的一、二、三、四各中学本打算一律重开，"惟军兴以来，校舍器具、标本等物毁坏极多，添置修理费时甚久，而民国建始，需材孔殷，造就将才之地，不容一日或无"，后决定在北京第一陆军中学堂旧址开办中学一所，专收四所学校的未毕业学生。②而南京军官学校的未毕业学生及入伍生队，则在南京设立的第二预备学校就近入学，学生8月1日至15日赴校报到。7月底，返校学生仍是寥寥无几，陆军部再次发文敦促各地官长，督促学生返校。至于1912年各地方陆军小学毕业及现已毕业的学生，尚无就学之所，陆军部"至为焦灼，目下财政万分支绌，修理校舍，开办新校，费稍延时日，实在力有不逮"，遂于1913年3月在南京第四中学旧址开设陆军第三预备学校，收容各地在1912年及以前毕业的小学生；1913年毕业的学生均等到1914年9月升送清河学校；且以上两期升入预备学校的学生学制改为两年半。③

陆军部军事学校建设的大体情况，在1916年6月的《陆军行政纪要》中有所介绍。当时的军事教育机关包括陆军步兵专门学校、陆军骑兵专门学校、陆军野战炮兵实施学校、讲武堂、陆军军官学校、陆军预备学校、陆军军士学校、陆军电信教导营、无线电报陆军学员班、陆军电信学队、陆军铁路工程班、武技术教练所等十余所。

在挑选师资方面，陆军部是非常慎重的。1912年8月5日，陆军部再次发出通告，为即将开办的陆军预备学校遴选教员，除军官各职仍由陆军正式毕业人员择优委任外，凡该校的文化课程，如国文、历史、地理、算学、格致、外国文、图绘等各项教员，仍在师范选派，或由各界延揽，但

---

① 《陆军部复云南都督电》，《政府公报·公电》1912年6月10日。
② 《陆军部开办兵官学校及中学通告》，《政府公报·通告》1912年6月10日。
③ 《陆军部分设学校收容陆军学生通行各省、旗、处及顺天府照办文》，《政府公报·公文》1912年7月28日。

务于 8 月 15 日前向本部军学司报到，"以便定期试验，分别去留"。若届时未到者，在已有备选人选中照章试验，从宽录取；如不足额，当再另选。教员也可以在长期执掌教务且成绩卓著的职员或毕业于中外高等学校的人员中选取。陆军部选择教员之所以如此审慎，"盖因学校成绩良否，全视教员学问之浅深，从前学校归并，教员过多，非秉公试验无以定去留，若学业深邃之员不能足数，则非延揽真才不足以宏教育"。① 军校迭次开课，新式教员仍不敷需求，陆军部不得不起用前清各陆军中学的教员，但为保证教员才堪大用，对在陆军部报名的前清教员，定于 8 月 27、28 日两日齐集帅府园陆军小学堂听候考验。② 在这个新旧交替的时代，军事院校的教员也是新旧混杂，颇具时代特征。但这种新旧糅合的情况在民初存在的时间不长，随着大量新式军官毕业，旧式教员退居二线；还有部分旧式教员在教学过程中不断学习，逐渐融合到具备新知识的教员中。

针对军校的课程安排情况，陆军部对此前的设置略做调整，将原陆军中小学章程中规定的中西历史、地理兼授"改为小学校专授中国历史、地理，所有前定在中学校应授之中国历史、地理，均应在小学授毕，方合毕业程度。至外国历史、地理，俟升入预备学校再行教授"。③ 除历史、地理外，陆军小学毕业程度应照预备学校条例内所列科目参酌，"务使各项程度于升学时得以彼此衔接，庶免参差"。④ 陆军各学校课程设置详见表 4 - 37 和表 4 - 38。

表 4 - 37　陆军学校课程设置

	学科	术科
预备学校	修身、国文、外国文（俄、日、德、法、英）、历史、地理、数学（代数、平三角、平面几何、立体几何）、格致（中等物理、中等化学）、辩学、图学、绘学、兵学、训诫等	操练（打靶射击、号令演习）、技术（普通体操、劈刺、马术）

① 《陆军部试验教员通知》，《政府公报·通知》1912 年 8 月 9 日。
② 《陆军部定期考验前陆军各中学教员通知》，《政府公报·通告》1912 年 6 月 24 日。
③ 《陆军部咨江苏、直隶、浙江、江西、山东、山西、河南、湖南、吉林、福建、湖北、安徽都督改定陆军小学校教授历史、地理学科办法，请查照饬遵文》，《政府公报·公文》1912 年 11 月 13 日。
④ 《陆军部咨各都督将军、都统陆军小学校毕业时，应要求程度应照预备学校条例内所列科目参酌规定文》，《政府公报·公文》1912 年 11 月 26 日。

续表

		学科	术科
宪兵学校		宪兵学、警察学、法规、国际警察学、陆海军刑事、陆海军审判律、陆军监狱学、陆军检查学、法学通论、宪法、行政法、刑法、刑事诉讼法、民法、国际公法、法医学、军制学、陆军经理学、马学、外国语学（英文、日文）	马术、剑术、捕绳术、柔术、教练（附教手枪操法）
军医学校	普通科	军事学、化学、物理学、解剖学、组织学、胎生学、生理学、医化学、药物学、诊断学、病理学、病理解剖学、细菌学、卫生学、内科学、外科学、皮肤病学、花柳病学、耳鼻咽喉科学、眼科学、精神病学、法医学、平时勤务学、战时勤务学、德文、日文，其他如妇人科学、产科学、小儿科学由校长酌量加为课外讲义	军事学、化学、物理学、矿务学、药用植物学、生药学、分析学、卫生化学、药局方、药品鉴定、调剂学、制药化学、细菌学、药品工业学、裁判化学、平时勤务学、战时勤务学、德文、日文
	本科	军阵卫生学、军阵防疫学、军阵外科学、军阵内科学、选兵医学、战术学、地形学、野战卫生勤务学、国际公法附赤十字会条约、德文、英文	军阵调剂学、军阵卫生学、比较药局方学、军阵制药学、医器器械学、国际公法附赤十字会条约、德文、英文
	研究科	科目不定，由教官授以问题并示以方法令其研究	
骑兵学校	军官马术科	军马教范、操典、骑兵战术、马学、蹄铁学、马具制造法、图上战法、野外勤务、马枪射击教范、军人卫生学、马匹卫生学、工作教范、机关枪操典、机关枪射击指挥法、通信法、马匹补充法、运兵法、实地讲话、旅行演习、连合演习、战术实施、战斗射击	马术、乘马部队教练、体操、劈刀、马匹调教、马匹检查、野外骑乘、射击实地、野外演习、工作实施、机关枪教练、机关枪单连射击、通信作业、实地指挥、水马法、长矛操法
	军官战术科	马术教范第二部、操典、大骑兵战术、马学、蹄铁学、马政、马具制造法、野外勤务、电信学、图上战法、马匹卫生学、工作教范、测绘学、骑兵近世战史、骑兵机关枪操典、机关枪学、机关枪射击指挥学、射击法、军制学、国际公法、经理学、交通学、兵棋研究、实地讲话、旅行演习、连合演习、战术实施、战斗射击	马术、乘马部队教练、体操、劈刀、马匹调教、马匹检查、射击实施、野外演习、工作实施、通讯作业、测绘实施、机关枪教练、机关枪单连射击、牧马场及军马补充之参观、实地指挥、水马法、长矛操法

		学科	术科
骑兵学校	军士马术科	军马教范、操典、马学、蹄铁学、野外勤务、马枪射击教范、军人卫生学、马匹卫生学、工作教范、机关枪教典、机关枪射击法、通信法、新兵教育法、军队管理法、略图绘法、马具管理法	马术、乘马部队教练、体操、劈刀、马匹调教、马匹检查、射击实施、野外演习、机关枪教练、工作实施、通讯作业、野外演习、水马法、机关枪单连射击、马上（实地）绘图并报告、距离测量、长矛操法

资料来源：根据《陆军预备学校条例》《陆军宪兵学校条例》《陆军军医学校条例》《陆军骑兵学校条例》等编制而成。

表 4-38　陆军军官学校课程一览

			平时课业			特别课业		
			课目	次数	共计	课目	次数	共计
教授	军事学		军训学	50	735	入学考试	2	109
			战术学	223		入学式	1	
			兵器学	150		第一期考试	7	
			筑垒学	150		第二期考试	7	
			地形学	72		第三期考试	7	
			马学	30		毕业考试	12	
			卫生学	30		毕业式	2	
			经理学	30		工兵作业见习	2	
	外国语学			425	425	测绘实习	21	
	典令勤务书等			140	140	野外战术实习	15	
训育	教练		校内教练	350	635	野营演习及野外筑垒实习	25	109
			野外教练	75		兵器及火药制造见习	3	
	技术		马术	70		炮口操发	1	
			劈刺术	70		手枪操发	1	
			体操	70		兵棋	3	

注：军事学及教练每次为1.5小时，外国语学、技术及典令勤务书每次1小时，野外演习则每次半日，约抵寻常授课3次，其余略。

资料来源：《陆军军官学校条例》，《政府公报·命令》1912年10月18日。

从表4-37、表4-38可知，陆军部在课程设置上主要遵循由简入繁原则。在预备学校阶段，学生年龄较小，其精力主要放在学科上，研习国文、外国文、历史、地理、数学、格致、辩学等基础知识，再辅之图学、绘学、兵学等浅显军事学，为进一步学习奠定坚实基础；术科则以锻炼身体为目的，课程量较轻。预备学生毕业进入各专门学校后，无论是学科还是术科方面，专业性都有增强，如宪兵学习国际公法、国际警察学、法医学等，军医学校学习细菌学、精神病学、制药化学、军阵制药学等，骑兵学校则有图上战法、测绘学、联合演习等。而课程量也明显增多，这在陆军军官学校课程设置中表现得最为明显，军事学中四大教程——战术学、兵器学、筑垒学、地形学的课程量共计 595 次，占军事学课程总量的80.95%。除了掌握扎实的军事技能外，外语成为学员的另一门主修课，占425 课次，这有助于学员阅读外国军事原典，了解世界军事发展大势，其意义不可低估。术科主要是训练学员在战场上的生存技法，课次与学科大体相当，体现出在课程设置上学科与术科并重的特点。特别课程则注重实地演习，培养学生的实战适应能力。

民国初年，教育经费始终是制约军事教育发展的主要因素，也是陆军部最为伤神的问题，且始终未能找出解决之善途。各省在开办预备学校、军官学校时所给津贴，多寡有无均不一致，使得"多者开奢侈之渐，无者报向隅之憾"，而各省都督也屡电陆军部，索要开办军校的经费补贴。陆军部为统一管理、杜绝流弊，"决议在学各生，除条例载明月给两元外，公家概不另给津贴"。① 关于学校经费的支出情况，本节选取具有代表性的宪兵学校为例，其经费主要"分额支、活支两项，薪饷及各定款为额支，按月有校长出具印领，呈请陆军部核发。凡购置军装、图书、器具及各杂项为活支，随时禀请陆军部酌核办理"。为监督款项用度，规定每季副官将收发款目分造四联清册，并将各项票据账单核对明晰后，附带原簿呈送校长核具，再递陆军部报销。而校长以下各员，支领薪饷以每月 16 日为定期，由军需官统计汇册，签押盖印后发款，发放完毕送军需官转副官查阅。每月下旬由军需官令司书将学员、夫役等人的花名册报校长查阅后，交副官点名发放。宪兵学习额支每月共需银 1626 两，每年共需银 19512两。活支经费细目包括：学员服装费每年约需银 2500 两；书记、器具及剑具每年约需银 650 两；全校学员课本、笔墨纸张、灯油、煤炭、茶水及印刷等

① 《陆军部致二十二省都督等电》，《政府公报·公电》1912 年 11 月 28 日。

每年需银 3324 两；修理马具、军刀、劈剑、杂械等每年约需银 440 两；出差及电报、邮信、电灯、电话并年节犒赏等每年约需银 2824 两；马匹喂养费每年约需银 1800 两；修理校舍及全校人马医药费每年约需银 1200 两。活支每年共需银 12738 两。额支、活支每年共需银 32250 两。① 额支为定额行政、工资费用，确保学校的正常运转，而活支为机动支出。这种定、活两便的经费管理模式，不但有利于节约经费，也防止了滋生腐败。

军官学校、预备学校条例先后颁布，而宪兵学校薪制与其不相一致。为了缩小这种差距，陆军部暂时将宪兵学校校长及教务长工资分别提升至 300 元和 200 元，其余各员暂照原数支领，俟陆军官俸公布后再遵照办理；调护兵、号兵、印刷夫等按陆军各学校例每月给洋 6 元；夫役、伙夫、马夫等每月给洋 5 元，以归一律。② 1914 年 4 月 20 日，陆军部公布了《宪兵学校条例》，对各职员的薪酬予以调整。相比《改订宪兵学校章程》，此次改制宪兵学校司书以上各员薪酬都有较大幅度上涨，而兵役薪酬反有下降。总体上看，改制后的额、活两支共需银 45972 元，较前增长 1 万余元。

在职员、学生管理方面，陆军部以"奖以励功，罚以督过，在军事上尤为切要"③ 为信条。职员因故请假，必须自请人代理职务，若无合适人选，请教育长代为觅人，代理期间薪水均为代理人所有；若不经上述途径请假，擅自旷课，视轻重酌量惩处。管理人员因故请假半年内不得超过 20 天，否则按日扣除薪酬。半年全勤者，记功一次；全年未请假除记功一次外，陆军部发给名誉记章。员司薪水分为一、二、三等，每两年由校长考核一次，成绩优异者，薪水等级递升一级，至一等为止。赏罚分明的奖惩制度，有利于激发职员的工作积极性，确保教学任务顺利、高效地完成。至于学生，学校也实施惩罚与鼓励并用的措施。对于那些学业不佳难望毕业、品行顽劣屡教不改、扰乱军纪屡犯规则、身有伤疾而不堪修学及考试的学生，均责令其退学。④ 对于全年满勤的学生则颁发名誉记章；毕业考试跻身前十名者，酌发奖品。

---

① 《改订宪兵学校章程》，《政府公报·公文》1912 年 7 月 20 日。
② 《陆军部呈大总统拟援军官、预备各学校现行条例，酌定宪兵学校校长、教务长月薪数目，其余各员暂照原数支领，至该校调护兵等月饷数目应按陆军各学校例支领，请鉴核备案文》，《政府公报·公文》1912 年 1 月 23 日。
③ 陆军部编《陆军行政纪要》（民国五年六月），第 312 页。
④ 陆军部编《陆军行政纪要》（民国五年六月），第 312 页。

在成绩检测方面，陆军部极其认真："入学之检定，平日成绩之审查，毕业之举行，均非考试无以竟其功。"① 考试分为四类，即月考、期考、年考、毕业考试，前三类由军校自行组织；毕业考试规格很高，每逢考试，由学校呈请陆军训练总监派员会考，军官学校学生毕业，由陆军训练总监转呈大总统，特派员监考。考试方法分为三种：问答听其口述、笔述作文、考察现场操作及指挥能力。考试成绩采用"积分法"，即每种考试，每一科目以 0～100 分为限，月考成绩以十分之一汇成总分数，再将总分数的十分之一加入期考分数中，以期考总分数的十分之一及期考以后月考总分数的十分之一，加入年考的分数中。毕业考试时，将前次年考及本年前次期考并期考以后各月考总分数的十分之一，加入毕业考试的成绩中，按此加算。② 学生的最终成绩由学业和操行两部分构成，分为甲、乙、丙、丁四等，80 分以上为甲等、70 分以上为乙等、60 分以上为丙等、不到 60 分为丁等。毕业考试低于 60 分为不及格，不及格者降期；仍不及格者，则勒令退学。成绩达标的学生，由学校请陆军训练总监颁发毕业证书、成绩表及奖品。1913 年初，陆军部致电各省都督，将陆军小学毕业成绩表送部审核。③ 1914 年 10 月，陆军军官学校第一期学生毕业，陆军部曾派员代临组织毕业事宜。④ 学生毕业成绩优异，陆军部会对学校教职员予以嘉奖。1914 年 12 月 31 日，陆军军官学校第一期学生毕业，成绩可观，陆军部请示大总统给有功教职员以勋奖。校长曲同丰给三等嘉禾勋章，战术教员杨邦藩、兵器教员涂永、筑城教员吴玉琳、英文教员林裕年、副书记员钟宝琛、二等军需正李宗德、一等军医员李文翰、步科连长刘凤池八人均给予一等金色奖章，骑科排长江汇给予二等银色奖章。⑤

（二）各专门学校简析

1. 陆军预备学校

陆军预备学校是将陆军小学和陆军中学合二为一、借以缩短学制的一

---

① 陆军部编《陆军行政纪要》（民国五年六月），第 314 页。
② 陆军部编《陆军行政纪要》（民国五年六月），第 315 页。
③ 《陆军部致各省都督电》，《政府公报·公电》1913 年 1 月 6 日。
④ 《陆军部呈陆军军官学校学生毕业，遵章呈请亲临发给证书，抑派员代临之处请示遵文》，《政府公报·呈》1914 年 10 月 29 日。
⑤ 《陆军部呈军官学校第一期学生毕业，成绩可观，在校职教各员拟请给予勋奖各章，校长曲同丰督率有功可否饬局核叙三等嘉禾章请训示文》，《政府公报·呈》1915 年 1 月 8 日。

种新型学校，是陆军部对陆军学校教育体制的一种新尝试。据郑志廷、张秋山等考证，陆军预备学校是仿照日本成城学校和振武学校体制而设立的。[①] 预备学校作为改制后陆军三级教育体系的第一阶段，与军官学校和陆军大学共同组成了民初陆军教育体系。

陆军部原想将前清的四所陆军中学全部恢复，但苦于财力不济，不得不停办原陕西第二陆军中学，保留下了清河一中、武昌三中、南京四中三所陆军中学。陆军部计划在这三所学校的旧址上设立三所陆军预备学校，分别为陆军第一、第二、第三预备学校。其中，陆军第一预备学校于1912年6月创办于京北清河第一中学校；陆军第二预备学校于9月开办于武昌南湖，"规模极为阔大，每年经费约需三十万元，概由陆军部支拨"。[②] 陆军第三预备学校本拟于1913年3月开办于原南京四中旧址，但因置办校舍、教学用品延误，推迟至8月开学。陆军部任命解朝东为第三预备学校校长，[③] 他积极筹划建校事宜，并于5月底呈请陆军部饬令各省陆军，为第三预备学校物色助教。[④] 6月中旬，解朝东将该校每年40万经费的预算呈报陆军部核准。[⑤] 在陆军第三预备学校开学前夕，因"宋教仁案"诱发的"癸丑之役"正式爆发，南京成为"二次革命"的主战场，导致第三预备学校"未能及时开学"，遂告停办。[⑥] 虽然陆军部曾电令陆军第三预备学校开办"赓续进行"，[⑦] 但最后并未能落实。而此前各省"咨送学生连日到者，约五六百人"，[⑧] 一时无法安置，最后陆军部将所有应就读该校的学生分别转往陆军第一、第二预备学校入学。[⑨]

陆军预备学校招收全国陆军小学毕业、陆军中学未毕业的学生，以及停办贵胄学堂的学生[⑩]和由参加辛亥革命的学生军改组产生的入伍生。陆

---

① 郑志廷、张秋山等编著《保定陆军学堂暨军官学校史略》，人民出版社，2005，第209页。
② 《湖北之军校与女校》，《申报》1915年4月14日。
③ 《临时大总统令》，《政府公报·命令》1913年1月19日。
④ 《专电》，《申报》1913年5月28日。
⑤ 《专电》，《申报》1913年6月21日。
⑥ 陆军部编《陆军行政纪要》（民国五年六月），第303页。
⑦ 《专电》，《申报》1913年8月6日。
⑧ 《专电》，《申报》1913年7月19日。
⑨ 《陆军部通告各省，第三预备学校现已停办，所有应行升学各生，俟将来分别收入一、二两校等情，请查照办理文》，《政府公报·公文》1913年11月2日。
⑩ 《陆军部呈大总统拟将前陆军贵胄学堂修业学生送入陆军第一预备学校肄业请鉴核文》，《政府公报·公文》1912年10月7日。

军预备学校招生成分混杂，也因此爆发了多次风潮。辛亥革命期间，学生踊跃参军，共和成立后，将这部分学生改组为入伍生。其不肯进入武昌预备学校学习，而是要求入保定军官学堂，在遭到军官学堂拒绝后，入伍生退而求其次，要求入陆军第一预备学校。当时，陆军部军学司担心诸生产生怨气，就准其入第二预备学校，同时，为了补偿入伍生，规定其毕业后，可以与第一预备学校学生同时进入军官学堂学习。这本不失为一个两全的办法，但陆军部此举遭到陆军第一预备学校学生的集体反对："南京入伍生程度甚低，且多市井新招添人者，在南京时由保定入伍生为军官，尚嫌其不可训练，今忽与之并肩，不特课程不能一律，体操必且参差，将来毕业程度不足，亦必有碍名誉，乃要求校长将南京入伍生展缓一期开学，或将本班展至明年开学，则将来升入军官学堂方有区别，否则全体退学回里。"① 学生以集体退学要挟陆军部收回成命，使陆军部军学司大为恼火，针锋相对地发出了予以弹压的陆军部部令。

然而一波未平，一波又起。陆军第一预备学校学生反对入伍生不成，遂对原陆军贵胄学堂的附课生予以排斥。校长将此情况呈报陆军部，陆军部再次发出部令："该校学生排斥部送附课学生，咆哮不法，当饬该校查明首事最激烈学生报部，旋据呈报胡大勋等十五名，经本部批饬，立予开革，以警其余。"② 根据该校呈报，学生多被胁从，因此陆军部暂未开革，而是要求该校校长对被胁从学生中递交悔过书并自请处罚者，应酌量收录；对未递呈词、冥顽不化者，要求开具姓名、籍贯报部，以凭咨电各省开除军籍，并咨行本京地面衙门，对凡遭开除而聚众闹事者，严惩不贷。

1912 年 9 月 12 日，陆军部呈文袁世凯，并通过了上报审查的《陆军预备学校条例》。③ 陆军预备学校的主要管理人员包括校长、教育长、校副官、各科教员长、连长、排长等。据《陆军预备学校条例》规定，校长"统辖全校职员，总理全校一切事宜。凡关于教育庶务，随时禀呈陆军部详筹办理，如有与地方交涉之事，则商呈该省地方最高级长官分别妥办"；教育长"禀承校长，掌管全校教育事宜"；校副官负责全校一切庶务；各科教员长（外语及卫生学除外）主持本科教育大纲，修订课程，兼授功

---

① 《陆军部风潮种种》，《申报》1912 年 9 月 14 日。

② 《陆军部部令》，《政府公报·命令》1912 年 12 月 3 日。

③ 《陆军部呈大总统拟具军官学校及预备学校条例请鉴核文》，《政府公报·公文》1912 年 10 月 18 日。

课；连长督率名下各排长，担任全连学生训育工作，并负责考查学生品行；排长则管理本排一切事务，协助连长搞好训育。① 学校教授普通学科及浅近军事学，学制两年，学生毕业后可充任军官候补生或者进入军官学校继续深造。因此，课程在设置上基于既能胜任初级军官又为继续深造打下扎实基础的双层考虑。课程修完达到合格，发给毕业证书，然后将毕业生派赴军队，担任为期半年的军官候补生，升入陆军军官学校。

2. 陆军军官学校

北京政府对开办陆军军官学校是极为迫切的。辛亥革命打破了清政府军事教育的正常发展，学业未成的陆军中学学生及兵官学堂的入伍生散落各地，若没有一所专门学校将其收束起来继续完成学业，就会造成人才的荒废。而民国建立伊始，"自以培植将材为整顿军队，力图自强之基础"，②这种"需材孔殷，造就将才之地，不容一日或无"的现实，成为陆军军官学校成立的内驱力。同时，陆军总长段祺瑞认为，欲改良陆军，"拟暂不开设陆军中、小学校，因国民普遍教育目下程度已高，故可开高等将士学校"。③ 段祺瑞的这种侧重高等军事教育的观念，也成为陆军军官学校成立和发展的外在动力。

陆军军官学校最早筹设于1912年6月，斯时陆军部呈准设立兵官学堂，在北京设立军校筹备处，由赵理泰和周符麟负责具体事宜。因统一学校名称的需要，兵官学堂改称为"陆军军官学校"。④ 7月3日，陆军部决定把校址移往保定原陆军速成学堂内，这也是后来称其"保定陆军军官学校"的由来。10月1日，陆军部发出通知，要求请假外出或散失且愿意回校复学的学生，务必于14日以前返校，15日正式开课。⑤ 然而，各省陆军学生源源而来，针对此种情况，陆军部不得不再次发出通告："应限于阳历九月十八日将在校学生分科编队，以后无论何项学生，一概截止收录，以免参差而归划一。"⑥ 10月20日，保定陆军军官学校正式

---

① 《陆军预备学校条例》，《政府公报·命令》1912年10月23日。
② 《陆军部呈大总统拟具军官学校及预备学校条例请鉴核文》，《政府公报·公文》1912年10月18日。
③ 《西报译电》，《民立报》1912年7月6日。
④ 张侠等编《北洋陆军史料（1912～1916）》，第333～334页。
⑤ 《陆军部军官学校开课日期通知》，《政府公报·通电》1912年10月12日。
⑥ 《陆军部军官学校学生业经分科编队以后概不收录通告》，《政府公报·通告》1912年9月19日。

开学。

民初保定陆军军官学校最具特色的是它的管理层。历任校长、教育长的籍贯、学历及任期如表4-39所示。

表4-39 民初保定陆军军官学校历任校长、教育长情况一览

职 务	姓 名	籍 贯	学 历	到任时间
校 长	赵理泰	安 徽	北洋武备学堂	1912年10月5日
	蒋方震	浙 江	日本陆军士官学校	1912年12月15日
	曲同丰	山 东	日本陆军士官学校	1913年9月2日
	王汝贤	直 隶	北洋武备学堂	1915年9月1日
教育长	毛继成	山 东	日本陆军士官学校	1912年10月5日
	张承礼	浙 江	日本陆军士官学校	1912年12月12日
	杨祖德	山 东	日本陆军士官学校	1913年9月13日

资料来源：郑志廷、张秋山等编著《保定陆军学堂暨军官学校史略》，第234页。

从表4-39中看，校长任期以曲同丰最长，整整两年；赵理泰最短，仅两月即被迫离职。教育长任期以杨祖德最长，直至1917年1月他出任第五任校长，才于次月将教育长职务免去；任期最短的毛继成与赵理泰同时进校，也同时因为军官学校的第一次风潮黯然离去。就学历来讲，七位管理者皆出身于正规的陆军军事院校，两位出自国内的北洋武备学堂，其余五位都毕业于日本陆军士官学校。其中，蒋方震从日本陆军士官学校以第一名的佳绩毕业后，前往德国学习，曾获得德国著名将领小毛奇的赏识。

想要搞清楚民初军官学校的发展状况，还得从历任校长说起。第一任校长赵理泰，安徽合肥人，毕业于北洋武备学堂，曾任陆军速成学堂总办。从这份简单的履历上就可以看出，他与段祺瑞有着地缘、学缘及僚属三重关系，非同一般。同时，赵理泰是袁世凯任命筹备复兴军校的专员，军官学校就建设在原陆军速成学堂的旧址上，由曾担任该校总办的赵理泰出任第一任校长顺理成章。赵理泰受命以来，学校的"炮队没有炮，马棚没有马，校坪里长满着深可没踝的荆棘和草菜"，[①] 规章制度暂时也没有建立起来，1500余名学生骤然涌入学校，"报了到的学生既不编队，也没有

① 陶菊隐：《蒋方震先生传》，中华书局，1942，第36页。

分班，正式上课，看起来遥遥无期"。① 而聘请的教师，除了为数不多的几个日本陆军士官学校毕业生外，大多是"不能胜任的陆军速成生"。② 面对如此情形，学生们选举代表拜见赵理泰，要求改良师资。然而，学生这种良善的求知欲望，在赵理泰眼里却是犯上作乱。他采用高压政策，企图以开除学生的方式平息乱源。陆军部也派员前往弹压，并做出"官长全部不动；已革除学生立即出校；查明为首学生重办"的决定，千余名学生不为所动。③ 学生的"倒赵风潮"引起各界关注，最终赵被罢免。赵理泰在任两月，建树乏善可陈。

蒋方震的学历加上他曾在东三省督练公所军事总参议任内参与练兵的经历，使其当时在国内军界已小有名气，这在蔡锷向孙中山、黄兴推荐蒋到南京临时政府中任职的举荐信中说得很明白："临时政府成立，各部长官皆极一时之选，仰见人官惟贤，无任钦佩。惟缔造伊始，军事方殷，折冲樽俎之才，相需尤亟，苟有所知，不敢壅闻。蒋方震君留学东洋十余年，品行学术，经验资望，为东西洋留学生冠，亟应罗致，以餍海内之望。闻蒋已由奉返浙，如畀以参谋部总长，或他项军事要职务，必能挈领提纲，措置裕如，不独中枢有得人之庆，而军国大计亦蒙其庥。"④ 蒋从1912年12月15日受袁世凯任命起，至1913年9月正式离职为止，虽然实际担任校长仅半年时间，但对学校的影响无疑是深远的。

蒋方震的目标是把保定军校办成第一流的学校。⑤ 首先，整顿风纪。在蒋方震接手前，学校管理没有规范化，学生赌博猖獗，"麻将、扑克、单双包、中外赌法五花八门，应有尽有"。⑥ 每逢节假日，学生则出入"八大胡同"等烟花柳巷之地。蒋方震深知如果不消除这股恶习，军校管理终将事倍功半，因此，他告诫学生："对于本校的军风军纪教育训练及一切命令与计划，必须严格遵守，绝对服从，凡有违背，我将予以严厉的惩罚，绝不徇情宽假。"⑦ 正是这种严厉的方式，才改善了保定军校的风纪。

其次，聘任优秀教职员，改善师资。蒋方震对军官、军校、军队及国

① 李宗黄：《李宗黄回忆录》（第二册），台北：中国地方自治会，1972，第26页。
② 陶菊隐：《蒋方震先生传》，第36页。
③ 《民立报》1912年10月13日。
④ 曾业英编《蔡锷集》（一），第436页。
⑤ 陶菊隐：《蒋方震先生传》，第39页。
⑥ 河北政协等编《保定陆军军官学校》，河北人民出版社，1987，第96页。
⑦ 李宗黄：《李宗黄回忆录》（第二册），第82页。

家四者间的关系有深刻的认识，他说："国家之强弱视军队之良否，而军队之良否又以将校为枢纽，军官学校为铸造将校之机关，关系军队之将来，既重且巨。"① 为此，他对学校里良莠不齐的教师资源予以甄别，留优去劣，同时尽量去争取第一流的师资。② 在用人上，他抱着"无新旧南北之分，且愿意牺牲一身，以排此陋习"的态度，③ 同时，还派专人制定适合的教程，补充所需的教学设备仪器。蒋方震为改进教学、提高课程质量，除亲自授课外，还前去听课，与各科教员讨论教法，甚至亲自批改学生的作业，及时接收教学反馈。正是如此，"一时校内学术研究之风甚盛，校风丕变，壁垒一新"。④

最后，在教育宗旨上推陈出新，即推崇学问教育和精神教育两途。学问教育就是要求学生多关注军事学术。蒋方震曾详陈日、德两国军事强盛、科技先进均为科学研究，因此只要积极钻研，"今日虽不如人，终有胜人之一日"。⑤ 精神教育即在团结的基础上培养本国军人的特质，其中，团结，即"一致之行动"⑥ 是基础，而形成军人自己的特质，造就涵盖中国之游侠、日本之武士、欧洲之骑士三种精神的中国新军人，是军事教育的终极目标。蒋方震的锐意改革成效卓著，诚如李宗黄所说："他为保定军校师生树立了坚实的基础，良好的楷模，全校师生对百里师教学之热诚，与乎品学之优异，无不既敬且羡，群相翕服。百里师铸成了保定军校崇法务实，锐意革新的风气，同时也使保定校风丕然为之一变。"⑦ 这种良好的风气，加上蒋方震在日常生活中以身作则，保定军校"不到半年已初具规模，同学们无不对其敬仰与敬畏"。⑧ 万耀煌也称自己在保定军校的学习，"影响我的终身事业甚巨"。⑨

正当蒋方震积极推进保定军校改革，且改革即将进入黄金期时，自身却因被卷入陆军总长段祺瑞和袁世凯的权力争斗中，成了牺牲品，这对刚步入

---

① 《保定军官学校校长蒋方震先生宣言》，《申报》1913 年 6 月 24 日。
② 陶菊隐：《蒋方震先生传》，第 38 页。
③ 《民立报》1913 年 6 月 25 日。
④ 许云逸：《蒋方震年谱》，团结出版社，1991，第 42 页。
⑤ 《保定军官学校校长蒋方震先生宣言》，《申报》1913 年 6 月 24 日。
⑥ 《保定军官学校校长蒋方震先生宣言》，《申报》1913 年 6 月 24 日。
⑦ 李宗黄：《李宗黄回忆录》（第二册），第 47 页。
⑧ 李品仙：《李品仙回忆录》，台北：中外图书出版社，1975，第 22 页。
⑨ 《万耀煌回忆录》（三），《中外杂志》第 16 期第 3 卷，1974 年。

轨道的保定军校来说是致命一击，军校发展滑入下一个历史阶段。

校长的接替者是蒋方震在日本陆军士官学校的老同学曲同丰。曲同丰1904年毕业回国后，曾在北洋速成学堂任教，还担任过驻扎云南的新军第十九镇第三十八协协统，具有军事教育背景和主政地方的工作经历，又属于段祺瑞的入室弟子。① 由他掌理保定军校，是符合"二次革命"后袁世凯收束武备、加强中央集权的需要的。曲同丰治校以严格著称，赴任后，不断完善此前各项制度，并依律行事，继续整治学生的各种陋习，对违纪的学生，一律严惩不贷。他曾将参加"二次革命"的军官学校390名学生，以"愍焉忧之未克，补弊于既往，又期弭患于将来"为由，呈请陆军部全部开除，并张榜公布，以示惩戒。② 对于暑假未能按时返校的学生，连第一预备学校在内，一次性开革的共有98名。③ 据估计，军官学校第一期学生1500名，毕业时仅有1114名。在师资方面，曲同丰继续留任蒋方震任内的骨干教师，对那些想要离去的教员，"他都能低声下气，委曲求全，苦苦的拉住他们，绝不放走"，④ 同时尽量满足教员的合理要求，创造一个相对宽松的环境。总体来说，曲同丰主政陆军军官学校的两年时间，守成大于创新。

第四任校长王汝贤，直隶密云县人，毕业于北洋武备学堂，曾任新建陆军哨官、帮带、北洋常备军标统等职。1907年后王汝贤先后任广东混成协统领、河南混成协统领、奉天陆军第二混成协统领，1911年辛亥革命时任湖广巡防营统领、武卫右军统领，1913年任拱卫军前路统领，8月出任陆军第八师师长，次年9月病辞。1915年9月1日，陆军军官学校校长曲同丰调京另候任用，王汝贤受命继任校长。王汝贤任职军校之际，正值袁世凯发起洪宪帝制时期，陆军军官学校虽从陆军部军学司下剥离出来，直隶于陆军训练总监，但袁世凯仍不放心，因此起用自己的心腹王汝贤。"临危受命"的王汝贤也没有辜负袁世凯的"厚望"，极力配合袁推行帝制，严厉弹压在校学生反对帝制的活动，控制学生的思想，严禁

---

① 张一麐：《直皖秘史》，第144页。

② 《陆军部开除陆军军官学校及第一第二预备学校各生姓名、籍贯通告》，《政府公报·通告》1912年10月27日。

③ 《陆军部呈大总统：查复本部迭令陆军军官等学校关于学生逾限到校，均系一律开除，并陈明司员误会批词，颁发命令，业已分别惩罚，取消及此次禀内学生开革各情形请鉴核文》，《政府公报·公文》1912年10月28日。

④ 李宗黄：《李宗黄回忆录》（第二册），第60页。

学生阅读具有抵制帝制色彩的《顺天时报》，违反者遭到军棍惩处。这激起了全校师生的不满。王汝贤怕起风潮，竟将荷枪实弹的军队调来学校，并收缴学校的枪炮，监视学生的一举一动，直到没有异动方行撤军。[①] 王汝贤在陆军军官学校的一些举措，给学生留下深刻印象："王校长不学无术，而且有十足官派，初到学校，很想讨好学生，对伙食十分注意，稍有不好，即行棍责厨司，在那时饭食一项，真可谓空前绝后的好，是值得我们赞美的。"[②] 学生仅谈及其关心伙食，而不言其他，王汝贤任内成就由此可见一斑。

总体来讲，民初陆军军官学校的发展是在困境中不断前行的。赵理泰时期搭起了军校的构架，蒋方震时期是军校的"黄金时期"，曲同丰时期已有日中则昃之迹象。王汝贤接手后，全国尚在统一的大环境下，学校仍能勉强维持；袁世凯死后，国家日渐分崩离析，统一局面不复存在，外界的动荡不安，严重影响了军官学校的发展。因此，相对于前期来说，陆军军官学校的后期状况大不如前。

3. 宪兵学校

民初军队膨胀，人数激增，不法军人胡作非为时有发生，因而纠察军纪、风纪成为陆军部的诉求。在陆军部看来，此中关键在于培育人才，而人才出自学校，故由前清陆军警察学堂改名而来的宪兵学校应运而生。正如陆军部在 1912 年 7 月 10 日的呈文中所称："窃维军人之军纪、风纪，端赖宪兵维持，而培养宪兵之专科人才，须有适当之教育，查前陆军警察学堂系直隶大沽宪兵学堂改设，一切规模甚形狭小，所有毕业学员实不敷各省之分配，正拟从事扩张，适民军起义，事遂中止。现在国体虽定，时局尚艰，治安秩序遂难恢复。各省虽设有宪兵队，实乏专门人才服行职务，亟应整理教育机关，继续开办，以为教养人才之地，查该校原订章程多欠妥协，不能不斟酌损益，以图改良进步。"[③] 指出了宪兵人才培养的困境，表达了希望改良的美好愿望。在宪兵学校名称上，许多人认为将其改为陆军警察学校即可，这既符合统一学校名称的规定，也表明延续陆军警察学堂之意。而陆军部军学司人员经商讨后，认为"原名陆军警察学堂，其意义狭隘，名不副实，而宪兵为军事警察，有监视海军军人之职权，不仅限

---

① 黄绍竑：《五十回忆》（上），上海世界书局，1945，第 29 页。

② 黄绍竑：《五十回忆》（上），第 28 页。

③ 《陆军部呈大总统改定宪兵学校章程文》，《政府公报·公文》1912 年 7 月 20 日。

于陆军一方面，且有时兼任行政司法警察，就广义立名，宪兵似较陆军警察为妥，军队编制业经更定，学校名称亦应改归一律，故将陆军警察学堂，改为宪兵学校"。①

陆军部呈请袁世凯改前清陆军警察学堂为宪兵学校，并制《改定宪兵学校章程》，获得批准。旋即，陆军部咨各省都督通知该省应行选派员额，并将陆军部原呈及《改订宪兵学校章程》刊登出来，命各省行政长官照章办理。② 殷学潢担任宪兵学校校长，③ 首期考选各兵科上、中尉共 50 员，于 1912 年 9 月 5 日开课。④ 宪兵学校直隶于陆军部，挑选各省宪兵营级他项兵种现充连长及排长者为学员，教以法律及服务必要之学术，以为养成全国宪兵官长之用。⑤

至 1915 年 7 月，宪兵学校除在修人员，总共毕业 364 人：学员毕业者 181 人，学兵毕业者 183 人。⑥

4. 陆军军医学校

关于军医人才的培养，最早引起国内外人士瞩目的是袁世凯于 1902 年 8 月创办的陆军军医学校。"因北洋陆军甫经编练，渐具规模，独于军队卫生之计划尚未讲求。遂倡议创建行营军医学堂于天津，以为养成军医人才之所。"⑦ 该校主要负责培养普通陆军军医、军药人员，并治疗陆军伤病官兵。1908 年改隶清陆军部，定名为陆军医学堂，未几，易名陆军军医学堂。迨 1912 年 7 月始改名为陆军军医学校，由北京政府陆军部办理关防，拟定条例和教育纲领。

1912 年 9 月，陆军部呈请颁布《陆军军医学校条例》，在呈文中清楚陈述了民初军医教育事业的现状与困境："窃惟巩固国权，端资军士，而卫护军士端赖军医。我国军医人才素患缺乏，将来军备扩张，势更不敷分配，自非即时整顿不足以宏造就，而整顿之方非从教育入手无以为根本之计划。从前，天津设有军医学堂，虽已开办有年，其所定规章多

---

① 《陆军部呈大总统改定宪兵学校章程文》，《政府公报·公文》1912 年 7 月 20 日。
② 《陆军部咨黎副总统、各省都督改订宪兵学校章程文》，《政府公报·公文》1912 年 7 月 20 日。
③ 《命令》，《申报》1913 年 1 月 3 日。
④ 张侠等编《北洋陆军史料（1912～1916）》，第 357～358 页。
⑤ 《改订宪兵学校章程》，《政府公报·公文》1912 年 7 月 20 日。
⑥ 张侠等编《北洋陆军史料（1912～1916）》，第 357～358 页。
⑦ 张侠等编《北洋陆军史料（1912～1916）》，第 353 页。

不适于今日之用，自应重新厘定，以期进行。"① 《条例》颁布后，学校实施改组，规定其为"养成军医、司药各等人才，编辑教科书及施行军事卫生试验之所"。学校教职员情况如表 4-40 所示。

表 4-40　陆军军医学校职员一览

职 务	员额（人）	军衔	职掌
校 长	1	军医监一等军医正	总理校务并监督各职员
教务长	1	一、二等军医正	教官之领袖，保持教育之统一
教 官	无定额	二、三等军医正及司药正	培养军医、司药各等人才，编辑教科书及施行军事卫生试验
助 教	无定额	一、二等军医、司药、中上尉或文官	
学生监	1	二、三等军医正	军事训育，监视学生之军纪，稽查学生之勤惰
副 官	2	一、二等军医或中上尉	掌管图书、文牍及庶务
军 需	1	二等军需	掌理会计事务
雇 员	无定额	无	承命助理各务，缮写讲义及其他文件

资料来源：《陆军军医学校条例》，《政府公报·公文》1912 年 9 月 16 日。

陆军军医学校主要分为医学、药剂两科，② 其学生分为普通科、本科、研究科三科：普通科学生以中学毕业生及有相当文化程度者考取，医学专业四学年，药剂专业三学年，各加附队见习三个月；本科学生以普通科毕业生升转，或从各医药学校毕业生经过附队见习者及卫生部中等官未经本科毕业者中遴选补充，本科医、药两科学习时间均为半学年至一学年；研究科从本科毕业生，或已经本科毕业的卫生部初中等官且自愿深造者中选补，研究科学限也为半学年至一学年。普通科及本科学生住宿校内，被服膳费均属公费；研究科学生可居住校外。③

军医学校课程设置极其繁杂，对教授人员要求也很高。各门功课必须有一专家讲授一门，兼讲相关两门。讲义专用国语，医、药专有名词以拉

---

① 《陆军部呈大总统拟定军医学校校章分条缮折请监察备案文》，《政府公报·公文》1912年 9 月 16 日。
② 张侠等编《北洋陆军史料（1912~1916）》，第 354~355 页。
③ 《陆军军医学校条例》，《政府公报·公文》1912 年 9 月 16 日。

丁文为主，研究科讲义添用外语教授。普通科参考书以日文为主，兼采德文图籍以资佐证，本科以上不再限制。各科学生均以理论与实验并重，试验分实验室试验、病院试验（材料厂试验）及军营试验三种。①

军医学校的管理人员设置相对较晚。1912 年 12 月 25 日，段祺瑞呈请任命李学瀛为陆军军医学校校长；② 1913 年 2 月 18 日，任命戴棣龄为教务长。③

初时陆军军医学校招生数额太少，无法满足实际需求。1912 年 8 月，学校得陆军部批准，刊登广告，首次招官费学生 50 名，凡体质强健、无隐疾、残废及精神病且年龄为 22～25 岁者皆可亲往天津河北黄纬路学校内报名，路程较远者可以先行投函。④ 1913 年 6 月，陆军部基于各军队的需求，发出了第二次招生通电，共招 120 名，按省分配名额。⑤ 电文一经发出，立即得到各省响应。四川都督胡景伊咨询军医学校是否设有外语、以哪国外语为主，⑥ 陆军部复电："以德文或日文为重，英文亦可。"⑦ 安徽都督柏文蔚也认为"军医人才，关系军队至为重大"，"皖省此项人才具极缺少，正思培养"，感到陆军部仅分配安徽 5 个名额太少，希望在"原额五名外，加送五名，俾足分布，实为公便"。⑧ 陆军部在复电中称："军医学校本年只能添招一百二十名，虽招考时按省定额支配，而该校各生毕业后万无省界之分，若贵省需人，自可随时请派，所请加送之处，碍难照办。"⑨ 陆军部在此后的几次招生中，对名额都进行了控制，如 1914 年 6 月军医学校医、药两科也仅招 50 名新生。⑩ 因此，民初陆军军医学校毕业人数并不是很多。

虽然军医学校招生不多，但自此一批受过现代专业技能训练的军医出现，并把所学知识应用到军队医疗救护事业中，极大地改变了军队卫生医疗条件，也更多地保障了军人的生命和健康安全。

---

① 《陆军军医学校教育纲领》，《政府公报·公文》1912 年 9 月 16 日。
② 《临时大总统令》，《政府公报·命令》1913 年 1 月 5 日。
③ 《临时大总统令》，《政府公报·命令》1913 年 2 月 19 日。
④ 《陆军军医学校招生广告》，《政府公报·广告》1912 年 8 月 23 日。
⑤ 《陆军部致武昌黎副总统、各省都督电》，《政府公报·公电》1913 年 6 月 21 日。
⑥ 《四川胡都督致陆军部电》，《政府公报·公电》1913 年 6 月 21 日。
⑦ 《陆军部复四川胡都督电》，《政府公报·公电》1913 年 6 月 21 日。
⑧ 《安徽柏都督致陆军部电》，《政府公报·公电》1913 年 6 月 21 日。
⑨ 《陆军部复安徽柏都督电》，《政府公报·公电》1913 年 6 月 21 日。
⑩ 《陆军部广告》，《政府公报·广告七》1914 年 6 月 25 日。

5. 陆军军需学校

为满足近代战争的需求，军需发展是极为重要的。在陆军部看来，培养军需人才是军需发展的关键。南京临时政府军队和北洋军对峙时就曾苦于缺乏近代军需人才，因此于 1912 年 3 月 18 日在南京设立陆军军需学校，规模很小，学员主要从军队中选派。南北统一后，陆军军需学校也随着政府的北迁而移设北京，直隶于陆军部军学司。

陆军部早在 1912 年 6 月于北京筹设陆军军需学校，直到陆军军官学校、陆军预备学校及陆军军医学校相继成立后，军需学校也被提上日程。12 月 25 日，陆军总长呈请临时大总统袁世凯任命张叙忠为陆军军需学校校长。① 1913 年 3 月 29 日，陆军部在《呈大总统谨将本部拟定陆军军需条例录请鉴核照准立案文》中，附带了《陆军军需学校条例》，这成为军需学校建构的准则。关于学校的性质，此条例的第一条开宗明义地指出："陆军军需学校为造就军需专门人才之所，编为学员、学生两班，学员选有经历学术，才堪深造人员，授以高等之学术以备高级军需官之用；学生则选各省入伍队毕业生或中学毕业及有相当程度者，施以陆军初等经理必要之教育。"可见这所学校的主要目的在于培养陆军中高级军需官。军需学校的教职员员额、军衔及主要职务类似于陆军军医学校，在此不再赘述。

陆军军需学校各教员均由陆军部荐任，统一受陆军部管理和监督。军需学校对学生的资质要求很严格，学员需符合以下条件：①曾供职一年以上之军需毕业生，或虽非军需专门出身而在军队及其他军事机关办理军需事项三年以上，于经理、学术素有研究且程度相当者（但第一期学员班时前项人才尚属缺乏，暂由各省都督检定现充初级军需官长，保送入学肄业）；②年龄在 25 岁以上，30 岁以下；③身体强壮、品行高尚、勤务精励，将来有发达之望者。学生也需达到以下标准：①陆军入伍生及中学毕业或由中学相当之学校毕业者；②年龄在 18 岁以上，20 岁以下；③身体强壮、品行端正者。② 学员由陆军部军需司司长、会计审查处处长、各师军需处处长、军需学校校长对属内符合条件者进行选拔，各机关将附加评语的名单报军需司司长，经其审查后，汇集成册，呈陆军总长核夺。

---

① 《临时大总统令》，《政府公报·命令》1913 年 1 月 5 日。

② 《陆军军需学校条例》，《政府公报·公文》1913 年 4 月 1 日。

随着军需教育的展开，其机构和学员都得到扩充。1914 年 1 月，陆军军需学校附设军需讲习所，主要是为陆军部军需司及其他机关军需人员做短期培训。同年 9 月讲习所开设第二期学生班，由各省选派入伍生和中学毕业生来校肄业。同时，学校受海军部的嘱托附设海军学员军需班，培养各军舰上的见习军官。各种学员的学期长短也不尽相同：学员班一年，学生班二年，讲习班八个月。不同时段的专业训练，对应不同的教育预设效果：学生班及学员寻常班掌握初等军需知识，学员高等班修习高等军需知识。

在袁世凯当政时期，除了在修学中的学员，陆军军需学校毕业生总数达 471 名，其细分如下：学员毕业者 141 名，学生毕业者 183 名，讲习所毕业人员 109 名，海军附学毕业学员 38 名。[①] 陆军部对陆军军需学校所取得的成绩大加赞赏："自开办迄今，已逾三年，现在各班学生毕业者有四百余名之多，该校教职员或热心教务，不辞劳瘁，或办事勤敏，深资臂助。校长张叙忠总持校务，尤著勤劳"，特为张叙忠等颁发"三等文虎章"，教官兼连长邢绳祖、连长蔡树楠、教官何廷榆、军需应庆，均给予二等银色奖章，"以示鼓励"。[②]

6. 陆军兽医学校

1904 年底袁世凯在保定创设马医学堂，揭开近代兽医教育的帷幕，首期学员由陆军第一、二、三各镇所抽调的目兵（为速成班）、招考正课生及添招的自费生组成。1907 年马医学堂改隶于陆军部。清末总共招收了230 名兽医学生，其中 1908 年 12 月正课毕业班中有 16 名学生赴日本考察及留学。[③]

进入民国，军队数额庞大，对兽医专门人才的需求量也很大。1912年 12 月颁布《陆军兽医学校条例》，将前马医学堂改组，易名为陆军兽医学校，直隶于陆军部，"为养成陆军兽医人才，编纂教科书及施行蹄铁教育，并军马卫生试验之所"。[④] 其下附设病马厂，收疗学校附近所在各陆军部队及学校病马，供学生试验之用。学校按例组成以校长为首的管理人员。与其他学校不同的是，由于国内缺乏兽医专业教员，兽医学

① 张侠等编《北洋陆军史料（1912～1916）》，第 352～353 页。
② 《陆军部呈援案请奖给陆军军需学校校长张叙忠等勋奖各章以示鼓励文并批令》，《政府公报·呈》1915 年 9 月 28 日。
③ 张侠等编《北洋陆军史料（1912～1916）》，第 355 页。
④ 《陆军兽医学校条例》，《政府公报·命令》1912 年 12 月 25 日。

校可以聘用外国教员。兽医学校招收本科学生和候补掌工两类：本科生从中学生及与之相当程度者中考试选拔，四年毕业，三月见习；候补掌工由各师师长考选文理通顺的军士补充，学时六月毕业。入学时，两类学生均需填写保证书，宣誓服从学校管理，按时完成学业。保证书送交陆军部存放备案。

1912 年 12 月 25 日，经段祺瑞呈请，姜文熙担任陆军兽医学校首任校长，① 总理一切校务。1913 年 1 月 18 日，刘葆元被任命为陆军兽医学校第一任教务长。② 生源方面，陆军兽医学校自开办以来，规模一直不大，生源也不丰裕，陆军部不得不在报纸上刊登广告，招徕学生。1914 年 6 月，学校再次对外招生 30 名，规定在北京煤渣胡同军需学校报名，截至 7 月23 日，报名人员仍不踊跃。③

陆军兽医学校的外籍教师以日本人为主，许多技师自清末就在马医学堂服务。基于此，陆军兽医学校校长姜文熙为其请功：伊藤浪三 "在校服务已历十年之久，不无成劳，足录请给予四等文虎章"；中田醇 "充任教习在校四年，讲授颇为认真，该教习回国时适值武昌起义，未暇请奖，虽为日已久，仍未便没其前劳，请给予七等文虎章"，"以表成老，而敦睦谊"。④

7. 陆军骑兵专门学校

骑兵是冷兵器时代最为迅速、机动的部队，常常在战场上出其不意，给敌方以致命的打击。近代以来，随着现代化机动部队的出现，骑兵逐渐失去其重要地位，但在民初的中国，要在陆军部队中全方位配备现代运输设备，显然不大可能，因此，有一支训练有素的骑兵，对陆军各军种协统作战至为重要。

陆军部兼采各国骑兵专门学校之成规，拟定了《骑兵专门学校条例》，并于 1914 年 3 月 12 日公布。⑤ 骑兵专门学校以 "专门遴选乘马队之军官、军士研究马术、战术、通信术及各项应用技能，以图乘马队教育之进步齐

---

① 《临时大总统令》，《政府公报·命令》1913 年 1 月 5 日。
② 《临时大总统令》，《政府公报·命令》1913 年 2 月 19 日。
③ 《陆军部广告·陆军军医、兽医学校招生》，《政府公报·广告七》1914 年 6 月 25 日。
④ 《陆军部呈陆军兽医学校教习，日本人伊藤浪三等服务年久，不无微劳，拟请奖给文虎章文》，《政府公报·呈》1915 年 7 月 25 日。
⑤ 《陆军部部令》，《政府公报·命令》1914 年 3 月 23 日。

一"为宗旨，① 设军官（学员）、军士（学生）两班，每期由各师、独立旅骑兵团各选军官 3 员、军士 4 名，各炮兵团、辎重兵营每两期轮流选送军官 1 员、军士 1 名，总计军官 200 员、军士 250 名。军官在少校以下、少尉以上，由陆军学校毕业者中选取；军士在已升充军士，且品行端正、文理清通者中补充。每期开学前两月，陆军部令各师、旅在所部选定军官、军士，于一月内将入学人员履历造表报部，等候入学考试，唯在定额外须多送两名，以便取舍。

骑兵学校是专业性很强的学校，其装备也相对复杂。学员（生）所需的兵器、马匹、马具、书籍纸张等必不可少的物品均由学校配备，另外的生活用品需由个人携带入校，具体参见表 4–41。

表 4–41 陆军骑兵专门学校军官（士）应携带入校物品

军官携件	数目	军士携件	数目
棉被褥	各 1 套	棉被褥	各 1 套
青色军用毛毯	各 2 条	灰色军用毛毯	各 2 条
白细布单被	各 2 条	白细布单被	各 2 条
礼军帽	各 1 顶	土黄呢军帽	各 1 顶
夏（冬）土黄布（呢）军帽	各 1 顶	夏（冬）土黄斜纹布军帽	各 1 顶
礼军衣服	各 1 套	土黄呢军衣服	各 1 套
夏（冬）土黄布（呢）军衣服	各 1 套	夏（冬）土黄斜纹布单军衣服	各 2 套
土黄呢外套	各 1 件	皮领褂	各 1 件
夏雨衣	各 1 件	土黄呢外套	各 1 件
白色手套	各 4 双	白色手套	各 4 双
黄色长皮靴	各 1 双	黄色长皮靴（皮鞋）	各 1 双
拍车	各 1 付	拍车	各 1 付

资料来源：《骑兵专门学校条例》，《政府公报·命令》1914 年 3 月 23 日。

学员（生）在校仍领军队原职薪酬，军队将薪酬按月结往骑兵学校，由学校代发。学员在校伙食均归自备，学生伙食由校津贴，都由学校按等级统一准备。学员（生）在校期间如遇本职循例升补，仍正常进行，毕业后始准任职。在毕业考试中获得甲等成绩者，陆军部发给奖品，并可以尽先提拔。

----

① 《骑兵专门学校条例》，《政府公报·命令》1914 年 3 月 23 日。

除上述学校外，陆军部还创办了一些其他学校，如陆军军士学校、陆军野战炮兵实施学校、陆军电信教导营、无线电报陆军学员班、陆军电信学队、陆军铁路工程班、武技术教练所、讲武堂等。军士学校的设立初衷，正如陆军部所称："国家当军政改革之际，欲练良善之劲旅，必宜先立良善之基础，故挑选智识敏捷身体强健者，肄业该校，授以军士完全之学科术科，卒业之后，编入军队，借为改良国军之入手办法，未始无善良之结果耳。"① 1912 年 10 月，陆军军士学校由学生队改组成立，1913 年 12 月，从毕业生中选拔一批成绩优异者进入深造班，1913 年 11 月该批学员毕业后，即行停办。② 陆军野战炮兵实施学校在筹备时，由于帝制战争爆发而搁浅。③ 陆军电信教导营"为培养军队交通人材，施行电信通信术之教育，为军事通信上必要事项之调查研究所"。④ 而无线电报陆军学员班附设于交通部的交通传习所内，作为陆军军官研究无线电报之所。⑤ 这类学校尽管规模、程度都较低，但对于提高陆军各军种之间的协同作战不无裨益。

二　军队教育

（一）军队训练

为适应近代军事发展的要求，民初陆军部不仅建立了一整套军事院校来培养各方面的军事人才，而且会对所辖军队各兵种（步、炮、骑、工、辎）士兵进行严格的军事训练，以满足时代和军事技术发展的要求。其中士官的术科和学科教育极具特色，是民初陆军发展的一个亮点。

1912 年 4 月 29 日，袁世凯在参议院发表施政宣言，谈到军队教育时说："军人缺乏精神，训练当探本源。"⑥ 可以说袁世凯号准了民初陆军发展的脉搏。此后，陆军部加紧制订陆军常年教育计划，先后出台了步兵、骑兵、炮兵、工兵、辎重兵令。本节仅选取步兵一端来展示整个民初军队教育的风采。陆军总长段祺瑞在向袁世凯上呈《步兵操典》时说："整军

---

① 张侠等编《北洋陆军史料（1912~1916）》，第 323 页。
② 陆军部编《陆军行政纪要》（民国五年六月），第 297 页。
③ 陆军部编《陆军行政纪要》（民国五年六月），第 295~296 页。
④ 张侠等编《北洋陆军史料（1912~1916）》，第 323 页。
⑤ 张侠等编《北洋陆军史料（1912~1916）》，第 323 页。
⑥ 朱宗震、杨光辉编《民初政争与二次革命》，第 13 页。

经武，张我国威，自应以训练有方，划一号令，练成劲旅……最要之方法，则在颁发制式之操典，俾各兵种有所遵循，庶能全国一致，确收协同合作之效。查各兵科操典……就中多有不妥适之处，且军队名称，业奉钧令改正，是前之暂行操法，不能不详加校订。"① 段祺瑞将制定统一制式操典，并在实际训练中对"举凡名称及各动作有不妥协者，即行改正"作为训练出一支"劲旅"的根本保证。

步兵训练以《步兵操典》为法度，主要分三个方面，即①教练、②战斗、③礼节及操刀并持号法。以下从这三个方面介绍步兵训练。

在教练方面，从单兵训练开始，逐步向一排、一连、一营、一团、一旅延伸。单兵训练主要集中在基本军事训练，如队形队列训练，包括徒手、立正姿势、转法、行走；操持枪械训练，包括持枪、持枪立正、操枪、上刺刀及下刺刀、射击、托枪进行、冲锋、散兵、进行及停止。一排训练是将单兵训练初次纳入集体之中，是对单兵训练的强化和外延，内容繁杂，如密集、排之编成、报数、向右（左）及向后转、操枪及上下刺刀、双行与单行之变换、停止、变换方向、成侧面纵队行进、由侧面纵队转向正面纵队、行进中向右（左）转、侧面纵队与横队变、跪下及卧倒、跑步、便步、冲锋、操枪及取枪、分散及集合、散兵运动、射击、集合及速集。一连训练最为关键，作为中等作战单位，在训练上，不仅是对一排训练的深化，而且注重战斗实效训练。有密集、连之编成、队形、整齐、连纵队及并列纵队之运行、侧面纵队及连纵队之运动、连纵队与连横队之变换、连纵队与侧面纵队之变换、由侧面纵队变并列纵队、侧面纵队成连横队、射击、操枪及上下刺刀并装退子弹、冲锋、散开及散兵线运动、干部及兵卒之责任、射击、援队、冲锋追击及退却、集合及速集。营以上编制的训练主要集中于战斗队列的训练，有密集队形、横队、纵队、队形变换、密集队形之运动、集合队形、展开及战斗。②

军队教育的主要目的在于保证官兵成为一名合格的战斗人员，协同战友在战场上最大限度地杀伤敌人，并保存自身有效战斗力。因此，在官兵掌握基础军事知识之后，就需要训练其在复杂环境中的战斗技能。士兵掌握一般战斗要领后，便开始训练各军事单位的攻击、防御、追击、撤退、

---

① 《陆军总长段祺瑞呈大总统拟定陆军步兵操典请颁布遵行文并批》，《政府公报·公文》1913 年 5 月 3 日。

② 《步兵操典》，《政府公报·公文》1913 年 5 月 8 日。

夜战、持久战及复杂环境下的战斗技巧。① 军士在遭遇战和在敌人防御阵地中的攻击法；敌人处于优势兵力，或坚守己方之战略要地且己方兵力单薄、无法主动予以有效打击的被动防守方法；敌人退却如何追击；己方撤退如何防守；夜战及持久战如何操作；在复杂的山地、河川、森林及在巷战中如何多兵种协同作战……这些都是步兵在战斗训练中必须反复受训且掌握的内容。

军礼、操刀及军号是现代军事的重要组成部分，在步兵教育过程中是重要的训练内容，这要求每个士兵都必须掌握军衔、操刀礼和军号的具体含义。

步兵在训练过程中，也非常重视在军人军纪、士气精神及协同作战方面的培养。军纪是军队的命脉，因此要求在训练中上至将帅下至兵丁，一律遵守军纪。"军纪严肃者，战斗必胜；军纪弛废者，战斗失败。此必然之理，自然之势也。"②

军队士气往往可以决定战场走势，而战场上指挥官的精神尤为重要。"士气不可不壮，于状况困难之际尤然。指挥官者，士气之中心也，故凡事必须率先躬行，与士卒同甘共苦，以为部下表率，而使之尊信。且于战况惨烈之际，勇猛沉着从事指挥，使部下奉之若山岳之尊而不敢犯。"③

现代战争的重要特点之一是多兵种作战，故军事教育中有很大一部分内容与多兵种协同作战有关："协同一致为战斗最要之端，除遵守命令而外，尤待各人之独断专行，盖不论兵种如何，阶级如何？凡努力以求尽其任务者，即合于协同一致之趣旨……有时须自任，为友军之牺牲而不辞。"④

步兵教育如上所述，其他如骑兵、炮兵、工兵、辎重兵的教育大略如此。陆军部的军队教育成功训练出一支能征善战的现代化陆军，对中国早期陆军的发展贡献巨大。

（二）军队校阅

为验收军队训练的成效，1913 年 5 月 29 日，陆军部将拟定好的《陆军军队校阅条例》呈请袁世凯审批公布："窃维军队训练，由讲求而成劲

---

① 《步兵操典》，《政府公报·公文》1913 年 5 月 18 日。
② 《步兵操典》，《政府公报·公文》1913 年 5 月 3 日。
③ 《步兵操典》，《政府公报·公文》1913 年 5 月 3 日。
④ 《步兵操典》，《政府公报·公文》1913 年 5 月 3 日。

旅，战斗设施，由筹划而增完备。考察平时进度之确否，比较军队成绩之美恶，实为练兵之要素。是以巡狩观兵，古有明训，改良求进，列国所同。总长为求军事进步确实起见，督饬司员拟定《陆军军队校阅条例》，以为考核各军成绩、借觇军国前途之准则。"[1] 军队校阅"乃检查军队军纪之张弛，服务之勤惰，教育之精粗，保存之良否，各种法令是否遵行，动员计划是否完备，以审查其成绩，奖励其进行"，[2] 分为大总统简员校阅、陆军部校阅、军队自行校阅三种。

大总统简员校阅，是陆军部认为某支军队需要校阅时，上报大总统请求任命校阅使校阅。校阅使接到命令后，着手制订校阅计划，并与陆军部、参谋部会商校阅纲领。校阅使为便利起见，可以从陆、参两部借调官佐为校阅随员，其成员由各兵科军官及军需司、军医司、军法司等人员组成。

校阅使在校阅前若干天，应将校阅程序表颁发予被校阅的军队；在校阅时，校阅使应将校阅意见告知该军队长官，"以资效法"。校阅使校阅完毕后，将其情形及意见上呈大总统，并移交陆军、参谋二部，"以备考核"。[3]

陆军部校阅，是陆军总长欲了解某一军队、学校、局厂之教育训练、管理、筹备、军需、卫生及其执掌业务的实际情况时，亲自或派员校阅。若派员校阅，主持者为校阅委员长。校阅委员的组织由陆军总长斟酌情形决定，校阅委员直接受命于陆军总长，会同校阅委员长商订校阅日期、程序，列表上报陆军总长后，饬令该军队长官遵照办理。校阅委员长将校阅结果及时通报该长官，"以便改革"。[4] 校阅委员长督率各委员将校阅情形及成绩，详细记载，编成图书，呈报陆军总长；陆军总长核阅后，批交各主管司存办。陆军总长亲自校阅时，所得之报告亦遵次办理。

军队自行校阅，军队长官对于部下的教育训练、内务，企图进步，确实需依部颁教育顺序表，按期分别校阅（各军队同时进行）。军队自行校阅分团校阅（独立营）、旅校阅、师校阅三种。团校阅在各教育期的最后一周内开始，考察本期所教授学科、术科各项目的程度，以及内务、服

---

① 《陆军部为拟定陆军军队校阅条列请予公布呈》，中国第二历史档案馆编《中华民国史档案资料汇编》（第三辑·军事·一·下），第 1040 页。

② 陆军部编《陆军行政纪要》（民国五年六月），第 320 页。

③ 《陆军军队校阅条例》，《政府公报·命令》1913 年 6 月 1 日。

④ 《陆军军队校阅条例》，《政府公报·命令》1913 年 6 月 1 日。

装、军纪、风纪等方面。团长（独立营长）校阅完毕，将校阅情形及部下成绩详报旅长及师长。旅校阅即旅长检查所属各团真实成绩，旅长除按照军队教育顺序表所规定的项目施行外，其他事项及要求可酌情定夺。在校阅时，旅长可派相当官员协同，校阅事竣后，召集部下，详细讲评，"分别优劣，以资鼓励而策进行"。[①] 师校阅即师长按照教育顺序表中各项目的进度，考核全师一年间教练、管理、服务、卫生等，以督察全师训练的程度。师长校阅前，召集各旅长、独立团长、独立营长及参谋、军需、军医、军械各员开会，商议校阅纲领及各种办法，发放预备校阅程序表，通知全师遵循。校阅时，师长除了率同司令部所属之参谋、军需、军械、军医各员外，可派相当人员帮助。师长校阅完毕后，对旅、团、营的成绩详加品评，责其改良。校阅结束后，全师各项成绩会被汇总造册，递交陆军部。

民初创立的由大总统简员校阅、陆军部派员校阅、军队自行校阅，以及师校阅、旅校阅、团校阅构成的"三级六层"检阅军队模式，为陆军部掌握军队的教育、设施、军需、卫生、内务等情况提供了第一手资料，有利于陆军部在军事教育上做出正确的决策，反过来推进陆军教育的发展。

三　民初军事教育的影响

陆军部主持下的民初军事教育极具时代特色，对民初乃至以后的军事教育产生了深远的影响。

第一，促进了各项军事教育规制的制定，并依此建立起一批军事院校。

军学司在接管了前清政府各军事教育机关、单位，并整合了南京临时政府北迁的陆军教育管理机构后，开始相继制定陆军教育的各项规章制度，包括《陆军军队常年教育顺序令》《陆军各兵科军士、上等兵教育令》《陆军军官学校条例》《陆军预备学校条例》《航空学校条例》，以及《陆军军医学校条例》《陆军兽医学校条例》《陆军军队校阅条例》《陆军校阅规则》《宪兵学校条例》等。这些条例规定了军队训练要求、学校建制、学员资格、课程设置、教官配备、经费投入等，加强了全国陆军教育管理的制度性和有效性，效果明显。大量军事院校也在各项条例的基础上建立起来，如陆军预备学校、陆军军官学校、陆军军需学校、陆军军医学校、陆军兽医学校、宪兵学校等。这些学校的创办，有力地推动了中国近代军

---

① 《陆军军队校阅条例》，《政府公报·命令》1913 年 6 月 1 日。

事教育的发展。

第二，推动了教育体制创新。

首先，废止陆军小学教育阶段，订立三级制陆军教育体系。1912 年 6 月初，陆军部致电各省军政长官："目下国事大定，所有贵省、旗、处陆军小学前因军务停办者，请就本省、旗、处财力续行开办。惟将来此项小学应否添招新生，本部正在审议，一俟议决，当在电达。"① 旋即，陆军部制定出针对现行陆军小学复课及善后措施，并致电各省："陆军小学应照从前报部，未毕业名数继续授课，如有短少，宁缺毋补，毕业后即行停办，请勿另招新生。"② 同时，对于现存规模较小的陆军小学，陆军部将其合并到较大的学校。京师陆军小学就是在陆军部和直隶都督商定之下，归并姚村直隶陆军小学校合办。③ 清末陆军军校教育采用四级制，即小学、中学、兵官、大学，递次而上。这种体制的优点在于从小培养尚武精神和扎实的基础知识，但预备期过长，不符合民初亟须用人的实际情况，故废止陆军小学教育阶段，变四级军事教育系统为陆军预备学校、陆军军官学校、陆军大学三级教育体系成为北京政府陆军教育的首选。民初三级陆军教育体系中，处于金字塔顶端的陆军大学隶属参谋部，其余学校归属陆军部管辖。

其次，军事学校采用新管理体制。清末兴起的新式陆军学堂在管理上采用的是"旧瓶装新酒"，具体来说，学堂都设总办、总教习、提调等管理人员，沿用封建色彩浓厚的官名，容易将衙门官僚习气带到学堂中来，严重影响以严谨著称的军事学术的发展。进入民国，军事学堂经初期整顿、合并后，陆军中学改称陆军预备学校，陆军兵官学堂改称陆军军官学校，此后建立的所有军事学堂一律称"学校"，成为定制。为了使管理体制独立出来，军校的最高管理者均改称"校长"，学校上缴旧关防，由陆军部颁发新关防。④ 校长之下设教育长、副官、科长、教员、学生连长、

① 《陆军部致直隶、山东、河南、奉天、陕西、贵州、新疆、江苏、湖南、山西、吉林、甘肃、四川、福建、湖北、江西、安徽、云南、浙江、广东、广西、黑龙江都督，伊犁镇边使、荆州将军、绥远城将军、察哈尔都统电》，《政府公报·公电》1912 年 6 月 10 日。

② 《陆军部致直隶、安徽、陕西、新疆、贵州、江西、河南、山东、奉天、甘肃、湖北、广西、浙江、云南、山西、吉林、四川、湖南、江苏、福建、广东都督，荆州将军、绥远城将军、察哈尔都统电》，《政府公报·公电》1912 年 6 月 10 日。

③ 《陆军部部令》，《政府公报·命令》1912 年 8 月 23 日。

④ 《陆军部札军官、预备学校颁发关防文》，《政府公报·公文》1912 年 6 月 18 日。

军需、军医及兽医等职务，并详细厘定了各自的职责。至此，陆军学校的名称和体制正式确定，这更契合早期军事现代化的需求。

第三，促使中国本土教官逐渐替代外籍教官，并涌现出一批杰出的军事理论家、教育家。

中国近代新式陆军是效法西方建立起来的，而陆军院校自然也不例外。起初中国缺乏合格的教习，无论军队还是军校都需聘用外国教官。外国教官为近代中国陆军培养了第一批具有近代军事视野的人才，缩小了与西方先进国家的差距，其在中国早期军事现代化中作用突出。但他们在执教过程中也带来不少弊端，诸如聘金高昂、干涉政府决策，加之文化传统、价值观念差异，甚至一些教官怀有窃取国家机密的不良动机。这种消极因素随着近代中国陆军现代化的推进而愈演愈烈。清末尚武精神的兴起，使大批有为青年走出国门或在国内军校研习军事，这批合格军事人才的出现满足了起用本国教官的条件，并逐步取代外籍教官，显示出新的活力。入民国，这种趋势更为明显，各军事院校及军队大幅度地裁退外籍教官。1912 年 9 月，陆军总长段祺瑞在军政统一会议上，论述统一军政办法六条，其中第一条就是"陆军学校不得杂聘各国人充当教习"。[1] 陆军大学遵从陆军部的规定，决定"废除外籍的总教官，改为本国人任教育长"，[2] 保定陆军军官学校也辞退了原聘的十几位外籍教官，改由本国教员充任。其中，校长蒋方震、曲同丰、杨祖德，教育长王继承、张承礼、臧式毅等都毕业于日本陆军士官学校，他们将学习到的新军事教育理论应用到教学过程中，使学生受益匪浅，也使中国近代军事教学水平有了较大的提高。

第四，落实了学生、官兵的爱国教育。

在日常军事教育过程中，军队、学校向学生灌输国家、民族观念，在学生心中逐渐树立了护国为民的思想，并通过宣讲关羽、岳飞立功报国的故事，祭奠关、岳二圣活动，激发学生的爱国热情。为了将致祭关、岳形成定制，1914 年 11 月陆军部会同海军部呈请"关岳合祭"，并以每年春秋分节气后第一个戊日作为关岳祭期。[3] 1915 年 3 月 18 日，由驻保定第八师发起，联合保定军医学校、军官学校隆重举行了致祭活动，学生听了关、

---

① 《陆军部之整军经武》，《申报》1912 年 9 月 14 日。
② 文闻编《旧中国军事院校秘档》，中国文史出版社，2006，第 59 页。
③ 陆军部编《陆军行政纪要》（民国五年六月），第 115 页。

岳事迹，"不无精神焕发，气象轩昂，有追随古人之概"。① 3 月 24 日，陆军部鉴于陆军各学校举行宣誓大典，为慎重起见，便派员督导，"现在民国甫建，时势多艰，首赖军人忠诚卫国。今日特崇武庙祭典，即在以大义精忠为我国军人师表，凡我军人亟宜仰鉴前型，以报国自誓"。为统一管理，陆军部将规则及誓愿书分饬各校先行预备，定于 3 月 21 日由北京各陆军学校遵照举行，清河、天津、保定、武昌各学校以次遵办。② 各学校学生毕业时，袁世凯都会勉励即将走上工作岗位的学生，使其知道军人保家卫国的重要性。如保定军校首届学生毕业时，他曾有言："军人以服从命令，护国卫民为主务，然欲达此主务，必于平日锻炼心神，增长学识，方能临危不乱，应变有方。……然而军事学术日新月异，为国效忠，为民服务，责任至重。诸生今日毕业，特其发轫之始。名誉事业，来日方长，要知国家之隆替，视乎军备，军备之良窳，视乎将校，将校不良，虽糜费巨亿，养兵百万，何裨实际。语曰：三军易得，一将难求，旨哉斯言！此本大元帅不得不更进，而切望于诸生之朝夕惕励，益进所学，以为他日效命疆场，宣劳国家之备者。况当此国事艰危，正吾人卧薪尝胆之日，作新士气，扬历军威，树家国之干城，壮同人之袍泽，诸生其勉之。"③

第六节 民初国防与陆军部绩效分析

陆军部一切军事活动的旨归，皆在于抚境安民，加强国防。辛亥革命后，各省军队编制有沿用前清旧制的，有采用新制的，还有新旧混用的，编制不一严重影响了陆军部政令的上通下达。南北统一后，亟须统一军政来巩固新生政权，而发端于清末的边疆问题，在民初亦越发凸显，加之民初陆军自身发展的要求，各种原因促使陆军部推出了整编军队的政策。陆军部首先清点全国军队数量，进而整编序列，组建起一支由其直接管辖的中央陆军，这支陆军成为北京政府应对边疆危局的强有力的国防军。在贴危的时局面前，北洋陆军经受住了考验，成功保障了民初的国防安全。本节主要探讨整编军队政策出台的过程、整编后的陆军建制以及陆军部对民初国防问题的应对，并对民初陆军部的各项活动进行绩效考察。

---

① 《保定军界致祭关岳纪》，《申报》1915 年 3 月 25 日。
② 《陆军学生宣誓大典》，《申报》1915 年 3 月 24 日。
③ 《军官学校毕业训词》，《申报》1914 年 11 月 4 日。

一 整编军队

(一) 整编军队政策的出台

民初整编军队最早是从南京临时政府开始的。武昌起义后，继起各省纷纷组织军队，成立军政府，且省军队或沿前清旧制，或新旧混用，杂乱无章，致使号令不齐，严重影响了军队的调遣。这让具有大局眼光的柏文蔚忧心忡忡，他在南京临时政府筹设陆军部时，就敏锐地看出整编全国军队的重要性，并第一个发出了统一编制号召："现在共和整体业已成立，则全国军队应不分省界，编定划一之制，以符军政统一之机关，所有敝军前此所称镇军第一镇，名义上应即取消，业已改为中华民国第一师团，请为声明为盼。"① 地方呈请改编制的做法，立即受到陆军部的重视。陆军总长黄兴电令沪军陈其美部："速将所部各军营、团、队官、弃兵姓名、履历及军装器械一并造册报部。"② 此举可视为南京临时政府陆军部发出整编军队的讯号。1912 年 1 月 16 日，黄兴递交《陆军编制表》，孙中山批复准予颁行。③

然而，地方各省相继宣布独立后，部分省份野心膨胀，不服从中央管理，表现为在军事上划省分界，不允许他省部队进入本省境内，更不愿整编军队，形成半独立状态。为此，陆军部于 1 月 19 日决定："日内招集各军长官，开一军事大会议，将旧有军队编制一律重订，以求统一。"④ 1 月 22~23 日，陆军部召集驻宁各军队将佐举行军事会议，商决应行改良军事事宜，所议决的第一件就是"团队之编制"。⑤ 根据此次会议商议，按照陆军部起草的暂定编制表，首先从境内云集十余万人的江苏省开始改编，规定除粤、浙、柏军外，所有临时招募、名目不一、编制殊异的军队"全部编为建制部队，以浦口第一师团与宁军第二师团编为第一军，归柏文蔚师团长管辖；以陈懋修所统之军队为第三师团；以淮安张统领所率之镇军与淮上军合编为第四师团；以苏军为第五师团；浙军为第六师团；沪军先锋队与赣军混成标合编为第七师团，至于八、九、十各师团，以何种军队编组，尚未定

---

① 《专电》，《申报》1912 年 1 月 8 日。
② 《分饬军营造册》，《申报》1912 年 1 月 12 日。
③ 《准颁布陆军编制表令》，《孙中山全集》（第二卷），第 240 页。
④ 《专电》，《申报》1912 年 1 月 20 日。
⑤ 《新南京近事种种》，《申报》1912 年 1 月 22 日。

夺"。① 苏省的陆军建制改革，以师、旅、团、营代替了清末新军的镇、协、标、营，以师长、旅长、团长、营长、队长取代了镇统制、协统、标统、管带等。② 但因南京临时政府的倒台，这套编制并未能够在临时政府统辖区域内全面实施。

北京政府陆军部成为中国近代军队编制接轨现代军事编制的真正践行者。1912 年 5 月 13 日，唐绍仪在参议院宣布政见辞，对于军事方面，他提出"军兴以来，各处增兵以广势力，军务不免繁多而复杂，循此不变，不独人民之担负有加无已，抑地方秩序亦无从保其安宁。现已由参谋部、陆军部筹划善后方略，务期按切全国形势，统一军政，简选精锐，加以训练，整饬纪律，俾成劲旅，庶饷糈不致虚糜，而国防因以巩固"，③ 发出了统编军队的号召。段祺瑞在回答国务院采用何法统一军队时说："编制一事，刻下南北大都一律，并无出入，其未尽善之处，本欲稍为改革，如无困难之处甚多，故今暂仍旧。至于将来兵额多寡，此国防计划，乃参谋部之事，徐经贵院通过，始能发表。"④ 6 月，参谋部咨询陆军部是否新订陆军平时编制，为陆军部否决："查军队平时编制，应以战时编制为根据，战时编制，复应以全国军事计划为凭依。现关于全国军事计划，尚未商定，故本部平时编制未便遽行酌拟。查各省军队沿用前清陆军营制者尚多，现正设法裁道，亦未便遽事更张，致将来多费周折。拟仍沿用前清陆军营制，以归划一。俟各省裁遣事竣，全国军事计划已定，再行会商办理。"⑤ 陆军采用新编制的计划，便被暂时搁浅下来。

1912 年 8 月，陆军部将整编军队提上日程，并开始准备前期工作。9 月初，新的《陆军部官制》刊发后，陆军部在新官制下运转起来，整顿全国军队成为工作的重中之重。陆军总长段祺瑞在军事处召开军政会议，得出办法六条，其中第六条即"南北军之旧名称一律改为师、旅、团、联，以昭统一"。9 月 15 日，陆军部向各省发出了整编军队的电文。⑥ 9 月 21 日，军务司负责承办各处军队"前、左、右、后"旧称的更改："查军队

① 《宁垣统一军队之编制》，《申报》1912 年 2 月 25 日。
② 《苏省军制改革谈》，《申报》1912 年 2 月 25 日。
③ 朱宗震、杨光辉编《民初政争与二次革命》，第 19 页。
④ 《参议院第五次会议速记录》，《政府公报·附录》1912 年 5 月 16 日。
⑤ 《陆军部关于军队平时编制拟暂沿用前清营制咨》，中国第二历史档案馆编《中华民国史档案资料汇编》（第三辑·军事·一·上），第 119 页。
⑥ 《陆军部通行更改军队名称文》，《政府公报·公文》1912 年 9 月 16 日。

名称，业由本部分行知照在案。惟各师步、马、工、辎各队称前、左、右、后，炮队旧称中、左、右、后等字样，现时不便沿用，所有步、马、炮各队，应按本团连数改称，如第一连至十二连，工、辎各队，应按照本营连数改称，为第一至第四连等次序，以免分歧，而符名实。至于军队所用关防，当未颁布以前，准暂用旧有关防，以资信守。"① 更改文件下发后，交由军法司监督实施。

此后，陆军部将全国陆军编制案相继下发各省，征询其意见，并开始实施改编计划。陆军部拟将奉天防营改编为陆军二十四师、二十五师，但因前南京陆军部编制序列中，广东有二十四师，浙江有二十五师，此二师裁留未定，遂将奉天防营改编为二十七师、二十八师，"以免重复"。② 全国陆军改编后，咸成一律，详如表4-42。

表4-42　陆军改编前后比照

清末		民初		国际通用标准	
编制	官称	编制	官称	编制	官称
军	军长	军	军长	军	军长
镇	统制	师	师长	师	师长
协	统领	旅	旅长	旅	旅长
标	统带	团	团长	团	团长
营	管带	营	营长	营	营长
队	队官	连	连长	连	连长
大排	排长	排	排长	排	排长
棚		班	班长	班	班长

资料来源：《陆军官佐士兵等级表》，《民立报》1911年12月23日；中国第二历史档案馆编《中华民国史档案资料汇编》（第三辑·军事·一·上），第153页。

随后陆军部便赶造《陆军平时编制条例》。该编制经陆军部多次会议讨论，拟定草案，上呈袁世凯审阅。袁在阅后批复："此项编制，关系甚大，当在邀集曾经战事军官，详细研究。"③ 可见其对陆军编制的重视。此后，《条例》又经过反复敲定，方才出台。该条例对陆军部队的基本单位——

① 《军务司关于军队更改名称移》，中国第二历史档案馆编《中华民国史档案资料汇编》（第三辑·军事·一·上），第149~150页。
② 《陆军部呈大总统拟将奉天改编陆军两师，命名为二十七师及二十八师，请鉴核施行文并批》，《政府公报·公文》1912年9月20日。
③ 《专电》，《申报》1913年1月3日。

师一级的编制进行了调整。陆军每师由步兵两旅，骑兵、炮兵各一团，工兵、辎重兵各一营编成。其中步兵每旅辖两团，每团以四连编成之三营并机关枪一连组成；骑兵团分为甲、乙两种，甲种四连编成，乙种三连编成，主要视驻地情况而定；炮兵团以三连编成之三营组成，炮各连均为六尊；工兵营、辎重兵营均以三连编成；机关枪连的士兵不另行征集，而由所属团内士兵轮流教练。①

民初陆军编制并非一蹴而就，在相当长一段时间内都是正规军与旧军杂糅其间，因而遭到时人非议："统一军队诚中国今日之要政也，军队不统一，而欲财政之统一，势所难也……除各师军队之外，又有所谓的毅军焉、济军焉，此军制之不统一也。师长、旅长、团长而外，又有所谓的都统焉、副都统焉、协镇焉，此官制之不统一也。统一军队一驻外省，而其饷有自部发焉，有自省发焉，此军饷之不统一也。其他若教练、若数额、若军械、若饷金更随军随地而异，所谓不统一之尤者。"② 1914 年夏，陆军部再次重申统一军队之政策，原先之巡防营，大都陆续改编，或为陆军，或为警备队，③ 维护地方治安。而各省练军亦得到不同程度的改编，择其精良者改充各警备队，老弱病残者一律裁汰。陆军编制在形式上得到统一。民初军队编制的这次调整意义非凡，正如来新夏所说："不仅是在旧军基础上名称的变更，而且编制的统一和明确使这一时期的军队向近代化管理迈进了一步。"④

表 4 – 43　近畿陆军编制一览（1914）

序列	师长	参谋长	原属	驻地
近畿陆军第一师	何宗莲	董式桄	清近畿陆军第一镇	保定、张垣及多伦、归化
近畿陆军第二师	王占元	何佩瑢	清近畿陆军第二镇	保定、迁安、卢龙
近畿陆军第三师	曹　锟	萧耀南	清近畿陆军第三镇	南苑
近畿陆军第四师	杨善德	唐国谟	清近畿陆军第四镇	天津小站
近畿陆军第五师	靳云鹏	孙擢先	清近畿陆军第五镇	山东青州、潍县
近畿陆军第六师	李　纯 马继增	丁效兰	清近畿陆军第六镇	南苑

①　张侠等编《北洋陆军史料（1912 ~ 1916）》，第 27 ~ 28 页。
②　《统一军队》，《申报》1914 年 5 月 19 日。
③　章伯锋、李宗一主编《北洋军阀（1912 ~ 1928）》（第 1 卷），第 116 页。
④　来新夏等：《北洋军阀史》上册，南开大学出版社，2008，第 224 页。

续表

序列	师长	参谋长	原属	驻地
近畿陆军第七师	雷震春	赵景清		河南
近畿陆军第十四师	许崇智	于定华	清新军第十镇	
近畿陆军第十六师	王廷桢	李竟成	清禁卫军	
近畿陆军第十九师	刘之洁	赵福海	清江北陆军第十三协等	江苏镇江
近畿陆军第二十师	卢永祥	夏鸿均	清新军第二十镇	辽阳、新民、锦县
近畿陆军第二十三师	孟恩远	高士侯	清新军第二十三镇	

资料来源：来新夏主编《中国近代史资料丛刊·北洋军阀》（五），第 839～863 页；张侠等编《北洋陆军史料（1912～1916）》，第 61～131 页。

（二）整编后的陆军建制

北京政府陆军部接管全国陆军后，军队有近百万，分为中央陆军和各省陆军，前者由陆军部统辖，后者主要由各省都督管辖，部分军队由镇守使或地方官吏统辖。它们共同组成从中央到地方的陆军体系。

1. 中央陆军各师

中央陆军第一师。原清末陆军第一镇改，师长何宗莲（1912 年 8 月至 1914 年 9 月在任）、蔡成勋（1914 年 9 月至 1924 年 12 月在任）。统步兵第一、二旅，旅长李奎元、于富有，辖步兵第一、二、三、四团，以及骑兵第一团、炮兵第一团、工兵第一营、辎重兵第一营，全师约计 11000 人，驻防张家口及多伦、归化等地。

中央陆军第二师。原清末陆军第二镇，其下第三协王占元部曾相继由冯国璋、段祺瑞统领在武汉与民军作战，1912 年 8 月改镇为师，师长王占元（1912 年 8 月至 1916 年 1 月在任）、王金镜（1916 年 1 月至 1920 年 7 月在任）。统步兵第三、四旅，旅长王金镜、鲍贵卿；辖步兵第五、六、七、八团，以及骑兵第二团、炮兵第二团、工兵第二营。初驻防保定、迁安、卢龙，"二次革命"爆发后，曾随第六师进攻江西湖口镇压革命军，后进驻湖北武昌，分防汉口、汉阳、宜昌等处。

中央陆军第三师。原清末陆军第三镇，其下第五混成协雷震春部曾随段祺瑞第二军在武昌与民军开战，1912 年改镇为师，师长曹锟。统步兵第五、六旅，旅长唐天喜、张鸿逵。1913 年第五旅扩编为一混成旅开赴察哈尔，后该旅归入第十师，随即添募一补充旅，1914 年改为第五旅，旅长王承斌。辖步兵第九、十、十一、十二团，以及骑兵第三团、炮兵第三团、工兵第三营、辎重兵第三营。初驻防北京南苑，"二次革命"后，移驻湖北岳州。1914年4月，曹锟任长江上游警备司令，奉调赴湘；护国战争期间，分别开赴湘西和四川。袁世凯死后，会驻保定、正定。

中央陆军第四师。原清末陆军第四镇，师长陈光远（1912年8月至1912年11月在任）、杨善德（1912年11月至1920年3月在任）。统步兵第七、八旅，旅长李厚基、何丰林；辖步兵第十三、十四、十五、十六团，以及骑兵第四团、炮兵第四团、工兵第四营、辎重兵第四营，师直属第一、二团。原驻守天津小站，"二次革命"爆发后，相继进驻上海、南京，1913年9月全师移驻吴淞、淞沪一带。

中央陆军第五师。原清末陆军第五镇，师长靳云鹏（1912年8月至1914年7月在任）、张树元（1914年7月至1919年12月在任），统步兵第九、十旅，旅长马良、方玉普；辖步兵第十七、十八、十九、二十团，以及骑兵第五团、炮兵第五团、工兵第五营、辎重兵第五营。驻防山东，"二次革命"中，参与进攻南京，旋即受袁世凯令开赴镇江驻扎。1914年9月，该师第十旅扩编为第一混成旅，以补充旅改为第十旅，郑士琦任师长。

中央陆军第六师。原清末陆军第六镇，1912年改镇为师，师长李纯（1912年8月至1913年9月在任）、马继增（1913年9月至1916年3月在任）、杨树元（1916年3月至1916年9月在任）。统步兵第十一、十二旅，旅长张载阳、吴鸿昌；辖步兵第二十一、二十二、二十三、二十四团，以及骑兵第六团、炮兵第六团、工兵第六营、辎重兵第六营。驻北京南苑，"二次革命"中，与李烈钧在江西湖口交战，攻陷南昌。后李纯署理江西都督，第六师随之驻防。

中央陆军第七师。该师经多次整编。自1913年8月正式编建，以河南护军及第四师和第二十师的一部分编成，河南护军使雷震春为师长。统步兵第十三、十四旅，旅长李厚基、冯玉祥；下辖步兵第二十五、二十六、二十七、二十八团。1914年4月改编，仍设第十三、十四两旅，陆建章任师长，率新成所部赴陕西镇压白朗起义。9月该师番号奉命取消，所部改为第十五、十六混成旅，以贾德耀、冯玉祥任旅长。1914年9月将第三混成旅扩充为师，再建第七师番号，原第三混成旅旅长张敬尧为师长。除初编兵力外，增设骑兵第七团、炮兵第七团、工兵第七营、辎重兵第七营。

中央陆军第八师。自1913年9月正式编建，以拱卫军前路、炮兵一营合并辅卫军步兵五营编成。师长王汝贤（1913 年 8 月至 1914 年 9 月在任）、李长泰（1914 年 9 月至 1917 年 8 月在任）。统步兵第十五、十六旅，旅长黄元恺、王学绩；辖步兵第二十九、三十、三十一、三十二团，稍后增设骑兵第八团、炮兵第八团、工兵第八营、辎重兵连。该师初驻北京，1916 年初奉命入川增援张敬尧，对护国军作战，后回驻天津马厂。

中央陆军第九师。该师经多次整编。1914 年 3 月，以山西陆军第一师改编而成，师长由原山西陆军第一师师长孔庚担任，统步兵第十七、十八旅，旅长刘廷森、张培梅。9 月该师番号取消，所部改为第十三、十四混成旅。同时，又将河南陆军第一师改编为中央陆军第九师，师长张锡元，统第十七、十八旅，旅长分别为成慎、柴德贵。1915 年 7 月，该师番号再次取消，所部改为河南第一、二混成旅。1916 年 1 月，将中央陆军第十一师（原江南留鄂第一师）改为第九师，师长黎天才，辖步兵第三十三、三十四、三十五、三十六团，以及骑兵第九团（缺）、炮兵第九团（缺两营）、工兵第九营、辎重兵第九营（缺），所缺经后补齐。驻守湖北襄阳。

中央陆军第十师。于 1914 年 5 月由驻北京北苑陆军第五混成旅扩充而成，师长卢永祥。统步兵第十九、二十旅，旅长臧致平、荣道；辖步兵第三十七、三十八、三十九、四十团，以及骑兵第十团、炮兵第十团、工兵第十营（缺）、辎重兵第十营。初驻北京北苑，后入济南，1916 年底移师淞沪。

中央陆军第十一师。该师经多次整编。原第十一师成立于 1915 年 4 月，1916 年 1 月改名为中央陆军第九师，同时将新编陆军第三、四旅及骑兵四营、炮队等编为第十一师，师长张永成，军官系模范团第一期军官充任。统步兵第二十一、二十二旅，旅长李奎元、肖国安；辖步兵第四十一、四十二、四十三、四十四团，以及骑兵第十一团、炮兵第十一团、工兵第十一营、辎重兵第十一营。初驻保定，后移驻北京南苑。

中央陆军第十二师。在模范团基础上编建而成，师长陈光远。统步兵第二十三、二十四旅，旅长刘启垣、肖广传；辖步兵第四十五、四十六、四十七、四十八团，以及骑兵第十二团、炮兵第十二团、工兵第十二营、辎重兵第十二营。

中央陆军第十四师。原南京临时政府中央陆军第十四师，师长孙道仁，许崇智代理。统步兵第二十七、二十八旅，旅长蔡国斌、孙宝瑢。1913 年 11 月奉令降为陆军第二十七混成旅，旅长李厚基，陆军第十四师番号裁撤。1917 年 4 月恢复番号。所辖各团及驻地不详。

中央陆军第十五师。于 1916 年 2 月由四川陆军第一师及四川第一混成旅合编而成，师长周骏。统步兵第二十九、三十旅，旅长熊祥生、黄鹄。该师于同年 7 月被取消番号。1916 年以刘询的第五旅扩编为第十五师，旅长张国瑢、齐宝善，辖步兵第五十七、五十八、五十九、六十团，以及炮兵第十五团，驻重庆。

中央陆军第二十师。原清末新军第二十镇，改编为师后，先后由卢永祥（1912 年 8 月至 1914 年 4 月在任）、吴光新（1914 年 4 月至 1915 年 8 月署理）、范国璋（1915 年 8 月至 1918 年 2 月在任）任师长。统步兵第三十九、四十旅，旅长车云、张建功；辖步兵第七十七、七十八、七十九、八十团，以及骑兵第二十团、炮兵第二十团、工兵第二十营、辎重兵第二十营。初驻东北，"二次革命"时移师南京，后移驻岳州。

中央陆军第二十三师。前身是清末新军第二十三镇，改镇为师后，师长孟恩远。统第四十五、四十六旅，旅长高凤城、徐世扬。辖步兵第八十九、九十、九十一、九十二团，以及骑兵第二十三团、炮兵第二十三团、工兵第二十三营、辎重兵第二十三营。1915 年 7 月，该师撤销番号，所部改编为陆军第二、三混成旅。常驻吉林。

中央陆军第二十七师。原为奉天中、前两路巡防，后改为第二十四镇，1912 年 10 月改为暂编陆军第二十七师，师长张作霖。统步兵第五十三、五十四旅，旅长汤玉麟、孙烈臣；辖步兵第一〇五、一〇六、一〇七、一〇八团，以及骑兵第二十七团、炮兵第二十七团、工兵第二十七营、辎重兵第二十七营。驻扎奉天。

中央陆军第二十八师。在原奉天左路巡防与中路一部分的基础上扩编而成，1912 年 10 月成师，师长冯德麟。统步兵第五十五、五十六旅，旅长张海鹏、汲金纯；辖步兵第一〇九、一一〇、一一一、一一二团，骑兵第二十八团、炮兵第二十八团、工兵第二十八营、辎重兵第二十八营。驻扎北镇县，分驻黑山县及营榆路。[①]

---

① 以上中央陆军相关情况系由多种资料整理而成：计知之编《北洋陆军各师沿革概述》；章伯锋、李宗一主编《北洋军阀（1912~1928）》（第 1 卷），第 91~112 页；张侠等编《北洋陆军史料（1912~1916）》，第 61~126 页；中国第二历史档案馆《中华民国史档案资料汇编》（第三辑·军事·一·上），第 228~354 页；郭卿友主编《中华民国时期军政职官志》（上），第 27~54 页；以及《政府公报》《盛京时报》《民立报》《东方杂志》《申报》等各种报纸。

以上所述的 18 个师（第十四、十五两师番号在后期一度取消），都是袁世凯当政时期内，由陆军部编入陆军各师正式序列的，直接听令于陆军部。其中第十一、十二两师是袁世凯在模范团基础上编建的，起初只受袁世凯的陆海军大元帅统率办事处直接控制，不听命于陆军部。在袁世凯帝制失败后，段祺瑞组阁，以内阁总理兼署陆军总长之职，取消了陆海军大元帅统率办事处，还政陆军部，两师也相应被纳入陆军部的统辖之内。第二十七、二十八师虽属奉天地方军队，但在袁世凯统治时期，始终听命于陆军部的征调。

2. 中央陆军各混成旅

中央陆军第一混成旅。原山东第五师第十旅，参加镇压"二次革命"，1914 年 8 月扩编为混成旅，旅长施从滨。辖步兵二团，山炮、陆炮、辎重各一连，工兵一排。驻山东。

中央陆军第二混成旅。原清末奉天第二混成协，1912 年改协为旅，旅长吴庆桐。辖步兵二团，骑、炮各一营，工、辎各一连。

中央陆军第三混成旅。旅长迭变，初为荣道、旋改张敬尧，后又改鲍贵卿。1915 年 12 月裁撤该旅，旋以江西陆军改编，重建第三混成旅，旅长黄振魁。辖步兵二团，骑、炮各一营，工、辎各一连。

中央陆军第四混成旅。1914 年 8 月，由中央陆军第二十师步兵第三十九旅扩编而成，旅长伍祥祯。辖步兵第二混成旅。

中央陆军第五混成旅。由原直隶混成协改编，1912 年 6 月成立，8 月改为第一混成旅，1914 年 8 月改为陆军第五混成旅，旅长刘询。辖步兵两团。

中央陆军第六混成旅。1913 年 10 月，由李纯在江西招募组建，旅长丁效兰。1914 年 4 月改为第九混成旅，后以中央陆军第二师补充队扩编成中央陆军第六混成旅，王金镜为旅长，后由王懋修接替。辖步兵三团、炮兵一团、机关枪三连。驻防湖北。

中央陆军第七混成旅。1913 年 7 月始行招募，至 1914 年 11 月方才补入第一路，改编而成，旅长唐天喜。辖步兵二团、步兵混成团（步兵二营，骑、炮各一营）、机关枪一连、宪兵一连。初驻守河南开封，1916 年 3 月移师湖南长沙。

中央陆军第八混成旅。由备补第二路改编而成，旅长徐占凤。辖步兵二团、步兵混成团（步兵二营，骑、炮各一营）、机关枪一连、宪兵一连。

驻防河南。

中央陆军第九混成旅。1914 年 4 月，由江西招募的中央陆军第六混成旅更改番号而成，丁效兰为旅长。辖步兵二团，骑、炮、工、辎各一营。驻防江西南昌。

中央陆军第十混成旅。1914 年 11 月，由中央陆军第四师第七旅第十四团扩编而成，旅长唐国谟。辖步兵二团、山炮一连、机关枪二连。驻防福州、厦门。

中央陆军第十一混成旅。1914 年 10 月，由原中央陆军第十四师缩编降制而成，初称第二十七混成旅，后改为第十一混成旅。旅长王麒，辖步兵二团，炮、工兵各一营，骑兵一连，机关枪二连。驻防福建。

中央陆军第十二混成旅。1914 年 10 月，由山西陆军第十二混成旅及陆军第九师第三十三团整编而成，旅长初为黄国梁，后为孔繁霨。辖步兵二团，骑、炮、工、辎各一营。驻防山西太原。

中央陆军第十四混成旅。1914 年 11 月，由中央陆军第四师第七旅第十三团扩编而成，旅长黄崇仁。辖步兵二团，骑、炮、工、辎各一营。驻防漳州。

中央陆军第十五混成旅。1914 年 10 月，由新成立的第七师第十三旅扩编而成，旅长贾德耀。辖步兵两团，骑、炮各一营，机关枪一连。

中央陆军第十六混成旅。1914 年 10 月，由新成立的第七师第十四旅扩编而成，旅长冯玉祥。辖步兵两团，骑、炮各一营，机关枪一连。

上述 15 个混成旅，大多由陆军部在 1913～1914 年组建，小于师而大于旅，是介于师、旅之间的一种新编制。由于中央陆军各师不敷分配，而诸多战略要地又必须控制，一个师的兵力过剩，而一个旅的兵力又不足以应付，故混成旅这种编制序列以外的新编制便出现了。混成旅初期的编制较为混乱，不便于制订预算。1914 年 10 月 22 日，陆军部拟定混成旅暂行编制令，呈请袁世凯："陆军各混成旅前后奉令编定，其改编之际，或多由师内划分，或以备补营及他项队伍改组，司令部之人员多须从新组织，若无已定章制，不但盈绌各殊，有乖整齐之道，且薪饷不一，编制预算窒碍甚多，军队平时编制，又尚在研究之中，未克及时颁布。本部再三筹议，惟有拟定混成旅司令部暂行章则，通饬实行，借谋统一，将来编制规则妥定颁布后，再与各部队之详细编制随时改正，以利进行。"① 袁世凯批令"准如所拟办理，即由该部通行遵照"。②

上述的中央陆军 18 个师及 15 个混成旅，即为北京政府陆军部统辖的主要兵力。此外，陆军部还统辖有部分编制序列不大的军队。

3. 其他军队

近畿陆军第一旅：1916 年 10 月招募统编而成，驻防通县。

近畿陆军第二旅：1916 年 3 月，由模范团抽其精锐编成，驻防北京南苑。

陆军骑兵第一旅：旅长初为陈文远，后为苑品尚，辖骑兵二团，驻防热河西林。该旅亦称骑兵第二旅。

陆军骑兵第二旅：1913 年编成，旅长吴俊生，辖骑兵二团，驻防奉天。该旅亦称奉天陆军骑兵第二旅。

陆军骑兵第三旅：1913 年 6 月编成，旅长张九卿，1914 年 2 月解散，所部编入中央陆军第七师和第十师。

陆军骑兵第四旅：1914 年 9 月，以黑龙江省巡防营改编而成，旅长由英顺署理，驻防绥化。

陆军混成模范团：1916 年 2 月成立。该军是袁世凯认为北洋军已不足为己所持而创建的，袁自任团长，抽调北洋军师、旅等中下级军官集训，借以重新组织一支可供驱使的军队。

暂编陆军混成第一团：原清末第五镇第十八标编组而成，驻防山东济南。

暂编陆军混成第二团：1916 年 3 月由原清末河南新军第二十九协第五十一标改编而成，驻防湖北。③

4. 省警备队

除了中央陆军各师及混成旅外，各省还存在大量由巡防营改编而来的警备队。陆军部曾为警备队制定了专门条例，按照条例改编，有京兆、江西、福建、云南、山西、湖北、浙江等省警备队。列举其配置如下。④

京兆：京兆警备队分东、南、西、北四路，东路驻通县、西路驻涿

---

① 中国第二历史档案馆编《中华民国史档案资料汇编》（第三辑·军事·一·上），第 157 页。
② 中国第二历史档案馆编《中华民国史档案资料汇编》（第三辑·军事·一·上），第 159 页。
③ 张侠等编《北洋陆军史料（1912～1916）》，第 162～170 页
④ 章伯锋、李宗一主编《北洋军阀（1912～1928）》（第 1 卷），第 102 页。

县、北路驻昌平、南路驻京师，每路约 400 余人。

江西：江西设五营，以一营策应各路，其余在各县分驻，全省设警备司令官以资统摄。

福建：1913 年福建巡防、义勇、防卫各营经过整编，改为警队十六营，就四道，每道四营；1915 年再次予以改编，共四团八营，每营 340 人，分配各属。

云南：1914 年 4 月改国民军二十四营为警备队，分驻冲要，归县知事调遣。

山西：1914 年改编警备队马、步六营，1915 年续编马、步十六营，共计二十二营；1916 年初继续增编。所部分南北两路驻扎，保卫地方。

湖北：1914 年初设警备教练队，着手从事编制；1915 年设中央司令直辖五营，每营 300 人；后续编至十四营，分三区驻防。

浙江：1914 年改巡防营为警备队，编成十二营；是年秋，又改编了浙江全省游击队，共编成二十二营。

表 4－44　陆军部直辖军队番号及驻地（1914 年 10 月）

建　制	长官姓名	驻扎地点
第一师	蔡成勋	张家口
第二师	王占元	湖北武昌
第三师	曹锟	湖南岳阳
第四师	杨善德	江苏淞江
第五师	张树元	山东历城
第六师	马继增	江西南昌
第七师	张敬尧	南苑
第八师	李长泰	直隶清苑
第十师	卢永祥	北苑
江南留鄂第一师	黎天才	湖北江陵
陆军第一混成旅	施从滨	山东
陆军第二混成旅	吴庆桐	南阳
陆军第三混成旅	张敬尧	南苑
陆军第四混成旅	伍祥祯	衡州
陆军第五混成旅	刘询	清江浦
陆军第六混成旅	王金镜	湖北

建　制	长官姓名	驻扎地点
陆军第七混成旅	唐天喜	开封
陆军第八混成旅	徐占凤	鲁山
陆军第九混成旅	丁效兰	南昌
陆军第十混成旅	唐国谟	福州、厦门
陆军第十一混成旅	王麒	福建
陆军第十二混成旅	黄国梁	太原
陆军第十三混成旅	孔庚	包头
陆军第十四混成旅	黄崇仁	漳州
陆军第十五混成旅	贾德耀	西安
陆军第十六混成旅	冯玉祥	西安
陕西步兵团	陆承武	西安
陆军骑兵第一旅	苑品尚	热河西林
陆军骑兵第二旅	吴俊生	奉天
陆军骑兵第三旅	张九卿	张家口
陆军骑兵第四旅	英顺	绥化
吉林混成旅	裴其勋	长春
浙江第四十九旅	周凤歧	宁波
绥远第八十混成团	徐廷荣	归绥
绥远第一混成旅	孟效曾	归绥
江苏第七十四混成旅	赵俊卿	南京
江苏第七十五混成旅	方更生	南京
江苏第七十六混成旅	张仁奎	扬州
四路要塞步兵第一旅	龚青云	镇江
湖北陆军步兵第五团	卢金山	武昌
塔尔巴哈台陆军混成团	郑巨川	绥靖
伊犁混成团	陈金胜	伊犁

资料来源：张侠等编《北洋陆军史料（1912～1916）》，第34～35页。

二　陆军部与民初国防

辛亥革命前后，俄、英等西方列强趁中国内部局势动荡，煽动边疆少数民族统领发动武装叛乱，宣布脱离中国政府的管辖，甚至公然派兵干涉中国领土争端。中华民国新政府成立后，以外交手段与之交涉，以军事力量为后盾。当外交无法进展之时，便让陆军部调集大军，采用军事手段给予震慑，最终促使交涉成功，确保民初国防上的安全。

（一）外蒙古独立危机

1. 外蒙古独立与初期外交协商失败

鉴于外患日益严重，清政府加派驻军施行新政，不断扩充在蒙古的势力。1910 年 3 月，清廷派三多出任库伦办事大臣。上任之后，他大设各类行政机构，除原有机构外，新添机构就有二十余所，而所有机构的经费均由蒙古摊派，人民不堪其扰，相率逃逸。于是，俄人乘机暗通外蒙古库伦活佛哲布尊丹巴，以会盟为名，召集各部密议独立事宜。因此，外蒙古的独立，"固以俄人蓄意诱煽为重要之原因，而清末在外蒙推行新政失当，使蒙人发生背我亲俄之情绪，俄人乃利用之以为干涉之借口"。① 1911 年 7 月，俄国外交使臣直接向清外务部提出交涉，要求清廷立即停办蒙古各项新政，否则俄国断不能漠视。外务部在俄国的压力下，电令三多"体察实际情形，酌拟变通办法"，"各项新政，如实有碍难之处，均可从缓办理"。② 三多遵从旨意，停办新政，但俄人侵略未止。

1911 年 11 月 30 日，外蒙古库伦活佛哲布尊丹巴在俄国人的煽动下，乘中国辛亥革命、政府无暇北顾之际，宣布独立，驱逐驻库伦办事大臣三多、所属文武官员及驻军 130 余人，引发外蒙古问题。对此情形，孙中山就任临时大总统后曾致电蒙古王公："解除专制，并非仇满，实欲合全国人民，无分满汉蒙回藏，相与共享人类之自由。"③ 南京临时政府试图以政治拉拢，但未能见效。袁世凯继任大总统后，因大局未定，起初以"怀柔政策"为主。1912 年 3 月 23 日，袁世凯派遣在京的蒙古王公赴外蒙，劝说哲布尊丹巴取消独立。25 日，又颁布《劝谕蒙藏令》，④ 晓以国家、民族之大义，但外蒙在帝俄的鼓动下，对其视而不见。7 月，北京政府成立蒙藏事务局，任命姚锡光为蒙藏事务局副总裁，兼署总裁职，⑤ 统筹蒙藏边防事宜。8

---

① 李毓澍：《外蒙古撤治问题》，台北中研院近代史研究所，1966，第 1 页。
② 李毓澍：《外蒙古撤治问题》，第 3 页；鲁鸿琛编《中俄外交沿革史》，台北：文海出版社，1988，第 32～35 页。
③ 《孙中山全集》（第二卷），第 48 页。
④ 章伯锋、李宗一主编《北洋军阀（1912～1928）》（第 6 卷），第 10 页。
⑤ 章伯锋、李宗一主编《北洋军阀（1912～1928）》（第 6 卷），第 16 页。

月 6 日，外蒙古库伦当局军队攻占科布多，科布多参赞溥锏被迫交出印信。[①] 19 日，在沙俄的策动下，哲里木盟科尔沁右翼前旗扎萨克图郡王乌泰叛乱，发表独立宣言，并分三路进攻洮南。即便如此，袁世凯仍未放弃以和平手段解决纷争，颁布《蒙古待遇条例》，以安抚蒙古王公，规定蒙古王公原有世爵、封号、特权，一律照旧，俸饷从优。[②]

1912 年 11 月 3 日，为了胁迫中国政府与其交涉外蒙古问题，廓索维慈与哲布尊丹巴在库伦签订了《俄蒙协约》及附约《商务章程》，规定俄国"扶植蒙古的自治"，并为其编练军队，不准中国军队"进入蒙境"，不准汉人"移居蒙地"，且给予俄国在政治、经济等方面广泛的权利。[③] 俄国的行为严重侵犯了我国的主权，为此，12 月 7 日，北京政府正式发表声明："蒙古为中华领土，无与他国定约之权，无论俄蒙订立何项条约，中华民国政府概不承认。"[④] 15 日，内蒙古昭乌达盟部分地区叛乱，攻陷开鲁。[⑤] 沙俄挑唆外蒙一再破坏中国领土主权，干涉中国内政，使和平手段解决外蒙问题化为泡影。

2. 陆军部的应对

外蒙古独立事件发生后，陆军部立即着手应对。实际上，早在 7 月，段祺瑞就产生了"调派吉林、黑龙江及新疆三省军队同时进击库伦，以便迫令取消独立"的想法。[⑥] 库伦事件发生后，段祺瑞同全体国务员出席参议院会议，讨论对俄作战方略。针对征库激烈的论调，段认为陆军部立即对库伦用兵困难重重：其一，交通不便；其二，北蒙气候寒冽，不便久驻军队；其三，北蒙军粮缺乏，必须由内地供给；其四，各军相隔诸多，不便仓促派兵，恐有自溃之虞。基于以上认识，段祺瑞主张此时宜采用办法：一是派兵防守内蒙古东部各处要厄，示以兵威，使各王公免被活佛煽惑；二是等到春日和暖，联师大举直捣库伦。对于当下情形，段祺瑞做出如下安排：饬令察哈尔都督何宗莲督率第一镇步、骑、炮队进兵攻击为蒙军占领的达里岗崖，同时，禁卫军统制王廷桢督率该军移驻归化城，拔队进

---

① 章伯锋、李宗一主编《北洋军阀（1912~1928）》（第 6 卷），第 17 页。
② 章伯锋、李宗一主编《北洋军阀（1912~1928）》（第 6 卷），第 18 页。
③ 远东外交研究会编《最近十年之中俄交涉》，台北：文海出版社，1985，第 139 页。
④ 李毓澍：《外蒙古撤治问题》，第 5 页。
⑤ 章伯锋、李宗一主编《北洋军阀（1912~1928）》（第 6 卷），第 21 页。
⑥ 《北京专电》，《盛京时报》1912 年 7 月 26 日。

发；饬令军统姜桂题酌派步、马、炮数营，协助驻扎热河军队，防备库伦方面，派遣王宫保札卜带队进袭热河扎赉特旗等处；至于东三省征蒙军队，现尚将劲旅驻扎东蒙一带，不准迁动，务必严守各路边防，实行对蒙军事筹划。①

面对外蒙境况，各省军长、师长及各团体连日致电陆军部，要求立即提出备战议案，俾可出征。江苏都督程德全拟编制军队，派陈懋修征库，致电陆军部："听候调遣。"② 远在西陲的蔡锷也誓言："滇虽瘠远，亦应简练精锐劲旅，听候政府指挥。"③ 陆军部面对如此情形，采取稳健的举措，首先，电令各省放缓裁军，如直接致电江苏都督程德全"缓裁减，以备调遣赴蒙"，④ 并询问各省"能出精练军队若干，每省能担任军饷若干，除军饷外粮台所需物品及军装，能否协助，对于此项军饷，是否一时抑继续的担任"；其次，与参谋部"设台站及军用电线"，"主张扼守内蒙——先将察哈尔、绥远城、归化城、大同府、热河等处军队编为边防联军，由部拣员节制，各处皆不得调遣"。⑤ 陆军部统筹全局，并制订如下三路进军路线：一是由承德出长城，绕兴安岭攻车臣汗；二是由兰州出长城，绕贺兰山攻外蒙戈壁；三是由新疆迪化攻扎萨克图，以此来牵制沙俄派军支援外蒙古。

陆军部决定对库伦用兵，必须提前了解关系战局走向的地形、气候等情况。1912 年底，陆军部军务处派遣赴内蒙的侦查人员勘定了行军路线并绘制了详细的地图，于 1913 年初送回了绘图。⑥ 战前另一项重要准备就是供给大军的粮草。为筹集军粮，段祺瑞发布通告："库逆执迷，破坏共和，终须武力解决，预备军粮，关系甚要。"并急电较为富庶的省份如江苏："请予察核市情，通盘筹划，即就苏省按月实能输运军米若干石，以资接济。"程都督接到电令后，派员详查本省经济状况。⑦ 此外，蒙军初期屡屡增兵，以偷袭战术，攻击民国政府兵力部署薄弱区域，造成了极大损失，因此建立兵站运输士兵、以备蒙军压境而我军无力应对的局面成为当务之

① 《库俄协约之惊风骇浪（五）》，《申报》1912 年 11 月 22 日。
② 《专电》，《申报》1912 年 11 月 22 日。
③ 曾业英编《蔡锷集》（一），第 790 页。
④ 《专电》，《申报》1912 年 11 月 22 日。
⑤ 黄远庸：《远生遗著》卷二，台北：文海出版社，1966，第 234 页。
⑥ 《专电》，《申报》1913 年 1 月 10 日。
⑦ 《陆军部预备征库军米》，《申报》1913 年 2 月 17 日。

急。在守卫蒙境的军政长官的强烈要求下，陆军部同意了该请求，并立即派员筹办。①

上述工作准备就绪后，陆军部开始调遣大军，发起征讨。1913 年 1 月，调集到内蒙的军队共有 39545 人，"仍恐不敷防范"。② 于是，袁世凯就外蒙古问题发表政见："一、武力为后盾；二、俄坚持强硬，付诸国际会议仲裁；三、时宜镇静，不能轻举妄动等。"③ 以拖延的方式给中国陆军提供更为充裕的准备时间。与此同时，因蒙事日迫，为避免前清将军、都统"此推彼诿，各不负责"的旧例，各将军、都统、镇边使各长官等，纷纷电请大总统提交国务会议，将防务详细划分，"以清权限"。参谋部及陆军部因蒙边"军事方亟，军队众多，尚无统属，亟宜妥筹联络之法，以收统一之效，庶几一旦有事，亦不至于贻误事机"。于是，陆、参两部联衔密呈袁世凯，请设立蒙边总司令官，"以专责成"。袁世凯以事关重要，特电各省都督通筹复示，"以为定夺之计"，④ 各省都督则认为未有必要设立军事指挥机构。为提高内蒙军队的战斗力，北京"召集之陆军大会，议决以汉员训练内蒙军队"，⑤ 共同抵御外蒙的叛乱。此后，征蒙军队在陆军部的指挥下，不时传来捷报，如征蒙军第八师王汝贤由多伦凯旋，⑥ 卢永祥在乌兰坝剿匪成功，多伦王怀庆克复白蓝两旗，⑦ 征蒙军收复经棚、大王庙等地。⑧

中国陆军在军事上的胜利，直接影响到外蒙古局势的发展。1913 年 9 月，孙宝琦继陆徵祥之后，与俄使重新走到谈判桌前。此次谈判，达成中俄声明文件及另件，俄国承认外蒙古是中国领土之一部分，中国承认外蒙古之自治权，凡涉及中俄双方权利由三方协定。而后，中俄就外蒙问题持续磋商，三方缔结《恰克图条约》。⑨ 后由于第一次世界大战爆发，沙俄卷入欧洲战场不能自拔，无暇顾及外蒙，失去奥援的哲布尊丹巴于 1915 年 6

---

① 《专电》，《申报》1913 年 2 月 24 日。
② 《专电》，《申报》1913 年 1 月 8 日。
③ 章伯锋、李宗一主编《北洋军阀（1912～1928）》（第 6 卷），第 24 页。
④ 《亡羊补牢之筹边谈》，《申报》1913 年 2 月 24 日。
⑤ 《译电》，《申报》1913 年 3 月 12 日。
⑥ 《专电》，《申报》1913 年 12 月 22 日。
⑦ 《征蒙军捷报纪闻》，《申报》1913 年 8 月 22 日。
⑧ 章伯锋、李宗一主编《北洋军阀（1912～1928）》（第 6 卷），第 44 页。
⑨ 李毓澍：《外蒙古撤治问题》，第 5～7 页。

月 9 日宣告撤销独立，外蒙古进入自治时期。北京政府依约于 1915 年 6 月 16 日特任陈箓为第一任都护使，充驻扎库伦办事大员，代表中国驻扎库伦，行驶中国在外蒙之主权。可以说，没有征蒙军在战场上的胜利，中俄就不存在对等的话语权，也不可能返回谈判桌前。这为后来徐树铮任西北筹办使率军开赴库伦、外蒙古王公自愿取消自治、外蒙古重归中国奠定了基础。[①]

（二） 西南边疆危机

1. 片马问题

晚清数十年间，中国西南边疆受到极大的挑战，其中片马问题即为代表性事件之一。片马地区为中国西南门户，战略位置极其重要，英国早有觊觎之心。1900 年 2 月，英国派兵侵入片马附近的茨竹、派赖等地，烧杀抢掠，使得滇西边境惶恐不安。此后数十年间，中英一直就片马问题时断时续地交涉，但并未达成勘界协议。1911 年 1 月，英国派兵 2000 人悍然侵入并强占片马一带，"设卡筑垒……立意久占"，[②] 宣称 "高黎贡山以西，为该国固有领土"。[③] 对于英国此番举动，云贵总督李经羲洞若观火："彼族目光所注，不仅限以滇边，尤在直通西藏。"[④] 打通从片马到西藏的交通要道，会给中国西南边防带来隐患。英国侵占片马，全国群情激愤，纷纷表示要出兵迎击。清政府采取了 "审时度势，究未便轻启兵端" 的做法，但在外交上坚持据理力争。同时，谕令云南当局不得 "卤莽偾事"，以 "镇抚汉夷，免生惊扰"[⑤] 为务。1 月 28 日，清政府电令驻英公使刘玉麟向英国外交部提出要 "先行电饬退兵"，然后双方派员 "商议界务"，[⑥] 而英国认为其并无占据中国领土之意，拒绝从片马撤军。4 月 14 日，英国公使朱尔典与外务部谈判，要求重新勘界，为外务部严词拒绝，朱尔典遂态度蛮横地说："中国不允所请，致起冲突，中国应任其咎。" 外务部亦坚决驳斥："若果因此冲突，中国政府万难任咎。"[⑦] 清政府的态度，对维护国

---

① 刘凤翰：《国民党军事制度史》（上），中国大百科全书出版社，2009，第 74 页。
② 王希隐编《清宣统朝外交史料》（第 19 卷）铅印本，1933，第 1 页。
③ 王希隐编《清宣统朝外交史料》（第 18 卷）铅印本，第 49 页。
④ 王希隐编《清宣统朝外交史料》（第 18 卷）铅印本，第 48 页。
⑤ 王希隐编《清宣统朝外交史料》（第 18 卷）铅印本，第 50 页。
⑥ 王希隐编《清宣统朝外交史料》（第 19 卷）铅印本，第 4 页。
⑦ 王希隐编《清宣统朝外交史料》（第 19 卷）铅印本，第 31 页。

家领土主权起了很大作用。

辛亥革命爆发后，中英关于片马边界的交涉"遂尔中止"，而英国却趁机入侵片马及附近地区，私立界石，添设军队，并设立军政机构，妄图造成既成事实，将片马地区据为己有。英国侵略者在片马的行动，让驻防丽江的李根源忧心忡忡，他在致蔡锷的电文中说："上通藏卫，中连印度，下接缅甸，实为我沿边一带之藩篱，外人眈视已非一日……片马之役，源命潘万成、王秉钧等员冒险深入，所经各地抚摩煦育，受抚者百十余寨，咸泐石纪念。若再加以经营，设官分域，开垦通商，更以军队镇之，必皆望风飯附。"① 蔡锷观此情形，电告南京临时政府："滇边辽阔，逼处强邻，南界早经画分，尚无异议。西北境既夐远，界限未清，履勘数回，蹙地千里，皆缘视为滇边荒，漠不置意，致启戎心。若非及早经营，不特土舍居民永沦榛狉，且外人眈视，浸撤藩篱，日紧一日。去岁片马之役，已为前鉴。"② 南京临时政府当时自顾不暇，片马问题便被搁置下来。

片马的严重危机，使蔡锷昼夜难安，北京政府成立后，他立即上报袁世凯："英人载骤骎骎，一日千里。一有抵触，则恐生衅端，听容所为，则贻害大局。西陲关系，非独滇危，用特迫切电陈，恳请速为筹办。"③ 北京政府尚未给出答复时，蔡锷再次致电袁世凯，提出要抓住解决片马问题的时机："现在大局已定，此案又将发生，将来非由中央派员会勘，不能定夺。此时外人尚未提议及此，勘界人员似未便遂行委派。惟边省外交重要，拟请遴选声望素著，熟悉滇、缅边务之员，先冲云南外交司。俟片马事发生，即以为勘界专员，庶可事先筹维，不至临时仓卒。是否?"④ 此后，陆军部派出勘界人员与英国几经交涉，均未能达成共识，片马问题又被拖延下去。

2. 西藏叛乱

晚清时期，英国曾企图染指西藏，欲将其划为自己的"势力范围"。1911 年，辛亥革命爆发，国内动荡，无力顾及边防，于是英国便乘机大肆进行侵犯西藏的活动。英国分裂分子首先蛊惑西藏上层统治者发动军事叛乱，唆使他们宣布西藏独立，脱离中国管辖。在这种情况下，西藏反动分

---

① 曾业英编《蔡锷集》（一），第 366 页。
② 曾业英编《蔡锷集》（一），第 365 页。
③ 曾业英编《蔡锷集》（一），第 547 页。
④ 曾业英编《蔡锷集》（一），第 558 页。

子以达桑占东为藏军总司令，进攻江孜驻藏华军，[1] 屠杀汉民，抢劫商旅，公然驱逐中央驻藏官员和驻藏军队。

此后，西藏叛乱愈演愈烈，直接威胁到西南边防安全。这一险恶的局势，在蔡锷致南京临时政府大总统的函电中显露出来："西藏叛兵逼巴塘，英人亦增兵入藏，倘蜀事久未定，不惟民受其殃，恐大局亦为之牵动。"蔡锷决定联络四川出兵，"北出汉中，西防藏卫，以巩我屏蔽，挫彼戎心"。[2] 巴塘乃入川咽喉，江卡乃进滇要道，维西属阿墩弹压委员赵珩上报蔡锷称："如由巴塘以窥蜀，或由江卡以窜滇，均系国防重地，请速派军驻防。"蔡锷不得不立即电饬丽江李根源等分兵堵防，"以免窜扰"。[3] 为了从全局上部署对藏用兵，蔡锷特致电四川都督尹昌衡、副都督罗纶："西藏为我国屏藩，内部近颇不稳，似应及早经营，免为后患。"[4] 国防问题当前，川、滇军队由此前滇军入蜀平乱而引起的对立状态，走向了一致对外的合作关系。

如果说南京临时政府时期的西南边防政策是由中央首肯，川、滇地方各省自发行动的话，那么，北京政府时期则是中央政府统筹兼顾，地方各省积极响应。北京政府成立后，蔡锷就西藏险情电告袁世凯："查今春藏兵至察木多，近逼川界，曾电商川贵都督共筹办法，嗣得川贵都督电，以藏事自当独任其难，故滇军不复过问。兹阅路透电文，殊深焦灼。西藏为我国雄藩，外人垂涎已久，非亟早规划，终非我有。西藩一撤，后患何穷？应请大总统早为布置，以固边围，而惩后患。"[5] 国务院完全同意蔡锷的观点，5月9日在给其电复中称："已电尹都督等筹办矣。滇藏接界，关系殊重，该都督亦应随时确探情形，密为筹备，以重边卫。"[6] 随着西藏危局的加深，前方将士忧心忡忡："后藏江（孜）、亚（东）已失，拉萨危在旦夕，务恳火速救援"，"藏人军械足用，又获我大宗军火，今调集大兵，盘踞拉萨，日夜操练，已成劲敌，进击为难"。面对西藏危如累卵的形势，蔡锷即刻致电袁世凯："查藏、卫西藩，关系大局，一有破裂，则滇、川有唇亡之虞。现藏事危急至此，不能不早为之图。惟滇军早经撤

---

① 章伯锋、李宗一主编《北洋军阀（1912~1928）》（第6卷），第10页。
② 曾业英编《蔡锷集》（一），第433页。
③ 曾业英编《蔡锷集》（一），第464页。
④ 曾业英编《蔡锷集》（一），第475页。
⑤ 曾业英编《蔡锷集》（一），第594页。
⑥ 曾业英编《蔡锷集》（一），第595页。

返,未便复出,且悬军数千里,滇力亦恐难胜,况前经川人固拒,派兵又必生疑。坐视危疆,焦急万状,应请迅为筹处,以救危机,并请裁示。"①

1912年6月,英国侵略者将达赖喇嘛十三世从印度接回拉萨,以期进一步控制西藏地区,这封堵了北京政府从外交上解决西藏问题的后路。面对公然的分裂活动,北京政府陆军部准备派发军队,进藏平乱。为了减少与英国的摩擦,外务部就派兵入藏平乱致电英国驻京公使,做出以下声明:一、西藏永为中国领土;二、一切责任均由中国负担;三、商务上利益,中英两国共享有之,惟政治不顾问英国;四、英国不得驻兵西藏,他国亦然。② 北京政府的严正立场,为出兵西藏奠定了基础。

其实,对藏用兵的计划,早在1912年5月中旬国务院复蔡锷的电文中已经表露出来:"迭得四川尹、张两都督电告藏境危急,已派军西进,请电尊处迅拨得力军队,联合进藏,竭力镇抚。现在民国建设伊始,若令藏境一有叛离,势必牵动全局,前途险象,思之心悸。夙仰执事威望昭著,规划宏远,各祈捐弃前嫌,力顾大局,迅拨劲旅,会同蜀军,协力进行,奠定藏境。"③ 旋即,陆军部下令调派川军、滇军分路进藏平叛,任命四川都督尹昌衡为征藏总司令,负责平叛事宜。④ 7月初,川军先行进军藏边地区。川军入藏后,将进藏日期及续调鄂军办法,并于打箭炉设立总兵站的设想一一报告于陆军部。⑤ 滇军就近派出丽江、维西驻扎军队一营援藏,后又派一混成协跟进,⑥ 打算经珞瑜之捷径,直捣拉萨。蔡锷在西征誓师大会上回顾了英藏军队的侵略行径,呼吁出征将校"联肱骨心膂之谊,收所到必克之功,以恢复我国土,宣扬我国威"。⑦

尹昌衡鉴于"藏边情势岌岌可危,达赖拥外兵自卫,番众四出骚扰,加以外人暗中输送军械,绝非少数兵力所能解决,现省中西征军队虽已陆续抵边,然饷械俱无,势难持久"⑧ 的现实,要求各省协饷,准备在西藏打一场持久战。而各省爱国军人在不加饷的前提下,"自请征藏",经总统

---

① 曾业英编《蔡锷集》(一),第608~609页。
② 北京大学历史系等编《西藏地方历史资料》,生活·读书·新知三联书店,1963,第287页。
③ 曾业英编《蔡锷集》(一),第624页。
④ 张忠绂编著《中华民国外交史》(一),正中书局,1945,第100~101页。
⑤ 《尹昌衡进兵入藏之续报》,《盛京时报》1912年7月14日。
⑥ 《滇军援藏》,《盛京时报》1912年8月2日。
⑦ 曾业英编《蔡锷集》(一),第680~681页。
⑧ 《尹昌衡又来请饷》,《盛京时报》1912年8月1日。

府军事会议决定，将其作为征藏大军接应。① 但是兵微饷乏，尹昌衡初战失败，被迫退至雅州。喇嘛纷纷叛乱，藏中形势日益急迫，"士人及外侨现已纷纷向滇省方面迁逃"。② 交战失利的消息传至北京，袁世凯颇为焦灼，召集军事大员秘密讨论对策，并分电各省都督博采意见。③ 此后，尹昌衡采取防守战术，等待云南援军的到来。9月初，滇军与川军会师，驻扎于入藏门户——盐井，以川军分进合击战术，给叛乱藏军以极大的打击，并有一鼓荡平叛乱之势。

川滇联军颇为顺利的进军，让达赖感到西藏独立希望渺茫，遂"电请中央，仍旧属服，惟要求不改省不用兵等条件"。④ 英国唯恐其侵略西藏的计划落空，遂公开出面直接进行干涉，悍然向北京政府提出极端无理的要求，试图阻止征藏军继续开战：①英国政府不允许中国干涉西藏内政；②反对华官在藏擅夺行政权，并不承认中国视西藏与内地各省平等；③英国不欲允准在西藏境内存留无限华兵；④以上各节先行立约，英方将承认之益施之于民国；⑤暂时中藏经过印度之交通应视为断绝。⑤ 此后，征藏军在西藏的军事活动基本停止，转由外交部与英国展开交涉。滇军奉令缓进，于11月全数撤出藏境，并在撤退时做了周密部署，"西征军除撤省外，其余陆防各营，饬令分驻中甸、维西、工昧、菖蒲、筒白、罗汉等处，控御乡城、德格、红白盐井、杂瑜、波密各地，防军归张镇节制，陆军归赖贾大队长节制，俾负专责，以免推卸"。⑥ 国务院对蔡锷的做法赞赏有加："西征军撤旋，仍留张镇、贾大队长分统各营扼要防守，驭军固围，办法井然，殊堪嘉慰。"⑦ 至此陆军部对西藏叛乱问题的处理告一段落。

确保国防安全，是陆军部的主要职责之一。为此，陆军部整编民初混杂军队，汰弱留强，组建了一支能征善战的国防军，成为国防的支柱力量。在民初极其复杂的形势下，面对沙俄策动的外蒙古独立，英国策动的西藏分裂，陆军部配合政府以外交谈判为主的策略，以军事力量为其后盾，取得显

---

① 《军队自请征藏》，《盛京时报》1912年8月11日。
② 《北京专电》，《盛京时报》1912年8月18日。
③ 《尹司令退守雅州》，《盛京时报》1912年8月14日。
④ 曾业英编《蔡锷集》（一），第757页。
⑤ 程道德等编《中华民国外交史资料选编（1911～1919）》（一），北京大学出版社，1988，第130页。
⑥ 曾业英编《蔡锷集》（一），第789页。
⑦ 曾业英编《蔡锷集》（一），第790页。

著成效。中国政府迫使外蒙古由独立到自治，仍然在中华版图之内，英国策动的西藏上层分裂活动没有得逞，这些重要重大政治事件的背后，都有着陆军部军事力量的影响。长期以来对民初中国政府的描述，忽略了中国的军事力量的存在，忽略了陆军部采取的军事行为。

三 民初陆军部的绩效考察

（一）陆军部的成绩

对于陆军部而言，其成绩应该是指在行政管理和军事活动等行为中所取得的成就和影响等。陆军部在民初五年多时间里，无论在机构建设、制度创新、人事管理，还是在其主要活动，诸如裁军、开展军事教育、颁布军衔、筹设国防等方面都取得了不小的成绩。

1. 建构的科层化

科层制又称官僚制，它是德国社会学家马克斯·韦伯提出的。按照通行的解释，官僚制指的是一种将权力依职能和职位进行分工和分层、以规则为管理主体的组织体系和管理方式。也就是说，它既是一种组织结构，又是一种管理方式。作为一种管理方式，官僚制为现代社会的组织管理提供了有效的工具。它具有六大特点：①内部分工，组织成员的权力和责任都有明确规定；②采用职务等级制，确定上下级隶属关系；③组织内部公私分离，成员间关系只是工作关系；④组织成员都受过专业化领域训练；⑤管理人员是专职的公职人员；⑥管理有严格的规定、纪律，并毫无例外地普遍适用。①

陆军部成立后，以前清组织为基础，在其机构设置和职能划分上，明确采用近代科层制。这一方面是出于军事机构的特殊性质，另一方面是因为国家采用近代政治体制，而近代大多数政府的行政机构普遍采用科层制。民初陆军部以一厅八司二十一科替代清末陆军部二厅十司二处，总务厅是陆军部的中枢机构，负责整个陆军部的机要、统计、收发函件及经费事宜，其下分设三科；总务厅外设八司，担负各项具体事务：军衡司分为任官和赏赉二科，军务司下设军事、步兵、骑兵、炮兵、工兵五科，军械司下辖将炮和材具二科，军学司设步兵、骑兵、炮兵、工兵、辎重兵五科，军需司设会计、粮服二科，军医司设医务、卫生二科，军法司、军马司不分科。

① 〔德〕马克斯·韦伯：《经济与社会》（第二卷上册），阎克文译，上海人民出版社，2010，第 1095~1097 页。

民初陆军部设置厅、司、科，层次分明，权责明确，非常有利于军事机构的运转以及各类军事活动的统筹规划，有助于分类管理和协调发展。陆军部通过《陆军部官制》确立了中央军事行政机构的设置与职能划分，推动了中国近代军事行政机构的健康发展。

2. 规章制度的法制化

法制化是陆军部的一个显著特征。民国初年，政治体制从帝制走向共和，由人治转向法治，各项制度均属草创，因此政府非常重视立法。陆军部作为民初政府的重要职能部门，逐步形成了一套法规体系，并将陆军部的运作纳入法制化的轨道。

第一，规模宏大，内容详尽。

从法规的制定和颁布流程来看，其大致可以分为以下几类：一是由法制局制定，呈请大总统发布；二是由陆军部军法司拟定，呈请陆军部转交大总统公布；三是由陆军部会同其他部院共同拟定，呈请大总统发布；四是由军法司拟定，递交陆军部公布。前三类法令法规相对重要，必须经过严格的审查程序：法规拟定后，需依次递交参议院核准，转交司法部审议，审议通过后，由国务员副署，上呈大总统发布施行。从法规条例的内容来看，大致可以分为三类：一是陆军部组织法，主要就是经过多次修订的《陆军部官制》；二是教育法规，其中分为学校教育和军队教育两种，如《陆军军官学校条例》《步兵操典》及《陆军校阅规则》等，该类法规条例具体涉及建校宗旨、组织构成、课程设置、考试校阅规则、教育成果等各方面内容，是各专门教育的法律依据；三是职员管理法规，如《陆军官佐补官暂行章程》《陆军官佐补官令》《陆军官佐考绩条例》《陆军奖牌给与规则》《陆军战时平时恤赏所用诊断证书造具手续》《陆海军叙勋条例》等，这类法规条例主要涉及陆军部职员的补官、考绩、奖赏、抚恤、叙勋等方面，是武官管理的主要法律依据。

第二，种类繁多，形式多样。

民初陆军部制定的法规条例并无明确分类，但从其发布的行政法规条例中，可大致看出有关于组织方面的规程、单行法规、补充法规等，足见陆军部规章条例种类之繁杂。从法规名称上看，有称"令"的，如《陆军惩罚令》《陆军官佐补官令》《陆海军奖章令》等；有称为"规则"的，如《陆军部部员请假规则》《陆军各师各混成旅军职平时补充暂行规则》《陆军军职考绩暂行规则》等；有称"条例"的，如《陆军刑事条例》《陆军军医学校条例》《陆军军队校阅条例》等；有称"章程"的，如《陆军官佐补官暂行章程》《宪兵学校章程》《陆军会计审查处暂行章程》等；有称"细则"的，如《陆军军费收据细则》等；另外还有"草案""规条""纲领""手续""简章"等，不一而足，详见表4－45。

第三，在实行中不断修订完善。

民初局势不稳，体制多变，致使陆军部根据实际情形的变化，不断调整、删改、修订各项法规条例，以符实际之需求。如《陆军部官制》就随责任内阁制、总统制、帝制的变化几经修订，又如《担架术教育令》刚颁布时，在实施过程中即感不便，就重新修订出台了《改订担架术教育令》，再如1914年3月20日所发布的《陆军统计条例》，实施两年后，"查该条例文字之间，于现在官制及公文程式，或有出入之处，兹谨遵照今制，详加修订，庶期有利进行而合实际"，[①] 于是出台了《修正陆军统计条例》。抛开政局诱发因素，陆军部所颁布的各项法令多经过实践反馈，对其不符合实情处多予以修改，以适应军事发展的需求，从而极大地提升了陆军部的法制化程度。

表4－45　民初陆军部各类法规条例统计（1912～1916）

类　型	法规名称	颁布时间
官　制	《陆军部官制》	1912年4月公布，1912年8月31日第一次修正公布，1914年7月11日第二次修正公布
	《陆军官制表令》	1912年8月19日
监狱规制	《陆军监狱设看守所暂行规则》	1912年12月20日
	《陆军监狱官制》	1914年2月24日
	《陆军监狱官任用条例》	1914年2月25日
军法条例	《宪兵暂行服务规则》	1912年2月25日
	《陆军惩罚令》	1913年4月1日
	《陆军刑事条例》	1915年3月18日
	《陆军审判条例》	1915年3月25日
	《军刑改遣易棍条例》	1915年3月25日

---

① 《陆军总长段祺瑞为修正陆军统计条例请予公布呈》，中国第二历史档案馆编《中华民国史档案资料汇编》（第三辑·军事·一·下），第1143页。

续表

类　型	法规名称	颁布时间
部内风纪	《陆军部部员请假规则》	1914 年
	《陆军部门门禁规则》	1914 年 9 月 18 日
补官规程	《陆军官佐任职令草案》	1912 年
	《陆军官佐补官暂行章程》	1912 年 9 月 12 日
	《陆军官佐补官令》	1914 年 9 月 24 日
	《陆军各师各混成旅军职平时补充暂行规则》	1915 年
	《陆海军军职任用暂行条例》	1915 年 12 月 3 日
学校教育	《陆军军士学校条例》	1912 年
	《宪兵学校章程》	1912 年 7 月 10 日
	《陆军军医学校条例》	1912 年 9 月 9 日
	《陆军军医学校教学纲领》	1912 年 9 月 16 日
	《陆军预备学校条例》	1912 年 9 月 21 日
	《陆军军官学校条例》	1912 年 9 月 21 日
	《陆军兽医学校条例》	1912 年 12 月 21 日
	《陆军电信教导营条例》	1913 年 7 月
	《陆军学校军马卫生员服务规则》	1913 年 10 月 29 日
	《航空学校条例》	1914 年
	《陆军学校卫生员服务规则》	1914 年 1 月 29 日
	《陆军骑兵学校条例》	1914 年 3 月 12 日
	《陆军军需学校条例》	1914 年 3 月 29 日
	《宪兵学校条例》	1914 年 4 月 20 日
	《宪兵学校教育纲领》	1914 年 5 月
军队教育	《步兵操典》	1913 年 4 月 18 日
	《陆军军队常年教育顺序令》	1913 年 10 月 17 日
	《炮兵驭法教范》	1914 年 5 月 26 日
	《野战炮兵射击教范》	1914 年 5 月 26 日
	《陆军见习医药官教育规则》	1914 年 6 月 12 日
	《军官候补生在队规则》	1914 年 6 月 21 日
	《陆军月课简章》	1914 年 9 月 21 日
	《见习军官在队规则》	1914 年 10 月 22 日
	《陆军各兵科军士上等兵教育令》	不确

类　型	法规名称	颁布时间
校　阅	《陆军军队校阅条例》	1913 年 5 月 31 日
	《陆军军校校阅规则》	1913 年 8 月 13 日
	《陆军部军事委员会章程草案》	不确
考　绩	《陆军官佐考绩条例》	1912 年
	《陆军奖牌给与规则》	1913 年 9 月 20 日
	《陆军军职考绩暂行规则》	1915 年 10 月 17 日
医　疗	《陆军卫生材料本厂条例》	1912 年 12 月 30 日
	《担架术教育令》	1913 年 5 月 17 日
	《改订担架术教育令》	1913 年 7 月 27 日
	《师军医处服务规则》	1913 年 9 月 6 日
	《师兽医处服务规则》	1913 年 9 月 6 日
	《队附卫生员服务规则》	1913 年 12 月 1 日
	《队附兽医处服务规则》	1913 年 12 月 1 日
	《陆军医院规则》	1913 年 12 月 2 日
	《陆军传染病预防规则》	1913 年 12 月 2 日
抚　恤	《陆军平时恤赏暂行简章》	1912 年 9 月 12 日
	《陆军战时平时恤赏所用诊断证书造具手续》	1912 年 12 月 2 日
	《战场收拾及战死者埋葬规则》	1914 年 1 月 28 日
经费审查	《陆军出纳官规定》	1912 年 12 月 14 日
	《预订经费计算规则》	1912 年 12 月 16 日
	《陆军军费岁出预算次序令》	1912 年 12 月 17 日
	《陆军出纳官交代规则》	1913 年 2 月 20 日
	《陆军审计现行规则》	1913 年 3 月
	《陆军会计审查处暂行章程》	1913 年 3 月 1 日
	《陆军军费收据细则》	1913 年 5 月
	《陆军会计审查处分条例》	1913 年 5 月 13 日
	《陆军旅费规则》	1913 年 10 月 13 日
	《陆海军会计审查处暂行章程》	1913 年 12 月 3 日
礼节服制	《陆军官佐礼服制》	1912 年 10 月 23 日
	《陆军礼节》	1913 年 3 月 14 日
	《军队服装换季办法》	1915 年 5 月 13 日

续表

类 型	法规名称	颁布时间
一般法规	《军用乘车及运输暂行条例》	1913 年 2 月 8 日
	《陆军官佐印章规定》	1913 年 5 月
	《平时军队参谋服务条规》	1913 年 8 月 25 日
	《陆军官佐随从规则》	1915 年 10 月 19 日
	《陆军部陆军法规编辑条例》	1915 年 11 月
统 计	《陆军统计条例》	1914 年 3 月 20 日
	《修正陆军统计条例》	1916 年 9 月 27 日
	《陆军统计调查委员会条例》	不确
勋章奖章	《陆军暂行给予令》	1912 年 2 月 6 日
	《勋章章程》	1912 年 3 月 1 日
	《陆海军勋章令》	1912 年 12 月 6 日
	《陆海军奖章令》	1912 年 12 月 6 日
	《陆海军叙勋条例》	1912 年 12 月 6 日

资料来源：据 1912～1916 年《政府公报》汇集。

3. 陆军部各项军事活动的成就

1912 年 5 月 13 日，陆军总长段祺瑞在参议院第五次会议上，发表陆军部七大施政方针：

> 一曰消纳军队以恢复地方秩序。武昌起义以来，各省相继招募，于是军队林立，较原有增多一倍不止，且皆仓猝成军，未受教育，既难保不为地方之祸。而值此国家经费万分困难之时，饷项亦必不能继。前数日开高级军事会议，商议消纳手续，大略办法，业今拟定，总以解散后，地方不致生他种危险为断。解散军士之费以及军官裁汰者之慰劳金，均应候参议院通过方能实行，此消纳军队之大略也。

> 二曰拟制定军官为终身官。在东西各国，凡军官皆为终身官，我国不然。今日为兵官，明日不为兵官，即可就他项事业，殊非整顿军事之道。盖军事乃专门学问，非研究、经验二者均有心得，不能胜统兵重任。倘不定为终身官，则办事难忘切实，惟此事现在亦尚无把握。

> 三曰培植陆军人才。中国陆军人才，曾在外国留学者，统计之四五千人而已，此虽前一二年内所调查，然即目下实数合格者亦不多。

查每师团需用四五百军官，四五千人仅数十师之用。此外，何所取材，是宜将军官资格确实调查，堪派东洋者则派往东洋，堪派往西洋者则派往西洋，以便学成回国，可供录用。至于本国水陆学堂，亦应急速成立，加意培植，庶人材不至于缺乏。

四曰编定将来征兵制度。中国前此之兵，皆由招募而来，居处率无稽考，此后宜实行征兵制度，庶人民当兵义务年限以及居住之地，皆可随时查考，分为军官区、士官区，如此，则兵之来去均有定，兵乱自然消灭。

五曰设立大制造厂。刻下中国虽有制造厂十余处，各自为政，枪炮子弹每不一律，甲处所制造者，乙处不能用；乙处所制造者，丙处亦不能用。是宜极力整顿，设法联络，某厂宜造枪、某厂宜造炮、某厂宜造弹，以及某厂每月每日能造出某物若干，分别制定期限造成，后军械可期统一。

六曰设立被服厂。中国军队被服等事，向由商人承办，非特形式上不能整齐，且于国家经济亦多损失，故被服厂万不可不设。

七曰改良马政。中国北方素称产马之区，迤来蒙古各地所产之马，愈过愈小，即体格大者，其力量亦多不充足，骑马或尚可用，若以为炮马则万不适用。夫军事上以炮为骨干，倘拖运不灵与无等炮。外国之马大于中一半，故能负重行远，军事上往往能利，此马政之所以不可不请求也。[1]

上述段祺瑞所发表的"七大方针"，虽有"略举目前因筹办者，其他因改革之处，容当继续提出，尚望贵院纠正，以匡不逮"[2] 的谦虚之词，但从后来陆军部的军事活动来看，并未超出这个范围，因此，可以说"七大方针"就是段祺瑞为民初陆军部制订的施政纲领。从管理学角度讲，"七大方针"即陆军部的绩效规划，若对陆军部军事活动进行绩效考察，自不能超出这一范畴。鉴于此，本节主要从以下三个方面考察民初陆军部军事活动的绩效。

（1）裁军

裁军乃是每次战争后，社会由乱转治之善后举动。民初裁军表现出非

常复杂的特征。由于财政的压力、统一后的政治形势及军队自身难以克服的缺陷等，裁军成为大势所趋。

从裁军的效果来看，尽管民初军队一度膨胀达百万之谱，但在陆军部的有效运作下，最终保持了五十万上下的常备军，达到了段祺瑞所说的"消纳军队以恢复地方秩序"的目的。美国学者齐锡生在考察民初军队的变化后，也认为整个北京政府时期，"军队的真正增长趋势是在1916年袁世凯死后才开始的"。[①]

（2）军事教育

民初军事教育的发展状况，可以通过1916年陆军部的教育审查觇见其端倪："教育审查者，所以齐军队、学校等军事教育之进度，并觇其奉行诸颁令章、制典否？而策进行者也。吾国于此，虽未能注以全力，而四年以来，对于学校、军队之成绩，得力于审查者，仍自不鲜。"[②] 可见，陆军部的军事教育虽然取得了不少成绩，但仍不令人满意。

民初军事教育主要分为两端，一为学校教育，二为军队教育。学校教育与军队教育有着密切关系，二者互为表里，不可或偏。陆军部为考察军事教育的实际状况，特别制订了《陆军军校校阅规则》和《陆军军队校阅条例》，用于检验军校和军队的成绩。就学校教育而言，审查主要集中在学绩考察和操行考察两方面，前者主要是对学生在校的平时成绩及试验成绩的审查，后者主要考查学生是否具备合乎军人资格的志操品行。陆军部每年于春秋两季派员前赴各校实地考察，审核各校学术进度，视察各项预定教学的实施情况及成绩。军队校阅可以按照教育阶段进行，但由于缺乏材料，无从佐证，故在此仅就民初学校教育成绩予以考核。

民初只恢复并扩充了两所预备学校，即清河第一预备学校和武昌第二预备学校。1914年8月，第一预备学校第一期学生毕业，共812名，同年12月，毕业124名；1914年11月，第二预备学校第一期学生毕业756名，1915年6月，毕业223名。各期毕业陆军部均派员前往监考，审查得"成绩均佳，全体入伍升学"。[③] 陆军军官学校于1912年秋季成立，1914年冬季第一期毕业学生共1140名，所有学生无不及格或降级之事。陆军部派员

① 〔美〕齐锡生：《中国的军阀政治（1912～1928）》，杨云若等译，第63页。

② 陆军部编《陆军行政纪要》（民国五年六月），第307页。

③ 陆军部编《陆军行政纪要》（民国五年六月），第308～309页。

监考，并审查其成绩，认为"甚属优长"。① 军医学校毕业 232 人；② 军需学校毕业 466 人；兽医学校毕业 196 人；骑兵学校毕业 450 人；加上野战炮兵实施学校、军士学校、电信教导营、铁路工程班等教育机构，总共毕业人数应不下万人。尽管只有短短五年时间，较清末时间少一倍，但民初军事教育培养出来的人才却是清末的两倍，且几乎全为国内培养。不得不说民初陆军部在军事教育上取得的成就是巨大的。

(3) 国防

民国初年中国边疆问题异常突出，北有俄国挑拨外蒙古分裂，南有片马边界划分未清及英国蛊惑西藏宗教上层势力独立，东有日本虎视眈眈，西有沙俄进犯新疆。美国学者费正清曾提出以"刺激—反应"模式来研究中国近现代史，③ 虽然后来的柯文反对这一研究模式，但以费正清的"刺激–反应"模式来研究民初中国，应该说还是合适的。如将此模式应用到民初陆军部与国防二者关系上，即外国列强不断地"刺激"中国的边防，陆军部由被迫反应转为主动应对，并在民国初年险恶的环境下，保全了中国大面积领土未致丢失。

筹建国防，陆军部是从两方面入手的。统一全国军队，组建一支国防军。1912 年 9 月，北京政府颁布修正后的行政各部官制，各部机关以此为据重新厘定权限，并在新官制下正式运行起来。随着全国局面逐步稳定，陆军部开始考虑收束军队，统一编制。早在 1912 年 7 月，陆军部就致电各省都督咨询，"议定划一办法，将镇统改为师长，协统改称旅长，标统改称团长，管带改称管（营）长，队官改称连长，其排长之名称仍旧"。④ 陆军部经与地方各都督讨论，认为改制方案可行，遂于 9 月 15 日颁布了"改镇为师"计划。经过整编，陆军部组建了直辖中央的陆军 18 个师及 15 个混成旅作为国防军。关于统一地方各省军队的办法，陆军部经与各省军事代表召开军事会议，议决大致如下：①各省统兵之上级军官，统由大总统任命之（此系指都督而言）；②各省应行练兵及师旅之数目分大小省规定

---

① 陆军部编《陆军行政纪要》（民国五年六月），第 307 页。

② 陆军部统计陆军军医学校前四年仅毕业 232 人，这与民国二年就有学员三连 300 名，四年有四连（约 400 人）的实际状况不符。此外，《陆军统计简明报告书》中统计毕业总数为 431 人，可以佐证这个数据和实际相比要略小。

③ 〔美〕柯文：《在中国发现历史：中国中心观在美国的兴起》，林同奇译，中华书局，2002，第 23 页。

④ 《陆军官长改订名称》，《盛京时报》1912 年 7 月 5 日。

之，如直隶应练八师，至多不过十师，因北京在内，其他大省四师为限，小省三师为限，其边务紧要不在此例，如云南、川陕及东三省等处是也；③各省师团数目既有定例，若有用兵事故，其兵队不敷分布者，即招续备兵补充之；④各省军队所用军服、械饷、辎重、工程以及幕营等件，须以中央所定实行之，惟各省向外洋订购炮械者，须中央认可，方能订购炮械，至时亦由中央派员实验，方准起运；⑤北京驻扎之军队及各省防营未裁撤者，统归陆军部编制；⑥各省军队既归统一，嗣后励行征兵制度，所有目兵、夫役之服装、食米等，统照中央警卫军规定实行。① 陆军部如此编排，将各省军队直接纳入管辖范围之内，并形成了地方的军事部署格局，以遏制民初以来地方势力坐大的趋势。值得一提的是，陆军部考虑到国防安全，对边疆省份驻军多减免裁撤，以卫边防，如东三省"地居边要，胡匪充斥，暂照原额留守，以资防守"，② 甚至如热河、察哈尔、绥远、塔尔巴哈台等省区，兵员不裁反增。

为确保各省防务万无一失，陆军部特制定《考核防务新章》作为考核依据。陆军部在下发给地方各都督时称："时值吃紧之际，各省防务最宜慎重，现冀规定新章，分咨各省著各遵照办理，以资考核。"所定办法有如下五点：①每月分上中下三旬，将该省筹防情形呈报一次；②凡发生临时筹防事，须随时电部；③报告内须将各机关呈报原文录送；④报告内分师长报告、镇守使报告、观察使报告、知事报告；⑤报告逾限不依规定者，加重惩罚。③ 如此一来，陆军部就能随时掌握地方防务的情况，并根据不同状况做出相应调整。

陆军部统编国防军作为国防的保障力量，加大边防省区兵力部署确保国防的安全，颁布《考核防务新章》及时掌握各省防务情形。这一系列步骤，都为民初陆军部在国防上取得不俗成绩提供了重要保证。

（二）陆军部的缺陷

1. **军人干政**

南京临时政府建立伊始，孙中山就曾针对军人居功自傲、不服命令的情形"打预防针"："愿吾海陆将士上下军人共励初心，守之勿失。弗婴心

---

① 《总统府会议军事确情》，《申报》1912 年 11 月 22 日。
② 《东三省军队暂不裁汰》，《盛京时报》1912 年 7 月 21 日。
③ 《陆军部考核防务新章》，《申报》1913 年 12 月 7 日。

小忿而酿阋墙之机，弗借口共和昧服从之义，弗怠弛以遗远寇，弗骄矜以误事机，拥树民国，立于泰山磐石之安，则不独克尽军人之天职，而吾黄汉民族之精神，且发扬流行于无极。"① 但孙中山的忠告并未起到实质性的作用，南京军人仍有无视纪律、肆意横行者，甚至遭到《泰晤士报》的抨击，孙中山不得不饬令约束士兵，并责令黄兴拟定《南京卫戍分区司令官条例》，对毁纲灭纪的军人，严惩不贷。②

民初军人以集会结社的方式，臧否人物，非议政事，严重影响到政府的决策。针对湖北军人入党结社行为，黎元洪曾饬令军人"所有从前已入各党会名目，一律取消，以后毋得再蹈集会、结社、干预政治积习；或罔知悛改，准由宪兵严行干涉，倘有违抗，按律治罪，以肃军纪而保治安"。③ 地方军人如此，中央军警干政更甚。唐绍仪内阁夭折后，陆徵祥组阁，新提名6名国务员在参议院会议上均未获通过，以致传出陆徵祥也有辞职意向。军警二界闻此殊为悲愤，由高级军官发起，召开军警特别大会，"到会者咸愤激异常，谓组织政府事本非军警二界所得干涉，然长此无政府，危险非常，军警人心，尤属动摇，不得不设法维持"，并议定三条办法，要求各议员妥恰商定，早日成立政府。④ 然而，各议员分歧犹在，无法达成统一意见，是以竟有军人以"十人团"的名义向各议员寄去恐吓信：

> 今日瓜分在即，而吾国务院摇摇不定，已陷于无政府之地步。此皆贵议员各争党见，不顾大局所致。明日国务员倘再不能通过，我中国亡无日矣。而我诸先烈牺牲性命所造成之共和国，不幸亡于诸君之手；又不幸而以诸君之故，使吾等为亡国奴。诸君之肉，其足食乎？吾等与其将来为亡国奴，不如今日死；又不如牺牲我个人之生命，使诸议员先死！而我四万万同胞或有生之日也。敬备炸弹十枚，以伺候诸君后。健公十人团上。⑤

若对军人干政不加管制，"将启军人压迫议会之端，为军人破坏民国

---

① 中国历史第二档案馆编《中华民国史档案资料汇编》（第二辑），第3~4页。
② 中国历史第二档案馆编《中华民国史档案资料汇编》（第二辑），第160~165页。
③ 于铁丘、杨西木整理《黎元洪未刊信电稿》，《近代史资料》（总93号），中国社会科学出版社，1998，第71~72页。
④ 朱宗震、杨光辉编《民初政争与二次革命》，第72页。
⑤ 朱宗震、杨光辉编《民初政争与二次革命》，第76页。

之导"，对此，袁世凯饬令陆军部"查明严禁，毋再轻举妄动"。[①] 在段祺瑞的多方压制下，各部总长仅蒋作宾未通过，其余皆当选，陆徵祥内阁始组成。

在袁世凯复辟帝制期间，军人干政达到登峰造极的地步。国民代表大会期间，各省军署派员告知选举代表，必须赞成帝制，并必须选举袁世凯为帝。"及投票之日，军署自大门以至投票处，军警夹道，背枪荷戈，各代表于刀枪林立之中，鱼贯而入，其心已不能无惧。及入场，所谓将军者，又戎服登坛，慷慨以谈帝制之有利于中国。"[②] 选举受到武力威胁，其公正自然无法保障。军人公开支持袁世凯帝制，叫嚣谁敢出来反对，他们就要"首先起先其罪，担当诛锄，以去异己"。[③] 更有甚者，如段芝贵联合十四省将军以武力为后盾，拥袁登基。

陆军部对军人干政的失控，"部分原因是因为袁世凯自己常常以军队的支持为王牌，以对付其他政治集团……这种用武装来解决政治冲突的倾向，造成了日益增多的人企图依靠军队和地方武装蠢蠢欲动的现象。这也刺激了军人想在国家政治中扮演更为强大角色的欲望"。[④] 这与民初政治异态发展有关，也折射出民初中央权力受到来自地方势力的挑战。

2. 裁军善后上的缺陷

民初军队因为辛亥革命爆发而迅速膨胀，在南北政府对峙期间，时人就敏锐地察觉到其将带来的危害，主张裁兵。南北统一后，政府因为财政危机而无力供养数量庞大的军队，社会上掀起了一股声势浩大的裁兵浪潮，其中具有代表性的包括朱瑞有关裁兵的必要性和可能性的探讨、[⑤] 陈廷杰的将军队交给地方各县安置的"裁兵计划"、[⑥] 胡瑛的将被裁军队安置在边疆耕种的"屯田方法"、[⑦] 杨熙的开放蒙荒安插军队办法、[⑧] 李蔚然的

---

① 朱宗震、杨光辉编《民初政争与二次革命》，第 78 ~ 79 页。

② 《惩办罪魁之协议结果》，《申报》1916 年 7 月 13 日。

③ 转引自来新夏等《北洋军阀史》（上册），第 358 页。

④ 〔美〕齐锡生：《中国的军阀政治（1912 ~ 1928）》，杨云若等译，第 14 ~ 15 页。

⑤ 朱瑞：《致中央各省论裁兵计划》，经世文编社编《民国经世文编·军政》，台北：文海出版社，1977，第 4053 ~ 4056 页。

⑥ 陈廷杰：《条陈裁兵计划》，经世文编社编《民国经世文编·军政》，第 4056 ~ 4059 页。

⑦ 胡瑛：《请仿屯田方法配制被裁军队》，经世文编社编《民国经世文编·军政》，第 4059 ~ 4061 页。

⑧ 杨熙：《上大总统请开放蒙荒安插军队书》，经世文编社编《民国经世文编·军政》，第 4061 ~ 4067 页。

将被裁军队改充巡警和筑路工人以及屯垦荒地的综合"遣置军队"办法①等。虽然上述裁军方案不乏良策，但最后都因北京政府财政窘迫而落空，陆军部不得不直接裁汰军队。

随着裁军的推进，军队过剩问题在得到相应解决的同时，也埋下了隐患，即仅重视裁军数量而忽视了对被裁军队的妥善安置，引发大量的社会问题。云南永昌、顺宁军队被遣散后，无以为生，"顿生变乱，焚杀抢劫，比户受灾街市，半成焦土，货财靡有孑遗，惨痛之状，莫可言喻"。② 黄兴担任南京留守主持裁军，"被裁兵士留宁地，盗案迭出，居民疑惧"，③ 给人民生活带来极大危害。为此，黄兴连日召开军事会议决，强令被裁军士立即返乡，倘若"已裁军队有逗留内地者，令行政各机关严查取缔"。④ 在这种高压政策下，被裁士兵纷纷离开南京，却仍在沿途滋扰乡民。部分士兵路过镇江仙女桥时，"突然暴动，一起上岸，各执利刃，强割人辫，并分镇掳抢，连劫三家，携赃而散"。⑤ 更有甚者，遣散士兵在回乡途中，发生相互讹诈，哄抢事件。鄂军退伍兵士在返鄂时，在簳州看到广东士兵在船上赌钱，鄂军上前阻劝，广东士兵恼羞成怒，发生冲突，"广东士兵围攻鄂军并诬陷鄂军抢其洋四十元，并准备对其进行捕杀。鄂军见情不利，立赔偿四十元，尚不干休，连开数枪，鄂军兵士十三人受伤，将衣物银钱一概抢去"。⑥ 类似事件，不一而足。

一些地区还因裁军方法简单粗暴及遣散资金短缺而引发了退伍风潮，其中以湖北为最。黎元洪起初拟将湖北八镇军队并为四镇，第五、六、七、八镇四镇裁去，第一、二、三、四镇存留。在裁汰过程中，第二协第三、四标因退伍而发生交哄，"一时枪声隆隆，各界城门紧闭，非第四镇及教导团扼堵紫阳湖，几酿大变"。⑦ 湖南省民军数量较多，退伍军人多达3万余人，全体退伍军人三次禀告都督府，希望将第二、三期退伍金扣作七折一律发给，以便开办湘省矿务业，但因湘省财政困难已极，若作一次

---

① 李萼然：《呈参议院建议遣置军队案》，经世文编社编《民国经世文编·军政》，第4067~4069页。

② 《永昌兵祸记》，《民立报》1912年3月17日。

③ 《专电》，《民立报》1912年6月28日。

④ 《专电》，《民立报》1912年7月8日。

⑤ 《镇江通信》，《民立报》1913年2月16日。

⑥ 《退伍兵大闹簳州》，《民立报》1912年6月16日。

⑦ 《民立报》1912年8月12日。

发给共需银数百万两，实无力发放。军政厅长张孝准亦认为扣作七折全发"于体不合，是以一再批驳，而该退伍军人等乃大愤愤"，① 于是鼓动风潮，最后被谭延闿以武力压制。

按照此前在裁军原因中的分析，遣散军队除了减轻财政压力、统一军政外，其最大的功用就在于稳定社会秩序，为经济建设创造环境。由于当时财政匮乏、经济发展滞后，陆军部无法为退伍军人提供生活来源和工作保障，许多人流落街头、成为痞棍，不但浪费了大量的优质劳动力，而且在一定程度上加剧了社会的动荡。

（三）陆军部困境的深层分析

1. 民初政局动荡，弱化了陆军部的成绩

《中华民国临时约法》在体制上埋下的隐患，酿成了民初政局动荡不安的局面。前有内阁总理唐绍仪与袁世凯分歧冲突，导致唐氏负气出走天津，同盟会四阁员联袂辞职、退出北京政府；中有宋教仁遇刺案而引发"二次革命"，革命党人遭到残酷镇压，民初蓄积起来的政治、经济和军事实力丧失殆尽；后有袁世凯称帝，北洋将领和革命党人起兵反对，帝制崩塌，北洋团体开始分裂。在此期间，还夹杂着1913年爆发的白朗起义，起义辗转黄河流域各省，最终被陆军部调集大军镇压。民初政局如此动荡，极大地弱化了陆军部所取得的成就。

同盟会退出北京政府后，转而以政党政治谋求政治上的新局面。革命党人宋教仁在1913年初指出："今革命之事毕矣，而革命之目的则尚未全达，是何也？不良之政府虽倒，而良之政治则未尝有也。故民国成立，已界年余，而政治之纷扰，无一定策画如故也，政治之污秽，无扫荡方法如故也。以若斯之政府，而欲求得良善之政治，既不可能，亦不可望矣。"② "以前，是旧的破坏时期；现在，是新的建设时期。以前，对于敌人，是拿出铁血的精神，同他们奋斗；现在，对于敌党，是拿出政治见解，同他们奋斗。"③ 宋教仁强调法制，并以"政党内阁"为政治信条，组建了可以掌控内阁的第一大党——国民党。他在为自己的政治主张奔走呼告时，却在上海火车站遇刺身亡。"宋案"发生后，所有不利证据直指袁世凯，在

---

① 《湘省戒严记》，《民立报》1913年3月1日。
② 《代草国民党之大政见》，陈旭麓主编《宋教仁集》下册，第388页。
③ 蔡寄鸥：《鄂州血史》，龙门联合书局，1958，第225页。

以法律手段解决"宋案"落空后，武力解决成为最后的选择。袁世凯见"宋案"无法和平解决，便积极备战，并索性先罢免了革命党方面的江西都督李烈钧、广东都督胡汉民、安徽都督柏文蔚，挑起"赣宁之役"。从1913年7月12日李烈钧在湖口宣布独立到9月2日南京失陷，这场陆军部指挥下的战役，前后历时不及两月，"二次革命"遭到镇压。此次战争，南军实力损失殆尽，北方损失也很大。据统计，北军散失、死亡兵员包括张勋部二十余营、雷震春部五营、刘冠雄部200余人、徐宝珍部二旅、冯国璋部一营。[①]

民国初年，河南地区旱灾严重："六月不雨，二麦未曾播种，旱灾已成。南、汝、光、彰、怀、卫、河、洛各属被灾尤重，省垣饥民麇集，时疫流行。"[②] 加之，河南地区苛捐杂税沉重，农民生活在死亡线边缘，被迫揭竿而起，并很快呈燎原之势，这一情形在李纯给袁世凯的报告上得到清楚记载："郏县则有白朗、李凤朝等聚集千余人，盘踞高皇庙；刘朝栋、郭营等聚集数百人，盘踞大石桥；常建福、王大庆等聚集千余人，盘踞梁洼漫流寨。他若大营、西大岭、大店头、观音堂等处，或为匪党旧占之区，或为匪党集会之所，各不下数百人。"[③] 白朗起义就是在这样的情势下爆发的。1912年夏，起义以攻破禹县为标志正式开始，以"打富济贫"为口号，很快聚集不下万人，许多被裁减或在队的士兵参加了起义队伍。据河南护军使雷震春的报告说，白朗初起时，汝州便是"各省兵变，叛勇溃卒，麇集于兹"，[④] 攻打南阳时，"旧湖北第八师即季雨霖部下之兵多归之"。[⑤] 白朗起义军有正规军事编制，《大公报》曾报道："分为步、马、炮、工、辎，扎立营寨，放哨巡逻，悉如军队。"起义军势如破竹，给北京政府以极大的震动。在初期剿灭无效后，陆军总长段祺瑞受命亲自出马，统一指挥，调集豫、鄂、皖三省正规军达2万人以上，围剿起义军。此后，随着战局

① 《民权报》1913年9月7日。

② 《中国大事记》，《东方杂志》第9卷第11号，1913年。

③ 《豫南总司令官会办汝南许光等处剿抚事宜兼陆军第六师师长陆军中将李纯呈大总统缕陈混成第四团剿办郏、宾各匪，业已肃清，并请奖励官兵等情请检核文并批》，《政府公报·公文》1912年10月27日。

④ 《会办河南军务统领中路备补军护军使雷震春呈大总统报明备补军剿匪办法及汝州大致肃清各情形，应如何酌加奖叙，以资鼓励，请钧裁文并批》，《政府公报·公文》1912年12月18日。

⑤ 闲云：《白狼始末记》，《近代史资料》总第3期，科学出版社，1954。

的扩大，陆军部调集九省 20 余万兵力围追堵截，花费 2 年多时间，才将白朗起义镇压。镇压白朗起义，是民初陆军部动用兵力最多、范围最广、耗时最长、伤亡最重的一场战争。

革命党的"二次革命"和白朗起义被相继镇压后，北洋集团一家独大。军事实力和在行政资源方面所拥有的优势，使袁世凯在解决民初以来权力危机的问题上做了最"优"选择，即重新拾起了君主立宪的政治主张，走向帝制之路。袁世凯的帝制之路，在军界真正赞成的高级将领并不多，尤其是袁世凯手下的两大支柱——陆军总长段祺瑞和坐镇东南的冯国璋，皆不赞成帝制。在袁世凯积极推行帝制的同时，"中华革命党、国民党温和派、进步党和发动护国战争的西南军人，在反对袁世凯的共同目标下，结成了联合阵线"。① 1915 年 12 月 12 日袁世凯加冠称帝，25 日，蔡锷即在云南组织"护国军"，举兵反袁，并率兵挺进战略要地四川。而后，贵州、广西也相继独立，护国军进军湖南，战争一度呈胶着状态。西南护国军的声势，对北洋军将士也产生了影响，前线将领冯玉祥等拥兵不进，拒绝继续作战，后方将领以各种借口拒不出兵，甚至连袁最信任的四川将军陈宦、湖南将军汤芗铭也与之疏离，靠向冯国璋。袁世凯在内外交困的情况下，被迫取消帝制，忧愤而死。

纵观民初五年，政局在几度动荡中益增其杌陧，每年皆有战争。陆军部无法置身事外，致使其许多政策无法推行或按时完成。如陆军第三预备学校即将开学之际，因为"癸丑之役"爆发，遂告停办；制定的征兵制度，也因政局和战事而被迫延迟，在民初并未真正实行过。更重要的是，战争的巨大消耗，使军费大量挤压本就不宽裕的其他各项费用，对民初军事学校、兵工企业、被服厂的创办及马政等军事现代化事业的开展，影响至巨。

2. 社会转型加深了陆军部的困境

资产阶级以革命手段推翻了清朝统治，建立民国，中国的政治体制从古老帝制迈向了近代共和制度。亨廷顿曾将"革命"一词定义为："是对一个社会占据主导地位的价值观念和神话，以及其政治制度、社会结构、领导体系、政治活动和政策，进行一场急速的、根本性的、暴烈的国内变革。"② 也就是说，在用革命手段强行颠覆传统社会，使以皇权为中心建立

---

① 来新夏等：《北洋军阀史》（上册），第 367～368 页。
② 〔美〕塞缪尔·P. 亨廷顿：《变化社会中的政治秩序》，王冠华、刘为等译，第 220 页。

起来的整个政权体系瓦解之后，继之而来的便是政府权威的消失。国民"对于创建另一种理想的新政权之努力，则尚有待于逐步试验、逐步磨炼。因此辛亥革命只是中国民众一种新的艰难工作之开始，而非其完成"。① 中国在近代社会转型中所遇到的巨大困境，正如学者所描述的那样：

> 在一个社会由传统社会向现代社会转变的过程之中，往往会伴随着形成政权合法性基础的转换。但由于旧的合法性基础往往很快瓦解，而新的合法性基础形成缓慢，便会出现合法性基础的断裂，或权威真空和权威危机。在清王朝垮台后，中国也面临着同样的困扰。不过，中国在当时所面临的权威危机要远远超过许多受同一问题困扰的其他国家。因为传统的中国社会是一个分化程度较低的整体性社会。在这种社会中，政治、经济、意识形态等各个领域是高度重叠的。在这中间，皇权既是权力的中心、社会与政治整合的中枢，又是主要的文化象征和社会资源的分配中心。在这种情况下，皇权被推翻，意味着社会的权力中心、整合中枢、文化象征和资源分配中心同时呈现真空状态。正因为如此，中国在民国初年所面临的权威真空，是历史上很少见到的，其深度和广度甚至远远超过奥斯曼帝国解体后的土耳其。②

中华民国必须面对权力缺失所造成的社会民众心理的不安，新政必须为民众建立起一个全新的政治文化体系。

中华民国背负着如此沉重的历史包袱，自然不可能因为一场革命就将传统与现代截然划分开来，这需要一个漫长的过程。北京政府成立时，参议院致袁世凯辞中曾对此情况有所估计："四千余年之古国，廓清秦政以来十二朝专制之锢习，以晚近时代社会传染之恶习，虽假敏手，是乃大难。"③ 陆军部作为新政府的一个中央行政部门，无论其机构的建立、制度的创设、人事管理的运行，还是其开展的主要军事活动，都无法与传统割断。这在陆军的刑罚上表现得最为明显。陆军部先后制定了《陆军惩罚令》《陆军刑事条例》《陆军审判条例》，在刑罚中将遣刑改为棍刑，以库平二十两的军棍作为棍刑刑具，并以刑期一日折合一棍。刑期较长的折

---

① 钱穆：《国史大纲》（修订本）（下册），商务印书馆，2009，第906页。
② 许纪霖、陈达凯主编《中国现代化史》（第一卷），上海三联书店，1996，第274~275页。
③ 朱宗震、杨光辉编《民初政争与二次革命》，第14页。

合如下："一年以下者，棍刑，不得逾三百；一年半以下者，不得逾四百；两年以下者，不得逾五百；三年以下者，不得逾六百。"① 在现代军事刑法体系构架上，仍保留这种严酷的传统刑罚，显示出过渡时期的特征。

蒋廷黻曾就军队问题进行探讨，认为民国元年不具备建国条件，他提出"在上了轨道的国家，政党的争权绝不使用武力，所以不至于引起内战。军队是国家的，不是私人的。军队总服从政府，不问主政者属于哪一党派。却是民国初年，在我们这里，军权就是政权"，且民初军队不忠于民国，不拥护宪法，这是因为当兵者仅为解决个人生计问题，而非为保家卫国。② 蒋廷黻得出如此观点，是因为他回避了一个基本的事实——从法律规定而言，民初军队是属于国家的，并且通过参谋部和陆军部共同管辖，而非袁世凯私属。

但不可否认民国初年军队仍表现出一些私属色彩，这是因为在清政府崩溃之后，北洋集团已经准备好而且能够建立起一套有效的章法，遏制众多的集团和社会势力为权力而角逐。发轫于清末的北洋军事集团，在民初取得组建新政府的合法性，在某种程度上可以说，"军官团的专业化促使他们对现代化和国家振兴产生了更大的决心，并将军队参与政治的典型方式从个人大权独揽转向集体军人政府"。③ 从这一角度就不难理解陆军部本身及其所管理的军队所表现出来的这种私属性质。但就早期军事现代化的进程来看，转型社会外在因素所能给予陆军部的，无疑是一个累赘。

结　语

20 世纪初社会发生了深刻变革，其中最为重要且影响深远的，莫过于政治体制的变革和新式军队的编练，而新军又成为政治变革的助推器，并在风云变幻的政局中作为新生政府存在的支柱力量。以此论之，陆军部恰好处在权力枢纽的位置。陆军部作为中央主管军事的职能部门，由混乱分散、互不隶属进而走向统一管理，适应了民初国防的需求，并反过来推动了国防力量的发展。诚然，就民初政府而言，陆军部的成立在于维护统治

---

① 《军刑改遣易棍条例》，《政府公报·命令》1915 年 3 月 26 日。
② 蒋廷黻：《中国近代史大纲》，第 76 页。
③ 〔美〕塞缪尔·P. 亨廷顿：《变化社会中的政治秩序》，王冠华、刘为等译，第 169 页。

的需要——对内镇压异党分子，对外抵御侵略、加强国防，因而表现出主动应是在于国防发展的诉求。

北京政府陆军部成立初期，当务之急便是将前清遗留下来的陆军部与北迁的南京临时政府陆军部整合起来。在新官制发表以前，陆军部在机构设置上保留了前清痕迹。1912 年 8 月《陆军部官制》发表后，陆军部在吸收南京临时政府陆军部的基础上，创设了中央与地方有别的机构设置，设有一厅八司，即处于中枢地位的总务厅和承办各项具体事务的军衡、军务、军械、军学、军需、军医、军法、军马八司。军马司曾改称军牧司，后被取消。外部机构较多，有兵工厂、学校、被服厂等。兵工厂范围比较广泛，从制造兵器的原料到兵器的加工成型，都由专门工厂负责。因为保密缘故，兵工厂的出产数量无从查阅，总体这一时期兵工生产有所进步，当无疑义。兵工厂保障了民初军队的装备，极大地促进了兵工业的发展。至于学校，陆军部首先是接收旧有军校，继而整合创办新军校，虽然学校的数量不及前清，但门类齐全，学科设置完整，学生数量及程度都有所提高。从陆军部的外部机构设置来看，陆军部抓住了制约军队发展的两大难题——武器装备与军事人才。地方军事机构在陆军部的统领下，管制地方军队。起初由各省都督负责各省军政，都督府设置军务、军需、军医、军法四科，由参议、秘书、副官、科长、科员担任办事人员；1914 年后，袁世凯为加强中央集权，废除了都督制，创立将军府制，其下分科与都督府建置相仿。除此以外，地方要塞军事机构还特设巡阅使公署、护军使署、镇守使署等。地方军事机构维持了地方治安，有效地保障了国防安全。

民初陆军部以科层制为根本建设原则：分司分科任事，职员权限都由规章制度决定；实行严格的等级制度，下级必须服从上级命令；职员都受过专业军事训练；管理人员是专职的公职人员；规定、纪律具有普遍适用性。科层制的实行，保证了陆军部在纪律、财务审查、征兵实施、权限划分、人事制度等方面的有效施政。民初 5 年多时间，陆军部的管理层比较稳定，以段祺瑞为核心，其成员主要来源于前清陆军部和南京临时政府陆军部。除了段祺瑞因反对袁世凯称帝而辞职、徐树铮因失职而遭到免职外，其他职员正常升迁，均比较稳定。同时，陆军部管理层具有较高专业素质，这保证了陆军部政策的科学性、合理性；而管理人员长期担任其职，也确保了政策的稳定性和连续性。

陆军部成立后，致力于军事上各项事业的发展。民初裁军是陆军部最为成功的举措之一。与民国时期大多流于纸面的裁军相比，民初裁军是切实执行、落到实处的。民初陆军部在裁军方面的成绩，往往被站在革命立场上的时人和后世研究者以主观判断加以认知，以致对其成就认识不足。陆军部的军事教育分为国内教育和留学教育两途，前者又可细分为学校教育和军队教育，其实施为民初军队培养了大量军事人才。关于民初军队领导人的素质，有两种不同的看法，鲍威尔根据对晚期清军计划的考察，认为大部分军事领导人受过很好的教育，[①] 而陈志让在研究 1912～1928 年1300 个旅长级以上军官的传略后，认为"受过教育的军阀不超过总数的30%，其余大都是出身非常穷困的文盲或半文盲"。[②] 笔者考察，民初在继承清末军事教育的基础上，减少了留学外国的人数，军队领导层多为自主培养出的中下级军官。加之民初经过裁减后的军队数额，较晚清来说所增不多，因此可以认为，民初陆军部的军事教育是很成功的。并且陆军部在清末基础上，颁布了一套全新的军衔，从帽服及配置上，都体现出相应等级的规定，与近代军衔制度逐渐挂钩。国防为各项军事活动的旨归，陆军部整编了一支战斗力较强的国防军，并在民初的边疆危机中表现不凡。除此之外，陆军部还在征兵、后勤、兵工业等方面有所作为。总之，陆军部极大地促进了中国早期军事现代化，对民初共和制度的发展、经济的复苏、国防的安全保驾护航有着重要意义。

陆军部出台的种种举措与实际效果之间存在差距，其良好的主观动机往往受到客观条件的制约。亨廷顿在《军人与国家》中提出，现代国家必须建设"专业化"的国家军事力量，实现国家军政关系的平衡。民初政体转型引发社会形态变迁，现代军事力量参与到新政府运行之中，"兵权参政为'政党政治'的确立铺平了道路，军人力量后也在政党领军体制之下，得到了相应的改造"。[③] 这种双重作用，提升了军事实力派对转型社会的影响。然而，其"曾在过渡时代为社会与政治的现代化做出了独特的贡

---

① 〔美〕拉尔夫·尔·鲍威尔：《1895～1912 中国军事力量的崛起》，陈泽宪、陈霞飞译，第 338～339 页。

② 陈志让：《中国军阀和他们的派系》，载《远东和非洲研究会会报》第 31 期，1968 年，第 568 页。

③ 徐勇：《近代中国军政关系与"军阀"话语研究》，第 513 页。

献，却不符合中国的传统文化及世界政治持续发展大势"。[①] 最终陆军部失去控制这一局面的有效方法，处于尴尬境地。

随着袁世凯在帝制失败中死去，民初统一的局面不复存在。陆军部作为中央政府主要职能部门，其统辖全国军队的地位开始动摇，并成为军阀轮番登台，控制全国军事力量、打压敌方的工具。

---

① 徐勇：《近代中国军政关系与"军阀"话语研究》，第 512 页。

第五章　海军部研究

　　民初海军部是比陆军部技术含量更高的军事管理部门。海军总长刘冠雄是民初各部总长中任职时间最长的一位，不仅在袁世凯统治时期一直担任海军总长，至段祺瑞执政时期依然在任。刘冠雄负责创建的海军部，科层化、知识化、专业化、现代化要求较高，海军部总长、次长、司长及其以下的管理人员，均为国内外海军军校毕业，海军部各个层级的管理亦有严格的规章制度。刘冠雄创建海军部以来雄心勃勃，规划了海军复兴与进一步发展的宏伟蓝图，但鉴于民初财政的困局，其规划大部分无法实现。尽管如此，在刘冠雄为首的海军部的领导之下，民初海军实现了一定程度的发展，如购买军舰、派遣留学生、设立海军陆战队、研制水上飞机等，使得近代海军的发展逐渐走上正轨，在实力及技术装备上都有所恢复。可惜好景不长，20 世纪 20 年代，军阀争权夺利、混战不断，海军在政治上朝秦暮楚，成为军阀互争地盘的工具。

第一节　晚清中国海军概况

　　中国是一个拥有辽阔海域的大国，东临太平洋，拥有渤海、黄海、东海和南海四大海区，有 18000 公里海岸线，守护祖国海域、保卫海防线不受侵犯的重任自然而然地落在了中国海军的身上。封建中国的各朝代并没有建立正规海军，"近代以来的海军，才是严格意义上的真正海军"。[①] 近代海军是资本主义大工业的产物，是资本主义生产力的集中体现。中国没有经历过资本主义社会，近代海军在中国的产生，既是近代中国人对西方资本主义海上侵略的本能反应，也是早期先进国人在西方坚船利炮的刺激下向西方学习的结果。

---

①　戚其章：《晚清海军兴衰史》，人民出版社，1998，第 39 页。

中国古代的海防武装是旧式水师，到清末已经走向衰败。面临西方前所未有的海上挑战，林则徐、魏源等有识的爱国官员和知识分子对海防建设进行了初步探索。19 世纪 60 年代初期，洋务派对旧式水师进行了近代化改造的初步尝试，但他们采用购买洋船、雇用洋人和手工仿制近代军舰的方式最终被证实是走不通的。60 年代中期以后，洋务派吸取了手工造船失败的教训，创造了一批近代军舰。与此同时，为培养海军人才，洋务派兴办近代化的水师学堂，并开始派遣海军留学生，为近代海军的建立奠定了基础。

近代海军在洋务官员的倡办下在不同区域零星发展。中国近代海军缺乏统一管理，其弊端早在创设之初就已明显地暴露出来。由于外部的侵扰与国内各派势力的争斗，统一海军各支力量的意见始终难以达成一致，亦未能取得实际成效。

一　清政府第一次海防筹议

第二次鸦片战争后，中国的海防危机日益加深，1874 年的日本侵台事件直接引发了清政府的第一次海防筹议。

1868 年，日本开始"明治维新"，走上发展资本主义的道路。明治天皇提出"建设海军为当今第一要务，应当从速奠定基础"，[①] 要求发展海军，实现海外扩张。1874 年，日本借口两年前琉球船民在台湾地区被杀一事派兵进犯台湾，进而吞并琉球，引起朝野震动。福州将军文煜、闽浙总督李鹤年、总理船政大臣沈葆桢向朝廷会奏台湾防务大概情形时，提出购买铁甲船、水雷和各项军火器械，加强海防。[②] 11 月 5 日，总理各国事务衙门上呈"拟筹海防应办事宜"奏折，提出练兵、备船、简器、设厂、筹饷五项海防措施，但同时奏称，这些措施"歧于意见，致多阻格者有之；绌于经费，未能扩充者有之；初基已立，而无以继起久持者有之。同心少，异议多"。[③] 由此可见，海防事务的推进困难重重。而后，清政府发布上谕，大整海军："着李鸿章、李宗羲、沈葆桢、都兴阿、李鹤年、李瀚章、英瀚、张兆栋、文彬、吴元炳、裕禄、杨昌濬、刘坤一、王凯泰、王文韶详细筹议。将逐条切实办法，限于一月内复奏。此外别有要计，亦即

---

① 〔日〕外山三郎：《日本海军史》，龚建国、方希和译，解放军出版社，1988，第 19 页。

② 参见张侠、杨志本等合编《清末海军史料》，海洋出版社，1982，第 5 页。

③ 宝鋆编修《筹办夷务始末·同治朝》，中华书局，1964，第 3951 页。

一并奏陈。总期广益集思，务臻有济，不得以空言塞责。"① 由此，在清政府上层引发了第一次海防大讨论。大多数官员积极建言献策，如军机大臣兼总理衙门大臣文祥认为"当台湾有事之秋，曾议买铁甲船，购水炮台，仓猝莫办……今倭兵既退，正宜及此无事之时，认真办理，不容稍懈"，②李鸿章认为"整顿海防，舍变法与用人，别无下手之方"。③ "（人才）为万事之根本。第就海防而言，则以求将才为最要""（海军建设）持久之道在于得人"等观点成为共识。④ 11 月，丁日昌提出"拟海洋水师章程六条"。⑤ 1875 年 5 月 30 日，总理衙门综合各方意见，确立建设三支海军的设想，但考虑到"财力未充，势难大举，只可量力择要筹拟"，故主张"先就北洋创设水师一军，俟力渐充，就一化三，择要分布"。⑥ 同年，清廷发布上谕："着李鸿章督办北洋海防事宜，派沈葆桢督办南洋海防事宜。"⑦ 1880 年，内阁学士梅启照奏筹议海防折，提出整顿水师的十条建议，⑧ 朝廷"着李鸿章、刘坤一按照折内所陈悉心筹商，妥议具奏"。⑨ 这是中国近代历史上政府制定的第一个海军建设方针，对推动中国近代海军建设产生了重大影响。经过这次海防筹议，中国近代海军建设进入了有计划、有重点的早期发展阶段。

英籍总税务司赫德趁机建议设立统一南北海防事宜的总海防司一职，并拟自兼。这一提议的用心显而易见，最终遭到南北洋大臣的极力反对，未被采纳。1882 年 9 月，翰林院侍讲学士何如璋提出发展海军的六条建议，奏请特设海军衙门，以知兵重臣领之，统领七省海防，认为"固海防、扬国威，计无逾于此者"。⑩

1883 年，清朝政府从张佩纶之议，在总理衙门添设海防股，规定"总理衙门海防股，掌南北洋海防之事。长江水师，沿海炮台、船厂，购置轮

① 张侠、杨志本等合编《清末海军史料》，第 7 页。
② 宝鋆编修《筹办夷务始末·同治朝》，第 41 页。
③ 吴汝纶编《李文忠公全书·奏稿》卷二四，1905 年刻本，第 12 页。
④ 中国史学会编《洋务运动》（一），上海人民出版社，1979，第 70 页。
⑤ 宝鋆编修《筹办夷务始末·同治朝》，第 3955～3958 页。
⑥ 中国史学会编《洋务运动》（一），第 146 页。
⑦ 张侠、杨志本等合编《清末海军史料》，第 12 页。
⑧ 参见张侠、杨志本等合编《清末海军史料》，第 15～16 页。
⑨ （清）刘锦藻编纂《清朝续文献通考》卷二三四，浙江古籍出版社，1988，第 9791 页。
⑩ （清）刘锦藻编纂《清朝续文献通考》卷一一八，第 8779 页。

船枪炮、弹药，创造机器、电线、铁路及各省矿务皆隶焉"。① 如此繁巨的事务，显然不是这一小小的总理衙门附属机构所能胜任的，因此海防股在设立以后并没能发挥重要的作用。但是，海防股的设立毕竟迈出了统一海防的第一步，就其性质而论，可称其为海军衙门的前身和雏形。

二　清政府第二次海防筹议

1884 年，张佩纶再次提出创设外海水师及水师衙门的建议。这次，恭亲王奕訢等颇为所动，决定于烟台设立海防大臣，由李鸿章出任。李鸿章主张仿照西方国家，于京师设立海军部，可先由总理衙门兼辖，而不必另建衙署，并附呈《德国海部述略》《日本海军说略》，推荐倡设水师衙门的张佩纶负起海军部的实际责任。② 不料朝局忽变，恭亲王奕訢因与慈禧不和而遭罢黜，此事遂寝。

1884 年 8 月，福建海军在中法马江战役中遭到重创，数百名将士为国捐躯，饮恨于滔滔马江。马江战败，海军缺乏统一调度、军事装备落后是主要原因，清政府从中认识到海军建设的重要性和紧迫性。1884 年，清政府发布上谕："通政使司通政使吴大澂着会办北洋事宜，内阁学士陈宝琛着会办南洋事宜，翰林院侍讲学士张佩纶着会办福建海疆事宜，均准其专折奏事。"③ 1885 年 6 月 21 日，清廷再次下谕："上年法人寻衅，叠次开仗，陆路各军屡获大胜，尚能张我军威；如果水师得力，互相援应，何至处处牵制？当此事定之时，惩前毖后，自以大治水师为主。"④ 清政府认识到"整顿海军必须造办铁甲，时势所趋，毋庸再决者矣"，⑤ 认为中国海防虽筹办多年，但"尚无实济"，造船不坚、制器不备、造舰不精、筹资不广，而且奉行不力、事过辄忘，故而要求李鸿章、左宗棠、彭玉麟、穆图善、曾国荃、张之洞等沿海沿江各省督抚就船厂增拓、炮台设置、枪械制造、将才遴选、经费筹措等问题切实筹议。与此同时，各地督抚的覆奏陆续到京，其意见虽有差异，但对统一海防的看法是一致的：李鸿章提出"或谓宜设海部，或谓宜设海防衙门，必有专办此事之人，事方就绪"；左

---

① 中国史学会编《洋务运动》（二），第 534 页。
② 参见张侠、杨志本等合编《清末海军史料》，第 31～33 页。
③ 张侠、杨志本等合编《清末海军史料》，第 35～36 页。
④ 张侠、杨志本等合编《清末海军史料》，第 42 页。
⑤ 中国史学会编《洋务运动》（五），第 311 页。

宗棠请设"海防全政大臣，或名曰海部大臣，凡一切有关海防之政，悉由该大臣统筹全局，奏明办理"；① 穆图善提出"海部宜设天津，置尚书部曹，直、江、闽、粤四督臣，并请加海部尚书衔"。当时会办北洋事宜的吴大澂的奏折尤为引人注目，他提议："添设水师总理衙门在京，特派亲王总理，沿海督抚归节制，于疆吏中派一员督办水师，加总理水师衙门大臣衔。"② 通过广泛讨论，朝廷上下形成一致看法，即"水师之宜合不宜分，宜整不宜散"。③ 第二次海防筹议进一步加强了清朝当局大治水师、加强海防建设的紧迫感，对促进海军衙门的建设、推进北洋海军迅速成军产生了积极影响。

三　海军衙门的成立

1885 年 10 月 12 日，清政府发布政令："着派醇亲王奕譞总理海军事务，所有沿海水师，悉归节制调遣，并派庆亲王奕劻、大学士直隶总督李鸿章会同办理；正红旗汉军统领善庆、兵部右侍郎曾纪泽帮同办理。现当北洋练军伊始，即责成李鸿章专司其事。其应行创设筹议各事宜，统由该五大臣等详慎规画，拟立章程，奏明次第兴办。"④ 10 月 25 日，总理海军事务衙门正式成立。1888 年 10 月，海军衙门总办、醇亲王奕譞主持制订并颁布了《北洋海军章程》。《北洋海军章程》的颁布，使中国历史上第一支近代海军初步实现了正规化，标志着北洋海军正式成军。同时，南洋、福建和广东海军都有了一定程度的发展，初步形成了北洋、南洋、福建和广东四支海军。1891 年 9 月 4 日，清廷下旨："命庆亲王奕劻总理海军事务，正白旗汉军都统定安、两江总督刘坤一帮办海军事务。"⑤ 1894 年 9 月 29 日，又"着奕訢添派总理海军事务"。⑥

总理海军事务衙门，亦称"海军衙门"。海军衙门的组织大体仿照清朝军机处与总理衙门的传统成例，分为两个主要部门：一是管理部门，由朝廷简命五大臣及部院卿贰组成；一是秘书部门，由朝廷调派各部院章京

---

① （清）刘锦藻编纂《清朝续文献通考》卷九八，第 3951～3953 页。
② 张侠、杨志本等合编《清末海军史料》，第 59～60 页。
③ （清）刘锦藻编纂《清朝续文献通考》卷二二七，第 9731 页。
④ （清）刘锦藻编纂《清朝续文献通考》卷二二七，第 9731 页。
⑤ 张侠、杨志本等合编《清末海军史料》，第 81 页。
⑥ 张侠、杨志本等合编《清末海军史料》，第 85 页。

组成。前者负责政策的制定，后者佐理前者办理例行公事及庶务。从海军衙门主官的组成，可以看出两个特点。第一，大臣兼职过多。五位主官里面无一人纯为海军衙门职官：醇亲王兼管神机营并负有其他重大军国要务；庆郡王是总理衙门的总理大臣；李鸿章为直隶总督兼北洋大臣；善庆先出任福州将军，后又奉命兼管神机营事务；曾纪泽的兼职更多，除帮办海军衙门之外，兼任总理大臣任上行走，管理同文馆事务，又先后调署户部、刑部、吏部侍郎等职。在如此重要的部门之内，居然没有一位专司其事的长官，其结局可想而知。第二，专业人员缺乏。李鸿章、曾纪泽虽有一定的海防知识，但近代海军已成为专门之学，没受过专业训练、不具有近代海防知识与丰富经验者很难胜任。在这一海军最高决策机构中，从上到下无一人出身于海军或受过专业海军训练，其职能和作用不能不受到影响。

总之，海军衙门是在清政府统一海军、加强海防的指导方针下建立的，由于种种原因，其并未发挥应有的作用。但它的设立，使近代海防发展达到了一个新的阶段，在推动北洋海军建设方面，亦起到了一定的积极作用。

四　甲午战争后的海军重建

19 世纪 60～90 年代，清政府苦心经营 30 余年，创办了福建海军、南洋海军、北洋海军三支近代海军，其总体规模一度达到世界第四位。[①] 由地方政府主持的广东海军也有一定程度的发展。但 1884 年中法马江一战，福建海军惨遭失败；1895 年中日甲午海战，又使清政府近代化程度最高、规模最大的北洋舰队全军覆没，幸存的舰船已无力再次成军，"甲申法越、甲午日韩之二役，海军学生为国死绥者殆半"。[②] 中日甲午战争中，北洋海军所有作战舰艇损失殆尽，保留下来的只有"康济"号练习舰。南洋海军一直发展缓慢，甲午战后，其仅存的 15 艘舰艇多属"木壳兵轮"，"老而且小"，[③]"炮械亦旧，难御大敌"。[④] 福建水师在 1884 年中法战争后一直未能恢复元气，仅有"琛航""元凯""超武"等 9 艘舰艇。广东海军一

---

① 张侠、杨志本等合编《清末海军史料》，第 3 页。
② 王栻主编《严复集》（二），中华书局，1986，第 352 页。
③ 王栻主编《严复集》（二），第 352 页。
④ （清）张之洞：《张文襄公全集·奏稿》卷二四，中国书店，1990，第 18 页。

直力量很弱，仅有的 3 艘巡洋舰在甲午战争中全部损失，只剩下小炮舰、小鱼雷舰。总之，甲午战争后，中国虽然仍有大小舰艇 60 余艘，但这些船只舰龄老、吨位小、质量差，难以支持海军重建。严复指出："今之海军，固不足道。吾国自东迄南，海线延长粗计一万二千余里，而今所有者不过四、五艘之快舰；至于运练各船，总计亦不过十余艘，尚皆旧式。此以平时巡缉尚且不敷，矧在战时，实同无具。"①

北洋海军覆灭后不久，清廷于 1895 年 3 月 12 日发布上谕，以海军衙门"暂无待办要件"为名，将其"暂行停撤，以节经费"。② 海军衙门被撤销后，中国海军建设失去了一个统一组织领导的机构。清廷又依直隶总督兼北洋大臣王文韶奏请查明北洋海军失事情形、据实纠参一折，将海军将领一并先行革职，听候查办。③ 5 月 25 日，王文韶又奏请朝廷："北洋海军武职实缺，自提督、总兵至千、把、外委，总计三百十五员名。现在舰艇已失，各缺自应全裁，以昭核实；并将关防印信铃记，一律缴销。"④ 至此，北洋海军的编制被正式取消。

在清政府无力整顿和发展海军的情况下，西方列强掀起了瓜分中国的狂潮。在甲午战后的三年间，列强把中国沿海的主要港口和战略要地都霸占为各自的军事基地或殖民地：英国租威海卫、九龙，俄国租旅顺、大连，德国占胶州湾，法国租广州湾……除了意大利强租三门湾和美国攫占三都澳未能得逞外，其他列强都如愿以偿。此时，中国南起广州湾，北至旅顺、大连沿海，"凡可为军港者，尽以予人，我海军遂无根据之地"，⑤ 这无疑严重地阻碍了中国海军的重建和发展。

严峻的形势促使国人进一步觉醒，一些封建士大夫纷纷上奏朝廷，请求立即恢复发展海军。1895 年，湖广总督张之洞条陈建议："今日御敌大端，惟以海军为第一要务……无论如何艰难，总宜复设海军。"⑥ 直隶总督兼北洋大臣王文韶也上奏朝廷，提出整顿和布置北洋海防："所有统筹北洋海防，分别整顿布置，冀渐扩充。"⑦ 1898 年，以康有为为代表的广大

---

① 王栻主编《严复集》（二），第 258 页。
② 张侠、杨志本等合编《清末海军史料》，第 85 页。
③ （清）朱寿朋编《光绪朝东华录》，张静庐点校，中华书局，1958，第 3850 ~ 3851 页。
④ 张侠、杨志本等合编《清末海军史料》，第 86 页。
⑤ 包遵彭：《中国海军史》，台北中华丛书编审委员会，1970，第 160 页。
⑥ （清）张之洞：《张文襄公全集·奏稿》卷三七，第 22 ~ 24 页。
⑦ 张侠、杨志本等合编《清末海军史料》，第 931 页。

知识分子上书皇帝，吁请"练兵强天下之势，变法成天下之治"。[1] 维新派充分认识到海军的重要性，认为"国无海军，犹鸟之无翼，鱼之无翅，人之无足也"。[2] 此后不久，许多旅居海外的爱国华侨也纷纷上书清政府，呼吁振兴海军"以扬国威而振民气"；[3] 部分华侨甚至愿出资捐给国家作为海军军费。朝野上下都认为"中国无海不能立国，无海军则无海"，这些呼声推动清政府再次重启海军建设事业。1896 年 7 月，总理各国事务衙门决定整顿福州船厂，筹备自造兵轮，在经费上也做了相应的准备。1898 年"百日维新"期间，光绪帝受维新派变法主张的推动，发布上谕："方今时势艰难，朕宵旰焦劳，力求振作，思御外侮，则整军经武，难再视为缓图……国家讲求武备，非添设海军，筹造兵轮，无以为自强之计。"[4] 重建海军作为一项国策被正式确定下来。清政府意识到要重整海军、巩固海防，必须重新设立专管海防海军建设的领导机构。

为了重建海军，清政府决定重组北洋海军机构。光绪十五年（1889），清政府开复前北洋海军副将叶祖珪，授为北洋水师统领，[5] 任命前北洋舰队副将衔补用参将萨镇冰为北洋水师帮统，统领衙门设在天津紫竹林，以天津大沽为基地进行训练；同时选择朴勇之士，督同认真操练，作为整顿海军的基础。1901 年后，经北洋大臣袁世凯等人奏保，清政府又相继开复原北洋海军军官林颖启、李鼎新等人的官职。这些有威望的官员复出并补充到南洋、北洋海军后，使海军指挥机构逐步充实、完善，为海军的重建创造了有利条件。叶祖珪总理南北洋海军，"统一督办南洋水师学堂、上海船坞（即江南船坞），凡饷械支应一切事宜，有与海军相关者，均归考核，以一事权。是为海军初步统一之始"。[6]

南北洋海军统领制度于 1905 年建立后，为从根本上解决中央政府对全国海军的指挥问题提供了帮助。1906 年，北洋大臣袁世凯"奏请将南北洋军联合为一，以便切实整顿"，[7] 清政府遂于 1907 年决定逐步恢复全国海军指挥机构。1907 年 6 月 7 日，陆军部奏定官制，拟建立海军处，设正

[1] 孔祥吉编著《康有为变法奏章辑考》，北京图书馆出版社，2008，第 21 页。
[2] 中国史学会编《戊戌变法》（二），第 257 页。
[3]《华侨对海军之热诚》，《申报》1909 年 3 月 29 日。
[4] 清华大学历史系《戊戌变法文献资料系目》，上海书店出版社，1998，第 681 页。
[5] 包遵彭：《中国海军史》，第 518 页。
[6] 包遵彭：《中国海军史》，第 519 页。
[7]（清）刘锦藻编纂《清朝续文献通考》卷二三四，第 9801 页。

使、副使各 1 人，承发官 2 人，录事 4 人；设机要、船政、运筹三司。当月，清政府批准在陆军部内增设海军处，管理海军政务，以此向正规的海军部过渡。海军处设正、副二使，下设机要、船政、运筹、储备、医务、法务六司，实际正使未设，副使以谭学衡充任，郑汝成任机要司司长，程璧光任船政司司长，其余各司司长由陆军部相关司长兼任。① 1908 年，北洋大臣杨士骧上呈由严复代拟的《筹办海军奏稿》，提出复兴海军的六个必不可缓之处和三个难处。② 同年，清政府又新订《海军处试办条规》，对海军处进行调整和扩充，扩大其职权范围，使其具有与陆军部平行的权力。1909 年 2 月，清廷发布上谕："着派肃亲王善耆、镇国公载泽、尚书铁良、提督萨镇冰，按照所陈各节妥慎筹画，先立海军基础；并着庆亲王奕劻随时总核稽察，以昭慎重。"③ 8 月，清政府成立筹办海军事务处，派载洵、萨镇冰为筹办海军大臣。1909 年 7 月，又谕："着派郡王衔贝勒载洵、提督萨镇冰充筹办海军大臣，俟有成效，再候谕旨。"④ 筹办海军事务处的设立，为成立海军部奠定了基础。筹办海军事务处将南北洋海军分为巡洋、长江两舰队，以程璧光统领巡洋舰队、沈寿堃统领长江舰队，开始有了江、海舰队分组之权舆，然统领名称仍未改变。以谭学衡为参赞，设八司：军制、军学、军枢、军储、军防、军政、军医、军法，将南北切实收归统一。1909 年 8 月至 1910 年 11 月，载洵、萨镇冰先后至欧、美、日等地考察海军，订购舰船。随着海军大臣载洵等赴各国调研，海军筹办事务渐渐有了头绪。在收到载洵等拟订的《海军部暂行官制大纲列表》奏折后，清政府觉得较为周妥，意识到确实需要设立专有部门来发展海军。1910 年 12 月 4 日，清廷下旨："所有筹办海军处着改为海军部，设立海军大臣一员、副大臣一员，该大臣等务当悉心规画，实力经营，以副朝廷整军经武之至意。"⑤ 并制定海军官佐级衔为三等九级：正副协督统、正副协参赞、正副协军校。这是后来实行的将、校、尉等级的雏形。新成立的海军部由载洵为海军大臣、谭学衡为副大臣、萨镇冰为海军总司令，总司令

---

① 史滇生：《中国海军史概要》，海潮出版社，2005，第 300 页。
② 王栻主编《严复集》（二），第 256~265 页。
③ （清）刘锦藻编纂《清朝续文献通考》卷二二七，第 9734 页。
④ （清）刘锦藻编纂《清朝续文献通考》卷二二七，第 9734 页。
⑤ （清）刘锦藻编纂《清朝续文献通考》卷二二一，第 8841 页。

部设在上海高昌庙。① 宣统三年（1911），海军部拟订暂行官职，海军部职员分为海军大臣、海军副大臣、正都统、副都统、参谋官等。②

海军部不是对旧有海军衙门的简单恢复，它的机构比海军衙门更为完善，与陆军部平级，对中国海军建设实施统一领导。它的成立表明清政府重整海军并开始走上有领导有组织的新阶段。

甲午战争后清政府的海军建设历时 17 年，和从 1874 年海防筹议到 1888 年北洋海军成军的时间大致相当，但这 17 年所取得的成绩比前一时期显然要远为逊色。前一时期，北洋海军基本成军，南洋、福建水师形成一定的规模，海军基地建设、海军教育等都得到了相应的发展。北洋舰队排水量达 4 万余吨，全国海军共计 8 万余吨，旅顺、威海的海防设施也接近世界先进水平，中国海军一度称雄于东方，在世界上也占有一定的地位。而甲午战后直到清朝灭亡以前，巡洋和长江两支舰队的吨位只有 3 万余吨，全国海军总吨位只有 5 万余吨，海军基地的建设一直停留于纸面，中国海军和世界强国海军的实力相差日益悬殊。

第二节　民初海军部概况

一　民国初年的海军建置

辛亥革命中，驻守在长江的清廷海军各舰相继起事，顺应革命潮流，加速了清王朝的覆灭，促进了中华民国的诞生。1911 年 10 月 10 日，武昌起义爆发。清朝当局筹划镇压革命时，曾对海军寄予很大期望，希望通过"得力兵轮、雷艇会剿"，"一举荡平"革命军，③ 但是一些海军官兵受到革命宣传、民主主义思想的影响，在接触了革命书报后，"勃然起种族之思"。④ 在看到清军的种种暴行后，加之革命势如破竹，海军统制萨镇冰又"默认不与民军为难"，⑤ 仅一个月，整个清政府海军就完全倒向革命。"革命军将有舰队为之助，扼城固守，沿江岸防御线上下 70 余里，经营甚固，

---

① 包遵彭：《中国海军史》，第 300 页。
② （清）刘锦藻编纂《清朝续文献通考》卷一二四，第 8842 页。
③ 陈旭麓：《辛亥革命前后》，上海人民出版社，1979，第 208 页。
④ 中国史学会编《辛亥革命》（七），第 476 页。
⑤ 中国人民政治协商会议湖北省暨武汉市委员会等编《武昌起义档案资料选编》（中），湖北人民出版社，1982，第 478 页。

清军终不得逞，是皆海军援助之力也。"①

海军起义后，1911 年 12 月 6 日，湖北军政府海军顾问朱孝先等奉黎元洪命令召集各地海军代表在上海开会，商讨组建海军统一机关问题。海军各处代表推举程璧光为总司令，黄钟瑛为副总司令，黄裳治为参谋长，毛仲芳为参谋次长。彼时，程璧光率"海圻"舰出访英国未归，由黄钟瑛代行总司令职权，"司令部设高昌庙，分科办事，实为海军统一之肇基"。②

1911 年 12 月 25 日，孙中山自海外回国。29 日，独立各省代表一致推举孙中山为中华民国临时大总统，并以南京为中央临时政府所在地。③ 1912 年 1 月 1 日，中华民国南京临时政府成立，"国父深念海军在革命过程中之勋劳，复鉴于海军之重要"，④ 于临时政府中设立海军部，"管理海军一切军政事务，监督所辖军人军佐"。⑤ 黄钟瑛被任命为海军总长，汤芗铭为海军次长，以红旗右角镶青天白日、日有十二光芒为海军旗。1 月 17 日，海军部正式成立，地点设于南京原江南水师学堂旧址。黄钟瑛是福建闽侯（今福州）人，清光绪十一年（1885）福建船政学堂毕业，先后被派往"靖远""威远""康济"等舰及刘公岛枪炮学堂实习，后充"济远"巡洋舰舰员。1896 年起，他先后任"飞鹰"驱逐舰枪炮官、"海琛""海天""海筹"等巡洋舰大副、"飞鹰"舰管带，1907 年任"海筹"舰管带。1911 年辛亥革命爆发后，黄钟瑛在九江率舰起义，被中华民国军政府鄂军都督黎元洪委任为第一舰队司令，转战安庆、武汉、南京；12 月，被推举为海军副司令。1912 年 1 月中华民国临时政府在南京成立，任命黄钟瑛为海军部总长。当时的海军部次长汤芗铭这样评价："黄钟瑛虽被任命为总长，而其本人却常住在海筹舰上，对海军部也没有正式组织，只将旧日军舰上的人员调了一些到南京凤仪门内海军部办理接济北伐海军的后勤等工作。"⑥

南京临时政府海军部下设五局二处，即军政局、船政局、教务局、经理局、司法局和军机处、上海要港司令处。海军部辖有各类军舰 34 艘，它们是：巡洋舰"海容""海筹""海琛"，练习舰"通济""镜清"，猎舰

① 中国人民政治协商会议湖北省暨武汉市委员会等编《武昌起义档案资料选编》（中），第 106 页。
② 包遵彭：《中国海军史》，第 521 页。
③ 刘传标编纂《中国近代海军职官表》，福建人民出版社，2005，第 75 页。
④ 包遵彭：《中国海军史》，第 521 页。
⑤ 史滇生：《中国海军史概要》，第 306 页。
⑥ 文闻编《旧中国海军秘档》，中国文史出版社，2006，第 1 页。

"飞鹰",运输舰"南琛""保民""登瀛洲",快舰"建安""建威""飞霆""舞凤",炮舰"江元""江亨""江利""江贞""楚泰""楚有""楚风""楚观""楚谦""楚豫""策电""甘泉""联鲸",鱼雷艇"辰字""宿字""列字""张字""湖隼""湖鹏""湖鹗""湖鹰"。除巡洋舰"海圻"赴英国访问未归外,清政府巡洋、长江两个舰队的全部舰艇均加入民国海军。由于南京临时政府存在短暂,未来得及设立海军总司令部负责舰队的建制,各舰均由海军部直辖。[①]

南北和谈后,清帝退位,孙中山于 1912 年 2 月 13 日通电辞去中华民国临时大总统职,南京临时政府海军部也宣告裁撤。[②] 3 月 10 日,袁世凯在北京就任中华民国临时大总统。当时舆论认为,"立国之强弱视乎海陆军以为衡,而海陆军之强弱,又悉视乎统率之人学识程度以为准",[③] 呼吁从海军学校毕业的人才中选拔将领。刘冠雄以"船政学生,留学英国,肄习海军,归国后管带兵轮。前清海军部成立,调部当差。武昌起事,逃赴南方,共襄大事,筹划海军事多所尽力。此次蔡元培专使来京,刘充欢迎员,现在年已五十,阅历甚深",[④] 进入了人们的视野。袁世凯改组南京临时政府内阁,免去黄钟瑛海军总长一职,以刘冠雄继任,以汤芗铭为海军次长。[⑤] 4 月 6 日,袁世凯又任命黄钟瑛为海军总司令,蓝建枢为海军左司令,吴应科为海军右司令。左、右两司令所辖之舰队,即按巡洋、长江两队划分权限。6 月 22 日,袁世凯批准吴应科辞去海军右司令职务,同时任命徐振鹏继任海军右司令。[⑥] 12 月,黄钟瑛因病去世,李鼎新继任海军总司令,改海军左司令为第一舰队司令,仍以蓝建枢改充;改海军右司令为第二舰队司令,以徐振鹏改充。[⑦] 第一舰队所辖各舰计有"海圻""海容""海筹""海琛""飞鹰""永丰""永翔""联鲸""舞凤""建康""豫章""同安""福安"等,第二舰队所辖舰艇计有"建威""建安""江元""江亨""江利""江贞""楚同""楚泰""楚有""楚豫""楚观""楚谦""江鲲""江犀""拱辰""建中""永安",及"湖鹏""湖鹗"

---

① 参见史滇生《中国海军史概要》,第 307~308 页。
② 参见刘传标编《中国近代海军职官表》,第 75 页。
③ 《敬告今之组织海陆军专部者》,《申报》1912 年 3 月 16 日。
④ 《新内阁人物小史》,《申报》1912 年 4 月 6 日。
⑤ 《申报》1912 年 4 月 7 日。
⑥ 杨志本编《中华民国海军史料》,海洋出版社,1986,第 740 页。
⑦ 《命令》,《政府公报》1912 年 12 月 2 日。

"湖鹰""湖隼""辰字""宿字""列字""张字"等。①

二 民初海军部组织架构

1912 年 4 月，北京政府制定海军部官制十三条，由袁世凯于 8 月 31 日公布。海军部内部设总务厅、参事厅、秘书处、副官处、技正室、视察室，及军衡、军务、军械、军需等各司。1913 年 3 月增设会计审查处，8 月增设编译处，以严复为总纂。部外设有海军总司令处，下辖左、右两司令。12 月，改左司令为第一舰队司令，右司令为第二舰队司令。1914 年 7 月 10 日，袁世凯修正海军部官制为二十一条，扩大海军总长职权，增加军法司。单独颁定海军惩罚令。1916 年由部定《海军刑事条例》《海军审判条例》。1918 年修正呈由大总统公布。②

民初海军规定："凡在海上任（勤）务未满六年，或陆地勤务未满八年之海军副军士长及同等官不得任为军士长及同等官。"且规定"非有差额不得任用"。③

海军部于 1912 年 4 月 14 日"全部迁至上海高昌庙总司令处，刻正催总司令及左右司令从速就任接管舰队事宜，俟此项交代清楚立即北上。日内所有一切公事暂在上海高昌庙总司令处办理"。④ 此后不久，海军部又迁往北京，"定于五月二十八日迁移铁狮子胡同旧国务院公署"。⑤

1912 年 9 月公布的《海军部官制》规定如下。

海军总长的职责是管理海军军政，统辖海军军人军属，监督所辖各官署。

海军次长的职责是辅助总长管理部务。

海军总务厅的职责包括：关于机密及海军文库事项，关于典守印信事项，关于征发物件表报告及统计事项，关于各项公文函件之纂辑保存及收发事项，关于部内文官任用事项，关于部内风纪事项，以及其他不属于各司事项。

军衡司的职责包括：关于海军军官、军佐及军用文官之进退、任免、转补事项，关于调查海军各项人员事项，关于考绩表、兵籍、战时名簿及军用文官名簿事项，关于保管军官、军佐、军用文官及战时职员表事项，关于编

---

① 杨志本编《中华民国海军史料》，第 1～2 页。
② 包遵彭：《中国海军史》，第 522 页。
③ 杨志本编《中华民国海军史料》，第 555～556 页。
④ 《下关海军部电》，《申报》1912 年 4 月 14 日。
⑤ 《通告》，《政府公报》1913 年 5 月 24 日。

纂年格、名簿事项，关于恩资、叙勋、记章、褒章及赏给事项，关于休假事项，关于废兵处置事项，关于海军军人结婚事项，关于海军军法事项。

军务司的职责包括：关于海军建制及编制事项，关于戒严事项，关于舰队配置事项，关于战时各项规则事项，关于各舰队军纪风纪事项，关于海军礼节、服饰、徽章事项，关于海军军旗事项，关于海军航路及属于海军之运船、义勇舰等航路事项，关于测绘江海各线路军港、要港等事项，关于调制、颁布航路图志及航路通则等事项，关于领海界线事项，关于万国航行通语事项，关于调查沿江沿海灯塔、灯杆、浮标等事项，关于航海之保安及颁布航路警告等事项，关于航行应用时表、测器、图集之置备、分配等事项，关于航路人员之考绩事项，关于海军医院及海军红十字会事项，关于身体检查事项，关于诊断伤病之免除兵役各事项，关于防疫及卫生事项，关于卫生人员之考绩事项，关于卫生报告统计及卫生船员学术研究事项。

军械司的职责包括：关于沿江沿海水雷、鱼雷、要塞炮及各舰队枪炮配置事项，关于海军台垒、厂坞、营库、桥梁、码头灯、塔灯、杆浮桩等之建筑、修理及管理事项，关于海军之枪炮、水雷、鱼雷、火药、子弹及其他一切军械之制式、支给、交换、检查事项，关于海军所需机器、用具、材料之制式、支给、交换事项，关于海军通信用器具、材料及其支给、交换事项，关于各项器具、材料之经理及检查事项，关于舰艇之制造、修理事项，关于舰艇之购买、监察等事项，关于海军各军械之制造、修理、购买等事项，关于海军各项器具、材料之制造、修理、购买等事项，关于军械人员之考绩事项。

军需司的职责包括：关于军服之经理及检查事项，关于军服、粮炭等给予之规定事项，关于平时、战时粮炭之给予及战用粮炭之准备事项，关于经费出纳并预算、决算一切事项，关于会计稽核事项，关于海军官地事项，关于军需运用事项，关于各军需处人员之考绩事项，关于规定俸给及其旅费一切事项，关于各种给予及军需规定之审查事项，关于掌管出纳之管理各事项，关于与财政官署有关之事项。

军学司的职责包括：关于所辖各学校一切章程之制定及其筹办事项，关于拟订所辖各学校教育纲领及计划并审查各教科书事项，关于所辖各学校职员奖罚事项，关于所辖各学校学生奖罚及考试事项，关于留学生一切事件并选派高等专门学员事项，关于练习舰队并规定练习章程事项，关于制定海军练营、鱼雷营、训练营管理等规则事项，关于舰队操演事项，关于计划训练改良事项，关于编辑及印刷事项，关于军学人员之考绩事项，以及其他关于教育训练等一切事项。

1912 年 12 月 11 日，海军部公布《海军部办事规则》，其大要如下。[①]

总长管理海军军政，统辖海军军人、军佐，监督所辖各官署并各省制造军舰厂坞及沿海各处炮台。次长辅助总长整理部务，监督各职员，关于寻常事件得专由次长核定施行。参事承总长之命，拟订审验法律、命令、立案事务。总务厅各科承长官之命，分理各科事务，总务厅属分列四科，曰机要、曰编纂、曰统计、曰庶务。技正承长官之命调查考验本部所属器械机件及一切图说。军衡司司长承总长之命总理本司事务，军衡司属分列四科，曰任官、曰尚资、曰考核、曰执法。军务司司长承总长之命总理本司事务，军务司属分列四科，曰典制、曰军事、曰测绘、曰医务。军械司司长承总长之命总理本司事务，军械司属分列四科，曰兵器、曰舰政、曰机器、曰设备。军需司司长承总长之命总理本司事务，军需司属分列四科，曰司计、曰经理、曰储备、曰稽核。军学司司长承总长之命总理本司事务，军学司属分列四科，曰航海、曰轮机、曰士兵、曰编译。

1914 年 7 月 10 日，袁世凯颁布新的《海军部官制》，在海军部中增设了军法司。军法司的职责包括：关于海军军法事项，关于海军司法官及海军监狱职员之考绩事项，关于战时捕获审检所事项，关于海军监狱事项，关于赦免及在监人之处置事项。[②]

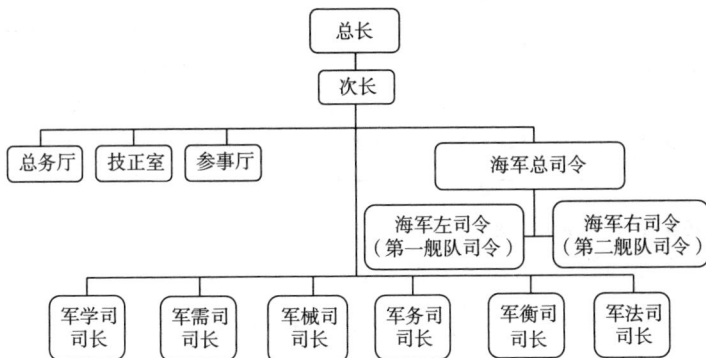

图 5-1　海军部组织架构

资料来源：刘传标编《中国近代海军职官表》，第 89 页。

---

① 《海军部办事规则》，《政府公报》1912 年 12 月 11 日。
② 参见包遵彭《中国海军史》，第 541～549 页。

民初海军部分为南京临时政府时期和北京政府时期两个阶段，其海军部官员分别如表5-1、表5-2所示。

表5-1　南京临时政府海军部职官

职官	姓名	籍贯	经历	任、离职情况
总长	黄钟瑛	福建侯官	福州船政学堂毕业，参加甲午海战，清末帮带	1912年1月3日任，1912年4月3日辞职，4月11日免
次长	汤芗铭	湖北浠水	福州船政学堂毕业，留学法、英，清末海军统制参谋长	1912年1月3日任，1912年5月1日免
高等顾问	刘冠雄	福建侯官	福州船政学堂毕业，留英，参加甲午海战，清末帮带	1912年1月5日任
高等顾问	程璧光	广东香山	福州船政学堂毕业，参加甲午海战，清末船政司司长	1912年3月1日任
参事	吴振南	江苏仪征	南京水师学堂毕业，留英，清末管带	1912年1月5日任
副官	蔡廷干	广东香山	留美，参加甲午海战，清末海军部军制司司长、舰队司令	1912年1月3日任，1912年3月1日免
副官	蓝建枢	福建闽侯	福州船政学堂毕业，参加甲午海战，清末管带	1912年3月1日任
总司令	黄钟瑛	见上	见上	1912年1月3日任
参谋长	黄裳治		福州船政学堂毕业	1912年1月5日任
副总司令	汤芗铭	见上	见上	1912年1月3日任
参谋次长	毛仲芳	福建闽侯	福州船政学堂毕业，留英、奥	1912年1月3日任

资料来源：刘传标编《中国近代海军职官表》，第75~76页。

表 5 - 2　北京政府海军部职官

职官	姓名	籍贯	经历	任、离职情况
总长	刘冠雄	福建侯官	福州船政学堂毕业，留英，参加甲午海战，清末帮带	1912～1919 年在任
	程璧光	广东香山	福州船政学堂毕业，参加甲午海战，清末船政司司长	1916 年 6 月 30 日至 1917 年 5 月 28 日在任，1917 年 6 月 5 日赴广东护法，1917 年 6 月 24 日免
	萨镇冰	福建福州	福州船政学堂毕业，留英，参加甲午海战，清末海军统制	1917 年 6 月 24 日至 7 月 2 日（未就）；1917 年 7 月 2～15 日（张勋复辟）；1919 年 12 月 3 日至 1920 年 5 月 14 日
次长	汤芗铭	湖北浠水	福州船政学堂毕业，留学法、英，清末海军统制参谋长	1912 年 4 月 6 日至 1913 年 10 月 24 日在任
	李和	广东三水	福州船政学堂毕业，参加甲午海战	1914 年 8 月 7 日至 1915 年 5 月 15 日在任
	曹嘉祥	广东顺德	留美幼童，曾供职于北洋海军	1915 年 5 月 25 日至 1917 年 7 月 19 日在任
	刘传绶	福建闽县	天津水师学堂毕业，海军中将	1917 年 7 月 31 日至 1918 年 4 月 23 日在任
	徐振鹏	广东香山	留美幼童，福州船政学堂毕业，参加甲午海战	1918 年 5 月 14 日至 1926 年 1 月 9 日在任
参事厅参事	李鼎新	福建侯官	福州船政学堂毕业，留英，参加甲午海战，清末管带	1912 年 9 月 6 日任，1912 年 12 月 13 日调
	李和	见上	见上	1912 年 9 月 6 日任，1913 年 11 月 26 日调任次长
	林葆怿	福建侯官	福州船政学堂毕业，留英，曾在北洋水师任职	1912 年 9 月 6 日任，1913 年 7 月 21 日调任练习舰队司令
	吴振南	江苏仪征	南京水师学堂毕业，留英，清末管带	1912 年 9 月 6 日任，1921 年复任，1927 年 6 月 28 日改制免
	刘传绶	见上	见上	1912 年 12 月 18 日任，1913 年派驻国务院办事，1917 年 7 月 31 日免
	曹嘉祥	见上	见上	1912 年 9 月 5 日任，1915 年 5 月 15 日调
	徐兴仓	直隶平乡	天津水师学堂毕业，清末海军处第一司器械科长	1913 年 10 月 6 日任，1924 年 3 月 17 日卒

续表

职官	姓名	籍贯	经历	任职情况
参事厅 参事	蓝建枢	福建闽侯	福州船政学堂毕业，参加甲午海战，清末管带	1914 年 2 月任，1918 年 3 月 28 日调
	刘华式			1916 年 2 月 6 日任，1926 年免
	王崇文			1916 年 6 月任，1918 年 5 月调
	谢葆璋	福建闽侯	天津水师学堂毕业，参加甲午海战	1917 年 7 月 31 日任，1926 年 8 月 21 日升任次长
总务厅 厅长	汤芗铭	见上	见上	1912 年 4 月 6 日兼，1913 年 10 月 24 日免
	李和	见上	见上	1914 年 8 月 7 日兼，1915 年 5 月 15 日免
	曹嘉祥	见上	见上	1915 年 5 月 25 日兼，1917 年 7 月 19 日免
	刘传绥	见上	见上	1917 年 7 月 31 日兼，1918 年 4 月 23 日免
	徐振鹏	见上	见上	1918 年 5 月 4 日兼，1926 年 1 月 9 日免
技正室	常朝干			1912 年 9 月 7 日任，1913 年 5 月 16 日免
	林献炘	福建闽侯	天津水师学堂毕业，留德	1912 年 9 月 7 日任，1913 年 5 月 16 日免
	吴德章			1912 年 10 月 6 日任
	郑诚			1912 年 10 月 6 日任
	沈希南			1913 年 5 月 16 日任，1920 年调
	郑滋樨	福建闽县	天津水师学堂毕业，留英	1913 年 5 月 16 日任，1925 年调，1926 年复任
	郑清濂	福建闽县	福州船政学堂毕业，留法	1915 年 9 月 30 日任，1916 年 8 月 15 日免，1923 年 10 月 8 日复任
	陈道源			1916 年 10 月 7 日任，1925 年 10 月 4 日免，1926 年复任

续表

职官	姓名	籍贯	经历	任职情况
海军总司令	黄钟瑛	福建侯官	福州船政学堂毕业,参加甲午海战,清末帮带	1912 年 4 月 6 日至 1912 年 12 月 4 日在任
	李鼎新	见上	见上	1912 年 12 月 11 日任,1915 年 12 月 31 日因"肇和舰事件"被褫职留任,1916 年 1 月 31 日免
	萨镇冰	见上	见上	1917 年任,1916 年裁撤海军总司令处,以闽粤巡阅使萨镇冰兼临时总司令
	饶怀文	福建闽县	天津水师学堂毕业,清末管带	1917 年 6 月任
	蓝建枢	见上	见上	1918 年 3 月任
军学司司长	施作霖			1912 年 9 月 6 日任,1913 年 6 月 8 日调驻海军留学生监督
	曾瑞琪			1913 年 9 月暂代,1913 年 10 月免代
	谢葆璋	见上	见上	1913 年 10 月 10 日任,1917 年 7 月 31 日调
	李景曦			1917 年 7 月 31 日任
	曾宗巩			1919 年任,1923 年 3 月 11 日调
军需司司长	吕德元			1912 年 9 月 6 日任,1912 年 11 月 16 日调任视察
	曾瑞琪			1912 年 11 月 16 日任,1913 年 5 月 16 日调任视察
	王崇文			1913 年 5 月 16 日任,1913 年 10 月 17 日调任视察
	林葆纶	福建侯县	天津水师学堂毕业,留英,清末管带	1913 年 10 月 27 日署,1914 年 10 月 3 日任,1916 年 10 月 1 日免,1917 年 8 月 1 日复任,1922 年 10 月 1 日免
	许继祥			1916 年 10 月 1 日任,1917 年 1 月 18 日免
	王会同			1917 年 1 月 18 日任,1917 年 8 月 1 日免,1926 年 3 月 5 日复署
军械司司长	吴纫礼	安徽肥东	威海卫水师学堂和天津水师学堂毕业	1912 年 9 月 6 日任,1925 年 12 月 25 日调

续表

职官	姓名	籍贯	经历	任职情况
军务司司长	刘华式			1912年9月6日任，1916年2月调
	刘传绶	见上	见上	1916年2月6日兼，1916年2月17日免
	何品璋		福州船政学堂毕业	1916年4月17日署，1917年4月18日任，1918年10月18日调
	陈恩焘	福建福州	福州船政学堂毕业，留英，参加甲午海战	1918年10月26日任，1926年7月6日免
军衡司司长	曾兆麟			1912年9月5日任，1912年12月19日调；1914年8月代
	饶怀文	见上	见上	1912年12月22日任，1913年5月16日调
	蒋拯	福建闽县	天津水师学堂毕业，烟台海军学校校长	1913年5月16日任，1917年9月21日免
	王兼知			1917年10月8日任，1922年7月7日免
军法司司长	曾兆麟			1912年9月5日兼，1914年7月20日免兼
	许继祥			1914年7月20日任，1914年12月27日辞
	陈寿彭	福建侯县	福州船政学堂毕业，留英	1914年12月27日代，1915年1月3日任，1919年9月24日免
	郑宝菁			1919年9月24日署，1920年5月7日任，1926年5月10日免

资料来源：刘传标编《中国近代海军职官表》，第76~87页；杨志本编《中华民国海军史料》，第6页；《政府公报》《申报》相关内容。

以上北京政府海军部职官表，有两个鲜明的特点：第一，从籍贯上看，福建人占绝大多数，其次为广东、江苏，北方数省极少。这种情况一直延续到南京国民政府时期；第二，福州船政学堂毕业者居绝大多数，其次为天津水师学堂毕业者，南京水师学堂毕业者极少。北京政府海军部职官的特点，与左宗棠当年创办福州船政学堂有关，福州船政学堂是中国海军人才的摇篮。

第三节　海军总长刘冠雄与海军部

一　刘冠雄的海军之路

刘冠雄是清末民初的海军大将，是中国最早的海军学校——福建马尾船政学堂第四届驾驶班的学生，同时是第三届海军留英学生，在清末担任海军最大的巡洋舰"海天"舰的管带。进入民国后，担任海军总长长达8年之久，是民国国务院中任职时间最长的人之一。时人对其褒贬不一，有人认为他学识尚可，尽职尽忠；也有人认为他依附权势，反对革命，保守落后；海军部秘书陈震则认为刘冠雄蒙受了不白之冤。

（一）家庭出身及求学经历

刘冠雄（1861~1927），字子英，又字资颖，福建侯官县（今福州市）人。父穆庵，家故贫，以箍桶为业。其母生五子，刘冠雄最小。

光绪元年（1875），刘冠雄考入福州船政后学堂第四届驾驶班。福州船政学堂是洋务运动中创办的中国最早的海军学校。为了发展江南水师，左宗棠在1866年创办了福州船政局，同时开始筹办船政学堂。他提出："习造轮船，非为造轮船也，欲尽其制造驾驶之术耳，非徒求一二人能制造驾驶也，欲广其传使中国才艺日进，制造、驾驶辗转授受，传习无穷耳。故必开义局，选少年颖悟子弟习其语言、文字，诵其书，通其算学，而后西法可衍于中国。"① 首任船政大臣沈葆桢也强调："船政根本在于学堂。"② 清政府创办船政学堂的宗旨是培养军事人才，因此，船政学堂的专业设置是围绕建立江南水师、培养"制造、驾驶和指挥之人才"③ 而展开的。福州船政学堂亦是中国近代史上第一所科技专门学校。"当是时，马江船司空草创未就，借城南定光寺为学舍。同学仅百人，学旁行书算……已而移居马江之后学堂。"④ 船政前后学堂是近代洋务运动中成绩显著、影响深远的一所近代学校，不但京师同文馆和上海广方

---

① 中国史学会编《辛亥革命》（五），第28页。
② 中国史学会编《辛亥革命》（五），第56页。
③ 沈传经：《福州船政局》，四川人民出版社，1987，第3页。
④ 王栻主编《严复集》（二），第352页。

言馆无法与之相比，就是以后创办的各类近代学校，也很少有能与其匹敌者。

刘冠雄于 1877 年从福州船政学堂毕业，派登"扬武"练船见习枪炮、驾驶诸战术，次年舰课毕业，复入校习高等课程，不久被李鸿章派充"镇南"炮舰驾驶官、管带，光绪九年（1883）调"扬威"快船帮带，光绪十一年（1885）秋调任"定远"铁甲舰大副。1886 年，刘冠雄赴英国留学，学习海军驾驶。

同治十二年（1873），船政大臣沈葆桢第一次在奏折中提出派遣海军留学生的设想。沈葆桢会同负有船政之责的各督抚，包括陕甘总督左宗棠、福州将军文煜、闽浙总督李鹤年、福建巡抚王凯泰等，于 10 月 18 日正式提出奏派前后学堂学生赴英法深造的请奏，认为"欲日起而有，功在循序而渐进，将窥其精微之奥，宜置之庄岳之间"，[1]"前学堂习法国语言文字者也，当选其学生之天资颖异、学有根柢者，仍赴法国深究其造船之方及其推陈出新之理。后学堂习英国语言文字者也，当选其学生之天资颖异、学有根柢者，仍赴英国深究其驾船之方，及其练兵制胜之理。速则三年迟则五年，必事半而功倍"。[2] 此议得到总理衙门奕䜣、北洋大臣李鸿章、南洋大臣李宗羲及各督抚的支持。1877 年 3 月，第一届海军留学生被派往英、法两国。光绪十一年（1885），南、北洋大臣会奏《续选出洋学生折》，拟派第三届学生出洋。彼时，国内海防建设已进入新的阶段。由于中法战争的失败，清政府再一次认识到加强及整顿海防的重要性，成立海军衙门，责令李鸿章总办其事。同年，购自德国的铁甲舰"定远""镇远""济远"来华，李鸿章亲自前往验收各舰船，北洋海军建设进入高潮。海军建设的发展需要更多的新型海军人才，这为派遣海军留学生提供了良好的环境，因此第三届海军留学生是历届中派遣规模最大的一次。在《续选出洋学生折》中，李着重强调了培养驾驶人才的重要性。第三届海军留学生，于北洋水师学生中选取陈恩焘、刘冠雄、曹廉正等 10 名，于船政驾驶学生中选取黄鸣球、罗忠尧等 10 名，于船政制造学生中选取郑守箴、林

---

[1] （清）左宗棠：《船政奏议汇编》（九），沈云龙主编《近代中国史料丛刊续编》，台北：文海出版社，1967，第 387 页。

[2] 台北中研院近代史研究所编《海防档》乙《福州船厂》，台北中研院近代史研究所，1957，第 473 页。

振峰等 14 名，① 实际出洋 34 人。

第三届海军留学生于 1886 年 4 月 6 日在华监督周懋琦的率领下，"由香港搭坐外洋公司轮船出洋"。② 这次海军组织赴欧留学，制订有详细计划，对所习专业各有侧重，如刘冠雄"专习操放大炮、枪队阵图、大副等学兼驾驶铁甲兵船"。③ 到英国后，刘冠雄、黄鸣球、邱志范前由英海部派，上枪炮练船，复入英兵部武力士炮厂④操练各种大炮、洋枪阵图及修理、制造理法，更调英海军部爱伦求克等兵船讲求雷学。⑤

"第三批留学生从整体上看，有较强的适应性，他们不像第一批赴欧学生那样，对周围新环境充满好奇心，而是致力于自己的专业，其中不少人深入社会生活，注意了解所在国的情况。"⑥ 第三届留洋生在出洋前已经接受了系统的海军教育，练船实习又为他们积累了初步的航海经验，再加上比较完善的计划安排，他们很快适应了留英环境，在较短的时间内取得了极佳的留学效果。薛福成在出使英国的日记中记述："习操放大炮、枪队、阵图、大副等学兼驾驶铁甲兵船者八员，刘冠雄、黄鸣球、邱志范、王学廉、郑汝成、陈杜衡、沈寿堃，郑文英考试皆屡列高等。"⑦ 船政大臣裴荫森向朝廷上《三届出洋学生学成并襄办肄业各员出力分别奖励折》，其中说："该学生等期满学成，由出使大臣刘瑞芬查录各该生在洋课程，出具考语，先将学习驾驶三年期满者，咨送回华。臣等公同考验各该生等所学，莫不尽叹奥妙，各具等长，较之前届学生，亦学业较邃，创获实多，当此倡练海军之时，得此有用之才，洵足仰备国家器使。"⑧ 原本计划求学 6 年，深究船政奥妙，结果因"无款可垫，请将学生撤回，以免贻误"。1887 年，清政府在英德订购的"致远""靖远""经远""来远"四艘快船工竣，北洋派琅威理前往验收，管驾官邓世昌、叶祖珪等同往接待。这次接舰"不另保险，省费数十万"，所以沿途驾驶就显得尤为重要。

---

① （清）左宗棠：《船政奏议汇编》（三十二），第 1619～1620 页。
② （清）左宗棠：《船政奏议汇编》（三十二），第 1619～1620 页。
③ （清）左宗棠：《船政奏议汇编》（四十一），第 2094 页。
④ 乌理治炮厂，The Royal Arsenal at Wooliwich。
⑤ 高时良编《洋务运动时期教育》，上海教育出版社，1992，第 943 页。
⑥ 陈学恂主编《中国近代教育史教学参考资料》（上册），人民教育出版社，1987，第 1081～1086 页。
⑦ （清）薛福成：《出使英法义比四国日记》（四），岳麓书社，1985，第 206～207 页。
⑧ （清）左宗棠：《船政奏议汇编》（四十一），第 209 页。

总理衙门"特召留学军官刘冠雄协同驾驶回华",[1] 刘冠雄就这样结束了留学生活，回到国内。

海军留欧学生回国后，对晚清海军建设起到积极的推动作用，他们"或者担任兵轮管驾（舰长），或者奉命为水师学堂教习，或者被派为练船的教练"。[2] 刘冠雄在北洋舰队担任"靖远"巡洋舰帮带。[3] 1890 年，"六月，台湾吕家望番社叛，经军队剿办，半年未平，嗣请致远、靖远两舰往剿，帮带刘冠雄、陈金揆率带六磅炮二尊，枪队六十名，登岸进讨，不十日平之，是役阵亡副头目一人，伤兵士八人"。[4]

（二）在清末海军中的角色

1894 年中日甲午战争爆发，中日海军第一次正面交锋。其中，大东沟之战尤为惨烈，李鸿章称"大东沟一役，自午至酉，血战数时之久，固为环球各国所罕闻""甲午之役，敌觑吾短而用其长，又用其轻疾以乘吾之迟重；不然，大东沟，彼此雌雄未可定也"。[5] 大东沟之战的坚守，离不开诸将士的勇敢拼搏，更离不开刘冠雄的灵机应变。刘冠雄时任北洋舰队"靖远"舰帮带，协助管带叶祖珪坚持抵抗。交战当天下午五时左右，海军提督丁汝昌负伤，失去指挥能力，北洋舰队督船桅杆折断，无旗宣令变阵，使北洋舰队在长达数小时的战斗中完全失去指挥。帮带刘冠雄意识到"此而不从权发令，全军复矣！"他当机立断，急请管带叶祖珪悬旗，统率余舰变阵，绕击日舰，并号召港内诸船舰出口助战。"当时日舰已经受伤不少，看见我队散而复整，且惧有雷霆暗袭，即向东南飞驰而去，华艇跟追十数里，由于天气晚了，才收队驶回旅顺。"[6] 这场海战，北洋舰队虽损失惨重，但也粉碎了敌人"聚歼清舰于黄海中"的狂妄计划。袁世凯评价："我自甲午一役，海军歼焉。然大东沟一战，胜负相当，以视陆

---

① 池仲祜：《海军大事记》，沈云龙主编《近代中国史料丛刊续编》第 18 辑，第 13 页。
② 王家俭：《清末海军留英学生的派遣及其影响（1876～1885 年）》，中华文化复兴运动推行委员会编《中国近代现代史论集》（八），台湾商务印书馆，1986，第 463 页。
③ 张侠、杨志本等合编《清末海军史料》，第 556 页。
④ 池仲祜：《海军大事记》，第 13 页。
⑤ 王栻主编《严复集》（二），第 258 页。
⑥ 池仲祜：《海军大事记》，第 17 页。

路诸军，犹有生色。"① 威海战役后，清政府将北洋海军官兵全部罢遣。刘冠雄因在大东沟海战中建议"靖远"悬帅旗以号召各舰继续再战，表现突出，故甲午战后仍受到赏识。1895 年 7 月，北洋在德国伏尔铿船厂订购的"飞鹰"驱逐舰制成，李鸿章派陈恩焘、刘冠雄带同官佐士兵赴德接舰。②

刘冠雄极具胆识和魄力。1899 年，意大利企图强租三门湾，派 6 艘军舰来华恫吓，并向清政府发出最后通牒，令清政府极为恐慌。当时任"海天"军舰管带的刘冠雄向统领叶祖珪提出："意大利人远涉重洋，主客异势，劳逸殊形，况我有海天、海容、海筹、海琛等舰尚堪一战。"③ 叶祖珪十分赞同刘冠雄的分析，并将此作为海军意见上报清廷。清廷得到海军的答复，心里有了底，断然拒绝了意方。意大利本就虚张声势，看到清政府方面态度颇为强硬，只好放弃了租借三门湾的无理要求。

1900 年，义和团运动爆发，八国联军入侵中国。清廷中的顽固势力企图借用义和团的力量，极力主战。6 月 21 日，清政府正式发布宣战上谕，慷慨激昂地宣称："与其苟且图存，贻羞万古，孰若大张挞伐，一决雌雄。"④ 然而一些封疆大吏却与朝廷意见相左。两江总督刘坤一、湖广总督张之洞等对这一近似荒诞的命令不予承认，拒绝参战，并在美、英等国的支持下，与驻上海的各国领事订立《东南互保章程》，声明要遵守中外条约，保护外国人的生命财产安全。接着，两广总督李鸿章、山东巡抚袁世凯等纷纷加入这一"互保"的行列。

海军对清廷向列强宣战的命令也持消极态度。当时，海军各舰正在山东登州一带海面操巡，山东巡抚袁世凯极力敦促海军南下，以避八国联军。担任"海天"舰管带的刘冠雄与队长林颖启率海军各舰前往上海。⑤ 抵达上海后，刘冠雄、林颖启及各舰管带走访了各国驻沪领事，"声明舰队南来，奉命保护中外人士生命财产，以免误会"。⑥ 这样，海

① 天津图书馆、天津社科院历史研究所编，廖一中、罗真容整理《袁世凯奏议》，天津古籍出版社，1987，第 771 页。

② 池仲祜：《海军大事记》，第 20 页。

③ 张侠、杨志本等合编《清末海军史料》，第 851 页。

④ 《义和团档案史料》，沈云龙主编《近代中国史料丛刊续编》，第 163 页。

⑤ 中国人民政治协商会议福建省委员会文史资料研究委员会编《福建文史资料》第 8 辑，福建人民出版社，1984，第 158 页。

⑥ 池仲祜：《海军大事记》，第 23 页。

军也加入了"东南互保"的行列。海军南下，刘冠雄在其中扮演了重要角色。

然而，正当刘冠雄春风得意之时，一场意外的灾难突然降临到他的身上，几乎使其性命不保。

1904 年，日俄战争爆发，日军进攻旅顺口。清廷无力制止这场发生在本国领土的战争，只得宣布"中立"。4 月 23 日，刘冠雄奉命率"海天"舰从烟台出发，赶赴江阴装运军火，以济辽西"中立"之需。24 日，军舰在海上遇到大雾天气。到了晚上，大雾越来越重，海上能见度已很低。在这种情况下，军舰本应减速慢行，但是刘冠雄认为任务紧急，不容耽搁，所以没有下达减速的命令，而是指挥军舰继续以原速穿雾疾行。可是刘冠雄万万没有想到，此时他犯了一个致命的错误，"海天"舰"行至吴淞口洋面，触碰鼎新岛。经救援无效，旋则拆废"。① 船沉了。

"海天"舰和"海圻"舰是甲午海战后清朝最大的两艘军舰。"海天"舰的损毁，对海军来说无疑是重大损失，引起朝野震动。刘冠雄很清楚，作为管带，损毁巨舰，按律当斩，尽管有沈葆桢之子沈瑜庆等人为其多方奔走，② 但此番罪过甚大。最终，由直隶总督、北洋大臣袁世凯保奏，救了刘冠雄一命。③

袁世凯很早就开始关注刘冠雄。此前，刘冠雄在袁世凯力倡之下率舰南下参加"东南互保"，袁便对其颇有好感。八国联军之后，袁世凯破格升任直隶总督兼北洋大臣，成为刘冠雄的上司，对刘更加赏识和信任。袁世凯认识到海军人才的重要性，他上奏称："中国今日大势，论练兵，则陆师视水师为急；论求将，则水师视陆师更难。盖今之水师，重在海军，非徒驰骋于长江内河者所可同日语也"，"近年以来，海军将才，日少一日，即使从新募练，而成就尚复需时。幸遇一二已成之才，可不为国珍惜之乎！"④ 所以，"海天"舰触礁后，袁世凯力保刘冠雄。他在向朝廷报告"海天"舰触礁情况的第一份上奏中，十分巧妙地为刘冠雄做了开脱，称

---

① 张侠、杨志本等合编《清末海军史料》，第 852 页。
② 参见中国人民政治协商会议福建省委员会文史资料研究委员会编《福建文史资料》第 8 辑，第 158 页。
③ 杨志本编《中华民国海军史料》，第 897 页。
④ 天津图书馆、天津社科院历史研究所编，廖一中、罗真容整理《袁世凯奏议》，第 771 页。

刘是因为"迎提军火，深恐迟误"，才不得不"冒雾前行"，其失误"系因公奋往"所致。所以，他在奏折中只是提出将刘冠雄"即行革职"，同时建议仍将其留在舰上，协助他人组织打捞工作，戴罪立功。清廷虽有重办刘冠雄之意，但袁世凯以"其罪可诛，其才可录"为由，力请宽赦。刘冠雄最终免于一死，仅受到革职的处分。袁世凯的救命之恩，令刘冠雄感激不尽，此后他为报答袁世凯，更是不遗余力。刘冠雄被革职后，离开海军，投在袁世凯门下。袁世凯派刘冠雄随节办洋务。光绪三十二年（1906）任刘冠雄为德州兵工厂总办。从此，刘冠雄成为袁的亲信。刘冠雄由此而飞黄腾达，也因此受到后人指责。往后的荣辱皆由此始，这次事件成为其命运的转折。

光绪三十四年（1908），清政府赏赐刘冠雄工科举人出身。宣统二年（1910），清廷改筹海军事务处为海军部，刘冠雄被调任海军部科长；宣统三年（1911）秋，改任广东水师营务处总办。3月，朝廷派刘冠雄赴闽调查船政；6月"因英商小轮船在广东西江被劫，海军部派刘冠雄赴粤整理捕务，从粤督请也"。[①]

二　海军总长刘冠雄

1911年10月，辛亥革命爆发。刘冠雄避居上海，静观时局变化。

1912年1月3日，中华民国临时政府在南京成立。5日，临时大总统孙中山任黄钟瑛为海军总长，刘冠雄为海军顾问。《申报》称刘冠雄"武昌起事，逃赴南方，共襄大事，筹画海军事多所尽力"。[②] 27日，黄钟瑛致函孙中山，请辞海军总长职务，他在函中称赞刘冠雄"资望才学中外共知，实足以表率海军，餍服众望"，[③] 向孙中山建议由刘冠雄担任海军总长一职，但孙中山没有同意。

2月13日，南北议和，孙中山辞职。15日，参议院推选袁世凯为临时大总统，南京临时政府派出以蔡元培为首的迎袁使团。当时南京临时政府各部部长派代表欢迎袁来南京就职，海军部长黄钟瑛不愿前往，刘冠雄毛

---

① 池仲祜：《海军大事记》，第30页。

② 《新内阁人物小史》，《申报》1912年4月6日。

③ 黄彦、李伯新选编《孙中山藏档选编（辛亥革命前后）》，中华书局，1986，第74页。

遂自荐，作为海军代表前往北京。① "此次蔡元培专使来京，刘充欢迎员"，② 受到袁世凯器重。

南北和谈期间，刘冠雄亲赴烟台，联络北伐舰队司令汤芗铭及 "海容" 舰舰长杜锡珪，在刘冠雄的策动下，汤、杜两人由烟赴京，归附北京政府。③ 袁世凯在北京就任临时大总统，并组成北京政府第一届内阁后，3月30日，袁世凯任命刘冠雄为海军总长；4月6日，任命汤芗铭为海军次长、黄钟瑛为海军总司令、蓝建枢为海军左司令、吴应科为海军右司令。④ 1912年11月，刘冠雄被授予上将军衔，成为民国第一位海军上将。⑤ 根据民初《海军部办事规则》，海军总长的职责是 "管理海军军政，统辖海军军人军佐，监督所辖各官署并各省制造军舰、厂坞及沿海各处炮台"。⑥ 刘冠雄在海军总长任上可谓建树颇丰。

（一）建章立制，为海军建设奠定基础

刘冠雄任职后，着手整顿海军部部务，建章立制，集权于中央，使海军建设统一、有序，并收到了相当成效。

这一时期，每年都颁布大量海军规章制度，兹举例如表5-3所示。

表 5-3　海军部部分规章制度

年份	颁布规章制度
1912	《海军部官制》《海军总司令处条例》《舰队司令条例》《海军士兵惩罚令》《海军官佐士兵等级表》《海军旗章条例》《海军礼炮条例》《海军部处务细则》《海军军官学校及练习舰队暂行简章》《海军部办事规则》《陆海军勋章令》《陆海军奖章令》等
1913	《海军军服制》《陆海军著作奖励条例》《军舰职员勤务令》《海军丧礼条例》《海军部印刷所办事规则》《海军部无线电报局通信规则》《海军敬礼条例》《海军军人军属休假暂行章程》《留英海军学生监督办事处暂行章程》《海军练习舰队司令暂行条例》《海军军港司令处条例》《海军港务局条例》《海军军港监狱条例》等

① 中国海军百科全书编审委员会编《中国海军百科全书》，海潮出版社，1998，第1273页。
② 《新内阁人物小史》，《申报》1912年4月6日。
③ 张侠、杨志本等合编《清末海军史料》，第729页。
④ 《大总统令》，《申报》1912年4月8日。
⑤ 《命令》，《政府公报》1912年11月5日。
⑥ 《海军部办事规则》，《政府公报》1912年12月11日。

年份	颁布规章制度
1914	《海军惩罚令》《海军舰艇职员令》《海军军官进级条例》《海军官佐服役条例》《海军校阅条例》《海军旅费规则》《军舰当值规则》《海军访侯规则》《海军陆战队营制》《海军陆战队服制图说》《海军火药火器保管规则》《海军轮机试验规则》《海军轮机报告规则》《海军养病所暂行简章》《海军派驻长江各舰艇分队操防暂行规则》，等等
1915	《海军枪炮练习所简章》《海军部编译委员会规则》《海军官佐考绩规则》《海军留学飞潜艇暂行规则》《海军煤栈暂行简章》《海军军佐进级条例》《海军军士长副军士长及同等官任用进级条例》《海军兵士进级条例》《海军舰艇修理条例》《海军奖牌给予条例》，等等
1916	《海军刑事条例》《海军审判条例》《英美海军留学生规则》《英美海军留学生管理员暂行规则》《海军军医学校规章》《海军无线电报纳费规则》《海军无线电报通信规则》《海军舰队司令处编制》《海军无线电机保管规则》《海军总轮机处暂行编制》《海军转运局暂行编制》《海军舰队警备章程》《海军官佐进级条例施行细则》《海军学生考选章程》《海军学生品学奖励规则》，等等
1917	《海军官署保管拿捕物件规则》《海军军医学校内规》《海军总司令公署职员表》，等等
1918	《海军总司令公署编制令》《海军舰队司令处编制令》《修正海军刑事条例》《海军审判条例》《海军驻外武官简章》《修正海军官佐进级条例施行细则》《海军部各厅司分科职掌》《海军总司令公署办事细则》《驻外公使馆海军武官管理留学员生规则》，等等
1919	《修正海军驻外海军武官章程》《海军舰艇分队操防暂行规则》《练习舰队暂行训练章程》《舰队司令处办事细则》《毁灭水雷奖励章程》《海军练习舰见习生暂行规则》，等等

资料来源：《政府公报》，1912～1919 年；池仲祜：《海军大事记》，沈云龙主编《近代中国史料丛刊续编》第 18 辑，第 32～41 页；杨志本编《中华民国海军史料》，第 1012～1030 页。

　　刘冠雄任海军总长期间所颁布规章制度的数量大大超过了其他时期。海军部设立前三年分发文件数共计"呈 183 件；咨呈 19 件；咨 448 件；公函 242 件；电 938 件；饬 362 件；部令 13 件；委任令 15 件；训令 64 件；指令 84 件；批 169 件"，① 这些规章法令确实为海军建设做出了贡献。

　　民初海军部为筹划统一，把学校、舰艇收归部有，接收各地海军机构，使海军大权集中于中央。

　　1912 年冬，海军部向大总统呈请裁行各事，国务院决定："一、各省都督所管海军，无论其名称为舰队、为水师，凡属于海军性质者，均归海

---

① 《海军部咨政事堂印铸局本部三年分发文号数列表开送布登政府公报文（附表）》，《政府公报》1915 年 1 月 21 日。

军部直辖。应由海军部订定划一制度，重新编练。二、各省造船厂，除江南造船所已归海军部管理外，其直隶、广东、福建各船厂应改归海军部管辖。"①

早在1912年4月28日，刘冠雄派吴振南接收旧部公事，查得部中亏空公款甚巨，"由（前清）海军部交出残余之现金为银元十枚，银十两，铜元一千余枚，此外则为大清银行存款一百八十余万，交通银行存款廿余万，皆不能支取者，所造之报销册全属子虚"，②只得力图整顿，痛改积弊。刘冠雄宣布："此后部中委任各员须系海军出身，其非海军出身者，必须熟悉部务，确有经验，不能似前清代之庞杂。"③4月，海军部收江南船坞，改名江南造船所，以陈兆锵为所长；7月，将芝罘东西山炮台收归部辖，委邓家骅为芝罘海军练营营长，兼管东西山炮台；10月，请政府重开福州船政局，重任魏瀚为总办；11月，请将南京水师学堂改为海军高等学校，拨款洋五千元，添置各项器具并请以海军部某参事为该校监督。1913年，派吴毓麟据收大沽船坞，改名大沽造船所，以吴毓麟为所长；10月，以福州海军、制造两学校径归部辖，海军学校即前之后学堂，制造学校即前之前学堂，委王桐为海军学校校长、陈林璋为制造学校校长；11月，福州船政局收归海军部管辖，④大总统任命郑清濂为局长、刘懋助为副局长，广东黄埔水师学堂亦收归海军部管辖，改称广东海军学校。1914年春，海军部收吴淞商船学校为海军学校，以南京海军学校移入其中，并以南京校址改为电雷学校；7月，收粤省之"宝璧""广海""广庚""广金""广玉"军舰五艘隶海军；12月，裁撤卫队，改编海军陆战队。1915年10月，将北洋医学校收归部辖，改名海军军医学校。⑤这样，各省的海军学校都收归海军部管理。经"肇和"舰事件后，1916年又裁撤海军总司令处，收回总司令的权力，集中大权于海军总长。

（二）添置新军舰，改善舰船装备

民国初年，财政困难，但海军急需发展，所需费用极多。1912年5

① 杨志本编《中华民国海军史料》，第83~84页。
② 《前清海军部之糊涂账》，《申报》1912年5月13日。
③ 《各部用人之计划》，《申报》1912年5月13日。
④ 沈岩：《船政学堂》，科学出版社，2007，第202页。
⑤ 池仲祜：《海军大事记》，第38页。

月，刚接任海军总长一职的刘冠雄就向袁总统提出："海军不完全，无以发扬国威，并驾欧美。刻下，南洋虽有兵舰数艘，其战斗力甚为薄弱。北洋则更不如南洋，务须大加扩张，以实军备。"袁总统对此虽认同，但碍于当时财力有限，只能提出"至扩张南北洋战舰诚为当务之急，一俟财力稍充即当为筹策以张国威"。① 刘冠雄详细列出海军发展所需费用："海军士官宜于外国军舰之上实习试验，此项费用每年须银二百万两，而海军部今尚须银一千万两，以为交付前在各国定造战舰之用，至目下所有之军舰常年给养修理等费亦须银三十万两，方足应用。"② 对于这种务实的做法，当时《申报》记者评论："宛如海军部事务员在财政审查会之报告。"③ 刘冠雄整顿海军部，由于需款甚巨，一时无从着手。趁着当时全国掀起国民捐款的热潮，刘冠雄便在国务院会议上提出："在国民捐可划而为二，其在内地捐款自作各项行政经费及维持现状遣散兵队之用。其华侨国民捐款，专做海军经费。果能实行，则事有头绪，以下自当顺序而行。"但是当时的情况，用款之处颇多，"唐（绍仪）总理唯唯亦未有正式之解决也"。④ 北京政府初期，刘冠雄及其领导的海军部确实想发奋图强，改变海防薄弱的情况，是以尽管经费困难，仍勉力进行海军建设。

1. 添置新军舰

（1）自造

民国初年，各个海军机构在中央海军部的统一领导下，逐渐恢复壮大。造船所亦积极为民国海军队伍的建设添砖加瓦（参见表5-4）。

表 5 - 4　民初民国海军自造舰艇一览

舰艇名称	舰艇类别	承造机关	造成年份	排水量（吨）
瑞　边	缉捕船	江南造船所	1913	150
安　海	缉捕船	江南造船所	1913	150
引　擎	破冰船	江南造船所	1913	300
麦士门	破冰船	江南造船所	1913	300
永　健	炮舰	江南造船所	1914	860

---

① 《袁总统器重刘总长》，《申报》1912 年 5 月 7 日。
② 《国务员宣布政见》，《申报》1912 年 5 月 15 日。
③ 《国务员与参议院》，《申报》1912 年 5 月 20 日。
④ 《刘总长整理海军谈》，《申报》1912 年 6 月 4 日。

续表

舰艇名称	舰艇类别	承造机关	造成年份	排水量（吨）
永　绩	炮舰	江南造船所	1916	860
利　川	拖船	江南造船所	1916	375
海　鹤	浅水炮舰	大沽造船所	1917	227
海　燕	浅水炮舰	大沽造船所	1917	56
海　凫	浅水炮舰	江南造船所	1917	160
海　鸥	浅水炮舰	江南造船所	1917	160
海　鸿	浅水炮舰	福州船政局	1917	190
海　鹄	浅水炮舰	福州船政局	1918	190
海　鹰	浅水炮舰	大沽造船所	1918	140
海　鹏	浅水炮舰	大沽造船所	1920	120

资料来源：包遵彭：《中国海军史》，第 593 页。

由江南、福州、大沽三大造船所制造和改造的舰艇共计 15 艘，其中除江南造船所制造的"永健""永绩"两艘炮舰（860 吨）较大外，其余多为 200 吨上下的小舰船。1920 年后，由于国家陷入军阀混战的乱局，造舰活动停止，直到 1928 年才又开始自造舰艇。

（2）外购

辛亥革命前，清政府订购了 19 艘舰艇，其中国外订购 12 艘，国内订购 7 艘。1912 年，外购舰艇有的已经造成，有的接近竣工，必须付清购舰尾款，外国厂方才会交货。海军部一再呈文，催请袁世凯政府筹款，并申述理由："已经完工而不筹款收回，不但每月须付息金，尤须付码头及派人看守等费，重中损失为数不赀。现在由东、西洋毕业归国及在本国毕业者甚多，若无舰艇使之实地练习，养将成材，殊非所以振兴海军之道。"[1] 另外大陆沿岸常有海盗出没其间，若没有舰艇游弋巡逻，不但百姓生活生产时受损失，甚至可能引起外国借口派舰保护，有损主权。正是在这样的考虑下，刘冠雄为首的海军部提出"订购军舰或自行创制，以免巨款外溢"，[2] 积极筹款收回舰艇。

前清海军部为在国内外各厂定制的 19 艘军舰以及"舞凤""联鲸"装配快炮和无线电机，所需费用合洋约 1500 万元，除清政府已付洋 500 万元

---

[1] 杨志本编《中华民国海军史料》，第 136 页。
[2] 《新民国之海军问题》，《申报》1913 年 5 月 6 日。

外，待付尾数合约洋 1000 万元。刘冠雄将各舰情况详细列入《海军部订造舰艇一览表》，送请国务院公决，请求民国政府筹还所欠尾款，将原定军舰、机电一起收回备用。① 1912 年 9 月 1 日，"刘总长特谒大总统磋商收回军舰办法，总统谓此事需款甚巨，正当财政困难之时，万难筹措，须俟国用稍裕时，再行设法收回云云，刘不语而退"。② 民初财政奇绌，无款可拨，海军部只得另想办法收回所定舰艇。

1912 年 9 月 28 日，前清在德国硕效厂定制雷舰 3 艘告成，海军部与该厂商定付款办法，决定先交船后付款，由该厂领国债票做九折核算，常年加利息八厘，银行经理另加三厘等。③ 10 月 15 日，在英国威克斯厂定制的"应瑞"巡洋舰告成，还欠款 106640 镑，该厂愿领国库券，以九七折核收，加上尾款利息及国库券六厘年息，共购国库券 119000 镑，并约定明年 10 月 31 日在伦敦兑交现款。④ 1913 年 1 月 9 日，在英国阿姆斯特朗厂定制的"肇和"巡洋舰也采用收船付券的办法，海军部向大总统呈《商定收回练习巡洋舰及付券办法照钞议案合同》，⑤ 该厂领国库券 172430 镑，翌年 11 月 30 日兑换现款。⑥ 此外，1912 年 11 月 22 日，海军部与意商订立改造新舰合同，"造价无多，还款又可展缓，反复比较，彼此均有利益"；⑦ 12 月 18 日，与日本三菱公司因定制"永丰"炮舰订立造舰欠款合同；⑧ 1913 年 2 月 15 日，与汉口扬子公司订立国库券抵造舰欠款合同；⑨ 3 月，"海军部在各国订造军舰七艘、鱼雷舰五艘，闻均陆续赶造，不日即可到华"。⑩ 1913 年 4 月 23 日，海军部与外商订立借款购舰合同，"一件借款一百二十万镑者，允购鱼雷猎舰六艘；一件借款二百万镑者，允购鱼雷猎舰十二艘"。⑪ 后来海军部终于争取到向五国银行借款的一部分，付清欠

① 参见杨志本编《中华民国海军史料》，第 134～136 页。
② 《刘冠雄之三大政策》，《申报》1912 年 9 月 2 日。
③ 杨志本编《中华民国海军史料》，第 137 页。
④ 杨志本编《中华民国海军史料》，第 139 页。
⑤ 《海军部呈大总统商定收回练习巡洋舰及付券办法照钞议案合同请签核备案文并批》，《政府公报》1913 年 1 月 16 日。
⑥ 杨志本编《中华民国海军史料》，第 140 页。
⑦ 杨志本编《中华民国海军史料》，第 142 页。
⑧ 《海军造舰费展期交付》，《申报》1913 年 1 月 9 日。
⑨ 杨志本编《中华民国海军史料》，第 147 页。
⑩ 《民国新制军舰表》，《申报》1913 年 3 月 14 日。
⑪ 杨志本编《中华民国海军史料》，第 174～181 页。

款，于1912～1913年先后接收了向英、德、日三国订造的9艘军舰。另有3艘军舰是美、意、奥所造，三国因与五国银行无关，拒绝交货，撕毁了合同。①

1913年底，"军部于前年光复后，查得海军军舰不敷派用，是以呈由袁总统，核准电请美国船厂订造大号军舰一艘……刻已造竣下水，定名飞鸿……飞鸿新舰预备编入舰队……海军部去年商请沪南造船所陈（兆锵）所长订造军舰二艘，兹将竣工下水，所有该二舰之名业由李（鼎新）总司令拟定，一名永健一名永绩，亦已预备编入海军舰队"。②

表5-5 民国初年海军向外国订购各舰艇一览

舰艇名称	舰艇类别	订购国	造成年份	排水量（吨）
江犀	浅水炮舰	德国	1912	140
江鲲	浅水炮舰	德国	1912	140
肇和	巡洋舰	英国	1913	2600
应瑞	巡洋舰	英国	1913	2460
永丰	炮舰	日本	1913	780
永翔	炮舰	日本	1913	780
建康	驱逐舰	德国	1913	390
豫章	驱逐舰	德国	1913	390
同安	驱逐舰	德国	1913	390
建中	浅水炮舰	英国	1916	90
永安	浅水炮舰	英国	1916	90
拱辰	浅水炮舰	英国	1916	90

资料来源：包遵彭：《中国海军史》，第603～604页。

（3）海军舰队建设

刘冠雄认为，规划海军建设，必须预先确定海军作战方略，如是实行攻势作战，还是守势作战，抑或攻守兼营——然后据此制备舰船。凡实行攻势作战者，应当"专力筹备巨舰"；实行守势作战者，"务多备猎舰、潜艇"；实行攻守兼营方略者，则上述两类舰船均应制备。中国海岸绵长、

① 海军司令部《近代中国海军》编辑部编著《近代中国海军》，海潮出版社，1994，第759～760页。

② 《海军部添造新军舰》，《申报》1913年12月23日。

港湾纷杂，海军本应"取攻守兼营主义"，但在"财力、人力两难"的情况下，"暂宜专主守势"，实行守势战略，因此主要有"巡弋防御与守卫防御两端"。这一思路，反映了民国时期北京政府海军对海防建设和海上作战的认识，但在当时的历史条件下，守势作战方略也未能得到很好的执行。

1912年，海军部开始组织舰队。5月，海军总司令黄钟瑛认为海军部既已成立，理应把各个舰船编制成队，以便定期出洋操演，于是计划把"南琛运舰、海容巡洋舰、建安炮舰、保民运舰、楚有炮舰五艘编为第一舰队。楚泰、楚观、江亨三炮舰及联鲸运船、飞鹰驱逐舰编为第二舰队"。① 北京政府海军部接受了这一建议，7月，"饬海军舰队司令官黄钟瑛将驻浦口之南琛、海容、建安、保民、楚有五舰编为中央第一舰队，将楚泰、楚观、江亨、联鲸、飞鹰五舰及列字、张字、湖隼、湖鹗四水雷艇一并联合，作为第二舰队"。② 1913年，海军部列出《海军部舰艇分配舰队数目表》，第一舰队有13艘舰船，第二舰队共24艘舰船，练习舰队有4艘舰船。③

经过近两年时间的努力，舰队基本成形。中华民国海军第一舰队是实力最强的作战舰队，总排水量约1.8万吨，约占海军总吨位的二分之一；第二舰队总排水量约9000吨，约占海军总吨位的四分之一。④

2. 安装无线电台

无线电报是近代军事通信的主要方式之一。民初中国没有专门的无线电人才，由于当时中央经济困难，1913年2月27日，海军总长刘冠雄与德律风根东亚无线电报西门子厂签订了购买及培训合同，"海军一方面采用西门子无线电报，以十二年为期，期内购买材料价值比他厂尤贱；并由该厂选派专门教习一人来华教授生徒，其薪费由该厂认付。以此交换利益，两无流弊"。⑤ 3月，又制订了《海军部无线电报局通信规则》。⑥ 这个为期12年的合同，在一年之后就因第一次世界大战的爆发宣告中止，但中国海军最早的无线电系统由此建立。

---

① 《海军舰队之编制》，《申报》1912年5月30日。
② 《新海军之进行》，《申报》1912年7月10日。
③ 《海军总长刘冠雄呈大总统据海军总司令李鼎新编配第一第二舰队暨练习舰队各节尚属妥协准照办请签核备案文并批》，《政府公报》1913年10月1日。
④ 参见中国海军百科全书编审委员会编《中国海军百科全书》，第1965～1966页。
⑤ 杨志本编《中华民国海军史料》，第148页。
⑥ 《海军部无线电报局通信规则》，《政府公报》1913年3月19日。

表 5-6　民初中国海军舰队列表

	巡洋舰	巡洋炮舰	驱逐舰	浅水炮舰	雷舰
第一舰队	海圻 海容 海筹 海琛 飞鹰 南琛	永丰 永翔 联鲸 舞凤	长风 伏波 飞云		
第二舰队		建安 建威 江元 江亨 江利 江贞 楚泰 楚观 楚同 楚豫 飞霆 甘泉 楚谦 楚有		江犀 江鲲	湖鹰 湖隼 湖鹗 湖鹏 "辰"艇 "宿"艇 "列"艇 "张"艇
练习舰队	肇和 应瑞 飞鸿 通济				
其他	龙湍 保民 镜清	此舰一、二月内可到； 此舰暂归尚船学校遣用，薪饷照旧支领； 议改水鱼雷练习舰			
附记	以上舰艇共计44艘，均直隶于海军部，广东、浙江、福建等省所有舰艇尚未统一				

资料来源：转引自杨志本编《中华民国海军史料》（上），第239~240页。

无线电报是舰队通信的重要手段，在战时犹关紧要。当时各国新式军舰都设有无线电机，一遇事变，消息立达。受"二次革命"中消息迟滞影响战事的刺激，11月，海军部将四"江"六"楚"连同"飞鹰""联鲸"等可用之十二舰，一律安配一·〇TK无线电机。[①] 12月26日，在"海圻""海容"两舰装设二·五TK无线电台2座，共计77317.5马克。二·五TK无线电台可通信范围较广，白天850公里，夜间1700公里。[②]

1915年，在海军军官学校旧址上设立的海军电雷学校，以海军少将郑纶为校长，设立无线电班，招考高中毕业生入学，并聘挪威无线电工程师萨文生为教授。无线电班共办三届，至1917年结束，毕业学生共84人，毕业后分派各舰船及电台充任正副电官等。[③]

3. 提出第一次造舰计划

1913年1月，刘冠雄派员详细调查中国现有军舰，做整顿海军之计划。1913年前的海军舰数为：北洋所属"海圻""海容""海筹""海琛""通济"5艘巡洋舰，"泰安""镇海"2艘炮舰，"飞鹰""飞云"2艘水雷炮舰；南洋所属"镇清""南琛""保民"3艘巡洋舰，"登瀛""楚材"2艘炮舰，"建威""建安"2艘水雷炮舰，"测海""靖远""策电""钧和""飞虎""金瓯""并徵"7艘炮舰，"江元""楚泰""楚议""楚同""楚有""楚观"6艘河用炮舰，"安放"1艘水雷舰，"辰字""宿字""列字""张字"4艘航洋水雷舰，"湖鹏""湖鹗""湖燕"3艘二等水雷舰；福建所属"琛航""元凯""超武"3艘运送船兼报知舰，"靖海"1艘炮舰；广东海军各类炮舰鱼雷艇共25艘，即"蓬州""海广千""广金""广利""广镜"5艘炮舰，即"伏波""保中""海镜清""镇涛""广庚""庚?"（原文缺）"庚已""广澜""广东雄""海长清""绥靖""广元""广?"（原文缺）13艘运输兼报知舰，即"雷天""雷坎""雷兑""雷离"4艘一等水雷艇，3艘水雷艇，但还没有命名。[④]

1913年3月21日的《海军第一次制舰计划》，[⑤] 原附在刘冠雄给袁世

---

① 杨志本编《中华民国海军史料》，第192页。

② 杨志本编《中华民国海军史料》，第193~194页。

③ 参见中国人民政治协商会议福建省委员会文史资料研究委员会编《福建文史资料》第8辑，第109页。

④ 《民国二年前之海军舰数》，《申报》1913年1月4日。

⑤ 参见杨志本编《中华民国海军史料》，第151~165页。

凯的报告后。为了强调这份计划的重要性，他在报告中特意说明"事关军计，冠雄未敢擅专……谨密呈大总统"，报告中明确阐述了刘冠雄对海军建设的看法和主张。

首先，刘冠雄强调了发展海军的重要性。他提出，世界各国有陆国，有海国，有陆海交错之国，陆国偏重陆军，海国偏重海军，陆海交错之国，陆军与海军并重。中国大陆东、南、北三面滨海，海岸线绵长，系陆海交错之国，应当陆军与海军并重，如果"独注重陆军，而于海军忽焉不备，备焉而又力不厚，势将无以自存，更无论称雄于今世"。因此，他呼吁当局，应当重视海军的建设与发展。

其次，刘冠雄提出了对海军建设规模的设想。他指出，以中国国土之大、海岸线之长，海军发展规模"最下亦须求与最近最强之邻国相埒，方能并列于强国之间"。但考虑到国家财政困难，而且海军人才缺乏、短时间内又培养不出，一时很难建设起较大规模的海军力量，不得已，只能"择其最险要之处，先行置备设防，以期江海之间国防巩固"。至于海军战略，他提出，按理中国海军"应取攻守兼营主义"，但鉴于"目前财力、人力之两难"，故"似暂宜专主守势"，着重搞好"巡弋防御与守卫防御两端"。① 刘冠雄从战略守势出发，制订了十年发展计划。计划分两步走：第一期五年为"守防计划"，第二期五年为"巡防计划"。守防以守卫港湾、严固江海门户为主，所用舰船务必行动灵敏，主要用猎舰及驱逐舰，辅以鱼雷、水雷、飞艇等。守防重点应是大沽、北塘、烟台、扬子江口、江阴、镇江、南京、芜湖、九江、镇海、定海、温州、三都、闽江口、厦门、汕头、虎门、北海、榆林19处最为重要的港湾。巡防以巡弋领海、靖弭危患为主要目的，所用舰船须"能远袭纵击"，应以战斗巡洋舰为主力。中国虽财力不足，亦应先建巡防舰队三队，以此作为日后海军"扩张之基础"。一队主要装备战斗巡洋舰，两队主要装备一等装甲巡洋舰。第一队巡防区，从长江口以北至辽东湾一带海面；第二队巡防区，从长江口以南至铜山（今福建东山）一带海面；第三队巡防区，从铜山南至琼州一带海面。三支巡防舰队，平时各在其巡区巡弋、操练，并定期会操，演习战术；按期互换巡防区域，使之熟悉各海区的地理形势，战时"庶可互相策

---

① 海军司令部《近代中国海军》编辑部编著《近代中国海军》，第 760～761 页。

应"。① 如这一十年计划完成，海军舰艇将由 50 艘增加到 323 艘，总吨位由 45505 吨增加到 404855 吨。第一次制舰计划经国务会议通过，同意按计划办理。

刘冠雄作为清末海军高级将领，参加过中日甲午海战，亲身经历了中国海军的盛衰。作为中华民国北京政府第一任海军总长，他对海军建设所谈的上述看法和主张，既是其切身体会，也是其在当时历史条件下为建设海军所做的一种努力。

1913 年 4 月 5 日，参谋部经详细研究，向大总统呈《民国三年至十年第一次造舰计划案并理由书》，提出《扩张期间每年应需制舰经费表》。《民国三年至十年第一次造舰计划案并理由书》以日本为假想敌，列举了日本海军扩张和汰旧更新的目标，据此形成至 1920 年民国海军的理想扩张方案（参见表 5－7）。

表 5－7　海军发展计划最初方案表

舰种	排水量（吨）	速力（节）	数量（只）	总吨位（吨）	总价目（元）
战斗巡洋舰	28000	29	30	846000	865200000
侦查舰	3500	28	12	42000	43160000
鱼雷猎舰	1000	30	100	100000	15100000
大潜水艇	740	20	20	37000	122470000

注：此表统计数据疑有误。战斗巡洋舰总吨位应为 840000，大潜水艇只数应为 50。

资料来源：杨志本编《中华民国海军史料》，第 166～173 页。

但海军当局也非常清楚，这一"理想扩张案"由于财力不足，短期内很难实现。面对现实，他们又提出了一个较为谨慎的扩张计划（参见表 5－8）。

表 5－8　海军发展方案近期方案表

舰种	排水量（吨）	速力（节）	数量（只）	价目（元）
战斗巡洋舰	28000	29	8	230720000
侦查舰	3500	28	8	28840000
鱼雷舰	750	35	40	20824000

---

① 中国海军百科全书编审委员会编《中国海军百科全书》，第 1273～1274 页。

续表

舰种		排水量（吨）	速力（节）	数量（只）	价目（元）
航洋潜水艇		740	水上 20	12	19848000
			水中 14		
小潜水艇	甲种	355	水上 15	24	14688480
			水中 10		
	乙种	172	水上 10	4	1186112
			水中 8		

资料来源：杨志本编《中华民国海军史料》，第 166～173 页。

尽管后者已经大大压缩了"理想扩张案"，但随着政局的动荡和内战的兴起，仍成了一纸空文。非但如此，由于财政状况日趋恶化，海军逐渐连现状也难以维持。

民国海军经费之详细收支已不可考，但据历年总预算案，可得其大要。兹列民国时期的海军经费如表 5-9。

表 5-9　民初海军历年预算表

单位：元

年份	经常费	临时费
1913	7556881	1307014
1914	4802560	10000
1916	17101779	102758
1919	9194482	185024

资料来源：包遵彭：《中国海军史》，第 670 页。

刘冠雄任总长期间，尚属于民国时期海军经费较丰裕的时期。

（三）培养人才，发展海军教育

民国初年，海军兴办刻不容缓，军港、船坞工厂等无不需要人才，北京海军部积极重整海军教育。海军总长刘冠雄认为，"欲谋扩充海军，非从培养海军各项人才入手不可"，[①] 遂于 1913 年提出扩充海军教育的五项

---

① 杨志本编《中华民国海军史料》，第 394 页。

计划："（甲）设海军轮机学校，聘留学西洋得有专门高等文凭者充当教员。（乙）设舰艺专门学校，以具海军初级程度者为校生，曾经西洋毕业者充教员及各执事。（丙）建设海军驾驶学校，以在西洋实地见习者充教员及各执事。（丁）创设水雷枪炮等专门学校，仍以留学欧美富有经验者为教员及各执事。（戊）设立水兵养成所，以在水师学校具普通学识者充之。"① 这一时期海军教育的发展体现在如下三个方面。

1. 海军学校的复兴

刘冠雄认为："振兴海军，当从广设海军学校入手。"② 1913 年，他提出《增设改良海军教育预算案》，因考虑到财政困难，决意从简加增："如旧有之烟台海军学校，拟改为海军小学校；南京之海军军官学校，作为海军中学校；福建之船政学堂，改为海军轮机中学校；广东之水师学堂，改为鱼雷学校。再择适中之地，增筑鱼水雷、枪炮、军医、军需等四学校；鱼、水雷练营一座；士兵练营三座；轮机练习厂一处；又于京师建筑一海军大学，校内附枪炮轮机模型室、船艺室等。令中学及各专门学校毕业生悉入大学肄业，毕业后分派各舰、厂见习，并登练习舰巡历中外各海面，务使所学各具所长，然后委以相当职务。一面仍应选派学生前往欧美各国留学，并派海军军官分任调查各国海军办法，以备随时采择任用。诚如是次第切实进行，则十年以后，人才蔚起。举凡制机、制药、造炮、造舰诸大端，当无事仰给于外人。将来国帑稍舒，如炼钢、炼铜、开采矿产，关于海军应需诸料件，均应逐渐扩充，研究办理，以塞漏危而收实效。"并且附上详细的《海军军官士兵练历图》《扩充海军教育预算表》。③ 1915 年8 月 6 日，海军部呈《海军教育亟宜普及恳请饬令各省咨送学生考选入校以宏造就文》，大力提倡海军教育的普及。④ 由此可见，刘冠雄对海军教育的整体发展很有远见。

清末创建近代海军，先后兴办各类海军学堂十余所，但这些学堂或毁于兵燹，或随着海军的衰败而萧条。民国建立后，得以承继的仅有福州船政前后学堂、福州船政艺圃、广东水陆师学堂、烟台海军学堂和湖北海军

---

① 《新民国之海军问题》，《申报》1913 年 5 月 6 日。

② 《国务员宣布政见》，《申报》1912 年 5 月 15 日。

③ 杨志本编《中华民国海军史料》，第 409～417 页。

④ 《海军部呈海军教育亟宜普及恳请饬令各省咨送学生考选入校以宏造就文并批令》，《政府公报》1915 年 8 月 9 日。

学堂 5 所。

海军部对这些旧有学堂加以整顿，继续开办。1913 年 10 月，海军部将福州船政前学堂改为海军制造学校，后学堂改为马尾海军学校，福州船政艺圃改为福州海军艺术学校。此前，1912 年春，广东省将原水陆师学堂中的水师部划出，定名为黄浦海军学校；同年，海军部重定烟台海军学校章程，继续开办。省属湖北海军学堂进入民国后，仅逾一年即奉令停办。①

海军部又相继创办了一些新校。1912 年 8 月，海军部饬令在南洋水师学堂旧址开办海军军官学校。1914 年海军部向大总统呈《海军军官学校举行毕业考试拟请变通赓续办理》，② 表明当时军官学校因政府财政拨款困难，力不从心，将要停办。刘冠雄极力挽救，认为培养人才是当务之急，且海军军官学校所定课程较为完备，所聘教习都是专业人士，毕业的学生也应该分派到各舰服务练习。其新生来源，应该从烟台海军学校中已满六学期的学生中选拔，再授以高级学科。1915 年，海军部又于海军军官学校旧址设海军电雷学校，内分鱼雷、无线电两班。同年，北京政府海军部在烟台设海军枪炮练习所。1917 年 10 月，烟台海军枪炮练习所与南京海军电雷学校奉令合并，改称南京海军鱼雷枪炮学校。此外，交通部吴淞商船学校原于 1914 年冬因经费支绌停办，1915 年移交海军部接收，改为吴淞海军学校。③ 1918 年 2 月，马尾艺术学校改为飞潜学校，福州船政局局长陈兆锵兼校长，锐意振兴船政事业。④ 至此，福州马尾一地，以原船政局所属之前后学堂为基础，扩充改组为完全独立、性质各异的三所学校：海军学校旨在培养航海轮机之军官；制造学校旨在培养造船工程人员；飞潜学校旨在培养飞机、潜艇驾驶军官。

烟台海军学校创办于 1903 年。1912 年，海军部重订烟台海军学校章程，改监督为校长（少将、上校），设总教官一员（中校），扩大师资力量，重新设定编制。学生仍定额 192 名，入校年龄以 13～16 岁为合格。学

---

① 吴杰章、苏小东：《中国近代海军史》，解放军出版社，1989，第 363 页。
② 《海军部呈海军军官学校举行毕业考试拟请变通赓续办理文并批令》，《政府公报》1914 年 12 月 20 日。
③ 吴杰章、苏小东：《中国近代海军史》，第 363～364 页。
④ 中国人民政治协商会议福建省委员会文史资料研究委员会编《福建文史资料》第 8 辑，第 87～88 页。

制原规定 3 年，专习驾驶；后改为 5 年。毕业后登舰学习船课，6 个月后有缺即补初级军官。1914 年起，烟台海军学校将在校修完 3 年普通学科的学生移送吴淞海军学校续习海军专门科目两年。[①] 1916 年，海军部再次重订烟台海军学校招生章程，由各省按人口比例先在本省招考及格学生若干名，集中于上海复试，然后送烟校进修，并规定允许海军军官现任少校以上职务者可保送子弟一名应考。

海军学校课程取法于英制，其课目包括：航海天文、航海术、枪炮、水雷、微积分、化学、物理、地理、历史、几何、代数、帆缆、国文、游泳等。每学期考试成绩平均在 80 分以上者给以物质奖励，不及 60 分者退学。每年夏令，学生均应在海边操习水性以及风帆、舟楫，不放暑假。如其他各门功课皆及格，而游泳一门不及格，亦要退学。轮机课目不录分数，其余风涛、海流、电学、气象以及操演船政、施放鱼雷等技，均于毕业后上船练习。[②] 1917 年，学校取法美国海军制度，添设轮机一科，凡航海学生必须兼习轮机，以备急时可担任轮机员的职务。

1915 年春，北京政府海军部在烟台设海军枪炮练习所，所长由烟台海军学校校长兼任，副所长由烟台海军练营营长兼任，佐理官一员由旅顺枪炮学堂毕业生、练营副营长罗鼎祺兼任，总教官一员由留英枪炮专家、海军部技正郑滋樨担任，教官有金轶伦、陈华森、谢滋年、陈穆金、邱振武等。总教官授弹道学、射击学、火药化验学等，教官分任引信、引火及炮械常识的讲解。所中置有各型舰炮、机枪及弹药的模型供学员实习。教官还带领学员到烟台东山炮台演习大炮。入所受训的学员以海军航海毕业生为主，每期学员 20 人，训练时间为 1 年。

1917 年 10 月，南京海军鱼雷枪炮学校成立，随即停办烟台海军枪炮练习所，自总教官以次教官及受训未结业之学员，一起并入南京海军鱼雷枪炮学校。[③]

南京海军鱼雷枪炮学校后以郑纶为校长、林献炘为总教官。除鱼雷一科由林献炘专任教授外，另由海军部派留英制炮专家、技正郑滋樨来校专任枪炮正教官，留英专习枪炮的金轶伦为枪炮教官。该校专门训练曾在烟

---

① 中国人民政治协商会议福建省委员会文史资料研究委员会编《福建文史资料》第 8 辑，第 115 页。
② 参见杨志本编《中华民国海军史料》，第 58～59 页。
③ 参见杨志本编《中华民国海军史料》，第 54～55 页。

台、马尾、黄埔各海军学校毕业的海军航海学生，或在上述各学校毕业后，已在军舰服务而未受过鱼雷、枪炮技术训练的海军，半年一届，专习鱼雷与枪炮的基本知识。鱼雷班所授之课目有弹道学、射击学，以及各种弹药和引信、舰炮和机关枪炮之拆装与操练等。校中设有鱼雷厂一所，厂内置有黑头鱼雷、白头鱼雷，并有老式之电发鱼雷等。校中另有4.70寸及3.70寸口径之舰炮各一尊，并有3.03寸口径机关炮以及各种舰炮、弹药、引信等供学生实习使用。学生必须兼习鱼雷与枪炮两科，学完一科即举行一次毕业考试。鱼雷班毕业后，还须由全军鱼雷操练官林献炘带往浙江象山港或江西湖口等处，登上鱼雷舰演放鱼雷。枪炮班毕业后，则由技正郑滋樨带往上海兵工厂或汉阳兵工厂、海军军械所等处参观。

综观民国初年新建的各类海军学校，数量虽少，但切实开展了海军技术教育，并在一定程度上丰富和发展了海军专科教育，尤其海军军官教育还曾一度确立了两级连续培训体制。只不过，民国初期财政困难在很大程度上制约了海军教育有计划的发展。

2. 加强海军训练

近代海军的技术性较强，不但需要有受过专门教育的军官，而且需要有受过专门训练的士兵。不过训练海军士兵和培养军官不同，军官学习是由理论而至实践，士兵则着重学习技术的运用，理论从简。因此，海军军官校课、舰课合计为8年，而士兵营训、舰训则只需3年。在中国，海军军官教育的兴办要早于海军士兵训练。

（1）海军练习舰队

海军学校航海、轮机学生，在校课毕业后必须派登练船为练生，航海系称航海练生，轮机系称轮机练生。航海练生在舰上实习期限为1年，其间，有专任教练教授船艺、战术、观测、天文、航图实用、万国通语、值更日记等，随时在航行中练习，充实海上经验。关于管理士兵方法以及处理舰务，则由所在舰副长兼任教导之责。轮机练生在学校校课毕业后，入船厂实习，期满后登舰实习，期限为6个月，一般不设专任教练官，由所在舰轮机长、轮机官兼任教导之责。轮机练生在实习期间，主要是练习风涛，学习值更规则、管理士兵方法，以充实海上经验，习惯海上生活。练生在练习船舰实习期满后，分派各舰见习；遇有舱面、机舱初级舰员缺出，按毕业名次顺序派补。

北京政府对海军军官的训练非常重视。1913年海军总长刘冠雄在给大总统袁世凯的呈文中提出，培养军人，必教育、训练二者兼施，乃称完备教育。所以授必修之学术，而练习所以使施学术于实际，知其应用之方。他主张海军建立练习舰队后，把虽受过海军学校教育但缺少登舰练习的军官，和以后新从海军学校学完校课的学生，陆续安排登舰练习，"先历国内南北港湾，次复遍航南洋及日本、欧美等处，劳之以风涛，益之以经验，并令习审国内以及环球海洋形势、政俗人情，庶几克成全材，足堪任使"。这一主张，代表了当时海军界人士对练习舰队作用的认识。

民国以前，海军有"建威""扬威""通济"3艘练船。民国初年，随着各类海军学校毕业学员的增多，旧练船已不够用。

1912年，北京政府海军部拨"通济"巡洋舰作为南京海军军官学校练习舰。① 1913年，清政府在英国订购的"应瑞""肇和"等舰到华，添编练习舰，海军军官轮流登舰训练。

1913年6月7日，刘冠雄为振兴海军、训练人才，"查新旧各舰，以'肇和'、'应瑞'、'飞鸿'、'通济'四舰供练习之用最为相宜。拟即合此四舰，编为练习舰队"。7月，北京政府正式成立练习舰队。关于练习舰队的编制，刘冠雄建议："此项练习舰队，拟请照第一、第二各舰队司令例，特设司令一员，称海军练习舰队司令，由大总统简任中、少将海军军官充之。"② 初由林葆怿担任；8月，由饶怀文继任。舰队司令部除设参谋、副官、轮机长、军需官外，专设总教官1名，负责实习学生的教务、军纪风纪等。③ 同年10月，颁布《海军练习舰队司令暂行条例》。④

1918年，"肇和"练习舰赴粤加入护法舰队，海军部以"靖安"运输舰改为练运舰，编入练习舰队。

（2）海军练营

清政府设有烟台、广东两处水师练营，专门培训入伍新兵（称"练勇"），并在南京等地设有鱼雷练营，培训鱼雷专业的水兵。民国建立后，海军续办烟台、广东练营，"练勇"改称"练兵"，所习科目及内容也有所变化。1912年，水师练营改称海军练营，管轮改称轮机，管旗改称信号。⑤

---

① 刘传标编《中国近代海军职官表》，第110页。
② 杨志本编《中华民国海军史料》，第92~93页。
③ 中国海军百科全书编审委员会编《中国海军百科全书》，第1967页。
④ 《海军练习舰队司令暂行条例》，《政府公报》1913年10月1日。
⑤ 刘传标编《中国近代海军职官表》，第124页。

民初对海军士兵的训练比较注重。1912 年 7 月,烟台东山的海军练营收归海军部管辖,以邓家骅为海军练营营长。① 海军士兵入伍初为二等练兵,先在海军练营受两年训练,期满升为一等练兵。1914 年 3 月,刘冠雄赴烟台查勘海军练营,1915 年,厘定练营职守名称,按照编制设营、副长各 1 员,教练官 2 员,队官、分队官各 10 员,枪炮及帆缆教习各 1 员,头目若干员。扩充兵额,招募舱面、信号、鼓号练兵共 400 名,轮机练兵 80 名,分队训练;展长毕业年限为 2 年;添授舰炮、轻炮、重炮及各舰艇药弹、信火、轮机、国文等课程;改该营营长缺为荐任。② 新兵入伍都要通过检验和体检,年龄规定为 16 ~ 18 岁,要求有高小毕业学历或具同等程度学历,通信练兵还要粗通英文。训练分舱面、机舱、通信三个专业,舱面专业分帆缆、枪炮两班,机舱专业分轮机、电机两班。新兵升为一等练兵后,派登练习舰再受训一年,期满后经过考试,发给证书。练兵按毕业名次顺序派补各舰艇为三等兵,以后按资历和成绩递升为二等兵、一等兵,直至军士长。少数有特殊功绩者,可升为初级军官。③

3. 海外取经,派遣海军留学生

刘冠雄积极推动海军学生留学美、英、日等国。

1912 年 5 月 6 日,刚上任的刘冠雄即呈请派赴海军留学生,他认为:"海军制度之完善,英美当首屈一指,中国海军宜取法该两国之制度。"④ 英国海军甲于全球,列强多从取法。今民国海军部业经成立,自应遴选聪敏子弟前往留学,冀得他山之助,借以储备海军人才,不少日本海军留学生在辛亥革命时先后回国,现在民国成立,应该派他们继续赴日留学,事半功倍,并列出留学的额数、用费。⑤ 11 月,海军部拟遣派海军学生分赴欧美学习并习制造鱼雷艇。奥国新发明一种新式鱼雷,对于海军最为适用。12 月 10 日,海军部"拟选派深通德文之海军军官二员,并技巧军士三员,前往该厂实心学习,计六个月即可学成回国",⑥ 最终在 1913 年,派林献炘、常朝幹率带军士赴奥国练习新式水鱼雷学。⑦ 后林献炘于 1915

---

① 杨志本编《中华民国海军史料》,第 29 页。
② 杨志本编《中华民国海军史料》,第 29 页。
③ 海军司令部《近代中国海军》编辑部编著《近代中国海军》,第 833 页。
④ 《海军制度取法英美耶》,《申报》1912 年 8 月 7 日。
⑤ 杨志本编《中华民国海军史料》,第 388 ~ 389 页。
⑥ 杨志本编《中华民国海军史料》,第 390 页。
⑦ 《临时大总统令》,《政府公报》1913 年 5 月 17 日。

年在海军电雷学校担任总教官兼全军鱼雷总操练官，挑选舰队初级军官和烟台海军学校毕业生入校专修鱼雷课程（此时舰队已有新式鱼雷）。

刘冠雄在《派遣留学生员额经费呈文》中计划："挑选学生，分别送往英、美、法、日各国肄业各项海军学术，以备异日将校之选，庶几中国海军蔚然日有起色。"但其高远的见识为现实条件所束缚，财政部因"财力支绌，急难筹凑，俟收入稍裕，再行核发"。① 刘冠雄在种种限制下，仍努力提倡海军留学教育。1913 年，留英海军学生监督办事处设立，由施作霖监管，并颁布《留英海军学生监督办事处暂行章程》。1914 年留日海军监督处设立，由吴家煌监管。1916 年 6 月，留英海军学生监督办事处被裁撤，另设英美海军留学生经理负责。1918 年 11 月，又裁撤英美海军留学生经理，应管事项转归驻外各国海军武官办理。12 月 22 日，《英美海军留学员生规则》颁布。

海军部注重培养人才，注意吸收各国先进技术，特花重金聘请精通海军的洋员充当教习。1913 年 1 月 26 日，拟聘请枪炮官教习一员、鱼雷官教习一员、航海官教习一员、轮机官教习一员、枪炮军士教习二员、鱼雷军士教习二员、电学教习一员，经呈大总统，获得批准。2 月，海军总长刘冠雄拟海军军官学校延聘专门洋员充当教习。② 1913 年 7 月 17 日，海军部又因聘请精通海军学问的洋员充当海军舰队督练官而请示大总统；③ 10 月，"向英国聘定海军大佐克列斯兴来沪充任海军学校监督……不日到沪"。④ 1916 年，海军部还呈请大总统为海军电雷学校无线电班洋教习苏乐文等授予嘉禾章。⑤

1916 年 12 月，海军部派陈绍宽赴美调查海军设备要点、督促海军进行办法、训练海军人才设施、舰艇需用港栈布置、海疆设防工具、飞机和潜艇适用种类、欧战时期各种新战术等，令其随时详报；1917 年 8 月，派李景曦赴美考察海军教育及军械；11 月，派陈绍宽调查英国战时使用飞机、潜艇状况；1918 年 2 月再派陈绍宽调查法国海军；4 月派陈绍宽调查

---

① 杨志本编《中华民国海军史料》，第 394~396 页。
② 《海军总长刘冠雄呈大总统酌拟海军军官学校延聘专门洋员充当教习各数约计经常临时各费善折请分交院部核议备案文并批》，《政府公报》1913 年 2 月 6 日。
③ 杨志本编《中华民国海军史料》，第 407~408 页。
④ 《培养海军人才之苦心》，《申报》1913 年 10 月 28 日。
⑤ 《海军总长程璧光呈大总统海军军官孙必振等积劳病故恳请分别照章给予恤金及殡殓医药等费文》，《政府公报》1916 年 12 月 31 日。

意国海军。此后，1918 年 9 月，派郑礼庆、刘田甫、张楚材、朱伟 4 人赴日本海军大学进修；10 月，派郑耀枢、郑世漳、张焕乾、任光海、李葆祁、王俊宗 6 人赴英国留学；1919 年 6 月，派傅德同等 4 人赴伦敦马可尼公司实习无线电；1920 年 3 月，派沈德燮、江元瀛、蒋逵等赴英国实习制造飞机；5 月，派轮机学员吴建、谭刚、吴湘及无线电学员陆德芳、陈槃、沈琳等 6 人赴日本无线电工厂及电台学习；10 月，派王孝丰带领学员曹明志、吴汝夔、陈泰耀、刘道夷等前往菲律宾学习航空专科。

早在 1912 年 8 月，海军部即设编译处，以严复为总纂，翻译外国海军图籍，是为海军编译机关创设之始。1914 年 12 月，设海军编史处，仍聘严复兼总纂，分派部员编纂《海军实纪》。1915 年 4 月，以编译处、编史处归并办理，名曰海军部编译委员会。该会设委员长一人、委员若干人，以精通外文并具有汉学功底之海军部部员兼任，责其编译各科书籍，如航海学、航艺学、弹道及射击学、兵器学、电气学、磁气学、轮机学、造船学、各种操典、各国海军军制、各国海军伟人传记、各国海军通览，以及其他足资海军参考之书籍并记载等。民初编译处等有筹办《海军杂志》之举，但其时经费短缺，出版仅五期遂致中辍。1919 年 11 月，海军部裁撤编译委员会。①

北京政府在经费极其困难的情况下，对学习世界先进军事技术仍然比较重视，除对清政府派出留学尚未结业者继续给予支持外，另选派人员出洋进修，并制订有管理留学生的规则，设专人驻外负责管理。和清政府相比，民国北京政府派遣海军留学生有以下特点：每批人数少，学习时间短；主要学习专业技术；派遣国家以美国、英国、日本等国为主；有官费生，也有自费生等。② 呈现出这些特点很大程度上是因为政局动荡、经费困难。

总体来说，北京政府时期的海军教育可分为三个阶段。1912～1915 年是蓬勃发展的阶段，这一时期海军不但整理续办了晚清留下的海军学堂，还开设了一批新的海军学校，对改进教育工作也采取过一些措施。1916～1920 年是海军教育的停滞阶段，袁世凯称帝导致全国政局大乱，复兴中国海军一时无人再谈。已经具有一定规模的海军教育，由于经费困难，只能

---

① 杨志本编《中华民国海军史料》，第 41～42 页。
② 参见海军司令部《近代中国海军》编辑部编著《近代中国海军》，第 823～826 页。

勉强维持办学。1920～1928 年是海军教育的衰落阶段，各海军学校相继停办、合并或解散，到北京政府覆灭时，除东北海军自办的航警学校外，只剩下福州海军学校和由福州船政局主办的海军艺术学校了。①

（四）完善海军配套机构

1913 年 5 月，刘冠雄向袁世凯递交关于整顿全国海军的文件，其中指出：于沿江沿海创设海军兵工厂为第一义；查勘全国江海流域可为船坞军港处为第二义；订购军舰或自行创制，以免巨款外溢为第三义。② 具体措施如下。

1. 营建新的海军基地

中国沿岸本有诸多天然良港，但中日甲午战争以后，这些地区尽被列强分割霸占，成为其海军基地。清政府复兴海军，深感"北洋险要尽失，应营南洋之重镇，以控制北洋"。经过反复调查、论证，认定浙江象山港条件较为优越，将其作为首选建设军港。萨镇冰曾至港中勘验，"盛称其口势纤长，众山环峙"。③ 象山港深藏可守，作为海军根据之地确为合宜。1909 年 9 月，象山军港工程正式启动，但因开工后经费迟迟不能到位，影响工程进度，至 1911 年辛亥革命时，该港建设仅完成了很小一部分。

1912 年 7 月 10 日，为建设军港，刘冠雄先派员分赴烟台、秦皇岛、崇明岛、象山港等处勘察一切要务，其勘察内容主要为："（一）各港面积及深浅；（二）各港形势及与某国海道相距行程若干；（三）各港所有兵丁若干；（四）各港粮食若干。"④ 9 月，刘冠雄派员赴威海卫调查一切情形，以便与英使磋商收回之法。⑤ 11 月，拟派员前往各海口调查炮台及军港形势，以便开筑军港。⑥ 1913 年 7 月，刘冠雄拟订《海军军港司令等条例草案》，⑦ 积极筹建军港。

---

① 参见海军司令部《近代中国海军》编辑部编著《近代中国海军》，第 808 页。
② 《新民国之海军两问题》，《申报》1913 年 5 月 6 日。
③ 张侠、杨志本等合编《清末海军史料》，第 295 页。
④ 《新海军之进行》，《申报》1912 年 7 月 10 日。
⑤ 《刘冠雄之三大政策》，《申报》1912 年 9 月 2 日。
⑥ 《北京电》，《申报》1912 年 11 月 26 日。
⑦ 《海军总长刘冠雄拟订海军军港司令等条例各案三种请签核示遵文并批》，《政府公报》1912 年 7 月 23 日。

2. 整顿海军炮台

刘冠雄认为，“海军势力专恃炮台为之声援，我国江海各炮台，形势虽具而内容窳败已极，是以一遇事变，即同虚设”。1912 年 6 月，刘冠雄在国务院商议整顿办法，提出“拟先将镇江之象山、焦山，南京之幕府狮子山、清凉山各炮台，从新整顿，然后再及南北沿海各炮台”，① 并与财政总长熊希龄商拨款项设立象山等各港炮台。② 刘冠雄向国务院提议筹备海防事宜，规划如下：其一，划分区域，海防拟分三段，自鸭绿江口至烟台为北段、自烟台至三都澳为中段、自三都澳至冠头岬为南段；其二，北段以秦皇岛为根据，中段以崇明岛为根据，南段以琼州岛为根据；其三，北段以黄河口为门户，中段以长江口为门户，南段以珠江口为门户。③

3. 整顿海军机械所和造船所

海军初创之时，所需军械大多向外国购买，或者由各地制造局拨给。1913 年 7 月，在上海高昌庙设立海军军械所，隶海军总司令公署军械课，自此海军军械有了专门的管理机构。由于高昌庙属市区地带，1914 年，另在杨思港购地建“地”字库，专储军火，并派技正郑滋樨管理。1918 年，海军部对于此项机关力筹扩充办法：1 月，大沽造船所扩充枪炮厂，添建厂房；5 月，增建海军上海军械所及杨思港药弹库两处房屋；6 月，领全军枪炮人员时加训练；7 月，在江阴长山建筑药库，派技正郑滋樨等复勘地址，襄办工程；9 月，又派郑滋樨赴大沽造船所，筹划制造机关炮事务。军械所渐次扩充，又筹建天、玄、黄三库于杨思港。④ 军械所在刘冠雄任海军总长期间得到很大发展。

海军造船所的因革消长与海军舰队的发展有密切关系。民初海军部呈请北京政府批准，先后接管了各地与海军有关的造船机构：1913 年 2 月，接管江南船坞，改名“江南造船所”，承造、修理巨型商船与军舰，以陈兆锵为所长，王齐辰、刘冠南、邝国华先后继任；同月接管大沽船坞，改名“大沽造船所”，承造中小型舰船和制造枪炮，以吴毓麟为所长；10 月，接管福州船政局，以郑清濂为局长，后改名“马尾造船所”，主要承担舰

---

① 《整饬海军之手续》，《申报》1912 年 6 月 24 日。
② 《北京电》，《申报》1912 年 7 月 4 日。
③ 《整饬海军之手续》，《申报》1912 年 6 月 24 日。
④ 杨志本编《中华民国海军史料》，第 32 ~ 33 页。

船修理等业务。① 1916 年 8 月，刘冠南请将江南造船所坞址展长，以备巨舰进修之用，后遂拓至 560 英尺。造船事业日渐发达。②

4. 创设海军陆战队

海军陆战队是近代海军的一个特殊兵种，主要任务包括实施登陆作战，负担海军机关、基地、港口警卫，维护海军纪律，占领要地、割据地盘。③ 20 世纪前，中国海军尚未建立陆战队。1909 年，海军大臣载洵出国考察时受到国外海军陆上部队的启发，认为中国海军也应效仿，便于 1910 年 4 月上奏朝廷："查英国有海军警备队之制，平时保卫本国海疆，以补陆军所不逮；战时占据要地，以助海军之进攻；而整饬舰队纪律等事，亦归管理。中国从前办理海军，尚缺此项制度，现拟采用其制。"④ 不久，即在山东烟台设立了中国第一支海军警卫队。⑤ 翌年，仿英国海军警备队之例，清政府在北京城外昌运宫旧址正式成立海军警备队总营。就其实质来说，海军警备队虽尚不能完全等同于西方的海军陆战队，但一定程度上增强了海军的海陆协同作战能力。

1911 年辛亥革命后，沪军都督府以广东革命军一部、潮州敢死队，以及华侨、青年学生和工人等 200 余人，组成海军陆战队，参加会攻南京。1912 年 1 月南京临时政府成立后，该队归南京卫戍总督节制。这支队伍只是战时的权宜之师，战后又成为陆军，因此不能看作真正意义上的海军陆战队。"二次革命"中，海军警卫队负责防守上海的机器制造局。1913 年，刘冠雄委派营长邱振武前往烟台收编海军警卫队士兵，这支队伍随同岑春煊由烟台直下福州驱逐彭寿松，嗣后驻守马江，可算作海军陆战队的雏形。⑥ 1914 年 12 月，撤销海军警卫队，正式成立海军陆战队，直属海军部，编为第一营，下辖四连，共 582 人。此后，海军陆战队的规模逐渐扩大。1918 年 2 月，该营添设一个机关连，以陈扬琛为连长；7 月，招募新兵 4 个连，组建了第二营。两营陆战队直属海军部，一营驻防北京，另一营分驻上海高昌庙海军总司令部与海军江南造船所、马尾造船所，担负警

---

① 海军司令部《近代中国海军》编辑部编著《近代中国海军》，第 760 页。
② 杨志本编《中华民国海军史料》，第 35～37 页。
③ 中国海军百科全书编审委员会编《中国海军百科全书》，第 1968 页。
④ 张侠、杨志本等合编《清末海军史料》，第 519 页。
⑤ 吴杰章、苏小东:《中国近代海军史》，第 279 页。
⑥ 海军司令部《近代中国海军》编辑部编著《近代中国海军》，第 279 页。

卫任务。官兵经过严格训练，素质较好。1919 年，组建吉黑江防海陆队，以林志翰为陆队队长。海军陆战队粗具规模。

5. 发展潜艇和海军航空兵

20 年代初，随着潜艇和飞机相继在欧洲用于作战，不少国家开始发展潜艇和海军航空兵。这也引起中国军界和舆论界的强烈兴趣，认为这两个新兴的兵种"费用省，成事快，收效亦大"，是强国御辱之道。一时间，要求筹建飞、潜队伍的呼声甚高。袁世凯政府欲以此扩充军力，便令海军总长刘冠雄着手筹划。①

（1）派遣人员出国学习飞、潜技术

刘冠雄决定分两步走，第一步便是培养人才。经袁世凯政府批准，海军部将清末在意大利订购的一艘练习舰卖给希腊海军，除抵还厂家的船债外，尚有 30 余万元。刘冠雄以此作为经费，派遣人员赴美国学习飞、潜技术。②

1915 年，刘冠雄派魏瀚率员赴美国学习飞艇、潜艇各技，魏子浩、韩玉衡、俞俊杰、陈宏泰、李世甲、丁国忠、郑耀恭、梁训颖、程耀枢、卢文湘、韦增复、姚介富 12 人奉派随同前往。③ 12 人齐集北京后，以造舰总监魏瀚为领队，由刘冠雄率领，往见袁世凯受训。④ 同年，刘冠雄倡议仿办海军航空工业。为培养制造飞机的人才，把留学英国的巴玉藻、王助、王孝丰、曾诒经等人派往美国学习，巴玉藻、王助、王孝丰入麻省理工学院学习航空工程，曾诒经入寇提司工厂实习航空发动机。⑤

然而，1916 年袁世凯称帝失败，政局动乱，留学员生在美费用基本断绝，学习无法继续。总监魏瀚告老回国，继任王崇文遇事不知所措，无力撑局。由于前途无望，留学员生遂各谋出路，有自请回国者，有设法转入其他院校更谋深造者，一时风流云散。⑥ 10 月，留英、美学习造舰、驾驶及飞机、潜艇各技的司徒傅权、陈藻藩、黄承睨、向国华、韩玉衡、李世甲、俞俊杰、陈宏泰、郭锡汾、丁国忠等先后回国，被分派到福州船政局

---

① 海军司令部《近代中国海军》编辑部编著《近代中国海军》，第 767 页。
② 海军司令部《近代中国海军》编辑部编著《近代中国海军》，第 767 页。
③ 陈书麟、陈贞寿：《中华民国海军通史》，海潮出版社，1992，第 90 页。
④ 杨志本编《中华民国海军史料》，第 935 页。
⑤ 杨志本编《中华民国海军史料》，第 936 页。
⑥ 杨志本编《中华民国海军史料》，第 935 页。

及大沽、江南各造船所差遣。① 此后，陆续又有学员被派出国学习先进技术。如 1920 年，派出学员沈德燮、江元瀛、蒋逑等人赴英国实习飞机制造；② 曹明志、吴汝夒、陈泰耀、刘道夷等赴菲律宾学习航空专科。③

（2）建设海军飞、潜学校，研制海军飞机

1917 年 12 月，赴英、美学习造舰、驾驶及飞艇、潜艇技术的袁晋、马德骥、徐祖善、王超、王孝丰、巴玉藻、叶在馥、曾诒经、伍大名、王助等先后回国，被派往船政局及各处造船所差遣。④ 1918 年初，福州船政局附设飞机制造工程处，筹备厂所机器，并搜集国产材料。2 月，海军部在福州船政局正式设立飞机工程处，巴玉藻任工程处处长，王助、曾诒经、王孝丰为副处长。飞机工程处有 3 个车间，员工 200 余人，⑤ 是中国第一个飞机制造厂。4 月，海军在马尾设立飞潜学校，培养制造人才，⑥ 由陈兆锵兼任校长。这是一所培养飞机和潜艇工程人才的专科学校，从英、美留学回国的向国华、陈藻藩、王超、巴玉藻、王孝丰、王助、曾诒经等人担任各科技术教官。在海军艺术学校学生中挑选具有初中文化程度的 100 名学生入校肄业，施以高中三年教育后，经过甄别，分为甲、乙、丙三班，再施以专科教育。甲班学制造飞机，乙班学造船，丙班学制造机械。⑦ 学校办得颇有成绩，但因经费问题，只办了一届三班即告停止。虽办学仓促，但我国自制的第一架飞机就是由飞机工程处制造并从马尾起飞的。⑧ 这些学生积多年之经验，已能掌握设计、工程、技术管理等各方面的工作。经过多方努力，1919 年 8 月，中国第一架海军飞机试制成功。该机被命名为“甲一”水上教练机，100 匹马力，双桴双翼，拖进式，双座，最高时速 120 公里，续航距离 340 公里。⑨ 1920 年 5 月，海军马尾飞机制造处制成“甲二”飞机；1921 年 2 月，制成“甲三”飞机；1922 年 1

---

① 杨志本编《中华民国海军史料》，第 1022 页。
② 海军司令部《近代中国海军》编辑部编著《近代中国海军》，第 767 ~ 768 页。
③ 包遵彭：《中国海军史》，第 604 页。
④ 杨志本编《中华民国海军史料》，第 1024 页。
⑤ 包遵彭：《中国海军史》，第 604 页。
⑥ 杨志本编《中华民国海军史料》，第 936 ~ 939 页。
⑦ 中国人民政治协商会议福建省委员会文史资料研究委员会编《福建文史资料》第 8 辑，第 98 页。
⑧ 中国人民政治协商会议福建省委员会文史资料研究委员会编《福建文史资料》第 8 辑，第 88 页。
⑨ 海军司令部《近代中国海军》编辑部编著《近代中国海军》，第 769 页。

月，制成"乙一"飞机；1924 年，制成"丙一"飞机，这是中国第一架双翼水上轰炸机，350 匹马力，拖进式，六座，装机枪 1 挺，可携带 1 枚鱼雷或 8 枚炸弹，最高时速 165 公里，续航距离 850 公里。[1] 1924 ~ 1926 年，又陆续造出 3 架新型号飞机。[2]

中国人自造飞机，是在工程人员的连续奋斗、不断改进下完成的，是在十分困难的条件下所进行的一项创举。由于国家内忧外患，飞机制造只能在试制范围内缓步前进，未能实现批量生产。1919 ~ 1926 年，海军共制造飞机 8 架，虽然性能欠佳、使用寿命很短，但这毕竟是一个成功的开端。

（五）维护国内稳定，加强对外交涉

1. "二次革命"与"护法战争"中的海军部

民国初年，袁世凯坚持军人不得干政，所以国务员纷纷脱党。工商总长刘揆一脱党后，1912 年 9 月，海军总长刘冠雄发出《致国民党宣告出党函》，[3] 海军次长汤芗铭也宣布出党，[4] 海军部成员相继脱党。到 1913 年底，"海军部现役通查原有党籍者只十二人，已先后一律脱党"。[5] 这样一来，无党籍的海军部"以捍患御侮为天职，以服从政府为义务"，[6] 服从大总统的命令。

1913 年"二次革命"前夕，山雨欲来风满楼，形势开始紧张。刘冠雄严加防范海军中传播革命思想，亲自"出京查阅各军舰各处海军根据地及沿海各炮台"。[7] "二次革命"爆发后，7 月 12 日，江西都督李烈钧在湖口宣布独立，组成讨袁军，发布讨袁檄文；15 日，黄兴在南京宣布讨袁，皖、粤、闽、湘、川等省相继宣布独立。[8] 海军则成为袁世凯镇压起义军的工具。

为镇压"二次革命"，袁世凯特派海军总司令李鼎新前往上海统一筹

---

① 杨志本编《中华民国海军史料》，第 936 ~ 939 页。
② 海军司令部《近代中国海军》编辑部编著《近代中国海军》，第 769 页。
③ 《海军部刘总长致国民党宣告出党函》，《政府公报》1912 年 9 月 2 日。
④ 《海军次长汤芗铭宣告出党通告》，《政府公报》1912 年 9 月 4 日。
⑤ 《北京电》，《申报》1913 年 12 月 12 日。
⑥ 《海军总长率舰南下之誓》，《申报》1913 年 8 月 3 日。
⑦ 《北京电》，《申报》1913 年 6 月 20 日。
⑧ 中国海军百科全书编审委员会编《中国海军百科全书》，第 52 页。

划部署，派海军次长汤芗铭率驱逐舰"建安"、炮舰"飞霆""江利""楚同""江亨"、鱼雷艇"湖鹗"等驶往九江与讨袁军作战。海军总长刘冠雄率第一舰队控制上海，同时，第二舰队集中于武汉作为后援，对南京、江西的讨袁军形成前后夹击的态势。7月24日，海军向湖口炮台猛烈射击，掩护陆战队先遣支队在湖口东炮台附近登陆；25日，占领东、西炮台，讨袁军被迫放弃湖口；8月18日，袁军攻占南昌，江西讨袁军失败，撤往湖南。① 上海方面，都督陈其美于7月18日宣布独立，北京政府海军协同陆军固守江南制造总局；26日，讨袁军占领吴淞炮台。刘冠雄亲率舰队，将陆军第七旅李厚基部编为海军陆战队南下，进攻以陈其美为总司令的上海讨袁军。7月28日，刘冠雄率舰进抵上海，掩护北洋军登陆，增援被上海讨袁军围攻的江南制造局。为配合北洋军的进攻，刘冠雄指挥海军以猛烈的炮火轰击讨袁军驻守的吴淞炮台，但民国海军力量不强，与讨袁军难分上下。讨袁军"收新集之兵，抚溃散之卒，一战而收'联鲸'，再战而伤'海圻'，三战而驱刘福彪，四战而收水上警察"。② 淞沪之战，袁世凯对海军的表现颇多指责，8月1日来电称："攻台多日未下，此间外人讥诮海军怯懦。"③ 是以海军奋力炮轰，迫使革命党人从吴淞炮台撤退，吴淞起义遂告失败。④ 尽管如此，袁世凯又来电埋怨："此次攻收淞台，著名匪首未获一人，殊不可解！"刘冠雄在进行一番辩解之后，也不得不承认："此冠雄力所难为，不能不引为负疚者也。"⑤

8月14日，袁世凯任命刘冠雄兼任南洋巡阅使，⑥ 率舰队开赴南京，镇压黄兴领导的江苏讨袁军。23日夜，刘冠雄指挥舰队猛攻，"海圻、海容、海琛、肇和、应瑞五舰协攻狮子山炮台"，⑦ 同时派"海筹""永丰"等四舰趁机上驶，掩护冯国璋的第二军在下关登陆。随后，参加会攻南京的海军各舰在刘冠雄的指挥下，不分昼夜猛轰南京城，配合冯国璋部向南京讨袁军发起总攻。9月1日，南京被北洋军占领。⑧

---

① 中国海军百科全书编审委员会编《中国海军百科全书》，第52页。
② 《民立报》1913年8月25日。
③ 海军司令部《近代中国海军》编辑部编著《近代中国海军》，第717页。
④ 杨志本编《中华民国海军史料》，第1015页。
⑤ 海军司令部《近代中国海军》编辑部编著《近代中国海军》，第717页。
⑥ 杨志本编《中华民国海军史料》，第1015～1016页。
⑦ 池仲祜：《海军大事记》，第35页。
⑧ 杨志本编《中华民国海军史料》，第1015～1016页。

在江西、江苏宣布独立后，安徽、广东、湖南、四川等省也先后独立。在北洋军向这些地区进攻时，汤芗铭率领的舰队充当了急先锋。8月26日，汤芗铭率"楚泰""楚谦""楚同""建威""江利""湖鹗"等舰艇，会同陆军胡万泰部进攻获港。舰队"一面掩护陆军上陆，一面冲进火线以内，循环轰击，水陆夹攻"，经过6小时激战，夺取该港。汤芗铭复令"楚泰""楚同""建威"三舰沿江搜剿。他又亲率"楚谦""江利""湖鹗"会合先派三舰，进逼芜湖。芜湖于27日陷落，讨袁军"安丰"舰被夺去。在北洋军控制安徽后，汤芗铭率"楚有"等四舰溯江西进，协同北洋军于9月17日进取岳州，随后占领长沙。因为镇压革命卖力，汤芗铭深得袁世凯赏识，早前于7月30日颁布临时大总统令，加汤芗铭海军上将衔；10月18日又任命其为湖南都督。

长江一带的变化最为明显。在1914年初，袁世凯最著名的两员大将——段祺瑞和冯国璋分别坐镇湖北武昌和江苏南京。虽然在第二次革命时这两个省的前军政府都督保持了对北京政府忠诚，但是相对这样的战略要地而言，忠诚仍显不足，是以袁世凯通过安插自己的亲信来巩固自己的政治权力。海军也被利用起来。10月，海军次长汤芗铭被安排到湖南，入湘裁军。用这种方法，从四川到长江入海口的沿岸地区被牢固纳入北京政府掌控之下。① 同时期，袁世凯派刘冠雄前往福建剿办湘军土匪，11月，福州的土匪骚扰基本平靖，遣散湘军也都服从，"凡光复以前招募成军者，发给恩饷半年，其在光复后成军者，给饷三个月，一律押令乘坐虎、威二炮舰迅速赴崇明洋面，守候福州遣散湘军之军舰到来，责令一同护送前赴岳州"。② 考虑到这次裁兵实是因为发饷困难，为回乡士兵的生计着想，刘冠雄准许"每人携带闽盐一担，以便回湘售卖小本营生"，这样入闽裁兵"无一兵抗违"。③

不久，其他各省相继宣布取消独立，"二次革命"彻底失败。在对"二次革命"的镇压过程中，刘冠雄指挥的海军发挥了重要作用："刘总长此次督师南下，亲临战阵，复吴淞克江宁收复沿江各要隘，协助陆军转战

① Ernest P. Young, *The Presidency of Yuan Shi – k'ai——Liberalism and Dictatorship in Early Republican China*, The University of Michigan Press, 1977, pp. 85 – 86.
② 《刘总长镇服兵匪之消息》，《申报》1913年11月8日。
③ 《刘总长遣散驻闽湘军之计画》，《申报》1913年11月10日。

东南，其功不在陆军下。"①

此外，海军部还在打击海盗、对抗反对势力等方面发挥了积极作用。1912 年，海军司令部认为，"江阴为长江下游门户，防守本宜严密，且时交冬令，正值海盗横行之际，亟应调派兵舰驻防，设遇外洋及长江水师查拿盗匪，亦可易于策应"，故积极调遣舰艇防护，"特派湖隼鱼雷舰及建威联鲸两炮舰驶赴该口岸防护，调建安炮舰前往南洋各岛游弋以重江防"。②1913 年，宁波船商电称苏浙洋面盗劫日多，请派舰巡弋以保护商业，海军部即派遣炮舰一二艘前往苏浙洋面分途巡缉。③ 1914 年 2 月，白朗等农民武装力量在长江上下游一带抢劫商船乘势举事，海军司令李鼎新"先派建安兵轮装足了子弹军需开往长江巡弋，复派江贞兵舰备足粮需军械定于今日开往浦口……以防商船被劫而保治安"。④ 5 月，海军加强巡防，严防党人由外洋购买炸弹炸药。⑤ 同年，海军部拟设海防团以清海盗，并且多次派军舰巡船联络防盗。⑥ 1916 年，海军部咨奉天、直隶、山东、广东、福建、江苏、浙江各督军省长，令派舰队巡护海岸，以防海盗。⑦

1916 年，在袁世凯称帝的乱局中，海军再次被用于安定国内环境。"海军总长刘冠雄奉命南下调驻沪第十师防粤，七日上午甫登车出京，忽被总统召回，闻因广东已宣告独立，令刘暂缓前往。"⑧ 很快，中央就派刘冠雄赴闽维持秩序。⑨

2. 对外交涉中的海军部

海军部在对外交涉中始终尽力维护本国利益。1912 年，刘冠雄探听到在打算开筑军港的浙江象山港附近时有日本兵舰往来测量或在彼处驻泊，马上意识到"该港系中国完全领土，自宜加意防范"，所以立刻电饬驻沪海军司令部"迅即选调兵舰数艘，往象山港驻泊严防，仍将各国兵舰往来

① 《海陆军联合欢迎刘总长之前提》，《申报》1913 年 10 月 2 日。
② 《海军处慎重江防》，《申报》1913 年 11 月 22 日。
③ 《公电》，《政府公报》1913 年 10 月。
④ 《海军近日之戒备》，《申报》1914 年 2 月 21 日。
⑤ 《海军巡防之严密》，《申报》1914 年 5 月 20 日。
⑥ 《申报》1915 年 1 月 18 日。
⑦ 《海军部咨奉天、山东、广州、福建、江苏、浙江各督军、省长令派舰队梭巡海岸以防海盗咨请接洽文》，《政府公报》1916 年 9 月 8 日。
⑧ 《北京电》，《申报》1916 年 4 月 12 日。
⑨ 《北京电》，《申报》1916 年 4 月 13 日。

停泊情形随时报告"。①

1914 年，第一次世界大战爆发，海军部派军舰巡防保护中外商民的安全。由于"各交战国军舰或早经撤回或依保和会条约卸去武装，大总统笃念中外商民有生命财产之关系，业派海军舰队在各口岸分区巡防，以资保护"，考虑到可能有保护不周的地方，又令海军总长刘冠雄"驰赴长江一带巡视"。② 1917 年 8 月 14 日，北京政府对德国和奥地利宣战，海军正式参与第一次世界大战的军事行动，没收德、奥在华舰船 13 艘，包括炮舰 2 艘、拖船 1 艘、商船 10 艘。1918 年 4 月，派出巡洋舰"海容"及陆军一个团进驻海参崴。③ 7 月，美及其他协约国对苏俄进行共同干涉，中国政府也派出陆军宋焕集团及海军林建章率"海容"舰。当时，在苏俄境内，以高尔察克为首的叛乱分子在鄂木斯克建立了帝俄政权，控制着西伯利亚地区。在这样的国际背景下，中国作为干涉国之一，依据条约收回了黑、乌两江航权，重建东北江防。④

1918 年，东三省松、黑两江航权为俄人所占据。海军部派视察王崇文等前往黑龙江勘察松、黑两江情况。王崇文调查后，向海军部汇报了规划江防办法，建议在哈尔滨设立江防司令部，先派军舰数艘前往，再图发展。此案经呈国务会议，于同年 12 月议决，交海军部筹办。⑤ 当时东北戊通航业公司成立，公司所属船舶航行黑、乌两江，常被苏俄军舰干涉，无法畅行，是以陈请政府派舰保护。1919 年 4 月 3 日，北京政府国防讨论会通过了东北江防办法，交海军部及海军总司令部具体办理。⑥ 7 月，北京海军部特设吉黑江防筹备处，派王崇文为处长，归海军总司令部节制，并抽派"靖安""江亨""利捷""利绥"四舰赴哈尔滨附近同江驻防，以"靖安"舰舰长甘联璈为队长，统率四舰经海参崴北上。这是中国首次派军舰前往黑龙江。"利捷""利绥"两舰曾一度派归第二舰队遣用，但终以舰体过小、航海困难、"靖安"无力拖带，改派"利川"，并以"江亨"舰舰长陈世英（后改名季良）为队长，直驶黑龙江口之庙街，于同年冬季到

① 《日舰测量我军港》，《申报》1912 年 9 月 19 日。
② 《通告》，《政府公报》1914 年 9 月 5 日。
③ 中国海军百科全书编审委员会编《中国海军百科全书》，第 1963 页。
④ 吴杰章、苏小东：《中国近代海军史》，第 286 页。
⑤ 刘传标编《中国近代海军职官表》，第 113 页。
⑥ 《北京电》，《申报》1919 年 4 月 4 日。

达。在此之前，吉督特拨炮舰，由王崇文指挥。因当时已近冰冻封江期，诸舰乃暂时驻泊于庙街。①

1920 年 4 月，"江亨"等舰历经艰险抵达松花江，王崇文以松、黑、乌三江绵长千里、四舰不敷调遣，"乃向中东铁路局拨借第六号巡船，改名利济。并向戊通公司添购商船三艘，编充军舰"，在松花江上执行护航等任务。"俄人扰乱庙街，戊通公司拨轮救济华侨，部派军舰护送。并咨请外交部由驻西比利亚高等委员，照会交战团体。"1920 年 5 月，海军部将吉黑江防处改称吉黑江防舰队，并由部定颁海军吉黑江防司令公署编制令及"利济""江平""江安""江通"各舰编制表，分配员兵武器，先后成军。荐任海军少将王崇文为舰队司令、沈鸿烈为参谋。

1920 年 6 月，发生日军扰乱庙街事件。此时，"日俄协防红党，日报讹传我国驻庙街炮舰轰击日军，部令吉黑江防司令王崇文确查我舰受困情形，并派副官陈复前往商洽办理"，交涉无效，"庙街被日军监守，我舰航路受阻"。直到 1922 年 1 月，海军部"派海军上校陈复为首席委员，前往庙街，会同外交部及日本政府委员联合调查，历十八次，双方均以舰炮误由白党落于红党之手，舰长未及追究为憾。决定依次理由，签名盖印，结果由吉黑江防司令王崇文向海参崴日本司令道歉，此案遂告结束"。②

吉黑江防舰队建立伊始，就没能得到北京政府和海军部的有力领导和经费支持。1919 ~ 1922 年，三年内欠饷长达 10 个月。官兵人心浮动，对海军部不满，要求摆脱困境，产生了改隶东北的心思。1925 年，舰队被东北军阀张作霖吞并。

3. 袁世凯称帝时期的海军部

袁世凯在"登基"之前，曾于 1915 年 12 月 23 日封刘冠雄为"二等公"。对于袁世凯称帝一事，有人认为刘冠雄内心是不同意袁世凯称帝的。时任海军部机要秘书陈震说："当筹安会成立时，无识之徒，以为攀龙附凤，此其时矣，惟徐世昌辞国务卿，段祺瑞辞陆军总长，事实昭著，而心不谓然者，亦有王聘卿（士珍）、刘资颖（冠雄）二君。……一日国务会议，众人散后，王、刘二人同时入见，告以时机是否成熟，似宜慎重等语，项城（袁世凯）方一团高兴，突闻兹语，即诿为渠无此心，皆系他们

---

① 包遵彭：《中国海军史》，第 873 页。
② 包遵彭：《中国海军史》，第 873 ~ 875 页。

一般人胡闹，然而色则不悦矣。次日统率办事处中人云：海军反对。项城亦知海军实能左右时局，故以二等公爵馅刘，且面戒以不准呈辞。"① 因此，刘冠雄虽然不赞成帝制，但不敢公开反对抵制。1915 年 10 月，刘冠雄鉴于当时的形势，不得不与其他陆海长官一起，联名上《敬陈管见吁请迅定国体以靖人心》，请求变更国体。② 后陆海军军官段祺瑞、王士珍、刘冠雄、萨镇冰、荫昌、蔡锷、唐在礼、张锡銮、张绍曾等及各省巡按使由朱家宝领衔，再次向袁世凯上改变国体之请愿书。③ 刘冠雄在多次外出巡阅中听到零星的反对声，亦回京禀告袁世凯。最终在 5 月 29 日，袁世凯宣布《帝制议案始末》："大总统告令：据海军总长刘冠雄巡洋回京面议，帝制一案撤销后，群言混淆。"④

1916 年 6 月 6 日，帝制失败的袁世凯忧愤而死。内阁重组，担任了 4 年多海军总长的刘冠雄辞职。不久，经过张勋复辟和段祺瑞驱张后重组的内阁，又将刘冠雄重新请出，担任海军总长，直到 1919 年 12 月去职。这样，在北京政府前 8 年的统治中，刘冠雄共出任了十七届内阁的海军总长。

刘冠雄辞职后，寓居天津，不再过问世事，整日以种花植树自遣，至1927 年因患肠病，医治无效，于 6 月 24 日去世，终年 67 岁。

第四节　1920 年后的海军部

一　北洋海军的第一次分裂

袁世凯死后，北京政府内部各军阀派系林立，斗争激烈。以冯国璋为首的直系和以段祺瑞为首的皖系，为了维持和扩大自己的势力，对内相互倾轧、争权夺利，对外则投靠不同的帝国主义国家，北京政府陷入混战，四分五裂。在这样的大环境下，海军不可避免地卷入了军阀纷争，走向分裂，并成为军阀混战的工具。

---

① 中国人民政治协商会议福建省委员会文史资料研究委员会编《福建文史资料》第 8 辑，第 162 ~ 163 页。
② 《海军总长刘冠雄呈敬陈管见吁请迅定国体以……文》，《政府公报》1915 年 10 月 13 日。
③ 《北京电》，《申报》1915 年 9 月 24 日。
④ 白蕉：《袁世凯与中华民国》，荣孟源、章伯锋编《近代稗海》（三），四川人民出版社，1985，第 234 页。

1917 年 7 月张勋复辟失败，段祺瑞重新组阁，刘冠雄再次出任海军总长。李鼎新曾在 1916 年 6 月 25 日发表护国宣言："今率海军将士，于 6 月 25 日加入护国军。以拥护今大总统、保障共和为目的，非俟恢复元年约法，国会开会，正式内阁成立后，北京海军部之命令，断不承受。"[1] 并随孙中山前往广东护法。孙中山还动员了第一舰队司令林葆怿。1917 年 7 月 22 日，因不满刘冠雄计划以第二舰队司令饶怀文出任海军总司令，林葆怿以舰队赴象山港演习鱼雷为名，率"海圻""飞鹰""同安""永丰""豫章""舞凤""福安"七艘军舰离沪，南下广东参加护法。连同已在粤海的"海琛""永翔""楚豫"三舰，总计有十舰南下。其后，第一舰队所余仅"海容""海筹""永健""永绩""健康"数舰。从此，海军分裂为北京政府海军、广东军政府海军。9 月 11 日，孙中山任命林葆怿为海军总司令。护法政府的海军后发生由温树德发动的非闽籍海军官兵夺舰事件。1922 年，北京政府由直系军阀吴佩孚当权，以乡亲关系收买温树德。1923 年，温树德率"海圻""海琛""肇和""永翔""楚豫""同安"等舰北降归顺。北洋海军恢复统一局面。

二　海军第二次分裂

1921 年，第二舰队司令杜锡珪投靠直系军阀吴佩孚，第一舰队司令林建章则与杜锡珪分道扬镳，投靠皖系。1922 年，第一次直奉战起，皖系军阀"中立"。北洋海军中杜锡珪主张参战，"海筹""海容"舰驶赴秦皇岛，炮轰山海关，助直攻奉；[2] 而林建章则袖手旁观。同年，杜锡珪接任海军总长后，扩充势力，割据地盘，帮助直系军阀攻打别系军阀。林建章则拉拢、收买舰队司令和舰长，反对杜锡珪，对北京海军部的态度则若即若离，既不抗命，也不受命。1923 年 4 月，第一舰队司令周兆瑞与前任司令林建章率"海筹""永绩""健康"三舰在上海宣告独立，反对直军武力统一中国，支持联省自治，从而使第一舰队一分为二。[3] 同时，成立上海海军领袖处，在林建章的领导下分设四处，并管辖江南造船所。杜、林相互倾轧，是直、皖两系斗争的反映。1924 年，在齐卢战争中，林建章站在卢永祥一边，杜锡珪站在齐燮元一边。后来卢永祥战败，林建章实力耗

①　凤冈及门弟子编《三水梁燕孙先生年谱》，台北：文海出版社，1973，第 348 页。
②　中国海军百科全书编审委员会编《中国海军百科全书》，第 1965 页。
③　中国海军百科全书编审委员会编《中国海军百科全书》，第 1965 页。

尽，北洋海军又趋统一。

此后北洋海军总长的任命完全听从当权的军阀。1924年，第二次直奉战争爆发，皖系段祺瑞组建政府，林建章任海军总长，1925年，奉系张作霖入关据北京，控制北京政府。1926年，杜锡珪继林建章后任海军总长。1927年后，尽管全国海军最终统一于蒋介石之手，但一方面其对各派海军都不甚信任，另一方面又因其把海军当作打内战的工具，只知利用，对海军的发展建设重视不够，故直至抗日战争前夕，中国海军仍徘徊在清末民初的水平，装备落后，实力弱小，完全丧失了抵御外侮的能力。

三 北洋海军筹饷情况

北京政府时期，由于中央财政较为拮据，海军部所辖各机关和舰队所能实际收到的经费亦相对有限，除去由地方负担者，每月仍需支付约40万元。1914年5月16日，刘冠雄以海军部名义呈奏袁世凯，请令财政部按照海军每年所需经费，先行筹拨40万元作为储备金，月月如此，海军便可轮流周转。袁世凯批交财政部核复，却石沉大海。1919年以后，海军更是时常发生欠饷。至1921年底，海军已积欠军饷达数月。机关、部队闹饷风潮迭起，海军总长、总司令为军饷困扰而相继去职。困则思变，海军不得不采取非常手段。

1. 武力闹饷，截留盐税

第二舰队司令杜锡珪在江苏军阀齐燮元的支持下，企图靠掠夺来解决军饷问题。1922年1月6日，海军总司令蒋拯召集第一、二舰队和练习舰队官佐会议，说明海军部一再失信，不能维持全军军饷，决定采取激烈手段，截路提取盐税以充军饷。海军总长李鼎新赶忙宣慰，急从财政部筹得现款10万元，于1月18日召开外交、财政和海军三部会议，对海军欠饷问题提出办法。

2. 投靠军阀，谋取"协饷"

1922年6月，杜锡珪任海军总司令，依附直系军阀。在杜锡珪奔走之下，直鲁豫巡阅使吴佩孚、湖北督军肖耀南、江苏督军齐燮元、江西督军陈光远、安徽督军马联甲等共按月凑拨36万元，以"协饷"名义交给海军，使海军得以维持一年有余。杜锡珪也采取割据一方、任意截留地方税收的办法，获取军饷。

3. 广开他途，自行筹饷

1922 年 10 月，福建督军李厚基为直系军阀所逐，海军趁机敲诈李厚基二三十万元充作海军军费。1923 年 4 月，海军在三都设立支应局专管驻闽海军财政，宣布在海军势力范围内自收自支，福建省财政厅无权过问。其搜刮办法包括栽种鸦片、敲诈烟税、勒索苛捐杂税等。1925 年，海军还曾借派遣军舰截拿鸦片走私船只，吞没烟土，充作饷项。[①]

结　语

本章对民初海军部的研究，是从刘冠雄任职海军总长起，一直延续到 1919 年，与其他各部以 1912～1916 年为限有所不同。这样就可以对刘冠雄任职海军总长的 8 年间海军部的组织结构、海军部运行、民初海军发展等有一个完整的认识和分析。民初海军部虽然深陷财政匮乏的泥潭，但刘冠雄领导的海军部仍竭尽所能，力图振兴发展中国海军，并为此付出了艰辛的努力。

在一般人的印象中，民国海军史只有衰败和屈辱的记录，只会让人压抑和丧气。诚然，民初政治分裂，影响了海军的统一，当局因忙于内战，对海军建设未能真正下力气，结果是原有的海军力量被逐步内耗，而新的海军建设却迟迟不能走上正轨。再加上政府财政拮据，经费严重不足，导致海军实力过于弱小，其规模远不能与甲午战争前的晚清海军相比。可正是在如此艰难的条件下，民国海军的建设者们仍然努力做了一些事情，并取得了一定的成绩。究其原因，可概括为以下几点。

首先，相对稳定的政局是海军发展的前提。

19 世纪 80 年代，海军总教习严复与总税务司赫德曾有过一席谈话，赫德说："海军之于国人，譬犹树之有花，必其根干支条，坚实繁茂，而与风日水土有相得之宜，而后花见焉；由花而实，树之年寿亦以弥长。今之贵国海军，其不满于吾子之意者众矣，然必当于根本求之，徒苟于海军，未见其益也。"[②] 多年后严复感慨："今日政体虽异，然回思赫言，犹足使吾国民与当路者憬然于海军盛衰之故也。"[③] 民初财政困难，在最初接

---

① 杨志本编《中华民国海军史料》，第 901～904 页。

② 王栻主编《严复集》，第 353 页。

③ 池仲祜：《海军大事记》，第 2 页。

收前清海军部时，刘冠雄就意识到钱款不足是导致海军发展滞后的关键问题。上任后，刘冠雄多次提出海军发展计划表，详细列出所需经费，并利用国民捐款、外债借款，多次申请款项。正是由于刘冠雄不辞劳苦地为海军发展争取经费，才有了后来的一些成就。对比 1920 年以后朝秦暮楚、投靠各路军阀求取经费的海军部，民初海军部的成绩不言而喻。

袁世凯死后，军阀混战，1917 年护法战争继起，海军由此分裂为两派。后来护法运动失败，在北京政府的威逼利诱下，南下的舰队北降归顺。这些史实亦充分说明，民初稳定的政治局势是当时海军发展的一个必要条件。

其次，统一的海军部是海军发展的组织保证。

中日甲午海战后，清政府也曾一度将海军衙门撤销，一时中国海军建设失去了统一组织领导的机构。当时西方列强正在掀起瓜分中国的狂潮，严峻的形势促使国人觉醒。一些有识之士纷纷上奏朝廷，请求立即恢复发展海军，这些呼声推动清政府再次重视海军建设事业。最终，1898 年光绪皇帝发布上谕，重建海军成为一项国策。1905 年，建立南北洋海军统领制度，实现了南北洋海军的统一；1907 年，在陆军部内设立海军处，完成了对全国海军的统一指挥；1909 年，设立筹办海军事务处；1910 年，改筹办海军事务处为海军部。更接近于西方近代海军中央指挥机构的海军部的设立，实现了指挥、管理的职能化。

1912 年中华民国临时政府成立后，设立海军部，黄钟瑛被任命为海军总长，汤芗铭为海军次长。由于时间短暂，南京临时政府海军部没有正式建制，虽设立五局二处，但未及成立海军总司令部和舰队建制，各舰均由海军部直辖。民国政府迁往北京后，1912 年 3 月 30 日，袁世凯任命刘冠雄为海军总长、汤芗铭为海军次长，开始正式建章立制。北京政府制定海军部官制，主要机构有一室两厅六司，并且建成第一、第二两支舰队。12月，由李鼎新继任海军总司令，改海军左司令为第一舰队司令，以蓝建枢改允，改海军右司令为第二舰队司令，以徐振鹏改充。民初海军部开始正式运转起来。

最后，专业的海军人事、组织管理是海军发展的重要原因。

民国海军的素质与清末相比大为提高。清末，重要官员几无海军科班出身者，其下所辖的北洋、南洋、闽洋、粤洋四支舰队的长官亦如是。至于海军之指挥，则掌握于各地督抚，各海军提督均得听命，不能自主。及至民国时代，情况则大为改观。海军部及舰队的各级官员，皆由海军专业人员出任。以刘冠雄为例，其早年就读于近代开办最早、实力最强的海军学校——福州马尾船政学堂，并且在海军教育的兴盛阶段，随规模最大、管理最规范的第三届留学生队伍出国深造，成为其中的佼佼者。刘冠雄的海军知识领先于同时代的许多人，成为不可多得的海军人才。进入民国，刘冠雄成为第二任海军总长，并且是第一位海军上将。他对民国海军发展的思考与努力，代表了民国海军发展的方向，亦反映出民初海军面对的困惑。

民国初期，一切海军大权，如组织、教育、训练、人事、指挥等，大抵有法规可循，由海军有关部门自主。海军总长刘冠雄在上任不久就对海军总体发展做出规划，提出了《海军第一次制舰计划》。刘冠雄曾参加过中日甲午海战，亲身经历了中国海军的盛衰。作为北京政府第一任海军总长，他对海军建设的看法和主张既是其切身体悟，也是其努力的方向。在其领导下的海军立足于当时的实际，对机构做了调整，对新兵种、新部门的建设和新技术的研究进行了积极的探索和尝试。

对于刘冠雄个人的历史地位及影响，时人和后世学人褒贬不一，难有一致定论。沈来秋认为刘冠雄任海军总长是由于叶祖珪、袁世凯的赏识，他平素对海军内部人员颇多猜疑，尤注意防范革命思想。[1] 吴振南认为刘冠雄"自任海军总长后，追随袁世凯搞黑暗活动"，"把海军变为袁世凯的反动工具"。[2] 章太炎在给海军总长程璧光的碑文中称"海军总长刘冠雄不称职"。[3] 还有很多人认为刘冠雄依附权势。李世甲认为刘冠雄"惟权利是瞻"，"先附袁世凯，再附皖系"。[4] 沃丘仲子说："冠雄无他能，惟始终附北，不少反覆。其在政府，惟阿谀权贵行事。"[5] 朱天森认为"其人学识尚可"，"对人接物，常用敷衍手段，为一投机之官僚"。[6] 陶菊隐则指出，在当时假手杀人以报私怨的事情经常发生的情况下，刘冠雄"并无残忍嗜杀

---

① 中国人民政治协商会议福建省委员会文史资料研究委员会编《福建文史资料》第 8 辑，第 158～160 页

② 杨志本编《中华民国海军史料》，第 897 页。

③ 杨志本编《中华民国海军史料》，第 1002 页。

④ 杨志本编《中华民国海军史料》，第 909 页。

⑤ 沃丘仲子：《当代名人小传》，第 30 页。

⑥ 张侠、杨志本等合编《清末海军史料》，第 741 页。

的名气"。① 就目前的研究来看，对海军总长刘冠雄的认识，几乎还停留在传统的革命史观层面，贬多褒少，因为他在清末就得到袁世凯的赏识，民初更为袁世凯的亲信人物，镇压二次革命，支持袁世凯称帝等。但如果从国家与社会发展的视角认识刘冠雄，我们就会得出不同的评价。如刘冠雄是民初中国难得的海军人才，他在海军总长任上尽职尽责，在海军部的组织架构、海军部及海军的各种制度设计、海军的发展规划方面充分显示了其才能。他对世界各国海军有深入的了解，发展中国海军。鉴于当时国家财政的困境，他制定的中国海军发展规划并未实现，但我们也不能因此否定刘冠雄的工作与才能。我们研究民初海军部与民初海军，以此来正视刘冠雄的才能和雄心，正是对这段历史的客观评价，对刘冠雄的客观评价。刘冠雄主政海军部八年，是民初各部总长中任职时间最长的一位。他任职期间没有建设一支强大的中国海军，不是他没有能力，也不是他没有远大理想，而是民初历史局限所然。

回顾历史，我们不能苛责民初海军只取得了有限的成绩，毕竟民初海军部的发展面临重重困难。法国顾问曾说："此时（1912 年）中国亦有意改组海军并拟设潜航水雷及飞艇队……惟以目前而论，则高等司令参谋学校及各项军械之改革一时尚难举行，但知其应改革或应改组可矣。"②

相信通过对本章的阅读，读者定会对刘冠雄有客观的认识，刘冠雄是清末民初的海军人才，在他主政海军部 8 年间，对中国海军建设做出了有益贡献。

---

① 陶菊隐：《北洋军阀统治时期史话》，生活·读书·新知三联书店，1978，第 32 页。
② 《法国顾问改革中国军事谈》，《申报》1912 年 12 月 7 日。

第六章　教育部研究

教育部是民初国家最高教育行政管理机构。教育部虽然是在清末学部、南京临时政府教育部的基础上创建的，但在机关科层化、专业化、知识化、法制化等方面均有进一步发展。主要管理人员上至总长、次长，下至司长、科长，非海内外著名学校毕业，便是有科举功名进士、举人的头衔，历任教育部长官如蔡元培、范源濂、汤化龙、梁善济、袁希涛等，皆为教育名流，虽然少有长期任职者，但他们的教育思想和教育政策得以延续。民初教育部制定和推行的留学政策、视学制度、教科书审查制度、褒奖兴学捐资制度等在今天仍然具有一定的意义。民初教育现代化成果体现在诸多方面：1912 年颁布的壬子学制，奠定了现代教育的基础；高等教育、普通教育、师范教育、职业教育乃至女子教育、学前教育均有一定程度的发展；教育部规定的大学分科、中小学教材及课表几乎与当今无异。民初国家财政虽然匮乏，但教育经费得到了基本保证，这在民国历史上是极其罕见的。

第一节　民初教育部的建立及其基本情况

在民国教育部成立以前，清末政府的最高中央教育行政机构是学部。对清末学部的机构设立、人事调度、政策决议及其对清末政治走向的影响和对近代文化事业的推进做一回顾，是极其必要的。本节尝试从机构蜕变和革新的动态视角，审视清末学部和民初教育部之间的关系，进而一窥中国早期的教育现代化。

一　学部的建立及其机构设置

鸦片战争后，中国传统的发展进程被打断，并逐渐被裹挟入世界的现代化发展大潮中。这种特殊情形，与发轫于西方的"早发内生型"现代化进程截然不同，中国"晚发外生型"的早期现代化是"被延误了的现代化"。① 自然，近代中国的早期教育现代化也不能逃脱时代的樊篱。相较军事等方面，晚清教育的现代化进程是非常迟缓的，这一缓慢的进程又在清末新政的枢纽位置上凸显出来，表现出非凡的意义。

晚清教育改革肇始于甲午战争之后。中国在甲午之役的惨败，激发了朝野人士要求变革以振兴国家的热情，戊戌维新就是在此基础上发展出来的。在这场声势浩大的变法中，革新教育是一个重要的方面，清政府一度废除了八股制度，踏出了变革近代教育的可贵步伐，但由于维新派自身的缺陷及外部环境的阻挠，变法最终走向失败，变法期间的教育举措几乎全部付之东流。即便如此，这仍是中国近代教育史上浓墨重彩的一笔。戊戌变法后不久，清政府又遭遇了庚子之变，巨大的耻辱感弥漫在华夏大地，变法热情再次高涨起来。清政府决定励精图治，开启了清末十年新政，同时也启动了近代中国教育现代化的航船。

清朝的最高教育行政机构是国子监，但随着资本主义的发展、西方教育思想和教育方法的传入，教育需求走向多元化，国子监统领下的传统教育模式已无法适应这种发展需求。作为新政领导者的张之洞和袁世凯为了配合新政的推进步伐，多次上奏要求废除在中国延续千年的科举制度，并最终于 1905 年 9 月得到清政府的首肯。科举制度废除，国子监和与之相配套的管理学务的礼部等机构因此失去了存在的意义和价值。同时，新政进程的推进也呼唤着统理全国新式教育的行政机构的出现。10 月，山西学政宝熙上奏，指出科举停办后，"学堂之统系，愈重愈繁。欲令全国学制画一整齐，断非补苴罅漏之计所能为，一手一足之烈所能济……必须有一总汇之区，始足以期日臻进步"，建议"速行设立学部。上师三代建学之深意，近仿日本文部之成规，遴选通才，分研教育改良之法，总持一切，纲举目张，实于全国学务大有裨益"，"国子监即古之'成均'，本系大学，所有该监事务，着即归并学部"。② 12 月 6 日，清政府颁布上谕，批准了宝熙的奏折，"着即设立学部，荣庆着调补学部尚书，学部左侍郎着熙瑛补授，翰林院编修严修，着以三品京堂候补，署理学部右侍郎"。③ 至此，中

① 罗荣渠：《现代化新论——世界与中国的现代化进程（增订本）》，商务印书馆，2004，第249 页。

② （清）朱寿朋编《光绪朝东华录》，张静庐点校，中华书局，1958，第 5408～5410 页。

③ （清）朱寿朋编《光绪朝东华录》，第 5445 页。

国历史上第一个专职统管全国教育事务的正式中央行政机构诞生。总体而言，清末酝酿建立学部，其过程十分曲折："学部成立前近 20 年间，社会各界人士不断通过各种方式途径倡设学部，他们的动机或有不同，目标则完全一致。但千呼万唤之下，学部却姗姗来迟。通过对学部酝酿产生过程的透视分析，可以深入清朝统治集团内部，从中央行政制度变更的角度，更加全面地探索晚清社会的复杂矛盾及政治变革的艰难曲折。"①

学部的机构基本仿照日本，设立五司一厅。② 总务司是学部的中枢，下设机要科、案牍科、审定科，机要科负责"掌理机密文书，撰拟紧要章奏及关涉全部事体之文件、函电"，"稽核京外办理学务职官功过及其任用、升黜、更调，并拈定教员，掌理佣聘外国人及高等教育会议"；案牍科主要"掌收储各种公文、函电、案卷、册籍编类编号，又编纂统计报告兼掌管各省学务报告等事"；审定科"掌审查教科图书，凡编译局之已经编辑者，详加审核颁行，并收管本部应用参考图书，编录各种学艺报章等事"。普通司下设三科，师范教育科主要负责各级学堂师资建设和管理；中等教育科主要管理中学的"教课规程、设备规则，及关于管理员、教员、学生并学堂与地方行政财政有关系之一切事务"；小学教育科除负责小学事务外，还负责管理蒙养院。实业司负责农业学堂、工业学堂、商业学堂及艺徒学堂与各种实业学堂的设立。专门司"掌核办大学堂、高等学堂及凡属文学、政法、学术、技艺、音乐各种专门学堂之一切事务，并稽核私立专门学堂教课设备是否合度及应否允准与官立学堂享用一律权利或颁公款补助等事"。会计司掌管学部财会，负责核算各省教育经费以及部署学堂图书馆和博物馆的建设工作。司务厅负责开用印信、收发文件、值日值宿、递折传钞等，并管辖本部的各项人役。除五司一厅之外，学部还设置了三局二所，即京师督学局、编译图书局、学制调查局、教育研究所和高等教育会议所。

作为中国历史上第一个专门负责全国教育事务的中央教育机构，学部建立后，首先，积极改革地方教育行政。裁撤各省学政，设置提学使

---

① 关晓红：《晚清学部研究》，广东教育出版社，2000，第 65 页。该书第 65～87 页对这一曲折过程做了详细论述。

② 《学部奏酌拟学部官制并归并国子监事宜改定额缺折》，转引自舒新城编《中国近代教育史资料》上册，人民教育出版社，1981，第 274～276 页。

司，从而结束了地方新旧学务管理混杂的情况；在各厅、州、县废除原来教育由地方官兼管的做法，设劝学所，劝学所设视学一人，兼充学务总董，从而使中央到地方的各级教育行政体系逐渐建立健全，奠定了此后中国教育行政的基本格局，推动了近代教育的极大发展。其次，学部成立后，在"癸卯学制"的基础上颁行了一系列条例、章程，如《学务官制办事权限章程》《各学堂修业文凭条例》《视学官章程》等，从而进一步补充和完善了教育体制，使中国近代教育逐步走向制度化。最后，大力发展留学教育。1905 年，学部制定了各项留学章程，形成一整套留学制度，同时大力派遣留学生出国。为了督促留学生在国外努力学习，1906 年，学部还拟订了留学生考试奖励章程，从而为中国培养了大批优秀的留学生。留学生们学成归国后，又将他们在国外所学用于改革传统教育、传播近代教育观念，加速了新教育的发展。

概而言之，学部在促进中国近代教育发展方面功不可没，从当时学部总务司编定的教育统计中就可以反映出来（参见表 6 - 1）。

表 6 - 1　清末教育实况统计

时间	学堂数（所）	在校学生数（人）	毕业学生数（人）	教师数（人）
1902		6912		
1903	769	31428		
1904	4476	69475	2167	
1905	8277	258873	2303	
1906	23862	545338	8064	
1907	37888	1024988	19508	63556
1908	47995	1300739	14846	73703
1909	59117	1639641	23361	90095
1910	42696	1284965		
1911	52500	1600000（约）		

资料来源：沈云龙主编《近代中国史料丛刊》之《第一二三次教育统计图表》。

表 6 - 1 可以清晰地反映出学部在清末教育事业中所起的作用。1905 年后，无论学堂数、在校学生数、毕业学生数还是教师数，都有大幅增长。若将清末新政十年按照其内在的政治走向划分为三个阶段，即第一阶段是新政开启到 1906 年清政府下令全面改革中央各部（1902～1906 年），

第二阶段是新政事业高潮到光绪朝终结（1907～1908 年），第三阶段是宣统朝政策转向保守到清王朝终结（1909～1911 年），那么，表 6－1 所表现出来的教育发展也就明显对应了这一走向：1906 年以前各项教育事业的增长相对缓慢，新政高潮时期，清末教育事业迎来了发展高峰；宣统朝后政策转向保守，教育事业在总体增长的前提下有所反复。学堂数从 1905 年的 8277 所增加到 1911 年的 52500 所；在校学生数 1905 年为 258873 人，1911 年增至约 1600000 人；毕业学生数年平均增加数应和在校学生数基本持平；近代新式教师从无到有，则属跨越式的发展。上述教育事业增长数额的实现，都是在学部的统领下完成的。

综上所述，学部是清末官制改革进程中应时而生的机构，其主要的驱动力来自晚清教育事业内在的发展需求，同时，它也是权力分配和折冲的产儿。学部作为中央官制改革和机构优化重组的产物，对规划全国整体教育改革发挥了极其重要的作用，其批判性地继承了国子监及礼部的措施，主持或参与制定了一系列新式教育政策，极大地推进了中国教育早期现代化的进程。

虽然学部无论在体制设置还是在办学举措方面都显示出了新气象、新特点，但作为晚清政府的一个官僚机构，它的身上必然镌刻着半殖民地半封建社会的烙印，这就注定了它必定随着清政府的灭亡而走向末路。1911 年武昌起义爆发，清王朝面临覆灭，学部作为中央政府的教育职能机构，可算是这一毁灭进程的加速器。学部主持下所培养的大量具有独立人格的新式人才，与清政府巩固统治的初衷背道而驰，其非但未能减缓清政府灭亡的速度，反而一跃为反清主力。清廷只能饮下这杯"种瓜得豆"的苦酒。清政府灭亡后，代学部而起的是民国的教育部。

二 民初教育部的成立及对学部的革故鼎新

民国初年的社会政治剧变，反映在教育领域，即清末学部由民国教育部取而代之。但这并非对清末新式教育的全盘否定，"而是继承和发展了它的合理性，并在辛亥革命民主主义精神的指导和鼓舞下，批判和改造了它的不合理性"。[①]

---

① 李华兴主编《民国教育史》，上海教育出版社，1997，第 111～112 页。

（一）中央教育行政机构的改革

1912 年 1 月 1 日，中华民国临时政府在南京成立。起初政府行政机构仅设外交、内务、财政、军务及交通五部，但此项划分，未经实施，即感不便。[①] 1 月 3 日，临时大总统孙中山公布各部人员名单时，将教育部填列其中，推举在教育界殊有名望的蔡元培担任第一任教育总长[②]，景耀月出任次长。9 日，作为中央教育行政组织机构的教育部正式成立，19 日启用印信，教育部办事处暂于碑亭巷江苏外务司办公。[③] 蔡元培出任教育总长后，开始着手组建教育部事宜。他首先邀请钟宪鬯、蒋竹庄、王小徐、周豫才等人为筹备员，负责本部组织、学制改革、学校登记等事。作为次长的景耀月热心党务而不问部事，蔡元培作为迎袁专使北上时，景耀月代理总长，安排自己的人员，导致钟、蒋等深不以为然，纷纷要求辞职。[④] 处在革命进程中的南京临时政府教育部，"组织至为简单，自总长以下至录事不过三十余人……每月各项开支，仅及千元。例行公事亦至少，不过各省请问加以答复而已"。南北和谈期间，因兵变谣传，一度有部员因对时局感到不安借口请假而去，偌大一个教育部最后仅剩下蔡元培、蒋维乔和一名会计员共三人而已。[⑤]

南北议和成功后，新任国务总理唐绍仪前往南京。3 月 29 日，唐提出的新政府各部总长人员名单经南京临时政府参议院讨论通过；30 日，临时大总统袁世凯公布各部人员任命名单，蔡元培仍然出任教育总长一职。[⑥]其实，筹备建立新的行政各部的工作在 3 月中旬就已开始，袁世凯要求前

---

① 钱端升等：《民国政制史》，上海人民出版社，2005，第 13 页；许师慎编纂《国父当选大总统实录》（上册），台北："国史丛编社"，1967，第 25 页。

② 由于刺杀陶成章而发生的同盟会与光复会不睦事件，加之浙军恃其攻占南京的功劳，浙军将领对选举孙中山为大总统持有异议。章太炎密切注意浙军将领的动向，并成立了统一党意欲和同盟会抗衡，出身浙江的蔡元培也成为其拉拢的对象。章曾对蔡说："如果孙被举，组织政府时，我浙江人最好不加入。"孙当选后派薛仙舟前往劝蔡，蔡初不允，最终以大局为重出任教育总长。事实上，在最初提出的各部总长名单中，教育总长为章炳麟，因遭代表反对，乃改提蔡元培，也才有以上之事。

③ 中国蔡元培研究会编《蔡元培全集》（第二卷），浙江教育出版社，1997，第 6 页。

④ 陶英惠：《蔡元培年谱》（上），台北中研院近代史研究所，1976，第 286～287 页；崔志海编《蔡元培自述》，河南人民出版社，2004，第 88 页。

⑤ 蒋维乔：《清末民初教育史料·民初以后之教育行政》，《光华半月刊》第 5 卷第 2 期，1936 年。

⑥ 李振华辑《近代中国国内外大事记》，台北：文海出版社，1977，第 2358～2360 页。

清政府中央各部"于日内将本部案卷交于临时筹备处点收",继而命令各部主管"限于三星期内务将本部一切案卷检出备齐,以便新内阁成立时对部交代"。4 月 2 日,南京临时政府参议院通过临时政府各行政部门北迁决议,教育部随之迁入北京。24 日,教育总长蔡元培发出《接收前清学部谕示》,① 正式接收学部,"本部成立以前,须先派员接收学部事务,以便重行组织"。由白作霖、赵允元接收总务司,陈应忠、刘唐邵接收专门司,陈清震、王章祜接收普通司,陈问咸、柯兴昌接收会计司,路孝植、王家驹接收实业司,崇贵、陈琦接收司务厅,彦德、刘宝和、祝椿年、李春泽接收督学局事务,高步瀛接收图书馆,常福元接收名词馆。② "历时 6 年多,在中国近代教育改革中起过新旧交替、承前启后重要历史作用的晚清学部至此宣告结束。"③

4 月 26 日上午办理接收完毕后,以上接收人员被要求即日起到署任事,各司其职。蔡元培同教育次长范源濂到职视事。教育部刚刚建立之初,条件非常简陋,就连办公处所都是借来的,当时的部员连同缮写员加起来,最多时不超过 30 人。教育部设教育总长、次长各 1 人,其下设参事 3 人及一厅三司,即承政厅、普通教育司、专门教育司、社会教育司。④ 教育部各厅司职务及职员如表 6-2 所示。

1912 年 7 月 18 日,北京政府公布《各部官制通则》;⑤ 8 月 2 日,临时大总统袁世凯以命令形式公布了《修正教育部官制》。⑥ 这两个官制的颁布,确定了民国初年教育部机构设置、人员委任、教育事项等各方面的基本框架。官制规定,设教育总长专司管理教育、学艺及历象事务,监督全国学校及所辖各官署。其对教育部内的职员任职也有明确规定。教育总长一人,为特任官,属国务员。总长依其职权或特别委任,得发布部令;地方长官得发训令、指令。对地方长官命令或处分认为违背法令或逾越权

---

① 中国蔡元培研究会编《蔡元培全集》(第二卷),第 41 页。
② 白作霖、赵允元、陈应忠、刘唐邵、陈清震、王章祜、陈问咸、柯兴昌、路孝植、王家驹、常福元、高步瀛、崇贵、陈琦等,都是教育部在北京成立时进部任职的官员,其中路、柯、高、常及陈问咸为清学部的员外郎或主事。李春泽、刘宝和原为前清学部员外郎。彦德原为清学部郎中,此时仍任京师督学局局长。祝椿年后任京师督学局代理局长。
③ 关晓红:《晚清学部研究》,第 146 页。
④ 陶英惠:《蔡元培年谱》(上),第 291~294 页。
⑤ 李振华辑《近代中国国内外大事记》,第 2358 页。
⑥ 《命令》,《政府公报》1912 年 8 月 3 日。

表 6 - 2　教育部各厅司职务及职员

		职　掌	职　员
参　事		草拟法令	钟观光、马邻翼、蒋维乔
承政厅	秘书长	专司机要及管理本厅事务	董鸿祎
	文书科	文牍收发（编存、用印）；图书收藏（编目、借书还书）；学校卫生	吴震春、陈应忠、赵允元、刘唐邵、崇贵、陈琦
	会计科	出纳；报告；监察；预算决算；庶务（制备器具、核点物件、管理仆役、通知事件）	严葆诚、陈问咸、李廷瑛、柯兴昌、兴安
	统计科	调查；编录	顾澄、陈简、赵用霖、德启
	建筑科	规划；工程检验	具寿同、范鸿泰、赵世暄
	编纂处	编纂发令辑译书报（学说、学制、各种最新教育行政）	顾兆熊、汤中、张轶欧、常福元（均为编纂员）
	审查处	审查教科书；审核仪器标本	白作霖、林启一、陈懋治、高步瀛、毛邦伟（均为审查员）
普通教育司	司　长	管理本司事务	袁希涛
	第一科	幼稚园、小学教育	徐寿裳、刘宝慈、吴思训、胡豫
	第二科	中学教育	陈清振、谢冰、杨乃康、张鼎莘
	第三科	师范、临时教员养成所、高等师范教育	张邦华、伍崇学、谈锡恩、李宝圭
	第四科	普通实业学校、实业补习科、艺徒学校教育	洪思苓、陈文哲、王家驹、杨华
	第五科	蒙、藏、回学校教育	张敬熙、桂诗成
专门教育司	司　长	管理本司事务	林荣
	第一科	大学及游学生	王之瑞、刘家愉、杨曾诰、蒋履曾、秦锡铭
	第二科	高等专门学校	路孝植、曹典球、王焕文、程良楷、王季点
社会教育司	司　长	管理本司事务	夏曾佑
	第一科	宗教、礼俗	
	第二科	科学、博物院、动植物园、图书馆、美术馆、美术展览会、音乐会、演艺会	周树人、胡朝梁、许丹斿、洪度
	第三科	通俗教育、讲演会、通俗图书馆、巡回文库	伍达、王章佑、齐宗颐、徐协贞*

注：*《上海时报》及《教育杂志》均作徐敬熙，此从《政府公报》。

资料来源：陶英惠：《蔡元培年谱》（上），第218~220页。

限的，可予以停止或撤销。本部简任、荐任各员的任免，需会同国务总理呈请大总统核定；委任官的任免则由总长专行。设教育次长一人，为简任官，辅助总长整理部务，总长有事时，可以得令代理职务；除出席国务会议、副署、发布命令等之外，其余事务得由总长直接委派代理。各司（局）设（司局）长为简任官，掌管本司（局）事务。局下设分科，各科设科长，统领各科员办理本科事务。教育部任职人员详情如表6-3所示。

表6-3 教育部任官类型、数额统计

官 称	任职类型	数 额	职 掌
总 长	特 任	1	总理全部事务
次 长	简 任	1	辅助总长办理部务
司 长	荐 任	3	掌管本司事务
参 事	简 任	5	拟定、审议各种法律、命令
秘 书	荐 任	4	掌总务厅事务
佥 事	荐 任	32	掌各厅、司事务（兼充科长）
主 事	委 任	—	助理各厅、司事务
视 学	荐 任	16	视察全国学务
技 正	荐 任	2	总理技术事务
技 士	委 任	8	承担各项具体技术事务

资料来源：李振华辑《近代中国国内外大事记》，第2358~2360页；《教育部官制案》，《政府公报·法律》1912年8月3日；钱实甫：《北洋政府时期的政治制度》，中华书局，1984，第88~93页；印铸局刊《职官任免月表》（民元—民六），台北：文海出版社，1986，第1~72页；东方杂志社编《民国职官表》（民元—民七），台北：文海出版社，1977，第1~83页。

此后，这项官制又在1913年12月和1914年7月进行了两次修订。1913年的官制修订仅在文字上略有调整，其余基本没有变化。① 1914年的修订受《中华民国约法》出台的影响，此前在《临时约法》框架内制定的教育部官制相应发生变化，以适应新约法的需求。同年7月经国会通过公布的《教育部官制》，② 总共十九条，在机构上未有大的改动，只涉及部员数额的变化；但是从职权方面说，有两点重大改变。其一，依照修改官制

① 钱实甫：《北洋政府时期的政治制度》，第88页。
② 《政府公报·命令》1914年7月11日。

规定，原属总长的职权一律变为行使部的所有职权，即总长本身在法律上没有固定的职权，只是作为部的代表者行使部的职权。其二，修订官制中规定的各部总长行使职权主要有下列各项：①呈大总统之命，管理本部事务，监督所属职员及各官署；②对于各省巡按使及各地最高行政长官执行本部主管的命令，有监察、指示责任；③关于主管事务对各省巡按使及各地最高行政长官的命令或处分，认为违背法令或逾越权限时可呈请大总统核夺。① 这些规定似乎和过去没有多大差别，但仔细分析便可发现，大总统的权力得到扩大，而各部总长的权力却被压缩了。由此可推知，教育总长的权力也受到限制。

该官制规定，教育部直隶于大总统，管理教育、学艺及历象事务。教育部置总务厅及普通教育司、专门教育司、社会教育司。总务厅掌管直辖学校及公立学校职员、学校卫生和图书馆、博物馆等修建事项，教育会议及教育博览会事项，本部经费并各项收入之预算、决算及会计，学校经费及稽核直辖各官署之会计，管理本部所管之官产官物，撰辑、保存、收发文件，编制统计及报告，记录职员之进退典守印信，管理本部庶务及其他不属于各司之事项。普通教育司掌管师范学校、中学校、小学校及蒙养园事项，盲哑学校及其他特种学校事项，学龄儿童就学事项，检定教员、整理私塾、小学校基本金和地方学务机关设立变更事项。专门教育司掌管大学校、高等专门学校、其他各种学校之事项，以及实业教育、外国留学生、历象、博士会、国语统一会、医士药剂士考试委员会、各种学术会和授予学位事项。社会教育司掌管通俗教育及讲演会、感化、通俗礼仪、文艺音乐演剧、美术馆及美术展览会事项，动植物园等学术事项，博物馆、图书馆、通俗博物馆、通俗图书馆和公众体育及游戏事项。组织系统见图6-1。

依修订官制，教育部置总长1人，承大总统之命管理本部事务，监督所属职员并所辖各官署。教育总长对于各省巡按使及各地最高级行政长官之执行本部主管事务，有监察指示之责；对于他们的命令或处分，认为违背法令或逾越权限者，得呈请大总统核夺。设次长1人，辅助总长处理事务。置参事3人，掌拟订关于本部主管之法律、命令案事务。置司长3人，

---

① 钱实甫：《北洋政府时期的政治制度》，第97页。

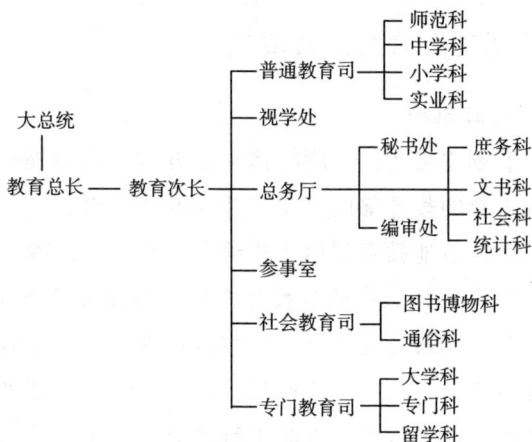

图 6-1　教育部组织

　　资料来源：朱有瓛主编《中国近代学制史料》（第三辑·上册），华东师范大学出版社，1990，第 82 页。

承长官之命分掌各司事务。置秘书 4 人，承长官之命掌管机要事务。置视学 16 人，掌学务之视察。置佥事 24 人，分掌总务厅及各司事务。置主事 42 人，助理总务厅及各司事务。置技正 1 人、技士 2 人、掌技术事务。[①]

　　由此可见，民初教育部教育行政体制的主体结构基本上沿用了清末学部的框架。中央教育行政机构从 1912 年 4 月至 1914 年 7 月有过四次修改调整，除社会教育司及专门教育司中的留学科是新设立的机构、视学官改为视学处，其余基本是在原来学部官制的基础上进行精简合并，只是职衔称谓稍有变化。与清末学部相比，民国初年的教育部机构设置更为精简合理，职能分工也更恰当明确。尤其是社会教育司的设置，是民初教育部组织的一大特色。这是因为第一任教育总长蔡元培"感于各国社会教育之发达，而我国年长失学之人，占全国之大多数"，[②] 所以在草拟教育部官制时，特设社会教育司，使社会教育与普通教育、专门教育立于平等地位。此举不仅有利于民众教育的发展，而且对普及教育也有促进作用。

---

　　①　《政府公报·命令》1914 年 7 月 11 日。

　　②　丘权政、杜春和选编《辛亥革命史料选辑》（下），湖南人民出版社，1981，第 301 页。

（二）地方教育行政制度的演变

1. 省级教育行政机构

南京临时政府创立之初，一度将清末地方教育机构提学使司和劝学所全部裁撤，但地方新的教育部门又没有建立起来，以致北京政府教育部接手全国教育事务时，各地教育部门名称纷杂。基于此，1912 年 5 月 10 日，教育部电饬各省教育长官，将地方教育机构名称改称教育司："现官制未定，名称纷歧，凡本部通行公事，有称教育司者，所有主管全省之教育长官，无论名称是否相符，均应一律遵照，以专责成。"① 很快全国各省统一了机构名称，规范了部内行政，提高了行政效率。全国大多数省区在省都督府民政司下设教育科，综理全省教育事务。当时省都督府下设参谋、军政二厅，以及民政、财政、司法、外交四司，民政司下设五科，教育科作为其中一科，属三级行政单位，地位低下。其下设科长 1 人，助理人员若干人，最多不得超过 12 人。组织系统见图 6-2。

1912 年 12 月实行军民分治后，各省都督府改为行政公署，教育行政机关的地位也随之提高。1913 年 1 月 8 日，袁世凯发布《划一现行各省地方行政官厅组织令》，要求各省在行政公署内设教育司："划一各省行政公署，除设一总务处外，现行分司名称为内务、财政、教育、实业四司。"② 教育司设司长 1 人，由省长推荐、大总统委任；司下设四科，每科设科长 1 人、助理员若干人，均由司长推荐、省长委任。但教育司制为时不长，其组织系统见图 6-3。

武昌起义后各省响应，在各省设立的都督府中，省一级教育机构在民政司下仅为一个科室，即教育科。

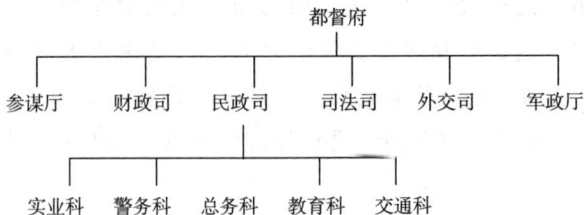

图 6-2　省级教育组织系统

① 《记事》，《教育杂志》第 4 卷第 4 号，1912 年，第 23 页。
② 《政府公报·命令》1913 年 1 月 9 日。

1914 年，各省行政公署更名为巡按使公署，仅在巡按使公署政务厅之下设教育科，教育行政机关的地位复为低下，与总务、内务、实业三科并列，教育科长由巡按使直接委任。省教育行政部门地位下降，造成"革命军兴后，地方教育且有日即堕落之隐忧，地方儿童将陷于不学之悲境"。[①]1914 年民国教育部在呈总统的公文中承认："民国改建以来……地方学务遽而中衰"，其原因除受军事与财政状况影响外，地方原有教育行政体制被破坏最为关键。[②] 省级教育行政机关以科建制，"位卑职小，只能办循例公文，而于本省教育之应兴应革，不敢有所主持，致行政效率大减"。[③] 教育界多次倡议专设地方教育行政机关，以适应教育事业日益发展的需要。在 1916 年第二届全国教育联合大会决议《请速设各省区教育厅案》中，各省区教育会代表陈述各省区教育情形："或谓各地办学幼稚，因无督促机关，学务诸多废弛。……种种事例，愈以证实特设教育专官之刻不容缓。"[④]

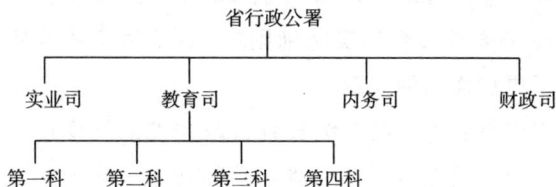

图 6 – 3　省行政公署教育组织

2. 县级教育行政机构

民国成立之初，全国各省的府、厅、州均改为县，县教育行政仍沿用劝学所制。1912 年 2 月，南京临时政府公布《划一现行各县地方行政官厅组织会》，裁撤各县劝学所，规定各县公署下设科，专管全县教育事务。该法令规定：设四科之县，管理县区教育行政及省行政公署委任之教育行政者为第三科；设三科之县，以第三科兼掌第四科；设两科之县，以第三、第四科并入第一科；各科置科长及科员各一人，由省行政长官委任。

① 转引自朱有瓛等编《教育行政机构及教育团体》，上海教育出版社，1993，第 126 页。

② 《教育部呈大总统请规定各省教育司长职权》，《教育杂志》第 6 卷第 2 号，1914 年 5 月15 日。

③ 蒋维乔：《清末民初教育史料·民初以后之教育行政》，《光华半月刊》第 5 卷第 2 期，1936 年。

④ 朱有瓛主编《中国近代学制史料》（第三辑·上册），第 86 页。

该法令虽然对县级教育行政机构做了统一规定，但在实际推行时，全国各县教育行政制度很不一致，有的沿用劝学所旧制，有的在县署设第二科，有的另立教育公所或学务委员会，还有的则不设任何教育行政机关。有鉴于此，为了统一县级教育行政制度，教育部于1913年7月23日通咨各省，凡尚未成立自治机关、产生学务委员会的县区，一律暂留劝学所，并仍旧设置县视学。① 1915年《教育部呈拟劝学所及学务委员会规程文》强调："查劝学所之设，始自前清，民国成立，或设或否，县自为政，不足以昭划一。现拟恢复旧时办法，规定各县均应一律设置。"② 12月15日教育部公布《劝学所规程草案》，③ 规定各县设劝学所，辅助县知事办理县教育行政事务，并综核各自治区教育事务。劝学所设所长1人，受县知事之监督指挥，总理所内事务；设劝学员2~4人，书记1~3人，受所长之监督指挥，分掌所内事务。同时颁布的《学务委员会规程》规定：每学区设学务委员1人，必要时可增设1人，辅佐区董办理本学区事务；并从中推选1人，综理学务委员会事务。1916年4月28日，又颁布了《劝学所规程实施细则》和《学务委员会规程实施细则》，对劝学所和学务委员会的组织及其职权，做了更加详细的规定。

从上述民初中央、省、县三级教育行政制度的演变过程中，我们可以看出，民初教育部在成立后，对于清末学部并非一味否定，而是在原中央及地方各级教育行政机构基础上的革故鼎新，批判性地继承；从中央到地方的各级教育行政机构，都设有专门管理社会教育的部门，由此可见教育当局对社会教育的普遍重视。但同时，这些教育行政组织过于偏重日常行政事务的处理，对学术及教育的长远发展计划重视不够；并且，由于当时政局动荡，地方教育行政制度长期处于混乱状态，严重影响了地方教育事业的发展。

平心而论，民初教育行政机构毕竟处于草创阶段，存在不足是难免的。然而，当时确立的三级教育行政体制，已经基本上具备了近代教育行政制度的规模，并为整个民国教育行政制度奠定了基础，从而保障了民初各项教育事业和教育改革的顺利进行。

---

① 《教育部咨各省民政长地方自治机关未成立之处地方学务补救方法应速查明报部文》，《政府公报·文》1915年7月25日。

② 《教育部呈拟劝学所及学务委员会规程文》，《政府公报·呈》1915年8月9日。

③ 《政府公报·呈》1915年12月18日。

三 教育经费

教育经费是发展教育事业的基本物质前提，"对于近代中国来说，确立有效的教育经费制度，在发展教育事业方面显得尤为重要"。① 想要尽快振兴国家，就必须加大教育投入。这一投入基于两方面考虑：一方面，中国人口众多，国民受教育程度普遍低下，想要改变这一局面，就必须加大对基础教育的投资力度，具体来讲就是扩大学校规模、壮大教师队伍、提升办学条件，这都需要可观的资金投入；另一方面，想要加快经济发展速度，人才是关键，发展中、高等教育刻不容缓，面对近代中国中等技术人才和高等专业人才相当匮乏的客观现实，必须拓展教育规模、提高教育质量，这同样也需要大量经费。值得注意的是，民国初年的教育经费是地方来承担的，这是因为清政府原有的赋税体系在革命中已完全崩溃，而新的税收系统又无法一蹴而就。在预算中占相当大比例的田赋和厘税均被地方截留，中央无法分润。尤其是 1914 年以前，政府几乎是靠借款度日，因此，本节主要聚焦于地方各省来考察民国初年教育经费的来源、用途及其产生的实际效果。

北京政府甫经成立，各地民政官长就开始统计军兴以来教育损失状况，选报中央请求拨款重振教育。教育部接报后，立即回复地方各民政官长："本部成立伊始，凡学制系统、学校规程亟欲草订颁行，惟事体重大，条理繁复，非征集全国教育家意见，折中厘定，不能推行。"并承诺赶在暑假以前召集教育会议，颁布各项命令。在各项命令未颁布以前，"请饬所属主管官署筹集经费，维持现状，勿使全国学子有半退废学之患"。② 蔡元培到部后，在与部员谈话时就曾强调"国家无论如何支绌，教育经费万难减少"，③ 并通过各种渠道竭力扩大教育经费数额，增加教育收入。根据民国初年中央和地方税收划分标准，各级教育经费的分派如下：中小学经费由省县地方负担；大学经费由中央负担或逐渐由中央负担；专科学校除少量直辖者由中央负担外，省设立者由省负担，私人设立的大学与专门学

---

① 李国钧、王炳照总主编《中国教育制度通史》（第七卷），山东教育出版社，2000，第230 页。

② 《教育部请饬各省维持教育现状等电》，《政府公报》1912 年 5 月 11 日。

③ 中国蔡元培研究会编《蔡元培全集》（第二卷），第 164 页。

校以及各种学术团体，由中央酌量补助。① 地方各省的教育经费情况主要从视学报告中反映出来。1913 年 1 月，教育部公布了视学规程，② 除蒙古、西藏外，将全国划分为八个视学区域，规程第六条应视察之事项内，就包括查核"学校经济状况"。以下主要对教育比较发达的直隶和江苏做一考察。

1913 年教育部对第一区（直、奉、吉、黑）进行学务考察，直隶的学务报告中对该区域的教育经费情况有明确记载。直隶在清末新政中是全国的"样板"，同时又地处近畿，其教育发展水平处在全国前列。民国初年直隶延续了这一趋势，教育投资较多自不待言。

> 该省教育经费，民国二年份收入支出应有百五十余万元，唯原设四路师范学校经费，明年尚需续筹。即此一端，已见该省教育经费支绌之一般。据报经费表中，天津县小学经费就中开支者达十余万元，清苑县小学经费仰给省款，数亦甚多；此外补助私人或私人设立之学校，为数亦巨。③

很明显，直隶在照顾到教育全面发展的同时，经费更倾斜于小学的基础教育一方。再看直隶各县及市乡教育经费的运筹：

> 各县与市乡的教育费之筹集方法虽各不相同，大致县有学务自县公产筹出；如书院旧产及其他旧产之类，另以他非略补助之。市乡小学则分市乡均摊亩捐两种：市乡均摊系市乡自由筹集，其款多不可靠；亩捐则依一定钱数缴纳，收数较有把握也。④

各县和市乡教育经费的来源，总的来说，与晚清时期相比变化不大，要么从公产或旧产中筹出，要么均摊或亩捐。前者系自由筹措，稳定性和长期性都不强；后者为传统社会乡间办学资金的主要来源，在民国初年也被沿用，成为教育经费的稳定来源之一。近代以来，由于地域关系和经济因素，江苏新式教育在晚清得到飞速发展，仅教育经费一项，该省年约费

---

① 张元隆：《民国教育经费制度述论》，《安徽史学》1996 年第 4 期；李国钧、王炳照总主编《中国教育制度通史》（第七卷），第 230 页。
② 《政府公报·命令》1913 年 1 月 22 日。
③ 舒新城编《中国近代教育史资料》（上册），第 309 页。
④ 舒新城编《中国近代教育史资料》（上册），第 309～310 页。

银 170 万余元。江苏光复后，也采用这一标准，但由于战争破坏及实业扩张需要，170 万元当不敷分配。江苏各县教育事业经费在 1914 年的学务考察报告中记录得比较明晰：

> 江苏各县教育经费，上海较为充足；据市政厅学务委员报告，二年度一月至六月之预算，即六万一千八百余元，全年约得十二万余元，以此推广小学，当可敷用。江宁一县附属省城，县教育经费尚未与省行政经费划清，现由省教育费中每年暂行补助一万四千元，此外杂捐约二万四千元，合得三万八千余元。然省会辽阔，人烟稠密，以此有限学款欲谋普及，相差尚远。至吴县无锡两处教育费，均年约二万二三千元左右，以图扩展亦不足也。①

由上所述可以很明晰地看出，即便是经济发达的地区如直隶和江苏，其教育经费也不充足，其他省份的情形更是可想而知。但也应承认，在地方各界的努力下，民国初年的教育经费仍得到相当程度的保障。其详细情形见表 6-4。

表 6-4 各省区民初教育经费岁出

单位：元

省 区	1912 年	1913 年	1914 年	1915 年
京 兆	774737	1000413	1177218	809522
直 隶	2537573	2798935	2748928	3026005
奉 天	2925761	673210	2449957	2409709
吉 林	761700	862074	807768	758025
黑龙江	340995	373503	547040	645626
山 东	1164610	1910681	2027805	7071533
河 南	940803	1023027	989734	1124003
山 西	969146	1202414	1244275	1364712
江 苏	3148288	3467527	4347736	4207579

---

① 舒新城编《中国近代教育史资料》（上册），第 309~310 页。

续表

省 区	1912 年	1913 年	1914 年	1915 年
江 西	1075036	1262538	1160281	1053165
福 建	839040	947999	1050848	1014632
浙 江	2494725	2787927	2682953	2932523
湖 北	1044499	1323496	1154640	1178152
湖 南	2106504	2667856	2988544	1656965
陕 西	241220	524942	587361	673513
甘 肃	112874	156787	175673	230500
新 疆	51811	55893	62510	74400
四 川	1968140	2521486	3131607	2876170
广 东	1988705	2664913	623419	2719665
广 西	551331	721596	1166770	862458
云 南	1072866	1217067	1521298	962834
贵 州	291339	427712	556913	894065
热 河	95195	111881	99161	95718
绥 远	40331	32220	—	38774
察哈尔	—	—	28785	43280

资料来源：舒新城编《中国近代教育史资料》（上册），第 368 ~ 369 页。

从表 6 - 4 来看，在教育部的竭力筹划和争取下，民国初年各省区教育经费总体呈上升趋势，这些经费保证了校舍的建设、师资的培养、教育规模的稳步扩充，使得民初入学人数有了极大增加，甚至有些省份如黑龙江、山西、陕西、新疆、绥远、察哈尔等都出现在校人数较往年翻倍的现象，可见民初各省区在教育上的投资力度。从一定程度上讲，民国初年教育事业的飞速发展正是中央教育部领导和地方各省区积极响应的良性互动的结果。必须说明的是，由于民国初年政局多变，党派争权时起冲突，很多省份被卷入战争中，国民教育经费常因被挪用而严重不足，这又在一定程度上限制了民国初年国民教育的普及和教育质量的提高。

第二节　教育部管理层和规制分析

一　管理层的变动

（一）高层管理人员更迭

民国初年教育部的主要官员是教育总长、教育次长及各司司长，总长、次长各设一位，三司各设司长一位。① 表 6-5 为 1912~1916 年各任教育总长的详细情况。

表 6-5　1912~1916 年教育总长一览

姓　名	任职时间	备　注
蔡元培	1912 年 3 月 30 日至 1912 年 7 月 14 日	辞职
范源濂	1912 年 7 月 26 日至 1913 年 1 月 28 日	7 月 16 日暂代，7 月 26 日正式任职
刘冠雄	1913 年 1 月 28 日至 1913 年 3 月 19 日	海军总长兼署
陈振先	1913 年 3 月 19 日至 1913 年 5 月 1 日	农林总长兼署
董鸿祎	1913 年 5 月 1 日至 1913 年 9 月 11 日	暂代
汪大燮	1913 年 9 月 11 日至 1914 年 2 月 20 日	
严　修	1914 年 2 月 20 日至 1914 年 5 月 1 日	未就职（严未到任前由蔡儒楷暂代）
汤化龙	1914 年 5 月 1 日至 1915 年 10 月 5 日	9 月 10 日汤请假，章宗祥暂代
张一麐	1915 年 10 月 5 日至 1916 年 4 月 23 日	由机要局长出任
张国淦	1916 年 4 月 23 日至 1916 年 6 月 30 日	调往农商部

资料来源：钱实甫编著《北洋政府职官年表》，华东师范大学出版社，1991，第 38~46 页。

教育次长任职情况见表 6-6。

---

① 由于南京临时政府存在时间太短，下文中所提到的民初（1912~1916 年）教育部主要官员一般是指北京政府时期的官员。

表 6 - 6　1912~1916 年教育次长一览

姓　名	任职时间	备　注
范源濂	1912 年 4 月 8 日至 1912 年 7 月 26 日	7 月 16 日代总长，7 月 26 日升任总长
董鸿祎	1912 年 7 月 29 日至 1914 年 5 月 7 日	调平政院任平事
梁善济	1914 年 5 月 7 日至 1915 年 10 月 19 日	因病免职
袁希涛	1915 年 10 月 19 日至 1916 年 6 月 21 日	5 月 20 日李国珍署理

教育部各司司长任职情况见表 6 - 7。

表 6 - 7　1912~1916 年教育部各司司长一览

	1912 年	1913 年	1914 年	1915 年	1916 年
普通教育司司长	袁希涛 5 月 3 日任	陈清震 10 月 30 日任	陈清震	伍崇学 3 月 21 日任	伍崇学
专门教育司司长	林棨 5 月 3 日任	汤中 10 月 30 日任	易克枭 9 月 4 日署	易克枭 3 月 21 日任	沈步洲
社会教育司司长	夏曾佑 5 月 3 日任	夏曾佑	夏曾佑	高步瀛 7 月 31 日任	高步瀛

资料来源：刘寿林、万仁元等编《民国职官年表》，第 39 页；印铸局刊《职官任免月表》（民元—民六），第 1~72 页；东方杂志社编《民国职官表》（民元—民七），第 1~83 页。

由上可知当时教育部管理层面的任职情形：教育总长更迭频繁，教育次长和各司司长情况稍缓。从 1912 年蔡元培出任首任教育总长起，到 1916 年袁世凯死后张国淦辞去教育总长，前后历时 4 年又 3 个月，总共有 11 人曾担任、兼署或暂代教育总长一职。其中以刘冠雄兼署时间最短，前后 50 天；汤化龙任职时间最长，历时近 1 年半。平均每位总长任职时间不超过 5 个月。教育总长的频繁更换，和民国初年政局不稳定有密切关系。第一届教育总长蔡元培便是同盟会与北洋集团争权的牺牲品，后面的诸多教育总长也因政局变动而发生类似的免职抑或请辞事件，如陈振先和汪大燮先后被免职；汤化龙则因不满袁世凯帝制自为的行径，先是不到部视事，转而请假，最后请辞；还有甚者如严修拒不赴任。

所幸的是，民国初年的政局变化没有过多影响到教育部下层官员的变动。1912~1916 年，教育次长仅更换了四任：范源濂卸任是因为其升任总长，梁善济免职是因为其体弱多病，其余两人则是正常升调。相比教育总长的频繁更迭、4 年间走马上任 11 人之多，教育次长的变动还是比较平稳的。由于受近代文官制度的影响，各执政机关内的部员不随总长的变动而进退，故三司司长的任职也一直较为稳定。

（二）关键人物

根据民初政治局面变动的特点，可以把这段时间划分为前、中、后三个阶段。初期是同盟会和北洋集团合作共同执掌北京政府政权、和平争取政党内阁时期，中期是同盟会和北洋集团合作破裂、《临时约法》继续沿用至《中华民国约法》出台；后期是袁世凯复辟帝制到其死亡为止。

1. 初期

初期的关键人物以蔡元培为主。蔡元培因唐绍仪内阁事件而备受时人和后世研究者瞩目。过去的研究者认为，该事件的发生是唐绍仪和袁世凯之间的权力之争，故贬斥者所占多数。近十来年，由于对民初政局关注和研究的增加，相关史料也相继问世，史学家开始用理性的目光来重新审视这一事件的发生其带来的结果。

同盟会和北洋集团在妥协中完成了全国统一，组建起双方共同执掌的混合内阁。由革命时期转向建设阶段，同盟会和北洋集团一起成为中国的统治力量。蔡元培出任北京政府第一任教育总长，无论是其可显示南北双方合作象征的同盟会会员的身份，还是其学术背景及在教育界的名望，都可以说是上上人选。

从蔡元培出任前的履历可以看出，他不但对中国传统教育有着深刻的体会，还有在德留学 4 年研习西方教育模式，课余攻读心理学、美学、哲学诸学科的经历，可以说是一位学贯中西的教育家。同时，清末十余年的办学生涯，使他对中国教育的发展前景洞若观火，也对教育部门的管理摸索出一些心得。此外，1912 年，44 岁的蔡元培正当年富力强，此时由其出任北京政府教育总长，最为合适。

1912 年 4 月 21 日，北京政府国务院成立，教育部亟须组织。次日，蔡元培到职，开始为教育部延揽人才。蔡元培致电范源濂、鲁迅等 25 人，要求众人即日北来，共建教育部行政机构。[①] 范源濂因党见不肯就任教育次长之职，蔡元培就公开发表《邀范源濂任教育次长的谈话》，认为："现

---

① 中国蔡元培研究会编《蔡元培全集》（第二卷），第 124 页。

在是国家教育创制的开始，要撇开个人偏见、党派的立场，给教育立一个统一的智慧的百年大计。"① 正是在蔡元培"公忠体国"的感染下，范源濂赴任教育次长一职。各司司长的选定也至为重要，为此，蔡元培不辞辛劳，亲自电邀教育界名流。4 月 22～27 日，在这短短的六日间，蔡元培就为教育部延揽人才发出 15 封函电，可见他希望尽快组建中央教育机关的迫切心情。蔡元培的用人原则是不拘一格、唯才是用，这突出表现在他函邀对孔学深有研究的胡玉缙一事上。蔡元培说："民国初立，教育界除旧布新之事请教者是多，尚祈惠然肯来相与，尽力于未来之教育事业。"② 正因如此，教育部欣欣向荣，如普通教育司司长袁希涛、专门教育司司长林棨、社会教育司司长夏曾佑等都是当时不可多得的教育人才。

可惜的是，蔡元培所处的第一届内阁存在时间不长。陆军总长段祺瑞、内务总长赵秉钧等直接听命于袁世凯，"自开国务会议以来，赵秉钧迄未一至"。③ 由于内部矛盾重重，内阁始终无法形成统一的意见，④ 袁世凯更是常常越过《中华民国临时约法》赋予的权力行事。在袁世凯和唐绍仪关系紧张时，蔡元培曾约唐绍仪、宋教仁、王宠惠、王正廷四人密谈，蔡认为当时政府中显分两派，相互掣肘，无一事可以进行："若欲排除袁派，使吾党同志握有实权，量力审势，绝无希望。不如我辈尽行退出，使袁组成清一色的政府，免使吾辈为人诽谤，同归于尽。"⑤ 正是在这样的认识下，同盟会四阁员宋教仁、蔡元培、王宠惠、王正廷固守"政党内阁"的信条，于 6 月 30 日联袂辞职，⑥ 退出北京政府。同盟会由执政党变成在野党，和北洋集团的短暂合作亦宣告终结。⑦

2. 中期

中期的关键人物有范源濂、刘冠雄、陈振先、董鸿祎、汪大燮、严修6 位总长。其中严修未就任，刘冠雄为海军总长兼署教育总长，故此期间

---

① 中国蔡元培研究会编《蔡元培全集》（第二卷），第 44 页。

② 《蔡元培致胡玉缙函》，中国第二历史档案馆编《中华民国史档案资料汇编》，江苏古籍出版社，1991，第 8 页。

③ 谷钟秀：《中华民国开国史》，章伯锋、李宗一主编《北洋军阀（1912～1928）》（第 2 卷），武汉出版社，1990，第 1 页。

④ 中国蔡元培研究会编《蔡元培全集》（第二卷），第 1844 页。

⑤ 崔志海编《蔡元培自述》，第 91 页。

⑥ 其实，蔡元培在 6 月 21 曾向袁世凯递交《辞教育总长呈》，为袁所慰留。

⑦ 张华腾：《统一中的对立——民国元年同盟会、北洋集团的合作与斗争》，《历史档案》2006 年第 5 期。

实际上仅有 4 位总长专司教育事业，其中以范源濂最为瞩目。蔡元培卸任后，推荐范源濂担任教育总长之职。7 月 26 日，袁世凯重新任命新一届内阁成员时，范源濂被任命为教育总长。他面前的道路异常艰难，但为完成蔡元培规划的蓝图，范源濂坚持进行教育改革，颁布了一系列的法令、规程。

范源濂于 9 月 2 日公布民国教育宗旨为："注重道德教育、以实利教育、军国民教育辅之，更以美感教育完成其道德。"① 这一宗旨是以蔡元培的教育思想为蓝本而提出的。次日，公布《学校系统令》，即"壬子学制"。此后，又陆续颁布了各种学校令及补充令，统称为"壬子癸丑学制"。该学制一直沿用至 1922 年。此外，他还于 1913 年 1 月发布《视学规程》，把全国划分为八个视学区，从而建立起对教育的督察制度。

范源濂任职半年多时间里，颁布法令、规程 30 余项，从教育宗旨、学制到各类学校的办学原则，形成了一套较为完整的教育法规。这套法规具有两个特点：一是摒弃了尊孔、读经，有明显的反封建色彩；二是以培养适合国家需要的各类人才为目的，是适合资本主义发展要求的。② 范源濂推行的教育改革和袁世凯的方略背道而驰，1913 年 1 月，他以"政见不同"为由，愤然辞去总长职务。《民国风云人物》曾评述范源濂："蔡先生的规划能够维持下去，其（范源濂）功不可没。"这一评价可谓允论。

继任者刘冠雄兼署教育总长两月，忙于海军部各项重建事务，教育部的实际运作是由袁希涛、林棨和夏曾佑三位司长掌控。这一阶段教育部建树无多，仅属过渡时期，在此不做论述。接任者陈振先、汪大燮、董鸿祎 3 位总长任职均不过半年，且此时袁世凯正在着力控制教育部，因此其政绩确实乏善可陈。中期的最后一位关键人物严修本为出任教育总长的得力人选，但因与袁世凯政见不合，未能就任。

3. 后期

1914 年 5 月，袁世凯废除了《中华民国临时约法》，并以正式大总统的身份颁布了《中华民国约法》，通过各种措施，将军政大权完全集中到个人手上，初步形成了专制独裁统治。③ 当然，处于舆论要冲上的教育部

---

① 《教育部公布教育宗旨令》，中国第二历史档案馆编《中华民国史档案资料汇编》，第 22 页。

② 张书丰：《范源濂的教育活动及教育主张初探》，《山西师大学报》1989 年第 3 期。

③ 张宪文等著《中华民国史》（第一卷），南京大学出版社，2006，第 153 页。

是袁世凯必须控制的机构之一，这也决定了他对教育总长人选的确定。该时期内，有三位教育总长，其中汤化龙任职时正值袁世凯称帝的筹备和运作时期，因而他成为这一时期教育部的要冲人物，而其后的两位总长张一麐和张国淦本是袁世凯的早年班底。可以说，该时期的教育部完全处于袁世凯的掌控之中。

汤化龙在教育上是一位守旧之人，从其上任伊始，就对已经逐步摆脱传统读经模式的新式教育展开反击。1914 年 5 月，汤化龙给袁世凯上书讨论教育事宜，认为在教育宗旨上要改变民初以来的教育主张，称自己"洞观事变，默查民情，知非明定教育指针，昌明道德，不足以正人心而抚国本。深惟孔子之道，最切于伦常日用，为举国所敬仰，其言行多散于群经"，故而，"拟宣明宗旨于中、小学校修身或国文课程中采取经训，一以孔子之言为旨归；其有不足者，兼采与孔子同源说以为之辅。一面厘定教授要目，自初等小学以迄中学，其间教材之分配，条目之编列，均按儿童程度，循序引伸。揆之教育原理，既获以善诱之法，树厥初基，按之全国人心，亦克衷于至圣之言，范其趋步，崇经学孔，两利俱存。庶以救经学设科之偏，复不蹈以孔为教之隘"。① 非常明显，汤化龙就是要在教育宗旨上重新恢复崇圣尊孔的旧制，这和袁世凯准备复辟帝制的野心不谋而合，在教育界起到为袁世凯"披荆斩棘"的作用。这也是汤化龙能在民初内阁连番倒台、总长频频换将的环境下，连任教育总长一年半的原因。然而，当帝制准备即将完成之时，袁世凯为稳妥起见，却抛弃为他立下汗马功劳的汤化龙，代之以自己的心腹张一麐。

令袁世凯不曾想到的是，跟随自己多年的老部下张一麐在其称帝问题上和他站在对立方，极力谏阻袁帝制自为。张甚至给袁写了一封密信向其阐述称帝之利弊，得到的却是袁本人的武官举枪威胁、恐吓。② 1915 年 12 月 12 日，袁世凯一意孤行登基称帝，心情忧郁的张一麐不久便离开北京，辗转去了日本。袁世凯称帝陷于内外交困后，又急招张一麐回国起草取消帝制文稿。因此，在张一麐担任教育总长的日子里，几乎一心扑在阻止袁世凯称帝和为其称帝失败的善后上，对民初教育事业的贡献微乎其微。民国初年的最后一位教育总长张国淦，是在张一麐担任总统府秘书长后的权

---

① 汤化龙：《上大总统言教育书》，舒新城编《中国近代教育史料》下册，人民教育出版社，1981，第 1158～1159 页。
② 沈伟东：《爱国绅耆张一麐》，《钟山风雨》2005 年第 10 期。

宜之选，其任职期间亦在全力处理帝制失败的善后和袁世凯暴毙的丧葬事项，无暇问及部务。

综上言之，民国初期的各位教育总长中，以蔡元培和范源濂对新式教育的功绩最大，在临时约法时期内的继任者多沿着蔡、范二人的教育改革模式前行。新约法颁布后的教育总长，要么属于过渡性质，要么在其位不谋其政，更有甚者如汤化龙主张"崇圣尊孔"，复辟旧制的教育，大大阻滞了新式教育的发展。当然，这和民国初年大的政治环境是分不开的。

二　教育部领导层的结构分析

1912 年 3 月 30 日袁世凯公布新一届教育总长由蔡元培出任时，蔡就开始着手物色教育界名流作为教育部的主要领导成员，如邀请在教育界赫赫有名的范源濂担任次长，袁希涛、林棨、夏曾佑分别出任普通教育、专门教育、社会教育各司司长。5 月 3 日，三司司长到部视事，宣布北京政府教育部第一届主要领导团体基本形成。袁世凯执政期间，教育部各届领导层组成如表 6 - 8 所示。在此期间，领导层人员虽然不多，但人事变动较频繁。

表 6 - 8　民初教育部领导层人员一览

姓名	籍贯	职务	学习经历	任职前的主要经历
蔡元培	浙江	总长	进士、莱比锡大学	曾任翰林院编修、上海南洋公学教员、爱国女校校长、中国教育会会长，1907 年入莱比锡大学学习，研究心理学、美学、教育学
范源濂	湖南	总长、次长	东京高等师范学堂、东京速成法政师范	1905 年回国，曾任学部主事；1906 年创办殖边学堂，继办优级师范学堂
刘冠雄	福建	总长	格林威治海军学校	曾任海军部科长、广东水师营务总办、南京临时政府海军部顾问、北京政府海军总长
陈振先	广东	总长	美国农业大学	曾任驻美国公使书记官、奉天农事实验场监督、高等农学堂教习、农林部次长、农林部总长
董鸿祎	浙江	总长、次长	举人，早稻田大学政治科	留学日本，同盟会、光复会会员，曾任南京临时政府教育部秘书、次长

续表

姓名	籍贯	职务	学习经历	任职前的主要经历
汪大燮	浙江	总长	举人，游学日本	曾任内阁尚书、翰林院侍读、户部郎中、邮传部左侍郎、驻英公使、外务部右侍郎、驻日公使
严修	天津	总长（未就任）	进士	曾任翰林院编修、贵州学政、直隶学校司督办学部侍郎、度支部大臣，创办天津敬业中学堂（后改为南开中学）
汤化龙	湖北	总长	进士，东京法政大学	曾任法部主事、山西大学堂教员、湖北咨议局议长、湖北军政府民政长、南京临时政府陆军部秘书处长
张一麐	江苏	总长	国学自修、经济特科	曾任总统府秘书长、政事堂机要秘书
张国淦	湖北	总长	举人	原为宪政编审馆馆员，候补道、交涉局总办，后任国务院秘书长、参政院参政
梁善济	山西	次长	进士，留学日本	曾任山西教育会会长、山西咨议局局长
袁希涛	江苏	次长	上海龙门书院	1903 年创立宝山县学堂，赴日考察；1905 年创立龙门师范学堂；1909 年聘任学署总务科长兼图书科长
陈清震	河北	普通教育司司长	不详	1906 年在《北洋学报》发表《强迫教育私议》
伍崇学	江苏	普通教育司司长	弘文书院、东京高等师范学校	毕业回国后，出任两江学务处参事
林荣	福建	专门教育司司长	早稻田大学	曾任进士馆、学馆教习，学部参事，公立京师法政专门学校教务长，公立京师大学堂法科监督，宪政编查馆编辑局科员
汤中	江苏	专门教育司司长	日本大学	曾任山西法政学堂教授、山西调查局法制科科长
易克枭	不详	专门教育司司长	不详	不详
沈步洲	河北	专门教育司司长	私立东吴大学、伯明翰大学	曾任上海中华书局英文编辑主任，国立北京大学预科学长、文科讲师

续表

姓名	籍贯	职务	学习经历	任职前的主要经历
夏曾佑	浙江	社会教育司司长	进士	曾任礼部主事，清末新政时随团出国考察，著有《中学中国历史教科书》（后改名为《中国古代史》）
高步瀛	江苏	社会教育司司长	举人	曾任定兴书院山长、保定高等学堂及优级师范学院教习、学部主事

资料来源：陈旭麓等主编《中国近代史词典》，上海辞书出版社，1982；尚海等主编《民国人物大辞典》，中国广播电视出版社，1991；朱彭寿编著《清代人物大事纪年》，北京图书馆出版社，2005；徐友春主编《民国人物大辞典（增订版）》（上），河北人民出版社，2007；张慧剑：《明清江苏文人年表》，人民文学出版社，2008。

　　就学历而言，在教育部20位领导层人员中，明确有国内外专科以上学历及出国考察经历的，有12人之多，占60%；在这12人当中，留学美国、德国的各1人，英国2人，日本8人；访日者颇多，符合清末以来中国学生热衷留学日本的实际情形。在已知的18人中，9人获过前清政府的举人、进士的功名。可见，教育部领导层人员新旧交融，既有国内外大专院校的毕业生，也有旧时功名的取得者，表现出转型社会时期的普遍情形。

　　就籍贯而言，教育部领导层来自全国各地，但仍可以看出几个明显的趋势：一是成员基本上集中于9个省份，其他省份几乎没有；二是从地域分布上考察，绝大多数来自中国东部省份，尤以江浙闽、两湖地区为多，山西、湖南、天津、广东各1人，其他省份甚至没有，而江浙闽、两湖五省的成员明显多于其他省份，这与这些地区清末以来新式人才众多及在新政权建立过程中功勋较多，有着莫大关系（见表6-9）。

表6-9　教育部领导层人员籍贯统计（1912~1916）

	江苏	浙江	湖北	河北	福建	山西	湖南	天津	广东
人数	5	4	2	2	2	1	1	1	1

　　就年龄而言，教育部领导成员的年龄主要分布在30~55岁之间，而年龄在30岁以下的成员仅2人（林棨和沈步洲任职时皆28岁）。30~55岁这个年龄段，富有朝气，无论从阅历还是精力上来说，都是担任上层领导人员的最佳时期。

三 规章制度

(一) 留学教育管理

留学教育是民国初年教育部管理中的重要内容。"留学是文化交流的产物，也是人类文明传播的重要渠道。"[1] 人才是学术和技术的载体，是制约社会发展的决定性因素。近代中国人才缺乏，这是一个不争的事实。要改变这一困境，除了在国内加强高等教育的建设外，派遣留学生出国深造便是另一条路径。

考察民国初年的留学政策是一件比较困难的事情，这是因为北京政府没有集中阐明留学政策的文件，其规定大都夹杂在教育部发出的关于派遣留学生规程和留学管理办法之中。民国甫经成立，政局动荡，留学教育不能顾及，出现了"官则停费，私则绝资"的困境，致使留学生"相率而归"。[2] 随着共和政体逐渐稳定下来，无论孙中山、冯自由等革命派领袖，还是北京政府教育部，都对留学教育持积极态度。

有意思的是，教育部遣派的留学人员并非普通学生，而是在建立民国过程中的有功人员。临时稽勋局局长冯自由为表彰效力民国人员，上呈袁世凯要求将其派赴国外留学。[3] 1912 年 11 月，这批后人所谓"稽勋留学生"25 人分别赴欧、日、美留学，其中留美 11 人，留日 9 人，留英、留法各 2 人，留德 1 人。1913 年，政府又先后批准了三批"稽勋留学生"，总共 150 名，分赴英、美、德、法、比等国留学；后由于经费问题，第三批 60 余人最终未能成行。[4] 为了推进留学教育的发展，教育部相继制定了一系列留学教育政策，以调整、规范留学生的派遣。

1912 年 11 月，教育部电令各省都督和民政长："鉴留日学生监督处业已裁撤，嗣后各省官、私费生事宜，改归各省自派经理员管理，或数省合派一员管理。五校补助费暂由本部认汇，学费一项均归各该生原籍省分筹措，径寄经理员分发，其原定五校经费自明年起，毋庸再解，经理员薪

---

[1] 李喜所：《近代留学生与中外文化》，天津教育出版社，2006，第 1 页。

[2] 谢长法：《中国留学教育史》，山西教育出版社，2006，第 108 页。

[3] 《呈大总统效力民国诸员请派留学应由稽勋局办理文》，《国家图书馆藏历史档案文献丛刊·(民国) 教育部文牍政令汇编》（第 1 册），全国图书馆文献缩微复制中心，2004，第 20 页。

[4] 谢长法：《中国留学教育史》，第 109 页。

俸、办公所等项亦由各省分别担任。"① 1913 年 1 月，教育部致电驻外各使馆，决定裁撤派往各国的留学生监督，改设"经理员"，加强对留学事务特别是对教育经费的管理。3 月起，教育部开始着手整顿留学经费的积欠问题。5 月 10 日，教育部制定了留日学费数目："现定留日学费，帝国大学本科每月日币四十二元，此外各学校每月日币三十六元，请饬司转电驻日经理员遵照。"② 与此同时，为了能够有一个专门管理留学教育的机构，教育部特设"留学科"。留学经费的主要承担者变为地方各省，各省教育厅中的第三科接了留学教育工作。1913 年 8 月到 1914 年 8 月，是留学教育管理规则出台的高频时期，教育部先后颁布了《经理欧洲留学生事务暂行规定》《留欧官费学生规约》《管理留日自费生暂行规程》《经理留学日本学生事务暂行规程》《各省官费留学生缺额选补规程》《经理美洲留学生事务暂行规程》等一系列法规政策，借以加强对留学工作的监管和指导。③

尤其值得注意的是，1914 年 7 月制定的《各省官费留学生缺额选补规程》详细规定了中央对地方各省公费留学生遣派的具体名额。各省在中央给定的名额和规定的资格内进行选拔，通常情况下不允许超出额限，若出现意外缺额，教育部出面招考，满额为止。该年底，为了改变民国成立以来教育发展的混乱局面，教育部颁发了《整理教育方案》，对清末留学教育政策进行了细致研究，决定由中央制定专门的留学教育规则，统一规范留学教育工作，以便指导。在无序中输送出去的留学生，民初回国后，并未像想象中那样受到重视。教育部鉴于如此情形，改变了选送标准："一视全国何项人才缺乏而选送之，一视地方特别情形为欲增加某项人才而选送之。"④ 此后，教育部又相继颁发了《管理留日学生事务规程》（1914 年 12 月）、《管理留欧学生事务规程》（1915 年 8 月）和《管理留美学生事务规程》（1916 年 3 月），⑤ 并在这三个章程的基础上形成了 1916 年 5 月 18

---

① 《通行各省请自行派员经理留日学生事务电》，《国家图书馆藏历史档案文献丛刊·（民国）教育部文牍政令汇编》（第 1 册），第 87 页。
② 《通行各省拟定留日学费数目请饬知经理员电》，《国家图书馆藏历史档案文献丛刊·（民国）教育部文牍政令汇编》（第 1 册），第 161 页。
③ 中国第二历史档案馆编《中华民国史档案资料汇编》（第五辑），第 577～588 页。
④ 朱有瓛主编《中国近代学制史料》（第三辑·上册）第 41 页。
⑤ 中国第二历史档案馆编《中华民国史档案资料汇编》（第五辑），第 589～598 页。

日公布的《选派留学外国学生规程》①。该规则成为民国初年第一个全面而系统的留学法规，对留学经费、留学资格及遣派程序都有明确规定，具体经费分配如表6－10所示。

表6－10　留学各国经费

留学国	置装费	出国川资	每月学费	回国川资
英　国			英国币16镑	英国币50镑
法　国	本国币200元	本国币500元	法国币400法郎	法国币1250法郎
德　国	本国币200元	本国币500元	德国币320马克	德国币1000马克
比利时	本国币200元	本国币500元	比国币400法郎	比国币1250法郎
奥地利	本国币200元	本国币500元	奥国币400法郎	奥国币1250法郎
意大利	本国币200元	本国币500元	意国币400法郎	意国币1250法郎
瑞　士	本国币200元	本国币500元	瑞士国币400法郎	瑞士国币1250法郎
俄　国	本国币200元	本国币500元	俄国币135卢布	俄国币450卢布
美　国	本国币200元	本国币500元	美国币80元	美国币250元
日　本	本国币100元	本国币70元	日本国币46元	日本国币70元

资料来源：谢长法：《中国留学教育史》，第110页。

留学资格的审查非常严格，只有具备以下条件之一者方可获得被选派出国留学的资格：①曾任本国大学教授或助教授继续至二年以上者；②曾任本国专门学校、高等师范学校教授继续至二年以上者；③曾经留学外国大学、高等专门学校、高等师范学校本科毕业者；④本国大学本科毕业生；⑤本国专门学校、高等师范学校本科毕业生。② 很显然，在这种近乎苛刻的选拔条件下，大部分人被排除在外，客观上造成了竞争环境的不公平，但此举也是为了尽量节约本就不宽裕的留学经费，保证派出留学人员的素质。

关于派遣程序，《选派留学外国学生规程》中明文规定："每届选派学生，先期由教育部议定应派名数、留学地方、留学年限、研究科目及各省应送备选学生名数。"③ 备选学生选拔出来后，为防止冒充或其他舞弊事

① 尽管这个规程超过了本文的时间范围，但它是在此前三个文件的基础上形成的，因此，仍将其纳入本文的研究范围。
② 中国第二历史档案馆编《中华民国史档案资料汇编》（第三辑），第599页。
③ 中国第二历史档案馆编《中华民国史档案资料汇编》（第三辑），第599页。

件，会对其进行复试，考试合格者方可确定派送。地方各省因为留学经费
不多、名额有限，多对留学备选学生采取谨慎态度，全盘考虑"本省何项
学科为要，某科应添派几名妥当，赴何国学习为宜"，"有的省甚至还定有
专门的派遣规程，明定方针，以改变原来派遣留学生没有一定标准所导致
的留学生回国后学非所用、虚糜经费、消耗人才的旧状"。①

那么，民国初年在教育部主导下究竟派出了多少留学生？由于官方统
计数据不明，笔者拟借助一些目前可见的数据进行分析、推断，尝试给出
一个合理的估值。1913～1916 年官费留学统计人数如表 6－11 所示。

表 6－11　1913～1916 年官费留学人数统计

单位：人

	1913 年	1914 年	1915 年	1916 年
日　本	1824	1107	1200	1250
欧　洲	242	218	184	173
美　国		510	130	176
总　计	2066	1835	1514	1599
	7014			

资料来源：刘真主编《留学教育——中国留学教育史料》（第五册），台北："国立编译馆"，
1980，第 2626 页。

表 6－11 所示四年的官费留学生人数，不仅包括教育部的官派留学生，
还包括陆军、海军、交通等部的留学生，因此，加上 1912 年近 100 名官费
留学生，民初教育部所派官费留学生人数约有 7000 名。在民初教育部主导
下，尽管所派留学生人数不及清末多，但与清末相比，更具有针对性，所
派人员学成回国后，都是当时急需又不可多得的人才，从这些方面说，民
初的留学教育是成功的。

（二）视学管理

1913 年 1～3 月，教育部公布了《视学规则》《视学处务细则》，1914
年 12 月 24 日又颁布了《视学室办事细则》，规定除了蒙古、西藏作为特
别视学区外，全国划分为八个视学区域：①直隶、奉天、吉林、黑龙江；
②山东、山西、河南；③江苏、安徽、浙江；④湖北、湖南、江西；⑤陕

---

① 中国第二历史档案馆编《中华民国史档案资料汇编》（第五辑），第 599～600 页。

西、四川；⑥甘肃、新疆；⑦福建、广东、广西；⑧云南、贵州。

教育部总共有视学 16 人，视学必须符合下列条件之一者才可充当：①毕业于本国、外国大学或高等师范学校，任学务职一年以上者；②曾任师范学校、中学学校或教员三年以上者；③曾任教育行政职务三年以上者。每区派视学 2 人，视察该区域之普通教育及社会教育落实情况，教育部并派部员协同视察。视学每年视察的区域，由教育总长临时指定。视察分定期和临时两种，定期视察是自每年 8 月下旬起，至次年 6 月上旬止；临时视察，依教育总长特别命令行之，主要视察专门学校及其他特别事项。视学前往各区域就下列内容考察地方学务：①教育行政状况；②学校教育状况；③学校经济状况；④学校卫生状况；⑤关于学务各职员执务状况；⑥社会教育及其设施状况；⑦教育总长特命视学事项。以上第 1~6 项，2 名视学应该在出发前共同商量，拟定办法，呈教育总长核定。在视学过程中，遇到与教育法令抵触事项、部议决定事项、学校教授管理事项、社会教育设施事项、教育总长特命指示事项，当由视学主管最后定夺。视学到达地方后，首先和地方长官、省视学及国立学校校长等接洽，了解该地方学务以前的历史、现在的实际情况以及未来的教育发展计划。在视察学校前，不需提前通知校方，以便了解该校的真实办学情况，若必要时，视学可以变更教授时间、检测学生的学习成绩、调阅学校的各项簿册。视学在切实调查完毕后，除了当面陈述视学的梗概外，还要纂写本年度总报告书。①

在该规程发布的同年，教育部就开始对全国八大视学区域内的学校进行视察。以第一区（直、奉、吉、黑）学务总报告书中的直隶部分为例，总共分为五部分。

（甲）教育行政。分为省行政和县行政两级。省教育司分为二科，分掌普通教育、社会教育，科长加科员仅十余人，人与事称，一洗冗员旧习。省视学 6 人，其中 5 人分查各县小学，1 人专查中学。直隶省中学多分别办理，极为妥宜。自行政公署改组后，教育司长开始按时到部办公。各县的劝学所机关仍然存在，所内设劝学总董 1 人，劝学员三四人或五六人，县视学一般由总董兼充。劝学员分区查学，随时报告，县知事若无暇照顾学务，则全部委托总董办理。县知事注意学务者，以邯郸县知事凌念

---

① 《中华民国教育法规汇编》（民国八年五月），台北：文海出版社，1986，第 23~32 页。

京为最。

（乙）普通教育。①师范。直隶省立有高等师范学校 1 所、师范学校 4 所；天津女子师范 1 所，保定全省女校内也设师范数班。高等师范学校亟须整顿，其他四校办理尚属认真，其中以第二师范学校的管理、教学为最佳。各女校编制亦可。②中学。在抽查的 9 所中学当中，各校资产优厚，设备逐渐完善，班级人数大致整齐，中学呈现欣欣向荣的景象。其中，天津南开中学最为美备；天津公立中学在教学方面也颇值一提；定县中学管理引人瞩目；其他中学则稍逊。③小学。在抽查范围内，小学发展臻于完善，以天津为最，丰润、临榆二县也特别优异，而望都、内邱、唐山三县学务最为腐败。④甲乙种实业。直隶实业教育向来不发达，是因为督促不力、人才和资金缺乏的缘故。甲种学校全省共有工业 2 所、商业 2 所，仅清苑辖区内工校属于省立，其余均为地方设立。乙种实业学校，全省不过十余所，天津乙工学校漆工成绩尚优。⑤蒙养园。天津县立一处，清苑女校内附属一处，两处环境布置清雅，每处儿童均二三十人，总体来说，幼儿教育不甚发达。⑥盲哑学校。清苑设盲哑学校 1 所，校内盲哑生二十余人，均系公费生，此种学校含有慈善性质，但生源仍不理想。

（丙）教育经费。前文已备述，此处从略。

（丁）学务职员之职务。教育司现已并入行政公署，司长每日按时到部上班。各县劝学所有取消之说，故总董以下各职员对工作缺乏热情。中学各职员除尽力完成本职外，其中部分从事政界活动，致使校务进步甚为缓慢。乡镇小学以教员为主体，随意旷课、任意放假成为通病。直隶创办新式教育较早，据统计，在职人员及在校学生数额都有所增加，但办学表现出一种暮气。其因有二：一是历事虽久，学力有限，不加深造，办学兴味遂以薄弱；二是政潮日起，佥思染指，兼鹜则分。此二端需加以注意。

（戊）社会教育。①图书馆。本省有省立图书馆 2 所，天津、保定各 1 所。在天津视察时，恰值图书馆搬迁，尚未就绪。保定图书馆内阅览人员随意入内，由夫役导览一切，非常方便。馆存书籍相当可观，只是管理太过松懈，殊觉可惜。②改良年画。教育司绘就改良年画 50 余种，交给各属画商翻印。改良年画均系历史上及习惯上有益社会风俗之事。③改良戏曲。禁止演艺不良戏曲 33 种，并下令禁止各县上演不良戏剧。同时为保障群众文化事业需求，教育司在天津创办改良戏曲联系所，招生 20 余人排练新戏。④宣讲所、阅报社。天津关于宣讲阅报各事，尚属发达，清苑有所落后。其余各县，此前开办的宣讲所、阅报社多名存实亡。①

视学员到地方从教育行政、普通教育、社会教育、教育经费和学务职员等方面进行全面考察，以了解教育部颁布措施的执行情形和地方办学的实际效果，从而达到由教育部掌控全国教育事业发展方向的目的。

1914 年教育部例行学务视察，除 1913 年视察内容外，还新加了对教育博物馆、破除迷信事项、春夏冬令各项集会及学校卫生状况等的考察。②同年，还对京师各学校进行视学，在《观察各学校之意见》中对各学校的优点、缺点及应行改良之处给出了中肯的意见。各学校共同具备的优点有：①多属学级担任；②教员大半勤勉；③表簿大致完备；④教员多能注意管理；⑤学生上课、下课均有教员督率；⑥学生散学时均有秩序，不凌乱；⑦整理教室，学生多能履分勤务；⑧学生服用朴质；⑨学生成绩多属可观。同时也有不少需要改进之处，如学校年级编排、学生品格培养、老师授课方法及学生体育锻炼等方面还有欠缺。此后，教育部每年派员视学成为定制，并且随着社会的发展和教育需求，视学内容也不断得到调整，如在得到视学对小学教育的反馈后，"教育部以近年来各省小学，其教授法多不合宜"，重新制定小学教育概要。③ 可以说，视学制度是民国初年教育事业的"晴雨表"，也是教育部推进全国教育事业的有力手段，其作用不容忽视。

（三）教科书审查制度

清末学部专设编译图书局管理教材的编纂和审定，"使教科书发行混乱无序的情况有所改变，对教育的良性发展起到积极作用"。④ 民国初年，教育部继承并调整了这一政策，加强对教科书发行的管理。这是教育部规范管理、强化控制的重要一环。

民初的教科书审查是从各省逐步展开的。1912 年 9 月 18 日，教育部公布了《各省图书审查会规程》，⑤ 要求各行省设立图书审查会一处，隶属

---

① 舒新城编《中国近代教育史资料》（上册），第 307～311 页。
② 舒新城编《中国近代教育史资料》（上册），第 315～316、320 页。
③ 《记事》，《教育杂志》第 7 卷第 6 号，1914 年，第 50 页。
④ 关晓红：《晚清学部研究》，第 385 页。
⑤ 《各省图书审查会规程》，《政府公报·命令》1912 年 9 月 20 日。

于省行政长官之下，"审查适合于各该省小学校、高等小学校、中学校、师范学校教科用图书"。图书审查会由省视学、师范学校校长及教员、中学校校长及教员、高等小学校校长、小学校校长组成，设会长1人，在会员中选举产生，会长、会员以2年为任期，到期改选。会长、会员有规定数额之薪水，该部分津贴由省行政长官厘定。图书审查会审查教科书，认为有必要对某些教科书进行审查时，亦可查察，但须报由省行政长官呈请教育部核定后，方为择定之效力。同时，图书审查会对教育部审定之教科书持有异议时，可将意见经省行政长官反馈给教育部，使得教育部与地方相互督察。对于专业性较强的教材，审查会可以延请专门学者审查。省行政长官对审查会的审查结果有异议时，声明理由，令其复查，但经复查结果不变时，省行政长官应立即宣布审查结果。由各省设立审查会审查图书，为1912～1913年各省在教育部督导下管理教科书的主要方法。这种民主的审查方式，刺激了教科书出版的繁荣，民初的报纸杂志常见销售教科书的宣传语和广告。

随着北京政府中央集权的逐步加强，1914年对教材的审查制度也逐渐收归部管。1月23日，教育部取缔各省图书审查会，并将各省图书审查会选定教材的权利改为"由校长就教育部审定图书内择用之"。[1] 1月28日，教育总长汪大燮刊布了教育部《修正审定教科用图书规程》，规定审定图书系认为合于教育部所定学科程度及教则之旨趣，堪供教科之用者。[2] 图书发行人在图书出版前，应将样书呈教育部审定，教育部认为应该修改者，签示于图书，发行人遵照修改，印刷后再行呈请验核，达标后纳入教材范围，并由教育部送登《政府公报》，公布其书名、册数、定价及适于某种学校所用。同时，书面准载明某年月日经教育部审定字样，还须标明图书发行之年月和编辑人、发行人之姓名等。凡变更图书字句、图画、注释等内容，发行人须于6个月内重呈审定，逾期失效。审定之图书有效期为5年，期满前三个月教育部登《政府公报》宣布失效；教育部认为仍适教科之用者，可重新审定。1916年4月28日，教育部呈请修正审定教科书规程草案，得到回复"所拟规程，均属妥协，应准如拟办理"。[3] 此次修正，仅有字句上的删改，并无实质变动。

---

[1]　《教育部部令第七号》，《政府公报·命令》1914年1月25日。
[2]　《修正审定教科用图书规程》，《政府公报·命令》1914年2月1日。
[3]　《政府公报·命令》1916年4月29日。

从目前可以见到的资料来看，教科书审查制度对图书编纂过程的审查相对滞后。1914 年 5 月 25 日教育部公布的《教科书编纂纲要审查会规程》，[①] 是民初第一部关于教科书编纂的审查规章，要求审查会审查教科书编纂大纲是否合适，并定期将审查结果呈报教育总长。审查会设审查员若干，皆由教育总长派充。设审查会长 1 人，综理会内事宜；审查员由教育部职员，师范学校毕业者，有中学校以上毕业之资格者，现任或曾任各学校教员，素谙教育理法者……来充任。审查会依照教育部所定各科教则及教育总长提出某科应采制方针为审查之标准。同日，教育部还公布了《教授要目编纂会规程》，[②] 规定了对修身、国文等 17 科教科书的编纂方法。

民初教科书的审查制度是在清末的基础上发展起来的，并在对其扬弃的过程中进行完善。教育部颁布的小学、中学、师范学校教科书审定凡例，是民初教育主管部门对审定教科书编纂的标准做出的明确要求和规定，对教科书出版发行的混乱状况起到了积极的引导作用。审查程序还充分考虑到地方各省的差异，省行政长官可以要求教育部复议审查结果。[③] 正是这种中央和地方各省教育机构的良性互动，促进了民初教育的发展。

（四）捐资兴学褒奖制度

北京政府统一全国后，教育次第兴起，呈现勃勃生机。社会由战乱趋于稳定后，地方绅商、名士兴学的热情在新国家中迸射出来。教育部为了"奖劝人民捐私财、襄公益，藉以补国家财力之不逮"，向热衷于捐资兴学人士给予褒奖，并鼓励国民踊跃助学，逐步形成了褒奖政策。

1913 年 7 月 17 日，教育部制定《捐资兴学褒奖条例》，经国务院会议决议通过，颁布实施。国民以私有财产创办或捐助图书馆、博物馆、美术馆、宣讲所等有关教育事业者，由地方长官开列事实呈请褒奖。按照捐资助学功绩的大小，给予分等级褒奖（见表 6 - 12）。

---

① 《教科书编纂纲要审查会规程》，《政府公报·令告》1914 年 5 月 30 日。
② 《教授要目编纂会规程》，《政府公报·令告》1914 年 5 月 30 日。
③ 《修正审定教科用图书规程》，《政府公报·命令》1914 年 2 月 1 日。

表 6 – 12

捐款数额（元）	褒奖等级
100	银质三等褒章
300	银质二等褒章
500	银质一等褒章
1000	金质三等褒章
3000	金质二等褒章
5000	金质一等褒章
10000	匾额并金质一等褒章

资料来源：《捐资兴学褒奖条例》，《政府公报·命令》1914 年 7 月 28 日。

　　银质奖章由县行政长官呈请省行政长官授予；金质奖章由省行政长官呈请教育总长授予；匾额并金质一等奖章由教育总长呈请大总统授予。奖章中刻篆文"羊"字，周环嘉禾，名曰"嘉祥章"。① 除奖章外，还颁发给捐资者执照，以资证明。7 月 31 日，教育部通咨各省："如有捐资兴学，未经核奖，及嗣后遇有此项案件，均请查照条例核办可也。"② 12 月 23 日，教育部为了解各省捐资兴学情形，通咨各省，要求将给奖者情况汇报至部："兹查条例第五条规定，应给银质褒章者，由各省省行政长官授与，本无庸逐案报部，以省案牍。惟捐资兴学者之多寡，可以觇社会习俗之趋向，即于教育统计至有关系，嗣后由各省给奖之案，每届年终应参照前次咨达之表式，汇造成册，咨送本部，以资统计。"③ 此后，年终汇报成为定制。

　　1914 年 10 月，教育部有感于此前颁布之褒奖条例不无窒碍，大略有：①现行勋章令无金质之规定，部订奖章不应特异；②团体捐资兴学，例应给奖，不能专限个人；③华侨捐资兴学应一律由部给奖，以示优异；④遗命捐资兴学或捐资者未得褒奖而身故时，应予特定奖法；⑤捐资请奖期

---

① 兴学固国之祥也，故取"羊"，同时，羊为慈爱的动物，故凡善、义、美、养字皆从羊，兹取之以喻兴学之士；周环嘉禾，标之国徽也。
② 《通咨各省捐资兴学褒奖条例业经公布请查案核办文》，《（民国）教育部文牍政令汇编》（第 1 册），第 177 页。
③ 《通咨各省人民捐资兴学由各省给奖者应于年终汇报本部文》，《（民国）教育部文牍政令汇编》（第 1 册），第 207 页。

限，应改由民国元年起，以示限制。① 28 日，大总统"准如所拟办理"，并颁布对上述五点予以改进的《修正捐资兴学褒奖条例》。② 经过这次修正后，褒奖捐资兴学制度基本形成。

表 6－13　1913～1915 年褒奖捐资兴学一览表

褒奖品类	1913 年	1914 年	1915 年
金质（色）一等褒章	5	13	55
金质（色）二等褒章	2	8	28
金质（色）三等褒章	21	74	206
银质（色）一等褒章			21
银质（色）二等褒章			17
银质（色）三等褒章			66
一等褒状			7
二等褒状			6
三等褒状			15
匾　额			36

资料来源：《教育部行政纪要》，台北：文海出版社，1986，第 26 页。

为了切实贯彻捐资兴学褒奖条例，加强中央对地方教育机构的监管，教育部于 1916 年 1 月 8 日公布了《地方兴学人员考成条例》。考成人员主要由劝学所所长及劝学员、自治职员和学务委员组成。考成分奖励和惩戒两项，前者奖给匾额、金色或银色奖章或褒状；后者包括停职、减薪、训诫三种。考成制度是一种将奖励和惩罚相结合的手段，极大地鞭策了地方负责兴学的公务人员努力为捐资兴学事业贡献力量。

民初捐资兴学褒奖措施是出于传统士绅及新式知识分子投身教育的热情，更是民初国家财政窘迫、政府无力拿出更多资金发展教育事业，应时而生的政策。该制度在运行期间时有弊端，教育部则适时予以补充、修正，并最终形成了一个由中央到地方的捐资兴学体系。这一体系对民初教育事业的推进多有帮助。

----

① 《呈修正捐资兴学褒奖条例请鉴核示尊文》，《（民国）教育部文牍政令汇编》（第 1 册），第 539 页。
② 《修正捐资兴学褒奖条例》，《（民国）教育部文牍政令汇编》（第 1 册），第 540～544 页。

表 6-14　褒奖捐资兴学省份一览

	褒章类						褒状类			匾额
	金一等	金二等	金三等	银一等	银二等	银三等	一等	二等	三等	
京　兆			10							
直　隶	4	1	17							
奉　天	2	2	22						2	
吉　林		1	7						1	
黑龙江	3		3						2	3
山　东	8	3	26							1
河　南			6							
山　西		1	2							
江　苏	20	14	60				6	5	5	12
安　徽	1	2	5							
江　西	1	2	3							1
福　建			9						1	
浙　江	10	3	37							3
湖　北	7		7				1			5
湖　南	7	2	45					1	1	4
陕　西	2	1	8							
甘　肃			1							
新　疆		1	1							
四　川		2	3							1
广　东			6							
广　西	1									
云　南	2		6						1	
贵　州		1	2							
热　河		2								
华　侨	4	2	14	21	17	66			2	6
外国人										
总　计	72	40	300	21	17	66	7	6	15	36

资料来源:《教育部行政纪要》，第 27~29 页。

第三节　民初教育部与中国近代教育事业的发展

民国初年的教育事业，立足于清末新式教育，教育部和地方各省通力协作，锐意革新，使新式教育大大拓宽并向纵深方向发展。本节旨在考察民国初年新学制的酝酿出台，并从新学制指导下的普通教育（包括初等教育、中等教育、高等教育）和其他教育（包括师范教育和实业教育）两个方面来考察民初教育部在教育事业中的重要历史作用。

一　民初学制的出台

中华民国的诞生，结束了中国两千余年的专制统治，开始了民主共和的新纪元。随着制度层面上对传统教育的摒弃以及西方教育学说蜂拥而入，民国初年的教育现代化趋向纵深发展。

"教育事业常随时势为转移，专制国之教育与共和国迥乎不同，故未有整体革命而教育不革命者"。[1] 民国甫经成立，以蔡元培为首的临时政府教育部就采取一系列举措，对前清的教育制度加以改造，严格取缔清末的封建教育内容。诸如将学堂名称一律改为学校，监督、堂长统称校长；教科书要求必须适应民国之宗旨，不符合者一律禁用；增加实用教育科目等。[2] 为剔除封建教育的毒素，教育部又公布《普通教育暂行课程标准》，重新规定了小学、中学、师范学校的课程内容及课时标准。[3] 全国统一后，针对新的形势，中央教育部特组织临时教育会议，征集全国教育专家齐聚北京，讨论民国教育事业开展的大政方针。1912 年 7 月 10 日，临时教育会议正式开幕，8 月 10 日正式闭幕，历时一个月。会议讨论了学校系统、各级学校令案、教育宗旨、学校职员分任职务及薪俸、教科书的审定等重大问题，并初步达成了决议。[4] 在此基础上，9 月 2 日，教育部颁布了以蔡元培"五育理论"为蓝本的中华民国教育宗旨："注重道德教育，以实利教育、军国民教育辅之，更以美感教育完成其道德。"[5] 这一体现资产阶级

---

① 朱有瓛主编《中国近代学制史料》（第三辑·上册），第 6 页。
② 李桂林等编《中国近代教育史资料汇编·普通教育》，上海教育出版社，2007，第 473～474 页。
③ 朱有瓛主编《中国近代学制史料》（第三辑·上册），第 3～6 页。
④ 朱有瓛主编《中国近代学制史料》（第三辑·上册），第 6～20 页。
⑤ 《中华民国教育法规汇编》（民国八年五月），第 87 页。

民主主义的教育方针，替代了清末学部"忠君、尊孔、尚公、尚武、尚实"① 的教育宗旨。

教育部废除晚清"癸卯学制"后，高凤谦曾积极呼吁各界不必急于建立完备的学制，他认为："至于学校制度，吾以为不必求全责备，但宜粗定大纲使办学者游刃之余地，然后人人兴起，而教育始有发达之可望。"鉴于中国国民受教育程度不高及教育地域发展严重不均衡的现实，他建议："教育部编订学制，宜揣度吾国所可行者，定一适中之制，以为通则，并需地方，得依其本处之状况，增减变通之"，"不必预订标准，数年之后，教育渐普，程度渐齐，然后再谋统一之规则，未为晚也"。② 显然，高凤谦认为，全国教育程度不适合编订学制，想等教育普及之后再统一办理，但这只牵扯到学制办法早晚的问题。陆费逵也积极为教育部出谋划策，并撰写《民国普通学制议》，他认为："学校系统，当谋联络而祛重复，且国民教育、人才教育、职业教育三者必当并重。盖无国民教育，则国家之基础不固；无人才教育，则兴办事业乏指挥整顿之人；无职业教育，则在下者生计艰困，在上者辅助乏才。此三者苟缺其一，将偈以为国？"③ 为此，他专门为民初教育"量身定制"了一套学制，整个学制为期18 年，同时，还热情地为小学、中学及师范学校制定了课表。

想要打破原有教育的发展方向，变革学制就成为不二途径。根据新的教育宗旨，教育部着手对"癸卯学制"进行修订，并于1912 年9 月3 日颁布了新的学制——壬子学制。④ 学制公布后至1913 年（癸丑年），教育部又相继推出各种学校令，与此前学制综合起来，成为一个新系统，谓之"壬子癸丑学制"，就此宣告民国学制正式诞生。⑤ 该学制规定，教育期限是18 年，共分三段四级：一为初等教育阶段，分为初等小学校、高等小学校二级，共计7 年；二为中级教育阶段，只有一级，计4 年或5 年；三为高等教育阶段，也只有一级，内分预科、本科，计6 年或7 年。此外，往下有蒙养园，往上有大学院，不计年限。横向则分有三系：一为直系各学院，由小学而中学，由中学而大学或专门学校；二为师范教育，分为

---

① 舒新城编《中国近代教育史资料》，第 217～223 页。
② 《言论》，《教育杂志》第 11 期，1915 年，第 15～18 页。
③ 朱有瓛主编《中国近代学制史料》（第三辑·上册），第 71～77 页。
④ 中国第二历史档案馆编《中华民国史档案资料汇编》（第三辑），第 59～60 页。
⑤ 朱汉国、杨群主编《中华民国史》（第五册），四川人民出版社，2006，第 141 页。

师范学校及高等师范学校二级，所居地位为中、高二段；三为实业教育，分为甲、乙两种，所居地位为初、中二段。此外，还有补习科、专修科及小学教员养成所，皆是此三系中的特别教科或附设的教科，谓之旁支。①

民初的壬子癸丑学制与清末的癸卯学制都体现出法德两国学制的特色，比如初等小学以上都采取了普通教育、职业教育、师范教育三种系统并列的形式，师范教育采取二级制，中小学师资分校训练，而且各级师范学校纯属分立，对于师范生给予公费待遇等。与清末相比，壬子癸丑学制在继承了清末癸卯学制主体系统的同时加入了新的元素，明显地表现出进步性。其一，壬子癸丑学制一改清末"忠君""尊孔"为核心的教育主旨，废除前清专门为皇亲国戚设立的贵胄学堂，摒弃了学校中的跪拜之礼，舍弃了有违共和、民主精神的教科书。在教规及学规中，已开始闪现出人性的光辉。其二，改革课程设置，缩短受教育年限，适应民国初年对新型人才的急切需求。该学制以17～19年代替了晚清学制20～21年的教育期（初小、高小、中学各缩短1年），不仅节约了教育经费，更重要的是加快了人才培养与输送的进程。其三，女子教育在壬子癸丑学制中获得一定的地位。除了大学预科、本科不设女校、不招女子外，普通中学、中等实业学校、师范学校以及高等师范学校都设有女校，初等小学还实行男女同校。这对打破"女子无才便是德"的古训、发展女子教育、改变受教育的两性差异，作用不可谓不大。总之，民国初年的学制改革，"适应了辛亥革命后社会、文化变革与民族资本主义发展的时代要求，为近代中国新型资产阶级学制的确立与成熟奠定了基础，在晚清以后学制近代化的进程中有着承上启下的重要地位"。②

二 普通教育

（一）初等教育

1912年南京临时政府教育部颁发《普通教育暂行办法》，提出民国初年发展普通教育的基本方案。5月，北京政府教育部成立，在《暂行办法》

---

① 陈清之：《中国教育史》，商务印书馆，1936，第667～668页；朱从兵：《教育史话》，社会科学文献出版社，2000，第84页。
② 朱汉国、杨群主编《中华民国史》（第五册），第142页。

的基础上复通电各省申明其关于初等教育的主张。① 7 月，召开全国临时教育会议，商讨改订学制。9 月 28 日，教育部公布了《小学校令》，规定小学校教育应以"留心儿童身心之发育，培养国民道德之基础，并授以生活所必需之知识技能为宗旨"。小学校包括初等小学校和高等小学校，分为城镇乡立、县立及私人设立三种，原则上初等小学校由城镇乡设立，高等小学校由县设立。修学时间上，初等小学校 4 年，高等小学校 3 年。课程设置上，废除了清末读经科目，初等小学校设修身、国文、算术、手工、图画、唱歌、体操诸科，女子加课缝纫；高等小学校开设修身、国文、算术、本国历史、地理、理科、手工、图画、唱歌、体操诸科，男子加课农业，女子加课缝纫，并设置英语或其他外国语，根据实际情形，农业亦可改为商业；小学校可以设置补习科。此外，校令还对初等小学校的设备、职员设置、办学经费及学费、掌管监督等有明确规定。②

同年 9 月 3 日，教育部下令各学校于阴历八月初一开学，但鉴于各小学教科书与教育部所制定的新章制不符，因此规定"更按照新章或将关于时令各课改撰，或另行编辑新本，作为八月始业之用"。教科书编写完毕后，送部审核，并发给初等、高等小学校课程表各一份。③ 11 月 22 日，教育部订定《小学校教则及课程表文（附教则、课程表）》，在教则中规定，无论何种科目，均以如下目标为准：

> 智识技能，宜择生活上必需者教授之，务令反复熟习，应用自如。儿童身体，宜期其发达健全；凡所教授，必适合儿童身心发达之程度。对于男女诸生，应注意其特性及将来生活，施以适当之教育。各科目教授之目的方法，务实正确，并宜互相联络以资补助。④

在上述总的纲领的指导下，对小学校所设课程每科涉及的内容及其目标都做了细致而具体的规定。初等小学校及高等小学校的课程详示如表 6–15 和表 6–16。

---

① 袁希涛：《五十年来中国之初等教育》，申报馆五十周年纪念：《最近之五十年（1872～1922）》，申报馆，1923，第 4～5 页。
② 璩鑫圭、唐良炎编《中国近代教育史资料汇编·学制演变》，上海教育出版社，1991，第 469 页。
③ 李桂林等编《中国近代教育史资料汇编·普通教育》，第 477～478 页。
④ 中国第二历史档案馆编《中华民国史档案资料汇编》（第三辑），第 447 页。

表 6-15　初等小学校课表

科目	第一学年	每周授课时数	第二学年	每周授课时数	第三学年	每周授课时数	第四学年	每周授课时数
修身	道德之要旨	2	道德之要旨	2	道德之要旨	2	道德之要旨	2
国文	发音、简单文字之读法、书法，日用文章之读法、书法、作法、语法	10	简单文字之读法，日用文章之读法、书法、作法、语法	12	简单文字，日用文章之读法、书法、作法、语法	14	简单文字，日用文章之读法、书法、作法、语法	14
算术	20以内之数法、书法及加减乘除	5	百数以内之数法、书法及加减乘除	5	通常之加减乘除	6	通常之加减乘除，小数之读法、书法，珠算加减	5
手工	简易细工	1	简易细工	1	简易细工	1	简易细工	1
图画			单形、简单形体		单形、简单形体	男1 女2	简单形体	男1 女2
唱歌	平易之单音歌曲	4	平易之单音歌曲	4	平易之单音歌曲	1	平易之单音歌曲	1
体操	游戏		游戏、普通体操		游戏、普通体操	3	普通体操	3
缝纫					运针法、通常衣服之缝法	1	通常衣服之缝法、补缀法	2
总计		22		26		男27 女29		男27 女30

资料来源：中国第二历史档案馆编《中华民国史档案资料汇编》，第453～456页。

表 6 - 16　高等小学校课表

科目	第一学年	每周授课时数	第二学年	每周授课时数	第三学年	每周授课时数
修身	道德之要旨	2	道德之要旨、民国法制大意	2	道德之要旨、民国法制大意	2
国文	日用文字及普通文章之读法、书法、作法	10	日用文字及普通文章之读法、书法、作法	8	日用文字及普通文章之读法、书法、作法	8
算术	整数、小数、诸等数（珠算加减）	4	分数、百分数之要略	4	分数、百分数、比列（珠算加减乘除）	4
本国历史	本国历史之要略	3	本国历史之要略	3	本国历史之要略	3
地理	本国地理之要略		本国地理之要略		本国地理之要略	
理科	植物、动物、矿物及自然现象	2	植物、动物、矿物及自然现象	2	通常物理化学上之现象、元素与化合物、简易器械之构造作用、人身生理卫生之大要	2
手工	简易手工	男 2 女 1	简易手工	男 2 女 1	简易手工	男 2 女 1
图画	简单形体	男 2 女 1	简单形体	男 2 女 1	简单形体	男 2 女 1
唱歌	单音唱歌	2	单音唱歌	2	单音唱歌	2
体操	普通体操、游戏、男兵式体操	3	普通体操、游戏、男兵式体操	3	普通体操、游戏、男兵式体操	3
农业			农事之大要、水产之大要	2	农事之大要、水产之大要	2
缝纫	通常衣服之缝法、补缀法	2	通常衣服之缝法、补缀法	4	通常衣服之缝法、补缀法	4
英语					读法、书法、作法、语法	(3)
总计		男 30 女 30		男 30 女 30		男 30 (33) 女 30 (33)

注：表内（）系"随意科"符号。

资料来源：中国第二历史档案馆编《中华民国史档案资料汇编》（第三辑），第 453~456 页。

教育的普及程度及国民的文化素质深刻影响着一个国家的发展速度，对于晚发外生型国家来说，尤为重要。由于历史的惯性及大变革时期的不稳定因素，民国初年国民意识仍然对教育持保守态度，因此，即便教育部三令五申，小学教育仍不见起色。基于此，1913 年秋，教育部以"共和政体，全赖教育，正式政府，已经成立，非实行强迫教育，不足以谋普及而固国体"，特拟定了《强迫教育办法》：①各属知事将管辖地点分村、乡、镇分配；②调查属内村、镇相距若干里及村、乡、镇户口数目，以便比较；③各县、各村乡镇内派学董若干，以专责成；④为儿童当入学之年，八岁一律入学，违者重罚其父母，并处罚学董；⑤此项经费由各村、乡、镇人民担任，不得在该属内以筹定之学款挪用；⑥各县暂设女学一二所，等到此项实行一学期后，再行扩张。①

这种强迫性的教育方式，使小学教育无论在学校规模还是入学率上都得到明显进步。教育部在看到成绩的基础上，于 1914 年 2 月 19 日训令各省力筹普及教育，认为此前教育成绩不显著的原因在于"惟人民财力只有此数，故小学推广之迟速，恒视用费之多寡以为断。此前办学人员，往往铺张粉饰，钟事增华，耗有用之财，为无益之举，靡费太多，致现状尚难维持，安望推广"，② 因此，以后发展教育"务当实事求是，竭力撙节"，并要求各省从校舍建设、学科设置及教授方法上加以改进。同时，考虑到修习时间太长，教育部决定"另定半日学校规程，缩短肄业年限，以免进修濡滞之虞"。③ 2 月底，教育部就出台了《半日学校规程》，④ 规定半日学校为"幼年失学便于半日或夜间补习者设之"，学限 3 年，学生入学年龄为 12～15 岁。半日学校设置科目及每周授课时数为：修身（1）、国文（12）、算学（3）、体操（2），每周总计 18 课时。

从 1913 年开始，各省就有要求取缔地方高、初等小学校之事，其中以河南省为最。河南都督张镇芳致电教育部，借口办学无效，遂欲停办高、初等小学校，提倡私塾；其间又以节省民财、腾出余款接济中央为词，上稽古制，旁征各国成规，推波助澜，耸人视听。⑤ 教育部接到张电后，经

---

① 李桂林等编《中国近代教育史资料汇编·普通教育》，第 477～478 页。
② 《教育部训令第八十四号》，《政府公报·命令》1914 年 2 月 21 日。
③ 李桂林等编《中国近代教育史资料汇编·普通教育》，第 485～486 页。
④ 《半日学校规程》，《政府公报·命令》1914 年 2 月 21 日。
⑤ 李桂林等编《中国近代教育史资料汇编·普通教育》，第 479～481 页。

过讨论，未敢赞成，递交国务院复议也被否决。教育部在回复张镇芳文中称：

> 论小学办理之有无成效，尤当与取消问题分为两事，盖学校之能否收效，全视办理是否得法，办理未善，改良可也，岂有因办理不善即决然取消不办之理。况教育虽无速效之可期，亦复小试小效，大试大效。惜年来各省实力办学之人，屈指可数，大总统前在直隶首以兴学为急务，数年之间成效大著，何以遽谓毫无成效。吾国兴学十余年，比之各国，虽尚在幼稚时期，差幸基础已定，办法纵有未合，应谋改良，用费容有不当，可谋撙节，断不可凭一面之理想，为根本之推翻。①

从教育部回复张镇芳的电文中可见，在民主共和制度下，政府坚定主张发展小学教育，并认识到教育的推进是一项长期性、高投入的事业，其成效是缓慢的，但作用不可谓不大。面对地方民政长官忽视初等教育以致"学务日弛"，袁世凯忧心如焚，于1914年5月23日饬令教育部、地方民政长督饬所属振兴小学，他强调："断不许浅识之徒，妄肆揣摩，致为根本之动摇，着教育部分行各省民政长，督饬所属各尽现有财力，先将小学切实振兴，万勿徒事铺张。"② 此令的发布，无疑对遏制地方拖拉办学和推进小学教育起到极大的作用。然而，随着袁世凯复辟帝制活动的展开，教育领域受到不小的震动，教育宗旨发生变化，出现了师法孔孟的思想，不但要求各学校中小学修身及国文教科书采取以孔子之言为旨归的经训，而且规定中小学教员需"研究理性，崇习陆王之学，道生徒以实践"。③ 1916年1月8日，教育部公布了《高等小学施行细则》，④ 同年10月对其修正，从教则、编制、职员、学费等方面对小学教育进行重新界定，《细则》成为民国初年小学教育的规范和行止。

经过教育部的不懈努力，民国初年小学教育得到很大发展，这可以从学校规模和入学人数、学生性别比例、教职员人数等多个方面体现出来。第五次全国教育统计显示，1916年8月至1917年7月全国高等小学教育

---

① 《专件》，《教育杂志》第6卷第1号，1914年。
② 《记事》，《教育杂志》第6卷第3号，1914年。
③ 舒新城编《中国近代教育史资料》上册，第257页。
④ 中国第二历史档案馆编《中华民国史档案资料汇编》（第三辑），第469页。

情况如表6-17所示。

表6-17 全国高等小学校统计（1916年8月至1917年7月）

省区	学校（所）	学生（人）		毕业生（人）		教职员（人）	岁出（元）	每学生平均费（元）
		男	女	男	女			
京 兆	124	6812	574	1099	18	625	180410	25.827
直 隶	421	6748	1300	5064	183	1936	685327	24.434
奉 天	328	20637	1427	8946	339	1366	555536	25.178
吉 林	113	5319	554	1004	136	358	181900	30.972
黑龙江	68	2709	403	375	57	244	119502	38.400
山 东	456	20584	549	3598	46	1787	355973	16.844
河 南	252	12155	517	2231	27	1295	217337	17.151
山 西	243	11928	340	3141	36	1159	216923	17.668
江 苏	455	26321	4337	4395	462	3223	770463	21.851
安 徽	257	10920	287	1462	34	1417	216003	19.272
江 西	403	17255	377	4718	23	2107	346126	19.631
福 建	362	15160	368	2604	45	2901	295863	19.053
浙 江	724	31423	2147	6070	337	4397	571497	17.024
湖 北	179	10242	784	2199	27	1017	258121	23.412
湖 南	299	15954	1093	4000	132	1856	363178	21.304
陕 西	145	8227	316	2040	43	751	173890	20.355
甘 肃	139	5381	43	1006	—	553	78729	14.515
新 疆	6	144	—	22	—	9	12261	85.146
广 东	960	38331	809	10370	214	5341	980844	25.060
云 南	345	22404	1051	5308	167	1537	233937	9.974
热 河	25	1050	37	177	21	110	37561	34.555
绥 远	8	312	—	80	—	23	7057	22.619
察哈尔	15	5102	28	164	2	52	20364	46.177

资料来源：《第五次全国教育统计表》，台北：文海出版社，第73页。

与清末相比，学校数量增加了两倍有余，在校学生人数也有明显增长，宣统元年（1909）学生总数为1522793人，而1916年7月接受初等教育者已达4119399人次，[①] 增加了2.7倍，可见民国初等教育之成功。尤为称道的是，这一时期女子入学成为常态，接受教育成为妇女提高社会地位、得到社会认同的重要手段之一。接受新式教育的教职工明显增加，在政府的鼓励措施下，其又反过来成为一线教育的骨干力量，进而为新式初等教育的纵深推进注入了新的血液，为民初基础教育的良性发展奠定了基石。因此，可以说，民初的基础教育在承前启后的历史时期发挥了重要的作用。当然，由于现实状况和地域经济的不平衡发展，民初初等教育明显地表现出边缘省份落后于发达地区的趋势，即便如此，仍无可否认的是，民初的基础教育已在全国范围内铺展开来。

（二）中等教育

与小学教育相比，民初教育部对中学教育的规划稍显滞后。1912年9～12月，教育部才先后公布了《中学校令》与《中学校令施行细则》，其中规定中学教育以"完足普通教育，造成健全国民为宗旨"。中学以省立为原则，县立为例外，允许开设私立中学，各地也可以独立开办专教女子的女子中学。中学的设立、变更、废止，须经教育总长批准，地方不得擅专。依据《学校系统表》，中学修业年限为4年，每年8月1日为始，次年7月31日为终，是为一学年。[②] 在课程设置上，取消文实分科，废除了讲经、读经，开设修身、国文、外国语、历史、地理、数学、博物、物理及化学、法制及经济、图画、手工、乐歌、体操等必修课。女子中学必须加课家事、缝纫，园艺但凭条件开设。[③] 外国语以英语为主，遇有特别情形，可以选择法、德、俄语中的一种。中学校各学年每周教授科目时数见表6-18，女子中学见表6-19。根据实际情况，校长可对其进行适当的调整，但每周课时不能少于32小时、不能超过36小时。

在学校编制上，中学校学生人数一般不得超过400人，如有特殊情形，

---

① 袁希涛：《五十年来中国之初等教育》，申报馆五十周年纪念：《最近之五十年（1872～1922）》，第4页。
② 舒新城编《中国近代教育史资料》中册，第520～521页。
③ 朱有瓛主编《中国近代学制史料》（第三辑·上册），第352页。

表 6 – 18　中学课表

学科	第一学年	第二学年	第三学年	第四学年
修身	1	1	1	1
国文	7	7	5	5
外国语	7	8	8	8
历史	2	2	2	2
地理	2	2	2	2
数学	5	5	5	4
博物	3	3	2	
物理及化学			4	4
法制及经济				2
图画	1	1	1	2
手工	1	1	1	1
乐歌	1	1	1	1
体操	3	3	3	3
总　计	33	34	35	35

表 6 – 19　女子中学课表

学科	第一学年	第二学年	第三学年	第四学年
修身	1	1	1	1
国文	7	6	5	5
外国语	6	6	6	6
历史	2	2	2	2
地理	2	2	2	2
数学	4	4	3	3
博物	3	3	2	
物理及化学			4	4
法制及经济				2
图画	1	1	1	1
手工	1	1	1	1
家事（园艺）		2	2	2
缝纫	2	2	2	2
乐歌	1	1	1	1
体操	2	2	2	2
总　计	32	33	34	34

资料来源：朱有瓛主编《中国近代学制史料》（第三辑·上册），第 354～355 页。

可增至 600 人。每年级学生人数也有明文规定，一年级学生需在 50 人以下，且此后同级学生不得超过第一学年之学生数，但有特殊情形并得到省行政长官认可者，不在此限。省立中学校长由省行政长官任用；教员（经检定委员会认为合格者充任）由校长任用，并呈报省行政长官备案。县立中学校长由县知事呈请省行政长官任用，教员由校长任用，但需要由县行政长官转报省行政长官备案。私立中学校长由设立人任用，需上报省行政长官用以备查。凡四级以上之学校教员应不少于 8 人，如学级增多，则每一学级平均应加 1.5 人以上。

教学设备方面，中学校园必须备有相当的占地面积，远离对道德及卫生妨碍的地方。中学还应具备如下设施：①普通教室；②博物、物理、化学、图画等实验室；③礼堂；④图书馆、器械标本室；⑤事务室、教员办公室、学生休息室及其他必要科室。为安排寄宿生，学校还应设立自修室、寝室、学监室、饭堂、接应室、浴室、盥洗室、疗养室等。为按时有序地完成教学任务，确保学校资产安全，中学还应设立如下各表簿：①关于中学之校规法令；②学校日记簿；③学则、课程表、教科用图书分配表、校医诊察表；④职员名簿、履历簿、担任学科及时间表；⑤学生学籍簿、出席簿、请假簿、身体检查表、操行考察簿；⑥实验问题簿、学业成绩表；⑦资产簿、器物簿、消耗品簿、银钱出纳簿、经费之预算决算簿、图书器械标本模型簿等；⑧往来文件簿。[①]

根据《中学校令》与《中学校令施行细则》，1913 年 3 月 19 日教育部公布了中学课程表（见表 6 – 20）。

考查是学校掌握学生在某段时间范围内品行及学习成果的一种重要手段。民初教育部对学生操行、学业的考查采用二元法，即操行考查和成绩考查。考查分甲、乙、丙、丁四个等级。每学期操行考查，列在丙等以上者为及格，列甲等者，校长为其颁发奖状。学生毕业或升级时，采取操行考查与成绩结合参酌的办法。凡业务成绩不及格，且其分数相差不及十分之一，而操行成绩列于乙等以上者，得升级或毕业。学业成绩仅能及格而操行成绩位居丁等者，是否获准升级或毕业，需经教育会评议，由校长核夺。学生学业成绩分为平时成绩和测验成绩二种。前者由教员考查学生勤惰与其学业的优劣，随时判定；后者分为学期测验、学年测验及毕业测验

---

① 朱有瓛主编《中国近代学制史料》（第三辑·上册），第 354～355 页。

表6-20 教育部公布中学课表

科目	第一学年	每周授课时数	第二学年	每周授课时数	第三学年	每周授课时数	第四学年	每周授课时数
修身	持躬待人处事之道	1	对国家之责务、对社会之责务	1	对家族及自己责务、对人类及万有之责务	1	伦理学大要、本国道德之特色	1
国文	讲读、作文、习字行书、楷书	7	讲读、作文、文字源流、习字同前学年	男7 女6	讲读、作文、文法要略、习字同前学年	男7 女6	讲读、作文、文法要略、中国文学史、习字行书、草书	5
外国语	发音、拼字、读法、译解、默写、会话、文法、习字	男8 女6	读法、译解、默写、造句、会话、文法	男8 女6	读法、译解、会话、作文、文法	男8 女6	读法、译解、会话、作文、文法、文学要略	男8 女6
历史	本国史（上古、中古、近古）	2	本国史（近世、现代）	2	东亚各国史、西洋史	2	西洋史	2
地理	地理概要、云国地理	2	本国地理、外国地理	2	外国地理	2	自然地理概论、人文地理概论	2
数学	算数、代数	男5 女4	代数、平面几何	男5 女4	代数、平面几何	男5 女4	平面立体几何、平面三角大要	男4 女3
博物	植物：普通植物之形态、分类、解剖、生理、生态、分布、应用之大要；动物：普通动物之形态、分类、解剖、生理、习性、分布、应用等之大要	3	动物（同前学年）、生理卫生（人身之构造、个人卫生、公众卫生）	3	矿物：普通矿物及岩石之概要、地质学之大要	2		

续表

科目	第一学年	每周授课时数	第二学年	每周授课时数	第三学年	每周授课时数	第四学年	每周授课时数
物理、化学					物理：力学、物性、热学、音学、光学、磁学、电学	4	化学：无机化学、有机化学大要	4
法制、经济							法制大要、经济大要	2
图画	自在画、临画、写生画	1	同年学	1	自在画、临画、用器画、几何画	1	自在画、意匠画、用器画、几何画	男 2 女 1
手工	竹工、木工	1	木工、粘土、细工	1	粘土、石膏、细工、金工	1	同前年学、工业大意	1
家事（园艺）	初步技术之练习	女 2	家事整理、家事卫生、饮食物之调理实习（洗濯、烹任等）蔬果花木等之培养、家庭构造法、实习	女 2	侍病、育儿、经理家产、家计簿记、实习（洗濯、烹任、急疗法等）	女 2	同前年学、实习（烹任、急救法等）	女 2
缝纫	普通衣服之缝法、裁法、朴缀法	女 2	同前年学	女 2	同前年学	女 2	同前年学	女 2
乐歌	基本练习歌曲	1	乐曲	1	同前年学	1	基本练习、歌曲乐曲	1
体操	普通体操、兵式训练	男 3 女 2	同前年学	男 3	同前年学	男 3	同前年学	男 3 女 2
总计		男 33 女 32		男 34 女 33		男 35 女 34		男 35 女 34

注：数学一科，女子中学缺三角法，其余学科程度比照学期时数酌定，并得延长算数教授时数至五学期以内而减少代数几何之时数；手工一科，女子手工授编物、刺绣，摘棉造花等，照所定时数分配；体操一科，女子中学校免课兵式体操可代以舞蹈、游戏，照所定时数分配。

资料来源：廖世承：《五十年来中国之中学教育》，申报馆五十周年纪念：《最近之五十年（1872～1922）》，第7～8页。

三种。评定成绩也分为甲、乙、丙、丁四个等级，甲等 80 分以上，乙等
70 分以上，丙等 60 分以上，丁等不满 60 分。以 60 分为界，以上为及格，
可毕业或升学；以下留级，留级两次仍不能及格，视其为缺乏学习能力，
劝其退学。采用操行和成绩二元结合的评估模式，对处在转型时期的民国
在教育层面上提升国民道德的意图来说，具有不言而喻的特殊功效，且这
种评估模式一直沿用至今。由此可见该制度的合理性和强大的生命力。

在教育部和地方民政长官的群策群力下，民国初年的中学教育得到稳
步发展，呈现持续上升的趋势。这种总体趋势从表 6-21 中可以反映出来。

表 6-21　1912~1915 年教育状况统计

	1912 年	1913 年	1914 年	1915 年
校数（所）	373	406	452	444
学生数（人）	52100	57980	67254	69770
毕业生数（人）	6510	4969	3255	9999
辍学生数（人）	4405	6973	7922	7835
死亡生数（人）	191	273	347	415
教员数（人）	3639	3900	4936	5061
职员数（人）	1743	1938	2123	2125
岁入数（元）	2693091	3449654	4074683	3748401
岁出数（元）	3034703	3415570	4100788	3917950
资产数（元）	11033020	11323979	12281248	12159880
每学生之岁出数（元）	58.248	58.909	60.975	60.25

资料来源：廖世承：《五十年来中国之中学教育》，申报馆五十周年纪念：《最近之五十年
（1872~1922）》，第 9 页。

新学制对中等教育做出改革后，中等学校的办学规模有了较大的发
展。据统计，1912~1915 年，全国中学数从 373 所（公立 319 所、私立 54
所）增至 444 所（公立 385 所、私立 59 所），公立学校的增长速度远快于
私立学校，可见教育部主导下的地方各省兴学的态度。同时期学生数也从
52100 人（公立 45428 人、私立 6672 人）增至 69770 人（公立 61148 人、
私立 8622 人）。[1]

---

① 　教育部编《第二次中国教育年鉴》，台北：文海出版社，总第 1428 页。

（三）高等教育

近代中国新式高等教育肇始于戊戌维新时期创办的京师大学堂，终及晚清，高等教育由于种种原因发展缓慢，至清朝覆灭，全国也不过仅有 5 所大学、省办高等学堂 24 所、专门学堂 83 所，学生 2 万人左右。[①] 中华民国成立，极大地推动了高等教育的发展，大学教育体制日趋完善。1912 年 10 月，教育部颁发了中国第一个大学校令，强调要把中学和大学建造成健全国民的学校。[②] 1913 年 1 月 12 日、16 日，教育部又分别发布了《大学规程》和《私立大学规程》，对大学制度做出明确规定，即大学以"教授高深学术，养成硕学宏才，应国家需要为宗旨"。[③] 大学分为文、理、法、商、医、农、工七科，以文、理两科为主，各科再细分为若干门类。凡大学必须文、理两科同设，或文科兼法、商二科，或理科兼医、农、工三科。

大学设预科和本科，预科招收中等学校毕业生或经考核有同等学力者，本科招收预科毕业生或经试验具有同等学力者。预科附属于大学，不得独立。大学须设立大学院，招收本科毕业生或具有同等学力者，其学业年限为本科 3~4 年、预科 3 年、大学院不设年限。预科毕业，考试成绩合格者可授予毕业证书，升入本科；本科毕业生授予学士学位；大学院研究生在院期间，有重要发明或重要著述、经大学评议会或教授会认可者，可遵照学位令授予研究生学位。[④]

大学设七科，其下分为 39 门。文科分为哲学、文学、历史学、地理学 4 门，计 163 个科目；理科分为数学、星学、理论物理学、实验物理学、化学、动物学、植物学、地质学、矿物学 9 门，共 162 个科目；法科分为法律学、政治学、经济学 3 门，有 72 个科目；商科分银行学、保险学、外国贸易学、零时学、税关仓库学、交通学 6 门，总计 176 个科目；医学分医学、药学 2 门，计有 103 个科目；农科分农学、农艺化学、林学、兽医学 4 门，共 147 个科目；工科分土木学、机械工学、船用机关学、造船学、

① 朱汉国、杨群主编《中华民国史》（第五册），第 148 页。
② 大陆杂志社编《中国近代学人象传》，台北：文海出版社，1971，第 302 页。
③ 《教育部部令第一号：大学规程》，《政府公报·命令》1913 年 1 月 17 日；《教育部部令第三号：私立大学规程》1913 年 1 月 22 日。
④ 舒新城编《中国近代教育史资料》（中册），第 639~641 页。

造兵学、电气工学、建筑学、应用化学、采矿学、冶金学等 10 门，共 282 个科目。

在管理方面，大学设校长 1 人，总理学校各项事务；各科设学长 1 人，主持本科事务。在教学方面，大学设教授、助教，必要时可聘请讲师；各科设讲座，由教授担任。大学须设评议会，由各科学术带头人及各科教授若干人经过互选担任委员；校长出任议长，可以随时召集评议会。评议会主要审议下列诸事项：各学科之设立及废止；讲座之种类；大学内部规则；大学院学生成绩及请授学位者是否合格；教育总长及大学校长咨询事项。① 各科均设立以教授为会员的教授会，学长自任议长，并可随时召集教授会，审议如下事项：学科课程；学生实验事项；大学院研究生属于该科的成绩；提出论文申请授予学位者是否合格；教育总长及校长咨询事项。

经由清末高等学堂改造、与大学平行而程度略低的，是专门学校。1912 年 10 月 22 日，教育部颁发了《专门学校令》，② 11 月 14 日，又颁布了《公立私立专门学校规程》，规定专门学校以"教授高等学术，养成专门人才"为宗旨。按照教授内容划分，专门学校可分为法政、医学、药学、农业、工业、商业、美术、音乐、商船、外国语十类。按照设立主体的性质划分，专门学校又可分为国立、公立、私立三种。公立和私立专门学校之设立、变更、废止，都需要向教育总长呈报，经其认可。专门学校下设预科，上设研究科，其学业年限为预科 1 年、本科 3 年、研究科 1～2 年。专门学校招收中学毕业生或经测评具有同等学力者。1912 年 11 月 2 日，教育部公布了《法政专门学校规程》，此后，教育部又陆续颁布了部分专门学校的规程，具体规定了各种专门学校的教育宗旨、学业年限、学科、课程等。③

与清末相比，民初颁布的关于高等教育发展的各项政策法令，摒弃了"中体西用"的思想内核，打破了传统经学科的独尊地位，一改清末时视技术学科为"技艺"的错误观念。同时，民初改称清末学堂为学校，废除了清末大学行政管理、教务管理与教学人员的职官名称，改称京师大学堂总监督及分科大学的监督为校长，改称教务提调为教务主任，各科设学

① 璩鑫圭、唐良炎编《中国近代教育史资料汇编·学制演变》，第 662～664 页。
② 中国第二历史档案馆编《中华民国史档案资料汇编》（第三辑），第 107～108 页。
③ 李国钧、王炳照总主编《中国教育制度通史》（第七卷），第 25 页。

长，分大学教师为教授、助教授、讲师三级。自此，中国的高等教育全面进入近代教育范畴。

到 1918 年，教育部所属高等学校达到 88 所，初步形成规模。其中，国立大学 3 所，即北京大学、北洋大学、山西大学；① 教育部直辖专门学校 5 所，即北京政法专门学校、北京农业专门学校、北京工业专门学校、北京医学专门学校、武昌商业专门学校；此外尚有私立大学 5 所、公立专门学校 47 所、私立专门学校 28 所。②

三 其他教育

（一）师范教育

1912 年 9 月教育部发布了《师范教育令》，称师范教育分为师范学校、高等师范学校两级。师范学校的性质是以"造就小学教员为目的"；专教女子的师范学校称为女子师范学校，以培养"小学校教员及蒙养园保姆为目的"。高等师范学校以训练"中学校、师范学校教员为目的"；女子高等师范学校则以为女子中学、女子师范学校造就教员为目标。师范学校由各省设立，一切凭地方民政长官做主，但需呈报教育总长核准；高等师范学校为国立，由教育总长全盘考虑，规划学校的数额和所设地点。此外还规定可以设私立学校，但需地方民政长官上报教育部备案。同年 12 月教育部公布了《师范学校规程》，1913 年 2 月公布了《高等师范学校规程》，3 月又颁布了《师范学校课程标准》《高等师范学校课程标准》等一系列有关师范教育的法令法规，重新设立了师范教育制度。③

中等师范学校在清末已经具备近代师范教育的特征，从民初中等师范教育的形式来看，其是在清末中等师范教育制度与 1912 年 1 月发布的《普通教育暂行办法》和《普通教育暂行课程标准》的基础上演化形成的。在师范学校的内部结构上，分设预科、本科，本科下设第一、第二两部。所谓第一部就是以前的完全科，学业年限为 4 年，其下设预科；而第二部即以前的简易科，根据地方实际情形决定是否设置，修业年限

---

① 此时冠以大学之名限制非常严格，要么文、理均有，要么文科兼有法、商，要么理科兼有医、农、工科，才能称之为大学。

② 参见王文杰《民国初期大学制度研究》，复旦大学出版社，2017，第 43 页。

③ 中国第二历史档案馆编《中华民国史档案资料汇编》（第三辑），第 143～162 页。

为 1 年。高等小学毕业生或年龄在 14 岁以上并有同等学力者可以进入预科学习；预科毕业或年龄在 15 岁以上且经测验具备同等学力者，可进入本科第一部；中学毕业或者年龄在 17 岁以上且有同等学力者可入本科第二部深造。学生分为公费生、半费生、自费生 3 种。学生入学后有 4 个月的试习期，试验无学习障碍者，得留校继续学习。教员必须由经校检定委员会认可者担任。

在课程设置上，预科的科目为修身、读经、国文、习字、外国语、数学、图画、乐歌、体操，女子师范学校加课缝纫。本科第一部之科目为修身、读经、教育、国文、习字、外国语、历史、地理、数学、博物、物理化学、法制经济、图画手工、乐歌、体操等。前项科目外，得加课商业；其兼修课程商业、农业者，让学生选修之，视地方具体情形可缺农业。女子师范本科第一部的科目在一般师范学校的基础上减去外国语、农业，加上家事园艺、缝纫。本科第二部科目为修身、教育、国文、数学、博物、物理、化学、图画、手工、乐歌、体操等，女子师范本科第二部以此为参考，减去农业，加课缝纫。预科及本科第一部科目、每周教授时数如表 6 – 22 所示，本科第二部各学科目及每周教授课时见表 6 – 23，女子师范学校依表 6 – 24。师范学校的本科生每周不得超过 36 个课时。

表 6 – 22　预科及本科第一部课表

学 科	预 科	本科第一部			
		第一学年	第二学年	第三学年	第四学年
修 身	2	1	1	1	1
读 经	2	2	2	2	
教 育			3	4	12
国 文	10	5	4	3	3
习 字	2	2	1		
外国语	3	3	3	3	2
历 史		3	2	2	
地 理		2	3	2	
数 学	6	4	3	2	2

续表

学　科	预　科	本科第一部			
		第一学年	第二学年	第三学年	第四学年
博　物		3	2	2	
物理、化学			3	3	2
法制、经济					2
图画、手工	2	3	3	3	3
农　业				3	3
乐　歌	2	2	1	1	1
体　操	4	4	4	4	4
总　计	33	34	35	35	35

资料来源：舒新城编《中国近代教育史资料》（中册），第 708 页。

表 6－23　本科第二部各学科目及每周教授课时表

学　科	预　科	本科第二部			
		第一学年	第二学年	第三学年	第四学年
修　身	2	1	1	1	1
读　经	2	2	1		
教　育			3	4	12
国　文	10	6	4	2	2
习　字	2	2	1		
历　史		2	3	2	
地　理		2	2	3	
数　学	5	3	3	3	2
博　物		3	2	2	
物理、化学			3	3	3
法制、经济					2
图画、手工	2	3	3	3	3
家事园艺				4	4
缝　纫	4	4	2	2	2
乐　歌	2	2	2	1	1
体　操	3		3	3	3
外国语	(3)	(3)	(3)	(3)	(3)
总　计	32（35）	30（33）	33（36）	33（36）	35（38）

资料来源：舒新城编《中国近代教育史资料》（中册），第 709 页。

表 6 - 24   女子师范学校课表

学科	师范学校	女子师范学校
修身	1	1
读经	2	2
教育	15	15
国文	2	3
数学	2	2
博物	3	3
物理、化学		
图画	3	3
手工		
农业（女：缝纫）	3	3
乐歌	2	2
体操	3	3
合计	36	37

资料来源：舒新城编《中国近代教育史资料》（中册），第 708~709、711 页。

　　此外，上述教育法令还对讲习科做了比较细致的规定，即讲习科一般是为高等小学或国民学校的教员进一步深造而设，也可为培养手工、农业等专科教员而设。在特殊情况下，欲担任国民学校教员者可进入讲习科学习。讲习科分正、副教员讲习科，前者学业年限 2 年，后者为 1 年。概言之，民国初年教育部对中等师范教育体系在许多方面进行了修订，与清末相比，师范性更为突出，设置也更为灵活，如在课程设置中设立了选修科，并采用学分制等。这使得这一时期所设定的中等师范教育在制度上有了明显进步，也为中等师范教育的发展打下了必要的基础。①

　　高等师范学校是由原优级师范学堂改建而来，并由省办变为收归中央直辖。在学校的内部结构上，原公共科改称预科，分类科改称本科，加习科改称研究科，并设立培养师范学校和中学紧缺师资的专修科，以及专为愿意担任师范学校及中学教员设立的选课（选习本科及专修科一科至多科，并兼习教育学、伦理学等）。本科的专业分类在先前的基础上扩大并

---

① 崔运武主编《中国师范教育史》，山西教育出版社，2006，第 57~58 页。

细化，分为国文部、英语部、历史地理部、物理化学部和博物部。预科修业年限为 1 年，本科 3 年，研究科 1～2 年，专修科 2～3 年，选科生 2～3年。预科有师范学校，中学毕业或具有同等学力者，经保送或考试合格后录取；本科由预科升入；研究科从本科和专修科学生中选拔。

新教育方针的出台造成了课程的变动，而这一调整主要体现在本科课程的设置上：本科各部通习的科目变为伦理学、心理学、教育学、英语和体操，心理学明确地从教育学中独立出来。本科三年级的学生须在附属中学、小学进行教学实习，专修科和选科在最后一年进行教学实习。各部的专习科目如表 6-25 所示。

表 6-25　高等师范学堂各部及所开设课程

学　部	课　程
国文部	国文及国文学、历史、哲学、美学、言语学
英语部	英语及英文学、国文及国文学、历史、哲学、美学、言语学
历史地理部	历史、地理、法制、经济、国文、考古、人类学
物理化学部	物理学、化学、数学、天文学、气象学、图画、手工
博物部	植物学、动物学、生理及卫生学、矿物及地质学、农学、化学、图画

资料来源：李国钧、王炳照总主编《中国教育制度通史》（第七卷），第 27 页。

研究科的课程是从本科各科课程中选取二三种科目进行深入研究。从上述课程设置来看，这种调整更注重旧学科的细化和大量新学科的设立，明显地展示出民国初期教育政策的制定者关注世界范围内科学和新学科的发展潮流，同时，其能够客观地对待中外文化。其中尤值得称道的是，政策制定者能够比较科学地对待中国传统文化，如在伦理学中涉及传统中国经学，这表明其是将经学作为一门学问来研究而并非奉为圣典。这种求真务实的态度，相比清末学制，无疑是一大进步；相比此后新文化运动为彰显科学和理性的至高无上而将其全盘否定的极端做法，也殊为可贵。

这一时期的师范教育，还有两点值得关注。一是创立了示范区制。1913 年 6 月，教育总长范源濂拟将全国划为六大师范区——直隶区、东三省区、湖北区、四川省区、广东区、江苏区，每区设立一所国立高等师范学校，北京另设女子高等师范学校一所。1914 年，袁世凯政府所定《教育纲要》中再次提出划分六大师范区。此后，全国出现师范区大调整，北京、广东、武昌、成都、南京、沈阳六所高等师范学校及北京女子高等师范学校相继建立，并由这些高师协助管理本地区的教育行政机关，办好中等教育。同时，中等学校也照此政策协助办好初等教育。示范区制的创立，是集中师范教育行政的又一举措，对普通教育也起到了推动作用，是全国有计划、按比例平衡发展近代教育的一大良策。

二是加强了师范教育研究。1915 年 6 月 2 日，北京高等师范学校校长陈宝泉等发起并创办了我国第一个专门研究师范教育的学校咨询机构——全国师范教育研究会，以便联络全国教育界人士共同探讨师范教育问题。同年 8 月，召开全国师范学校校长会，做出决定："各师范学校宜设立研究会，发达印刷物也"，① 一面作为教育之参考，一面供有识者之批评。同时规定，研究会由全校教员组织，定期开会讨论，校长为会长，教务主任为副会长，所研究之事项，由校长制定。②

（二）职业教育

民国成立后，职业教育迟迟未能实行，直到 1913 年 8 月，教育部才公布《实业学校令》和《实业学校规程》，将清末初、中、高三级制实业学堂改为甲、乙二科，程度分别相当于原来的中、初等实业学堂；原高等实业学堂划归大学系列的专门学校，并规定：甲种实业学校实施之完全普通教育，以省立为原则，分设本科、预科，本科修业 3 年、预科修业 1 年；乙种实业学校以简易之普通实业教育为主，以县立为原则，修业 3 年；同时，二者都可以根据地方需要传播特种技术；实业补习学校与乙种实业学校性质相同。中国职业教育之名称自此始。③

实业学校分为农业学校、工业学校、商业学校、商船学校和实业补习学校等类型。各专门学校所附设的甲种程度学科称甲种实业讲习科，各专门学校及甲种实业学校所附设的乙种程度学科称乙种实业讲习科。实业学校的修业年限，各类学校不完全一致，但大体上为甲种实业学校预科 1 年、本科 3 年（必要时可适当延长），乙种实业学校 3 年。实业补习学校是为已有职业用以函授或志愿从事实业者接受培训而设立的，传授实业应用知

---

① 璩鑫圭、童富勇、张守智编《中国近代教育史资料汇编·实业教育 师范教育》，上海教育出版社，1994，第 825 页。
② 马啸风主编《中国师范教育史》，首都师范大学出版社，2003，第 18 ~ 19 页。
③ 邹恩润、秦翰才：《中国之职业教育》，申报馆五十周年纪念：《最近之五十年（1872 ~ 1922)》，第 12 ~ 17 页。

识技能，并补习普通学科。其可以单独设立，也可附设于小学校、实业学校或大中学校，其授业时间依学生的方便而定。

在教员资格上，甲种实业学校的教员必须具备如下资格之一：①国立专门学校毕业者；②外国专门学校毕业者；③高等师范学校毕业者；④教育部认定之公立或私立专门学校毕业者；⑤有中等学校教员之许可证者；⑥甲种实业学校毕业且既有研究者。乙种实业学校教员之资格须满足如下条件之一：①甲种实业学校毕业者；②师范学校毕业者；③有高等小学正教员或副教员之许可证者；④在乙种学校毕业且既有研究者。具有甲种之第六款和乙种之第四款之资格者，非先任副教员至三年以上，不得升任为正教员。①

自 1913 年 8 月《实业学校规程》颁布后，所有实业学校照章报部事项册章，先后不下二百余起，中间按章办理之校故属不少，"而误会部章以及设备不完者，亦往往有之"。各地在办理实业教育过程中存在以下问题。其一，实业学校修学年限误为按章办理。1912 年 9 月，教育部在发部令第七号学校系统表内载，实业教育学校分甲乙二种各 3 年毕业，而《实业学校规程》第 14 条、第 23 条、第 31 条均载明甲种农工商学校修业期为预科 1 年、本科 3 年，比之学校系统表多加 1 年。为慎重实业教育起见，本应按照后颁规程办理，但地方办理学校之人往往不开甲种实业学校，不设预科。其二，学生入学资格把握失当。乙种实业学校学生，入学资格须年龄在 12 岁以上、有初等小学毕业学力。教育部章程以 12 岁为底线之原因在于其所学科目均含有专门性质，故入学学生以年龄稍长、程度较高者为宜，而地方办理者却误以为乙种实业学校招生以年龄最小者为合格，年龄稍长则摒绝不取。基于此，教育部针对地方实业学校办理的不善，于 1915 年 3 月 16 日发布了《通咨各省区申明部章并饬甲乙种实业学校认真办理文》，对以上问题给予明确解释，并再次阐述实业教育的重要性："实业教育以增进个人生活、助长社会经济为唯一之目的，故此项学校之多寡与国计民生之盈绌成正比例。"地方办理不善，致使"学而无用，虽多何益"。该文最后强调，实业学校必须"遵照办理，庶几实事求是，不至有名无实"。②

---

① 舒新城编《中国近代教育史资料》（中册），第 779 页。
② 《通咨各省区申明部章并饬甲乙种实业学校认真办理文》，《政府公报·咨》1915 年 3 月 19 日。

第一次世界大战爆发后，西欧各国忙于战事，放松了对中国经济的侵略，中国民族资本主义经济得到前所未有的发展机遇。同时，由于物资需求市场的急剧扩大，生产规模也相应扩大，伴随而来的是实业人才的缺乏。鉴于此，教育部上呈袁世凯请求进一步培养实业师资力量，得到袁的支持。1915 年 9 月 28 日，教育部刊布了《呈拟定实业教员养成所规程请核准公布文并批令》，要求恢复类似于前清讲习所中完全科培养实业教员的方法，借以弥补短缺的师资："惟造端宏大，续费甚多，恐非现时国家财力所能企及，拟在各省专门学校附设此种教员养成所。"该所以"造就甲种实业学校教员为宗旨"，分农业和工业两类，中等学校毕业或与之有相等学力者皆有资格入学。为吸引学生报考，实业教员养成所的学生不收学费，所学科目分别按农业、工业专门学校规程办理，修业时间为 4 年。学生毕业后，必须在本省服务 3 年以上（经行政长官允许他往者不在此限），类似于现在的定向生。①

总之，实业教育在民国初年得到了可喜的发展。新制将清末高等实业学堂部分改为专门学校，将中、初两等实业学堂改称甲、乙二种实业学校。实业学校较实业学堂的专业范围有所扩大，各学校都设立了众多实用学科，更强调传授技艺，职业性和针对性均得到增强，教育目标更趋向于使受教育者有一技之长。此外，由于第一次世界大战的契机，中国民族资本主义得到空前发展，教育部借此良机规划全国实业教育，由此带动实业人才的发展，为中国民族资本主义"黄金时期"的到来提供了智力支持，功不可没。

第四节 教育部与民初中学教育——与清末之比较

在考察教育事业发展的多项指标当中，作为教育主体活动者的教师和学生的数量，尤其是学生的数量是直接反映教育发展规模的核心指标，也是教育成果的外在体现之一。故而，本节主要从中学课程设置、师资来源、行政管理、学生群体及其关系来考察，借以透视民国初年中学教育在中国教育现代化中的基本状态。

---

① 《呈拟定实业教员养成所规程请核准公布文并批令》，《国家图书馆藏历史档案文献丛刊·（民国）教育部文牍政令汇编》（第 2 册），第 769～771 页。

（一）中学课程蜕变

中国新教育体制，最初为"一段制"，其后为"二段制"，皆无所谓"中学"。至清光绪二十三年（1897）南洋公学成立，分外、中、上三院，中院 4 年毕业，相当于中学，此即中学教育之嚆矢。光绪二十四年（1898）所定之《京师大学堂章程》分有大学堂、中学堂、小学堂，"中学"之名自此始。① 中国首次设立的具有现代意义的学制始于光绪二十八年（1902）张百熙奏定之学堂章程（壬寅学制），其时中学堂定为四年制，第三、四学年得设实业科，开中学分科之先例，实际此学制并未施行。"然而，我国的近代中学教育早在癸卯学制以前就有了，从学生的年龄特别是他们所学课程内容程度来看，中学教育实际上包含其中，尽管还不是严格意义上的普通中学。"② 光绪二十九年（1903）重订学制系统（"癸卯学制"），中学改为五年制，文实不分科。只宣统元年（1909），为适应学生之资性与兴趣，中学复行文实分科之制。③

1912 年 9～12 月，教育部先后公布了《中学校令》与《中学校令施行细则》，其中规定中学以"完足普通教育，造成健全国民为宗旨"。依据《学校系统表》，中学修业年限为 4 年，每年以 8 月 1 日为始、次年 7 月 31 日为终，是为一学年。④ 1913 年 3 月 19 日，教育部公布《中学校课程标准》。尽管这份课程表，没有具体规定教材的选用、教具的选择以及教学方法的运用，但其毕竟是近代中国首次正式颁布的中学课程标准，"是对各学校各门学科的教学目的任务，以及教学内容的要点和范围做出纲要性规定的指令性文件"。⑤ 与清末普通中学堂课程相比，民初普通中学的课程在课程门类、学科名称上差别不大，其改变主要包括以下几点。首先，删减了清末课程中通用的读经讲经课程，新增了手工、音乐以及专门为女生准备的家政、缝纫，显示出新时期教育注重陶冶学生性情和重视实用的新气象。其次，在课程科目设置上，女子中学与男子中学无论在内容还是课程量上都有所区别，这其中不仅考虑到男女在性别、体质上的差异，还顾

---

① 教育部编《第二次中国教育年鉴》，第 345 页。
② 吕达：《中国近代课程史论》，人民教育出版社，1990，第 12 页。
③ 教育部编《第二次中国教育年鉴》，第 345 页。
④ 舒新城编《中国近代教育史资料》（中册），第 520～521 页。
⑤ 杨晓：《中日近代教育关系史》，人民教育出版社，2004，第 30 页。

及男女社会分工的不同。可以说，比起晚清，民初的课程设置兼顾人性与实际，更重要的是充分体现出对女子教育的社会诉求。再次，在课程名称上，将中国文学改为国文，算学改为数学，法制、理财改为法制、经济，体现出在文化教育上增强国民意识，以及在课程上逐步向近代西方国家靠拢的倾向。最后，在课程内容上，既保留了中国传统文化，又加大了近代自然知识的课程量，双管齐下。学习自然科学知识是提高国民素质、使其摆脱愚昧的重要手段，同时，不忘国文的学习，将传统与现代衔接到一起，体现了民初社会转型期的独特认知。值得一提的是，兴起于清末的增强国民体质的时代诉求，也在民初的课程内容中展现出来，并不断得到强化，意义非凡。

民初中学课程改革在袁世凯复辟帝制中出现了反复，"作为实用主义者和政治家的袁世凯，应该承认民国的必然性，但是对革命后的政治和社会的开明景象的不满日渐明显。在袁世凯看来，民初废除小学生读经，是离经叛道的措施"。[1] 于是，袁世凯主张恢复中小学读经。在其主导下，1914 年 12 月，教育部发布的《整理教育方案草案》规定："力避从前形式的教育，注重精神的教育"，"中、小各学校修身、国文教科书，采取经训，以保存固有之道德；大学院添设经学院，以发挥先哲之学说"。[2] 1915 年 1 月，《特定教育纲领》又规定："中学、小学修身科、国文科，应将诚心爱国、尽责任、重阅历之积极行为，与勿破坏、勿躁进、勿贪争之消极行为，编入德目，重量教授"，要求中学校增加 "《礼记》节读，如《曲礼》、《少仪》、《大学》、《中庸》、《儒行》、《礼运》、《檀弓》等篇，必须选读，余由教育部选定；《左氏春秋》，节读，其读经时刻多少，如上同一规定"。[3] 除了恢复读经外，袁世凯还对民初的教育宗旨加以篡改，颁发了"爱国、尚武、崇实、法孔孟、重自治、戒贪争、戒躁进"的新宗旨，否定了 1912 年蔡元培提出的"五育"理念，使其几乎回到 1906 年清政府所颁布的教育宗旨上去了。"从整体上来看，袁世凯的教育政策是复杂的，

---

[1] 〔美〕费正清编《剑桥中华民国史：1912~1949 年》（上卷），杨品泉等译，中国社会科学出版社，1994，第 719 页。

[2] 陈学恂主编《中国近代教育史教学参考资料》（中册），人民教育出版社，1987，第 206~210 页。

[3] 陈学恂主编《中国近代教育史教学参考资料》（中册），第 266~268 页。

多方面的"，① 但其教育改革就如"洪宪帝制"一样，昙花一现，随即为继任者废止。

在民初短短的 5 年间，中学的课程改革呈现出自己的特点。

其一，课程设置上由被动转为主动。国人在数次与西方国家的交锋中，在血与火的代价中，认识到西方近代文明是包括内涵与外延的整体性文明。辛亥革命推翻了封建帝制，附着在旧体制上的教育模式，已经不适应于新国家。同时，资本主义的发展，也迫切需要教育的内容符合经济推进的需求。民初教育部积极发挥着推进新式教育的作用，并在发展中不断推陈出新。

其二，受近代西方国家的教育模式，尤其是日本教育模式的影响较大。中国的早期现代化是"晚发型"现代化，是在外国挤压的缝隙中展开的，外来文化的影响形成潜网，渗入转型中的中国社会的每个角落。教育作为文化主体的组成部分，自然也不例外。而日本在 19 世纪的飞跃式发展，极大地引发了国人的关注，激发了一股留学热潮。留学生归国后，将日本的教育模式嫁接在处于转型中的中国，通过表 6 – 26 的比较，一目了然。

其三，中学课程设置受到传统文化的制约。中国是文明古国，且文明发展历程从未中断。在西方列强的炮声中，中国被迫踏入近代社会，巨大的文化自豪感，障蔽了国人的视野，成为认识外界的赘疣。一直为国人津津乐道的传统教育，即便在民国建立后，仍然存续了下来，因而，在中学教育的课程设置中就出现了新旧交替、双轨推进的奇特景象。

表 6 – 26　清末、民初与日本普通中学课程比较

	修身	读经、讲经	国语及汉文	外国语	历史	地理	数学	博物	物理及化学	法制及经济	图画	唱歌	体育		
日本 (1899 年)	修身		国语及汉文	外国语	历史	地理	数学	博物	物理及化学	法制及经济	图画	唱歌	体育		
清末 (1903 年)	修身	读经、讲经	中国文学	外国语	历史	地理	算学	博物	物理及化学	法制及经济	图画		体操		
民初 (1912 年)	修身		国文	外国语	历史	地理	数学	博物	理化	法制及经济	图画	乐歌	体操	手工	家事、园艺、缝纫（女）

资料来源：吕达：《中国近代课程史论》，第 257 页。

---

① 〔美〕费正清编《剑桥中华民国史：1912～1949 年》（上卷），杨品泉等译，第 237 页。

（二）师资考察

1. 师范学堂毕业生

中国的传统教育，大多是由塾师来完成的，而教师群体的出现则是在晚清。随着发展新式教育的诉求逐渐扩大，师资紧缺的问题在清末新式学堂广泛建立后凸显出来。为了缓解这一状况并进一步推进新式教育，国内很早就开始有零星的师范学校建立，如张之洞创办的师范学堂、袁世凯设立的直隶师范学堂、端方筹设的江苏师范学堂等。这些师范学校培养的师资对解决教师匮乏问题起到了一定作用。

稍后的《优级师范学堂章程》也开宗明义地提出："设优级师范学堂，令初级师范学堂毕业生及普通中学毕业生均入焉，以造就初级师范学堂及中学堂之教员管理员为宗旨。"① 据统计，1907 年全国共有中小学教师36974 人，其中师范学堂毕业者就有13728 人，占总数的 37.13%。在科举制度废除两年之后，师范学堂毕业者在中小学堂的从业人员中占到三分之一以上的份额，殊为不易。为保证师资质量，1911 年学部颁布了《检定初级师范学堂中学堂教员章程》，② 通过考试来考核那些缺少相应学历资格的人员，使其充实中学师资队伍。

民国成立后，被打乱的教育系统在教育部的领导下重新建立起来。1912 年 9 月 2 日，教育部给学校管理员和教员发出训令：

> 教育为神圣之事业，乃国家生命之所存。凡为学校管理员与教员者，于其职务，务宜竭诚将事，以尽先知先觉之责。对于学生视之如良友，爱之如子弟，本身作则，以陶冶其品行，养成独立自营之能力。诸君在校内既为学生所矜式，在校外即树社会之楷模，果具高尚贞固之精神，以终身尽职为乐，则我中华民国学术之发达，风俗之转移，与世界列强同臻进化之盛轨，盖非远莫能致者矣，惟诸君勉之！③

要发展中学教育，教员的培养自然成为当务之急。1912 年，教育部刚成立不久就通电各省："欲兴中小学校，非养成多数教员不可。欲养成多

---

① 舒新城编《中国近代教育史资料》（上册），第 682 页。
② 李桂林等编《中国近代教育史资料汇编·普通教育》，第 288 页。
③ 《令学校管理员与教员》，《国家图书馆藏历史档案文献丛刊·（民国）教育部文牍政令汇编》（第 1 册），第 69 页。

数中小学教员，非多设初级、优级师范学校不可。"①

1912 年 9 月教育部发布了《师范教育令》，其中高等师范学校以训练"中学校、师范学校教员为目的"。② 高等师范学校定为国立，由教育总长全盘考虑，规划学校的数额和所设地点。

1913 年 6 月，教育部划分六大师范区，每区设立一所国立高等师范学校，北京另设立女子高师一所。1914 年，袁世凯政府所定《教育纲要》中再次提出划分六大师范区。此后，全国出现师范区大调整，北京、广东、武昌、成都、南京、沈阳六所高等师范学校及北京女子高等师范学校相继建立。师范教育受到广泛重视，迅速发展，从而为中学教育培养了一大批优秀的教员，在一定程度上缓解了中学教育发展中师资匮乏的问题。

教育部还颁布了多项法令，对中学教师资格做出规定。1912 年 9 ~ 12月颁布的《中学校令》规定："中学校之教员以经检定委员会认为合格者充之。"③ 在《中学校令施行细则》里进一步规定："省立中学校校长由省行政长官任用；教员由校长任用，但须呈报省行政长官。县立中学校校长由县知事呈请省行政长官任用；教员由校长任用，但须呈由县行政长官转报省行政长官。"④ 这说明民初对教师资格的管理相比清末得到进一步加强。

清末以来，行政、司法长官兼任中学校校长或教员的现象蔚然成风，教员在多个学校兼任的情况也非常多见。民国成立后这种状况依然存在。这些流动教员，虽然在一定程度上有利于缓解学校的师资困难，但是也给中学教育带来了很大的弊端："自学校多流通教员，授课之外，杳不可晤；师弟之识面目难，遑云相亲。揆厥由来，良以学界师资之少，与校中经济之艰，然自学生之实际上言之，自以专聘为宜，盖专聘之后，师弟同校，师长之门墙虽峻，毕竟易以相亲，学生之疑窦纵多，随处可以相问，如是则教员不至视学堂为传舍，学生不至视教员若路人，感情既洽，学业皆精。"⑤

---

① 璩鑫圭、童富勇、张守智编《中国近代教育史资料汇编·实业教育 师范教育》，第789 页。
② 中国第二历史档案馆编《中华民国史档案资料汇编》（第三辑），第 143 ~ 162 页。
③ 《中华民国教育法规汇编》（民国八年五月），第 182 ~ 183 页。
④ 《中华民国教育法规汇编》（民国八年五月），第 183 ~ 195 页。
⑤ 高式愚：《论今日学校教育之缺点及其补救法》（1914），见李桂林等编《中国近代教育史资料汇编·普通教育》，第 950 页。

为了解决这个问题，1915 年 11 月教育部颁布法令，规定官吏不得兼充学校校长，并限制兼任教员，称："教员向有专任兼任之分，兼任教员系按钟点计算所费较省，而一校之中兼任多于专任究非良法……除为学科所必须者仍准延订外余由校长慎选专员一律更易以重课程是为至要"，① 从而进一步加强了对教师队伍的管理。此举有利于整顿校风，提高中学教育的质量。

民初，在中学师资培养方面还有一个可喜的变化：中学教育开始向女性敞开大门，吸纳有学识的女性任教。出现这一变化的原因，一则在于中学师资力量奇缺，尽管有高级师范学校的毕业生陆续补充，仍不敷全国中学之用；二则由于民初以来，女性地位有所提高。

表 6 – 27　1912、1916 年中学教师性别构成

年份	教师总数	男教师数	女教师数	女教师所占比例（%）
1912	3639	3533	106	2.91
1916	4418	4320	98	2.22

资料来源：《全国中等教育概况（中华民国十八年度）》，《第一次全国教育年鉴》，开明书店，1934。

从表 6 – 27 可以看出，尽管民初以来男性教师占据绝对优势地位，且人数仍在不断增长，相比之下女性教师人数在这四年间几乎没有增加，但无论如何，女性执教壮大了教师队伍，对中学教育的发展起到了一定作用。

2. 归国留学生

吸引留学生学成归国后投身教育界也是清末政府解决师资问题的一大措施，这是因为师范毕业生在短期内不易蹴成：一是师范学堂系为初创，数额有限；二是进入师范学堂最少需要 3～5 年才能完成学业。在师范学堂一时无法保障师资供给的情况下，清政府大力倡导国人出国研习师范，学成归国任教："学堂固宜速设也，然而非多设不足以济用，欲多设则有二难。经费巨，一也；教习少，二也。求师之难尤甚于筹费，天下州县皆立学堂，数必逾万，无论大学小学断无许多之师，是则唯有赴外国游学一法……并宜专派若干人入其师范学堂，专学师范，以备回华充各小学中学

---

① 《中华民国教育法规汇编》（民国八年五月），第 119 页。

普通教习,尤为要著。"① "湖南、湖北、山东、四川各省,其前派之官费留学东京者,数已不少。近闻湖北新来八十余人,湖南又续派一百二十人,广东闻亦新派百人,四川则有二百人之多……系学速成师范,专为地方兴办教育者。"② 如黄兴就是在这种背景下,被张之洞派往日本东京入速成师范学堂学习的。此外,为了尽量使留学生学成归国执教于新式学堂,学部请奏:

> 凡此次所选派之出洋游学生,及以前学务大臣暨臣部先后所派之官费出洋游学生,将来毕业归国,皆令充当专门教员五年,以尽义务。其义务年限未满之前,不得调用派充他项差使,庶几本国之专门教育,可渐振兴。③

为推进教育的发展,政府以行政命令的方式强制官费留学生入新式中小学堂执教。由此可见当时师资之短缺。

为吸引留学生进入中学教育领域,政府还在教师薪俸上予以支持。《中学校令》规定:"中学校校长及教员俸给,依部订规程之标准,由省行政长官定之。"④ 教师的具体薪俸没有统一规定,各省行政长官通常因考绩而相对重视教育的发展,对连接小学与大学间的中学教育也关注较多。民初教师的工资分为钟点制和月薪制,前者是按照授课时间的多少发给薪水,通常每小时0.5元~2元不等,薪俸也会考虑到任课的难度和作业量的多少;后者是在完成最低授课时间的基础上,按月发给若干薪俸,教师一般每周授课20小时,月薪在120元左右。民初教师的工资为普通工作者的2~3倍,经济地位及尊师重教的社会传统使得教师颇受民众尊敬。基于以上原因,留学生毕业归国后,在职业选择上有集中于教育界之趋势。关于这一点,舒新城曾在其著作《近代中国留学史》中提出,并以清华学校归国生的去向说明此种趋势。

---

① 陈学恂、田正平编《中国近代教育史资料汇编·留学教育》,上海教育出版社,1991,第12页。
② 《各省竞派留学生》,《江苏》1903年第10期。
③ 陈学恂、田正平编《中国近代教育史资料汇编·留学教育》,第74页。
④ 朱有瓛主编《中国近代学制史料》(第三辑·上册),第351~352页。

表 6 – 28　民初清华归国留学生各科分配表

单位：人

年份	哲学	科学	法学	文学	教育学	新闻学	军事学	农科	商科	矿科	医科	工程	机械工程	土木工程	电气工程	海电工程	建筑工程	化学工程	纺织工程	油矿工程	陶业工程	海军建筑工程	纺织化学
1913	3	4												2									
1915	3	5	1							1	2	1	2	1	1	1	1	1	1				
1916	5	7	1	1				1	1	1	3											1	
总　计	11	16	2	1	0	0	0	1	1	2	5	1	2	3	1	1	1	1	1	0	0	1	0

资料来源：舒新城编《近代中国留学史》，上海文化出版社，1989，第 258～261 页。

表 6 – 29　民初清华归国留学生职业分配表

单位：人

年　份	高等学校教职员	中等学校教职员
1913	1	1
1915	6	1
1916	8	1

资料来源：舒新城编《近代中国留学史》，第 258～261 页。

　　根据表 6 – 28、表 6 – 29，1913 年、1915 年、1916 年三年，清华学校留学生报哲学 29 人、科学 69 人，人数较多，而教育没有一个；但归国后，不少人以教育为职业，其中尤以担任高等学校教职员者最多，还有一少部分流向中学。这说明民初归国留学生也是构成中学师资的来源之一。

　　除了上述师范毕业生、归国留学生以外，旧式知识分子也是清末民初师资的来源之一。清末科举制度的废除，断绝了传统读书人的出路，部分读书人抓住教育体制变革的契机，进入了新式学堂，充当其中的传统教师，并逐步接受新知识，完成了知识与身份的双重转化。而基于国民心理的惰性和师资的缺乏，许多中学堂也乐意接纳旧式知识分子以填补教师的缺口。民国初年，将传统知识分子改造为可资中学利用的师资的步伐并未停止，转化速度还有加快。但教育事业的增长速度远快于教师培养的速度，以致到 20 世纪 20 年代，全国中等学校教员中科举出身者仍占18.85%。民初中学教育群体当中，外国教师也占有一席之地，其人数虽然不多，但作用不可忽视。

　　总体而言，中学教师队伍呈现出师资来源多样化和新旧杂糅的特点。尽管不同来源的教师群体在知识结构上各有偏重，但整体具备中西兼容的特征，从而在很大程度上提高了中学教师队伍的整体素质，有利于促进民初中学教育的发展。同时，民初社会的舆论监督机制逐渐建立起来，而教育又是人们关注的焦点，时人抱着教师可"陶冶未来之国民，造就社会之人才"的理念，[①] 对教师严格要求，这种高要求也推动了民初教师数量的不断增长和教学水平的整体提升。

表 6 - 30　各省中学校教员人数统计

单位：人

地　区	1907 年	1915 年
京　兆	21	257
直　隶	118	256
奉　天	37	126
吉　林	26	73
黑龙江	17	24
山　东	93	133
河　南	85	146
山　西	123	139
江　苏	161	332
安　徽	160	108
江　西	144	194
福　建	110	239
浙　江	181	312
湖　北	151	268
湖　南	300	625
陕　西	53	67

---

　　① 朱有瓛主编《中国近代学制史料》（第三辑·上册），第 954 ~ 955 页。

续表

地　区	1907 年	1915 年
甘　肃	22	27
新　疆		
四　川	366	740
广　东	216	429
广　西	85	195
云　南	29	170
贵　州	9	90
热　河		11
察哈尔		
总　计	2507	4961

资料来源：根据《教育杂志》1910 年第 2 期；《中华民国第三次教育图表》（台北：文海出版社，第 68～98 页）《各省各项学校教员数统计表》整理而成。

表 6-31　1912～1916 年全国中等学校概况

年　份	中学学校数（所）	中学生数（人）
1912	500	59971
1913	643	72251
1914	784	82778
1915	803	87929
1916	653	75595

资料来源：教育部编《第二次中国教育年鉴》第 14 编《教育统计》，第 1428 页。

从表 6-30、表 6-31 可看出，1907～1915 年，全国中学教员由 2507 人增加到 4961 人，增长近一倍多，而学生数也增加到 75595 人。由此可见，相比清末，民初的师资力量迅速扩大，而师资力量的扩大又促进了中学学校数和学生人数的增长，推动了整个中学教育的发展。两者之间形成了一种良性互动。

（三）中学行政组织

就目前学界对近代中国中学教育的研究状况来看，要么聚焦于教育体制和教育思想的变更，要么侧重对教学内容、教学方法的探究，在宏观与微观两端之间，研究者对于学校组织系统着力较少。其实，早在民国时期，就有学者指出国内缺乏对中学组织系统的研究：

> 中国学术界因为处处落在人家后面，非西洋盛行的就不提倡……外国的中等学校组织非常简单，一个校长要做好多事，绝少有教务处组织与教务主任的一职。所谓"Dean"是"主任"的意思，且往往在大学里才有，即使大的中学规模里有此一职，也包括训育（或女生指导）和总务的一部，和副校长的性质差不多。至于所谓的注册员更是大学里的职员，所以要找一个像我国现在之中学教务处和教务主任性质相同之西文名词，竟找不出。无怪没有此种专门之书籍，无怪在处处效颦西人的中国教育界，对于教务主任的训练和文字，如此的静寂了。①

由张文昌上述话语可以看出，近代中国在中学组织结构方面并未体现出明显的"拿来主义"，至少是没有整体地援引国外，而是从内部逐渐衍生发展的。基于此，考察近代中国中学教育组织体系的递嬗，深入了解国内情况似乎更为妥帖。

依照目前教育史学界公认的观点，我国最早的相对完善的学校组织是盛宣怀于1896年在上海创办的南洋公学；②近代中国官方正式规定中学的行政组织，则是从1901年清政府谕令改书院为学堂开始的，一时间由袁世凯推荐的山东大学模式成为各地方改造书院的样板。③1902年，袁世凯拟定中学堂暂行规程及《钦定学堂章程》，以新规取代旧制："各属中学堂，即以该府、直隶州官为总办。每学设监督一员，监察学中一员，司案卷支应等事。夫役若干名……每中学堂置中文教习二员、英文教习二员，有州府者置三员。该教习先期由总督调集，考试西学一途，委大学堂总教习评定甲乙，择优录取，给予凭照，分别派充。"④

---

① 张文昌：《中学教务研究》，民智书局，1933，第2~3页。
② 南洋公学校行政管理组织设总理1名、华总教习1名、洋总教习1名、管图书院兼备教习2名、医生1名；学院设华人洋文教习4名、洋文帮教习4名、汉教习4名、稽查教习4名、司事2名、夫役16名。
③ 李国钧、王炳照总主编《中国教育制度通史》（第六卷），第264~265页。
④ 璩鑫圭、唐良炎编《中国近代教育史资料汇编·学制演变》，第86页。

《钦定学堂章程》中规定：

> 中学堂应设总理一员，以主持全学教育，统辖一切事宜。
>
> 设副办二员或三员，承总理之命随同办理。
>
> 设教习若干员，以分任教授各班学生功课。
>
> 设文案一员，专任全学往来文报，并掌管书籍。
>
> 设收支一员，以总司全学款项出入。
>
> 有寄宿在堂外者，设寄宿舍监督二员。
>
> 凡副办、教习、文案、收支、监督诸员，皆受考成于总理。①

1904 年，清政府公布《奏定中学堂章程》，对 1902 年的《钦定学堂章程》进行了全面的修订。除了行政人员称呼的改变外，取消了"副办"的设置，明显地呈现由"以班为主"的"分任教授各班学生功课"到"以科为主"的"分教各种科学"的变化趋势。这不仅是精简行政机构的需要，更反映了教育行政受到国内政治倾向的影响。

关于清末教育行政的发展，朝野人士都给予了很大的关注。1902 年，罗振玉在《教育赘言八则》中明确指出："教育之兴否，比相行政者有教育之知识与否。教育之行政者得人，则教育靡不兴；否则，靡不替。故今日教育行政之学为第一要义，今日谋教育之改良，首宜专门研究其速成之法，莫如由政府选翰林以上，志趣远大、学识弘通者数十人，至日本游历，专研究学校行政之法。"② 1906 年，王国维在《教育十二则言》中无奈地表露出对教育研究和教育行政问题的关注，其认为："以中国之大，当事及学者之众，教育之事之亟，而无一人深究教育学理及教育行政者，是可异己！以余之不知教育，且不好之也，乃不得不作教育上之论文及教育上之批评，其可悲为如何矣？"③

由于材料匮乏，想要全面展示清末各地中学行政组织的构成情况，尚不现实。故笔者通过对推行新政的样板省份——直隶省的考察，对当时中学堂行政组织的结构做一管窥。

---

① 璩鑫圭、唐良炎编《中国近代教育史资料汇编·学制演变》，第 86 页。

② 璩鑫圭、唐良炎编《中国近代教育史资料汇编·学制演变》，第 152～154 页。

③ 舒新城编《中国近代教育史资料》，第 1002 页。

表 6 - 32 1909 年直隶全省中学堂行政构成情况统计

中学堂名称	职教员情况	中学堂名称	职教员情况
长芦官立中学堂	监督 1 人、副监督 1 人、文案 1 人、会计 1 人、医员 1 人、教员 6 人	广平府官立中学堂	监督 1 人、监学 1 人、会计 1 人、庶务 1 人、教员 4 人
北洋客籍学堂	监督 1 人、监学 1 人、庶务 1 人、其他职员 1 人、教员 11 人	顺德府官立中学堂	监督 1 人、监学 1 人、庶务 1 人、教员 5 人
保定府官立中学堂	监督 1 人、庶务 1 人、文案 1 人、会计 1 人、医官 1 人、教员 9 人	承德府官立中学堂	监督 1 人、庶务 1 人、教员 5 人
保定府公立育德中学堂	监督 1 人、监学 1 人、庶务 1 人、教员 11 人	朝阳府官立中学堂	监督 1 人、监学 1 人、文案 1 人、庶务 1 人、教员 3 人
两江公立中学堂	监督 1 人、总办 1 人、其他职员 1 人、教员 4 人	宣化府管理中学堂	监督 1 人、庶务 1 人、教员 5 人
保定公立第一中学堂	监督 1 人、教员 12 人	遵化州官立中学堂	监督 1 人、庶务 1 人、教员 3 人
清苑县官立中学堂	监督 1 人、庶务 1 人、司事 1 人、教员 3 人	冀州官立中学堂	监督 1 人、监学 1 人、庶务 1 人、教员 4 人
正定府官立中学堂	监督 1 人、庶务 1 人、司事 1 人、教员 3 人	枣强县官立中学堂	监督 1 人、文业 1 人、其他职员 1 人、教员 3 人
行唐县公立中学堂	监督 1 人、庶务 1 人、会计 1 人、教员 3 人	赵州官立中学堂	监督 1 人、庶务 1 人、教员 4 人
永平府官立中学堂	监督 1 人、庶务 1 人、教员 7 人	深州官立中学堂	监督 1 人、监学 1 人、庶务 1 人、其他职员 1 人、教员 4 人
河间府官立中学堂	监督 1 人、庶务 1 人、书记 1 人、会计 1 人、医官 1 人、教员 5 人	定州官立中学堂	监督 1 人、庶务 1 人、司事 1 人、教员 3 人
天津府官立中学堂	监督 1 人、教员 20 人	曲阳官立中学堂	监督 1 人、堂长 1 人、庶务 1 人、教员 2 人

中学堂名称	职教员情况	中学堂名称	职教员情况
天津县私立第一中学堂	监督1人、监学1人、会计2人、庶务1人、教员14人	深泽县私立中学堂	监督1人、监学1人、庶务1人、教员2人
大名府官立中学堂	监督1人、监学1人、庶务1人、教员2人	易州官立中学堂	监督1人、监学1人、庶务1人、教员4人

资料来源：李桂林等编《中国近代教育史资料汇编·普通教育》，第307~316页。

直隶省28所学校，每所学校都设有"监督"，其中，24所学堂设有"庶务"（司事）一职，12所学堂设有"监学"一职（包括长芦官立中学堂的"副监督"），6所学堂设有"会计"一职，5所学堂设有"文案"（文业、书记）类职务，3所学堂设有"医员"（医官）一职。大体看来，尽管各中学的行政组织不尽相同，但其本职员框架是明晰的，即包括监督、监学、庶务、文书、会计、医官、教员等。

民初关于中学行政组织方面的规定，最早是在1912年7月的临时教育会议上做出的，与会代表提出《学校职员分职任务规程案》，希望借以改变清末事重教轻的情形，促进"教"从"事"中剥离出来，但代表们以为"此案可分见于各学校规程内，不必特立，遂否决"。[①] 后来，在各学校的规程中也未有任何相关职教分离的规定，只是在1912年教育部公布的《普通教育暂行办法》中提出："从前各项学堂，均改称为学校。监督、堂长应一律改称校长"，正式改用"校长"作为中学行政职务领导者的称谓。从此作为中学校最高领导的"校长"这一称呼开始在中国出现并一直沿用至今。1912年公布、1914年修订的《中学校令施行规则》中，也只在"设备"一栏和"视地方情形，得设校长教员学监等住宅"一语中，涉及校长、教员、学监等名称。

但是有关校长的任职资格，民初政府并未规定。当时校长的来源包括：议员或绅士、教育行政人员，如省视学之类、大学或高师毕业生、中学教师等。这些来源说明当时对校长素质并无科学的认识。中学管理上的无序一直持续到《中学规程》颁布。民国初年的中学，除名称上将"监督"改为"校长"、"监学"改为"学监"之外，与清末相比没有发生太

---

① 朱有瓛主编《中国近代学制史料》（第三辑·上册），第14页。

大的变化。校长之下，一般设有教务主任、训育主任及庶务、会计，政府并未对此做硬性划一的规定。但是相比清末，中学的管理和设置权开始下放。1912年《中学令》规定，"中学校定为省立"，"各县于设立法令所定应设学校外尚有余力时，得依本令之规定，或一县或联合数县设立中学校，为县立中学校"。[①] 这和清末中学隶属于学部且基本只设立于府治，有了明显的不同。在权力下放的情况下，尽管中学校之设立、变更、废止等大事尚"须经教育部长认可"，但教育部不再像清末学部那样给各学校颁布苛细的管理条文。即使在袁世凯推行封建复古教育时期，教育部颁布的一系列法令文件也多为一些实施纲要和指导原则。这种情况下，校长对于学校的一切管理细则，拥有相对较大的权力，在遵循部章的大原则下，可以斟酌地方的实际情形自行规定。

对出现这种结果的原因，民初教育家郭秉文曾分析："在君主时代，学部所定之管辖学堂与学生诸章程条规，细微毕举，而对于学校行政者，富含强制实施之权。民国肇兴，情形不同。崇信活动精神与放任政策。凡学校之章程以及学生管理法皆由校长参酌本地情形而定，仅国立学校须报告教育总长，地方及各学校告地方行政长官而已。教育部所公布规程，不过略举其纲要，各学校作一标准而已。"[②] 这种观点考虑到民初民主共和取代了封建专制，从束缚中解放出来的国人，放任地方教育发展而不受中央教育机构的节制。"民国既立，清政府之学制，最必须改革者。各省都督或省议会，鉴于学校之急当恢复，发临时学校令，以便推行，具有维持学务之苦心，本部深表同情。惟是省自为令，不免互有异同，将使全国统一之教育界，俄焉分裂，至为可虑。本部特拟……为各地方所不难通行者，电告贵府，望即宣布施行。"[③] 从这段充满劝说甚至恳请意味的话里，我们可以发现，在民初中央集权相对丧失、地方自治加重的情况下，较有可能的情况是，即便中央政府花费很多心思去设计中学的组织机构，在实践中还是会被地方依据各种缘由所篡改。在中学内在发展的推动力下，受到国外中学教育机构的影响，民初中学行政组织机构就在这样的过程中演进。1917年前后，不少中学出现了教务长或教务主任等职，如江苏省

① 璩鑫圭、唐良炎编《中国近代教育史资料汇编·学制演变》，第659页。
② 郭秉文：《中国教育制度沿革史》，商务印书馆，1922，第115页。
③ 璩鑫圭、唐良炎编《中国近代教育史资料汇编·学制演变》，第616页。

立第一中学就出现了学级主任、舍监、学监、教务主任等职务。① 学监与教务主任两个职务并存，明显地反映出中学校务管理上的分化与递嬗。吉林道立中学在校长之下，也设立教务、监督、庶务、图书等部，各设部长管理部务。② 袁柏樵曾指出："我国中等学校之行政组织，自新教育成立之始，至民国十八九年，并无一定之制度，惟就以办情形言之，在五四运动之前，各中等学校之行政组织，在校长之下，类多设教务、舍务与事务三部。"③

综上所述，催生中学行政组织的扩大与递嬗的因素主要有以下几个方面。首先，其根本原因在于中学规模的扩大。1910 年中学堂学生数为38881 人，平均每学堂有学生 89 人，而至 1916 年中学堂学生数为 69924人，平均每学堂有学生 200 人。短短六年时间，学生数量和学堂平均学生数增加 2 倍有余。学校规模的膨胀，使学校组织运行的复杂性剧增，为应付这种困难，调整学校组织机构就成为必然。其次，附属中学的增加。附属中学大多模仿大学的管理模式，或者直接成为大学行政管理活动的自然延伸。而知名附中以其自身的影响力，成为其他中学争相模仿和借鉴的对象，从而将这一行政管理模式推广开来。最后，民初社会呈现的新气象，即人们可以通过努力提高自身素质而被重用。提高个人素质的前提在于教育，故教育越发受到关注。西方各种教育理念和方法相率引入，教育的专业性随之增强，两相结合，教育地位自然提高，教育行政组织机构得到完善也是顺理成章的事了。

（四）民初中学教育的绩效分析

廖世承曾在《五十年来中国之中学教育》一文的开篇对教育与社会二者的关系有过论述："谈教育者，必明于当日社会之真相，盖教育与社会，息息相关，有良好之教育，而无良好之社会，则成效难睹，有良好之社会，而无良好之教育，则振兴不易。"④ 此确属的论。想要系统地考察民国初年中学教育的发展状况，不能脱离民初社会这个大背景。为全面地反映

---

① 朱有瓛主编《中国近代学制史料》（第三辑·上册），第 401 页。
② 王秉桢、董玉琦主编《长春市志·教育志》，吉林人民出版社，1995，第 195 页。
③ 袁柏樵：《中等教育》，商务印书馆，1949，第 455 页。
④ 廖世承：《五十年来中国之中学教育》，申报馆五十周年纪念：《最近之五十年（1872 ~ 1922)》，第 1 页。

民初中学教育事业的规模，现 1907～1928 年与中学相关的材料统计列表，以此为依托对彼时的中学教育进行量化考察（见表 6－33）。

表 6－33　民初普通中学发展概况

年　份	经办类型	学校数（所）	学生数（人）	教职员数（人）
1907		419	31682	2395
1908		440	36364	3309
1909		462	40468	3598
1912	公立	319	45428	4552
	私立	54	6672	830
	小计	373	52100	5382
1913	公立	360	51667	5078
	私立	46	6313	758
	小计	406	57980	5836
1914	公立	388	58881	5943
	私立	64	8373	562
	小计	452	67254	6505
1915	公立	385	61148	6038
	私立	59	8622	1148
	小计	444	69770	7186
1916	公立	299	53277	5247
	私立	51	7646	1020
	小计	350	60923	6267
1918			117740	
1922		547	103385	9349
1925		687	129978	
1928		954	188700	

注：《第一次中国教育年鉴》和《第二次中国教育年鉴》相比较，关于中学的统计数字记载出入较大。《第一次中国教育年鉴》的数据来源于民国初年教育部历年所发布的《教育公报》，来源清晰，统计名目相对齐全，故本文采用《第一次中国教育年鉴》中的数据。

资料来源：《第一次中国教育年鉴》，开明书店，1934，第 1428 页。

依表 6－33 的统计数据，在民初五年间，由于政治形势的变动，中学教育事业并非一帆风顺，而是出现了反复，并在曲折中不断前进。学校数从 1912 年的 373 所增加到 1914 年的 452 所；学生数从 1912 年的 52100 人增至 1915 年的 69770 人；教职员数额由 1912 年的 5382 人增至 1915 年的 7186 人。洪宪帝制展开后，无论学校数、学生数，还是教职员人数都有所下降。

民初中学教育分为前中后三个阶段。前段（1912～1914 年）的中学教育事业，无论学校数、学生数，还是教职员人数，都稳步增长。学校数总体增长 121.2%，平均每年增长 40.4%；学生数总体增加 148.1%，平均每年增加 49.3%。中段（1914～1915 年）帝制运动帷幕逐步拉开，袁世凯为帝制开道，在教育上颁布了复古读经的新教育宗旨。许多热心于中学教育的地方士绅及新式知识分子，被迫在学校恢复读经，使一度适于资产阶级发展的新式教育成为泡影。基于此，部分公立学校缩水，而私立学校也纷纷解散、合并，学校总数从 1914 年的 452 所，减少到 1915 年的 444 所，缩减了 2%；但学生数由 67254 人增至 69770 人，增长了 3.6%；教职员由 6505 人增至 7186 人，增加了 9.4%。后段（1916 年）是民初中学教育的曲折发展阶段，学校数由 444 所（1915 年）骤降至 350 所，减少了 21.2%；学生数由 69770 人降到 60923 人，减少了 12.7%；教职员数也由 7186 人降低至 6267 人，减少了 12.8%。袁世凯死后，其教育宗旨并未立即废除，这种滞后性直接影响了 1916 年后相当长的一段时间。同时，教育事业的热心人士受到摧残，其再次投入中学教育领域的热情减退，这也是造成 1916 年中学教育事业倒退的一个因素。

民初中学教育究竟是发展了，还是倒退了？其在近代中国早期教育现代化中究竟扮演着什么样的角色？想要全面探究这些问题，并对其系统做出考察，纵向审视中学教育必不可少。这就需要将近代中国中学教育演变的脉络贯通起来，既要了解清末中学的概况，又要关注民初以后的发展情形。首先看清末中学教育的概况。依据表 6 - 33，1909 年清末新政时期学校数为 462 所、学生数为 40468 人、教师数为 3598 人，虽然在清朝覆亡前各项数据都略有增长，但已是强弩之末。尽管民初学校的数额没有清末多，但中学的办学规模通常要较清末为大，自然学生的数量也会持续增加。1912 年民国政府恢复中学教育的学生数，大致与清朝覆亡前一致，若按照此数据计算，至 1916 年底中学生数量净增长了 15000 余人，平均每年增长 3000 人。而 1915 年的峰值就达到 69770 人，相比清末更是增加近 25000 人，平均每年增长达 6000 人。教职员和学生数量几乎保持一致。再来看民初 12 年中学教育的发展状况，1917 年全国召开教育整顿会议，以增强中学办学规模为宗旨，提出大力增强发展力度，1918 年中学生人数首次超过 10 万人，此后虽稍有下降，但始终没有低于 10 万。至北京政府倒台前，学校增至 954 所，学生 18 万余人，按照比例，教职员应大致在15000 人左右。在北京政府的后 12 年里，中学教育获得较大发展。简言之，民初时期的中学教育上承清末、下启北洋，如果没有民初政府对中学教育的提倡（其间虽有反复，但发展教育的主线未断），清末兴起的中学教育可能成为绝响，而北京政府后段的中学教育也将成为空中楼阁。因此可以说，民初中学教育是近代中国中学教育现代化进程中不可或缺的一环。

再看民初中学教育发展的地域差异。近代西方列强对中国的侵略起于东南沿海，随着侵略的加深，维系传统社会的纽带逐渐松动，而这种解体正是从东南沿海向西北内陆推进的。在这些地区，西方的新思想、新文化逐渐扩散，同时不甘沉沦的部分先进人士积极向西方国家汲取养料，寻找救国之路。最终，部分国人从"教育救国"出发，倡导提高国民素质，发展中等教育。近代中国的中学教育正是在这种内外双重因素的作用下发展起来的，自然也摆脱不了半殖民地半封建社会的痕迹。为了更加明晰地展现民初教育发展的地域性，现将 1915 年的各省各项指标列于表 6 – 34。

表 6 – 34　1915 年各省中学

省　份	校数（所）	学生数（人）	经费数（元）	毕业学生数（人）
京　师	15	1844	131725	300
京　兆	4	395	27277	37
直　隶	23	4724	359431	1673
奉　天	22	2109	182839	207
吉　林	9	963	102264	69
黑龙江	4	546	31523	125
山　东	19	3005	107556	445
河　南	16	3521	164960	1015
山　西	18	1704	108988	85
江　苏	14	2943	251129	374
安　徽	8	1222	83160	435

省　份	校数（所）	学生数（人）	经费数（元）	毕业学生数（人）
江　西	16	2342	106347	246
福　建	20	2396	112763	653
浙　江	24	4592	269469	1778
湖　北	22	3599	230615	198
湖　南	36	5003	295914	641
陕　西	5	1251	72306	23
甘　肃	4	608	32463	126
新　疆				
四　川	46	4432	331446	2044
广　东	46	5111	325402	1574
广　西	23	3167	127057	159
云　南	7	2277	129831	235
贵　州	5	1593	92886	341
热　河	3	174	15276	
绥　远	1	252	14698	
察哈尔	1	52	8000	
总　计	411	59825	3715325	12783

资料来源：《教育部行政纪要》，第 67～69 页。

　　由表 6－34 可见，学生人数超过 4000 人的有广东、浙江、湖南、四川、直隶共 5 个省份。其中广东和浙江处于东南沿海，受西方新式教育影响较早，所建新式中学较多，人们的思想相对开通，相率送子弟入新式中学就读。湖南在近代中国发展中是个极为特殊的省份，虽地处内陆，却是众多思想先锋的诞生地，这与该省教育发达、人才辈出有莫大关系，优秀人才群体对教育的重视，直接推动了湘省中等教育事业的发展，使之名列前茅。在清末新政期间，袁世凯对直隶中等教育的努力使之成为清末各省的样板，而直隶又因地处北京政府首都北京周边，依靠良好的地缘政治关系，成为中学教育发展的翘楚。四川本天府之国，人口众多，在清末中学教育就已有相当基础，至民初四川政局稳定，行政长官又积极响应教育部努力推进中学教育的号召，从而跻身中学教育先进省份的行列。然而，尽管清末时期政府一再申饬各省长官发展中等教育，但真正推行的省份并不多，许多边远省份甚至连一所新式学堂都没有，新式中等教育举步维艰。而民初尽管各地区的中学教育发展不平衡，但每个省份最少都有一所中学，从而构成良性的教育模式发展状态。民初中学教育正是沿着这个路径不断向前演进的。

在民初中学教育发展的各项指标中，男女学生比例无疑是受人关注的。在中国传统社会里，女性常为封建礼教所禁锢。近代以来，对女性的束缚虽开始松动，但其步伐仍旧缓慢。近代中国女性从传统社会价值体系中剥离出来的程度，可以用来说明社会进化的速度，从这个意义上讲，近代中国女子教育的开放程度亦可作为衡量中国现代化进程的标尺。近代中国境内最早的女学是由西方传教士创办的，并随着西方势力入侵而逐渐扩大。1898 年，上海电报局局长经元善建立了经正女校，这是中国人自己创办的第一所女校。一时间，创办女校之风蔚为壮观。虽保守的清王朝于1904 年颁布了《奏定学堂章程》，明令禁办女校，意欲扼杀已然兴起的女学之新风，但解放女性、振兴女学已成为时代潮流。清朝统治者不得不正视这一问题，1907 年，学部刊布《女子师范学堂及女子小学堂章程》，标志着女子教育在制度上取得合法地位。

民国建立后，民主共和取代君主专制，男女平等的观念进一步确立。人格上的独立是男女平等的基础，而女子人格独立又有赖于女子教育的深化，故教育平等成为男女平等的基石。民初《中学校令》中明确规定："专教女子之中学称为女子中学"，[①] 这种在教育制度上提供的保证，推进了民国初年女子中学教育的发展和女性的进一步解放。

表 6-35　民初男女中学情况比较

年　份	类型	学校数（所）			学生数（人）		
		男校	女校	合计	男生	女生	合计
1912	公立	315	4	319	45307	121	45428
	私立	44	10	54	6116	556	6672
	合计	359	14	373	51423	677	52100

---

① 璩鑫圭、唐良炎编《中国近代教育史资料汇编·学制演变》，第 659 页。

续表

年 份	类型	学校数（所）			学生数（人）		
		男校	女校	合计	男生	女生	合计
1913	公立	353	7	360	51381	286	51667
	私立	42	4	46	6129	184	6313
	合计	395	11	406	57510	470	57980
1914	公立	384	4	388	58581	300	58881
	私立	57	7	64	7717	656	8373
	合计	441	11	452	66298	956	67254
1915	公立	382	3	385	60821	327	61148
	私立	53	6	59	8001	621	8622
	合计	435	9	444	68822	948	69770
1916	公立	295	4	299	53016	262	53278
	私立	47	4	51	7184	463	7647
	合计	342	8	350	60200	724	60925

资料来源：廖世承：《五十年来中国之中学教育》，申报馆五十周年纪念：《最近之五十年（1872～1922）》，第9页；璩鑫圭、唐良炎编《中国近代教育史资料汇编·学制演变》，第659页。

由表6-35可见，女子教育的发展与民初中学教育的整体发展一致，都受到政治形态的干扰，在发展中出现反复。这是由于传统文化中仍未去除的糟粕对国民认知的阻滞，大多数女生的家长并不愿将孩子送到新式学堂，接受新式教育，而是在家里延请塾师，教授传统知识。为了更加明晰地反映民初女子教育的状况，特列表6-36。

表6-36 民初中学教育性别分布情况

年份	男校			女校			女生占总人数百分比（%）
	校数（所）	男生数（人）	校均男生数（人）	校数（所）	女生数（人）	校均女生数（人）	
1912	359	51423	143.2	14	677	48.4	1.30
1913	395	57510	145.6	11	470	42.7	0.81
1914	441	66298	150.3	11	956	86.9	1.42
1915	435	68822	158.2	9	948	105.3	1.36
1916	342	60200	176.0	8	724	90.5	1.19

资料来源：王伦信：《清末民国时期中学教育研究》，博士学位论文，华东师范大学，2001。

　　显然，民国初年的女子校数、学生数，相对男子校数、学生数来说，可谓微乎其微。"女子中学惟京师及苏、闽、鄂、黑等省有之，苏闽已有毕业生，成就已有可观者。"① 即便如此，民初女子教育的发展仍是值得肯定的。相比清末时断时续的女子教育，民初女子教育虽受到局势影响，处在艰难的推进之中，但始终未中断，并为此后（五四前后时期）女子教育的繁荣奠定了坚实的基础。

　　综上所述，在教育部和地方民政长官的群策群力下，民国初年的中学教育得到稳步发展，中学学校、学生、教职员等数量都在整体上呈现上升的趋势。从纵向来看，这种趋势延自清末新政勃发的新式中学教育，并为北京政府后12年中等教育的发展奠定了坚实的基础。从横向来看，民初中等教育引进了大量外国先进教育思想、方法和理论，通过教育实践将其与国情相结合，渐次形成具有近代中国特色的教育理念和教育行政组织管理体系。从近代中国早期教育现代化的角度来看，民初的中学教育是该进程中的重要环节，可以说没有民初的中学教育，也就不会有后来北京政府及南京国民政府中等教育的发展，因此其作用不可低估。但不可否认的是，民初的中学教育是在封建废墟的基础上建立起来的，由于历史的惯性，其本身又存在许多腐朽的糟粕，一定程度上阻碍了民初中学教育的良性推进。

结　语

　　随着中华民国的成立，新的政权机构也在立足于旧有运作秩序的基础上逐步建立起来。教育部作为中央主管教育的职能部门，能否成功建立并施行行之有效的管理，关乎整个教育事业发展的成败。显然，教育部的成立尽管具有维护民国统治的意图，但与清末学部相比，明显表现出一种主动发展教育、引领新式教育走向的良好态势。当然，由于民国初年政治风云变幻，教育部也常被裹挟其中，并以教育最高管理机构的身份颁发一些落后的政令，严重阻碍了民初的教育发展进程，这一点无可隐晦。然而，民国初年教育部的贡献，即便在今天的教育系统里，仍可以捕捉其陈迹和影响。

---

① 《教育部行政纪要》，第67页。

民初教育部成立初期，头绪纷乱，如何扬弃学部旧制并达到合理整合部务的效果，成为当务之急。蔡元培在出任北京政府教育总长后，立即派员与学部各机构进行部务交接，并在此基础上创立了民初教育部各机构。相比学部五司一厅的庞大机构设置，教育部的三司一厅一处就相对简洁。教育部设总长、次长各 1 人；三司每司设司长 1 人，各司下设科不等，每科设科长 1 人；总务厅不设主事官员；视学处置视学 16 人，由教育总长亲自选派。

教育部在民初的 5 年里，由于政局变动，上层管理人员更迭频繁，其中又以总长为最，前后任职者共有 10 人之多。就对民初教育事业发展的重要性来看，其中的关键人物主要有 3 人，即初期的蔡元培、范源濂和后期的汤化龙。蔡元培开启了民初新式教育的先河，但由于同盟会和北洋集团合作的终结，同盟会主要领导人坚守政党内阁的初衷，坚决退出北京政府，蔡元培也随之辞去了教育总长一职，使其教育思想和实践初衷难彰，也给民初教育事业蒙上了一层阴影。但值得庆幸的是，经蔡元培力挺出任次长的范源濂继任总长，并身体力行地实践蔡元培开一代风气之先的新式教育。二者奠定了民初教育事业的良好开端。此后的继任者，大都因内阁频繁更迭而任期不长，对教育事业也难有大的作为。民初教育部任职时间最长的当属汤化龙，但在其任职期间，袁世凯帝制活动的帷幕逐步拉开，教育部位处中枢，被裹挟入帝制的洪流之中，许多政令也流于表皮。就在袁世凯即将称帝前夕，"先生（汤化龙）始绝望，知不可将就，而项城亦诡，先生终不为屈，侦伺甚密，先生先托就医至天津，以书辞职"。[1]

教育部在管理上的成就，主要集中在建立视学制度和派遣留学生两个方面。民国初年财政窘迫，中央政府拿不出更多的资金投资教育事业，因此将办学的重担交给地方。教育部为确保教育事业的稳步发展，了解地方各省对中央政策的执行力度以及地方的办学成效，设立视学处，由教育总长点员来监督地方兴学情况。1914 年以前，中央集权未见成效，地方各省表面上遵从中央调度，暗地里各自扩充，在有限的财政前提下，尽量挤压教育经费，推托兴革教育事业，这其中以河南都督张镇芳为代表。教育部监督政策的出台，力主确保教育先行，这就和地方的实际情形相悖，也是

---

[1] 治丧同人：《汤化龙先生行状》，卞孝萱、唐文权编《辛亥人物碑传集》（卷八），团结出版社，1991，第 515 页。

民初地方各省和教育部产生矛盾的原因。留学教育是民国初年教育部管理中的又一重要内容。民初因教育经费拮据，制定了严密的留学法规，不但对派出留学人员进行更为仔细的测评，以确保留学生的自身素质，而且还对留学生出回国的川资、置装费、每月生活费都进行了明文规定。虽然从数量上来说，民初官派留学人员的数额远没有清末多，但留学生的质量相对有所上升。

教育部成立后，致力于教育事业的发展，于 1912 年 7 月召开全国临时教育大会，讨论了民初各级教育的设置情况。此后，教育部相继出台并完善了各项教育法令，对初等教育、中等教育、高等教育、师范教育和实业教育等都做了明确的规定，对教育宗旨、办学性质、教员要求、课程设置、修学年限等都有细致要求。在教育部的统筹下，全国的各级教育相继创办起来，不但在校学生、任职教员、教育投资逐年增长，而且同一时期女子教育的发展也令人欣喜。

民初教育事业在总体上得到了大发展，但也存在发展的瓶颈，主要表现在以下几点。首先，民国初年的政局起伏不定，教育部领导层严重不稳定，进而导致教育政策的即逝性，这是民初教育部领导全国教育事业的最大瓶颈。其次，教育部管理层的自身素质和认知情况也严重推延了新式教育的进程，其中负责任最大的要数汤化龙，其复古式教育使本已打开局面的新式教育受到毁灭性打击，若没有汤化龙执教育部之牛耳，可能民初的新式教育会走得更远。最后，中华民国是在封建制度的废墟上建立起来的，作为转型时期的社会，历史的惯性使中国无法在短时间内摆脱传统文化的束缚，这成为教育部开拓新式教育遇到的最大软阻力，亦是民初教育事业发展不可抗拒的阻碍因素。

袁世凯去世，成为民国历史的拐点。此后，全国统一的局面一去不复返，北京政府进入长达十余年的直、皖、奉混战时期。教育部作为中央政府规划教育的职能部门，也被拖入这一分裂割据的浑水中，再难以中央的号令统御全国。但无论如何，民初教育部对当时教育的发展有着不言而喻的贡献。

第七章　司法部研究

民初司法部是在清末法部的基础上建立起来的。清末法部与大理院同时出现是清末司法改革的一大闪光点，标志着中国司法行政部门与司法审判部门的分离。司法部是民初最高司法行政机关，担负的是普法、用法、依法治国的法制现代化重任。司法部的特殊性，即行政、立法、司法三权独立，相互制衡，既要求司法部人员知识化、专业化，又要求审判独立，不受行政、立法之干扰。司法部积极借鉴西方先进司法经验，大刀阔斧地进行司法改革，创设了律师制度，并建设司法筹备处，加强了司法部在司法改革中的领导地位。民初司法部总长王宠惠、许世英等人的努力，促进了民初司法的发展和进步，更创造了审判厅传讯国务总理赵秉钧的奇闻。这在整个民国时期，都是难以想象的。

第一节　司法部的成立

一　历史沿革

民初司法部作为全国最高司法行政机关，是由清代前期的刑部逐渐转化而来的，具体来说，主要经历了刑部、法部、司法部三个时期。

清朝入主中原后，比较完整地继承了明朝的六部制度，刑部就是其中之一。但清代的刑部职权，较明代大大加强。清代刑部有"刑名总汇"之称，其主要职权有：核拟全国死刑案件；办理秋审、朝审案件；审理京师地区"现审案件"，批结全国军、流、遣罪案件；主持修订律例，掌管全国及部内司法行政事务等。刑部下设17省司、督捕司、秋审处、律例馆、提牢厅等，共31个直属机构，是六部之中组织最为庞大、事务最为繁杂的一部。清代的司法机构，除刑部外，还有都察院和大理寺，二者与刑部合称为"三法司"，但刑部在其中无疑占据着绝对优势地位。"外省刑案，统由刑部核复。不会法者，院、寺无由过问；应会法者，亦由刑部主稿。在京讼狱，无论奏咨，俱由刑部审理，而部权特重。"① 总体来讲，清代刑部可以说是集立法权、司法权与行政权于一体的全国最高司法机关。

1840 年鸦片战争以后，随着中国主权的不断丧失和西方列强的步步紧逼，传统的司法体系已经无法适应时代的要求，司法改革的呼声越来越高。"一方面，中国内部要求按照西方模式修改法律和司法制度的潮流愈演愈烈；另一方面，领事裁判权的存在，在维护西方人的利益的同时，也成为一个加剧中西冲突的因素。"② 1902 年，清政府与英国签订的《中英续议通商航海条约》中规定："中国深欲整顿律例，期与各国改同一律，英国允愿尽力协助，以成此举。一俟查悉中国律例情形及其断案办法，及一切相关事实，皆臻妥善，英国允弃其领事裁判权。"③ 从此，修律与改革司法制度，成为清政府的一项重要政策。

清末预备立宪中的官制改革，为司法制度改革提供了组织上的准备。光绪三十二年（1906）清政府颁布上谕："刑部着改为法部，专任司法；大理寺着改为大理院，专掌审判。"④ 由刑部改为法部后，下设的机构也发生了较大变化。法部内设承政厅、参政厅，将原有各司改为审录、制勘、编制、宥恤、举叙、典狱、会计、都事八司，此外还有律学馆、收发部、宪政筹备处、统计处、查办处、看守教练所等，共 16 个直辖部门。较原刑部的 31 个直属机构，几乎减少了一半。

从职权上来说，法部管理全国的民事、刑事、监狱及一切司法行政事务，监督大理院、直省执法局、高等审判厅、地方审判厅、城乡谳局及各厅局附设机构的调查检察事务。与刑部时期相比，其最大变化在于审判权不再由法部行使，而由大理院专门负责。这就使得审判权由行政权中独立出来，不受其干扰。而法部也由原来兼有立法、司法、行政三权，变为比较明确的全国最高司法行政机关。当然，这种改革并不彻底，法部仍然保留着如"秋审"等权力，并时有干涉审判的举动，这也为其与大理院的权力争夺埋下了伏笔。此外，值得一提的是，法部拥有较独立

---

① 赵尔巽等撰《清史稿》，中华书局，1976，第 4206 页。
② 贺卫方：《司法独立在近代中国的展开》，何勤华主编《法的移植和法的本土化》，法律出版社，2001，第 53 页。
③ 转引自杨鸿烈《中国法律发达史》，中国政法大学出版社，2009，第 872 页。
④ 故宫博物院明清档案部编《清末筹备立宪档案史料》，中华书局，1979，第 834 页。

的人事任免权，司法官吏不再像以往那样由吏部任命。这就使得大量有西学背景的新式法律人才，能够逐渐进入中国司法体系，并对其产生深远的影响。

二 司法部的成立

南京临时政府成立后，关于司法部部长的人选，曾有任命沈家本的主张，如章太炎在谈到各部人选时就曾表示："总理莫宜于宋教仁，邮传莫宜于汤寿潜，学部莫宜于蔡元培。其张謇任财政，伍廷芳任外交则皆众所公推，不待论也。海陆军主干者，军人中当有所推，非儒人所能定。若求法部，惟有仍任沈家本，为能斟酌适宜耳。"① 后来孙中山力主将伍廷芳任命为司法部长。因为此时伍廷芳尚在与北方进行谈判，不任其为外交部长而为司法部长，在当时引起了一定的争议。《大陆报》记者曾就此询问孙中山，孙中山解释说："本政府派伍博士为司法部长，并非失察。伍君固以外交见重于外人，惟吾华人以伍君法律胜于外交，伍君上年曾编辑新法律，故于法律上大有心得，吾人仿照伍君所定之法律，施行于共和民国。夫外交本为一国重要政策，第法律尚未编订，虽有俾斯麦、拿破仑之才，亦特无用。中华民国建设伊始，首重法律，本政府派伍博士任法部总长，职是故也。"② 从孙中山的话中可以看出，此时司法部长官的名称还不十分明晰，出现了部长、总长两种称呼。因《中华民国临时约法》第四十三条中有"国务总理及各部总长均称为国务员"的提法，似《临时约法》颁布以前称为部长，颁布之后称为总长。南京临时政府在任命伍廷芳为司法部长的同时，任命吕志伊为司法次长。然而，由于存在时间较短，南京司法部并未有太多建树。因为当时没有成立中央审判机关，南京司法部实际上主要负责民事和刑事的诉讼审判工作，在事实上成为兼有行政权和司法权的部门。

与此同时，清帝宣布退位，袁世凯在北方组织临时共和政府，在官制上基本照搬前清，亦设有法部，长官称为正首领。

在南北和谈基本结束之时，袁世凯于 1912 年 4 月 1 日发布了对未来国民政府国务员的任命，王宠惠以同盟会会员身份被任命为司法部长。同

---

① 汤志钧编《章太炎政论选集》（下），中华书局，1977，第 529 页。
② 《孙中山全集》（第二卷），第 14 页。

日，孙中山辞去临时大总统职务。4 月 5 日，参议院投票决定以北京作为首都。

由于南北双方各自都有政府机构，要整合为一个新的政府，势必会产生南北交接问题。孙中山于 4 月 1 日发布《通告解职令》时，要求"本处各部办事人员，仍各照旧供职，以待新国务员接理，勿得懈怠推诿，致多旷废"。[①] 但司法部的交接并不是由王宠惠在南京完成的，而是南京方面派秘书长等人到北京做的交接。[②] 在北方的法部亦不太平，1912 年 5 月，在王宠惠尚未到任前，法部旧员向总统府提交呈文两件，一件为全体辞职，一件请补发欠薪。司法次长徐谦和国务院进行调和，软硬兼施，一面命令"王总长未来京之先，旧司员不容令其辞职"，[③] 一面赶紧补发了所欠薪金，才平息了事端。

第二节 官制与机构

一 官制沿革

（一）初创阶段

1912 年 4 月，北京政府虽尚未成立，但司法次长徐谦已经在着手进行官制建设工作，主要是讨论在司法部设司办法："拟在部设五司，以二司专理刑事，曰刑事第一司、刑事第二司；以二司专理民事，曰民事第一司、民事第二司。"[④] 此外还设立典狱司主管刑狱。但此意见随后并未实行。北京政府成立后，于 5 月 7 日派员接收前法部事务，5 月 9 日启用印信，并咨国务院撤销前法部及南京司法部旧印，此后便积极筹备厘定官制。7 月 13 日，以部令形式规定临时办法："设法令处、总务处、民事股、刑事股、监狱股，除法令处毋庸设科外，总务处暂设四科，民事股暂设二科，刑事股暂设四科，监狱股暂设三科。"[⑤] 其中附有详细的人员名单，从

---

① 《临时大总统解职令》，《孙中山全集》（第二卷），第 303 页。转引自严昌洪《北京临时政府的组建过程》，《历史教学》2004 年第 7 期。

② 严昌洪：《北京临时政府的组建过程》，《历史教学》2004 年第 7 期。

③ 《法部补发欠薪》，《民立报》1912 年 5 月 5 日。

④ 《内务司法之改造》，《民立报》1912 年 4 月 22 日。

⑤ 《司法部部令》，《政府公报》1912 年 7 月 15 日。

中可以看出司法部具体机构分工（见表 7 - 1）。

表 7 - 1 司法部暂定机构

官名	法令处	总务处			民事股			刑事股			监狱股		
	筹办员	筹办员	主科	科员	筹办员	主科	科员	筹办员	主科	科员	主科	科员	事务员
人数（人）	2	4	4	8	1	3	6	1	4	12	3	9	2
科数（科）		4						4			3		

资料来源：《司法部部令》，《政府公报》1912 年 7 月 15 日。

（二）形成阶段

上述机构组织并没有实行多久，北京政府就出台了新的正式官制。1912 年 7 月 19 日，《各部官制通则》公布；7 月 25 日，北京政府以大总统令形式公布参议院议决通过的修正《司法部官制》。《各部官制通则》共二十条，主要规定各部通行的机构设置与官员名称。《司法部官制》共十二条，详细规定了司法部内的机构设置及其职权。根据这两项文件，总结出司法部人员相应职权如下。[1]

（1）总长职权

①管理民事、刑事、非讼事件、户籍、监狱及出狱人保护事务，并其他一切司法行政事宜，监督所管辖各官署及司法官就主管事务应负其责任。

②事务主管不明、关涉他部者，提出国务会议议定主管。

③就其主管事务依其职权或特别委任得发部令；就主管事务对地方长官得发训令及指令；就主管事务对地方长官之命令或其处分认为违背法令或逾越权限者得停止或撤销之。

④所属职员简任官、荐任官之进退，会同国务总理呈请大总统行之；委任官之进退由总长专行之。

⑤司法总长有事故时，除列席国务会议、副署及发布部令外，得令次

---

① 《各部官制通则》《司法部官制》，《政府公报》1912 年 7 月 19 日。

长代理其职务。

（2）次长职权

辅助总长整理部务，监督各职员。

（3）参事职权

承总长之命，掌拟订及审议法律、命令案事务。

（4）司长职权

承总长之命，总理一司事务。

（5）秘书职权

承总长之命，分掌总务厅事务。

（6）佥事职权

承长官之命，分掌总务厅事务。

（7）编纂职权

承长官之命，掌编纂记录事务。

（8）技正职权

承长官之命，掌技术事务。

（9）技士职权

承长官之命，助理技术事务。

（10）主事职权

承长官之命，助理总务厅及各司事务。

司法部的机构设置，在《各部官制通则》及《司法部官制》中已经大体确定。为了更加明确分工，司法部于 11 月 30 日以部令形式发布《司法部厅司分科规则》，进一步做出了具体规定（见表 7-2）。

在确定了司法部官制后，法制局于 1912 年 8 月 3 日公布《中央行政官官等法草案》，规定了包含司法部官员在内的国务院各级官员的官等，这项草案在 10 月 17 日公布的正式法律文件《中央行政官官等法》中得到了确认。此外，10 月 17 日颁布了《中央行政官官俸法》，11 月 3 日颁布《技术官官俸法》，从而确定了司法部官员的官俸（见表 7-3）。

至此，司法部机构建设基本完成。由表 7-3 可知，司法部员的薪俸是比较丰厚的，而且技术官员与行政官员的薪俸差距不大，这有利于司法部的有效运行。

表 7 - 2　司法部机构设置及其职权

机　构		职　权
总务厅	第一科	记录职员之进退；关于法院之设置废止及其管辖区域之分划变更事项；关于司法官及其他职员之考试任免事项；关于律师事项
	第二科	典守印信；纂辑、保存并收发各项公文函件；关于法令公布事项及管理藏书事务
	第三科	管理本部所管经费并各项收入之预算决算及会计；稽核会计；管理本部所管之官产官物；关于稽核罚金赃物事项；关于司法经费事项
	第四科	关于购买物品事项；管理阅报室；关于工役事项；关于管理各项工程事项；关于不属于各司总务厅各科事项
	第五科	编制司法、监狱统计及报告
	秘书	掌管机要
民事司	第一科	关于民事项；关于非讼事件事项
	第二科	关于民事诉讼审判及检察事务事项；关于公证事项
	第三科	关于户籍登记事项
刑事司	第一科	关于刑事事项
	第二科	关于刑事诉讼审判及检察事务事项
	第三科	关于国际交付罪犯事项
	第四科	关于赦免减刑、复刑权及执行刑罚事项
监狱司	第一科	关于监狱之设置废止及管理事项
	第二科	关于监督监狱官事项
	第三科	关于假释缓刑及出狱人员保护事项；关于犯罪人异同识别事项

资料来源：《各部官制通则》《司法部官制》，《政府公报》1912 年 7 月 19 日；《司法部部令第七号》，《政府公报》1912 年 12 月 4 日。

表 7 - 3　司法部官等及官俸

单位：元

官别	官名	官等	俸级	薪金
特任	总长			1000
简任	次长	一等	第一级	600
		二等	第二级	500
			第三级	400

续表

官别	官名	官等	俸级	薪金
荐任	参事	三等	第一级	360
			第二级	340
		四等	第三级	300
			第四级	280
	司长	三等	第一级	360
			第二级	340
		四等	第三级	300
			第四级	280
荐任	秘书	三等	第一级	360
			第二级	340
		四等	第三级	300
			第四级	280
		五等	第五级	240
			第六级	220
			第七级	200
	技正	三等	第一级	440
			第二级	420
		四等	第三级	400
			第四级	380
		五等	第五级	360
			第六级	340
			第七级	320
	编纂	四等	第三级	300
			第四级	280
		五等	第五级	240
			第六级	220
			第七级	200
	佥事	四等	第三级	300
			第四级	280
		五等	第五级	240
			第六级	220
			第七级	200

续表

官别	官名	官等	俸级	薪金
委任官	主事	六等	第一级	150
			第二级	140
			第三级	130
		七等	第四级	115
			第五级	105
			第六级	95
		八等	第七级	80
			第八级	75
			第九级	70
		九等	第十级	60
			第十一级	55
			第十二级	50
	技士	六等	第一级	165
			第二级	150
			第三级	135
		七等	第四级	120
			第五级	105
			第六级	95
		八等	第七级	85
			第八级	75
			第九级	65
		九等	第十级	55
			第十一级	45
			第十二级	35

资料来源:《中央行政官官等草案》,《政府公报》1912 年 8 月 3 日;《中央行政官官等法》《中央行政官官俸法》,《政府公报》1912 年 10 月 17 日;《技术官官俸法》,《政府公报》1912 年 11 月 3 日。

（三）修正与完善阶段

1913 年 12 月 23 日，北京政府公布《修正各部官制通则案》，同时发

布各部具体的修正案，其中就有《修正司法部官制案》，对司法部官制进行了调整与完善。主要变化的内容有：[①]

①司法次长在总长有事故时得列席国务会议；

②总务厅增加管理本部庶务职能；

③秘书脱离总务厅，单独列出；

④司法总长无监督所管辖各官署及司法官权力；

⑤取消编纂官职；

⑥取消民事司掌检察事务事项，改为检察之行政事项；

⑦取消刑事司掌检察事务事项，改为检察之行政事项；

⑧确定员额：参事定额 3 人，佥事定额 19 人，主事定额 60 人，技正定额 1 人，技士定额 2 人。

除此而外，1914 年 4 月 14 日，以部令形式宣布裁撤总务厅第五科，"所有该科主管事宜，应即并入各厅司分别接收办理"。[②]

二　直辖机构

（一）司法筹备处

1. 司法筹备处的历史沿革

（1）由按察司到提法司

司法筹备处的历史最早可以追溯到明代三司之一的提刑按察使司。明代废除行中书省后，以都指挥使、承宣布政使和提刑按察使为地方最高军事、行政和司法监察长官，按察使担负省级司法和地方监察的重大使命。明代中叶开始设置督抚以后，按察使在事实上逐渐降为其部属，但从法律地位及官属上看，督抚为中央临时派遣监察地方之长官，而三司仍为地方最高长官。清代沿用了明代的地方制度，但也有所改变，其中一项就是将督抚的职务常态化，"总督巡抚分其制于布政使，于按察使，于分守、分巡道"，[③] 这就将提刑按察使降至督抚的属官地位。提刑按察使司在清代俗称臬司，其职权主要为"掌振扬风纪、澄清吏治。所至录囚徒，勘辞状，大者会藩司议，以听于部、院。兼领阖省驿传。三年大比充监试官，大计

---

① 《教令第四十二号》，《政府公报》1913 年 12 月 23 日。

② 《司法部部令第一百四十一号》，《政府公报》1914 年 4 月 20 日。

③ 《大清会典》卷四《吏部》。

充考察官，秋审充主稿官"。① 可以看出，虽然在实际操作中按察使司主管司法事务，但在其职权上仍具有监察官的属性。

晚清时期，社会矛盾不断加剧，清政府为了挽回人心，被迫进行官制改革。1907 年 7 月 7 日，地方官制改革方案颁布，各省改按察使司为提法使司，管理司法行政，监督各级审判厅，调度检察事务。提法司不再兼管监察事务，成为专门的司法部门，而且其原有的审判职能也转由各省高级审判检察厅行使。这就在地方上第一次将司法权与司法行政权区别开来，是地方司法制度向现代化转变的一个重要标志。从此以后，提法司成为管理各省司法行政的专门机构。

（2）司法筹备处的建立

辛亥革命之后，各省纷纷宣布独立，国家陷入分裂局面。南京临时政府成立后，将提法司称谓改为司法司，长官称为司法司长；而北方各省则沿用旧称，仍称提法司，长官称为提法使。所以在北京政府刚刚成立时，因名称尚不统一，社会上盛传各省用提法司名称者将统一改为司法司。为此司法部专门向国务会议提出议案，1912 年 6 月 10 日，决定暂时沿用旧称，俟官制颁布后再行改正；12 月 18 日，司法部决定"提法司俟司法会议闭后决行裁撤"。②

1913 年 1 月 9 日，北京政府颁布《划一现行中央直辖特别行政官厅组织令》，明确提出"各省现设之司法提法等司均改为司法筹备处，其司长司使等官均改为处长"，并由司法部直辖。③ 提法司长期以来为各省长官的部属，现在忽然划归中央，为了平衡各方利益，增加了"司法筹备处处长得由司法总长酌量地方情形委任该省行政长官监督之"④ 这一条款。

2. 司法筹备处的职权

司法筹备处作为中央直辖的司法机构，与清末提法司相比，其职权发生了较大变化。清末提法司的职权主要是解释法令和监督审判两项。在维护司法独立的指导思想下，司法筹备处基本不再继续行使这些职权，转由其他机构履行。

清末提法司对解释法令权的操作办法主要是自行解释，然后报大理院

---

① 赵尔巽等撰《清史稿》，第 3348 页。
② 《民立报》1912 年 12 月 18 日。
③ 《教令第六号》，《政府公报》1913 年 1 月 9 日。
④ 《教令第六号》，《政府公报》1913 年 1 月 9 日。

核查。这种办法不但严重干涉审判，而且带有比较大的随意性，很容易造成解释错误，甚至是故意曲解。虽然大理院有权力核查其解释，但是由于交通不便，实际上很难起到作用。基于此种弊端，司法筹备处成立后，司法部收回了这项职权，改由高等审判厅详拟解释，并呈请大理院核示。对于司法行政命令的解释权，也由司法部统一行使。但司法部在解释司法行政命令这个问题上很有策略性，表示"各厅遇有此项疑义，应由各该厅呈部核示，但未设法院地方不在此限"。① 也就是说，司法部允许司法筹备处对未设厅地方解释司法行政命令，这既是出于提高行政效率的考虑，也是其就近制约县知事帮审员的司法裁判、保障人民基本权利的有效手段。

　　监督审判是清末提法司的重要职权。除负责对本省死刑案件进行统计整理、报大理院复核外，对于本省各级审判厅、检察厅，提法使都有权随时视察或派员视察，并将巡视的情况申报总督、巡抚及法部。鉴于其对审判权有所干涉，司法筹备处成立后，汇报案件的工作交由高等审判检察厅进行，仅保留其对未设法院之县一级帮审员的审判监督权。

　　司法筹备处的成立初衷，在于完成各省司法体系的早期现代化转型，其新设职权明确体现出这一目的。根据《司法筹备处办事划一章程》，司法筹备处主要职权包括：

　　①关于本处职员及未设法院各县之帮审、管狱各员任免惩戒事项；

　　②关于新法院、监狱之职员呈请任用事项；

　　③关于本处各项筹设机关之预算、决算并款项收支事项；

　　④关于未设法院地方之诉讼费及罚金没收事项；

　　⑤关于各项统计报告及未设法院之诉讼月报汇报事项；

　　⑥关于各级法院之设置及其管辖区域分划事项；

　　⑦关于设置或改良监狱事项；

　　⑧关于司法及监狱教育事项；

　　⑨协调地方官筹办事宜。②

3. 司法筹备处的裁撤与后续

1913 年 9 月 17 日，司法部呈请大总统裁撤司法筹备处。9 月 23 日，

① 《司法部指令第二百八十六号》，《政府公报》1913 年 3 月 23 日。

② 《司法部训令第十八号》，《政府公报》1913 年 1 月 24 日。

袁世凯发布大总统令，称"现在内外财力艰窘万分，前饬各省设立司法筹备处本为预策进行，目前各处未设法院，有无余力扩充，尚待从长计划。所有各省司法筹备处应一律裁撤"。① 司法筹备处从成立到被裁撤，仅仅存在了8个月。裁撤的原因，主要是北京政府财政状况的急剧恶化。按照司法总长许世英在《司法计划书》中的设想，1913年应该是切实改良已设审判检察厅，并积极筹备新设地方审判检察厅的一年。实际的情况却是已经设立的审判、检察厅只能勉强维持，更无余力新设，有些省份的地方审判厅甚至与初级厅合署办公，司法筹备处的主要职能无从发挥。此外，其与各省高等审判检察厅一直存在着权限不清的问题，司法行政权干预司法审判权的情况未能彻底消除，各省审判机关均对此颇有微词，更有甚者认为"司法筹备处实有百害而无一利"。② 因以，其被裁撤的命运也就可想而知了。

裁撤命令虽然已经发布，但并非所有省份同时进行。1913年8月8日，四川都督兼民政长胡景伊便因为戒严而下令停办本省的司法筹备处；仅一天后，四川司法筹备处处长邵从恩就将其所管事务移交给了本省的高等审判厅、检察厅办理。所以，四川的司法筹备处实际上早在1913年8月9日已经不复存在。而新疆则是因为"迭以边事孔亟及经费支绌，电请缓办"。③ 在清末新政各省纷纷设立高等审判检察厅时，新疆也曾经筹设，但后来因为经费原因于1911年裁撤。由于没有高等审判厅、检察厅，新疆的司法体系仍处在清朝中叶县知事兼理审判的阶段，相对落后。而1913年在省城成立新疆司法筹备处后，实际上由该处代理了高等审判厅、检察厅的部分实际事务，管理新疆的复判及上诉案件，使新疆的司法状况稍有改观。因此，新疆司法筹备处得以暂缓裁撤，继续履行其职能。

司法筹备处裁撤后，初拟定由高等审判厅、检察厅两长官中遴选人员兼掌其权责，但正如司法总长梁启超所言："各该处应办事宜，分别改归高等审检厅各自办理，或由该两厅会同办理之为便。"④ 袁世凯接受了这一

① 《临时大总统令》，《政府公报》1913年9月24日。
② 《司法筹备处果有存在之理由耶》，《民国汇报》第3期，1913年。
③ 《司法总长梁启超呈大总统拟将新疆司法筹备处暂缓裁撤请鉴核施行文并批》，《政府公报》1913年9月26日。
④ 《司法部训令第四百十四号》，《政府公报》1913年10月7日。

意见。于是司法部很快出台了相应制度，除首都北京根据《司法区域分化暂行章程》第二条第一款，即顺天府辖境内未设审判厅区域由京师高等审判、检察两厅办理，热河就近划归直隶第二高等审判、检察分厅办理，新疆暂时未裁撤司法筹备处外，其余各省司法筹备处相应职权均由各省高等审判、检察两厅分别办理或者会同办理。

（二）法律编查会

法律编查会系从法典编纂委员会改设而来。1912年1月，南京临时政府设置法典编纂委员会和法制局两个部门，负责编纂政府机构章程和各部门法。北京政府成立后，沿用了这一体例，并将法典编纂委员会隶属于法制局，法制局局长兼任会长，并设置编纂、调查员等职务，从事民法、商法、民事刑事诉讼法的草订。这种状况持续了两年。1914年2月1日，北京政府颁布《法律编查会规则》。2月3日，大总统袁世凯准法典编纂委员会会长施愚的辞呈，并裁撤该会。从此，法律编查会取代之前的法典编纂委员会，成为新的法律编订机构。

法律编查会与法典编纂委员会相比，主要有两点不同。一是隶属关系的改变，由隶属法制局改为隶属司法部，由司法部长兼任该会会长，并得聘任副会长、编查员、顾问和事务员。这主要是由于"司法法规与行政法规不同，析出由法曹专责其任"。[1] 二是由单纯的编纂法律机关改为兼有法律编纂与民事、刑事调查职权的机构。这是由于北京政府在比较完整地继承了清末新政时期编纂的许多法典后，在两年的司法实践中发现了诸多问题，亟须改良法律，使之适应国情。这种改良必须建立在对法律实践予以充分调查研究的基础上，避免重走清政府完全照搬西方法律的老路。而民事、刑事调查，正是搜集法律问题与改良意见的绝佳途径。

截至《中华民国约法》颁布，法律编查会尚未能系统地开展法律调查工作，只是通过启示的方式，提出"凡对于现行法令及现编法律草案，遇有意见，随时表示，以备参考。其或词意难罄，尚需讨论者，亦乞函示，俾得奉约，延请面谈"。[2]

在人员任用方面，法律编查会最先以当时的司法总长梁启超兼任会

---

[1] 《民国十三年司法之回顾》，何勤华、魏琼编《董康法学文集》，中国政法大学出版社，2005，第714页。

[2] 《法律编查会启示》，《政府公报》1914年3月30日。

长，并由其邀请前司法次长汪有龄为副会长，董康、章宗祥、施愚、王宠惠为顾问，罗文干等19人为编查员；但由于梁启超很快辞职，由继任司法总长章宗祥兼任会长。截至《中华民国约法》颁布，正式任命者仅有会长章宗祥和副会长汪有龄二人。

第三节　人事与政策

一　管理层的变动

司法部的主要任职人员有总长一名、次长一名、参事司长若干人。为更好地分析司法部的人员构成等情况，现将司法部的主要职员及其经历背景整理如表7-4。

表7-4　司法部主要任职人员一览（1912~1914年）

官称	姓名	籍贯	经历	担任时间	备注
总长	王宠惠	广东东莞	北洋大学法律系毕业，耶鲁大学法学博士，南京临时政府外交总长	1912年3月30日至7月14日	
	王式通	山西汾阳	光绪戊戌科进士，刑部山东司主事，刑部安徽司员外郎，大理院推事，大理院少卿	1912年7月16日	代理总长
	许世英	安徽秋浦	刑部主事，巡警总厅行政处佥事，奉天高等审判厅厅丞，山西提法使，大理院院长	1912年7月26日至1913年9月4日	
	汪守珍	江西婺源	刑部佥事，奉天高等检察厅厅长，黑龙江提法使	1913年9月4日	代理总长
	梁启超	广东新会	己丑科举人，长沙实务学堂总教习，进步党核心人物	1913年9月11日至1914年2月20日	
	章宗祥	浙江吴兴	留学日本，法律馆纂修官，农商部候补主事，总统府秘书，法制局局长，大理院院长	1914年2月20日至1916年6月29日	

续表

官称	姓名	籍贯	经历	任期	备注
次长	徐谦	安徽歙县	癸卯科进士，翰林院编修，法部参事，京师地方审判厅厅长，京师高等检察厅检察长	1912 年 4 月 4 日至 1912 年 7 月 16 日	
	王式通	山西汾阳	光绪戊戌科进士，刑部山东司主事，刑部安徽司员外郎，大理院推事，大理院少卿	1912 年 7 月 16 日	代理次长
	汪有龄	浙江杭县	留学日本，京师法律学堂教习，南京临时政府法制局参事	1912 年 8 月 5 日至 9 月 20 日	
	汪守珍	江西婺源	刑部金事，奉天高等检察厅厅长，黑龙江提法使	1912 年 9 月 23 日至 1913 年 9 月 16 日	
	江庸	福建长汀	留学日本，法律馆纂修，大理院推事，京师高等审判厅厅长	1913 年 9 月 16 日	署理次长
参事	王黻炜	湖北黄冈		1912 年 8 月 6 日	
	朱履龢	浙江嘉兴		1912 年 8 月 16 日至 1913 年 6 月 3 日	
	张轸	不详		1912 年 8 月 16 日	
	马德润	湖北枣阳		1912 年 8 月 16 日	
	余绍宋	浙江龙游		1913 年 10 月 27 日	署理参事
				1913 年 11 月 21 日	
	徐彭龄	江苏青浦		1913 年 6 月 9 日至 1914 年 4 月 14 日	
	林志钧	不详		不详	
	胡以鲁	浙江宁波		不详	
	汤铁樵	不详		1914 年 4 月 14 日	署理参事
司长	王淮琛	不详	民事司长	1912 年 8 月 16 日	
	骆通	不详	刑事司长	1912 年 8 月 16 日	
	汤铁樵	不详	刑事司长	至 1914 年 4 月 14 日免	
	徐彭龄	江苏青浦	刑事司长	1914 年 4 月 14 日	署理司长
	田荆华	湖南桃源	监狱司长	1912 年 8 月 16 日	

资料来源：《职官任免月表（1912～1917）》；刘寿林编《辛亥以后十七年职官年表》；《政府公报》（1912～1914）；章伯锋、李宗一主编《北洋军阀（1912～1928）》（第 1 卷）、（第 6 卷），武汉出版社，1990；章熊：《中华民国的内阁》，第 3 章。

从表7-4中可以看出，至1914年5月，司法部主要职员有21人，其中除籍贯不详者5人外，浙江人最多，共有5人；广东、安徽、湖北各有2人；山西、江西、福建、江苏、湖南各有1人；总体上人员分布比较分散。从大的地域分布来看，南方职员占绝大多数，体现出南方各省开放程度较早。从总长、次长的经历背景来看，除梁启超外，其余人员全部是专业的法律人才，在清末均曾任中央或地方的司法要职，富有经验，且参与过清末的法制改革，体现出司法部人员极强的专业性特征。

二 关键人物及其政策

北京政府司法部拥有比较完整的人事任免权及相对独立的分工，司法总长的权力较前清法部尚书大大加强。现就民初司法部四位司法总长及其政策对民初的司法建设情况进行分析。

(一) 王宠惠及其政策

王宠惠（1881～1958），字亮畴，广东东莞人。1895年考入北洋大学法科，1900年毕业。1901年赴日本，与沈翔云、冯自由、秦力山等人在东京创办《国民报》，积极宣传革命思想。1902年转赴美国留学，先就读于加利福尼亚大学，后转入耶鲁大学攻读法律博士，获得博士学位后赴欧洲研究国际公法，辛亥革命爆发后回国。南京临时政府成立后，王宠惠一跃成为外交总长，成功解决了泗水事件。北京政府成立后入唐绍仪内阁，任司法总长，任期从1912年3月30日到7月14日，共计三个半月。从政治倾向上看，王宠惠虽然属于同盟会阵营，但"温雅非健者，党人举事多未附从。故世凯亦以书生视之"。[①]

从王宠惠的经历来看，其文化修养与专业知识的核心是"西学"，而对中国固有的法律制度和思想并不十分熟悉。这就决定了其政策带有比较明显的"西化"倾向。

1912年5月13日，王宠惠在向参议院发表政见时，提出了自己改良司法的五项主张。

1. 实行司法独立

具体包括四个方面：

---

① 沃丘仲子：《当代名人小传》（上卷），沈云龙主编《近代中国史料丛刊三编》第8辑，台北：文海出版社，1986，第39页。

① "全国尤宜统筹司法经费出自中央";

②司法官的人事任免权属于司法部,他人非依法律不得干涉;

③法官独立审判,不受行政及上级司法官干涉;

④司法官应绝对不预闻行政事务。①

这就从三个方面保障了司法的独立:第一,司法经费保障,由国家直拨;第二,人事保障,司法官任命由司法部做主;第三,司法和行政互不干涉。上述四项是司法独立的具体体现,一如外交总长陆徵祥向袁世凯提出的保障外交部独立性的几点要求。

2. 培养司法人才

王宠惠培养司法人才的主要手段是设立裁判传习所。他认为:"我国之倾向固已趋重近今世界最文明之制度,然对内对外犹不能有绝大之信用者,即患无合格之司法官,而滥竽充数者比比皆是。此关于裁判传习所之所宜广设者。"②

3. 厉行辩护制度

王氏认为,辩护制度"既可以牵制法官不至意为出入,且可代人民诉讼剖别是非";③ 除此以外,也能够解决未来法律人才过剩的问题。

4. 采用陪审制度

对于这一制度,王宠惠持谨慎态度,在阐述陪审制度具有监督审判、牵制法官的优点的同时,结合中国实际,认为"必须法律知识普及全国,而后推行"。④

5. 提倡改良监狱

对于这个问题他并未提出具体的主张,只是谈到领事裁判权与此有关。关于改良监狱问题,其实在清末还是比较突出的。如袁世凯在直隶总督任上就建设了"模范监狱"供他省参观学习。王宠惠在参议院发言时,没有对改良监狱提出具体意见,或许是他认为这不是当前最为重要的问题。

对比王宠惠的这五项主张,可以看出,其关于司法独立的表述是最为透彻和深刻的,其所提到的四方面内容切中要点,成为整个《中华民国临

---

① 《参议院第五次会议速记录》,《政府公报》1912 年 5 月 16 日。

② 《参议院第五次会议速记录》,《政府公报》1912 年 5 月 16 日。

③ 《参议院第五次会议速记录》,《政府公报》1912 年 5 月 16 日。

④ 《参议院第五次会议速记录》,《政府公报》1912 年 5 月 16 日。

时约法》时期司法部政策的核心和最终落脚点。而设置裁判传习所培养司法人才的主张，就显得比较脱离实际。当时的司法人才主要来自法律法政学校及归国留学生，不依托学校教育，而单独建立裁判传习所，不仅有重复教育之嫌，而且需要大量的经费支持。在全国各级审判厅尚未建设完毕的情况下，显然没有精力与财力去完成这样一套新的机构建设。实际上，司法部在实践中并未对设立裁判传习所开展任何形式的活动。

在辩护制度方面，王宠惠在任时开始启动律师制度的建设，但尚未取得成果。而陪审制度本来只是停留在设想阶段，所以并没有付诸行动。最令人遗憾的是改良监狱方面，在当时中国监狱制度落后问题非常突出的情况下，王宠惠不但没有在参议院提出具体的主张，而且在其任期内，司法部未能提出改良监狱的具体措施，这不能不说是这一阶段王宠惠本人以及司法部的疏忽甚至失职。

笔者认为，王宠惠的政策从总体而言是失败的，过短的任职时间和对国情的不熟悉，是其失败的主要原因。但这并不影响其对中国法制建设的贡献。在司法总长任上，王宠惠坚持起用新式法律人才，坚决维护司法独立。卸任后，他在宪法和民法方面建树颇多，并在以后的历届政府中多次出任司法总长，成为中国近代史上著名的法学家。

（二）许世英及其政策

许世英（1873～1964），字静仁，号俊人，安徽至德①人。1891年中秀才，1897年拔贡，发刑部任主事，曾短暂留学日本速成法政；1908年被任命为奉天高等审判厅厅丞；1912年5月任大理院院长，7月受沈家本推荐改任司法总长，到1913年9月卸任，任期共一年零两个月，是《中华民国临时约法》时期司法部任职时间最长的一位总长。在政治倾向上，许世英属于徐世昌在东北的旧部，应归为北洋集团。与前任王宠惠不同，许世英的西学背景较少，属于旧式法律人才，但其按照西方法律模式改造中国司法体系的决心与力度是很大的。孙中山在谈及许世英在司法界的成绩时，就称之为"司法革命"。②

1912年底，在中华民国第一次全国司法会议召开前后，司法总长许世

---

① 原为秋浦县，1932年改为至德县。
② 李在全：《司法官视野中的近代中国法治：路向与功用——以董康、许世英为中心》，《福建论坛》2008年第8期。

英即向全国公布了《司法计划书》。该计划书共 3 万余字，非常详细地阐述了其对于目前司法状况的看法以及未来一个时期司法改革的总体计划。如此详尽、系统的司法计划，在《中华民国临时约法》时期是罕见的，由此可以看出许世英对于司法改革是有充分准备和巨大决心的。《司法计划书》的大致内容，可归纳如下。

1. 分年筹设各级审判检察厅

许世英认为，分年筹设各级审判厅和检察厅是在充分考虑国情的基础上最好的司法改革手段。这里的具体国情包括：①就地方情形而言，"组织法庭当以开通之地为先，而偏僻之地稍从后也"；[①] ②就人才情况而言，"若于一年之内即欲全国法院监狱完全成立，无论势所难，形亦万无如许合格之官吏"；[②] ③就财政状况而言，"利国转以蠹国，福民适以厉民，始则百费皆举，继则百举皆废"。[③] 许氏以为具体的操作办法是"拟自今日起至民国三年六月以前，先就已设之审检厅次第改组，俾苏喘息而预筹统计"，[④] 以民国三年（1914）至民国七年（1918）为建设期，"每年至少期以成立五分之一为卒，扣至第五年一律完成"。[⑤]

2. 筹设全国监狱

许世英将监狱改革作为其司法政策的主要部分，其出发点仍然是收回领事裁判权。他认为"外人领事裁判权所以绝对不肯让步者，大抵以吾国法律、裁判、监狱三者均不能与世界各国平等"，[⑥] "今改良法律、改良裁判，而不及谋所以改良监狱，犹未达完全法治之目的也"。[⑦]

许氏提出，"筹设监狱地，共约计二十二行省次第举行，亦当分为五年，本年则开办北京监狱，树全国之先声，二年以后筹办各省会及商埠监狱……至三年七月一律成立，四年以后，则筹办各县之未建设者"。[⑧] 250 人以下监狱采用单十字形建筑方式，500 人监狱则采用双十字形建筑方式。关于建设总数，许世英有一个估计："一县一监势难办到，拟选各县交通

---

① 《司法计划书》，《政府公报》1912 年 12 月 6 日。
② 《司法计划书》，《政府公报》1912 年 12 月 6 日。
③ 《司法计划书》，《政府公报》1912 年 12 月 6 日。
④ 《司法计划书》，《政府公报》1912 年 12 月 6 日。
⑤ 《司法计划书》，《政府公报》1912 年 12 月 6 日。
⑥ 《司法计划书》，《政府公报》1912 年 12 月 6 日。
⑦ 《司法计划书》，《政府公报》1912 年 12 月 6 日。
⑧ 《司法计划书》，《政府公报》1912 年 12 月 6 日。

适中之地，合数县设监狱一所，效易集事，计全国一千七百余县，以六七县共设一监狱核算，当有二百四十余所。"① 这"二百四十余所"加上筹备商埠监狱的六十余所，共计将超过三百所。这就是许世英心目中庞大的监狱建设计划。如此规模的建设计划，自然需要庞大的经费，据许世英自己核算，仅筹设商埠监狱，就"约需四百万元左右"；而县监狱"平均每监以十万元计费，需建筑及开办费二千四百万元左右"。不仅如此，三百余所监狱，每年的日常开支就需要一千五百万元左右。许世英提出，采取狱中作业的方式，将所得抵充大部分日常费用。此外，他还提出借鉴当时比较先进的阶级制度来监禁犯人，即"分房—杂居—假释"模式，来减少开支。

3. 培养司法人才

许世英很清楚分年筹设审判检察二厅和监狱只能解决硬件问题，而无法从根本上改变中国司法的落后状况。所以，他对于软件设施建设即人才的培养，也非常重视。他提出了培养司法人才的三种方法。

（1）振兴学校

许世英设想在中央设置一所司法专门学校，分为普通和特别两科，通过这所学校专门培养优秀的法官和监狱官，并加强其实践活动，使学生毕业后马上能够胜任其岗位。

（2）加强实践

许世英一方面提出将1914年预备任职的法官及监狱官于1913年分派各已设法院及监狱实习，增加其司法经验；另一方面再次强调旧法官特别考试法的意义，通过任用旧法官，"以为过渡时代人才缺乏之补助"。②

他同时提到，单纯在国内进行实践，不能够真正学到西方先进的司法经验。所以，他设想从1914年起每年派遣法官赴西方各国实地练习法庭实务，以两年为期，让本国司法人才与外国司法机关零距离接触。

（3）先行试办全国法院

许世英同样重视提前锻炼基层司法人才，为以后筹设初级审判检察厅做准备。他设想利用设置专审员的方式，参与未设厅地方县知事的审判，使司法、行政逐渐分离，等到以后初级厅成立时，可直接将这些专审员任

---

① 《司法计划书》，《政府公报》1912年12月6日。
② 《司法计划书》，《政府公报》1912年12月6日。

命为基层法官。

4. 创设律师制度

创设律师制度是许世英司法政策的一个亮点。他对于这项制度曾经有非常生动的解释："前清采用检察而律师从略，按诸世界通例，殊为缺点，夫搜集证据为检察官之职，主于攻击；代人辩护为律师之职，至于防御。设检察而不设律师，是有攻击之方，无防御之术也。"① 许世英雷厉风行，上任仅两个月，就出台了《律师暂行章程》及《律师登录章程》，并将其施行法、考试法、惩戒法等提交参议院。在《司法计划书》提出之时，律师制度已经粗具规模。许世英对于这项制度的建设可谓不遗余力，用他自己的话说，是对律师制度"抱无穷之希望者也"。②

5. 设立感化院

在中国设立感化院，是许世英在 1910 年 10 月参加在美国华盛顿召开的第八届万国监狱会后萌生的想法，而用感化的方式来对待罪犯，更是当时国内许多法律学者的共识。如沈家本就赞同这一主张："顾蚩蚩者氓，自非下愚不移，讵有不可感化之理?"③ 在《司法计划书》内，许世英首先从法理角度阐述了现阶段国际通行的感化主义和人格主义，其次论证了感化院的主要受众——青少年犯罪者的特殊性，而后详细介绍了英国和德国感化院的设置方式及经费来源，最后，他认为"民国新立，首重人权，而欲民俗之善良，当先知人格之可贵，故设立感化院，亦为吾国今日万不可缓之图"。④

6. 出狱人保护制度

出狱人保护工作源于 1776 年美国宾夕法尼亚州的怀斯特创办的"费城出狱人保护会"。对于中国来说，真正认识到这项制度，主要基于日本的"更生保护"制度。许世英认为"吾国人之心理，对于犯罪者常有贱恶之思，对于出狱者则不免存猜嫌之念"，⑤ "虽欲迁善改过，而既为社会所摒弃，亦遂甘心作恶，荡然无复廉耻之萌"。⑥ 他敏锐地认识到这项制度对

---

① 《司法计划书》，《政府公报》1912 年 12 月 6 日。
② 《司法计划书》，《政府公报》1912 年 12 月 6 日。
③ 沈家本：《沈寄簃先生遗书》，商务印书馆，1983，第 275 页。
④ 《司法计划书》，《政府公报》1912 年 12 月 6 日。
⑤ 《司法计划书》，《政府公报》1912 年 12 月 6 日。
⑥ 《司法计划书》，《政府公报》1912 年 12 月 6 日。

于减少再次犯罪率和节省司法成本的作用，主张学习和借鉴日本的"更生保护"制度。

虽然在《司法计划书》中，许世英估计到财政困难的局面可能会给司法建设带来一定的影响，但对窘困程度认识不足。1913 年 6 月 27 日，他被迫对《司法计划书》中的内容做出重大调整。他首先承认财政困难局面已经对其建设计划产生了重大影响："未设各厅挹注无资，即已设各厅已觉不易。"① 在这种情况下，他不但同意地方初级厅可以合设于一署，而且宣布"二年度应筹设之院监一律展至三年度逐渐推广"。②

三个月后，许世英卸任。他在《留别京外司法界人员辞》中，认为在自己任上"司法事业得以日臻统一，逐渐改良"。③ 应当说，这个评价是公允的。许世英在司法总长任上度过了自己人生的巅峰时期，他在任的这个时期，亦是民初司法部最有作为的一个时期，中国近代律师制度和监狱制度，都是在这一时期建立起来的。但其"抱积极宗旨，行稳健手段"④ 的司法政策，似乎仍稍显过激，在财政困难的局面下，也对当时的司法建设产生了一定程度的负面影响。

（三）梁启超及其政策

梁启超（1873～1929），字卓如，号任公，广东新会人。1889 年中举，1890 年就读于万木草堂，师从康有为。1898 年赴京参加戊戌变法，变法失败后逃往日本。辛亥革命爆发后回国。1913 年 9 月参加熊希龄内阁，任司法总长，1914 年 2 月辞职，在任近六个月。梁启超作为中国近代史上一位伟大的改良主义者，对中国国情有非常深刻的理解。他在任时期的司法政策相对稳健，同时，因为其显赫的社会地位与巨大的政治影响力，其政策也得到了整个北京政府的大力支持。

梁启超上任后，并未马上出台相关政策，而是一面基本遵循前任政策，一面耐心考察、总结弊端。到 1913 年底，他才向大总统袁世凯详细陈述了自己对于目前司法状况的看法及改良措施。

梁启超认为，民国以来的司法制度在有很大进步的情况下却不被人理

---

① 《司法部训令第二百六十二号》，《政府公报》1912 年 6 月 20 日。
② 《司法部训令第二百六十二号》，《政府公报》1912 年 6 月 20 日
③ 《前司法总长许世英留别京外司法界人员辞》，《政府公报》1913 年 9 月 19 日。
④ 《司法部训令第二百六十二号》，《政府公报》1912 年 6 月 20 日。

解、反遭谤议的原因主要有三点：第一是人才未经历练，刚刚毕业就成为司法官，难以做到审判公平，即"所养人才既不足，其择而用之也又不精"；① 第二是缺乏法官回避制度，"法律有所难施亲故"；② 第三是法院建设速度过快，人员不敷分配，而程序又不能灵活变通，导致案件积压、审判效率低下；第四是法规不善，法律西化倾向严重，不符合国情，而民商诉讼又缺乏法律依据，难以适应时代的要求。在分析完原因后，梁启超驳斥了当时社会上要求恢复前清司法状态的倒退思想，提出"用人办事之流弊固宜尽力排除，而司法独立之精神未可根本反对"，③ 宣称"此次入阁，即抱定改良宗旨，拟以积极的方法创建依法治国模范"。④

梁启超的改良方案主要包括如下五点。

①慎重任用司法官，主张用考试与甄拔相结合的方式选用司法官，即使符合法官资格者也要考核察验。

②严格淘汰不称其职的司法官，采取考核的方式，以功过定去留；同时赋予其上级随时举报弹劾的权力。

③采用司法官回避制度，禁止其在本籍内任职。

④从速编订民商事实体法及程序法，使法官有所依从；删改不合国情的法律条文，并切合实际，精简程序，以提高办事效率。

⑤规范律师制度。梁启超认为，律师的好坏，是决定司法是否公平的关键："贤者当其任诚足以扶微弱而张人权；不肖者尸其名则足以庇奸邪而坏法纪，尤宜厉行督察。"⑤ 他提出，一方面需要严定其资格，另一方面需要撤销已经成为律师但品行不良者的律师资格。

梁启超在最后反复强调，现在的司法制度为人民所不满，存在许多问题，应当着力改善，但绝不能因此认为其完全不合国情，而否定其存在价值。

袁世凯在收到梁启超的呈文后，表示完全支持其主张："司法独立之

---

① 张品兴等：《梁启超全集》，北京出版社，1999，第 2645 页。
② 《司法总长梁启超呈大总统详陈司法改良各办法恳特颁明命一力主持等情请钧鉴文》，《政府公报》1913 年 12 月 31 日。
③ 《司法总长梁启超呈大总统详陈司法改良各办法恳特颁明命一力主持等情请钧鉴文》，《政府公报》1913 年 12 月 31 日。
④ 丁文江、赵丰田编《梁启超年谱长编》，上海人民出版社，1983，第 686 页。
⑤ 《司法总长梁启超呈大总统详陈司法改良各办法恳特颁明命一力主持等情请钧鉴文》，《政府公报》1913 年 12 月 31 日。

大义始终必当坚持，而法曹现在之弊尤顷刻不容坐视"，①"将现在人才与财政所能及者妥为分配，定出必要经费之限度令全国税厅确筹照拨"。②

应当说，梁启超的主张得到了具体落实，司法官回避制度的启动、法律编查会的成立均是这一时期的重要成果。但其在 1914 年 2 月即告辞职，任职时间过短，未能将其政策完全展开。梁启超任司法总长的这一个时期，正是进步党与袁世凯北洋集团密切合作的一个时期。他的司法政策，由于切实可行，得到了比较全面的实施，对下一时期司法部的政策具有重要的指导作用。

（四）章宗祥及其政策

章宗祥（1879～1962），字仲和，浙江吴兴人。1899 年留学日本，获明治大学法学学士学位。1903 年回国，清廷赐进士出身，曾任法律馆纂修官、工商部候补主事、宪政编查馆编制局副局长等职务。1909 年任北京内城巡警厅厅丞。辛亥革命后，受袁世凯派遣，随唐绍仪参加南北议和。

巴黎和会中国外交失败后，五四运动爆发，章宗祥因曾出任驻日公使，在段祺瑞执掌北京政府时期与日本签订了一系列条约，被视为卖国贼而被罢免。其实，章宗祥是清末民初时期的著名法学家，在清末修律中始终参与，多有贡献。北京政府初立，即任国务院法制局局长。1912 年 7 月唐绍仪内阁瓦解后，被袁世凯提名为司法总长，虽然被革命党人控制的参议院否决，但被调任大理院院长。1914 年 2 月，梁启超辞去司法总长一职，袁世凯再次提出由章宗祥接任并通过。

章宗祥任职期间，总体上持续了梁启超司法总长任上的政策，并进行了一系列的改革，其改革最为重要的部分就是在人事方面，尤其是在各省司法人才任用方面。他认为，"各省司法事务办理之不完善，实由于用非其人"，故"拟大加整顿，派京中精通法学、历练精深之员前赴各省担任高等审判厅厅长，以整饬一省之司法行政事务"。③ 1914～1915 年，章宗祥借助回避制度和司法成绩考核，将各省的高等审判厅厅长和检察长做了新的人事布局。此后，至少有 27 位高等审判厅厅长和检察长任职在 4 年以

---

① 《大总统令》，《政府公报》1913 年 12 月 29 日。

② 《大总统令》，《政府公报》1913 年 12 月 29 日。

③ 《改良司法之入手办法》，《顺天时报》1914 年 3 月 12 日。

上，保持了司法人事的稳定性和连续性。① 民初司法进步并得到人们的认可与赞扬，应该说与此相关。与此同时，章宗祥将许多资格、能力有所欠缺的法官开缺，进而把甄拔考试合格及司法讲习所成绩优良者分发各省，将司法人事新布局逐渐推向深入。章宗祥的人事改革，得到袁世凯的大力支持，深受袁欣赏。在袁世凯时代，章宗祥一再连任，是北洋时期连任次数最多且任职时间最久的司法总长。他是《中华民国临时约法》时期的司法总长，又是《中华民国约法》时期的司法总长。

在培养司法人才方面，章宗祥建立多种制度，积极推行，颇见成效。

1. 严格推行司法官回避制度

章宗祥认为，"民国甫建，各省不相统一，多以本省之人掌本省之司法，其中称职者固不乏其人，而因牵于亲故不能厉行法权者，亦在所不免"，故回避制度必须严格推行。②

2. 推行司法考试制度

章宗祥对考试选才非常看重，他说："各国司法人才大都由考试而来，诚以舍考试外，无他道可以拔取真才也。我国向者司法人才之供给，不足以应司法机关之需要，不得已于考试之外，别开登庸之门，要亦一时权宜之计。"所以欲求司法人才之合格与美备，必应实行司法考试制度。③

3. 设立司法讲习所

章宗祥认为，司法人才的考试选拔固然重要，但"又当以司法人才之养成为前提"。彼时"司法界亟于得人计，与其仅设专讲学理之法律学校，不如多设法官养成所。一方招集夙有经验之人授以法律之学，一方拔取已有学识之人，使之实地练习"，二者并举，收效较速。④

4. 向高审厅和高检厅适度放权

章宗祥在进行各省司法人事新布局的同时，采用了向高等审判厅厅长、高等检察厅检察长适度放权的政策，即允许其按规定派署、荐署、荐

---

① 据《民国职官年表》和《政府公报》等统计。见韩策《派系分合与民初司法界的改造》，《历史研究》2020 年第 1 期。

② 章宗祥：《关于司法问题之谈话》，《庸言》第 2 卷第 1、2 期合刊，1914 年 2 月 15 日，第 4 页。

③ 章宗祥：《关于司法问题之谈话》，《庸言》第 2 卷第 1、2 期合刊，1914 年 2 月 15 日，第 4 页。

④ 章宗祥：《关于司法问题之谈话》，《庸言》第 2 卷第 1、2 期合刊，1914 年 2 月 15 日，第 4 页。

补合格的厅员。

综上所述，章宗祥在民初司法制度建设上的主要贡献在于：通过建立和严格执行法官回避制度，扭转了辛亥革命以来本地人任本地司法官所造成的混乱局面；初步建立了司法收入特别会计制度，保障司法经费的收入与运行；通过开展司法甄拔与考试、设立司法讲习所、实施法官任用程序和奖惩办法等，形成法官养成、选拔和任用的制度体系，初步奠定了北洋政府前期乃至民国时期的司法人事制度基础。章宗祥任职司法总长时期的司法人事，在当时获得普遍好评。[①]

第四节　与中央、地方各部门权限关系

一　与中央各部门的权限关系

（一）与大理院的关系

司法部与大理院的互动是研究民初司法部的一个重点，二者关系大致可以分为三个阶段。

1. 部院渊源与民初重建大理院

司法部的前身——法部与大理院均是清末新政的产物。光绪三十二年九月二十日（1906年11月6日），清政府颁布上谕："刑部着改为法部，专任司法；大理寺着改为大理院，专掌审判。"[②] 但并未明确划分法部与大理院的权限，这就为双方的权力争夺埋下了隐患。法部尚书戴鸿慈与大理院正卿沈家本围绕着大理院用人权等问题反复争夺，最终清廷以沈家本与法部右侍郎张仁黼职位对调了事，结束了这场纷争。其后，主要借鉴日本《裁判所构成法》，编制成《法院编制法》，作为部院权限划分的主要依据。

辛亥革命之后，南北对立。在北方，法部与大理院仍按照《法院编制法》划定的权限进行活动；南方的南京临时政府成立后，以司法部为最高司法行政机关，而在司法审判方面，却没有相应的部门，虽然曾拟制《临时中央裁判所官制草案》，但并没有完成立法程序，故仍由司法部负责民事和刑事诉讼审判。

---

① 韩策：《派系分合与民初司法界的改造》，《历史研究》2020年第1期。
② 故宫博物院明清档案部编《清末筹备立宪档案史料》，第471页。

北京政府成立以后，基本沿用清末的司法体系，而对大理院官制稍做变更，大理院正卿改称大理院院长，并裁撤了大理院少卿一职。部院权限仍以《法院编制法》来划分。

然而，在初期的实际运作中，大理院很难起到最高审判机关的作用，这主要是由于人员的严重流失。大理院在 1906 年刚刚成立时，共分设六庭，所任官员"由法部司员奉调到院，或充推事或谬膺庭长"。① 而民国肇建以来，司法官一律采取考试方式任用，旧有官员或不符合考试资格，或难以通过考试，纷纷辞职，一时间，"都下曹官半已云散，自谋幸福，或组立政党及为选民"。② 前大理院正卿刘若曾及六庭庭长皆告辞职，大理院中上级官员几近无人。司法部仓促之间只得临时将大理院 8 名候补推事任命为代理推事，办理上告案件。审判职权尚且勉强维持，大理院的另一项重要职权"关于宪法与法律命令之解释"③ 就更力不能及了。司法部于是基本代行了大理院解释法律的职权，如盛京提法使来电询问施打吗啡如何治罪的问题，就不是由大理院做出解释，而是由盛京高等审判检察厅径直请示司法部解决。

1912 年 7 月 26 日，北京政府同时任命许世英为司法总长、章宗祥为大理院长。随着大理院长官的确立，二者的关系逐渐由司法部扶助大理院转变为比较平等的协作关系。部院双方在复判、设立大理分院、任用司法官及确定法官制服等方面开展了良好的合作。

2. 部院之争

由于北京政府建立初期大理院无力解释法律，司法部一度代行司法解释权，以致地方各级审判检察厅在遇有法律解释问题需要请示时，往往署"某某呈司法部大理院电"。这类电文，在大理院走上正轨后一般由其回复，但在客观上造成了司法部亦拥有此职权的现象，最终导致了双方在这一职权上的争夺。

部院之争的导火索是关于买卖人口应适用何种法律的问题。司法部对

---

① 《大理院咨司法部本院庭长推事等再四辞职应请于本院中遴选专门人员暂行办事文》，《政府公报》1912 年 7 月 6 日。

② 《大理院咨司法部本院庭长推事等再四辞职应请于本院中遴选专门人员暂行办事文》，《政府公报》1912 年 7 月 6 日。

③ 廖与人编著《中华民国现行司法制度》，台北：黎明文化事业股份有限公司，1983，第107 页。

此问题曾向奉天提法司进行解释，而大理院恰好也曾对广东高等审判厅进行过解释，由于双方解释相互矛盾，地方司法机关不知该如何办理。1913年5月9日，奉天高等审判厅向大理院请示办法，并指出部院之间对此问题解释的矛盾之处。奉天高等审判厅此举并非蓄意挑起双方矛盾，而是为解决问题，求得统一办法。不料早已对此非常不满的大理院借题发挥，在回复奉天高等审判厅的公函中提出"至谓本院复广东电与部令抵触，查司法部解释法律之命令，不问何级审判衙门皆不受其拘束"，① 公开向司法部挑战。

大理院此举引起司法部的强烈反应。5月26日，司法部发布训令，专门对此问题进行解释，并对大理院如此强硬的措辞表示"深感诧异"，辩称"买卖人口之有效无效是法律适用问题，非解释法律问题"，"司法部解释法律之命令在呈请解释之法院及一般法院当然受其拘束，大理院复该厅函称云云，法律上事实上均不能有效"。② 此外，司法部指出许多国家都有司法行政机关解释法律的情况，并举出日本司法省有将解释法律命令汇纂成书的事例。

仅一天后，司法部又就民事上告案件的移动办法发布训令，以"与《试办章程》第六十一条及《法院编制法》第四十七条第二项不合"③ 为由否定了大理院先前在特字第十二号通告中有关民事上告案件均由原审衙门直接申送大理院的规定，作为对其的回击。自此，双方争论的焦点由一个扩展为两个。

大理院迅速做出回应，强调"买卖人口新律既无专条，则前清禁革买卖人口条款当然有效"，④ 称司法部"解释法律，以部令命审判官适用，显系违背约法，不问何级审判衙门当然皆不受其拘束"，⑤ 言辞颇为激烈。而对于上告案件送审问题，大理院相对谨慎，阐述了《试办章程》应对其不适用的理由，并从实际操作的角度出发，指出"上告本院者应向何处声明，本院受理后所有记录应向何处调取，现行法律亦无明文"，⑥ 所以采取

---

① 《大理院复奉天高等审判厅解释买卖人口应适用法律函》，《政府公报》1913年5月17日。
② 《司法部训令第一百七十八号》，《政府公报》1913年5月29日。
③ 《司法部训令第一百九十四号》，《政府公报》1913年5月30日。
④ 《大理院复济南地方审判厅解释买卖人口罪适用法律函》，《政府公报》1913年5月30日。
⑤ 《大理院复济南地方审判厅解释买卖人口罪适用法律函》，《政府公报》1913年5月30日。
⑥ 《大理院咨司法部长查贵部五月二十七二十九等日咨请将本院通告办法毋庸施行断难照办，应将此项当然无效之命令迅速声明请查照文》，《政府公报》1913年6月4日。

了变通办法，"现在下级衙门均已周知，诉讼当事人咸称便利"。①

6月2日，司法部向大理院院长章宗祥单独致函，从法理上解释"前清禁革买卖人口条款中定有罚则部分，在前清现行律时代已失特别刑法之性质，在暂行新刑律时代更不能复活"。② 关于违反约法问题，则认为如果审判官用已失效法律审理，便属于废弛职务及侵越问题，司法部当然有权禁止。6月4日，对于另外的上告送审问题，司法部详细解释了大理院违反《试办章程》的种种具体条文，重点指责大理院以审判机关而立法，应是越权，并于6月5日以布告形式命令京外各级检察厅各县知事，上告案件一律依《审判章程》办理，大理院特字第十号、第十二号通告应为无效，指出："人民如有以大理院特字第十一号（第十号）、第十二号通告为根据向各该高等厅声明抗告者，各该高等厅应根据定章批驳。"③ 司法部的这一举动将其与大理院的矛盾公开化，使事态进一步升级。

而同样在6月5日，并且显然是在未看到司法部布告的情况下，大理院再次函复司法部，继续在部院范围内对上述两个问题进行争论。文中再次指责司法部任意解释法律，干涉审判，并且提出"盖一种法律除与新法律规定事项显相抵触及法有明文规定废止外，适用与否纯属法官之自由"，④ 同时认为法律适用与法律解释应属同一个问题。对于部院之争，大理院则表示"本院长依照《法院编制法》统一解释，与贵部见解不能尽同，深用引憾"。⑤ 此外，关于司法部提到日本司法省有解释法律的职权，大理院表示承认，但同时对于司法部所言各国多有司法行政机关解释法律的情况提出质疑，要求司法部列举国名、书名并出示原本或译本。

6月10日，司法部再次通令各级审判检察厅，重申关于上告期限及程序的主张，要求审判厅不得以大理院通令为根据向原审机关调阅原卷，否则以违法处置。在买卖人口问题上，也再次表示是法律适用问题，不是解释法律问题。同日，司法部向大理院院长章宗祥再次发函，强调自己的主张，并认为大理院法官均为本部总长任命，故更应负监督责任，实际上已

---

① 《大理院咨司法部长查贵部五月二十七二十九等日咨请将本院通告办法毋庸施行断难照办，应将此项当然无效之命令迅速声明请查照文》，《政府公报》1913年6月4日。
② 《大理院咨司法部长查贵部五月二十七二十九等日咨请将本院通告办法毋庸施行断难照办，应将此项当然无效之命令迅速声明请查照文》，《政府公报》1913年6月4日。
③ 《司法部布告第十一号》，《政府公报》1913年6月7日。
④ 《大理院咨复司法部解释法令非司法行政衙门所能限制者》，《政府公报》1913年6月7日。
⑤ 《大理院咨复司法部解释法令非司法行政衙门所能限制者》，《政府公报》1913年6月7日。

隐含威胁的意思；对于部院之争，表示"恐误会之处不在本总长，而在贵院长及一部分误解法理之法官也"。①

大理院不甘示弱，同样于 6 月 10 日发布特别通告，声明上告程序不受高等以下审判厅《试办章程》拘束，并明确将上告期限定为二十日，宣布司法部布告及训令中关于大理院通告的部分"系干涉审判，违反约法及编制法，当然无效"。②

6 月 14 日，大理院继续发布通告，宣布以后特字通告一律改为布告形式。很明显，这是在与司法部针锋相对。这份通告仍然就上告程序问题进行说明，但重点已不在于争论法理与具体条文，而是在于对抗司法部的相关训令及布告。大理院在通告中明确表示："如各该官员违背官吏服务令第二条第一款之规定，致妨害本院职务者，应于国法上各负其责任；至人民有受不法侵损者，无论何时，可向本院呈明，本院即仍照特字第十号第十二号通告予以救济。"③ 同日发布的第二十号布告，与此内容也基本相同。

部院之争闹到如此地步，已经严重干扰正常司法程序的进行。为此，浙江高等审判厅厅长廉隅同时向司法总长许世英和大理院院长章宗祥发电，试图调解。他在电文中说："法理争执无足介意，最高机关威信重要，恳各捐小节以为大局。"④ 但章宗祥在回电中表示："民国法律类未完备，他种机关解释歧义，本院为全国司法最高机关，维持之责所不敢辞，职务之外其他小节悉可捐弃。深盼卓见，以匡不逮。"⑤ 显然仍力求分出胜负，并希望廉隅提出具体意见。

到 6 月 27 日，眼见此事已不可能调解解决，司法部只好致函国务院，并请转呈大总统咨询国会，在函中再次详加列举双方观点，并提出"此事一日不解决，则人民一日无所适从，诉讼进行实多滞碍"，要求提前议决，以免争议。⑥

---

① 《司法部咨大理院长买卖人口条款本部认为无效，是监督审判以外之事，并非干涉审判，业已训令各级法院请查照文》，《政府公报》1913 年 6 月 12 日。
② 《大理院特字第十七号通告》，《政府公报》1913 年 6 月 12 日。
③ 《大理院布告第十九号》，《政府公报》1913 年 6 月 16 日。
④ 《浙江高等审判厅廉厅长致司法总长大理院长电》，《政府公报》1913 年 6 月 17 日。
⑤ 《大理院复浙江高等审判厅廉厅长电》，《政府公报》1913 年 6 月 17 日。
⑥ 《司法部致国务院查大理院第十号第十二号特字通告变更审判厅试办章程请转呈大总统咨询国会函》，《政府公报》1913 年 6 月 29 日。

7月4日，大理院向司法部再次致函，详细论述了上述两大问题，并在最后表示："不能以贵重之时间，日为无谓之争议。嗣后如有关于本院审判上之事项加以干涉者，除一律认为无效外概不另行答复。"① 我们可以将这份复文认定为大理院的最后意见。

7月9日，司法部再次致函国务总理，对买卖人口应否适用新刑律再次陈述意见。值得注意的是，文中提出对略诱和诱罪"或于该章上添列条项，限揭买卖人口罪刑之处"，② 这表明司法部已有向大理院妥协之意。至此，双方论争基本结束。而笔者翻阅了部分国会资料，未见其对于司法部的咨文做出讨论或者回复，其原因仍需进一步研究。

3. 解决问题与合作

1913年9月30日，新上任的司法总长梁启超以司法部名义向大总统提交《修正各级审判厅试办章程三条》，获得批准。这项修正法案对扭转部院关系起到了关键作用。三条均关于上告期限及上告程序，其中修正第六十条为"凡刑事上诉自宣示判词之日始限于十日内呈请原检察厅移送上级检察厅"，③ 修正第六十一条为"凡民事上诉自递送判词之日始限于二十日内呈请原审判衙门移送上级审判衙门"。④ 可以看出，这正是大理院一直坚持的主张，如今得以按照适当的立法程序得到落实。至于修正第六十五条及修正补订《各级审判厅试办章程》一条，是关于特殊情况及计算时间方法的规定，本就不是部院双方争论的焦点。

此外，买卖人口问题在1914年12月24日公布的《暂行新刑律补充条例》中得到解决，但因其已属于《中华民国约法》时期，不属于本章讨论的范围，故不做详细论述。

部院之争平息之后，双方关系趋于好转，司法部和大理院均恢复常态，继续配合协作。到1913年11月，大理院向司法部致函，陈述案件繁多，大理院民事庭数量不足，请求增加民事庭数量，并相应增加经费。26

---

① 《大理院咨司法部关于解释法令及上告程序设为问答分析驳复文》，《政府公报》1913年7月9日。

② 《司法部致国务总理关于买卖人口是否适用新刑律，略诱和诱罪或须添列条项显揭罪行希呈请咨询国会议决函》，《政府公报》1913年7月11日。

③ 《司法部呈大总统拟就〈各级审判厅试办章程〉条文分别修正补订以昭划一，开单请鉴核示遵文并批》，《政府公报》1913年9月30日。

④ 《司法部呈大总统拟就〈各级审判厅试办章程〉条文分别修正补订以昭划一，开单请鉴核示遵文并批》，《政府公报》1913年9月30日。

日，司法部回复大理院，认为"原有庭数不敷分配，自系实在情形"，"本部刻正准备增庭以资伸救"，[①] 但同时要求大理院在目前状况下对案件"振刷精神，迅速清理"。[②] 大理院经过考虑，做出回复，详细论述了造成当前状况的原因，并请求司法部配合改进。其原因共有六条：①案件激增，但庭员人数较少，每月结案 30 件以上，已属不易；②民商事实体法、程序法缺失，审理难免司法而兼立法，立法又因中外国情不同而困难重重；③刑事案件缺乏程序法；④下级审理者记录纷乱，大理院对于下级审理案件是否符合事实需要认真调查，所以任务繁重；⑤交通不便，不能迅速送达卷宗，传唤人员也很困难；⑥司法实践之初，难免延迟，待有经验后应当能够迅速一些。[③]

大理院的这份公函一定程度上反映了当时真实的司法状况，然而其所提出的问题并不是司法部短时间内能够解决的。政局的动荡和关键职务的频繁换人无疑使局面进一步恶化。

1914 年 2 月 20 日，大总统袁世凯批准梁启超辞职，任命原大理院院长章宗祥为司法总长，董康为大理院院长。23 日，章宗祥就任司法总长；三天后，董康就任大理院院长。3 月 9 日，司法部迁入大理院新署第二层楼上，原来水火不容的二者从此在一个屋檐下办公，部院关系开启了新的篇章。

（二）与内务部的关系

司法部与内务部的关系主要体现在借调司法警察一事上。审判厅在审理案件时，需要司法警察维持秩序，传带证人，提解、押送被告人等；检察厅也需要司法警察执行传唤、参与搜查、送达法律文书等。此外，司法警察还负责参与财产查封、扣押及执行死刑等事务。司法警察一般属于审判厅、检察厅管辖，但民初尚未建立两厅组织，只好临时借调现有警察如巡警、军警等。其中，巡警是主要的借调对象，这就会产生借调的巡警由谁领导的问题。根据宣统二年（1910）法部制定的《检察厅调度司法警察章程》，司法部首先致函内务部，提出在执行司法职务时，警察应归检察

---

① 《司法部致大理院请督促庭员对于受理案件迅速清理函》，《政府公报》1913 年 11 月 28 日。
② 《司法部致大理院请督促庭员对于受理案件迅速清理函》，《政府公报》1913 年 11 月 28 日。
③ 以下各条系根据《大理院复司法总长详论本院办事情形及诉讼延滞原因，请商拨经费，实行添庭，一面设法进行函》总结而成，载《政府公报》1913 年 12 月 7 日。

厅调度，并发给司法警察证。为了明晰职权，还制定了《检察厅指挥司法警察证暂行细则》。

内务部收到司法部公函后，非常重视，特别发布训令，向内外城巡警总厅及各省警察长官说明"司法警察为检察官之辅佐，故必彼此相维相系，呼应灵通，而后可达有罪必发之目的，庶行政司法乃交受其益"，[①] 并要求各级巡警部门应按照《检察厅指挥司法警察证暂行细则》及《检察厅调度司法警察章程》活动，"实力协助，毋得视为具文"。[②]

（三）与教育部的关系

司法部与教育部的关系主要体现在法政学堂的管理与认定上。自晚清开办新式学堂以来，各类学校、学堂如雨后春笋般纷纷建立，其中就有很多公立或私立的法政学堂或学校。这类法政类学校在民国后仍陆续建立，为国家培养了大批法律人才。但是，由于办学规模与水平差别巨大，各地学校良莠不齐，这给司法部任用司法官带来了问题。于是，规范和管理这些学校就成为司法部与教育部共同关注的问题。

从职权上来讲，法政类学校应归教育部统一管理，清末时就有相应规定。宣统三年（1911）初，教育部的前身学部在奏折中就曾经提出："臣部职司教育，除军事教育外，无论何项学堂，臣部皆有考核之专责。故定章各省设立之学堂，平日需将课程讲义、学期分数送部查核；毕业之际或将试卷送部复核，或调部复试。"[③] 北京政府成立后，司法部与教育部就法政学校管理问题进行讨论，并取得一致意见："对于私立法律或法政学校均准自由设立以资奖励，其有愿应政府各项考试者经报部备案开办后均由部认真查复，如果程序相当，即予随时认可。"[④]

司法部与教育部在职权上的分工非常明晰。如江南法律学校校长刘焕，向司法部呈报学校校长更替一事，司法部便指出此事属于教育范围，应当呈由教育部核办。

---

① 《内务部训令第十二号》，《政府公报》1913 年 1 月 12 日。
② 《内务部训令第十二号》，《政府公报》1913 年 1 月 12 日。
③ 《奏拟将各部设立之学堂毕业考试权限画一折》，见中国第一历史档案馆藏《学部档案全宗·文图庶务类》（第 357 卷），转引自关晓红《晚清学部研究》，广东教育出版社，2000，第 246～247 页。
④ 《司法部部令》，《政府公报》1912 年 7 月 17 日。

司法部与教育部在处理前清遗留问题时也充分协作。如司法部曾咨询教育部关于前清进士馆修业人员认定学历问题，教育部经过调查前学部奏折，查明前清进士馆三学期修业人员为甲辰科进士，分为内班与外班，内班人员送入日本法政大学补修科学习，一年毕业；外班送入日本法政大学速成科，一年半毕业。这些修业人员在馆与留学时间累计满三年，所以教育部认定其为三年法政毕业。此外还有部分未入进士馆进士，随外班进入日本法政大学速成科学习，因其只有一年半学习时间，所以认定为速成法政毕业。

这种协作同样出现在律师认定方面。起初，因教育部未将各学校毕业名册送齐，司法部在认定律师学历时只好暂时以各高等厅的呈报为准，难免出现浑水摸鱼、弄虚作假者。其后教育部迅速送齐毕业名册，要求司法部"核给证书须以送到各项名册为凭"。[1] 从 1913 年 11 月起，司法部开始以此为准核对律师文凭，果然发现有不法者，并做出了取消其律师资格的处理。

（四）与工商部（农商部）的关系

司法部与工商部的关系主要体现在商事诉讼上。

在清末，已设审判检察厅的地方，商事诉讼归审判检察厅办理；未设厅地方由府、州、县受理。由于各审判厅内未设有专门的商事审判厅，所以商事审判均归属民事庭办理，而在未设厅地方则更不明晰。为此，各商会纷纷自行筹款成立商事审判庭。这种商事审判庭由于不属于正式的国家司法机关，在北京政府成立后均告撤销。并且，为保证司法独立、权限划一，工商部也主动将前清农工商部旧存的各省商事诉讼卷宗档册交于司法部检收管理。

各省商会起初也向中央政府请求设立商事裁判所，但因为"现在各级法官未尽通晓商情，往往有误会而误判者"，[2] 改为请求设立商事公断处，并拟定了商事公断处规则。工商部查阅前清档案，发现有此先例，向司法部咨询并提出两种方案，一种为单独设立商事公断处，另一种为将商事公断处附设于民事庭内。司法部接函后做出回复，认为依照《法院编制法》，

---

① 《司法部布告第十九号》，《政府公报》1913 年 12 月 13 日。

② 《工商部咨司法部各省商会请设商事公断处是否可行并妥筹商事诉讼划一办法统希核复饬遵文》，《政府公报》1912 年 7 月 5 日。

商事裁判目前仍应该由民事法庭审理，将来看情况再确定是否单独设立商事审判庭。而关于商事公断处，司法部认为属"仲裁裁判，其性质与国家法院迥不相同"，[①] 为方便起见可以准予设立，但是"如有一造不服，仍应受该管法庭正式审判"。[②]

（五）与外交部的关系

司法部与外交部的关系主要体现在华洋裁判所上。

自列强从中国取得领事裁判权以来，中国的司法主权就在不断丧失。上海公共租界会审公廨本由外国驻沪领事等人进行控制，但上海民政长李钟珏又在上海华界地区设立所谓华洋裁判所。在华界设置华洋裁判所，是明显的对司法权的让步，且上海的华界地区已有地方审判厅存在。

外交部咨司法部认为应当撤销，司法部也认为其"既与审判厅有重复之嫌，且恐会审制度有波及华界之虑，殊属不合"，[③] 同意撤销这一机构，维护司法权。华洋诉讼事件得以由上海地方审判庭进行审理。但后来，因为外国人常常要求观审，"拒之不可，受之不能"，[④] 于是外交部请求改由行政官进行审理。司法部在同意行政官审理的同时，表示"地方官不谙新律，得临时请通晓法律官员帮审"，[⑤] 实际上使得审判厅仍能参与案件审理，又避免了外国人的干涉。外交部与其一拍即合，由司法部迅速拟定了具体办法，这便是《酌定华洋诉讼办法》。

该办法共有三条。第一条规定了派法官或帮审员的条件，即"如该承审官不系法律或法政专门毕业人员，应即函请同县或附近地方审判厅长酌派法官或函请该县审检厅酌派帮审员帮同该地方官承审"。[⑥] 在当时法律人才奇缺的状况下，这一规定在实际上使当地审判厅官员很大程度上能够参与案件审理，保证了审理水平。第二条规定了上诉问题，即"该省通商交

---

① 《司法部咨工商部商事公断处准援案设立，如有一造不服仍应受法庭审判文》，《政府公报》1912 年 7 月 10 日。

② 《司法部咨工商部商事公断处准援案设立，如有一造不服仍应受法庭审判文》，《政府公报》1912 年 7 月 10 日。

③ 《司法部复外交部胡总长公函》，《政府公报》1912 年 5 月 16 日。

④ 《司法部训令第七十八号》，《政府公报》1913 年 3 月 10 日。

⑤ 《司法部训令第七十八号》，《政府公报》1913 年 3 月 10 日。

⑥ 《司法部训令第七十八号》，《政府公报》1913 年 3 月 10 日。

涉使衙门或该省外交部特派交涉员署为上诉机关"。① 这使得外交部能够及时介入上诉案件，保证国人权利。并且在第二条中规定上诉承审员若不为法律或法政毕业时，仍需当地审判厅派出法官或帮审员。可以说，实际上司法部门和外交部门共同掌握了华洋上诉案件的审理权。第三条规定法律适用问题。其中规定除与条约抵触外，审判程序按照《各级审判庭试办章程》办理，与普通诉讼大体保持一致。

1913 年 6 月 17 日，外交部致函司法部，要求将其中的第二条改为"仅以该省特派员交涉员署为上诉机关，其余各埠交涉员不得受理上诉案件"。② 实际上，这是外交部集权的手段，司法部自然不会拒绝，并"极表同情"。③

（六）与交通部的关系

司法部与交通部的关系主要体现在管理铁路犯罪方面。

清末时在铁路周围抓获犯罪人员，往往交于沿途的地方官进行审判，但地方官多因循苟工，不称其职，对这种罪犯往往不经审理就释放了事，导致铁路犯罪愈演愈烈。部分路局根据这种情况，自行由路厅兼管司法裁判事宜，如京汉铁路局的西路厅便是如此。民国建立以后，交通体制发生改变，许多路厅被裁撤；况且由路厅审理案件，本身也不符合司法独立原则。是以京汉铁路局提出"嗣后路上获犯，以各段铁路巡警之巡官为告发人；凡车外某段发生案件，即由某段铁路巡官解送犯事地方有管辖权之审判厅或县受理；其车上发生之案，即于最近应停车之站责成铁路巡警之巡官送交该车站有管辖权之审判厅或县受理"。④ 交通部认为该办法比较妥当，便转请司法部核准回复。

司法部接函后，同意了该办法，并做出补充规定："该司法衙门受理后，按照法律认定该案事务土地之管辖，或径受理或移交别衙门受理。"⑤

---

① 《司法部训令第七十八号》，《政府公报》1913 年 3 月 10 日。
② 《司法部复外交部据函称华洋诉讼上诉案件专归特派交涉员审理，本部极表同情函》，《政府公报》1913 年 7 月 5 日。
③ 《司法部复外交部据函称华洋诉讼上诉案件专归特派交涉员审理，本部极表同情函》，《政府公报》1913 年 7 月 5 日。
④ 《交通部致司法部据京汉路局所拟铁路获犯以巡官为送交起诉之机关分别车内车外办法请核明见复以便饬办函》，《政府公报》1913 年 6 月 29 日。
⑤ 《司法部训令第三百七十四号》，《政府公报》1913 年 9 月 7 日。

随后，通令直、豫、鄂三省司法筹备处及高等审判检察厅遵行，作为京汉铁路获犯审判的统一办法。

1913 年 11 月 6 日，交通部提出其他各路局应"仿照京汉办法，一律办理，而符法制"。① 具体的路局包括：（1）交通部直辖各路，如京汉路局、京奉路局、津浦路局、沪宁路局、京张绥路局、正太路局、道清路局、吉长路局、株萍路局、广九路局、汉粤川铁路总公所、陇秦豫海铁路总公所、浦信铁路筹备处；（2）商办各路，如江西南浔铁路公司、广东新宁铁路公司、广东粤汉铁路公司、广东潮汕铁路公司、苏省铁路公司、浙江铁路公司。

1913 年 11 月 14 日，司法部同意了这一请求，并以训令形式通令京师及沿路线各省高等以下审判厅、检察厅、县知事、帮审员一体遵照。

此外，窃毁铁路道钉的现象，各审判厅或县知事往往依照普通盗窃案件处理，这引起了交通部的不满。交通部特别函知司法部，要求从重处断，司法部亦表示同意。但这并不足以解决问题，因为铁路盗窃案件花样繁多，并不仅有窃毁道钉一项。交通部于 1913 年 12 月 2 日统一致函司法部，要求"嗣后遇有偷窃损坏已成路轨上物件之案，须务核其情节，按照妨害交通罪章内所定各条分别科断"。② 司法部于当月 20 日同意了这一要求。

二 与地方政府的权限关系

（一）用人权

北京政府刚刚成立时，中央权力尚弱，作为中央政府的一个部门，司法部不但不能完全掌握各级审判厅、检察厅的人事任免权，甚至连高等审判厅、检察厅的人事也不能自主。如河南都督张镇芳因高等检察厅检察长李翰昌因病请求开缺，便径直任命高等审判厅推事褚荣泰署理，当时的司法总长王宠惠也只得批准任命。

但并非所有省份都是如此。如江宁地方审判厅厅长杨年未经司法部同意擅自委任属下官吏一事，司法部得知后就严厉地进行了批驳。杨年系江

---

① 《交通部致司法部嗣后各路局获犯解送应照京汉办法请行知各省审检厅转行照办函》，《政府公报》1913 年 11 月 8 日。
② 《司法部训令第五百六十四号》，《政府公报》1913 年 12 月 23 日。

苏都督于江苏光复时任命，司法部不便直接惩戒，责成江苏都督"饬该管官厅派员接任"。①

关于用人，最典型的事例莫过于司法总长许世英与广东都督胡汉民对于罗文干的任命。罗文干，字钧任，1888 年出生于广东番禺，1904 年赴英国留学，获法律硕士学位，1909 年归国。任广东都督府司法司司长，是当时为数不多的高学历法律人才之一。时任司法总长许世英非常想让其在中央任职，便呈请大总统袁世凯，任命其为总检察厅检察长，先期任命朱深与李杭文两名留日人才为检察官，作为其下属，并通报广东都督胡汉民。不料胡汉民以罗文干才学出众，无继任者为由，拒绝放人。许世英不得不再次函电胡汉民，恳请其"念总检察厅事务重要，推贤让能"，② 胡汉民则在复电中称"粤中方依罗君如左右手，万难使之遽去"，③ 仍旧不愿放行。许世英只好三电胡汉民，认为总检察厅"舍罗君外实难其选"。④ 胡汉民见许世英一再坚持，便直接向大总统袁世凯致电，要求总检察厅检察长一职"先行派员署理……俟该员办理就绪再行晋京就职"，⑤ 实际上仍不放人。令许世英没有想到的是，国务院竟然批准了这一请求，于是胡汉民非常满意地致电许世英，通知其照国务院电办理，许世英只得无奈接受。

（二）审判管辖权

民国初建，许多人对民国政体并不熟悉，遇到司法事务往往向大总统府、国务院控诉，或请交大理院提审，或请饬某省都督民政长提审，甚为混乱。国务院第一号布告即就此事宣布"嗣后各该社会人民凡有民事、刑事均应遵法起诉，毋得越级具呈，本院收到此类呈词，碍难批答"。⑥

民国初年，各地盗匪横行，治安状况不容乐观，各省都督为图简便，往往任意将盗匪纳入军事范围，不经审判即就地正法。司法部为维护司法独立，保护人民权利，与各省民政长展开了激烈争论，以奉天最为典型。

事情的起因是新民地方检察厅咨询现获应判死刑盗犯应不应归入军事

---

① 《司法部批江宁地方审判厅长杨年矫辩擅任法官由》，《民立报》1912 年 4 月 13 日。
② 《司法总长复广东都督电》，《政府公报》1912 年 9 月 28 日。
③ 《广东都督复司法总长电》，《政府公报》1912 年 9 月 28 日。
④ 《司法总长复广东都督电》，《政府公报》1912 年 9 月 28 日。
⑤ 《广东都督胡汉民呈大总统电》，《政府公报》1912 年 9 月 28 日。
⑥ 《实行司法独立》，《民立报》1912 年 9 月 13 日。

范围，由奉天提法司转呈奉天都督，奉天都督批复"奉省胡匪充斥，应处死刑盗犯若不临时就地惩办，实不足以寒匪胆而资震慑"，[①] 而对于适用新刑律问题，认为"奉省特别，地位与内地情形不同，所有已设审判厅地方遇有盗案归入军事范围，由地方官审讯"，"办理已一年有余，且诸称便捷，应仍照旧办理"。[②]

对于此事，司法部已在6月17日根据大总统令进行明确说明："凡在戒严地及其时期内扰害治安之重罪犯，无论直接间接为害于国家，皆可谓之为匪，自应以军法从事，即当归军营办理；其平时之盗即依据《暂行新刑律》解释专由审判衙门办理。"[③] 并措辞激烈地表示："各省在前清时代有就地正法一种不经审判任意杀人，既无限制，亦无稽考，破坏法律，蹂躏人民，莫此为甚！在民国时代断不容藉军法从事一言规复旧制。"[④]

但奉天都督仍然以新刑律关于强盗罪名比较旧律为轻、无法震慑罪犯为理由，拒绝依照正常的司法程序处理盗匪。司法部除从法理角度耐心向其解释外，表示前文所提到的省情为"事实问题，非法律问题"，"立法精神在能永久统一，效力普及于全国，岂可因一时一地遽以命令变更法律，致有出入"，[⑤] 并指出此事"系经六月初十日第十九次国务会议议决施行"。[⑥]

地方行政长官亦有越权直接干涉司法者。如吉林都督陈昭常政治腐败、贪污受贿，被"前刘省会议长控告，省议会弹劾，检察官诸克聪因依法受理此案，触陈之怒……"，[⑦] 陈昭常便以"身任法官，串唆词讼，联结报馆，混淆是非"[⑧] 为由，将吉林高等检察厅检察官诸克聪撤差并限令出

① 《司法部咨奉天都督将奉天提法司转呈新民地方检察厅及高等审判厅呈文，两次批词取消以保司法独立文》，《政府公报》1912年8月17日。
② 《司法部咨奉天都督将奉天提法司转呈新民地方检察厅及高等审判厅呈文，两次批词取消以保司法独立文》，《政府公报》1912年8月17日。
③ 《司法部部令》，《政府公报》1912年6月17日。
④ 《司法部部令》，《政府公报》1912年6月17日。
⑤ 《司法部咨奉天都督将奉天提法司转呈新民地方检察厅及高等审判厅呈文，两次批词取消以保司法独立文》，《政府公报》1912年8月17日。
⑥ 《司法部部令》，《政府公报》1912年6月17日。
⑦ 戴逸主编《中国近代史通鉴1840~1949》，红旗出版社，1997，第574页。
⑧ 《总检察厅呈司法部据吉林高等检察官诸克聪以吉林都督破坏司法，请予查办等情，转行咨请取消处分命令文》，《政府公报》1912年11月28日。

境。司法部接到吉林都督电文后，未得到吉林提法司呈报，正欲过问详情，便收到总检察厅报告司法部的呈文，认为依照《中华民国临时约法》第五十二条"法官在任中不得减俸或转职，非依法律受刑罚宣告或应免职之惩戒处分，不得解职"，[①] 吉林都督无权擅自惩戒司法官。于是司法部要求吉林都督"迅饬司查明，据实速复"。[②] 但此事最终不了了之。

第五节　民初司法状况

一　管理全国审判检察机关

司法部作为全国最高司法行政机关，负责全国审判检察厅的机构管理与人事任免，对于全国审判检察机关的作用是举足轻重的。

（一）管理全国审判检察厅

清末在修订新律时，以《法院编制法》、《大理院审判编制法》及《各级审判厅试办章程》等为框架，提出了一个基本的蓝图。这一蓝图主要仿效日本裁判所，可概括为一个四级三审的审判检察制度：在地方州县设立初级审判检察厅，在各府设地方审判检察厅，在省设高等审判检察厅，在中央则以大理院为全国最高审判机关。民初司法部就是在这样的框架下实现其行政管理职能的。

1. 坚持审判原则

1912 年 5 月 14 日，刚刚成立的司法部收到顺天府永清县的呈文，询问以后文武举、贡生等人犯罪是否按照普通司法程序办理，司法部指出："现在国体改建共和，凡我人民一律平等，初无阶级之区分，况新律既已颁行，旧律当然废止。"[③] 规定一律按照普通程序办理，同时要求审判机关应遵行人道，以重法权。

根据《中华民国临时约法》第五十条的规定："法院之审判须公开

---

① 梁凤荣主编《中国法律思想史》，郑州大学出版社，2010，第 328 页。
② 《司法部咨吉林都督请饬司查明诸克聪所犯情节及其证据，迅速咨复文》，《政府公报》1912 年 12 月 7 日。
③ 《司法部令》，《政府公报》1912 年 5 月 16 日。

之。"① 司法部对审判公开的努力也是不遗余力的。1912 年 6 月 26 日,司法部公布《法庭旁听暂行细则》,规定"凡法庭应设旁听座,除法律特别限定外不得禁止旁听",② 发给旁听券作为旁听凭证,严令不得收费,并就旁听中可能出现的状况做了详细规定。

凌虐被告人及关系人的行为也被严令禁止。北京政府成立后,司法部严正声明:"嗣后无论公开审判或预审及其他官署之审讯,均不准再用刑责及其他方法凌虐逼供,倘有阳奉阴违、故蹈前弊者,不论何人,准其赴该管官司据实呈诉。"③ 1912 年 8 月 3 日,司法部针对跪审惯例发布训令,明令禁止了这一恶习。此外,民国初年仍存在僧人违反戒规后由上级僧人擅自审问,动辄施以杖刑,致人残废甚至死亡的事件发生,司法部同样以布告形式,规定"嗣后僧人对于僧人如有违法审问滥用杖责等情事,准被害人或有关系人暨有职司纠察之责者径向司法衙门据实起诉,依律办理",④ 以示救济。

2. 变通诉讼程序

1913 年 12 月,为了提高司法效率,司法总长梁启超开始着手删改旧律,并出台试行章程等程序法法规。但这些法规并不为民众所熟知,在日常诉讼中仍旧频繁出现诸多问题,如误投他署、不用法定状纸、不按规则填写状纸、不知有上诉期限等,造成案件拖延等。为了使法律透明化,司法部采取了非常务实的做法,命令京外各级审判检察厅长官率领书记官"将诉讼程序法撷要印刷,并摘其最要者分项编成白话或韵语,其程序与从前惯例相异之点尤宜特为揭出,加以说明。分发所辖各县……每月一次,使人民易知易从,识法守法",⑤ 并要求将所拟告示内容报部,以备查核。

1914 年 2 月,京师地方检察厅鉴于民众对诉讼程序了解较少、经常出错,不但影响案件审理,而且浪费司法成本,有针对性地提出若遇到"民、刑事有投递错误或状纸形式有不符者,准两厅互相知照,或代更其状面,不得仅以驳回却下二字了事","民事案应纳诉讼费者如审判厅认为

---

① 汤唯、孙季萍:《法律监督论纲》,北京大学出版社,2001,第 211 页。
② 《司法部令》,《政府公报》1912 年 6 月 26 日。
③ 《司法部令》,《政府公报》1912 年 6 月 8 日。
④ 《司法部布告第一号》,《政府公报》1912 年 12 月 19 日。
⑤ 《司法部训令第五百六十号》,《政府公报》1913 年 12 月 21 日。

应受理时,仍可自行传唤告诉人照章缴纳"。① 司法部认为该主张颇能刷清利弊,同意照此办理。

3. 规范制服及上班时间

1912 年 8 月,由于正式的法官制服规定尚未出台,司法部首先公布了暂时办法,规定法官"暂用蓝色长袍,青色对襟长袖马褂"。② 1913 年 1 月又规定了其他人员的服制办法,规定推事、检察官、律师、书记官到庭时需穿制服,就席后可以脱帽置于书案上,但宣告判决时需要起立戴帽;在法庭外应穿礼服时穿普通礼服。此外,还规定了承发吏的制服,并配有附图。

1912 年 3 月,司法部发布训令,规定上班时间(见表 7-5)。除 7 月至 8 月初始拟另设为审判检察厅休假,后因《法院编制法》尚未公布而"暂缓实行"。③

表 7-5　审判检察厅上班时间

月　份	勤务时间(上午)	勤务时间(下午)
3~6 月	9:30~12:00	13:30~17:00
7~8 月	8:30~12:00	
9~10 月	9:30~12:30	13:30~17:00
11 月至翌年 2 月	10:30~12:00	13:30~17:00

资料来源:《司法部训令第一百二十一号》,《政府公报》1913 年 4 月 5 日。

4. 变更官名及区域划分

1912 年 8 月,司法部提出改良司法官名称,得到批准,将各级检察厅厅丞一职改为各级检察厅检察长,各级审判厅厅丞一职改为各级审判厅厅长,以适国情。

在改定名称后,司法部在很长一段时间没有对清末设置的各级审判检察厅的司法管辖区域进行调整,直到 1913 年 10 月,才以裁撤直隶第一高等审判检察分厅为标志,开始改变清末以来的旧有状况。

"直隶"在明代意为直接隶属于京师的地区,初始设在南京,永乐年

---

① 《司法部训令第二百六十七号》,《政府公报》1914 年 4 月 24 日。
② 《司法部部令》,《政府公报》1912 年 8 月 30 日。
③ 《司法部致各省司法筹备处电》,《政府公报》1913 年 7 月 20 日。

间迁都北京后，开始有南、北直隶之分。清朝入关后，以南直隶改称江南省，北直隶改称直隶省。直隶是清朝单设总督的重要行政区之一，行政中心初始设在大名，后设在保定。第二次鸦片战争后，为适应对外交涉的需要，清政府设立南、北洋通商大臣，其中北洋通商大臣即驻于直隶天津，管理《天津条约》中规定的天津、牛庄、登州三处通商事务，故又称为三口通商大臣，简称北洋大臣。1870 年李鸿章任直隶总督后，清政府不再单设三口通商大臣，而以直隶总督兼任北洋大臣。自此，直隶总督一般常驻天津，只在冬季贸易淡季时才偶尔返回保定。但清政府一直以来都没有改变保定的省城地位。

在清末制定的《司法区域划分暂行章程》中，有督抚及边疆大员驻所、繁盛商埠可以设立高等审判检察分厅的规定，所以在保定设立直隶高等审判检察厅的同时，在天津设立了直隶第一高等审判检察分厅，在热河设立了直隶第二高等审判检察分厅。进入民国以后，因为"该省行政公署及省议会均在天津"，[1] 便将本厅与分厅对调。1913 年 10 月，直隶民政长刘若曾电请撤销保定的直隶第一高等审判检察分厅，一是为了节省开支，二是因为天津与保定之间交通便利。司法部经过考虑，同意了这一请求，将保定的直隶第一高等审判检察分厅裁撤，并将热河的直隶第二高等审判检察分厅改名为直隶审判检察分厅。

（二）任免司法官吏

任免司法官吏，是司法部对全国审判检察机关实行管辖的重要手段。司法官吏任免权从普通官吏任免权中分离出来，是从清末新政开始的，以法部的成立为标志。在法部成立后，原属于吏部的司法官任免权由法部执行，这是司法独立事业的一大进步。但由于清末中央权威的衰落，各地方司法官往往由地方长官直接任命，只由中央法部确认而已，法部的司法官任免权并不能很好地履行。辛亥革命爆发后，各省纷纷独立，地方长官擅自任用司法官的状况日益加剧，中央几乎丧失了对司法官的掌控。北京政府成立后，北洋集团以强大的军事实力为后盾，中央的权威得到了极大加强，司法部开始着手恢复中央政府对全国司法官的控制。这一控制，突出

①《司法总长梁启超呈大总统拟将直隶第一高等审检分厅裁撤裁缺各员一律免官另候任用文》，《政府公报》1913 年 12 月 19 日。

表现在对法官的任用上。

司法部甫一成立，便针对江西有举行法官考试命令的情况致电江西司法司司长，以"法官考试任用，本部正在统筹划一办法，该省未便仓猝举行"为由，① 否决了江西司法司的命令。在表明了收回地方法官任免权的态度后，司法部结合实际情况，采用了暂时按照清末法律文件为标准任用司法官的方式，来落实这一举措。

针对当时个别省份法官严重短缺、亟须补充的现实情况，司法部也进行了变通，提出"可参照《法院编制法》及前法部《法官考试章程》，除与民国抵触各条外，酌定考试科目，认真考验，为该省暂时任用之标准，但正式法官考试仍应听候中央举行"。② 还有一种办法是由司法总长王宠惠在会晤杨千里时提议的："拟将从前立案办法废去，分为认可、存案两种，认可者该校毕业文凭与部试同效，由部验后即任法官；存案者毕业后由部考试，合格得应法官考试。"③

到许世英任时，由于"《法院编制法》提议通过尚无决定时期"，④ 司法部无法举行法官考试，遂再次变通，将学识经验符合《法院编制法》资格者先行任用为各厅法官，来应对日益增多的诉讼案件。

1913 年 2 月，司法部开始着手改组全国法院，"令饬该厅长检察长即就各该高等以下审判检察厅现有人员按照京师改组办法将各该员毕业文凭及其办事成绩认真考验，出具切实考语，详细报部，由本总长核定后分别呈请任命，以符约法而昭划一"。⑤

这种改组法院的方式，是比较激烈的，尤其对于没有法律或法政学校毕业文凭的旧法官来说，无异于解职通告，因此自然引起了他们的强烈不满。许世英则坚定态度，表现出了强硬立场："本总长忝掌法权，列员国务，整理司法悉出于公诚之心，持以贞毅之力，计划具有成书，方针断无反汗。在职一日，即一日负其责任，素性憨直，不屈不挠，毁谤悠悠，更非所计。南山可移，此案决不可改。"⑥ 在表达了自己的态度后，他同时指

---

① 《司法部致江西司法司长电》，《政府公报》1912 年 5 月 17 日。
② 《司法部致江西司法司长电》，《政府公报》1912 年 5 月 23 日。
③ 《民立报》1912 年 7 月 10 日。
④ 《司法总长许世英呈大总统请任命大理院总检察厅高等地方各审判检察厅司法官文》，《政府公报》1912 年 8 月 28 日。
⑤ 《司法部训令第五十三号》，《政府公报》1913 年 2 月 25 日。
⑥ 《司法部训令第九十号》，《政府公报》1913 年 3 月 16 日。

出旧法官特别考试一旦获得通过，就将举行，现任旧法官可以暂时以书记官或帮审员身份工作。

以司法总长为首的司法部，在法官改组上所表现出的魄力与坚持，一定程度上改变了清末法官滥用私人、不学无术的状况，任用了许多新式法律人才，使中国近代法官的构成主体呈现由旧式法官向新式法官的转变，这是应给予积极肯定的。但是其间也存在过分重学历、轻经验等问题，这挫伤了旧法官的积极性。早在 1912 年 10 月 19 日《民立报》便载有"法部现订《旧法官考试法》于北京及各省设考试委员会，考以《临时约法》、《暂行新刑律》、民法、商法，分笔答口述两种试，及格者始得留用，已交国务院，不日提议"。[①] 这给民初司法也带来了一定的负面影响。

梁启超上任以后，进一步规范了法官任用问题，于 1913 年 11 月制订了《甄拔司法人员准则》，作为法官考试的法律依据，专门在未经任用的司法人员中甄拔其优秀者任用为法官，并创设了甄拔司法人员会，以时任大理院院长章宗祥为会长，专门负责甄拔考试。为慎重起见，参加考试的资格要求比较严格，具体包括：①在国内外大学、法政专业学校修习法律三年以上并获得毕业文凭；②在外国速成法政一年以上获得毕业文凭并曾任推事、检察官；③在国立、公立大学教授法学主要科目一年以上，及在教育部认可的私立大学教授法学主要科目三年以上。符合以上资格者，需"各该厅查取各该员履历成绩、毕业凭证或教授讲义暨足以证明资格等项书籍，并具切实考语"，[②] 交由司法部后转交于甄拔司法人员会，再"详加审议"，[③] 通过者方可取得正式考试资格。

获得正式考试资格的人员均须赴北京进行考试。为防止作弊，所有人员需要"备带四寸相片，并于相片背后自行注明姓名、籍贯、年龄、在京住址等项，亲身呈验。倘无此项相片或查对不符即不准与考"。[④]

同样，为了彰显透明，甄拔司法人员会制定了《甄拔方法施行细则》《审议员审议规则》《审议员会细则》《甄拔考验细则（笔述考验）》《甄拔考验细则（口述考验）》等多项规章，事无巨细，均有严格的程序依据，堪称考试制度的典范。

---

① 《民立报》1912 年 10 月 19 日。
② 《司法部训令第五百十二号》，《政府公报》1913 年 11 月 25 日。
③ 《司法部训令第五百十二号》，《政府公报》1913 年 11 月 25 日。
④ 《司法部通告》，《政府公报》1914 年 1 月 9 日。

正式的考试于 1914 年 1 月 16 日在北京举行，有近千人参加。到 1914 年 3 月 11 日，甄拔司法人员会公布考试成绩，有 134 人及格，第一名为萧德润，另外还有 63 人允许参加口述考试；3 月 22 日公布口述考试成绩，37 人口述考试成绩及格，另有 5 人笔试补考及格；3 月 27 日公布口述补考成绩，2 人及格。至此，甄拔司法人员考试完全结束，共有 178 人合格。

虽然司法总长梁启超已于 1914 年 2 月 20 日辞职，未能完成他的计划，但继任者章宗祥很好地秉承了梁启超知识经验并重的理念，于 4 月 16 日公布《甄拔合格人员实习规则》，将甄拔合格人员分配至各厅实习，由所属长官考核升迁。

与此同时，对现任法官的考核工作也在进行。1914 年 2 月 24 日，司法部公布《司法官考绩规则》，首先在北京试办。根据该规则的规定，考核共分品行、履历、学历及其现况、执务状况、交际状况、健康状况、性格、才能及其他参考事项，同时还制定了《审判及检察事务成绩表编制细则》，对格式与内容都做了相当详细的规定。

（三）司法执行

1. 死刑的执行与复准

对死刑执行的改良，是从清末开始的，新刑律首次学习西方的死刑执行制度，即所谓死刑用绞。但进入民国以来，因为绞刑在我国并无历史基础，有很多省份因为无人会这种行刑方式，需要从北京"雇觅前往应役"，[①] 所以司法部并未对执行方式做强制要求，规定"外省前后判决死刑人犯，或依旧例处决，或依新律处死，经本部复准限于三日内执行"。[②]

但在死刑执行地方面，司法部则严格依照《暂行新刑律》的规定，为保护犯罪人的权利，坚持不采取公开主义。在各省呈报的公文中频频出现"绑缚刑场"[③] 字样时，司法部发布部令，对此事再次做了强调。

司法部在保护特殊死刑犯上的做法也是值得称道的。患精神病者及孕妇死刑犯在各国均有暂缓执行死刑的做法。司法部也学习了西方的制度，规定患精神病死刑犯病愈后再执行，孕妇则在生产满百日后再执行死刑。

清代的死刑复准主要采取秋审的方式进行。进入民国以后，司法部首

---

① 《司法部令广东司法司电》，《政府公报》1912 年 6 月 22 日。
② 《司法部部令》，《政府公报》1912 年 7 月 11 日。
③ 《司法部部令》，《政府公报》1912 年 8 月 5 日。

先停办了秋审，采取地方缮册报司法部复准的新制度。在谈及新的复准制度与秋审的区别时，司法部指出："君主时代生杀大权操于一人，故其臣下不敢专断；而共和时代则生杀皆由法律，并非一人之所得专。"① 到1913年5月，因各地呈部复准程序不一致，司法部做出统一规定："除上级及复判案件由受理上诉检察厅及高等检察厅呈部复准外，各该地方审判厅判决死刑确定案件，应一律由各该同级检察厅直接报部。"②

2. 民事执行

1913年2月，上海地方审判厅向司法部汇报情况，说明民事财产诉讼需要经过上诉期限后才能强制执行，败诉一方有充分的时间隐匿或者转移财产，请求按照《各级审判厅试办章程》的规定，将败诉方收教养局做工，防止其挪动财产。司法部结合实际情况，规定有教养局的地方可以按此办理，没有教养局的地方可以将败诉方送入习艺所习艺，以达到同样目的。

财产的查封、管理及拍卖也是民事执行中的一大问题。虽然在《各级审判庭试办章程》第四十一条、第四十二条及第七十九条中对上述问题做出了相关规定，但多比较笼统，缺乏必要的程序规定。司法部根据京师地方审判厅的建议，对民事执行问题做出如下规定。

①物产一经查封，债务者即不得自由处分。以物产之价值与债务额相当为准，并应酌情留出债务人暂时生活所需财产，以免其流离失所。

②司法部颁发查封印纸格式，取代旧有的封条。笨重物体可以委托官署或者保管人代为保管。

③拍卖者由商务总会中的拍卖局代为拍卖，由各该厅派员监督，以昭慎重。

④为防止查封时有暴力反抗，可以请求该管警察官协助或者依法惩治。

后来，司法部又专门制定了查封动产笔录、查封动产清单和封标纸三种文书的详细格式，并配有附注，便于执行，规定"各级审判厅在民事诉讼律强制执行律未公布以前一体遵照办理"。③

---

① 《司法部具拟嗣后死刑各办法呈请批准施行文》，《政府公报》1912年5月30日。
② 《司法部训令第一百八十七号》，《政府公报》1913年5月27日。
③ 《司法部训令第三百八十二号》，《政府公报》1913年9月13日。

二 创设律师制度

(一) 民国前的讨论

律师作为与法官、检察官同等重要的角色，在审判中所起的作用是举足轻重的。中国从清末开始学习借鉴西方的律师制度。在 1910 年制定的《大清诉讼法》和《大清民事诉讼法草案》两部法律中，都或明或暗地含有律师参与案件审理的相关条文，但均缺少完整的表述。同时，当时的有识之士也开始讨论律师制度的相关问题。如邮传部主事陈宗蕃在奏折中说："律师之用，所以宣达诉讼者之情，而与推事相对待。有推事而无律师，则推事之权横而恣。今推事设矣，而录用律师，必迟至一、二年以后，则奚以故？或谓律师关系甚重，必待造就相当之人才始可设立，否则弊旧与旧日之讼师等固也。然推事关系尤重于律师，奚为不待人才造就以后？"① 沈家本也提出："如各学堂骤难选就，即遴选各该省刑幕之合格者，拔入学堂，专精斯业。俟考取后酌量录用，并给予官阶，以资鼓励。总之，国家多一公正之律师，即异日多一习练之承审官也。"②

(二) 律师制度的初设

中国律师制度的确立，伍廷芳起了很大的作用。在南京临时政府时期著名的姚荣泽一案的审理过程中，任廷芳坚持改变传统的审判方式，要求允许律师到庭辩护。其设计的姚案的程序为："先由辩护士（即律师）将全案理由提起，再由裁判官问原告及各人证，两造辩护士盘诘，俟原告及人证既终，再审被告。其审问之法与原告同。然后由两造辩护士各将案由复述结束。"③ 此后再次致书陈其美，强调"法庭之上，断案之权在陪审员；依据法律为适法之裁判，在裁判官；盘诘驳难之权，在律师"。④ 民国刚成立时，虽然还没有律师制度，但已有个别人开始以律师身份参与案件审理过程。于是，创设自己的管理机构——律师公会，并获得国家的认

---

① 故宫博物院明清档案部编《清末筹备立宪档案史料》，第 883 页。
② 《奏诉讼法请先试办折》，丁贤俊、喻作凤编《伍廷芳集》，中华书局，1993，第 280～281 页。
③ 《复陈其美书》，丁贤俊、喻作凤编《伍廷芳集》，第 502 页。
④ 《四复陈其美书》，丁贤俊、喻作凤编《伍廷芳集》，第 506 页。

可，就很自然地成为他们的需求。截至 1912 年 7 月，如留日法科毕业生刘
暠、镇江中华民国行业总部正副领袖及张允同等人多次提出创设律师公会
的请求，司法部在肯定他们"巩固法律，尊重人权"① 的同时，提出律师
资格必须严格确定以昭慎重，没有批准他们的请求，表示等律师章程颁行
后再行办理。尽管没有得到司法部的首肯，但苏沪地区仍然率先成立了数
个律师公会。

律师公会成立后，律师培养问题又被提上日程，很快便有日本法政大
学毕业生刘启晴通过江苏都督向司法部提议开办律师养成所。司法部在其
所呈简章中发现有"修学期满、试验合格者经入本省律师公会得履行职
务"② 的设想，等于可以不经中央直接认证律师资格，司法部当然不会同
意这个要求。

1912 年 9 月 19 日是中国律师制度史上的重要日期。司法部在这一天
正式发布《律师暂行章程》，这意味着中国近代律师制度正式诞生。该章
程共三十八条，明确规定了律师制度的方方面面。

（1）律师资格

根据该章程的规定，律师必须为年满 20 岁的中华民国男性。获取律师
资格的方式主要有考试和免试两种，但不管是哪种条件，学历都是其认定
资格的主要条件，而以经验作为补充方式。参加考试的资格如"在国立法
政学校或公立私立法政学校修法政之学三年以上得有毕业文凭者"等；③
免试资格如"在国外大学专门学校修法律之学三年以上得有毕业文凭者"
等。④ 另外，未复权的徒刑以上犯人及破产者不得充任律师。

（2）律师的权利与义务

在权利方面，律师受当事人的委托或者审判衙门的命令，在审判衙门
执行法定职务并依特别法执行特别职务。在义务方面，律师非有正当理由
不得辞审判衙门的命令职务，非依律师公会不得兼任商业。律师亦不得兼
任公职。

---

① 《司法部批张允同等组织律师公会呈请立案文》，《政府公报》1912 年 5 月 16 日。
② 《司法部咨江苏都督该省刘启晴等请设律师养成所其宗旨仅在讲习毋庸立案文》，《政府公
　报》1912 年 7 月 27 日。
③ 《司法部部令》，《政府公报》1912 年 9 月 19 日。
④ 《司法部部令》，《政府公报》1912 年 9 月 19 日。

（3）律师公会

司法部在《律师暂行章程》中正式确认了律师公会的地位，规定在各地方审判厅所在地设立这一机构。律师公会需要制定会则，律师非加入律师公会不得执行职务。同时，律师公会受设立地的地方检察厅监督。

（4）惩戒

律师违反该章程或者律师公会会则时应受惩戒，惩戒方法主要有训诫、五百元以下之罚款、二年以下之停职和除名四种。

此外，司法部还在同日颁布了《律师登录暂行章程》七条，作为对《律师暂行章程》的补充，详细说明了律师登录的流程与内容，并配有图表。

律师制度正式建立后，各地符合资格者纷纷申请成为律师。司法部在审核后，于 1912 年 10 月 7 日发布第一批律师证书，毕业于日本东京法学院大学的曹汝霖成为中华民国正式批准的第一位律师。

（三）调整与改良

1. 限定职务范围

《律师暂行章程》的颁布，使律师辩护成为一时风气，但是很快出现了诉讼拖延的弊端，这主要是由于律师接案太多，跨省执务，以日不暇给，致使案件迟迟不能解决。而在《律师暂行章程》中，对律师诉讼区域却并没有做出相应限制。有鉴于此，司法部将章程中的第十一条进行修改，规定"律师经登录于律师名簿后在该高等审判厅管辖区域内行其职务时以一地方审判厅管辖区域为限，但因必要情形得提出指定区域理由书，呈由高等审判厅核准，兼在其他一地方审判厅管辖区域内行其职务"，[1] 这样就将律师的一般职务范围限制在地方审判厅，特殊职务范围限制在高等审判厅，很大程度上缓解了案件拖延问题。另外，司法部同时表示"各省不准律师兼任他行政差使，以专责成"，[2] 进一步明确了分工。

司法部的这一举措很自然地产生了一项法的溯及力问题，即在该修正章程颁布前已接案件如何办理。司法部根据国际通行的司法原则，明确表示："在部章未加限制（司法区域）以前，在他区域内经受事件应继续

---

① 《司法部部令第三十六号》，《政府公报》1913 年 3 月 18 日。

② 《民立报》1913 年 3 月 9 日。

办理。"①

2. 惩戒与考核

由于各种原因和条件的限制，截至《中华民国约法》颁布前，司法部并未举行大规模的律师资格考试，律师资格大都通过免试方式取得，这就不可避免地会出现顽劣之徒混迹于律师行业。出现这个问题的另一个重要原因是教育质量的参差不齐。在民初存在的众多新式学堂中，既存在真正讲授近代科学文化、教育质量颇高的学堂；也有一些投机者出于各种目的在并不具备办学条件的情况下仓促设立的学堂。而《律师暂行章程》只是一般性地规定免考资格，从而在律师资格限制方面留下了诸多漏洞，让一些不具备法律素质者钻了空子。梁启超上任后，针对这一问题，加强了对律师的惩戒与考核。

1913 年 12 月 29 日，司法部公布了《修正律师暂行章程第七章第八章》，在惩戒一章及附则中加入了律师惩戒会的内容，并将惩戒中的罚款一项去除，且规定受除名惩戒者"四年内不得再充律师"。② 同一天，司法部还公布了《律师惩戒会暂行规则》，作为在律师惩戒法颁布前的临时措施。该规则中对律师惩戒会的组织、惩戒的审查、声明不服的程序、惩戒的执行及惩戒审查与刑事诉讼的关系等方面都做了详细的规定，体现了司法部整治律师风纪的手段与决心。

1914 年 1 月 30 日，京师律师惩戒会成立，附设于京师高等审判厅。2月 10 日，司法部向其颁发关防，文曰"京师律师惩戒会关防"。③

三 改良监狱制度

中国近代监狱制度的改革始于清末，1901 年 6 月，两江总督刘坤一和湖广总督张之洞在《遵旨筹议变法谨拟整顿中法十二条折》中正式向清政府提议改良监狱制度。此后，沈家本提出具体的改良方案，即改建新式监狱、养成监狱官吏、制定颁布监狱规则和编辑监狱统计。其主持下的监狱改良是卓有成效的。不容忽视的是，在清末由于受困于财政的窘迫与中央权威的下降，监狱改革不可能做到步调一致，这就造成各地方监狱水平的差距巨大：有些地方建立了新监狱，却缺乏相应的管理制度；有些地方仍

---

① 《司法部复杭州高等审判厅电》，《政府公报》1913 年 5 月 5 日。
② 《司法部部令第三百二十四号》，《政府公报》1913 年 12 月 29 日。
③ 《司法部指令》，《政府公报》1914 年 2 月 12 日。

沿用老式的旧监狱，亟须改造。于是，规范和改良监狱制度，成为这一时期司法部的重要课题。

（一）筹设上海监狱

上海在民国以前已经有新式监狱，这就是由上海公共租界工部局于1901年开始建造、1903年建成的有"远东第一监狱"之称的上海提篮桥监狱，该地曾关押过著名的革命家如章太炎、邹容等人。1913年4月4日，司法部发布训令，决定在上海设置新监狱，理由是"上海商埠，最称繁盛，人既众多，犯罪者因之而加增，监狱之设刻不容缓"。① 司法部为筹建上海监狱，做了充分准备，不但经过国务会议批准，并筹拨16万元为兴建经费，而且已将图纸与建筑说明书做好，先行寄给江苏司法筹备处。司法部对上海监狱的建设也非常重视，不但要求江苏司法筹备处即速查勘前定地址，而且派出监狱司司长田荆华亲自带队，技正马泰徵随同前往上海筹办，由田负责出纳款项，由马负责查勘工程，并由二人与江苏司法筹备处人员共同负责估工投标事宜。当田、马二人刚刚抵达上海时，江苏司法筹备处派出周佩宜接洽。后来田、马二人因为暑热未到城内，改由上海县地方监狱官吴确生前往商议，商议结果是在龙华附近找一处兴建。但田荆华强调："惟狱地须在一百亩以外，盖上海为中外观瞻，将来尤须收回领事裁判权限，此举颇有关系，不得不从根本上着想。"②

后来由于龙华附近无百亩以上土地，司法部改选日晖港附近的法华镇作为建筑地点。但此地为苏路公司所有，且仅有土地57亩，与司法部方面的筹建面积相差巨大。加之此地购得时每亩合银约600元，加历年折息合计地价近4万元，这样一来，中央拨款的16万元便不够用了，最终司法部只得无奈作罢。虽然仍请求江苏方面"克日派员另觅地段，以便建筑而保土权"，③ 但后来也没了下文。

---

① 《司法部训令第百二十九号》，《政府公报》1913年4月10日。

② 《大监狱之规划》，《民立报》1913年7月15日。

③ 《司法部咨江苏民政长请另觅上海监狱适宜地段并由部派员筹办希与会商一切文》，《政府公报》1913年5月29日。

（二）改良监狱管理

1. 北京监狱（京师模范监狱）

京师模范监狱是 1909 年法部划拨专款，在右安门镶蓝旗操场修建的，修建时便被期望为"模范中的模范"，但未及竣工，清政府便垮台了。进入民国后，建设工作仍在继续进行，并很快竣工。到 1912 年 8 月，司法部开始筹备其成立，特别选派前署奉天地方检察厅检察官王元增负责筹办成立事宜，因为王"既有专门之学，且复在日本东京监狱实地练习，并赴欧洲考察各国监狱，学识经验二者俱备"。① 司法部想树立该监狱为全国典范的目的是显而易见的。

京师模范监狱更名为北京监狱后，因监狱官制尚未确定，便暂定了初期的临时人选，以王元增办理典狱长事务，李竹勋、葛鹏、鲁乔年、刘恩源等数人办理看守长事务，田畴为教诲师。11 月 7 日启用北京监狱印信，11 月 10 日开始接收人犯。

2. 看守所

看守所是看管未决监人犯的地方。民国初年的看守所绝大部分沿袭自清末，普遍存在"地势狭隘，空气不洁"② 等问题，此外还有许多地方将看守所与监狱相混淆，未判决者和已判决者往往混居一处，又不能正常服劳役，给社会带来了很大的负担。司法部仍旧从京师做起，"为节省经费，改良进步起见"，③ 首先将人数超员的京师地方看守所和较空闲的京师高等看守所合并为一所，地方看守所称为第一看守所，高等看守所称为第二看守所，以第一看守所所长统一管理两所，并会同高等、地方审判检察厅将所拘人员重新分配。

但令司法部没想到的是，1913 年 7 月 15 日第二看守所竟然发生了越狱事件，幸而发现及时，追回了犯人，没有酿成大祸。司法部严厉斥责了看守所官员，同时也奖励了出力及负伤丁役，并强调"嗣后于管理上务须慎重注意，毋得稍有疏懈"。④

总体来说，由于经费缺乏和政局动荡，新建看守所的工作几乎停滞，

---

① 《司法部部令》，《政府公报》1912 年 8 月 16 日。
② 《司法部训令第十号》，《政府公报》1913 年 1 月 18 日。
③ 《司法部训令第十号》，《政府公报》1913 年 1 月 18 日。
④ 《司法部训令第三百零五号》，《政府公报》1913 年 7 月 26 日。

即便改良旧看守所的行动也十分缓慢，到许世英任期后段，政策已经调整为改良为主、新建为辅了。所以，在一些问题上，司法部也采取了务实的态度。比如看守所超员问题，司法部原计划通过新建看守所来解决，但在财政窘迫的情况下显然无法实现，而"被告人所受之痛苦，较之已决之囚尤为酷烈"。① 司法部转而采取"除的确认为有灭证及逃走之虞者不得已量予收所外"，② 对其余嫌疑人广泛实行保释制度，以解决人员超员问题，并取得了良好的效果。

3. 习艺所

习艺所是清末法律改革的产物。根据1906年时任山西巡抚赵尔巽的建议，法部颁布《处置配犯新章》，将应判处充军、发遣的罪犯送到习艺所习艺。至清朝灭亡，习艺所共建立两种，"一是拘禁犯人的罪犯习艺所，归法部管辖；另一种是拘禁'浮浪贫乏者'的民人习艺所，归民政部管辖"。③

由于财政等诸多问题的困扰，司法部在新建监狱与看守所领域举步维艰，而各地犯罪率上升，现有监狱与看守所不敷使用的问题普遍存在。罪犯习艺所与监狱没有太大区别，很自然地被纳入改造为监狱的计划中。如天津作为商埠，本应有监狱，但由于经费等诸多问题长期未设。司法部便采取变通办法，将天津罪犯习艺所改为监狱。

1913年7月7日颁布的《划一监狱看守所名称办法令》明确提出将清末设立的罪犯习艺所一律改为监狱。司法部率先行动，提出将顺天府习艺所改为监狱并由部直接管辖的主张。该主张获得国务会议通过。顺天府习艺所于1913年12月10日宣布接受，并因"该监狱所在地系宛平县地方，着即定名为宛平监狱"，④ 次年又改名为京师第二监狱。该监狱就是新中国成立后，以改造战犯成功而著称于世的北京战犯管理所的前身。

4. 隔离

民初监狱超员现象普遍，卫生条件不容乐观，非常容易出现传染病。司法部对此有清醒认识："改良监狱，首重卫生，稍不注意即自由刑其名，

---

① 《司法部训令第四百五十一号》，《政府公报》1913年12月26日。
② 《司法部训令第四百五十一号》，《政府公报》1913年12月26日。
③ 王志亮主编《中国监狱史》，广西师范大学出版社，2009，第249页。
④ 《司法部训令第五百四十六号》，《政府公报》1913年12月14日。

而死刑其实。"① 如北京监狱于 1913 年 3 月在进行人犯健康诊断时发现累热症，死亡率达 15%，而该监狱仅有 4 间传染病隔离室。于是北京监狱提出，嗣后拟送往该监狱服刑的囚犯需先行派医师前往诊断，如发现有疑似病例便由该管检察厅送医院诊治，暂时拒绝其入监的请求。司法部在表示同意的同时，特别加上"惟必须认为确系累热病症，方可照上开办法办理"，② 以防止滥用。

5. 监狱管理人才培养

人才培养是一项长期的事业，监狱管理人才也不例外。清末已非常重视监狱人才的培养，当时著名的法律改革家沈家本就在奏折中表示："今议改良监狱，亟应预储管理之材，宜于各省法律学堂，或已成之新监狱内，附设监狱学堂，采用特别任用法，以资造就。"③ 清政府根据这一建议，于 1907 年在京师及各省法政学堂增设监狱学专科，这是中国监狱史上第一次将监狱人才的培养纳入正规的教育体制。此外，清政府还派遣留学生东渡日本学习狱政。可以说，民国初年的第一批监狱人才，正是清末政府培养的结果。

北京政府成立后，继续在这一方面做出努力。其中，司法部直接指导和管理的主要是监狱练习员。

1913 年 3 月 29 日，司法部命令直隶、江苏、湖北、安徽、江西、广东、浙江、福建、山东、奉天十个省的司法筹备处，要求每省遴选毕业生或富有经验人员 2 人，赴北京监狱练习 6 个月。选择这十个省的原因是练习员过多，"应择其繁盛最著省份先行派员练习"。④ 看得出来，这是司法部为储备监狱人才的一次有计划的动作。

5 月 6 日，司法部专门发布训令勉励各省派送的练习员："现在监狱改良，各处亟待兴办，该员等悉心研究，即可养成将来办理监狱之专员"，⑤ 并要求他们每天都要书写练习笔记，"每十日呈部考察"。⑥ 同日，司法部

---

① 《司法部指令第百二十二号》，《政府公报》1913 年 2 月 6 日。

② 《司法部训令第九十七号》，《政府公报》1913 年 3 月 22 日。

③ 《修订法律大臣沈家本奏实行改良监狱宜注意四事折》，故宫博物院明清档案部编《清末筹备立宪档案史料》，第 832 页。

④ 《司法部训令第百七十三号》，《政府公报》1913 年 5 月 8 日。

⑤ 《司法部训令第百七十三号》，《政府公报》1913 年 5 月 8 日。

⑥ 《司法部训令第百七十四号》，《政府公报》1913 年 5 月 8 日。

也给北京监狱发布训令，要求务必"切实指导，俾有遵循而资研究"，① 并于月末将练习成绩报部核查。

司法部如此细致的培养，也引起了其他监狱和法政、法律毕业生的关注，他们请求自费前往练习。司法部因为"念其热心，且核与资格尚符"，② 没有拒绝，但后来毕业生们纷纷援同此例，北京监狱一时间竟出现了冗员现象。司法部只好发布布告，明确表示在这一届练习员期满之前不再接收人员练习，才缓解了这一现象。

结　语

随着中华民国的成立，中国旧有的行政体系被打破，新的行政体系逐渐建立起来。民初司法部作为中央政府的重要组成部分，在《中华民国临时约法》的指导下，建立起一整套管理模式，并始终坚持司法独立原则，为民初司法事业的发展做出了不可磨灭的贡献，是非常值得肯定的。

民初司法部是在清末法部的基础上建立起来的。清末同时出现的法部与大理院是清末司法改革的一大闪光点，标志着中国司法行政部门与司法审判部门的分离。但法部作为专制王朝下的中央部门，在制度、用人等方面仍然存在很大的弊端。司法部成立后，很好地解决了这一问题，实现了科层化管理，并通过资格考试等方式，使司法部任职人员体现出非常强的专业化特点，极大地提高了行政水平与行政效率，为全国司法衙门做出了表率。

在民国初年的政治条件下，为了进行平稳过渡，北京政府宣布清末制定的法律法规，除与民国国体相抵触的各条失效外，其余一律适用于民国。这项规定在现在看来，仍然是最为简便易行的方案，但这一方案也为其后的司法实践带来了许多问题。一方面，清末在制定各种新法律时，大量引用了外国的现成条文，同时又保留了许多专制守旧的条款，有些新律未经实施清政府就垮台了，所以问题未能暴露，而民初一经实行，便发现了许多不适合现实国情的地方；另一方面，清末在法律改革中注重实体法，轻视程序法，导致许多案件没有确定的审理程序，法官无法可依。司

---

① 《司法部训令第百七十三号》，《政府公报》1913 年 5 月 8 日。
② 《司法部布告第十三号》，《政府公报》1913 年 6 月 18 日。

法部针对上述问题，结合当时立法进程缓慢的现实状况，对清末法律进行调整，及时出台了大量成文的规章制度，充当了临时法律的角色，在很大程度上缓解了当时的司法难题。

民初司法现代化进程也是与司法部密切相关的。在王宠惠、许世英两位总长在任时，司法部积极借鉴西方先进司法经验，大刀阔斧地进行司法改革，在很短的时间内创设了律师制度，结束了中国无律师的历史，并建立司法筹备处，加强了司法部在司法改革中的领导地位。从梁启超时期开始，司法部的政策有所调整，开始注意与具体国情的结合，并建立了法官考试制度，进一步规范了对法院的管理。

虽然司法部对民初司法事业做出了很大的贡献，但我们也必须承认，民初司法状况之所以饱受批评，司法部也应负一定的责任。笔者认为，民初司法部的不足主要体现在以下四点：第一，民国初年政治局面不稳，致使司法部领导层人员变动频繁，在政策方面不够连贯，这是司法部的最大问题；第二，司法部在与地方政府交涉时，不能始终坚持原则，体现出了较多的妥协性，使得全国司法事业发展不平衡；第三，司法部与大理院在民初的争端，致使政出多门，严重影响了中央司法机关的威信，继而影响到其政策的推行力度；第四，司法部在推进司法文明与适合国情两点上，始终没能找到一个最佳平衡点，使得民初司法状况出现了一定程度的混乱。

总之，民初司法部在近代中国的司法实践，给我们提供了许多宝贵的经验与教训。民初司法部直接继承和发展了清末法制建设的成果，是民初社会发展进步与法制现代化的象征，尽管还存在种种缺陷和不足，但也反映出了中国向法制社会迈进的征程。

第八章　民初国家行政各部与社会发展

民初国家行政各部的现代化，达到了一定的程度，内部组织体系科层化、管理方式科学化，层层递进，依法行政。内部职员上至总长下至科员，无不体现出年轻化、知识化、专业化的特点，不分南北新旧，唯才是举。各部业务虽有不同，专家治国、名流担当则是一致的。部内人员的任用，大多通过考试选拔。各部围绕自己的权力区域，提出符合各部发展要求的一系列政策、法规，完善自身的同时，更推动了国家的发展和社会的进步。民初一系列对外交涉，使中国一步步走向世界，提升了国家地位与民族自信。民初是近代中国经济发展的"黄金时代"，亦有"百花齐放""百家争鸣"局面的形成，这既是企业家的拼搏和思想家、学者的呼喊与斗争的结果，也与民初各部的发展有着直接的联系。但民初国家行政各部主要被北洋集团所控制，后期北洋集团内部四分五裂，军阀割据，轮流控制北京政府，导致行政各部的理政效率大大降低，使北洋集团对国家权力控制的合法性走向反面。

近代以来尤其是洋务运动以来，西方列强步步紧逼，中西差距日益增大，民穷国弱的社会现实促使中国人开眼看世界，向西方学习，发展新的生产力。中国社会生产力、生产关系的变化，发展振兴工商业的既定国策的出台，中国社会开始由传统农业社会向现代工业社会的转型，都使得作为上层建筑核心的国家中央行政机构——吏、户、礼、兵、刑、工六部，不得不为适应社会发展而缓慢地发展变化。至20世纪初清末新政时期，六部作为国家最高行政机构完成了其历史使命，为外务部、农工商部、学部、法部、邮传部、民政部、陆军部、海军部、度支部、理藩部所取代，国家最高行政机关初步展示出其现代性。

辛亥革命推翻了清王朝的封建专制统治，确立了中华民国民主共和新体制。相应地，国家最高行政机构继承和发展了清末的改革成果，以外交、内务、陆军、海军、财政、教育、司法、农林、工商、交通十部组成中华民国中央新政府（后农林、工商两部合组为农商部）。十部的制度设置，适应了民国以来的社会发展。1912～1928年，即中华民国北京政府时期，尽管政局纷乱，但中央行政各部一直保持了这一设置，未再发生变化。①

　　辛亥革命以后，中华民国取代清王朝，中国开始走上法制化的新轨道，国家行政与管理依法而行。中华民国北京政府时期，实际上实行了两部宪法，较长时期实行的是《中华民国临时约法》，袁世凯统治后期实行的是《中华民国约法》。《中华民国临时约法》与《中华民国约法》都具有民主共和体制下的宪法性质，最大的不同在于中央政府的组织形式：前者是内阁制，后者是总统制；前者的权力中心在议会、内阁负实际的责任，后者的权力中心在总统。《中华民国临时约法》规定，国务总理及各部总长均称为国务员（第四十三条），国务员辅佐临时大总统负其责任（第四十四条），国务员于临时大总统提出法律案、公布法律及发布命令时须副署之（第四十五条）。② 长期以来有一种说法，《中华民国临时约法》中各部总长的地位要高一些，《中华民国约法》规定的各部总长的权力则被削弱了，而实际上《中华民国约法》非但没有削弱行政各部的地位，反而对各部的职责规定得更为清楚、直接。《中华民国约法》规定，行政以大总统为首长，置国务卿一人赞襄之（第三十九条）；行政事务置外交、内务、财政、陆军、海军、司法、教育、农商、交通各部分掌之（第四十条）；③ 各部总长依法律、命令，执行主管行政事务（第四十一条）。④ 两部约法实际上对各部权力都没有刻意压制。所不同的是，《中华民国临时约法》下的各部，由国务总理协调；《中华民国约法》下的各部，由国务卿协调。各部在自己的权力范围内均可独立行政。⑤ 当然，各部的独立行政也是相对的，一方面需依据法令法规，一方面需符合最高统治者的意志。

---

① 1927年张作霖成立军政府，中央各部设置调整为外交、军事、内务、财政、司法、教育、实业、农工、交通九部。

② 《孙中山全集》第二卷，第220～224页。

③ 北京政府的后期有重要变化，即军阀控制中央政府，行政受军阀制约。

④ 《中华民国约法》，夏新华等整理《近代宪政的历程：史料荟萃》，中国政法大学出版社，2004，第471～476页。

⑤ 民初外交部独立行政最为典型，请详阅外交部部分。

一 民初国家行政各部的现代化

通过对袁世凯统治时期中央行政各部的研究，我们认为，民初各部是中国政治制度现代化的重要表现之一，是国家现代化过程中的重要阶段，且其现代化程度达到了一定的高度。

第一，各部内部设置实现科层化，权责分明，职员日趋专业化，共同组成了专业、高效的现代国家机关。

外交部在这一点上体现得最为明显。外交总长陆徵祥是职业外交家，他对外交部的制度设置与人事管理极具代表性。1912年3月，袁世凯在北京组织中央政府时，期望驻俄公使陆徵祥回国任外交总长。陆徵祥提出了几项任职条件：第一，次长应该是精通英文者，建议由颜惠庆担任；第二，自己不向其他部门推荐人，其他各部也不要向外交部推荐人；第三，外交部应归总长指挥，别人不得干涉。对陆徵祥提出的条件，袁世凯全部应允。由此可以看出，外交部是专门处理外交事务的国家职能部门，其专业性非常强；外交部人员需为外交人才，精通一门或多门外语，具有娴熟的法律尤其是国际法知识和外交技能。袁世凯不仅答应了陆徵祥的三个条件，还大力支持其对外交部进行彻底改革，建立起外交部领导的驻外使领体系。可以说，民初的中国外交部完全实现了现代化、国际化。其日常事务由外交部设立的四司，即外政司、通商司、交际司和庶政司来主持，由4名秘书组成秘书处，4名参事组成参事室，人员设置简洁、精干，一人有一人之用；外交部不接受没有受过专业训练的人被安插进部。由此形成了民初现代外交官群体。

外交部如此，其他各部无不如此。另一突出案例便是陆军部。陆军部下辖一厅八司。总务厅主要负责整个陆军部的机要、统计、收发函件及经费事宜，进行内部事务管理。八司则分别进行技术管理，如军衡司管人事、军官任命及奖惩等，负责陆军建制、编制及训练等；军务司下设车事、步兵、骑兵、炮兵、工兵五科，分科办理；军学司掌军事教育及军事训练相关事项，按照当时兵种，下设教育、步、骑、炮、工、辎重六科，分科办理。其他各司亦均有明确的分工。八司司长中，除军法司司长施尔常因资料匮乏、不清楚学历背景，其他七司司长均毕业于国内外军事院校，且大部分有留学经历，学有所长。陆军部所体现的专业化、知识化程度，应该说不亚于外交部。

再如海军部。设总长、次长，其下设一厅五司，一厅即总务厅，五司即军衡司、军务司、军械司、军需司、军学司，后来又增加军法司。军衡司负责军官任免及奖惩等，军务司负责海军建制及编制等，军械司负责沿江沿海的水雷、鱼雷、要塞炮及各舰队枪炮配置事项等，军需司负责军服之经理及检查事项、粮炭等给予之规定事项等，军学司负责海军教育、培训等，军法司负责海军军法事宜。各司司长清一色由海军学校毕业，专业与职责匹配。由此可见，海军部是科层化、制度化、知识化程度相当高的国家军事机关。

外交部强调本部的独立性、专业化，其他各部亦然。如司法总长王宠惠在 1912 年 5 月 13 日向参议院发表政见时强调司法独立的四个条件：第一，全国尤宜统筹司法经费出自中央；第二，司法官的人事任免权属于司法部，他人非依法律不得干涉；第三，法官独立审判，不受行政及上级司法官干涉；第四，司法官应绝对不预闻行政事务。① 王宠惠的意见实际上是在保证经费的前提下，要求坚持司法独立、依法行政，将司法部作为独立性较强的专业国家机构。从司法部总长、次长及参事、司长的经历背景来看，除梁启超外，其余人员均为专业的法律人才，并富有经验，在清末多任中央或地方的司法要职，参与了清末的法制改革。这体现出司法部人员极强的专业性特征。

第二，民初各部体现出法制化、依法行政的特点。

北京政府非常重视法制建设，先后颁布了一系列制度、法令、法规。如各部设置及架构方面有《国务院官制》《各部官制通则》《工商部官制》《农林部官制》《农商部官制》《海军部官制》《陆军部官制》《司法部官制》《内务部官制》《外交部官制》《教育部官制》《交通部官制》及一系列修订官制；官员任免考试方面有《文官任免执行令》《文官高等考试令》《文官考试普通令》等。

各部也制定和颁布了一系列命令和办事规则，如海军部 1912 年制定的《海军总司令处条例》《海军部处务细则》《陆海军奖章令》、1913 年出台的《海军军服制》《陆海军著作奖励条例》《军舰职员勤务令》等。处处有规则，事事有依据。

交通部亦先后颁布了《交通部办事规则》《交通部处务规则》《交通

---

① 《参议院第五次会议速记录》，《政府公报》1912 年 5 月 16 日。

部会议规则》《交通部各厅司考勤规则》《交通部暂行会计规则》《交通部奖章条例》等。其规定之详细、执行之严苛，非常人之所想。如《交通部会议规则》规定：会议于每周二、四、六下午 1 ~ 3 点进行；会议期间不许审阅普通文件及接待宾客；会议由总长任主席，或由次长代之，事项由各厅局提前一日呈请总长核定，总长认为必要，于稿件上批明"交议"字样，由各主管预先研究；会议结果未完满者，应于下星期提出。① 又如《交通部各厅司考勤规则》规定，部内工作人员实行考勤制，每日到署后要亲自签到，不签到视为不到，"过到署时刻至多一点钟以内，由主管官员将考勤簿送交各该厅司，参事、司长查阅盖章收存。出差请假者预先分别盖戳"。

农林部、工商部及其后二者合并而成的农商部，是民初主管经济发展的主要中央行政管理机构，1912 ~ 1915 年，颁布了一系列发展农业、工业、矿业的政策、法令、法规，初步确立起市场经济体制，为促进经济发展奠定了政策基础。如《暂行工艺品奖章》《外国博览会中国出品通行章程》《工商部公司注册暂行章程》《农会暂行规程》等，多达几十种。中国资本主义经济在 20 世纪初之所以发展迅猛，固然得益于辛亥革命和第一次世界大战的影响，但更重要的是这一时期经济政策和经济法规的制定，创造了发展经济的良好环境。以后的北京政府，仅是在此基础上做一些修订和补充而已。②

农商部与参政院协力制定的政策法规和法令并非官样文章，而是对此依法实行，认真贯彻。如农商部制定的《造林奖励条例》规定，造林面积达二百亩以上、成活满五年以上者，核给四等奖章；造林面积达四百亩以上、成活满五年以上者，核给三等奖章；造林面积达七百亩以上、成活满五年以上者，核给二等奖章；造林面积达一千亩以上、成活满五年以上者，核给一等奖章；造林面积达三千亩以上、成活满五年以上者，得由农商部呈请大总统特别给奖。凡经营特种林业，于国际贸易有重大关系者，或胜造船、筑路等各种大工程之用者，农商部认为有补助之必要时，得按

---

① 《交通部会议规则》，中国第二历史档案馆编《北京政府档案》第 85 册，中国档案出版社，2010，第 193 ~ 194 页。
② 张华腾：《封建买办政权还是资产阶级政府？——1912 ~ 1915 年北京政府性质新议》，《史学月刊》2008 年第 2 期。

其面积、株数，核给奖金。① 民初，农商总长张謇为江西赣县公民刘树堂请奖。刘开辟山地，种植多年，成效卓著，张謇称刘树堂等"图远大之事业，树林艺之先声，又复劝告闾阎，群相仿效，俾得乐其乐而利其利，厥功甚伟"，呈请总统袁世凯核准授予勋章，以彰激劝。袁世凯马上予以批准，以"森林一项为利最巨，该商民等竭力提倡，成效卓然，殊堪嘉尚，杨监莹、刘树堂均给予四等嘉禾章，以昭激劝"。② 造林企业家可以获奖，其他行业的企业家同样可以获奖。民初获奖的不是个别人，而是经营成功的企业家群体。如河南办理纺纱的广益公司总理徐积勋，天津启新洋灰公司经理陈惟壬、李士鉴等，同样获得四等嘉禾勋章。吉林林鹤皋因在当地"创设农林蚕牧公司，振兴实业，使贫民生计日裕，成绩昭然"，也获得袁世凯奖给的四等嘉禾勋章。③

第三，就行政各部总长队伍来说，其专业化特点非常明显，充分体现出民初国家对专家治国、专家理政的提倡。各部总长多为国内认可、享有较高声誉的人才，无论其文化程度、知识结构，还是眼界视野及管理经验，都足担重任。

袁世凯时期的北京政府主要经历了唐绍仪内阁、赵秉钧内阁、熊希龄内阁、徐世昌内阁。④ 以下依次梳理四届内阁时期各部总长的基本情况。

唐绍仪内阁为北京政府的首届内阁（具体可见表8-1），各部总长既经过袁世凯、孙中山的提名，又经议会、南京临时参议院投票通过，为各界共同认可之人选。南京临时参议院的投票公布在各大报刊上：陆徵祥获39票，全场一致通过；蔡元培、王宠惠二人获38票；刘冠雄35票；宋教仁34票；赵秉钧、熊希龄30票；段祺瑞29票；陈其美21票。⑤ 外交总长陆徵祥乃清末民初著名职业外交家，教育总长蔡元培为教育家，司法总长王宠惠为法学家，海军总长刘冠雄为难得的海军军事将领，段祺瑞为陆

---

① 《大总统公布造林奖励条例令稿》，中国第二历史档案馆编《中华民国史档案资料汇编》（第三辑·农商），江苏古籍出版社，1991，第440~442页。
② 《政府公报·命令》1914年1月21日；张謇：《公布大总统令》，载李明勋、尤世玮主编《张謇全集》（1），上海辞书出版社，2012，第285页。
③ 参见李玉《保息减税：北京政府的实业奖励政策》，《南方都市报》2014年1月24日。
④ 临时代理、任期短暂不计，徐世昌国务卿时期虽然非内阁体制，但习惯上学术界仍称为徐世昌内阁时期。
⑤ 《民立报》1912年3月31日。只有交通总长梁如浩不足半数（17票）落选，后选用施肇基通过。

表 8-1 唐绍仪内阁各部总长基本情况一览

部别	姓名	籍贯	任职年龄	学习经历	经历	备注
外交部	陆徵祥	江苏	41	毕业于上海广方言馆、京师同文馆	先后任驻荷兰、俄国公使	屡任外交总长、国务总理、巴黎和会代表团团长
内务部	赵秉钧	河南	53	曾参加两次生员考试	曾入左宗棠楚军，赴新疆平定阿古柏之乱，后任天津南段巡警局总办，巡警部右侍郎、民政部侍郎、民政大臣	国务总理、直隶都督
财政部	熊希龄	湖南	42	进士	参加五大臣出国考察，任东三省农工商局总办、奉天盐法道、东三省财政监理官等	热河都统、国务总理、世界红十字会中华总会会长
陆军部	段祺瑞	安徽	47	天津武备学堂毕业，德国留学	练兵处军令司正使，北洋第三、四、六镇统制，江北提督，第一、二军军长，湖广总督	四任陆军总长，四任国务总理，临时政府执政
海军部	刘冠雄	福建	51	福州船政学堂毕业，英国格林威治皇家海军学院留学	历任北洋水师"靖远"舰帮带、大副，"海天"舰管带，海军部军学司科长，南京临时政府海军部顾问	长期任海军总长，直到1919年去职
教育部	蔡元培	浙江	44	进士，1907年赴德国留学	创立光复会，任南京临时政府教育总长	任北京大学校长、南京国民政府大学院院长、司法部长和监察院院长
司法部	王宠惠	广东	31	北洋大学法科毕业，先后赴日、美学习，于美国耶鲁大学获法学博士学位	1911年参加同盟会，南京临时政府外交总长	任复旦大学副校长、北京政府大理院院长，曾出席华盛顿会议

续表

部别	姓名	籍贯	任职年龄	学习经历	经历	备注
农林部	宋教仁	湖南	30	赴日本东京法政大学学习	同盟会司法部检事长,组织中国同盟会中会总部,南京临时政府法制局局长	国民党代理理事长
工商部	陈其美	浙江	34	日本留学,入东京警监学校	组织中国同盟会中会总部,上海都督	上海讨袁军总司令
工商部	王正廷	浙江	30	北洋大学毕业,先后赴日、美留学,在耶鲁大学获博士学位	参加同盟会,南京临时参议院副议长	先后任北京政府、南京政府外长,驻美大使,曾参加巴黎和会
交通部	施肇基	江苏	35	早年就读于上海圣约翰书院,在康奈尔大学获硕士、博士学位	曾任京汉铁路局总办,京奉铁路局总办,外务部左、右丞,担任美国、墨西哥、秘鲁、古巴等国公使	先后任驻英、美全权公使,曾参加巴黎和会与华盛顿会议

注:陈其美没有到任,由王正廷署理。王正廷留学美国,耶鲁大学毕业。

资料来源:据郭存孝辑《清末民初职官名录》(中华书局,2012)等汇集而成。

军军事将领,熊希龄为理财专家,赵秉钧为警政专家,补选的交通总长施肇基为外交家、交通专家,宋教仁、陈其美则为革命家,虽没有执政经验,但对民国的创建立有大功。宋教仁、陈其美、蔡元培以及王宠惠的加入,是北洋集团与革命党人合作执政的象征。除了赵秉钧没有科举功名和海外留学的新功名外,其余10人,蔡元培、熊希龄是进士出身,蔡元培又以进士身份留学德国;王宠惠是留美博士;段祺瑞、刘冠雄、陆徵祥是国内新式学堂毕业的高才生,段祺瑞、刘冠雄先后赴德国、英国留学;施肇基留学美国,先后获康奈尔大学硕士、博士学位;宋教仁、陈其美留学日本。10位总长中,有海外留学背景者占总数的70%;7人中又有3人获得博士学位。

赵秉钧内阁实际上同样可称为人才内阁,各部总长也为当时舆论所看重,具体可见表8-2。

表8-2 赵秉钧内阁各部总长基本情况一览

部别	姓名	籍贯	年龄	学习经历	经历	备注
外交部	陆徵祥	江苏	41	毕业于上海广方言馆、京师同文馆	先后任驻荷兰、俄国公使	屡任外交总长、国务总理、巴黎和会代表团团长
内务部	赵秉钧	河南	53	曾参加两次生员考试	曾入左宗棠楚军，赴新疆平定阿古柏之乱，后任天津南段巡警局总办，巡警部右侍郎、民政部侍郎、民政大臣	国务总理、直隶都督
财政部	周学熙	安徽	46	举人	主持北洋实业，直隶工艺总局督办，天津道、长芦盐运使、直隶按察使	以天津、唐山为中心，在北方营造起一个庞大的实业集团
陆军部	段祺瑞	安徽	47	天津武备学堂毕业，德国留学	练兵处军令司正使，北洋第三、四、六镇统制，江北提督，第一、二军军长，湖广总督	四任陆军总长，四任国务总理，临时政府执政
海军部	刘冠雄	福建	51	福州船政学堂毕业，英国格林威治皇家海军学院留学	历任北洋水师"靖远"舰帮带、大副，"海天"舰管带，海军部军学司科长，南京临时政府海军部顾问	长期任海军总长，直到1919年去职
教育部	范源濂	湖南	37	长沙时务学堂，东京高等师范学校	学部主事，南京临时政府教育部次长	北师大校长、教育文化基金委董事长、南开大学董事
司法部	许世英	安徽	39	秀才，拔贡生选送京师参加廷试，得一等	1908年任奉天高等审判厅厅长，1911年任山西提法使，1912年任大理院院长	奉天民政长、福建巡按使、内务总长、国务总理等

续表

部别	姓名	籍贯	年龄	学习经历	经历	备注
农林部	陈振先	广东	35	美国加利福尼亚大学攻读农业经济，获农艺学博士学位，回国获农科进士	清末奉天农事试验场监督，高等农学堂教习，1912 年 5 月唐绍仪内阁农林部次长	总统府顾问，清华大学、北京大学教授
工商部	刘揆一	湖南	34	就读于长沙岳麓书院，自费留学日本弘文学院速成师范科	同盟会，代理本部执行部庶务干事，南京临时参议院议员	国会议员，南京政府行政院顾问
交通部	朱启钤	贵州	41	举人	京师大学堂译书馆监督，任北京城内警察总监、东三省蒙务局督办、津浦路北段总办，赵秉钧内阁交通总长	熊希龄内阁内务总长，1919 年任南北议和北方总代表

资料来源：据郭存孝辑《清末民初职官名录》等汇集而成。

　　赵秉钧内阁的内务总长由其兼任，陆军部段祺瑞、海军部刘冠雄继续任职，其余总长中，周学熙乃著名实业家、理财专家，被誉为"中华第一流理财家"，① 实业方面与张謇齐名，有"南张北周"之美誉，是袁世凯督直北洋新政时期的主要经济人才。周学熙于 1912 年、1914 年两次出任财长。1914～1916 年财政好转国库有余，与周学熙的经营有着直接的关系："1914 年财政状况好转，收入 383504188 元，支出 356024030 元，盈余 27480158 元。1916 年财政收入 472124695 元，支出 471519436 元，盈余 605259 元。1914 年、1916 年财政状况好转，收支平衡略有节余，这说明财政困难的局面已经改变。"② 许世英为著名法学家，清末曾在刑部任职，1908 年被任命为奉天高等审判厅厅丞，1912 年 5 月任大理院院长，1912 年 7 月受法学家沈家本推荐改任司法总长。范源濂乃著名教育家，早年就

---

① 张神根：《周学熙民国初年财政改革评析》，《安徽史学》1996 年第 3 期。
② 张神根：《袁世凯统治时期北京政府的财政变革（1912～1916）》，未刊，第 80 页。另见朱汉国、杨群主编《中华民国史》（第十册），四川人民出版社，2006，第 167 页。

读于长沙时务学堂，后流亡日本，入东京高等师范学校学习，1905 年回国后在北京学部任职，并创办法律学校和殖边学堂。蔡元培任教育总长时，他曾担任教育部次长，任教育总长后继承蔡元培的教育方针，推进民初教育发展。农林总长陈振先为农业经济学家，1904 年赴美国加利福尼亚大学攻读农业，获博士学位；1908 年回国参加学部留学毕业生考试，获农科进士资格；1910 年任奉天农事试验场监督、高等农学堂教习。民初宋教仁执掌农林部时任次长，唐绍仪内阁、赵秉钧内阁时为总长。赵秉钧内阁执政时间较长，各部总长均发挥了相当大的作用，可以说奠定了民初社会稳定与发展的基础。

熊希龄内阁时期，各部总长依然具有这样的特点（具体见 8 - 3）。

表 8 - 3　熊希龄内阁各部总长基本情况一览

部别	姓名	籍贯	任职年龄	学习经历	经历	备注
外交部	孙宝琦	浙江	46	父孙诒经为咸丰十年（1860）进士，曾任工、刑、户部侍郎。两度乡试不中，以恩荫入仕途	曾任驻法、德公使，山东巡抚	审计院院长、国务总理
内务部	朱启钤	贵州	41	举人	京师大学堂译书馆监督，任北京城内警察总监、东三省蒙务局督办、津浦路北段总办、赵秉钧内阁交通总长	1919 年任南北议和北方总代表
财政部	熊希龄	湖南	43	进士	参加五大臣出国考察，任东三省农工商局总办、奉天盐法道、东三省财政监理官等	热河都统、国务总理、世界红十字会中华总会会长
陆军部	段祺瑞	安徽	47	天津武备学堂毕业，德国留学	练兵处军令司正使，北洋第三、四、六镇统制，江北提督，第一、二军军长，湖广总督	四任陆军总长，四任国务总理，临时政府执政

续表

部别	姓名	籍贯	任职年龄	学习经历	经历	备注
海军部	刘冠雄	福建	51	福州船政学堂毕业，英国格林威治皇家海军学院留学	历任北洋水师"靖远"舰帮带、大副，"海天"舰管带，海军部军学司科长，南京临时政府海军部顾问	长期任海军总长，直到1919年去职
教育部	汪大燮	浙江	54	举人	总理各国事务衙门章京、留日学生监督、外务部左参议、驻英公使	平政院长兼参政院副院长，交通、财政总长，国务总理
司法部	梁启超	广东	40	举人	《时务报》主笔，创办《清议报》《新民丛报》	财政总长兼盐务总署督办
农商部	张謇	江苏	60	进士、状元	创办大生纱厂，立宪派领袖、江苏咨议局议长、南京临时政府实业总长	经营实业、教育
交通部	周自齐	山东	44	京师同文馆毕业，美国哥伦比亚大学留学	驻美国公使馆参赞，驻纽约旧金山领事，曾任外务部右丞、左丞，山东都督、民政长	财政总长、农商总长，署理国务总理

资料来源：据郭存孝辑《清末民初职官名录》等汇集而成。

　　熊希龄内阁也是公认的专家内阁，"熊总理放心大胆为第一流人才内阁之宣言"。① 进步党人熊希龄、汪大燮、梁启超、张謇，无论知识、政见还是名望，皆属国家一流人才。除此之外，孙宝琦为外交家，1902～1905年曾任驻法公使，后还兼任驻西班牙公使；1907年任出使德国大臣。朱启钤为警政、交通方面的专家，曾任京师大学堂译书馆监督，后历任北京城内警察总监、东三省蒙务局督办、津浦路北段总办等职，1912年7月起，连任唐绍仪、赵秉钧内阁交通总长。周自齐是外交家、理财家、教育家，知识面宽泛，具有多方面能力，出身官绅世家，京师同文馆毕业后入美国

---

① 《熊内阁成立之预测》，《申报》1913年9月8日。

哥伦比亚大学留学，回国后参加科举考试中顺天乡试副榜而又具有科举功名，历任驻美国公使馆书记官、参赞，驻纽约旧金山领事，并任出使美、日、秘鲁等国的使臣；1908 年从美国回国后在外务部任外务右参，不久，又迁升左参、右丞、左丞等职。1908 年美国政府决定退还庚子赔款，周自齐任游美学务处总办和清华学堂监督，在清华大学的创办与建设方面做出过突出贡献，辛亥革命以来曾任山东都督兼民政长、财政总长、农商总长等。9 位总长在任职年龄方面较唐绍仪内阁为长，以 40 多岁人群为主体，更趋沉稳持重。另外在历练方面也有一定的优势。

徐世昌内阁为《中华民国约法》颁布后的首届内阁（具体见表 8 - 4），在以往的研究中，其往往被视为袁世凯专制集权的象征。而实际上，这一时期行政各部在治国理政方面亦有所贡献。

表 8 - 4　徐世昌内阁各部总长基本情况一览

部别	姓名	籍贯	年龄	学习经历	经历	备注
外交部	孙宝琦	浙江	47	父孙诒经为咸丰十年（1860）进士，曾任工、刑、户部侍郎。两度乡试不中，以恩荫入仕途	曾任驻法、德公使，山东巡抚	审计院院长、国务总理
内务部	朱启钤	贵州	43	举人	京师大学堂译书馆监督，任北京城内警察总监、东三省蒙务局督办、津浦路北段总办，赵秉钧内阁交通总长	1919 年任南北议和北方总代表
财政部	周自齐	安徽	45	京师同文馆毕业，美国哥伦比亚大学留学	驻美国公使馆参赞，驻纽约旧金山领事，曾任外务部右丞、左丞，山东都督、民政长	财政总长，农商总长，署埋国务总理
陆军部	段祺瑞	安徽	49	天津武备学堂毕业，德国留学	练兵处军令司正使，北洋第三、四、六镇统制，江北提督，第一、二军军长，湖广总督	四任陆军总长，四任国务总理，临时政府执政

部别	姓名	籍贯	年龄	学习经历	经历	备注
海军部	刘冠雄	福建	53	福州船政学堂毕业，英国格林威治皇家海军学院留学	历任北洋水师"靖远"舰帮带、大副，"海天"舰管带，海军部军学司科长，南京临时政府海军部顾问	长期任海军总长，直到1919年去职
教育部	汤化龙	湖北	50	进士，曾在日本法政大学学习	法部主事、湖北咨议局议长、临时参议院副议长、众议院议长	内务总长
司法部	章宗祥	浙江	35	曾入日本东京帝国大学学习	清末法律馆纂修官、宪政编查馆编制局副局长、法制局局长、大理院院长	驻日公使
农商部	张謇	江苏	61	进士、状元	创办大生纱厂，立宪派领袖、江苏咨议局议长、南京临时政府实业总长	经营实业、教育
交通部	梁敦彦	广东	57	第一批留美幼童，后入耶鲁大学学习法律	清末汉阳海关道、天津海关道、外务部右侍郎、外务部尚书、外务部大臣	张勋复辟时为外务部尚书、议政大臣

资料来源：据郭存孝辑《清末民初职官名录》等汇集而成。

　　外交总长孙宝琦、内务总长朱启钤、财政总长周自齐、陆军总长段祺瑞、海军总长刘冠雄、农商总长张謇前文已有介绍，司法总长章宗祥、教育总长汤化龙、交通总长梁敦彦，同样是当时难得的人才。章宗祥早年在日本东京帝国大学学习法政，回国后在京师大学堂任教，预备仿行立宪中曾任法律馆纂修官、宪政编查馆编制局副局长、法律编纂局编修、内阁法制院副使等；1912年后任袁世凯总统府秘书、法制局局长、大理院院长等职，1914年出任司法总长。梁敦彦是外交人才，曾作为洋务运动时期第一批留美幼童，考入耶鲁大学学习法律，后任职汉阳海关道，又任天津海关道、外务部尚书、外务部大臣等职；1914年任交通总长。汤化龙是法学家、教育家，清末立宪派领袖，进士出身，曾任法部主事，后赴日本留学，于日本法政大学毕业，回国历任湖北省咨议局议长、湖北省军政府民政长、南京临时政府陆军部秘书处处长、北京临时参议院副议长、国会众议院议长、教育总长兼学术委员会会长。故而，徐世昌内阁之总长，仍以相关领域内的专家为首选，富有一定的政治经验，以 40~50 岁为主体，更趋于务实和稳定。

徐世昌内阁属袁世凯集权统治时期，也是整个北洋时期 48 届内阁中执政时间最长的一届，从 1914 年 5 月到 1915 年 12 月，共计 1 年又 7 个月。这一时期也是国家相对稳定的时期，国家治理颇有成效。如时人所说，"自此制实现后，中央之威信日彰，政治之进行较利，财政渐归统一，各省皆极其服从，循而行之，苟无特别外患，中国犹可维持于不敝"。① 可惜的是，接下来洪宪帝制的乱局，淹没了该届内阁的努力，亦颠覆了中央集权政府存在的合理性与合法性。

第四，民初国家上层官僚群体，尤其总长群体，以南方人为多数，北方人为少数。②

民初各部总长群体，依表 8-1 至表 8-4 所列共有 38 人③，其中南方人 28 人，占总数的 73.7%；北方人 10 人，占总数的 26.3%。而南方人中籍贯属于东南沿海江苏、浙江、福建、广东四省区的总长，竟有 19 人之多，占总数的 50%。其实这也有理可寻，南方尤其是东南沿海诸省，得欧风美雨之先，视野开阔，思想进步，经济较为发达，人才辈出。而这一现象正好说明，民初的国家、政府具有一定的现代性，不单纯为北洋集团的

---

① 章伯锋、李宗一主编《北洋军阀（1912~1928）》（第 2 卷），武汉出版社，1990，第 1045 页。

② 关于南北方的说法与界定，一般是按地理环境来说的，即秦岭—淮河一线，就是我们常说的中国南北地理分界线。清代划分南北洋的说法也有一定的道理。著名经世学者包世臣在一篇政论文中说："出吴淞口，迤南由浙及闽、粤，皆为南洋；迤北由迪海、山东、直隶及关东，皆为北洋。南洋多矶岛，水深浪巨，非鸟船不行。北洋多沙碛，水浅礁硬，非沙船不行。"［（清）包世臣：《海运南漕议》，《包世臣全集》，李星点校，黄山书社，1993，第 11 页］实际上是以长江为界划分南北洋的区域。本文以此作为区分南方人、北方人的主要参考。但具体到江苏，苏北也称之为南方。安徽则属于北方。特此说明。

③ 关于总长人数，实际为 25 人，重复计算为 38 人，即任职一次为一人，任职二次为二人。如段祺瑞在以上四届内阁中均任陆军总长，按四人次计，其他亦然。另，唐绍仪内阁期间，陈其美没有到任，应该不计在内，由王正廷署理。

北方属性所左右。这是符合国家进步和社会发展需要的。

二　民初国家行政各部的业绩

民初国家行政各部是现代化的国家机关，拥有专业化、知识化水平较高的官员群体，他们依法行政，对国家进行有效治理，取得了不斐的成绩，促进了民初社会的发展和进步。

（一）外交部业绩

外交部是民初国家行政各部中最为重要的部门，班列各部之首。外交部取得的成就主要表现在维护国家主权、利益方面。

中华民国北京政府新立，获得国际承认与反对列强侵略成为政府面临的重大问题。外交总长陆徵祥在大总统袁世凯的支持下，按国际标准创建外交部，重视部内机制科层化，外交队伍知识化、专业化，促使外交部日趋成熟并培养了一支现代化的外交官队伍。正是这支现代化的外交官队伍，面对民初严峻的国际形势，利用他们掌握的国际法知识，与列强进行斗争，打消外蒙古的独立企图，坚决否认"西姆拉条约"，使英国企图分裂西藏的阴谋不能得逞。在日本迫使中国政府承认所谓"二十一条"的谈判中，中国外交官与日本外交官进行了有理有节的论辩，尤其是采取利用英美国际力量抗衡日本的外交战略，迫使日本退让，对其要求进行修改。虽然北京政府还是屈辱地接受了日本的最后通牒，部分答应了日本的侵略要求，致使国家主权、利益受损，但在敌强我弱、国力悬殊的特殊背景下，以陆徵祥为首的外交部始终以坚定的外交立场，与日方进行了艰苦的谈判，相持 3 个月之久。中国外交官在巴黎和会上的精彩表现，在一系列修改不平等条约过程中的智慧和努力，[1] 应该说与民初外交部的现代化与对外交官队伍的培养有很大关系。这一点也为后来的国民政府外交部所继承。甚至在某些方面，民初外交部的建设和努力，后来的国民政府与之相比还略为逊色。颜惠庆是民国著名外交家，在经历了民初外交部和国民政府外交部两个阶段后，他说："……直至北洋政权没落，整个外交界尚能保持其传统的作风，故北京外交界的水准，反较 1927 年后为优。"[2]

---

[1] 唐启华：《被"废除不平等条约"遮蔽的北洋修约史（1912～1928）》，社会科学文献出版社，2010；侯中军：《中国外交与第一次世界大战》，社会科学文献出版社，2017。

[2] 颜惠庆：《颜惠庆自传》，姚崧龄译，台北：传记文学出版社，1973，第 169 页。

（二）交通部业绩

民初交通部也是一个现代化水平和技术含量较高的国家行政管理部门。交通部所辖铁路、邮政、电信、航运"交通四政"，反映了国家的现代化趋势，代表了当时国家现代化的水准。交通部所辖四政业务广泛，民初交通部的业绩体现在多个方面。

铁路方面。首先，交通部统一了国家铁路的管理。中国自有铁路以来，各路为政，各行其是，清末就曾有人指出，"（铁路）经营则各线各自独立，各有特种之管理者，向不互相联络……各路各有特权，彼此不能掣肘"。① 这种无序性严重制约了铁路的发展，突出表现为：各路管理机构组织紊乱，无统一章制可供遵守；各路行政长官称谓不一，有称铁路督办者，有称督办铁路大臣者，有称铁路监督者，有称办理铁路大臣者，有称铁路总办、会办者。民国以后，交通部为统一各路称谓，乃特令各路局长官概称局长、副局长。② 京汉、京奉、京张、张绥、沪宁、广九、萍株、吉长、正太、道清等铁路局被收回国有，统一管理，统一票价，统一各铁路技术标准，统一铁路职工服装等。统一后的国家铁路，呈现一派新气象。

其次，交通部规划了发展铁路干线，拟定了"全国铁路四大干线建设规划"。③ 包括纵贯线两条：①中央纵贯线，从内蒙古经晋北，以北京为中枢，南往汉口，直达九龙；②东部纵贯线，自满洲（今东北）经河北、山东、江苏、浙江、福建达广东。

横贯线两条：①北方横贯线，以江苏海州为起点，经河南、陕西、甘肃达新疆伊犁，与中亚铁路相连接；②中央横贯线，自沪宁，经武汉，入四川。这些干线虽然在民初没有能够实现，但规划是科学的，前景是明确的。

最后，这时期共修筑铁路1310公里，5年内平均每年修筑262公里，④

---

① 《论中国外债及财政之前途》，《东方杂志》第8卷第4号，1911年，第8页。
② 关庚麟署《交通史路政编》第1册，交通部、铁道部交通史编纂委员会，1935，第322~333页。
③ 凌鸿勋：《中国铁路志》，台北：文海出版社，1982，第19页。
④ 据金士宣、徐文述《中国铁路发展史》"中华人民共和国建国前铁路干支线里程表"改制。参见徐泰来主编《中国近代史记》（中），湖南人民出版社，1989，第762~765页。

一直处于发展之中。

邮政方面。中国的邮政事业和其他交通事业不同，在清末一直受制于海关，因而相形杂乱，发展缓慢。交通部成立以来，颁布《邮政章程》，划分和管理邮区，裁撤全部驿站，关闭专为驻外使节传递文书的文报局。1914 年 3 月 1 日，中国正式加入万国邮政联盟，为取消"客邮"取得了国际法律地位，从行政体制上实现了邮政的专业化、国家化。1922 年，英法美在华邮局全部关闭。

电政方面。制定和颁布了一系列管理章程、条规，统一管理。1913 年 1 月，交通部直辖电局达 600 余处，路线计 9 万余里，同时，注重管理办法，设置监督机关，分全国电政区域为 13 处，各设管理局 1 所，每局设监督 1 员，以电政司长负总监督之任，拟订《电政管理局职掌暂行章程》十九条。[①] 1913 年 3 月，交通部公布《电政管理局职务章程》四十六条，并于第八章附则声明本规程与《电政管理局职掌暂行章程》同时施行。[②] 1916 年公布《电政监督职务章程》凡九条。电话方面，1914 年全国主要城市大多有了市内电话。1912 年，全国电话装机数仅有 1 万部，1917 年已约为 2.4 万部，营业收入由 7.2 万元增至 47.4 万元。[③] 长途电话线路颇有增进，如青岛至济南、天津至辽宁，以及平绥与江苏北部，总线路约 4000 公里。市内电话亦扩充至 20 处。[④] 电信方面，除普通电报外，增加了特种电报业务。据统计，1912 年全国共有电报局所 565 个，电报线路 60000 公里有余，盈利 199.7 万元，到 1917 年已发展到电报局所 741 个，年营业收入 923.3 万元，盈利 377 万元。[⑤]

航运方面。1912 年中国轮船只数与吨数分别是 596 艘和 114458 吨，到 1916 年发展到 1791 艘和 210387 吨。1915 年，全国轮船货运量为 8238 万吨。尽管这一时期中国的轮船业和外国相比在吨位、设备、资本方面还差得很多，但还是得到了迅速的发展。尤其是充分利用第一次世界大战的时机，大力发展，出现了航运大王如福建华侨林秉祥、黄俊慧、林振宗

①　交通部年鉴编纂委员会编《交通年鉴》，交通部总务司出版社，1935，第 29 页。
②　交通部年鉴编纂委员会编《交通年鉴》，第 29 页。
③　秦孝仪主编《中华民国经济发展史》（上），台北：近代中国出版社，1983，第 180 页。
④　王开节、修城、钱其琛：《铁路·电信七十五周年纪念刊》，台北：文海出版社，1982，第 102 页。
⑤　秦孝仪主编《中华民国经济发展史》（上），第 175～180 页。

等。交通部还为一些华资企业请奖，"航业之最著者，扶助国家，裨益侨黎，洵有勋劳于国"，后分别授予林秉祥、林振宗、黄俊慧等四等、五等嘉禾勋章。[1]

（三）农商部业绩

农商部由于颁布了一系列发展经济的政策、法规、法令，初步构建起市场经济体制，促进了经济发展，业绩比较突出。无论是在农业、工业还是矿业方面，均取得了不少成绩。

农业方面。其一是创办了一系列农事实验场，对农、林、畜牧等进行科学研究，比如北京有中央农事试验场，各省设立农事传习所，直隶、江苏、湖北设立棉业试验场，东北、山东设立林业试验场，北京、察哈尔设立种畜试验场，安徽、江西、福建、浙江、湖北等地设立茶叶试验场等。农事试验场的设立标志着我国农业生产和农业技术的进步，农业技术的发展促使农作物产量提高。就主要农作物稻米、小麦、大豆的产量来说，民初呈逐年增加的趋势。其二，在农商部的激励政策下，主要经济作物种植面积扩大，出口量增大，经济效益明显。例如棉花，1914 年出口 659704担，价值 18509324 元；1915 年出口 725955 担，价值 20550744 元；1916年出口 851103 担，价值 25636610 元。[2]

工业方面。首先，工厂技术设备进一步改善，生产力水平进一步提高。如工厂使用的蒸汽机，1912 年仅 2 万多马力，1913 年翻一番达到 4.3万马力，1914 年增至 5.5 万马力，1916 年达 8.8 万马力。工厂使用的电力，1912 年仅 2853 马力，1913 年达 20198 马力。[3] 其次，重工业的发展也较为迅速。如机器制造业，1912 年全国设厂 13 个，1913 年 25 个，1914年增加到 60 个，1915 年多达 111 个。钢铁产量也大为增加，以最为著名的汉冶萍公司所属汉阳铁厂为例，1912 年的产量为 7989 吨，1914 年为128599 吨，1915 年为 135781 吨。[4] 再次，矿业方面，据有关资料统计，1912 年向农商部领取的矿照为 21 件，1913 年为 32 件，1914 年增加到 58

---

[1] 交通部、铁道部交通史编纂委员会《交通史航政篇》（第三册），中华书局，1930，第1058～1059 页。

[2] 农商部总务厅统计科：《中华民国五年第五次农商统计表》，中华书局，1919，第 62 页。

[3] 农商部总务厅统计科：《中华民国五年第五次农商统计表》，第 211 页。

[4] 李新、李宗一主编《中华民国史》（第二编第一卷）（上），中华书局，1987，第 387 页。

件，1915 年猛增到 153 件，其中以领取煤、铁等矿照者居多。矿区面积也大为扩大。以最重要的煤矿业为例，1912 年为 5145 亩，1913 年为 8397 亩，1914 年《矿业条例》颁行后，增加到 253542 亩。① 全国采煤总量增加显著，1912 年机械采煤量只有约 516 万吨，其中外资煤矿的产量占多数；到 1915 年，华商煤量从 1912 年的 41 多万吨上升到 215 多万吨。② 最后，轻工业发展更为迅速。如棉纺业，1913～1916 年，每年纱锭数递增率分别为 6.2%、12.1%、13.3% 和 12.5%。③ 又如火柴业，1912～1914 年，全国新创设火柴工厂 25 家。1913 年在济南创设的振兴火柴公司，拥有资本 20 万元，日产火柴 7000 箩（每箩 144 盒），是全国规模最大的火柴企业。其所生产的火柴，将大部分的日本火柴从市场上排挤出去。再如卷烟业，1912～1914 年，仅上海一地，就新设 6 家卷烟厂。华侨简照南、简玉阶兄弟所创立的南洋兄弟烟草公司销路顿开，1912 年盈余 4 万元，1913 年盈余 10 万元，到 1914 年则增加到 16 万元，并在上海、广州、北京、汉口等地设立分公司，资本额发展到 100 多万元，产品畅销全国，几乎可以与英美烟草公司相抗衡，打破了外国公司垄断中国卷烟业的局面。④

这一时期中国经济的快速发展，过去往往被视为是受第一次世界大战的影响，我们这里所列举的数据，基本上在第一次世界大战之前，由此可知，在第一次世界大战爆发之前，中国的工商业已有了快速发展。中国经济的进步，主要还是受到中国社会内部因素的影响，即辛亥革命的影响和中国政府尤其是农商部制定政策和推动发展的影响。

（四）教育部业绩

教育部的业绩主要体现在更新总制和发展多种教育两个方面。

其一，颁布了壬子癸丑学制，在清末癸卯学制的基础上进一步规划、发展了现代教育。

其二，推动各类教育快速发展。如小学教育，与清末相比，小学的数量增加了 2 倍有余；在校学生人数，1911 年为 1522793 人，而 1916 年接受

---

① 李新、李宗一主编《中华民国史》（第二编第一卷）（上），第 385～386 页。
② 严中平：《中国近代经济史统计资料选辑》，科学出版社，1955，第 124 页。
③ 张华腾：《张謇在袁世凯政府中的地位和作用》，《陕西师范大学学报》2016 年第 2 期。
④ 贾熟村：《袁世凯晚期的经济史》，《衡阳师范学院学报》2011 年第 5 期。

初等教育者已达 4119399 人次，增加约 2.5 倍。① 再如中等教育，中等学校的办学规模有了较大发展。据统计，1912～1915 年，全国中学学校数量从 373 所（公立 319 所，私立 54 所）增至 444 所（公立 385 所，私立 59 所），学生数从 52100 人（公立 45428 人，私立 6672 人）增至 69770 人（公立 61148 人，私立 8622 人）。② 又如高等教育，到 1918 年，教育部所属高等学校达到 88 所，初步形成规模，其中国立大学 3 所，即北京大学、北洋大学、山西大学；③ 教育部直辖专门学校 5 所，即北京政法专门学校、北京农业专门学校、北京工业专门学校、北京医学专门学校、武昌商业专门学校；此外尚有私立大学 5 所，公立专门学校 47 所，私立专门学校 28 所。④ 北京政府相当重视师范教育，将省立师范大学改为国立，设立师范教育示范区。1913 年 6 月，教育总长范源濂拟将全国划分为六大师范区，每区设立一所国立高等师范学校，北京另设女子高师一所。1914 年，政府所定《教育纲要》中再次提出划分六大师范区。此后，全国出现师范区大调整，北京、广东、武昌、成都、南京、沈阳六所高等师范学校及北京女子高等师范学校相继建立，并由这些高师协助本地区的教育行政机关，办好中等教育；同时，中等学校也照此政策协助办好初等教育。示范区制的创立，是集中师范教育行政的又一举措，对普通教育也起到了推动作用，是有利于全国有计划、按比例平衡发展近代教育的一大良策。此外，政府也非常重视实业教育，实业学校分为农业学校、工业学校、商业学校、商船学校和实业补习学校等类型，培养各种急需的实业人才，以适应工商各业的发展。留学教育方面，1913～1916 年，仅政府向海外派遣的官费留学生就达 7000 余人。⑤

（五）海军部业绩

海军部初建，也是有着一定的发展规划的。1912 年 5 月，刚接任海军

---

① 袁希涛：《五十年来中国之初等教育》，申报馆五十周年纪念：《最近之五十年（1872～1922）》，第 4 页。
② 教育部编《第二次中国教育年鉴》，总第 1428 页。
③ 此时冠以大学之名的条件非常严格，要么文、理均有，要么文科兼有法、商，要么理科兼有医、农、工科，才能称为大学。
④ 参见王文杰《民国初期大学制度研究》，复旦大学出版社，2017，第 43 页。
⑤ 刘真主编《留学教育——中国留学教育史料》（第五册），台北："国立编译馆"，1980，第 2626 页。

总长职务的刘冠雄就向袁世凯总统提出："海军不完全，无以发扬国威，并驾欧美。刻下，南洋虽有兵舰数艘，其战斗力甚为薄弱。北洋则更不如南洋，务须大加扩张，以实军备。"袁世凯对此很认同。虽限于国家财政的制约，海军部的业绩不如农商部、交通部那样显赫，然而与清末相比还是有所进步。

首先，发展海军教育成效明显。1912 年春，广东省将原水陆师学堂中的水师部划出，定名为黄浦海军学校；8 月，海军部饬令在南洋水师学堂旧址开办海军军官学校；1913 年 10 月，海军部将福州前学堂改名海军制造学校，船政后学堂改为马尾海军学校，福州船政艺圃改为福州海军艺术学校；1915 年，于海军军官学校旧址设海军电雷学校，内分鱼雷、无线电两班；1917 年 10 月，烟台海军枪炮练习所与南京海军电雷学校奉令合并，改称南京海军鱼雷枪炮学校。海军专门学校为海军培养了多方面的人才。

其次，购置新舰，将海军大小舰船整合为第一、第二舰队，第一舰队有 13 艘舰船，总排水量 1.8 万吨；第二舰队共 24 艘舰船，总排水量约 0.9 万吨。此外尚有练习舰队，拥有 4 艘舰船。虽舰队规模无法与洋务运动时期的海军相比，但为民国及以后的海军建设奠定了基础。

最后，对海军技术与舰队装备进行了改造和更新。1913 年 2 月 27 日，海军总长刘冠雄与德律风根东亚无线电报西门子厂签订了购买及培训合同，在军舰上装备了无线电，培养了无线电技术人才。

（六）陆军部业绩

陆军部的业绩主要有以下三个方面。第一，将辛亥革命后膨胀起来的数百万军队裁撤整编为中央军 18 个师、15 个混成旅及一些地方部队，总数为 60 万上下。这个数字符合民初实际情况，大大减轻了中央的财政压力。第二，在清末陆军学校的基础之上继续发展陆军教育，创办了一系列军事学校，培养了大批军事人才，数量是清末的 2 倍。第三，整顿了全国的兵工厂，统一武器型号，生产规范武器。[1]

此外，内务、财政、司法各部也均取得了不俗的业绩。

通过对以上各部业绩的简单列举，我们可以看到，民初国家与社会不仅在整体上有一定发展，而且在许多方面发展还比较快。国家和社会的发

---

① 详见本书第四章"陆军部研究"部分。

展，与中央行政各部的努力密切相关，行政各部是国家与社会发展的助力器。

三 民初国家行政各部面临的困境

民初国家行政各部还面临许多困难。其中最大的困难是各部总长没有固定任期，大多数总长任职短暂，以致其才干无从发挥或发挥较少。

中央政府行政各部，除了陆军总长段祺瑞、海军总长刘冠雄任期较长，达四五年、七八年外，内务总长朱启钤、财政总长周学熙、农商总长张謇任期两年就已属难得，更多是一年、半年，甚至二三月。任期短暂导致一定的消极行政或被动行政。一方面，国家、社会、政党、团体对总长的任职非常重视，经过考察，认定他们是专家，是治国人才，而且要求必须经过议会的同意；另一方面，多数总长的任期如此之短，无法真正将他们的政见落到实处，发挥他们在政府中的作用。

民初各部总长任职情况见表 8 - 5。

表 8 - 5 民初各部总长任职简况

	1912 年	1913 年	1914 年	1915 年	1916 年
外交部	陆徵祥 3 月 30 日任 梁如浩 9 月 14 日任 梁如浩 11 月 14 日辞	陆徵祥 9 月 14 日辞 孙宝琦 9 月任	孙宝琦 5 月 1 日任	孙宝琦 1 月 27 日免 陆徵祥 1 月 27 日任	陆徵祥
内务部	赵秉钧 3 月 30 日任	赵秉钧 5 月 1 日假 言敦源、王治馨、朱启钤先后署理	朱启钤	朱启钤	朱启钤 4 月 23 日免 王揖唐 4 月 23 日任，6 月 30 日辞
陆军部	段祺瑞 3 月 30 日任	段祺瑞 周自齐 12 月 10 日代	段祺瑞 2 月 1 日复任	段祺瑞 8 月 28 日免 王士珍 8 月 28 日任	王士珍 段祺瑞 4 月 21 日兼

续表

	1912 年	1913 年	1914 年	1915 年	1916 年
海军部	刘冠雄 3 月 30 日任	刘冠雄	刘冠雄	刘冠雄	刘冠雄
财政部	熊希龄 3 月 30 日任 熊希龄 7 月 14 日免 周学熙 7 月 26 日任	周学熙 9 月免 熊希龄 9 月 11 日任	熊希龄 2 月 9 日免 周自齐 2 月 9 日署	周自齐 3 月 5 日免 周学熙 3 月 5 日任	周学熙 4 月 30 日免
教育部	蔡元培 3 月 30 日任，7 月 14 日免 范源濂 7 月 26 日任	范源濂 1 月 28 日辞 汪大燮 9 月 11 日任	汪大燮 2 月 20 日辞 汤化龙 5 月 1 日任	汤化龙 10 月 5 日辞 张一麐 10 月 5 日任	张一麐 4 月 23 日辞 张国淦 4 月 23 日任，6 月 30 日调
司法部	王宠惠 3 月 30 日任，7 月 14 日免 许世英 7 月 26 日任	许世英 9 月 4 日免 梁启超 9 月 11 日任	梁启超 2 月 20 日免 章宗祥 2 月 20 日任	章宗祥	章宗祥
农林部	宋教仁 3 月 30 日任，7 月 14 日免 陈振先 7 月 26 日任	陈振先 9 月 4 日免			
工商部	陈其美未到任 王正廷署理 王正廷 7 月 14 日免 刘揆一 8 月 2 日任	刘揆一 7 月 18 日辞			
农商部		张謇 9 月 4 日任	张謇	张謇 4 月 27 日辞 周自齐 4 月 27 日任	周自齐 4 月 23 日免 金邦平 6 月 6 日免

续表

	1912 年	1913 年	1914 年	1915 年	1916 年
交通部	施肇基 4 月 8 日任 施肇基 6 月 28 日辞 朱启钤 7 月 26 日任	朱启钤 9 月 4 日辞 周自齐 9 月 11 日任	周自齐 2 月 9 日调 朱启钤 2 月 8 日兼 梁敦彦 5 月 1 日任	梁敦彦	梁敦彦 4 月 23 日免 曹汝霖 4 月 23 日任，6 月 30 日免

资料来源：据《政府公报》，刘寿林、万仁元编《民国职官年表》（中华书局，1995），郭存孝辑《清末民初职官名录（1908～1919）》，陈旭麓等主编《中国近代史词典》（上海辞书出版社，1982），徐友春主编《民国人物大辞典》（增订版）（河北人民出版社，2007），钱实甫编著《北洋政府职官年表》（华东师范大学出版社，1991），刘寿林编《辛亥以后十七年职官年表》（台北：文海出版社，1974）等汇编而成。

根据表 8 - 5，在袁世凯执政期间，外交总长先后由陆徵祥、梁如浩、孙宝琦担任，陆徵祥任职时间最长，梁如浩最短，仅两个月；内务总长除了临时署理外，先后由赵秉钧、朱启钤、王揖唐担任，除了王揖唐任期两月余外，赵秉钧一年余，朱启钤两年余，变动尚不算特别频繁。陆军总长除了王士珍任八月余外，均由段祺瑞担任；海军总长刘冠雄任职时间最长，除了袁世凯时期，一直任职到 1919 年；财政总长先后由熊希龄、周学熙、周自齐担任，熊希龄两任，共计八个月，周学熙两任，各一年余时间；教育总长更迭频繁，先后由蔡元培、范源濂、汪大燮、汤化龙、张一麐、张国淦六人担任，平均每人任期八个多月；司法总长由王宠惠、许世英、梁启超、章宗祥担任，其中王宠惠任职三个月，梁启超任职五个多月，许世英任职一年余，章宗祥任职二年余；农林部、工商部及二者合并而成的农商部，总长先后由宋教仁、王正廷、刘揆一、张謇、周自齐、金邦平等人担任，其中张謇任职一年又八个月，是任职时间最长的一个；交通总长则有施肇基、朱启钤、周自齐、梁敦彦、曹汝霖五人担任，其中朱启钤任职一年余，梁敦彦任职近两年。

按照正常的干部制度，国家部一级尤其是正部级干部，应该有一个适当的任期，以 3～5 年为佳。在适当的任期内，各部总长可以根据自己的施政计划，依法行政，以达成一定的目标，促进国家与社会的发展。任期满后，根据需要，可再任一期或两期，以保障行政措施的连续性和有效性。遗憾的是，在民初宪法和各种官制中，除了对大总统、副总统及国会议员有任期限制外，对其他官员均无任期的规定，这不能不说是民初政治制度上的一个极大遗憾。可以认为，民初处于政治转型的特殊时期，各部总长任期还没有正常化。另外，所谓"内阁制"的制度设计，限制和制约了总长的任期——内阁总理辞职，阁员即各部总长连带责任，一并辞职。

民初总长任期短暂的原因，大致有以下三点。

第一，革命党人过于理想化。总理唐绍仪辞职后，革命党人蔡元培、宋教仁、王宠惠、王正廷四总长联袂辞职，非革命党人的熊希龄、施肇基受其影响随从辞职，十部总长六部空缺，造成内阁危机，这是唐绍仪内阁解体带来的总长危机。同盟会坚持："此后欲图政治之进行，非采完全政党内阁不可；故同盟会之意见，以为第二次内阁只有二种：一超然内阁，一政党内阁。如仍采混成内阁之制，同盟会会员惟愿不再加入。"① 相对而言，袁世凯的意见则比较符合实际："今日余之主义则实不能赞成诸君之说，余之主义在于得人，但问其才与不才，无论其党与不党。"②

进步党人组成的第一流人才内阁有类似情况。1913 年 9 月熊希龄内阁组成，1914 年 2 月 12 日准总理兼财政总长熊希龄辞职，进步党成员、司法总长梁启超和教育总长汪大燮辞职，前后亦只有五个月时间。

第二，宪法赋予议会对行政各部尤其是对各部总长有同意权与弹劾权，以确保国家机器行政、立法、司法三权分立、相互制衡，防止某一权力过分膨胀。但民初议会权力过大，③ 议员在国事问题处理上过于刻板，动辄使用否决权、弹劾权，使总长名誉受损，不安于位，或者被议会否决者干脆拒绝出任总长。为此袁世凯曾说："盖一经参议院不同意，则一生名誉扫地，人亦何苦轻于尝试耶！"如陆徵祥任总理后，提出六人的总长名单，议会竟然全部否定，造成人人自危之局面。袁世凯对此非常不满，于 7 月 22 日通电各省都督说："参议院……即日投票，六总长全数否决。此六人者，或久历外邦、或有功民国、或学有专长、或富有经验，纵不能全予同意，亦何至无一可用之才，乃始则拒绝协商，继则全体否决。"④ 此为议会否定总长之典型一例。

再如周学熙一例，周学熙是公认的理财专家，袁世凯提议为财政总长

① 《大总统与同盟会代表之谈话》，《政府公报》1912 年 6 月 22 日。
② 《大总统与同盟会代表之谈话》，《政府公报》1912 年 6 月 22 日。
③ 张华腾：《中国 1913：民初的政治纷争与政治转型》，陕西人民出版社，2014，第 252 页。
④ 《北京大总统电》，《申报》1912 年 7 月 28 日。

人选，周学熙唯恐被议会否决，无论如何也不答应。后来虽经议会通过，周学熙仍然不肯就职。袁世凯几次派人去请，最终采取非常手段，迫使周学熙出任。① 而周学熙出任财政总长后，第一大难题就是不得不与列强银行团进行谈判，借款应付财政危机。在与银行团进行谈判的过程中，周学熙等尽心竭力，筹借外债的同时力求避免国家主权之损失。如 1913 年 4 月 26 日，"大借款俄颇提出特别条件，周学熙即愤往天津。英法公使遂到外部诘问，谓方在谈判，而财政总长忽然离京，如何办法"。② 同日，《申报》报道说明周学熙赴津之原因："俄使尝欲订明所聘审计处顾问，应以五十年为限，且经法使赞助此议。周学熙反对甚力，以为借款谈判复生顿挫，故即启程赴津。"③ 此事很能说明周学熙在善后大借款谈判中的立场和态度，但民国财政危机，不得不求助于银行团，所以对银行团的要求，明知苛刻也不得不应允。而后银行团内部产生矛盾，美国退出，银行团借款利息由原来的 5.5% 降为 5%，是以周学熙等果断地签订了善后大借款协约。革命党人、议会等对周学熙的做法大加挞伐，谴责他们"卖国""违法"。周学熙受到沉重打击，不得不辞职。他在答复黄兴的质问时说："谓此次借款系履行前参议院议决未成之事，不为违法，且秘密报告条款，俟签字后再行正式咨照备案"，④ "学熙谬负重任，姑为两害取轻之计，五国团亦以欧洲银市稍松，情愿继续磋商，利息一节，该团允仍照改五厘，其他条件悉如上年十二月二十七日通过参议院之原议"。⑤ 尽管周学熙等一再声明，签订善后大借款不违法，完全按原案进行，但"现已有议员九十九人签定弹劾赵秉钧、周学熙之议案，责其擅改借款合同条件"。⑥ 周学熙不安

① 周学熙如何就职，见《申报》的系列报道。《申报》1912 年 8 月 4 日："袁总统派段祺瑞特访工商总长刘揆一请即就职，并令财政次长转催周学熙受任。"《申报》1912 年 8 月 6 日；"北京电袁总统因六国银行团询问中国对于借款之意见并问中国财政竟有无主持之人，昨又派人持函催周学熙即日就职。"《申报》1912 年 8 月 7 日："新任命五总长除财政总长周学熙尚拟辞职外，其余四总长于廿九日第一次出席国务院宣布其意见。"《申报》1912 年 8 月 11 日："北京电，财政总长周学熙因病骤难到任，拟即辞职。"《申报》1912 年 8 月 20 日："北京电，周学熙自任命财政总长后大遭各界评诋，于到任问题颇怀疑虑。今日（十九日）周已到任视事。"

② 《申报》1913 年 4 月 26 日。

③ 《申报》1913 年 4 月 26 日。

④ 《申报》1913 年 5 月 1 日。

⑤ 《申报》1913 年 5 月 1 日。

⑥ 《申报》1913 年 5 月 7 日。

于位，无奈之中只有辞职之一途了。

第三，袁世凯的用人思路亦对各部总长的任期产生了影响。实事求是地说，袁世凯用人较重视其才能，尤其是在各部总长的人选上，能够"南北并用，新旧兼收，任官惟能，不分畛域，此今日有识者之公言"。① 所以袁世凯统治时期的总长群体皆为专家，一时为国人所赞赏，在教育背景、知识结构、管理经验等方面均为难得。

然而，袁世凯又是北洋集团的领袖人物，是晚清封建专制体系下熏陶出来的政治人物，他趁辛亥革命的有利时机重新出山，登上政治舞台，成为国家元首，其狭隘和自私的一面也非常突出，即过分追求牢牢控制政权，重要的行政部门必由自己的部下控制。通观全局，北洋出身的总长任期时间较长，非北洋出身的总长任期较短。如陆军总长段祺瑞、海军总长刘冠雄、内务总长赵秉钧与朱启钤、财政总长周学熙等任期都较长，尤其是陆军总长、海军总长；非北洋集团的人物如外交总长陆徵祥与农商总长张謇任期较长，也是因为其接近北洋集团。其他总长的任期则相对较短。

民初国家管理方面折射出来的这些特点，是国家政治转型中的典型问题，一方面凸显了鲜明的现代性，另一方面又反映出旧制度的羁绊。但总的来说，在袁世凯统治期内，尽管政潮不断，国家制度设置是现代的，国家管理是有效的，国家管理人员尤其是行政各部总长是相对专业和尽职尽力的。民初国家与社会是有进步与发展的，不承认这一点，就不是唯物主义的史观。同时，承认民初国家、民初社会的进步与发展，并不是认定民初社会是理想社会、完美社会，而仅仅是认为其是社会转型时期的一个特殊时段而已。郭沫若先生在评价历史人物时有一段精彩的论述，即"我们评定一个历史人物，应该以他所处的历史时代为背景，以他对历史发展所起的作用为标准，来加以全面分析，这样就比较易于准确地看清他们在历史上所应处的地位"。② 以郭沫若先生评价历史人物的标准来评价民初国家行政各部，我认为也是非常妥当的。

---

① 《大公报》1912 年 3 月 18 日。
② 郭沫若：《关于目前历史研究中的几个问题》，《郭沫若全集·历史编》第 3 卷，人民出版社，1982，第 486 页。

参考文献

一 档案文献及史料汇编

北京大学历史系等编《西藏地方历史资料选辑》，生活·读书·新知三联书店，1963。

北京市档案馆编《北京档案史料》，新华出版社，2004。

北平故宫博物院编《清光绪朝中日交涉史料》，台北：文海出版社，1971。

蔡鸿源主编《民国法规集成》，黄山书社，1999。

陈学恂、田正平编《中国近代教育史资料汇编·留学教育》，上海教育出版社，1991。

陈学恂主编《中国近代教育史教学参考资料》，人民教育出版社，1987。

程道德等编《中华民国外交史资料选编（1919～1931）》，北京大学出版社，1988。

池仲祐：《海军大事记》，台北：文海出版社，1967。

戴鸿映编《旧中国治安法规选编》，群众出版社，1985。

教育部编《第二次中国教育年鉴》，台北：文海出版社。

杜春和等编《北洋军阀史料选辑》，中国社会科学出版社，1981。

敷文社编《最近官绅履历汇编》，台北：文海出版社，1970。

复旦大学历史系中国近代史教研组编《中国近代对外关系史资料选辑（1840～1949）》，上海人民出版社，1977。

甘厚慈辑《北洋公牍类纂》，台北：文海出版社，1967。

高时良编《洋务运动时期教育》，上海教育出版社，1992。

故宫博物院明清档案部编《清末筹备立宪档案史料》，中华书局，1979。

《国家图书馆藏历史档案文献丛刊·（民国）教育部文牍政令汇编》（第1册），全国图书馆文献缩微复制中心，2004。

黄纪莲编《中日"二十一条"交涉史料全编（1915～1923)》，安徽大学出版社，2001。

黄彦、李伯新选编《孙中山藏档选编（辛亥革命前后)》，中华书局，1986。

贾桢等编《筹办夷务始末：咸丰朝》，中华书局，1979。

《中华民国教育法规汇编》（民国八年五月），台北：文海出版社，1986。

《教育部行政纪要》，台北：文海出版社，1986。

经世文社编《民国经世文编》，台北：文海出版社，1977。

竞智图书馆等编《北洋人物史料三种》，台北：文海出版社，1971。

璩鑫圭、童富勇编《中国近代教育史资料汇编·教育思想》，上海教育出版社，1997。

璩鑫圭、童富勇、张守智编《中国近代教育史资料汇编·实业教育 师范教育》，上海教育出版社，1994。

璩鑫圭、唐良炎编《中国近代教育史资料汇编·学制演变》，上海教育出版社，1991。

来新夏主编《北洋军阀》，上海人民出版社，1988。

李桂林等编《中国近代教育史资料汇编·普通教育》，上海教育出版社，2007。

李国钧主编《中国教育大系·历代教育制度考》，湖北教育出版社，1994。

李新、孙思白主编《民国人物传》，中华书局，1978。

李振华辑《近代中国国内外大事记》，台北：文海出版社，1977。

刘锦藻编纂《清朝续文献通考》，浙江古籍出版社，1988。

刘真主编《留学教育——中国留学教育史料》（第五册），台北："国立编译馆"，1980。

陆军部编《陆军行政纪要》，台北：文海出版社，1977。

〔澳〕骆惠敏编《清末民初政情内幕——〈泰晤士报〉驻北京记者、袁世凯政治顾问乔·厄·莫理循书信集（1912～1920)》（下卷），陈泽宪等译，知识出版社，1986。

《民国经世文编（内政·外交)》，台北：文海出版社，1985。

内务部印行《临时政府内务行政纪要》，台北：文海出版社，1985。

潘懋元等编《中国近代教育史资料汇编·高等教育》，上海教育出版社，1993。

《清实录·德宗实录》，中华书局，1987。

全国图书馆文献缩微复制中心编《民国外交档案文献汇览》，全国图书馆文献缩微复制中心，2005。

全国图书馆文献缩微复制中心印《清陆军部档案资料汇编》，全国图书馆文献缩微复制中心，2004。

尚海等主编《民国人物大辞典》，中国广播电视出版社，1991。

沈家本：《沈寄簃先生遗书》，商务印书馆，1983。

盛康辑《皇朝经世文编续编》，台北：文海出版社，1966。

舒新城编《近代中国教育史料》，中华书局，1928。

舒新城编《中国近代教育史资料》，人民教育出版社，1962。

孙毓棠编《中国近代工业史资料》第1辑，科学出版社，1957。

台北中研院近代史研究所编《海防档》乙《福州船厂》，台北中研院近代史研究所，1957。

台北中研院近代史研究所编《中国近代史资料汇编 中日关系史料》，1976。

汪钰孙编《黎副总统书牍汇编》，台北：文海出版社，1988。

王铁崖编《中外旧约章汇编》第1辑，生活·读书·新知三联书店，1957。

王希隐编《清宣统朝外交史料》，铅印版，1933。

王学珍、郭建荣主编《北京大学史料（1912～1937）》第2卷，北京大学出版社，2000。

王彦威辑，王亮编《清季外交史料》，台北：文海出版社，1985。

隗瀛涛、赵清主编《四川辛亥革命史料》，四川人民出版社，1981。

文闻编《旧中国海军密档》，中国文史出版社，2006。

文闻编《旧中国军事院校秘档》，中国文史出版社，2006。

吴汝纶：《李文忠公全书·奏稿》，1905年刻本。

武汉大学历史系中国近代史教研室编《辛亥革命在湖北史料选辑》，湖北人民出版社，1981。

席裕福、沈师徐辑《皇朝政典类纂》，台北：成文出版社，1969。

夏新华等整理《近代中国宪政历程：史料荟萃》，中国政法大学出版社，2004。

《辛亥革命史丛刊》编辑组编《辛亥革命史丛刊》第 5 辑，中华书局，1983。

徐世昌：《退耕堂政书》，台北：文海出版社，1985。

许师慎编纂《国父当选临时大总统实录》，台北："国史丛编社"，1967。

《宣统政纪》，台北：文海出版社，1985。

《义和团档案史料》，台北：文海出版社，1974。

佚名编《中日交涉纪事本末》，台北：文海出版社，1985。

印铸局刊《职官任免月表》，台北：文海出版社，1985。

《英国蓝皮书有关辛亥革命资料选译》，胡滨译，中华书局，1984。

张国淦编《北洋军阀史料选辑》，中国社会科学出版社，1991。

张侠、孙宝铭、陈长河编《北洋陆军史料（1912～1916）》，天津人民出版社，1987。

张侠等合编《清末海军史料》，海洋出版社，1982。

章伯锋、李宗一主编《北洋军阀（1912～1928）》，武汉出版社，1990。

赵尔巽等撰《清史稿》，中华书局，1976。

中国第二历史档案馆编《中华民国史档案资料汇编》，江苏古籍出版社，1991。

中国第一历史档案馆编《光绪朝朱批奏折》，中华书局，1995。

中国国民党中央党史史料编纂委员会编《革命文献》第 1 辑，1978。

中国人民银行总行参事室金融史料组编《中国近代货币史资料》第 1 辑，中华书局，1964。

中国人民政治协商会议湖北省暨武汉市委员会等编《武昌起义档案资料选编》，湖北人民出版社，1981～1983。

中国人民政治协商会议云南省委员会文史资料委员会编《云南文史资料选辑》（第 10 辑），云南人民出版社，1962。

中国社会科学院近代史研究所近代史资料编辑组编《辛亥革命资料类编》，中国社会科学出版社，1981。

中国社会科学院近代史研究所中华民国史研究室编《中华民国史资料丛稿·译稿》，中华书局，1983。

中国银行总行等编《中国银行行史资料汇编上编（1912～1949 年）》，档案出版社，1991。

中华民国史事纪要编辑委员会编《中华民国史事纪要》（初稿），台北：中华民国史料研究中心，1972。

周小鹃编《周学熙传记汇编》，甘肃文化出版社，1997。

周学熙编《中国善后借款合同案据汇编》，南京图书馆古籍部藏。

（清）朱寿朋编《光绪朝东华录》，张静庐点校，中华书局，1958。

朱有瓛等编《中国近代教育史资料汇编·教育行政机构及教育团体》，上海教育出版社，1993。

朱有瓛主编《中国近代学制史料》，华东师范大学出版社，1983～1993。

朱宗震、杨光辉编《民初政争与二次革命》，上海人民出版社，1983。

宗志文、严如平主编《民国人物传》（第六卷），中华书局，1987。

左宗棠：《船政奏议汇编》，台北：文海出版社，1967。

宝鋆编修《筹办夷务始末（同治朝）》，中华书局，1964。

二 文集、日记、年谱、回忆录、笔记、书信等

卞孝萱、唐文权编《辛亥人物碑传集》，团结出版社，1991。

曹汝霖：《曹汝霖一生之回忆》，中国大百科全书出版社，2009。

曹业英编《蔡松坡集》，上海人民出版社，1984。

崔志海编《蔡元培自述》，河南人民出版社，2004。

大陆杂志社编《中国近代学人象传》，台北：文海出版社，1971。

丁文江、赵丰田编《梁启超年谱长编》，上海人民出版社，1983。

丁贤俊、喻作风编《伍廷芳集》，中华书局，1993。

费敬仲：《段祺瑞》，台北：文海出版社，1966。

冯玉祥：《我的生活》，解放军文艺出版社，2002。

凤冈及门弟子编《三水梁燕孙先生年谱》，台北：文海出版社，1973。

高平叔编《蔡元培全集》，中华书局，1984～1989。

中国蔡元培研究会编《蔡元培全集》，浙江教育出版社，1997。

国家税务总局主编《中华民国工商史料税收史：盐税卷》，中国财政经济出版社，1999。

何勤华、魏琼编《董康法学文集》，中国政法大学出版社，2005。

胡晓编著《段祺瑞年谱》，安徽大学出版社，2007。

湖南省社会科学院编《黄兴集》，中华书局，1981

黄绍竑：《五十回忆》，上海世界书局，1945。

黄远庸：《远生遗著》卷二，台北：文海出版社，1966。

黄远庸：《远生遗著》，商务印书馆，1920。

蒋方震：《蒋方震集》，台北：文海出版社，1966。

李品仙：《李品仙回忆录》，台北：中外图书出版社，1975。

骆宝善、刘路生主编《袁世凯全集》，河南大学出版社，2013。

李宗黄：《李宗黄回忆录》第2册，台北：中国地方自治会，1972。

梁启超：《盾鼻集》，中华书局，1961。

廖一中、罗真容整理《袁世凯奏议》，天津古籍出版社，1987。

刘刚、焦洁编著《临时政府职官传略》，广东人民出版社，2003。

刘泱泱编《黄兴集》，湖南人民出版社，2008。

罗文干：《狱中人语》，台北：文海出版社，1966。

毛注青编著《黄兴年谱长编》，中华书局，1991。

毛注青等编《蔡锷集》，湖南人民出版社，1983。

清华大学历史系编《戊戌变法文献资料系目》，上海书店出版社，1998。

荣孟源、章伯锋主编《近代稗海》第3辑，四川人民出版社，1985。

〔美〕芮恩施：《一个美国外交官使华记》，李抱宏、盛震潮译，商务印书馆，1982。

上海市档案馆编《颜惠庆日记》第1卷，中国档案出版社，1996。

沈祖宪、吴闿生：《容庵弟子记》，台北：文海出版社，1966。

陈旭麓主编《宋教仁集》，中华书局，1981。

陶英惠：《蔡元培年谱》，台北中研院近代史研究所，1976。

王世儒：《蔡元培先生年谱》上册，北京大学出版社，1998。

王栻主编《严复集》，中华书局，1986。

文斐编《我所知道的"北洋三杰"王士珍、段祺瑞、冯国璋》，中国文史出版社，2004。

沃丘仲子：《当代名人小传》，台北：文海出版社，1985。

沃丘仲子：《近现代名人小传》，北京图书馆出版社，2003。

沃邱仲子：《民国十年官僚腐败史》，中华书局，2007。

吴廷燮：《段祺瑞年谱》，中华书局，2007。

奚楚明：《中国革命名人传》，台北：文海出版社，1988。

徐道邻：《徐树铮先生文集年谱合刊》，台湾商务印书馆，1962。

徐一士编著《一士类稿 一士谈荟》，书目文献出版社，1983。

徐一士：《一士谭荟》，中华书局，2007。

（清）薛福成：《出使英法义比四国日记》，岳麓书社，1985。

严修自订，凌雯补、严仁曾增补《严修年谱》，齐鲁书社，1990。

颜惠庆：《颜惠庆自传——一位民国元老的历史记忆》，吴建雍等译，商务印书馆，2003。

杨涛主编《梁士诒集》，河南人民出版社，2014。

杨志本编《中华民国海军史料》，海洋出版社，1986。

虞和平、夏良才编《周学熙集》，华中师范大学出版社，1999。

曾业英编《蔡锷集》，湖南人民出版社，2008。

张品兴等：《梁启超全集》，北京出版社，1999。

张朴民：《北京政府国务总理列传》，台湾商务印书馆，1984。

（清）张之洞：《张文襄公全集·奏稿》，中国书店，1990。

章伯锋：《近代稗海》，四川人民出版社，1990。

中国海军百科全书编审委员会编《中国海军百科全书》，海潮出版社，1998。

中国人民政治协商会议福建省委员会文史资料研究委员会编《福建文史资料》（第八辑），福建人民出版社，1984。

中国人民政治协商会议湖北省委员会编《辛亥首义回忆录》（第一辑），湖北人民出版社，1979。

中国人民政治协商会议全国委员会文史资料委员会编《辛亥革命亲历记》，中国文史出版社，2001。

《顾维钧回忆录》第一分册，中国社会科学院近代史研究所译，中华书局，1983。

中国社会科学院近代史研究所中华民国史研究室等编《孙中山全集》，中华书局，1982～1985。

中国史学会编《戊戌变法》，上海人民出版社，1979。

中国史学会编《辛亥革命》，上海人民出版社，1979。

中国史学会编《洋务运动》，上海人民出版社，1979。

周秋光编《熊希龄集》，湖南人民出版社，2008。

周学熙：《止庵诗存·外集》，台北：文海出版社，1977。

朱彭寿撰《安乐康平室随笔》，何双生点校，中华书局，1982。

朱启钤：《蠖园文存》，台北：文海出版社，1966。

三 报刊资料

《申报》《民立报》《盛京时报》《东方杂志》《政府公报》《临时公报》《政治官报》《时报》《大公报》《教育杂志》《中华医学杂志》《自觉月刊》

四 著作

〔法〕白吉尔：《中国资产阶级的黄金时代（1911—1937年）》，张富强、许世芬译，上海人民出版社，1994。

白蕉：《袁世凯与中华民国》，中华书局，2007。

包遵彭、李定一：《中国近代史论丛·政治》，台北：正中书局，1963。

包遵彭：《中国海军史》，台北中华丛书编审委员会印行，1970。

蔡寄鸥：《鄂州血史》，龙门联合书局，1958。

蔡建国：《蔡元培与近代中国》，上海社会科学院出版社，1997。

曹全来：《国际化与本土化——中国近代法律体系的形成》，北京大学出版社，2005。

陈宝泉：《中国近代学制变迁史》，北平文化学社，1928。

陈柳裕：《法制冰人——沈家本传》，浙江人民出版社，2006。

陈清之：《中国教育史》，商务印书馆，1936。

陈书麟、陈贞寿：《中华民国海军通史》，海潮出版社，1992。

陈体强：《中国外交行政》，商务印书馆，1943。

陈旭麓：《陈旭麓文集》第2卷，华东师范大学出版社，1997。

陈旭麓：《近代中国社会的新陈代谢》，上海人民出版社，1992。

陈旭麓：《辛亥革命前后》，上海人民出版社，1979。

陈雁：《颜惠庆传》，河北人民出版社，1999。

陈翊林：《最近三十年中国教育史》，太平洋书店，1930。

陈玉堂主编《中国近现代人物名号大辞典》，浙江古籍出版社，2005。

程斯辉编著《中国近代教育管理史》，武汉工业大学出版社，1989。

崔运武主编《中国师范教育史》，山西教育出版社，2006。

丁长清：《民国盐务史稿》，人民出版社，1990。

丁健：《清末民初中央实业管理机构整合及转型研究》，中国社会科学出版社，2018。

丁健：《辛亥革命期间袁世凯的来往函电整理与研究》，中国社会科学出版社，2019。

丁文江：《民国军事近纪》，中华书局，2007。

丁中江：《北洋军阀史话》（一），中国友谊出版公司，1992。

董长芝、马东玉：《民国财政经济史》，辽宁师范大学出版社，1997。

董鸿祎：《中俄交涉史》，台北：文海出版社，1988。

费行简：《段祺瑞》，台北：文海出版社，1966。

费正清主编《剑桥中华民国史》第一部，章建刚等译，上海人民出版社，1991。

费正清主编《剑桥中华民国史》第二部，章建刚等译，上海人民出版社，1992。

〔美〕费正清等主编《剑桥中国晚清史》，章建刚等译，中国社会科学出版社，1993。

〔美〕费正清编《剑桥中华民国史：1912～1949 年》（上卷），杨品泉等译，中国社会科学出版社，1994。

〔澳〕冯兆基：《军事近代化与中国革命》，郭太风译，上海人民出版社，1994。

高锐主编《中国军事史略》，军事科学出版社，1992。

谷钟秀：《中华民国开国史》，上海泰东书局，1917。

关晓红：《晚清学部研究》，广东教育出版社，2000。

郭秉文：《中国教育制度沿革史》，商务印书馆，1922。

郭剑林：《北京政府简史》，天津古籍出版社，2000。

郭金霞、苗鸣宇：《大赦 特赦：中外赦免制度概观》，群众出版社，2003。

郭卿友主编《中华民国时期军政职官志》，甘肃人民出版社，1990。

郭荣生校补《日本陆军士官学校中华民国留学生名簿》，台北：文海出版社，1966。

郭双林、肖梅花：《中华赌博史》，中国社会科学出版社，1995。

郭廷以编著《中华民国史事日志》第 1 册，台北中研院近代史研究所，1979。

郭廷以：《近代中国史纲》第三版，上海人民出版社，2009。

郭廷以：《近代中国史事日志》，中华书局，1987。

海军司令部《近代中国海军》编辑部编著《近代中国海军》，海潮出版社，1994。

韩延龙、苏亦工：《中国近代警察史》，社会科学文献出版社，2000。

郝庆元：《周学熙传》，天津人民出版社，1991。

何廉、李锐：《财政学》，湖南教育出版社，2008。

何勤华主编《法的移植与法的本土化》，法律出版社，2001。

河北政协等编《保定陆军军官学校》，河北人民出版社，1987。

洪心忠：《安徽近代企业家》，改革出版社，1992。

侯宜杰：《袁世凯全传》，当代中国出版社，1994。

胡绳：《帝国主义与中国政治》，人民出版社，1996。

黄伯度编《许世英先生纪念集》，台北：文海出版社，1978。

黄征：《段祺瑞与皖系军阀》，河南人民出版社，1990。

季宇：《段祺瑞传》，安徽人民出版社，1998。

贾士毅：《民国财政史》，商务印书馆，1934。

贾士毅：《民国初年的几任财政总长》，台北：传记文学出版社，1985。

姜克夫编著《民国军事史略稿》，中华书局，1987。

姜鸣：《龙旗飘扬的舰队——中国近代海军兴衰史》，三联书店，2002。

姜书阁编著《中国近代教育制度》，商务印书馆，1934。

蒋廷黻：《中国近代史大纲》，江苏教育出版社，2006。

金光耀：《顾维钧传》，河北人民出版社，1999。

金光耀、王建朗：《北洋时期的中国外交》，复旦大学出版社，2006。

金光耀主编《顾维钧与中国外交》，上海古籍出版社，2001。

军事科学院军制研究部及解放军报编辑部编《军衔》，长征出版社，1985。

〔美〕柯文：《在中国发现历史：中国中心观在美国的兴起》，林同奇译，中华书局，2002。

孔祥吉编著《康有为变法奏章辑考》，北京图书馆出版社，2008。

〔美〕拉尔夫·尔·鲍威尔：《1895～1912 中国军事力量的兴起》，陈泽宪、陈霞飞译，中国社会科学出版社，1979。

来新夏：《北洋军阀史稿》，湖北人民出版社，1983。

来新夏等：《北洋军阀史》，南开大学出版社，2000。

濑江浊物：《段祺瑞秘史》，台北：文海出版社，1966。

雷国鼎：《中国近代教育行政制度史》，文物出版社，1981。

李才栋等主编《中国教育管理制度史》，江西教育出版社，1996。

李贵连：《沈家本评传》，南京大学出版社，2010。

李国钧、王炳照总主编《中国教育制度通史》（第七卷），山东教育出版社，2000。

李华兴主编《民国教育史》，上海教育出版社，1997。

李剑农：《戊戌以后三十年中国政治史》，中华书局，1965。

李剑农：《中国近百年政治史（1840~1926）》，复旦大学出版社，2007。

李鹏年：《清代中央国家机关概述》，黑龙江人民出版社，1983。

李庆东：《执政幕影——段祺瑞幕府》，岳麓书社，2001。

李文杰：《中国近代外交官群体的形成（1861~1911）》，生活·读书·新知三联书店，2017。

李喜所：《近代留学生与中国文化》，天津教育出版社，2006。

李喜所、刘林集等：《近代中国的留美教育》，天津古籍出版社，2000。

李细珠：《张之洞与清末新政研究》，上海书店出版社，2003。

李新、李宗一主编《中华民国史》（第二编），中华书局，1987。

李新：《中华民国史》（第一编），中华书局，1981。

李学智：《民国初年的法治思潮与法制建设——以国会立法活动为中心的研究》，中国社会科学出版社，2004。

李毓澍：《外蒙古撤治问题》，台北中研院近代史研究所，1966。

李宗一：《袁世凯传》，中华书局，1980。

廖与人编著《中华民国现行司法制度》，台北：黎明文化事业股份有限公司，1982。

刘秉麟：《近代中国外债史稿》，武汉大学出版社，2007。

刘传标：《近代中国海军大事编年》（上），海风出版社，2008。

刘传标编纂《中国近代海军职官表》，福建人民出版社，2005。

刘凤翰：《国民党军事制度史》，中国大百科全书出版社，2009。

刘寿林、万仁元等编《民国职官年表》，中华书局，1995。

鲁鸿琛：《中俄外交沿革史》，台北：文海出版社，1988。

吕达：《中国近代课程史论》，人民教育出版社，1990。

罗荣渠：《现代化新论——世界与中国的现代化进程》，北京大学出版社，1993。

罗荣渠：《现代化新论——世界与中国的现代化进程》（增订本），商务印书馆，2004。

〔德〕马克斯·韦伯:《经济与社会》(第2卷上册),阎克文译,上海人民出版社,2010。

〔美〕马士:《中华帝国对外关系史》,张汇文等译,上海书店出版社,2006。

马啸风主编《中国师范教育史》,首都师范大学出版社,2003。

毛礼锐、沈灌群主编《中国教育通史》,山东教育出版社,1988。

梅汝莉主编《中国教育管理史》,海潮出版社,1995。

孟庆超:《中国警察近代化研究》,中国人民公安大学出版社,2006。

苗普生、田卫疆主编《新疆史纲》,新疆人民出版社,2004。

闵杰编著《晚清七百名人图鉴》,上海书店出版社,2007。

莫建来:《皖系军阀统治史稿》,天津古籍出版社,2004。

穆玉敏:《北京警察百年》,群众出版社,2003。

那思陆:《中国审判制度史》,上海三联书店,2009。

戚其章:《晚清海军兴衰史》,人民出版社,1998。

〔美〕齐锡生:《中国的军阀政治(1912~1928)》,杨云若、萧延中译,中国人民大学出版社,2010。

钱端升等:《民国政制史》,上海人民出版社,2005。

钱曼倩等编《中国近代学制比较研究》,广东教育出版社,1996。

钱穆:《国史大纲(修订本)》,商务印书馆,2009。

钱实甫:《北洋政府时期的政治制度》,中华书局,1984。

钱实甫编著《北洋政府职官年表》,华东师范大学出版社,1991。

钱实甫:《部院大臣年表》,中华书局,1959。

钱实甫:《清代的外交机关》,生活·读书·新知三联书店,1959。

钱实甫:《清季新设职官年表》,华东师范大学出版社,1977。

钱实甫:《清季重要职官年表》,华东师范大学出版社,1977。

钱实甫:《新设官制各部侍郎年表》,中华书局,1961。

〔美〕任达:《新政革命与日本》,李仲贤译,江苏人民出版社,1998。

〔美〕塞缪尔·P.亨廷顿:《变化社会中的政治秩序》,王冠华、刘为等译,上海人民出版社,2008。

沈传经:《福州船政局》,四川人民出版社,1987。

沈岩:《船政学堂》,科学出版社,2007。

石建国:《陆徵祥传》,河北人民出版社,1999。

石源华：《中华民国外交史》，上海人民出版社，1994。

史滇生：《中国海军史概要》，海潮出版社，2005。

舒新城编《近代中国留学史》，上海文化出版社，1989。

苏全有：《清末邮传部研究》，中华书局，2005。

孙培育、李国钧：《中国教育思想通史》（第3卷），华东师范大学出版社，1995。

孙文学：《中国财政思想史》，上海交通大学出版社，2008。

孙文学、李碧如：《中国近代财政史》，东北财经大学出版社，1990。

孙文学、齐海鹏：《中国财政史》，东北财经大学出版社，2008。

谈敏：《中国财政思想史教程》，上海财经大学出版社，1999。

陶菊隐：《北洋军阀统治时期史话》，生活·读书·新知三联书店，1978。

陶菊隐：《记者生活三十年》，中华书局，1984。

陶菊隐：《蒋方震先生传》，中华书局，1942。

陶菊隐：《武夫当国：北洋军阀统治时期史话（1895～1928）》，海南出版社，2006。

《外交部沿革纪略》，沈云龙主编《近代中国史料丛刊三编》第25辑，台北：文海出版社，1966。

〔日〕外山三郎：《日本海军史》，龚建国、方希和译，解放军出版社，1988。

汪敬虞：《中国近代经济史（1895～1927）》中册，人民出版社，2000。

王宏斌：《禁烟史话》，社会科学文献出版社，2009。

王建军：《中国近代教科书发展研究》，广东教育出版社，1996。

王立诚：《中国近代外交制度史》，甘肃人民出版社，1991。

王锡彤：《抑斋自述》，河南大学出版社，2001。

王芸生：《六十年来中国与日本》，生活·读书·新知三联书店，1979～1982。

王志亮主编《中国监狱史》，广西师范大学出版社，2009。

韦庆远主编《中国政治制度史》，中国人民大学出版社，1989。

（清）魏源：《海国图志》（二），中华书局，1983。

文公直：《最近三十年中国军事史》，台北：文海出版社，1971。

沃丘仲子：《段祺瑞》，广文书局，1920。

吴东之：《中国外交史（1911～1949）》，河南人民出版社，1990。

吴杰章、苏小东：《中国近代海军史》，解放军出版社，1989。

吴其昌：《梁启超传》，百花文艺出版社，2004。

吴兆莘：《中国税制史》，商务印书馆，1937。

〔美〕西里尔·E. 布莱克：《比较现代化》，杨豫、陈祖洲译，上海译文出版社，1996。

萧一山：《清代通史》，商务印书馆，1932。

谢本书、冯祖贻：《西南军阀史》（一），贵州人民出版社，1991。

谢长法：《中国留学教育史》，山西教育出版社，2006。

谢振民编著《中华民国立法史》上册，张知本校订，中国政法大学出版社，2000。

熊贤君：《中国教育行政史》，华中理工大学出版社，1996。

徐家力：《中华民国律师制度史》，中国政法大学出版社，1998。

徐勇：《近代中国军政关系与"军阀"话语研究》，中华书局，2009。

徐友春主编《民国人物大辞典》（增订版），河北人民出版社，2007。

许涤新：《中国资本主义发展史》，人民出版社，1990。

许纪霖、陈达凯主编《中国现代化史》第1卷，三联书店，1996。

许效正：《清末民初庙产问题研究（1895～1916）》，宗教文化出版社，2016。

许指严：《民国十周年纪事本末》，台北：文海出版社，1974。

杨公素：《中华民国外交简史》，商务印书馆，1995。

杨鸿烈：《中国法律发达史》，中国政法大学出版社，2009。

杨涛：《交通系与清末民初经济变迁》，中国社会科学出版社，2017。

杨涛、李金全：《民初交通部研究》，陕西科技出版社，2015。

杨天宏：《政党建制与民国政治走向》，社会科学文献出版社，2008。

杨晓：《中日近代教育关系史》，人民教育出版社，2004。

杨荫溥：《民国财政史》，中国财政经济出版社，1985。

姚抗：《北国工业巨子——周学熙传》，河北人民出版社，1995。

游悔原：《中华民国再造史》，台北：文海出版社，1966。

于述胜：《中国教育制度通史》，山东教育出版社，2000。

虞和平：《20世纪的中国——走向现代化的历程（1900～1949）》（经济卷），人民出版社，2010。

袁红兵、孙晓宁:《中国司法制度》,北京大学出版社,1988。

远东外交研究会编《最近十年之中俄交涉》,台北:文海出版社,1988。

苑书义、秦进才:《张之洞与中国近代化》,中华书局,1999。

岳厚谦:《民国外交官人事机制研究》,人民出版社,2004。

张国淦:《北洋述闻》,上海书店出版社,1998。

张华腾:《北洋集团崛起研究(1895~1911)》,中华书局,2009。

张华腾:《北洋史研究新论》,科学出版社,2015。

张华腾:《反复:艰难的共和之路》,北方文艺出版社,2011。

张华腾:《清末新军》,人民出版社,2019。

张华腾:《袁世凯与清末民初社会变革研究》,中国社会科学出版社,2017。

张华腾:《中国 1913:民初的政治纷争与政治转型》,陕西人民出版社,2014。

张慧剑:《明清江苏文人年表》,人民文学出版社,2008。

张晋藩:《中国近代社会与法制文明》,中国政法大学出版社,2003。

张晋藩:《中国法制史》,商务印书馆,2010。

张晋藩主编《二十世纪中国法治回眸》,法律出版社,1998。

张晋藩主编《20 世纪中国法制的回眸与前瞻》,中国政法大学出版社,2002。

张静如、刘克强:《北洋军阀统治时期中国社会之变迁》,中国人民大学出版社,1992。

张礼恒:《从西方到东方——伍廷芳与中国近代社会的演进》,商务印书馆,2002。

张朋园:《立宪派与辛亥革命》,吉林出版集团有限责任公司,2007。

张宪文等著《中华民国史》(第一卷),南京大学出版社,2006。

张一麐:《直皖秘史》,中华书局,2007。

张德泽:《清代国家机关考略》,学苑出版社,2001。

张忠绂编著《中华民国外交史》(一),台北:正中书局,1945。

章君谷:《段祺瑞传》,台北:中外图书出版社,1978。

章开沅:《张謇与近代社会》,华中师范大学出版社,2002。

赵云声:《中国工商界四大家族》,中共中央党校出版社,1995。

郑登云编《中国近代教育史》,华东师范大学出版社,1994。

郑志廷、张秋山等编著《保定陆军学堂暨军官学校史略》，人民出版社，2005。

中国社会科学院法学研究所编《中国警察制度简论》（中），群众出版社，1985。

中华民国实录编委会：《中华民国实录》，吉林人民出版社，1998。

"中央国史"编辑社编《徐树铮正传》，台北：文海出版社，1985。

钟祥财：《中国近代民族企业家经济思想史》，上海社会科学院出版社，1987。

周俊旗：《百年家族·段祺瑞》，河北教育出版社，2006。

周叔贞：《周止庵先生别传》，台北：文海出版社，1948。

周太银、刘家谷：《中国律师制度史》，湖北科学技术出版社，1988。

周小鹃：《周志俊小传》，兰州大学出版社，1987。

朱从兵：《教育史话》，社会科学文献出版社，2000。

朱汉国、杨群主编《中华民国史》，四川人民出版社，2006。

朱彭寿编著《清代人物大事纪年》，北京图书馆出版社，2005。

朱信泉主编《民国著名人物传》，中国青年出版社，1997。

朱勇：《中国法制通史》第 9 卷，法律出版社，1999。

朱宗震：《真假共和：中国宪政实验的困境与挫折》，山西人民出版社，2008。

左治生：《中国近代财政史丛稿》，西南财经大学出版社，1987。

Samuel E. Finer, *The Man on Horseback—The Role of the Military in Politics*, Westview Press, 1962.

S. P. Huntington, *The Soldier and the State: The Theory and Politics of Civil – Military Relations*, The Belknap Press of Harvard University Press, 1981.

五　论文

〔澳〕埃德蒙·冯：《中国革命的军事因素（节译）——第三部分　革命及其后果　第九章 1912、1913 年的陆军状况》，郭太风译，《军事历史研究》1992 年第 1 期。

艾萍：《南京临时政府时期的风俗变革——以上海为个案》，《北方论坛》2008 年第 5 期。

陈建中：《清末陆军四级制军事学堂体系研究》，硕士学位论文，国防科学技术大学，2007。

陈绛：《张謇与周学熙企业活动比较》，《复旦学报》1989 年第 5 期。

陈声玥、陈国文：《朱启钤与北京城市现代化》，《中共贵州省委党校学报》2008 年第 6 期。

陈志让：《中国军阀和他们的派系》，《远东和非洲研究会会报》第 31 期，1968 年。

迟永恒、逯永超：《浅析康有为的警政思想》，《滨州职业技术学院学报》2008 年第 3 期。

丁日初：《论晚清的国家资本主义》，《历史研究》1983 年第 6 期。

丁健：《"妥协"与"共赢"——民元孙中山让位的背后》，《宜春学院学报》2008 年第 1 期。

丁进军：《民国初年临时政府内务部大事记略》，《历史档案》1999 年第 1 期。

丁贤俊：《论段祺瑞三定共和》，《历史档案》1988 年第 3 期。

〔日〕渡边惇：《袁世凯与中国资本主义》，《近代中国》第 2 辑，上海社会科学院出版社，1991。

〔日〕渡边惇：《袁世凯政权的经济基础——北洋派的企业活动》，《国外中国近代史研究》第 3 辑，中国社会科学出版社，1982。

〔澳〕冯兆基：《辛亥革命与中国陆军》，《国外中国近代史研究》第 2 辑，1981。

伏阳：《试论杨增新主政新疆时期的"弱兵政策"》，《西域研究》2001 年第 2 期。

谷银波：《北京政府的宗教政策》，《郑州轻工业学院学报》2007 年第 10 期。

郭剑林、王继庆：《北京政府外交近代化略论》，《学术研究》1994 年第 3 期。

郝庆元：《周学熙民国初年的税制改革》，《天津社会科学》1990 年第 1 期。

贺恒祯：《善后大借款的历史是非》，《南开学报》1989 年第 6 期。

华有根：《略论近代中国法学家王宠惠的刑事立法思想》，《上海社会科学院学术季刊》1992 年第 3 期。

姜铎：《略论北洋官僚资本》，《中国经济史研究》1990 年第 3 期。

姜铎：《略论北周南张资本集团》，《历史教学》1991 年第 11 期。

兰锋杰：《赵秉钧小传》，《平顶山师专学报》1995 年第 12 期。

李华兴：《民国教育与中国现代化》，《江海学刊》1997 年第 3 期。

李开弟：《段祺瑞"三造共和"述评》，《安徽史学》1986 年第 1 期。

李文平：《民国前期的扩军与裁军问题研究》，博士学位论文，河北师范大学，2009。

李育民：《晚清改进、收回领事裁判权的谋划及努力》，《近代史研究》2009 年第 1 期。

李在全：《司法官视野中的近代中国法治：路向与功用——以董康、许世英为中心》，《福建论坛》2008 年第 8 期。

梁淳威、梁峻、曹利娟：《清末北京卫生管理概要》，《北京中医》2007 年第 5 期。

梁义群：《袁世凯统治时期的财政》，《民国档案》1991 年第 1 期。

刘翠溶、伊懋可：《积渐所至：中国环境史论文集》（下），台北中研院经济研究所，1995。

刘凤翰：《晚清新军编练及指挥机构的组织与变迁》，台北中研院近代史研究所集刊编辑委员会编《近代史研究所集刊》第 9 期，1978 年。

刘海文、殷国辉：《清末巡警部与高等巡警学堂》，《河南大学学报》2006 年第 1 期。

刘立红、孙彩霞：《晚清时期的留学教育及影响》，《教育史研究》2009 年第 23 期。

刘增合：《鸦片税收与清末警政改革》，《江苏社会科学》2004 年第 4 期。

卢国华：《民初到五四前后报刊律法状况及其影响》，《山东社会科学》2006 年第 3 期。

卢红玲：《民国早期中学教育研究（1912～1927）》，硕士学位论文，河北大学，2006。

〔美〕麦科德：《谭延闿湖南裁军新说》，《湖南师范大学社会科学学报》1995 年第 3 期。

宓汝成：《国际银团和善后借款》，《中国经济史研究》1996 年第 4 期。

宓汝成：《〈周学熙传〉序》，《天津社会科学》1991 年第 2 期。

莫建来：《段祺瑞领衔通电主张君宪、反对共和考辨》，《安徽史学》1992 年第 1 期。

莫建来：《评辛亥革命中的段祺瑞》，《历史档案》1993 年第 2 期。

莫建来：《试论段祺瑞在北洋建军中的作用》，《历史档案》1991 年第 1 期。

牛秋实：《袁世凯与近代教育改革》，《河南科技大学学报》2009 年第 3 期。

彭雪芹：《晚清议设巡警道初探》，《史学月刊》2009 年第 11 期。

任方明：《袁世凯与直隶军事教育》，《文物春秋》1997 年第 4 期。

任云兰：《"周学熙实业集团与中国近代化"国际学术讨论会综述》，《近代史研究》1991 年第 5 期。

单宝：《段祺瑞"三造共和"平议》，《安徽史学》1984 年第 5 期。

邵雍：《袁世凯执政时期对秘密社会的政策》，《江苏行政学院学报》2004 年第 6 期。

沈伟东：《爱国绅耆张一麐》，《钟山风雨》2005 年第 5 期。

盛斌：《周学熙资本集团的历史地位》，《学习与探索》1992 年第 1 期。

石彦陶：《黄兴与民初南军的自裁被裁》，《社会科学战线》1991 年第 4 期。

石源华：《袁世凯与民国初期外交》，《世界知识》2008 年第 2 期。

苏全有：《袁世凯与中国经济近代化——袁氏重农、重工、重商思想研究》，《河南师范大学学报》1994 年第 4 期。

苏全有、王宏英：《民初我国救灾的资金问题述评》，《防灾科技学院学报》2010 年第 1 期。

苏全有、殷国辉：《清末巡警部成立的原因探析》，《河南科技大学学报》2008 年第 6 期。

苏魏：《清末陆军小学堂研究》，硕士学位论文，华东师范大学，2009。

苏贻明：《民国前期军校教育概况》，《军事历史研究》1990 年第 3 期。

岁有生：《论民国初年周学熙的财政改革》，《商丘师范学院学报》2005 年第 6 期。

唐克敏：《袁世凯与中国资本主义》，《近代中国》第 4 辑，上海社会科学院出版社，1994。

汪朝光：《论民初裁军问题及其与资产阶级的关系》，《近代史研究》1986 年第 2 期。

汪敬虞：《近代中国资本主义的发展和不发展》，《历史研究》1988 年第 4 期。

汪阳：《清末外务部之嬗变》，《宿州教育学院学报》2007 年第 2 期。

王家俭：《清末海军留英学生的派遣及其影响（1876～1885 年）》，中华文化复兴运动推行委员会编《中国近代现代史论集》（八），台湾商务印书馆，1986。

王伦信：《清末民国时期中学教育研究》，博士学位论文，华东师范大学，2001。

王善中：《民国初年的财政与外债评述》，《北京档案史料》1993 年第 1 期。

王雅文：《民国外交名宿——颜惠庆》，《辽宁大学学报》2004 年第 2 期。

王逸峰：《袁世凯与中国近代军事教育》，硕士学位论文，苏州大学，2000。

邬仕聪：《领事裁判权与清末的法制改革》，《经济与法》2008 年第 5 期。

吴达德：《试论清末民初的云南陆军讲武堂》，《四川师范大学学报》2009 年第 3 期。

解学兰：《袁世凯时代北京政府中央官僚构成之研究（1912～1916）》，硕士学位论文，上海师范大学，2004。

熊剑峰：《试论清末袁世凯的外交思想与实践》，硕士学位论文，湖南师范大学，2003。

熊贤君：《中华民国时期义务教育经费》，《教育与经济》1999 年第 1 期。

徐平：《旧中国的军衔制度》，《炎黄春秋》2002 年第 9 期。

徐元基：《周学熙资本集团研究的几个问题——读〈周学熙传〉》，《近代中国》第 3 辑，上海社会科学院出版社，1993。

许效正：《社会剧变中的佛教与国家：中华佛教总会与民初政府关系述评》，《世界宗教研究》2015 年第 4 期。

薛瑞汉：《善耆与清末户口调查》，《河南广播电视大学学报》2007 年第 4 期。

薛瑞汉:《善耆与清末民政部禁烟活动考察》,《商丘师范学院学报》2006 年第 12 期。

严昌洪:《北京临时政府的组建过程》,《历史教学》2004 年第 7 期。

严昌洪:《试论民国初年部院之争》,《华中师范大学学报》2003 年第 5 期。

杨丹伟、陈一平:《国际化进程中的民国外交》,《江苏社会科学》2004 年第 3 期。

杨涛:《交通系与民初经济政策研究 (1912~1916)》,博士学位论文,陕西师范大学,2012。

杨天石:《孙中山与民国初年的轮船招商局借款——兼论革命党人的财政困难与辛亥革命失败的原因》,《中国社会科学》1997 年第 4 期。

杨文海:《晚清教育宗旨的嬗变与近代教育思想的确立》,《广西社会科学》2009 年第 2 期。

叶翔凤:《中国晚清外交机构近代化的起步》,《山西大学学报》1994 年第 3 期。

殷莉、何秋红:《清末民初的新闻出版法》,《南通大学学报》2009 年第 5 期。

于语和:《王宠惠法律思想与实践述评》,《天津大学学报》1999 年第 3 期。

张从容:《晚清中央司法机关的近代转型》,《中国政法大学学报》2004 年第 1 期。

张华腾:《从中立到参战:第一次世界大战中的中国政府》,《南开学报》2020 年第 2 期。

张华腾:《对立中的统一——辛亥革命前后同盟会、北洋集团关系述论》,《江海学刊》2006 年第 1 期。

张华腾:《统一中的对立——民国元年同盟会、北洋集团的合作与斗争》,《历史档案》2006 年第 5 期。

张华腾:《袁段矛盾与洪宪帝制的败亡》,《殷都学刊》2006 年第 2 期。

张华腾:《周学熙的现代化思想及其实践》,《史学月刊》2004 年第 4 期。

张建基：《民国军衔制度述略》，《军事历史研究》1989 年第 3 期。

张瑞安：《留日士官生与清末民初军事现代化成败》，硕士学位论文，华中师范大学，2003。

张神根：《周学熙民初财政改革评析》，《安徽史学》1996 年第 3 期。

张书丰：《范源濂的教育活动及教育主张初探》，《山西师大学报》1989 年第 3 期。

张伟：《集权分权之争与民初军政——民初中央与地方关系研究系列之一》，《株洲师范高等专科学校学报》2002 年第 6 期。

张伟：《集权与分权——1912～1916 年中央与地方军政关系》，《固原师专学报》2003 年第 4 期。

张新颖：《清末与民国时期留学教育政策比较研究》，硕士学位论文，厦门大学，2007。

张元隆：《民国教育经费制度述论》，《安徽史学》1996 年第 4 期。

赵俊明：《晚清刑部与法部之比较》，《沧桑》2009 年第 3 期。

周俊旗：《周学熙实业集团与中国近代化国际学术讨论会综述》，《历史研究》1991 年第 5 期。

周志辅：《〈周学熙传〉正讹》，《近代史研究》1992 年第 3 期。

朱建新：《论清末民初的军事学校》，《中州学刊》1993 年第 3 期。

朱以青：《论近代中国企业集团》，《中国经济史研究》1994 年第 3 期。

朱英：《袁世凯晚清经济思想及其政策措施》，《天津社会科学》1991 年第 2 期。

后 记

民初各部研究的写作，以各部排列先后为序，具体作者为：

绪论　张华腾

第一章　外交部研究　易中梅

第二章　内务部研究　陈振宇

第三章　财政部研究　王苗微

第四章　陆军部研究　李峰

第五章　海军部研究　邓同莉

第六章　教育部研究　王艳芝

第七章　司法部研究　吴明翰

第八章　民初国家行政各部与社会发展　张华腾

全书由张华腾统稿、修改、定稿。

本书写作过程中，陕西师范大学历史文化学院领导及有关老师给予强有力的支持。丁健副教授通读了书稿并提出相关意见。博士生范珂、梁善明、王艺等，硕士研究生柴利利、张嘉玮等对书稿进行了认真校对，付出了辛勤劳动，在此一并表示感谢。

本课题研究过程中，得到中国国家图书馆、中国社会科学院近代史所图书馆、上海图书馆、陕西图书馆、西安图书馆、陕西师范大学图书馆、西北大学图书馆及中国第一历史档案馆、中国第二历史档案馆的支持和帮助，谨以敬意向以上单位有关馆员、研究馆员表示感谢。

社会科学文献出版社领导对本书稿非常重视并给予特别关照，有关负责人及责任编辑高明秀、郑彦宁等对书稿提出很好的修改意见，借此机会对出版社领导和编辑表示谢意。

张华腾

2021 年 6 月于陕西师大文汇书室

图书在版编目（CIP）数据

民初国家行政各部研究/张华腾等著. -- 北京：
社会科学文献出版社，2022.12
ISBN 978 - 7 - 5228 - 0979 - 3

Ⅰ.①民… Ⅱ.①张… Ⅲ.①国家行政机关 - 研究 -
中国 - 民国 Ⅳ.①D693.2

中国版本图书馆 CIP 数据核字（2022）第 200461 号

民初国家行政各部研究

著　　者／张华腾 等

出 版 人／王利民
责任编辑／高明秀　郑彦宁
责任印制／王京美

出　　版／社会科学文献出版社
　　　　　　地址：北京市北三环中路甲 29 号院华龙大厦　邮编：100029
　　　　　　网址：www.ssap.com.cn
发　　行／社会科学文献出版社（010）59367028
印　　装／三河市东方印刷有限公司

规　　格／开　本：787mm × 1092mm　1/16
　　　　　　印　张：44.5　字　数：751 千字
版　　次／2022 年 12 月第 1 版　2022 年 12 月第 1 次印刷
书　　号／ISBN 978 - 7 - 5228 - 0979 - 3
定　　价／198.00 元

读者服务电话：4008918866